本书是河北省教育厅人文社会科学研究重大攻关课题，《"一带一路"视野下京津冀区域文化史研究》（项目编号：ZD201723）的结项研究成果。

中国社会科学出版社

"一带一路"视野下

京津冀区域文化史研究

Study on the regional cultural history
of Beijing-Tianjin-Hebei
in the view of "Belt and Road"

王越旺 陈新海 等著

中国社会科学出版社

图书在版编目（CIP）数据

"一带一路"视野下京津冀区域文化史研究 / 王越旺等著. —北京：中国社会科学出版社，2019.12
ISBN 978-7-5203-6328-0

Ⅰ.①一… Ⅱ.①王… Ⅲ.①区域文化—文化史—研究—华北地区　Ⅳ.①G127.2

中国版本图书馆 CIP 数据核字（2020）第064215号

出 版 人	赵剑英
责任编辑	宋燕鹏
责任校对	周　昊
责任印制	李寡寡

出　　版	中国社会科学出版社
社　　址	北京鼓楼西大街甲158号
邮　　编	100720
网　　址	http://www.csspw.cn
发 行 部	010-84083685
门 市 部	010-84029450
经　　销	新华书店及其他书店
印　　刷	北京明恒达印务有限公司
装　　订	廊坊市广阳区广增装订厂
版　　次	2019年12月第1版
印　　次	2019年12月第1次印刷
开　　本	710×1000　1/16
印　　张	33
字　　数	540千字
定　　价	168.00元

凡购买中国社会科学出版社图书，如有质量问题请与本社营销中心联系调换
电话：010-84083683
版权所有　侵权必究

序

讲好"一带一路"与京津冀区域文化的故事

万 明

"一带一路"是"丝绸之路经济带"和"21世纪海上丝绸之路"的简称。2013年秋天，中国国家主席习近平在出访哈萨克斯坦和印度尼西亚期间，先后提出共建"丝绸之路经济带"和"21世纪海上丝绸之路"（简称"一带一路"）的重大倡议。"一带一路"倡议的提出，从历史纵深中走来，融通古今，连接中外，承载着丝绸之路沿线各国共同发展繁荣的梦想，赋予了古老丝绸之路以崭新的时代内涵。这一倡议，既与古老丝绸之路精神一脉相承，又充分体现了时代的特点，旨在借用古代"丝绸之路"的历史符号，以和平合作发展的理念，依靠中国与有关国家既有的区域合作平台，和平发展与沿线国家的经济合作伙伴关系，共同打造政治互信、经济融合、文化包容的利益与责任共同体。

丝绸之路文化交流史，是中外关系史研究的一个主要内容，"一带一路"倡议的提出，将中外关系史研究推向了学术前沿。从全球文明史角度来看，整个人类文明体系是由诸多不同的民族文化类型组成，在这些不同的文化类型之间存在着普遍的、千丝万缕的联系，从而构成一个庞大的文化互动网络。人类文明是在往复不断的文化传播、交流、融合进程中得到发展。"一带一路"是根据古丝绸之路留下的宝贵启示，着眼于各国人民追求和平与发展的共同梦想，为世界提供的一项充满东方智慧的共同繁荣发展的方案。重温古代丝绸之路的辉煌，弘扬丝绸之路的精神，成就今天"一带一路"的伟业,就要讲好历史上丝绸之路的故事,大力挖掘丝绸之路文化的深厚积淀,迎接丝绸之路新纪元的到来,助推"一带一路"建设,这是我们历史学者的时代使命。

同样在 2013 年,京津冀一体化上升为重大国家战略。习主席曾讲:北京、天津、河北人口加起来有一亿多,土地面积有二十一万六千平方公里,京津冀同属京畿重地,地缘相接、人缘相亲,地域一体、文化一脉,历史渊源深厚、交往半径相宜,完全能够相互融合、协同发展。实现京津冀协同发展、创新驱动,是面向未来打造新的首都经济圈、推进区域发展体制机制创新的需要。这样看来,把"一带一路"和京津冀一体化相结合,凝聚共识,拓展区域文化研究领域,不再孤立地立足北京、天津、河北,而是立足于京津冀区域,以区域中外关系与文化传播为研究对象,运用区域文化史的理论与方法研究京津冀一体化文化资源,梳理中外文化交流史在京津冀区域的发展脉络,具有重要学术价值与现实意义。这是我们历史学者应有的文化自觉。

从古代丝绸之路到"一带一路"建设,需要讲好中国的故事。现有的丝绸之路史研究中,还存在一些相对薄弱的区域,其中就包括京津冀地区。在古代丝绸之路文化脉络中,京津冀是中国草原丝绸之路经中原与海上丝绸之路的连接地,在历史上是中外文化融合的汇聚地,这是京津冀地区参与"一带一路"建设的历史文化底蕴和自信力。建设 21 世纪丝绸之路,为"一带一路"背景下的京津冀文化协同发展带来了机遇,基于国家层面所需要的历史文化软实力支撑,深入挖掘和充分利用古代丝绸之路的京津冀故事,并以此为契机发展京津冀文化产业的新理念和新思路,需要我们从中外关系史角度探讨区域文化发展,整合丰厚的京津冀历史文化遗存,继承和发扬古代丝绸之路和平交往与合作发展的价值理念,开拓京津冀区域文化史研究。这部新作的问世,就是廊坊师范学院社会发展学院课题组做出的区域文化史的研究成果。

这是第一部关于"一带一路"视野下京津冀区域文化史的研究成果。首先在定位上,研究建立在对京津冀区域文化地位的深刻认识上,明确京津冀区域是古代连接草原丝绸之路、中原丝绸之路,乃至海上丝绸之路的重要节点区域,是草原文明、中原文明与海洋文明连接的一个核心区,即处于"一带一路"的交会点上,也就是充分认识京津冀区域在"一带一路"和京津冀一体化战略中的重要地位。

丝绸之路史是一门综合科学,致力于"一带一路"与京津冀区域文化的综合研究,既是丝绸之路史研究的新领域,又是区域文化研究的新路径。一般来说,传统地域文化研究是作为地方史研究的一部分,而研究区域文化,需要宏观把握区域发展的特点。京津冀区域是中华民族的发祥地之一,早在5000多年前,中华民族的三大始祖黄帝、炎帝和蚩尤在这里征战与融合,开创了中华文明史。这一地区历来是汉族和中外其他民族接触交往、文化融合之地。元、明、清三朝定都北京后,河北成为京师的畿辅之地。元代的大都路,管辖10州22县,将河北、山东、山西、漠南等区域都直属中书省,称腹里,是王朝直接管辖的区域。明代洪武年间罢中书省,设立两京制度。永乐元年(1403年)罢北平布政使司,迁都北京后,设立北直隶,包括了天津、河北,具体来说,河北、天津隶属顺天府。清代在直隶地区设立直隶省。无论怎么变化,在元明清三朝,北京是首都,京津冀都在京城大文化圈之中,也可以说在历史上是一体化的。然而京津冀文化既有共性,也有个性,置于"一带一路"的大视野,重新整合梳理和研究区域文化资源的研究尚待拓展。

课题组根据京津冀一体化文化协同发展的现实需要,发掘和利用京津冀区域中外交往的历史文献和文物,将历史文献与现实社会调研结合起来,进行了创新性研究:第一,首次把京津冀区域文化置于整体丝绸之路史的大视野下,锁定"一带一路""京津冀一体化"区域文化史研究为主题;第二,首次打破以往分别论述北京、天津、燕赵文化史的旧有研究框架,将三地作为一个整体,对京津冀区域文化的历史发展脉络进行了全面梳理;第三,首次阐释了"一带一路""京津冀一体化"相联系的区域文化内涵,系统探索了区域在地理交通、科技交流、宗教传播、民俗与技艺等方面形成的文化特征,揭示了京津冀与丝绸之路之间的文明互动关系,通过"一带一路"外来文化对京津冀区域文化形成的影响,以及京津冀区域文化通过"一带一路"对其他地区乃至世界文化的影响,表明历史上京津冀文化圈与世界文明紧密相连,在中外文化交流互动中得到发展,并彰显了这一区域文化对世界文明做出的独特贡献,使京津冀区域文化在"一带一路"这个大话题中的地位,得到了进一步认知。

相信这部书的出版,必将助推实施"一带一路"建设和京津冀区域一体化文化的协同创新发展。

2019 年 9 月

目 录

绪 论 ······ 1

第一章 京津冀区域文化的时空演变 ······ 31
 序 言 ······ 31
 第一节 邺城：南北朝时期的中西方交通 ······ 45
 第二节 北京：元明清时期的中西方交流 ······ 70
 第三节 张家口：明末民初的茶道 ······ 100
 第四节 天津：近代以来的中西海上交通 ······ 140

第二章 京津冀区域科学技术发展与对外交流 ······ 178
 序 言 ······ 178
 第一节 元代及以前京津冀区域的对外科技交流 ······ 179
 第二节 明清时期中外科技交流 ······ 201
 第三节 近代以来京津冀区域的对外科技交流 ······ 235

第三章 京津冀区域的宗教文化与传播 ······ 262
 序 言 ······ 262
 第一节 佛教 ······ 263
 第二节 伊斯兰教 ······ 275
 第三节 基督教 ······ 279

第四章 京津冀区域民俗文化的沿袭与发展 ······ 296
 序 言 ······ 296
 第一节 对外交流中的元以前京津冀地区民俗文化 ······ 299
 第二节 对外交流中的元明清时期京津冀民俗文化 ······ 323
 第三节 清末民初中西文化交流视域下的京津冀民俗文化 ······ 343

第四节　民国时期中外文明交流视域下的京津冀民俗文化⋯⋯⋯⋯384

第五章　京津冀区域非物质文化遗产的发展演变⋯⋯⋯⋯⋯⋯⋯414
　　序　言⋯⋯⋯⋯⋯⋯⋯⋯⋯⋯⋯⋯⋯⋯⋯⋯⋯⋯⋯⋯⋯⋯⋯414
　　第一节　蔚县剪纸：融会中西的美丽之花⋯⋯⋯⋯⋯⋯⋯⋯⋯415
　　第二节　景泰蓝：中西合璧的传统工艺⋯⋯⋯⋯⋯⋯⋯⋯⋯⋯425
　　第三节　北京同仁堂的医药文化：走向世界的传统中医药⋯⋯⋯438
　　第四节　中西文化交流视域下的冀中笙管乐：基于继承和
　　　　　　创新的考察⋯⋯⋯⋯⋯⋯⋯⋯⋯⋯⋯⋯⋯⋯⋯⋯⋯449
　　第五节　京剧：外国人眼中的"北京歌剧"⋯⋯⋯⋯⋯⋯⋯⋯⋯462
　　第六节　李派太极拳：中西碰撞之际诞生的武学宗派⋯⋯⋯⋯⋯477
　　第七节　中西结合之路上不断演进的吴桥杂技⋯⋯⋯⋯⋯⋯⋯488

结　语⋯⋯⋯⋯⋯⋯⋯⋯⋯⋯⋯⋯⋯⋯⋯⋯⋯⋯⋯⋯⋯⋯⋯⋯505
参考文献⋯⋯⋯⋯⋯⋯⋯⋯⋯⋯⋯⋯⋯⋯⋯⋯⋯⋯⋯⋯⋯⋯⋯510
后　记⋯⋯⋯⋯⋯⋯⋯⋯⋯⋯⋯⋯⋯⋯⋯⋯⋯⋯⋯⋯⋯⋯⋯⋯519

绪　论

"驼铃古道丝绸路,胡马犹闻唐汉风。"自西汉起,就有一条连接中国、中亚、西亚和欧洲的贸易大通道,横穿欧亚大陆。丝绸、瓷器西去,良马、宝石东来,这一通道的开辟,书写了中西交流史的瑰丽篇章。19世纪末,德国地理学家费迪南·冯·李希霍芬(Ferdinand Von Richthofen)在《中国——亲身旅行和据此研究的成果》一书中,将这条通道称为"丝绸之路",得到后世人们的广泛认同。

"云帆高张,昼夜星驰,涉彼狂澜,若履通衢。"[1]还有一条海上的经贸和文化交往大通道,从中国东南沿海,经过中南半岛和南海诸国,穿过印度洋,进入红海,抵达东非和欧洲,被法国汉学家爱德华·沙畹(Edouard Chavannes)命名为"海上丝绸之路"。而宋代之后,瓷器替代丝绸成为中国出口的主要商品,因此,海上丝绸之路也被称为"陶瓷之路"。海上丝绸之路虽然不像陆上丝绸之路那样普遍地为人们所知,但在历史上它却是一条比陆上丝绸之路更重要的商业航线,即使在今天也仍然是东西方贸易交往的重要通道。

其实,在古代亚欧丝绸之路的北方,由黑海经伏尔加河流域、中亚北部,直通南西伯利亚,又有横贯欧亚大陆的东西方大通道,这条路由亚洲草原民族开通,它甚至早于张骞打通的路线。因沿途多有毛皮往来流通,日本学者白鸟库吉称之为"毛皮路"。而从中国东北西北抵达乌兰巴托,与北方丝绸之路相连通的道路也称草原之路。明朝实行海禁政策后,北方通道重要性再度显现。中原商人深入俄、蒙乃至欧洲腹地,口外蒙古地区

---

[1] 载于福建长乐南山天妃宫(用于供奉海神天妃的庙宇)立碑勒石的碑文。碑额为"天妃灵应之记",明代郑和统率船队第七次出使西洋,宣德六年(1431年)泊于长乐等待开航过程中,立碑刻石记述下西洋事迹,"以贻永久"。

以及中俄边境的商业贸易得到空前扩张，中俄恰克图边境贸易的繁荣则进一步形成以恰克图为中心的国际性市场。出现实质上与草原丝绸之路相连接的"北路贸易"，即在地理位置上形成与南方沿海贸易相对称的贸易往来，具体包括以中原地区汉族人为主体所展开的往返于口内外汉蒙民族贸易以及中俄恰克图边境贸易两种途径。①

在中华帝国与外域漫长的交往进程中，丝绸、瓷器、茶和马匹是流通其间的四种大规模交易产品。而"交易链条最长的是丝绸，处于价值顶端的也是丝绸"，丝绸是"一个重要的贸易符号，而且是有生命力的贸易符号"。这甚至就是李希霍芬将其命名为"丝绸之路"的根本原因。丝绸之路是一条古代连接欧、亚、非三大洲的商贸之路。广义的丝绸之路不仅包括陆路和海上丝绸之路，还应该包括草原丝绸之路。它沟通了亚欧大陆上兴起的各种文明，使分布在世界各个地区"社会空间"的不同人群，在持续不断的相互接触与碰撞中，逐步打破了原来相对孤立、封闭和分散的状态，融合成为一个具有密切联系的一体化世界。故此，丝绸之路的开拓与发展实际上是一部人类文明互动与交往的全球历史。

"丝绸之路"因其名中的"丝绸"一词，长久以来被人们普遍认为是一条古代中国与西方世界进行丝绸贸易的通道。但是，在牛津大学拜占庭研究中心主任彼得·弗兰科潘看来，丝绸之路远不止是一条连接东西方的贸易道路，而是贯穿推动两千年人类文明历程和世界历史的伟大道路，"丝绸之路之于人类历史的重要性，就像一个人的动脉和静脉"。他认为"丝绸之路并不处在世界的边缘，恰恰相反，它一直是世界的中心，并且自古以来就是如此"。②从古至今，各种思想、习俗和语言都在这个连接着东、西方的熔炉里相互碰撞。"这个地区是世界上主要宗教的发祥地，犹太教、基督教、伊斯兰教、佛教和印度教在这里相互碰撞。……人们在从事贸易沟通、思想沟通，在互相学习、互相借鉴；在哲学、科学、语言和宗教方面，人们从交流中得到启发，得到拓展。"③

作为人类文明史上的一项伟大创举，丝绸之路和海上丝绸之路，是古

---

① 傅梦孜：《对古代丝绸之路源起、演变的再考察》，《太平洋学报》2017年第1期。
② [英]彼得·弗兰科潘：《丝绸之路：一部全新的世界史》，邵旭东、孙芳译，浙江大学出版社2016年版，第Ⅲ页。
③ 同上书，第Ⅳ—Ⅴ页。

代东西方最长的国际交通线路,也是沿线众多民族的共同创造,乃名副其实的交流之路、友谊之路对推动文明一体、科学技术进步、文化传播、物种交流、各民族的思想、感情和政治交流都有着重大贡献。跨越千年的历史,丝绸之路不仅是一条互通有无之路,也是一条民心相通之路,更是一条文明互鉴之路。

2013年9月和10月,习近平总书记在出访中亚和东南亚国家期间,先后提出共建"丝绸之路经济带"和"21世纪海上丝绸之路"的重大倡议,由此产生"一带一路"的概念。"一带一路"即是指"丝绸之路经济带"和"21世纪海上丝绸之路"的简称。它的现实意义即充分依靠中国与有关国家既有的双多边机制,借助既有的、行之有效的区域合作平台。"一带一路"不是一个实体和机制,而是合作发展的理念和倡议,旨在借用古代"丝绸之路"的历史符号,高擎和平发展的旗帜,主动地发展与沿线国家的经济合作伙伴关系,共同打造政治互信、经济融合、文化包容的利益共同体、命运共同体和责任共同体。

丝绸之路的存在历史久远,且其路线不断发展演变。但是,其最先表现的只是为实现与外族、外域交往的各种交通路线,也就是"路"。在丝绸之路的研究中,只有将各地区、各民族的历史真正放在全球史的大框架下来把握,才能更好地理解各文明在历史进程中的相互联系和区别,也才能更好地理解各文明在世界文明史中的地位和作用。

文明之间的互动交流是不同文明之间共同发展的基础。西方著名学者威廉·麦克尼尔就认为"与外来者的交往是社会变革的主要推动力"。杰里·本特利也认为"从古至今,跨文化互动对所有卷入其中的人们在政治、社会、经济和文化方面都产生了重大影响"。互动不仅体现在民族与国家之间,而且还体现在不同地域与人群之间、不同阶层之间、不同信仰和党派之间、不同性别之间以及人与自然之间等许多方面。通过互动,达到彼此了解和认知,并由此带来社会变化,形成人与人之间、人与自然之间的和谐共生局面。[①]

以区域文化研究为基础,再拓展中外文化相互影响的国际化视角,透射出本土文化与外来文化的相互影响与渗透。当然,古代突出文明的输

---

① 王永平:《全球史视野下的古代丝绸之路》,《中央社会主义学院学报》2017年第6期。

出交流，晚近侧重于外来文化的输入与相互之间的影响。比如启蒙运动时代，西方学者、文人对中国儒家文化的推崇与宣传。鸦片战争以后，西方文化的倾销（租界现象）等等。"积土而为山，积水而为海。"中国发展离不开世界，世界发展也需要中国。"一带一路"倡议，以实际行动推动建设开放型世界经济，中国同世界交融发展的新画卷正在徐徐开启。

一 关于京津冀

（一）京津冀地区的历史回顾

京津冀地区古为幽、冀，从燕、赵政权始，历经元、明、清三朝八百多年，本同为一家，元代属中书省，明代为北直隶，清代为直隶省。民国初北京为京兆，天津属直隶省。民国定都南京后，北京改为北平，与天津同属河北省。

1. 隋、唐以前沿太行山以东地带的发展

史前时期京津冀所在区域是我国古人类活动和繁衍的重要区域之一。京津冀所在发源于太行山的各河流域为古人类的生产和生活提供了良好条件，桑干河即是旧石器时代古人类繁衍的重要地区，泥河湾从200多万年前到公元前3000多年的新旧石器时代遗址有130多处，遗址群出土了1000余件石器，形成了丰富的早期人类文化遗存叠加文化层，这在世界上也是极其罕见的。周口店的北京猿人生活在距今70万—20万年，后因外部环境变迁发生迁移。而到了公元前10000—前5000年前后的新石器时代，更多古人类聚居场所在太行山东麓与华北平原的交界地带出现。此间出土的储藏粮食、食物的陶器碎片及其他生活用品，即显农业文明的端倪。磁山文化证明河北早在7800年前就开始了以种植为主的农业，到新石器时代中期，华北地区粮食作物种植品种有粟、稻、黍、豆、麦等。从史前文明的活动空间看，太行山东麓平原与西部山区有着密切的文化渊源，人类活动区域开始逐步由山区向平原过渡。

从春秋、战国一直到隋唐时期，京津冀地区的人口以及经济与文化中心均分布在太行山以东20千米左右的区域范围；同时军事重镇分布在沿桑干河和汉长城以南地带；西周时期，北方的燕国、南边的邢国成为京津冀地区两大诸侯国；战国时期燕国的蓟、赵国的邯郸则是该区域范围内的两大政治、经济、军事与文化中心,长期保持相对稳定的发展格局。邯郸还是当时的学术中心之一。汉唐之际,河北都是重要的经济区,有"天下根本"之称。后随着京杭大运河商贸运输的繁荣,沿海的天津、沧州得到了开发,海河流域的诸多支流也借助水运发展促进了河间、任丘等城市的繁荣。

2. 金、元以来北京政治文化中心、天津经济重心及门户地位的逐步确立

金、元以后北京逐步奠定了作为北方政治、经济、文化和军事中心的地位,尤其是明朝于1421年,朱棣迁都使北京在全国的地位空前提升。北京作为全国统一政治、文化中心的都城就坐落在燕山脚下,河北变成了"腹里""京畿",开始了燕赵文化与京都文化的融合,使燕赵文化更趋成熟与多元。明清时期首都的管辖范围比现在要大许多,无论是明初的北平府,还是清的顺天府均是如此。

天津作为后起之秀登上历史舞台源于元代的漕运,此地设直沽盐运司;明永乐二年设立天津卫,到了明晚期则发展为重要的水陆交通要冲,成为商贸与军事重镇。但天津真正作为城市发展是在清初,雍正九年即公元1731年升为天津府。天津的崛起同时也是近代以来我国经济社会发展重心由内陆移向沿海的一个例证,传统的以农耕文明城镇体系为基础的格局开始发生转变。两次鸦片战争后,天津的开埠与近代工业的发展,使京津冀地区从一个封闭的中央王朝京畿重地逐步走向近代开放经济中心。天津近代工业,始于洋务运动清政府创办的天津机器制造局等,其后在海河北岸汇集了大量的近代工业企业。清政府在天津先后开通了第一条电报线最早的邮政、城市照明、自来水工程等,一时开风气之先。1937年全面抗战爆发前,天津已经是中国第二大工业城市,其工业体系的完备程度仅次于上海,俨然是北方最大的金融商贸中心。对外贸易随着天津水陆交通枢纽地位的确立,更多华北、长城以外各地物资向天津聚集,带动河北的保定、张家口、石家庄等城市发展,使之成为天津商贸流通的二级市场和集散地。自此,京津冀地区形成了政治与文化中心在北京,经济与贸易中心在天津,一举带动河北省各级城镇的多点发展局面。

河北省的城镇格局。保定,位于华北平原北部、河北省中部,毗邻北京,是首都南大门。冀中地区即指保定,它与北京、天津互为掎角之势,

自古是"北控三关,南达九省,地连四部,雄冠中州"的"通衢之地"、京畿重镇。保定以前是直隶省会,直隶总督的驻地,长期是河北的交通、政治、经济、文化、教育、科技中心。保定即"永保大都(元大都北京)安定"之意,有3000多年的历史,堪称历史名城。

唐山,是河北的经济中心,位于河北省东部,地处渤海湾中心地带。唐山因唐太宗李世民东征高句丽驻跸而得名,它是中国近代工业的摇篮,工业基础雄厚,素有"北方瓷都"之称。在这里诞生了中国第一座机械化采煤矿井、第一条标准轨距铁路、第一台蒸汽机车、第一袋机制水泥,孕育了丰厚的工业文明。

新中国成立初期保定和唐山成为河北省南北两座重要的城市,1968年河北省省会由保定市迁至石家庄市,使石家庄在资源配置上得到了质的提升,逐步成为华北地区重要的商贸中心和工业中心。

(二)密不可分的京津冀

从漫漫历史长河的几个节点中,均可见北京、天津和河北之间的关系渊源,体现出你中有我、我中有你,地脉通、文脉亦通。若从历史地理学的角度观察,更发现京津冀实为一体。

1. 北京:由北平府到顺天府

从公元1421年开始,北京就不再只是朱棣的临时驻跸之地,登基之后营建北京,使之成为大明王朝真正意义上的首都。并改北平府为顺天府,"取汤武革命,顺乎天而应乎人"之意。明代的顺天府,辖二十二个县和五个州,有的今天并不属于北京市,已划归河北省或天津市。

"燕京势踞形胜,乃自古兴王之地",顺治帝于北京即皇帝位,定国号为"清",为确保对京师秩序的有力控制,清代承明制,设顺天府管理京师各项行政事务。清朝的顺天府,是以乾隆八年以后,顺天府州县行政格局基本形成:"领州五、县十九,统于顺天府。"辖下区域除今日之北京大兴、良乡、通州、房山、昌平、顺义、怀柔、密云等区县,还包括今天的固安、三河、永清、香河、霸州、文安、大城、涿州、遵化、玉田、丰润及天津武清、宝坻、蓟县等地,被赞是:"东环沧海之波,西枕太行之麓","天府雄规,宸居胜地","疆域虽遥,气脉常贯……"

2. 天津：从天津卫到天津府

最早关乎天津的文字是在明永乐二年。当时天津之地属于河间府。"水陆冲要，饷道所经，自古幽燕有事，未有不先图河间者"，天下既定，度要害地设所置卫，是明王朝从国家安全出发，采取的非常现实的举措。永乐二年即公元1404年的冬天，在河间府静海县北置天津卫，筑城置戍，屯守军士。天津应运而生：城周九里。北濒卫河，东绕潞河，漕舟悉出于此……天津卫在明朝发展成"京师东南之巨镇"，但始终是以"卫"的形式出现，直到明亡后的清雍正三年即公元1725年，天津卫升为直隶州，雍正九年即公元1731年再升为天津府，辖天津县、青县、静海、沧州、南皮、盐山和庆云……

3. 河北：京畿重地、拱卫帝都

"河北"作为历史地理学上的名词，产生在唐代。但今天的河北，不同于唐朝的河北。贞观年间，唐太宗因山川形势之便，将帝国分为关内道、河南道、河东道、河北道、山南道、陇右道、淮南道、江南道、剑南道、岭南道"十道"。到开元年间，唐玄宗又将十道拆分为十五道。无论十道还是十五道，河北道均在其中。

唐朝的河北道，辖安东都护府和魏州、邢州、冀州、定州、幽州、易州、涿州、蓟州等二十九州，所辖范围大致相当于今天的北京、河北和辽宁的大部以及河南和山东一小部分。

到宋朝时，道为路取代，有宣抚使或转运使之职，亦不常设，河北地区设河北路，后分为河北西路、河北东路。宋先与辽对峙，后与金对峙，辖区面积大大逊于唐，宋朝河北路的管辖面积亦大大缩减。金朝亦有河北路。

元为中书省。辖有真定路、保定路、顺德路、广平路、大名路、河间路、永平路、大都路、上都路南部、兴和路南部、大宁路部分等。

明属北直隶，仍属中央直辖。北直隶辖顺天府、真定府、保定府、永平府、大名府、顺德府、广平府、河间府、宣化府等。

清代属直隶省，辖顺天府（大兴、宛平）、保定府（清苑）、顺德府（邢台）、广平府（永年）、正定府（正定）、天津府（天津）、河间府（河间）、承德府（承德）、大名府（大名）、永平府（卢龙）、宣化府（宣化）等。

中华民国成立后，当时国民政府建都南京，今河北境域主要属直隶省，后因直隶省名实不符，因地在黄河以北，故于1928年改为河北省。

1949年8月，河北省委、省人民政府在保定相继成立。1958年河北省会迁往天津市，1966年又迁回保定，1968年2月，省会由保定市迁往石家庄市。

因此，从当年京津冀的历史沿革，我们不难发现三地地貌合一、形神合一，实为一体。位于古代燕赵大地的京津冀地区，自古以来在经济上共生，文化上同源，是一个不可分割的整体。历史上又是草原文明、农业文明、海洋文明交汇的区域，是草原丝绸之路与海洋丝绸之路连接的重要纽带。京津冀北临内蒙古，东接海洋，地处我国东北、华北、西北、华东四大经济区的交汇处，是中国北方通向全世界最直接、最便捷的海上要冲，还是中国经济由东向西扩展、由南向北推移的重要纽带。由于这一地区西连俄蒙，东通日韩，具有发展潜力的得天独厚的腹地基础和通往世界的海上通道，是"一带一路"倡议的重要支撑，发展前景殊为可观。将其纳入国家"一带一路"建设，会更有利于统合本区域的重要资源，扩大"一带一路"的辐射范围。

今天的京津冀地缘相接、人缘相亲，经贸一体、文化一脉，历史渊源深厚、交往半径相宜，完全能够相互融合、协同发展。况其位于东北亚地区，环渤海心脏地带，是中国北方经济规模最大、最具活力的可持续发展城市群，越来越引起中国乃至整个世界的瞩目。对此，我们在追溯历史的基础上，面向未来的发展机遇。延续炎黄血脉，发掘燕赵大地古老的历史文化，传承地域文明，讲好三地故事。

二 课题的提出

课题是在"京津冀一体化"和"一带一路"大的战略背景下提出来的，结合国家"京津冀一体化"和"一带一路"两大发展战略，探讨历史上京津冀地区的中外文化交流情况，立足河北，辐射京津，深入研究本区域在国家"一带一路"倡议中的地位和作用，具有重要的学术价值与现实意义。

（一）学术价值

1. 课题对明确京津冀地区在"一带一路"中的地位与作用具有重要意

义。京津冀地区在历史上是草原文明、农业文明、海洋文明交汇的区域，是草原丝绸之路与海洋丝绸之路连接的重要纽带。京津冀北临内蒙古，东接海洋，本课题将京津冀地区作为一个整体研究对象，纳入国家"一带一路"发展战略，有利于统合本区域的有利资源，扩大"一带一路"的辐射范围。

2. 本课题从中外关系史角度探讨区域文化的发展，有利于拓展区域文化研究的视角与领域，彰显区域文化研究的国际意义。传统区域文化研究作为地方史研究的一部分，重在突出其地方特性，而本课题除了研究京津冀地区的本土文化之外，从交通、科技、宗教、民俗、非物质文化遗产等方面出发，既总结"一带一路"视野下外来因素对本土文化的影响，又阐明本区域文化在世界范围内做出的贡献。将京津冀文化圈与世界文明相连，加强对文化交融的研究。

3. 河北、北京、天津地区在文化上具有同源性，是不可分割的整体。河北省作为华夏文明的重要发祥地，经过数千年的积淀，形成了丰富、独特的文化。远古河北地区的涿鹿是黄帝与炎帝、蚩尤相争，炎黄时代开启之地，留下了宝贵的精神财富。目前拥有长城、承德避暑山庄、清东陵和西陵三项世界文化遗产；拥有邯郸、保定、承德、正定、山海关五个国家级历史文化名城。本课题将其纳入京津冀整体区域的研究中，有利于更加广阔地梳理文化发展的脉络，探讨河北地区与北京、天津等地的文化渊源与交流，也是响应国家京津冀协同发展一体化的大战略。

（二）现实意义

1. 以京津冀为区域文化研究的整体，对加强京津冀地区的文化交流，探索共同的文化源泉，发掘文化资源，打造文化品牌具有重要意义。

2. "一带一路"视野下研究京津冀区域文化对提高本区域文化在世界上的影响力具有重要意义，有利于推动国际间的交流与合作。

3. 本课题的研究成果将直接服务于河北的文化建设，河北是我国的文化大省，具有珍贵文化资源与宝贵精神财富，本研究对促进河北地区文化发展、弘扬河北的文化精神具有重大意义。

（三）有关京津冀区域合作问题

"京津冀一体化协同发展"，则是国内区域经济发展的重大战略。

两院院士、清华大学教授吴良镛先生带领他的团队对京津冀一体化问题进行了持续超过二十年的研究。形成《京津冀地区城乡空间发展规划研究》一至三期报告和《"北京2049"空间发展战略研究》等重要论著。

有关"京津冀一体化"问题的观点还集中在论述金融协同发展对区域经济平衡发展起的关键作用上，突出京津冀区域经济一体化的影响。关注京津冀金融、环境、资源等方面合作，忽视区域文化领域。

目前，我国学术界从"一带一路"视野出发，致力于京津冀区域文化的保护和开放，从而促进京津冀协调发展的研究尚不多见。本课题的研究试图把京津冀区域文化史的研究放置于"一带一路"大的视野下进行考察，既探讨中外文化交流对京津冀地区历史文化的冲击和辐射，也将反向探讨京津冀区域文化的对外传播和对世界文化的影响。

（四）本课题拟突破的重点、难点及主要创新之处

1. 重点

（1）总结概括京津冀区域文化特征。本区域由于特殊的地理位置，农业文明与游牧文明、草原丝绸之路与海上丝绸之路在这里交会，形成了独特的区域文化。课题将系统阐述该区域在地域交通、科技交流、宗教传播、民俗、技艺等方面所形成的文化特征。

（2）阐释外来因素对京津冀区域文化的影响及京津冀区域文化对其他地区的反作用。从传入与传播两个角度出发，阐明京津冀区域文化的地位和影响。

2. 难点

（1）整体概括京津冀区域文化特征存在困难。三地的地理环境不同，所处的海陆位置不同，不同历史时期三地发展并不完全同步，文化形成及发展存在诸多差异。本课题首次将三地作为一个整体研究对象，在处理总体性和差异性关系方面有难度。

（2）本课题研究涉及京津冀三地，时间跨度从远古到近代，资料非常零散，需要投入大量人力和时间去收集和整合资料。并且内容涉及交通、

科技、宗教、民俗、非遗等诸多方面，需要多学科人员共同参与。

3. 创新之处

（1）在研究内容上，系统探索京津冀区域文化特征在学术界尚属首次。此前关于本区域的研究局限于一地或一个时期，本课题将从整体上对各个历史时期区域文化的发展脉络及特征进行总结与归纳。

（2）在研究视角方面，本课题将区域文化的研究放在"一带一路"的视野下进行，探讨通过"一带一路"外来文化对京津冀区域文化形成的影响以及京津冀区域文化通过"一带一路"对其他地区文化的影响作用，从而彰显本区域文化对世界文明的独特贡献。

（3）在研究方法方面，本课题将综合使用文献学、考古学、社会学、人类学、宗教学等多学科理论和方法。研究过程中，不仅强调从文献中收集大量史料，还将抽调专门研究力量、给予一定经费进行社会调研和考察，实地收集一手资料，为本课题的研究增加厚度。

三　课题的研究内容

（一）京津冀区域文化的时空演变

钱穆先生曾讲，我们若譬喻历史是演戏，则地理就是舞台，人物就是角色。战国初期，燕、赵文化还比较落后，要到战国中晚期才逐渐发展起来。

起源于黄河流域的中原文化传统，在发展中演化出独特的语言文字体系，孕育出有特色的农耕文明和与之相关的社会组织，发展出非无神论的世俗性文明和与之相关的非体质、血缘的群体认同体系。这一特质使中原文明体系既可包容内部的文化多样性，对外也可以"和而不同"的精神呈现对于外部文化的罕见包容性。

回顾历史，地理能够成为疆域伸缩的基础，在于它左右着人们的经济生活方式，并在此基础上形成文化意识与文化认同。疆土与人类的社会组织或政权机构相对应，它将散处各地的松散人群凝聚在一个政权之中，整合在共同疆土之下。这种力量不仅仅体现于政治、经济，文化认同或许具有更重要的意义。跨越地理环境，将疆土推向经济生活方式完全不同的地区，应该是政治、军事与文化的合力。

京津冀地区是华北大平原的组成部分，位于华北平原的东部，地域辽阔，西靠华北平原的脊梁——太行山脉，东抵渤海，燕山山脉位于京津冀的北部，由此向北地势逐渐升高，与蒙古高原相接，南隔黄河与河南地区为邻。其不同区域的自然环境特征可大体划分为高原、山地、平原三个区域。京津冀地区的地理环境处在山海之间，一"坝"、一河、两山，构成京津冀地理的主要骨架。

一坝，指的是张北高原。张家口以北地区是蒙古高原东南边缘的一部分，俗称"坝上"。称其为"坝"是其形如水坝，向北越坝就进入了内蒙古大草原，也称蒙古高原，地势增高，气候寒冷，降水稀少，干旱多风，限制了农业生产的发展，呈现一片大草原的景象，拥有优良的天然牧场，适于畜牧业的发展。

一河，是指黄河，它对古代京津冀影响巨大。至战国中叶黄河下游的基本流向都是流经河北平原，在渤海湾西部入海。汉代以来，黄河下游在河北平原上自北向南不断摆动、迁移，给下游民众的农耕生活带来极大不便，后经历代的治理，到南宋时黄河方由北入渤海改为南入黄海，结束了对河北平原的冲击。1947年，黄河回归北道，才恢复到现在的自山东垦利县入海。

两山，指燕山与太行山。燕山山脉是蒙古高原向华北平原的过渡与延伸地带，山脉纵横，海拔大都在1000米以上，滦河、潮白河等多条河流发源于此，它们蜿蜒流淌，切割山岭形成古北口、喜峰口、居庸关等一些险要的关隘。京津冀地区的西部是巍峨耸立的太行山，绵延于晋冀之间，长400余千米，呈北北东走向，是中国陆地第二阶梯的东部边缘，重要的自然分界线。山中同样多雄关，著名的有河北的紫荆关，山西的壶关、娘子关等。太行山虽然险峻，山中却多横谷（陉），成为东西的通道，著名的太行八陉即为商旅通衢、兵要之地。京津冀的交通路线就是沿山麓、山谷、河流而展开的。

《禹贡》分天下为九州，京津冀地区就位于九州之中的冀州，是因华夏始祖黄帝主要活动在此。黄河是沟通南北的主干道，冀州又是水上交通网的中心。春秋战国时期，洛阳占据着交通中心的地位，位于齐国、秦国、楚国、赵国之间，商贾云集于此，道路四达。位于京津冀地区的燕、赵诸国，则是洛阳通往东北地区的要道。

春秋战国时期燕赵境内的南北、东西向交通道路，奠定了京津冀地区之后交通发展的基础和基本框架。无论政治中心是在长安、洛阳的东西向横轴上移动，还是东移到东部沿海的纵轴带上，京津冀都处在联通塞北与中原、江南的枢纽。"自古建都之地，论者皆曰：'洛不如关，关不如蓟'。"其左俯沧海，右倚太行，南临天下，臂指雍梁，河济交会，险要的地理位置使京津冀地区成为北接塞外、南连中原的中枢要地。

秦汉时期，政治中心西移至关中地区。随着武帝疆域的开拓，京津冀地区的交通也有所延伸，首先是向辽东扩展，并与朝鲜和日本交集。同时，西域地区的开拓也影响后世，派张骞出使西域，联络西迁的大月氏共击匈奴，打败匈奴之后，阴山南北、河西之地均成为汉王朝的疆土，长安通往西域的道路被彻底开通。同时也加强了中原与西域诸国的联系，京津冀地区与西域间的物产与文化交流就是在这一基础上展开的。

魏晋时期，京津冀地区的交通建设上最大的成就是内河交通的发展，这在很大程度上有赖于曹操在此用兵转运粮草的需要，他所开凿的各条运河为京津冀地区构建了一个水陆交通网，核心点就是邺城。邺城在今河北临漳县西南，是汉代冀州魏郡下的一个属县，其周围河流众多，最有影响的是漳水和洹水。曹操灭袁绍、平冀州，即以邺城为根据地，开始对邺城的建设。建安二十一年，曹操封魏王，邺城升为王都，并于此召集群臣处理国政，邺城渐成为实际的国都、政治中心所在。

曹操开始着力营建邺城。其南北"中轴线"的形成，一改昔日传统，开启了此后中国古代都城新的形制。十六国南北朝时期，邺城又成为后赵、冉魏、前燕、东魏、北齐诸朝的都城。京津冀与西域的交流持续不断，西域文化源源不断地传播到邺城的上层社会。包括动植物传播、音乐绘画、石窟艺术。同样，邺城的城制制度与文化也直接影响到朝鲜、日本等东北亚诸国，把"天地人"合一和帝王独尊、中央集权与封建政治秩序观念融入了都城的构建。

唐、宋政治中心东移，经济中心南向。辽、金则兵锋直指中原地区，京津冀地区的交通结构也发生本质的变化。辽金之前，京津冀地区的交通路线一直都是以长安、洛阳或汴梁为中心的交通体系结构中的一环，在整个交通体系网络中处于边缘地位。唐宋以来，随着经济中心的不断南移，政治中心的不断东移，辽金之后以中都为中心的新的核心区逐渐形成。

元明清时期，北京成为统一王朝的都城，以北京为核心的交通网络形成。元代统一全国之后，江南仍是全国经济最为富庶的地区，元代绝大部分税粮来自江南地区，大都等地则要依靠江南的粮食等物资北运来解决。南粮北运，元代大运河的疏通，使大都北京的地位发生了根本性改变。明代在元朝的基础上构建了更加完善的以京师北京为核心的交通网络，并为清代所承袭，大运河仍是水运的重要通道。元明清的大一统，为对外交往奠定了基础。元朝建立之后，蒙古帝国就已发展出了令人震惊的交通网络，欧洲和中亚的商人可以直接到元朝作交易，马可·波罗就是一例，他东来的路线正是元大都连接欧洲的丝绸之路。

明永乐宣德年间郑和受命七下西洋，郑和率船队从南京出发，远航西太平洋和印度洋，拜访了30多个国家和地区，目前已知最远到达东非、红海。虽然没有到达欧洲，但其建立起沟通欧亚间的海上通道却给了欧洲航海者很大的启示与影响。后来，欧洲殖民者建立起美洲—非洲—欧洲三角贸易圈，为西方资本主义国家带来巨大的利润。清乾隆年间马戛尔尼使团来华，尽管没有取得预期的效果但却打通了欧洲直通北京的最后一公里，使海上丝绸之路直接与都城北京相连。

明清时期，中国与欧洲之间的经济文化交流呈现新的特点。地理大发现之后，无论是美洲还是中国都被纳入世界经济体系之中，除了欧洲使团给中国带来欧洲的物品之外，更多的是传教士们在中国传播宗教以及欧洲的科学技术知识。在这一过程中欧洲的天文学、心理学、医学等知识传入中国。欧洲传教士对欧洲科学知识的传入是做出过重要贡献的，如利玛窦、南怀仁等人。在他们将欧洲的科学技术介绍到中国的同时，也将中国的文化介绍到欧洲。

茶道商贸，主要是指从明朝后期开始，内地商人在蒙俄地区进行的以茶叶为主要商品的贸易。张家口南通中原，北接内蒙古大草原，处于农耕文明与游牧文明的交会处，优越的交通和战略地位使张家口逐渐成为万里茶道中的重要节点，但是，对张家口商贸活动影响最大的还是张库大道的兴盛。在张库大道上活跃着的是被称为"旅蒙商人"的一批汉族商民，其中以山西商人为主。他们使用骆驼，或驼车、牛车，沿着古驿道，走向草原深处，用茶叶、布匹、瓷器、绸缎等生活用品和喇嘛佛事用品，交换蒙古族牧民的皮张、绒毛、药材等物品，形成了张家口当时最大的产业——

旅蒙业。《恰克图条约》签订后,中俄贸易迅猛发展,中俄贸易的商品也是种类繁多,经由张家口输出的商品,主要为丝绸、棉布、茶叶,尤以茶叶为大宗商品,以至整个19世纪,张库大道几乎可以称为"茶叶之道"。中俄《天津条约》和《北京续增条款》签订,俄取得了在天津通商,并可以进入中国内地进行商业活动,直接到内地茶叶产地加工和采购茶叶了,使中国商人丧失了原有的优势和生机,损失惨重,对俄贸易从此一蹶不振,俄商则主导了当时的陆路贸易。同治年间,在沉重税收压制下的旅蒙业,也成为强弩之末。

茶叶贸易的发展也催生了张家口的近代金融业。贸易规模的扩大带来的是商号的繁荣和金融业的发达。张家口的金融业开始兴起。随后又出现了"大升玉""大全玉"等规模较大的账局,张家口成为中国金融业的起源地之一。为了弥补账局不经营汇兑业务的局限,清道光初年,山西商人又创办了票号。民国以后,在张家口建立的外国洋行也逐渐增多,有英国、法国、德国、美国、俄国、日本等国的多家洋行存在。

两次鸦片战争之后,基督教在中国的传播获得了许多有利的条件。特别是1858年的《天津条约》确定了基督教等宗教的内地传教权,基督教传教士开始在京津冀地区进行传教。张家口、宣化等地区建立起许许多多的基督教教堂。另外,经济商贸空间上的往来,带动了民族之间和地域之间的文化交流,诞生了许多适应经济发展水平的民间艺术形式,具有浓郁地方特色、思维方式和想象力的曲目也保留了大境门、宣化古城、鸡鸣驿等一批极具价值的古城或古建筑遗址。

古老天成的海河,孕育了天津城市的生命。隋朝开通了大运河,把海河与黄河、淮河、长江连接起来,这样就使地处运河北端,兼有河海运输之便的天津地位重要起来。明代在京畿地区设立的数以百计的卫所当中,天津卫的设立最具历史价值。明代天津是南北方海运和运河的交通枢纽,大量的漕粮汇聚储存在天津,促使天津及附近囤积粮食的仓廒迅速增加,各地商人欲擅其利,乃借运河之便贩运,出现了北棉南运、南布北销的局面,天津就是重要的枢纽之一。其实,早在元代定都大都之后,天津作为元代河、海并行的漕运方式的节点,其价值已经开始彰显。后又有盐业的兴起,漕运、盐业带来了天津的商业繁荣,天津的地位不断上升。尽管它是以军事堡垒性质兴起的城市,但经济功能却大大发展,成为以保证北京的经济与军事安全为主要功能的城市。雍正年间，改天津卫为天津府，天津逐渐发展成为畿辅地区重要的工商业城市和商贸中心。

天津自明代开始兴起，到清中期已经成为北方的重要城市。由于天津政治、经济地位的重要性，在开埠前即得到了西方列强的关注。第二次鸦片战争后，天津被开放为通商口岸。从此成为西方国家在华的重要基地和桥头堡，水陆交通因之产生了重大的变革，内河航运所占比重逐渐降低，铁路运输异军突起。以天津为中心的华北铁路网逐渐形成，极大地拓展了天津的经济腹地，铁路与内河航运互相补充，形成天津与全国各地区之间水陆交通的新格局。20世纪初，天津直接对外的远洋贸易得到高速发展，船只吨位在不断上升，贸易额也在逐渐提高，这一趋势密切了天津与世界各国的经贸联系。

商品经济不断发展、人员交流日益频繁，寓居天津的富商巨贾和文人雅士日渐增多，也推动着天津文化艺术的进步。以盐商为代表的大商人阶层活跃于天津的文化舞台，他们大起亭台楼阁，广交文人学者，而且自己也擅长诗文。同时，天津便利的交通条件和优美的自然环境，也吸引了一批文人来此寓居。天津作为"水陆通衢"和"五方之民杂处"之地，在宗教信仰方面也具有极强的多元性和包容性。

开埠以前，天津具有中国封建城市的一般特点。1860年之后，随着各国租界的开辟和扩大，近代西方的建筑和各项市政设施随之出现并不断发展，天津逐步发展成为近代化的港口城市，不仅扩大了城区范围，更改变了城市经济结构和社会结构。

（二）京津冀区域科学技术发展与对外交流

科学技术史是整个人类文化史的一部分。而且科技交流是一种双向的文化互动，在其发展的过程中，我们不断地吸取世界各民族、各地区和国家的许多优秀成果，同时我们也通过各种途径，把自己的许多先进成果贡献给全人类。

中华民族自古以来重视对外交流，在漫长的历史长河中，中国使节和旅行家的足迹遍布亚、非各国。张骞、朱应、康泰、郑和都是和平使者；法显的《佛国记》，玄奘的《大唐西域记》，汪大渊的《岛夷志略》以及费信的《星槎胜览》，皆是中华民族求知识于世界的文字见证。中国不仅与东亚、东南亚以及南亚诸国保持着密切往来，也同西欧国家进行过初步交往。明代中叶（1517—1521），葡萄牙皮雷斯使团曾抵达中土，接洽通商，成功进入南京与北京，使正德君臣了解到近代火器的威力。在中外交流的史册上，中国不仅向世界贡献了四大发明，更善于汲取域外的精神食粮与物质财富。诚如季羡林先生所言："一方的新东西、新思想、新科技等等流向另一方。另一方的新东西、新思想、新科技等等也流向这一方。……如此循环往复，无休无止，一步比一步提高，从而促进了人类文化的发展，以及人类社会的进步。"[1]

唐代以后，海上丝绸之路逐步兴起，但陆上丝绸之路也未中断。宋、金、西夏、河湟、吐蕃通过丝绸之路和西域诸国仍保持着密切联系；蒙元帝国横跨亚欧大陆，为东西方的交流铺设了一条坦途，工匠、军民的大量往来迁徙，促进了新民族的形成和科技文化的发展，凸显出多元文化景观。

明末清初的西学东渐，主要是文艺复兴时期的西方文化在中国的传播。除了天主教神学知识外，还涉及哲学、语言、天文、历法、数学、物理、兵器、地理、建筑、水利、绘画、音乐等，为中国的科学发展和思想理论注入了新的元素。其时，西方科学技术正迅猛发展，而中国科学技术的发展却缓慢停滞，渐渐落后于同时代的欧洲。也因此，传教士对西方科学技术知识的翻译与介绍，对推动中西文化的交流具有划时代的意义。

中国的儒家文化经过两千多年的传播与对外交流，早已植根于朝鲜半岛、日本、越南、新加坡等亚洲各国，形成"儒家文化圈"。其后，儒家思想又通过西方来华传教士传至欧洲，受到莱布尼茨（Gottfried Wilhelm Leibniz，1646-1716）、伏尔泰、狄德罗（Denis Diderot，1713-1784）、霍尔巴赫（Paul-Henri Thiry，1723-1789）等人的高度认同，还受到法国思想家魁奈（François Quesnay，1694-1774）的热情礼赞。

18世纪，就是东西方文明的分水岭。在古老的中国，已然走上闭关锁国的道路时，同时代的欧洲文明，却百花齐放，推陈出新。科学的突破如雨后春笋，新发现、新发明层出不穷，最终引发改变人类命运的"科技革

---

[1] 季羡林：《中印文化交流史》，中国社会科学出版社2008年版，第26页。

命"。如火如荼的启蒙运动席卷西方世界，一批杰出的思想文化巨人，登上时代舞台。但在当时的欧洲，固然有孟德斯鸠等学者对中国文化持批判态度，但更多的学者对中国极为推崇。法国狄德罗的百科全书派，时常拿中国文化来对比批判西方。而欧洲各国政府，态度更积极与实际，要把中国好的东西都学过来。故而在18世纪的欧洲出现了一股"中国热"的时尚潮流。究竟"热"到什么程度？自1697年法国和中国正式通商后，中国的工艺品、各种小摆设、家具、纺织品、挂毯、绘画等，纷涌而至，在巴黎和外省，都有贩卖中国物品的商店，从王族城堡，到大臣府第，都喜尚中式风格的装饰，于是中式客厅、中式书房、中式家具、中式挂毯、中式织锦、中国主题的绘画，便应运而生，竞相炫示，朝野上下，形成一股追逐中国事物的时尚。[1]18世纪欧洲的进步，某种程度上就来自他们对于中华文明的狂热崇拜，以及不遗余力的学习。

大批传教士得以有机会踏上中国土地。他们除了肩负传教任务，还怀有另一项重要任务——学习中国的产业科技。1735年，法国传教士杜赫德，成功翻译出了明代农学宝典《农政全书》的第31卷至39卷。这以后，这八卷记载中国养蚕、种棉篇章的文献在欧洲火速流传，陆续出现了英文等各种版本。沙皇俄国也专门引进翻译出俄文，直接助力沙俄的农业产值。而且这种现象，这样的突破，还不仅仅是局限于某个传教士的热情。1765年，法国财政大臣杜尔阁，就给即将出使中国的法国传教士们，提出了52项任务，包括一定要学到中国的造纸、果木栽培、农艺等技术。[2]

正是这种孜孜以求之下，中国特有的巨幅纸制造技术、桐油生产技术等，被这些传教士源源不断地带回到欧洲。甚至连粮食种子与种茶技术，也在这一时期，被欧洲人陆续学到了手。就连古代中国引以为傲的出口品牌瓷器，1717年前后，也被在景德镇明察暗访的法国传教士殷弘绪，成功掌握了烧制方法。1768年，法国烧制出了同样精美的硬制瓷器，从而打破了中国瓷器的出口垄断。曾经全方位领先西方的中国生产工艺，就这样接二连三被欧洲人陆续突破，那时的人们尚不知有专利权的观念。于是，我们不难理解为什么18世纪后，一向以求教学习的态度看待中国的欧洲人却默默地完成反超。对过往的反思，很多人曾抱怨叹息闭关锁国的中国那

---

[1] 康凯：《18世纪欧洲人眼中的中国》，《大众文艺》（理论版）2008年第9期。
[2] 叶廷芳：《十八世纪欧洲的中国热》，《北京日报》（网络版）2012年5月17日。

故步自封的傲慢；但同样不容忽视的是整个18世纪，欧洲社会从上到下对于东方文明那种不遗余力积极学习的态度，放眼看世界的眼界与奋起直追的精神。这才是近代西方国家超越领先、跨越发展的动力。

京津冀区域历史文化悠久，科学技术发源较早。本章京津冀区域对外的科学技术交流则以北京作为政治文明中心，内容大致分为四个阶段。

第一个阶段为秦汉至两宋时期，由于道长且阻，远行困难，京津冀区域仅与中亚地区有零星科技交流，如葡萄、西瓜等作物的传入与中国农学、数学的传出，交流领域、范围相对狭小。

第二阶段为元朝时期，北京作为政治中心的地位得以确立，科学技术发展进入繁盛期，京津冀区域与西方科技交流渐次开展起来，阿拉伯数学、医学传入，中国科学与技术对周边地区的辐射增强，交流范围、领域有所开拓。

第三阶段为明清时期，北京政治中心地位更加凸显，京津冀区域与西方科技交流大规模展开。这一阶段既有启蒙运动时期，欧洲有志之士们对中华文明的火热崇拜与如饥似渴的学习，也有伴随着耶稣会士的大规模来华，作为传教的手段，西方自然科学技术较多传入中国，一定程度加速了中国近代科技的发展。

第四阶段为1840年以来至20世纪初期，本着自强与求富原则，清政府通过兴建军事工业与民用企业，引入西方近代技术和设备；借助兴办学堂与派遣留学人员，学习西方科学与技术，为中国近代科技人才的培养与制度建设奠定基础。

（三）京津冀区域的宗教文化与传播

宗教不仅是一种信仰体系，而且是一种文化形态。从某种意义上讲，人类宗教的发展历史，就是人类的文化发展历史。在人类社会初始阶段，宗教产生本身就是一种文化创造，宗教观念在一定程度上代表着文化。英国历史学家汤因比把宗教喻为一辆四轮马车，认为文明就是宗教运行的车轮，正是通过文明单调重复的周期性循环，形成了宗教朝着既定方向、具有更长节奏的运动。[①] 按照汤因比的说法，宗教的性质决定着文明的性质，

---

① [英]汤因比：《历史研究》，刘北成译，上海人民出版社2000年版，第133页。

宗教的兴衰决定着文明的兴衰，宗教乃是"文明的核心"。

人类先后创造的三大世界性宗教——佛教、基督教和伊斯兰教，都曾经影响或正在影响而且一定还将继续影响世界文明的诸多方面。人类历史上的哲学、文学、艺术等，均深受各种宗教的影响。顾颉刚先生认为中国在发展过程中形成了三大文化集团：汉文化集团、信仰伊斯兰教的"回文化集团"和信仰藏传佛教的"藏文化集团"。这几个"文化集团"在长期互相交往中彼此影响、相互交融，既有共性又保留特性，许多文化元素以共生的方式渗透到各地民众的思想观念和日常生活中。

在与来自"中华文化圈"之外其他文化的交流过程中，中华文明先后容纳了外部传入的佛教、伊斯兰教、萨满教、基督教等宗教及教派，吸收了外来宗教的许多文化元素，包括哲学思想、话语体系、制度形式和文学艺术。人类社会文化的演进，即是由宗教文化与人本文化交汇融通、相互砥砺、彼此吸纳而共同推动，像中华文化最终将儒、释、道融为一体。

我们看到的是外来宗教在进入中原地区后出现了不同程度的"中国化"现象。例如佛教在东汉时期自印度传入中土，中原学者高僧用《老子》《庄子》及《论语》语义来解读印度佛学义理，出现"格义佛学"。葛兆光认为："人们借助老庄对佛教进行解释，佛教也是在不断翻译和解释之中，加入了这一思想系统，并使之开始彰显它的系统性，在这个意义上，中国也征服了佛教。""佛教……到了中国之后，出家众的生活来源发生了变化，由托钵化缘式改变为坐拥土地及寺产的安居受供式……中国式的祖师清规就出现了……这在印度佛陀时代是未曾有的事，这就是佛教教仪和教制的中国化。"[1]

元代的回回穆斯林已在一些礼俗上接受汉人影响，如取表字、采汉姓；冠居名、堂号；遵丁忧、汉丧之制；行节义之礼。元代的"三掌教制"和伊玛目制"是中国伊斯兰教的一种创制，在一般伊斯兰国家和地区尚属少见"。中原地区清真寺在建筑风格上普遍采用了汉地的砖混结构、四合院形制和殿堂式建筑。明朝颁布法令推动穆斯林与本地人通婚，促进族群交融，中原地区的汉语成为回回的通用语言。[2]

唐代天主教以"景教"之名传入中土，元代方济各会修士曾来中国传

---

[1] 马戎：《中华文明的基本特质》，《学术月刊》2018年第1期。
[2] 同上。

教，明、清时期利玛窦、汤若望等先后来华传教，"努力将天主教教义解释成与儒家义理完全相合的价值系统"。1700年，清朝的天主教徒达到30万人。①19世纪初，基督教新教传入中原地区。20世纪20年代中国的"基督教新思潮运动"推动中国基督教学者"将基督教伦理化并与中国传统文化相对接"，"主张基督教徒和教会要关心国家的命运和建设"，积极投身于当时的平民教育与抗日救亡运动。使基督教文化成为今天中华文明的重要组成部分。

以此我们感受到中华文化对外来宗教与文化的强大包容性，感受到中华文明"海纳百川""见贤思齐"，积极吸收和容纳外来文明的开放心态。

西汉末年的佛教东传应是中国历史上第一次大规模的对外文化交流。交流始于法显、玄奘到印度取经，把印度的佛教经典带回中国。自此佛教在中国传播开来，乃至出现唐代的禅宗盛世。直至今天我们仍把"儒、释、道"视为中华传统文化的主流，甚至将"释"排在"道"之前。可见佛教已全面融入中华文化，被彻底中国化了。当时，陶醉于儒家博大精深思想体系的中国知识阶层猛然发现，中国之外还有一个能够把宇宙人生阐释得如此精辟透彻的庞大思想体系的存在，一时被震撼了。佛教的融入成就了宋明理学，这也是中国人第一次面对一种强大的外来思想。

佛教在中国的扎根，对于国人的思想体系、价值观念、人生态度、生活方式、语言文字以及文学、美术、书法、音乐、舞蹈、建筑等各个领域都产生了深远影响。正是这些影响，构成了中华文化集儒、释、道为一体的精神气质，呈现出东方文化的独特魅力。②之后，中国便将这种宗教传播至东亚各国，同时传去的还有博大精深的中华文化。

中国与西方世界的直接碰撞，是以基督宗教之在华传播为媒介的。基督宗教对华传播经历几次高潮，不同教派先后扮演了不同的角色，包括唐代的景教（聂斯脱里教）、元代的也里可温教、明代中后期的天主教、清初的东正教及晚清的基督新教等。基督宗教先后于唐代和元代两次传入中国，元灭亡之后一度沉寂。明中叶以后，借助地理大发现以及欧洲殖民主义的全球扩张，西欧天主教传教士开始由海路抵达中国。在明末清

---

① 赵士林、段琦主编：《基督教在中国》，宗教文化出版社2009年版，第5页。
② 章开沅、陈才俊：《东西方文化对话与中华文化的抉择》，《澳门研究》2016年第2期。

初的200年时间里，大批传教士来到中国，他们以传播西方科学技术作为手段，结交中国的官员知识分子，通过融会儒家经典和学术思想，向中国传播天主教教义，使中国逐渐"基督教"化。意大利耶稣会士利玛窦（Matteo Ricci，1552-1610）是中国天主教传教事业的奠基者，他把西学介绍到中国把中华文化传播到西方。在传播天主教的同时，传教士们也把欧洲文艺复兴时期发展起来的科学文化知识介绍到中国，还把中国的许多经典文献翻译成西方文字传播到欧洲，开启了中西文化的大规模交流。因此，他们是明末清初西学东渐与东学西传的中坚力量。

异质文化的相遇，很可能会导致冲突、竞争，亦有可能走向交流、融合。东西方的接触，对双方的历史都起到了冲击作用。耶稣会士来到中国本来是以传播维护圣教为己任的，但却因东西方文化的接触而将中国的经典文献带回西方，催生了西方的反宗教、反专制理论。西方早期对中国比较具体的了解也有赖这些传教士的最早研究。所以我们说他们既是东学西渐的开拓者，亦是西方汉学研究的创始者。

近代中西文化交流是一个双向循环的过程。中国历史上几次大规模的对外文化交流均发端于宗教，中华文化与佛教文化、伊斯兰教文化、基督教文化的交流；佛教文化与儒、道思想一起，构成中国传统文化的基石；基督宗教文化背后，映衬着以"两希"文化为基础的西方现代工业社会的物质文明与精神文明。虽然它没有取得像与佛教文化那样水乳交融的效果，但这也恰恰说明我们与西方文化的相互理解、信任、融入还有很长的路要走。

宗教文化是京津冀区域文化的重要组成部分。宗教文化涵盖的内容非常广泛，包括宗教信仰、寺观建筑、宗教活动、宗教典籍、宗教人物、艺术、节日等。宗教的外化表现是各式各样的宗教建筑。佛教宗教建筑名称较多，有寺、庙、庵、堂、院等，伊斯兰教建清真寺，基督教建教堂，形成一个相对封闭独立的空间。

本章京津冀区域的宗教文化传播与影响，旨在介绍在"一带一路"影响下，世界性的三大宗教佛教、伊斯兰教、基督教等沿着不同的海陆路线进入中国，经过长时间的调适与磨合，逐步落地发芽，对中国民众和地方社会发挥出其独特的作用和影响。同时，借助"一带一路"，本地区宗教又不断与世界其他地区进行交流学习，扩大本地宗教的影响力，为世界宗教交流与发展作出了应有的贡献。

（四）京津冀区域民俗文化的沿袭与发展

血缘和种族是先天的、不可改变的，但文明却可以学习和模仿。因此，以华制夷，化狄为夏，不仅在中国历史发展中为常态，也是中华帝国文明扩张的使命之所在。在中华文明发展的漫长历史过程中，作为东亚大陆人口与经济核心区的中原地区始终与周边地区保持着密切与深入的文化互动，不仅中原地区的文化与科学技术被传播到周边地区，同时中原人群也积极学习和吸收周边地区的传统文化和科学技术，地区之间的贸易、迁移与通婚（和亲）成为传统交流方式。

中华文明的组成是多民族融合的结果。基本特征从初始阶段就体现出非无神论的世俗性，既没有一神教文明那种强烈的"零和结构"与排他性，也不是严格意义上无神论的反宗教性；没有基于体质差异导致类西方的种族主义歧视，如汉唐时代的文化开放，自然是与经济、政治等方面的开放相依存的。在政治上和军事上唯才是举、唯贤是用，而不分民族、国籍，乃至昔日死敌、手下败将都可能委以重任。读《新唐书·诸夷蕃将传》，即可知其时唐代对于外族之优渥，以及诸蕃将仕唐之热忱："如将彼俘来一样，自由驱使绝不介怀"。所以，中华文明对于内部文化的多样性和外部文明的差异性都表现出极为罕见的包容态度，华夏国中，才会有那么多菩萨蛮、昆仑奴、遣唐使、学问僧，有那么多唱不完、吟不尽的"胡音胡骑与胡妆"。

历史告诉我们，最持久与成功的文化交流，往往是通过商业手段与途径得以实现的。络绎不绝的中外商旅通过丝绸之路，将中国的丝绸、瓷器、造纸术等传入西方，又将西方的琉璃、珠宝、香料、药材等奇珍异物输入中国。沿途一些城市由此成为重要的商品集散地，呈现"胡商贩客，日款于塞下"的繁忙景象。随着丝绸之路的兴盛，中亚、印度等地的音乐、舞蹈艺术首先传入新疆和甘肃河西地区。在与本土乐舞相互融合的基础上，形成音律优美、舞姿婆娑的"龟兹乐""西凉乐"等乐舞艺术，它们后来成为隋唐宫廷乐舞的基础，并且传到朝鲜、日本等地。[1]

---

[1] 傅梦孜：《对古代丝绸之路源起、演变的再考察》，《太平洋学报》2017年第1期。

历史也证明，无论是物质文化还是精神文化，广泛而深入的域外交流，是维持其旺盛生命力的重要基础。伴随中国瓷器大量输出的，也有海外审美文化、审美意识对中国瓷器的影响。至明代，中国的青花瓷已震撼了世界艺坛。殊不知赋于青花瓷以"青肤肉肌"的颜料，恰是郑和下南洋带回的苏门答腊岛的苏泥和槟榔岛的勃青，以后，南洋进口的颜料用尽，青花瓷的颜料又来自阿拉伯国家的回青。康熙后期，清代瓷器吸收了欧洲、阿拉伯国家的瓷器、瓷瓶、珐琅和玻璃器皿等艺术上的长处，还有西洋的绘画艺术。大量的、博采众长的文化交流，造成了中国制瓷艺术的新的高峰。[①] 这里瓷器的形色变化只是中外文化交流、相互渗透影响的一个缩影，体现出不同区域民俗文化交往的重要特征。

民俗，作为一种伴随人类生活产生的文化现象，存在于世界每个角落，有相当久远的历史。我们的祖先早在先秦时期就发现了它的存在，且对其重要性有较为深刻的认识。

民俗学被作为一个专有名词、一门学问则来自西方，是源于17世纪和18世纪英国的"古俗"（Antiquities）和"大众古俗"研究。当时一批从事古老知识与古物研究的学者创办有关杂志，并出版了一批相关著作。今天我们国际通用的民俗学用语"Folklore"一词，发端于19世纪50年代的英国，后迅速流行于美、法、德、意等国，并舶入中国。1846年8月，英国考古学家威廉·约翰·汤姆斯（William John Thorns，1803–1885）最先使用这个撒克逊语合成词来表达它，这个词就是"Folklore——民众的知识"。[②] 后世一般将汤姆斯此时提出的Folklore看作"民俗"一词之源。1872年，在香港创刊的《中国评论》第二期则直接刊发了题为"中国民俗学"（Chinese Folk-lore）的启事。1913年12月，周作人在《绍兴县教育会月刊》第4号上发表的《儿歌之研究》中，使用了"民俗学"一词。

1927年，广东中山大学成立了我国第一个"民俗学会"，第二年出版《民俗周刊》。1930年前后，钱南扬、钟敬文、江绍原、娄子匡等人成立了民俗周刊社，出版了《民俗学集镌》《民间月刊》等民俗学刊物。从

---

① 忻剑飞：《世界的中国观——近二千年来世界对中国的认识史纲》，学林出版社1991年版，第8页。

② 登在《雅典娜之坛》周刊第982期上，1846年8月22日出版，被收入阿兰·邓迪斯主编的《民俗研究》（*The Study of Folklore*）和理查德·多尔逊编的《农民风俗和野蛮人神话》（*Richard M Dorson. Peasant Customs and Savage Myths*）。

此，民俗学逐渐得到国内学术界的承认与广泛使用，学者们对民俗的界定主要受英国的影响。新中国成立后，尤其是十一届三中全会后，我国学者在历史唯物主义和辩证唯物主义的指导下，吸取国外学者对民俗研究的成果，提出了具有中国特色的民俗分类。但因角度不同，学者们的具体分类又有异同。如：乌丙安教授在《中国民俗学》中将民俗分为经济民俗、社会民俗、信仰民俗和游艺民俗四个方面。[①] 杨堃先生主张"民俗学是研究各民族中劳动人民的生活与文化的科学"。[②] 严昌洪在他的《西俗东渐记》中则称，虽在仪节的等级、排场的繁简上时时体现出阶级性，但"在一个社区中的各阶级成员在同样的需要中，往往都遵守一些基本相同的礼和俗"，[③] 故用"社会风俗"来称呼似更恰当。钟敬文认为，民俗有物质民俗、社会民俗、精神民俗与语言民俗四大类。[④] 其主编的《中国民俗史》丛书，分述了不同时期的物质生产民俗、物质生活民俗、民间工艺、人生礼仪民俗、岁时节日民俗、社会民俗、民间戏曲艺术、民间娱乐民俗、信仰民俗和少数民族生活民俗等层面。

本章述及的民俗分三类进行论说，即物质民俗、精神民俗和社会民俗。其中，物质民俗包括有如服饰、饮食、居住、生产、交通等；社会民俗包括人生仪式如诞生、成年、婚姻、丧葬，和节日、节气等岁时习俗；精神习俗包括神话传说、歌谣、谚语等口承语言民俗，民间游艺和美术、音乐、舞蹈等民间艺术，及宗教、信仰、禁忌、道德礼仪等精神信仰民俗。

民俗是人们生活的具体形式，它没有一个文本权威，主要靠耳濡目染、言传身教的途径在人际和代际之间传承。因此，民俗既有稳定性，又具有变异性。如，不同的地域有不同的风俗，但又相互影响。民俗体现了普通民众的群体生活状态，与地方文化息息相关。"百里不同风，千里不同俗。"从先秦时期，各方国部族林立就长期保留了自己的民俗习惯，并由此逐渐形成了地方特色。但社会是不断向前发展的，自然地理生态环境在不断变化，适应新环境条件的民俗总在不断地产生，不适应发展变化的

---

① 乌丙安：《中国民俗学》，辽宁大学出版社1999年版，第12页。
② 杨堃：《关于民俗学的几个问题》，《社会科学辑刊》1982年第2期。
③ 严昌洪：《西学东渐记》，湖南出版社1991年版，第10页。
④ 钟敬文：《民俗学概论》，上海文艺出版社2009年版，第5页。

旧民俗又在不断地消亡。而且，随着时代的变迁，人们生存的客观物质条件和主观精神条件都在改变，民俗也就随即发生了变化。从民俗生活的细微变化中，我们便可以感受到时代的烙印，看到不同时期的民俗特征。

京津冀地区在历史上是草原文明、农业文明、海洋文明交汇的区域，是草原丝绸之路与海洋丝绸之路连接的重要纽带。因地理位置之特殊，其民俗既受到外来文化的冲击，也在对外传播和发展过程中影响外部的文化。这种变化我们把它分为三个阶段。

（1）远古、先秦至汉唐，为文化接触阶段。考古发现表明，古燕国因其所处的特殊地理位置，既经营农业又经营畜牧业，同时在其渤海湾沿岸及各岛屿，还有少量的渔业和盐业。这为沟通海洋、农耕及草原文化，提供了得天独厚的条件。

（2）元代至清早期，为民俗文化广泛交流阶段。自元朝始北京成为国家的都城，也成为国家的政治、经济与文化中心。自此，这一地区的对外交流明显活跃。无论是器物、技术、科学，还是宗教、哲学、思想观念，从物质到精神层面，都相互渗透，相互辐射。比如，由于传教士广泛传播西方近代科技，儒绅士林与宫廷社会经受了第一次西学渗透；同时，他们也向西方世界介绍儒家文明，使欧洲启蒙运动出现膜拜儒家文化的现象。

（3）19世纪中叶鸦片战争至21世纪，为京津冀民俗文化融汇阶段。中国社会融入人类历史的全球化之中，从社会价值观念到百姓日常的衣食住行的改变，都反映出这一阶段文化融汇的广度和深度。如，在物质层面，西方的生活方式改变着人们的衣食住行；社会层面，人们告别各种陈规陋俗，追求自由平等，模仿和接受西化。相对而言，此时期所体现出来的主要是我们自身民俗文化受西方影响所产生的巨大变化，反之则相对有限。

（五）京津冀区域非物质文化遗产的发展演变

文化呈现出政治、经济、价值认同和生活方式等诸多形态。而相近的文化形态，又可分为偏重于物质和偏重于精神两大体系。于是，人们就把偏重于物质形态的文化，如生产力和生产关系以及人类创造的物质成果等称为物质文化形态，把其中所包含的物质文化的价值尺度称为物质文明；把某种思想制度、行为规范、精神成果（包括哲学、宗教、文学等）称为精神文化形态，把其中所蕴含的人类精神文化的价值尺度称为精神文明。

人思维活动的活跃性和意识活动的不间断性，则决定了文化的动态性特征。也就是说，任何文化形态都是活动的有机体，处于不断发展和变化之中。比如当我们研究某一古代文化形态时，绝对不可囿于一个固定不变的僵死概念或者某个没有生命的知识范畴，而是应该通过深掘各种历史遗迹、历史资料乃至历史现象，来把握该古代文化形态所反映的人的精神意识和情感联系的运动过程，揭示其时各种政治、经济、行为规范、生活方式等所包含和体现的人类思维特征以及认识能力所达到的程度。另外，由于动态的文化具有不稳定性和易变性，所以，文化总是发生着变化。于是，一个时期的文化形态常常表现出不同的发展风貌，体现着不同的内涵构成。这其中既表现为物质文化遗产也包括非物质文化遗产。

根据联合国教科文组织的《保护非物质文化遗产公约》定义：非物质文化遗产（intangible cultural heritage）指被各群体、团体、有时为个人所视为其文化遗产的各种实践、表演、表现形式、知识体系和技能及其有关的工具、实物、工艺品和文化场所。

《中华人民共和国非物质文化遗产法》规定：非物质文化遗产是指各族人民世代相传并视为其文化遗产组成部分的各种传统文化表现形式，以及与传统文化表现形式相关的实物和场所。包括：1. 传统口头文学以及作为其载体的语言；2. 传统美术、书法、音乐、舞蹈、戏剧、曲艺和杂技；3. 传统技艺、医药和历法；4. 传统礼仪、节庆等民俗；5. 传统体育和游艺；6. 其他非物质文化遗产。[①]

我国是一个多民族的国家，悠久的历史和灿烂的古代文明为中华民族留下了极其丰富的文化遗产。非物质文化遗产与物质文化遗产共同承载着人类社会的文明，是文化多样性的体现。我国非物质文化遗产所蕴含的中华民族特有的精神价值、思维方式、想象力和文化意识，是维护我们文化身份和文化主权的基本依据。加强非物质文化遗产保护，不仅是国家和民族发展的需要，也是国际社会文明对话和人类社会可持续发展的必然要求。联合国教科文组织就认为非物质文化遗产是确定文化特性、激发创造力和保护文化多样性的重要因素，在不同文化相互宽容、协调中起着至关

---

① 《中华人民共和国非物质文化遗产法》第一章 总则，第二条。

重要的作用，非物质文化遗产是各族人民世代相承、与群众生活密切相关的各种传统文化表现形式和文化空间。它既是历史发展的见证，又是珍贵的、具有重要价值的文化资源。作为一个历史悠久的文明古国，我们不仅有大量的物质文化遗产，而且有丰富的非物质文化遗产。各族人民在长期生产生活实践中创造的丰富多彩的非物质文化遗产，是中华民族智慧与文明的结晶，是联结民族情感的纽带和维系国家统一的基础。保护和利用好这些非物质文化遗产，对于新时期社会主义建设，实现经济社会的全面、协调、可持续发展具有重要意义。

非物质文化遗产的特点与物质文化遗产不同：非物质文化遗产是由人类以口头或动作方式相传，具有民族历史积淀和广泛、突出代表性的民间文化遗产，它曾被誉为历史文化的"活化石""民族记忆的背影"。

非物质文化遗产的最大的特点是不脱离民族特殊的生活生产方式，是民族个性、民族审美习惯的"活"的显现。它依托于人本身而存在，以声音、形象和技艺为表现手段，并以身口相传作为文化链而得以延续，是"活"的文化及其传统中最脆弱的部分。因此，对于非物质文化遗产的传承来说，人就显得尤为重要。

非物质文化遗产又和物质文化遗产一样，都是老祖宗给我们留下的宝贵财富，蕴含着民族的精神思维与感情记忆，传递和延续着民族的精神血脉。加强非物质文化遗产的保护、传承、挖掘、开发工作，对提高民族的自信心和文化归属感，意义重大。

京津冀地区作为元明清以来的京畿重地，社会经济相对发达，中外交流比较频繁，这种得天独厚的区位优势不仅使得这一区域的非物质文化遗产种类繁多、影响广泛，而且呈现出鲜明的文化交融的特点。本章仅就：景泰蓝——中西合璧的传统手工艺、同仁堂——走向世界的传统中医药、蔚县剪纸——融会中西的美丽之花、冀中笙管乐——融会中西的传统音乐、京剧——外国人眼中的东方歌剧、吴桥杂技——墙里开花墙外香的传统杂技、李派拳法——产生于中西碰撞的武术门派等几个重点项目，以见微知著的方式，揭示传统手工技艺类、传统医药类、传统美术类、传统音乐类、传统戏剧类、传统杂技类、传统体育类等代表性非遗种类在这一特定区域活态流变的文化特点。

目前，我们国家非常注重非遗的保护与传承，凡具有历史、科学和艺术价值的非物质文化遗产均在普查和保护之列。其中包括民间文学、民间音乐、民间舞蹈、民间美术、戏曲、曲艺、杂技、民间手工技艺、生产商贸习俗、消费习俗、人生礼俗、岁时节令、民间信仰、民间知识、传统体育与竞技和传统医药等类别。本章所列举的几个重点项目也均在其中，希望得到地方政府足够的重视。因为非遗资源是地方文化发展的宝贵优势，它不仅构成深厚的文化底蕴，也承载着文化传承的历史使命，我们必须增强保护非物质文化遗产的自觉性和主动性，以高度的责任感和使命感，切实做好非遗的保护工作。

综上所述，丝绸之路的形成，即为中外文化交流源远流长的活化石。遥望当年，古老的丝路上驼铃阵阵、羌笛悠悠，丝绸之路跨越无垠的戈壁、茫茫的沙海、险阻的山脉，把中华文明、印度文明、罗马文明连接在一起，将古代中国推上国际舞台。丝绸之路是商贸大道、文化走廊，也是文明之路、开放之路。它的历史，是古代中国与世界友好交往的历史，它向人们揭示：开放接纳、博采众长，才能促进人类文明的进步。

从文化交流的方式与途径看，各地区、民族或国家之间交流的过程，可以是通过和平的途径，也可能是通过血与火的方式，但归根到底，没有交流就缺乏比较，没有交流就难以进步。历史上如此，全球化的当今社会更是如此。著名德裔美国人类学家博厄斯（Franz Boas，1858-1942）曾说："人类的历史证明，一个社会集团，其文化的进步往往取决于它是否有机会吸取邻近社会集团的经验。一个社会集团所获得的种种发现可以传给其他社会集团；彼此之间的交流愈多样化，相互学习的机会也就愈多。"[①]

从历史上看，中国文化的传承一直是在不同文化间的冲突、融合、再生的背景下实现的。中华文明对于内部文化的多元性和外部文化的差异性都展现出极为罕见的包容心态，以海纳百川的博大胸襟不断增进对异质文化的理解宽容与吸纳，通过交流与对话，促成多元文化共同体的形成。当今世界主流趋势正步入以"一带一路"建设为载体，以东西方文明交流互鉴为基础，共同构建人类命运共同体为价值导向的新型全球化发展模式。在这个大背景下，我们探寻京津冀地区历史文化的发展脉络，努力推动实

---

① ［美］斯塔夫里阿诺斯：《全球通史：1500年以前的世界》，吴象婴、梁赤民译，上海社会科学院出版社1999年版，第57页。

现京津冀一体化的现实格局。这既有其历史基础，也为地方区域的合作与协同发展奠定前提条件。

　　文化是人创造的。京津冀区域的文化是京津冀大地上的历代先民创造的。本书对京津冀区域文化史的研究通过对地方区域交通、科技的发展与交流、宗教信仰、民俗风情、非物质文化遗产等几个主题的分析阐述，抓住京津冀地区历史上曾是草原文明、农业文明、海洋文明交汇的区域，是草原丝绸之路与海洋丝绸之路连接的重要枢纽。自古以来它们在经济上共生、文化上同源，是一个不可分割的整体。尤其是将京津冀区域文化的研究放在"一带一路"的大视野下进行探讨，分析通过"一带一路"外来文化对京津冀区域形成的文化影响以及京津冀区域文化通过"一带一路"对其他地区文化的传播作用，彰显本区域文化协同发展及对世界文明的独特贡献。

　　本研究挖掘史料、突出主题、梳理线索、明确观点、以史为证，鉴往知来，是在继承优秀传统史学文化基础上，结合现在"一带一路"的战略需要，本身既具有传承和发展的意义，同时又具有现实与实践意义。对政府的科学决策、地方文物保护、非遗的传承和文化旅游产业开发都具有借鉴与参考价值。

第一章 京津冀区域文化的时空演变

序 言

一 京津冀自然形势与交通基础

自然环境是人类生存、发展的舞台，是由地质、地貌、气候、水文、土壤、矿藏、动植物等自然要素构成的，是人类进行生产、生活活动的基本条件。不同的区域其自然环境是不同的，人们利用和改造的自然环境的不同，使人们的生产方式和生活方式产生差异。京津冀地区是华北大平原的组成部分，位于华北大平原的东部，地域辽阔，西靠华北平原的脊梁——太行山脉，东抵渤海，燕山山脉位于京津冀的北部，由此向北地势逐渐升高，与蒙古高原相接，南隔黄河与河南地区为邻。京津冀地区地形南北狭长，纵跨八个纬度，造成南北气候条件有很大的差异。年平均气温，从北往南由1℃递增到14℃；最冷月（一月）从北往南由零下22℃递增到零下3℃；最热月（七月）从北往南由17℃递增到28℃。使南北温差、热量、积温等方面出现很大的差异。

京津冀地区按其不同区域的自然环境特征可大体划分为三个区域，即高原区、山地区（包括燕山山区和太行山区）、平原区（包括山麓平原、冲积平原和滨海平原）。

（一）高原区

高原区位于燕山以北地区，因位于张家口以北地区又有"张北高原"之称，是由蒙古高原东南边缘的一部分，海拔1200—1500米，地貌特征以丘陵为主，湖泊点缀其间。地表波状起伏，多内流河、咸水湖淖和草地。

张北高原俗称"坝上",是因其南部边缘横亘着蜿蜒起伏的群山,即阴山的东段大马群山,呈东北－西南走向,自张家口迤逦而东,过独石口外;再向东是大兴安岭山脉的南段苏克斜鲁山,自独石口外又东北穿过河北省丰宁县、围场县境,跟大兴安岭相连。群峰迭起,地势险要,辽、金、元和明朝时称其为"岭",清时又称"兴安岭"。《大清一统志》记:"兴安岭,其山甚高大,自张家口而东,绵亘千里……"又俗称"坝",清直隶总督孙嘉淦出独石口北巡后,在写给乾隆皇帝的《请于开平、兴和(即张北)添驻满兵奏札》中就提到:"口外之山,绵亘千里,名曰大坝。"称其为"坝",是因其形状如水坝,《张北县志》记载:"南由各沟渠而上达其巅,过此虽属高原,愈趋愈下,故名曰坝,如防水坝之意。"山体长期遭受河流切割及风化剥蚀山体被分割成数段而形成的山口与沟谷,俗称"坝口",成为南北往来之途。布列张北境内的坝口就有20余个:远威门坝、十五里水泉坝、二十里板申图坝、八里西岔坝、六里黑猫坝、七里黄台坝、三里麻尼坝、二十里盐车坝、十五里候英坝、六里韩庆坝、八里柳条坝、七里曹胡坝、三里窑子沟坝、二里黄土坝、三里水泉坝、四里甲石坝、五里集沙坝、十五里汗诺坝、十里神威台坝、十五里上边坝、七里镇虎台坝、二十里黄石崖坝、八里青羊沟坝。

  向北行越坝就进入了内蒙古大草原,也称蒙古高原,面积广大,东界大兴安岭,西界阿尔泰山脉,北界萨彦岭、肯特山、雅布洛诺夫山脉,南界阴山山脉。高原中南部坦荡完整,起伏和缓,风沙广布,古有"瀚海"之称。高原平均海拔1580米,地势自西向东逐渐降低。年平均降水量约200毫米。冬季是亚洲大陆的冷源之一,最低气温可达-45℃,夏季最高温可达30℃—35℃。较大河流有色楞格河、克鲁伦河、鄂嫩河－石勒喀河、海拉尔河－额尔古纳河－黑龙江等。较大湖泊有乌布苏诺尔湖、库苏泊、吉尔吉斯湖、哈腊乌斯湖和哈腊湖。属温带大陆性气候,冬季严寒漫长,夏季炎热短暂,降水稀少。蒙古高原地区地势高,气候寒冷,降水稀少,干旱多风,限制了农业生产的发展,却呈现出一片大草原的景象,成为优良的天然牧场,适于畜牧业的发展。"中国内地与蒙古草原的最大差异是:草原的原始农业文化没有能够发展到大农田粗耕制,或农耕与畜牧并行的混合经济。游牧最终成为占统治地位的制度,尽管不是唯一的制度。……在草原,即使条件最好的地方也不能超越原始农业,而在黄土地带，农业劳动很容易获得利益。"草原地带与农耕地区的环境差异，产生了两区域间物产的不同与互补性，草原地带的马匹以及牛羊等动物的肉类和皮毛，都是农耕区所需要；农耕区的粮食、茶叶、衣料、铁器等，更是草原所不能缺少的必需品。物产的差异促进了区域间的交流和交通道路的开通。坝口沟通南北的作用在这里得到充分的体现，张家口堡，就是著名的宣化府所属重要的军事屯堡，是与蒙古进行茶马贸易的重要坝口，也是通往塞北草原的主要通道。为了加强对草原的控制，明、清两朝都在主要的坝口建城筑堡，屯兵驻守。

（二）山地区

从张北高原南下，便进入了冀北山地，这里水资源丰富，素有"九山半水半分田"之称，是蒙古高原向华北平原的过渡区，燕山山脉纵横其间，是滦河、潮白河等多条河流的发源地和汇流处。山峰大都在海拔1000米以上，滦河、潮白河等河流蜿蜒流淌其间，切割山岭，形成一些险要的关隘，如古北口、喜峰口、居庸关等。古北口，东接山海关，西邻居庸关，地处燕山山脉，位于蟠龙、卧虎两山南面的浅山丘陵区。潮河从北部山谷峡口南流入关门，蟠龙、卧虎两山紧锁潮河，河岸道路狭窄，只许一车通过，地势险要。金代曾于此处修建铁门扼守，所以又称"铁门关"。清朝，在古北口河西村增设柳林营，建提督府，开辟御道，修行宫，置重兵驻守关口，自古为京都锁钥重地。是中原地区通往辽东平原和内蒙古地区的"咽喉"，古往今来都是兵家必争之地。喜峰口，是燕山山脉东段的隘口，古称卢龙塞。地处低山丘陵之中，海拔高度由南200余米，向北升高至1000余米，地形突兀，交通困难。由滦河所形成的谷道使之成为南北往来的天然孔道。在关口之处，左右高崖对峙，地形险要。由此出关折东趋大凌河流域，北上通西辽河上游及蒙古高原东部，向西南经遵化和冀北重镇蓟州（今蓟县）可至北京。居庸关，位于京师西北，与紫荆关、倒马关称长城内三关，是京师的西北门户。关城所在的峡谷，属太行余脉军都山地，两山夹峙，下有巨涧，悬崖峭壁，地形极为险要。关城是明代大将军徐达督建，出关城北行可经张家口，直达塞北草原，或转向西通大同而进入草原地区。

群山之间还坐落着一些盆地，较大的有宣化盆地、怀来盆地、承德盆地等，这些盆地成为支撑诸关隘的重要的经济来源。

巍峨的太行山在京津冀地区的西部，为中国东西部重要的自然界线。太行山古有"天下之脊，东西巨防"之称，北起北京西山，南达黄河北岸，西接山西高原，东临华北平原，绵延于晋冀之间，长达400余千米，呈北北东走向，是中国陆地地形第二阶梯的东部边缘。太行山北高南低，大部分海拔在1200米以上，2000米以上的高峰众多，分布在河北、山西境内。太行山山势东陡西缓，西翼连接山西高原，东翼由中山、低山、丘陵过渡到平原。山中多雄关，著名的有位于河北的紫荆关，山西的娘子关、虹梯关、壶关、天井关等。太行山虽然险峻，山中却多横谷（陉），是东西的通道，军都陉、蒲阳陉、飞狐陉、井陉、滏口陉、白陉、太行陉、帜关陉为著名的太行八陉，是商旅通衢、兵要之地。如滏口陉，位于今山西省与河北省交界的滏山之间，北有鼓山，南有神麇山（俗称元宝山），系由滏阳河横切山地形成的峡谷，因滏阳河上源而得名。山谷蜿蜒，平均宽约200米，长约300米。山岭高耸，地势险要，沿古道向西可经潞城通往山西长治，古称上党，是山西重要的战略地区；向东可途经磁山、响堂，下达华北平原，北面俯视邯郸，南可控制邺城，古为连通晋冀之间天然交通要道。春秋战国时期，这里曾发生了决定赵国命运的长平之战。此后的建安十一年（206）正月，曹操率军踏上滏口，写下了一首脍炙人口的《苦寒行》："北上太行山，艰哉何巍巍！羊肠坂诘屈，车轮为之摧。树木何萧瑟，北风声正悲。熊罴对我蹲，虎豹夹路啼。溪谷少人民，雪落何霏霏！"北齐时，建立了东西两都制，即邺城（今河北临漳县邺镇）为国都和山西晋阳的陪都。北齐皇帝和他的大臣们常常途经滏口陉穿梭于晋冀之间。北齐对山谷中的道路进行了整修，还在响堂等地开凿石窟，修建庙宇，既为献佛，也为往来商旅、行者提供行宫。

（三）平原区

从北部的燕山南下或从西部的太行山东行，都可入到平原地带，它们是由黄河、海河、滦河等河流冲积而成，海拔多在50米以下，地势坦荡，自西向东缓缓倾斜。这一大平原是由山麓平原、中部冲积平原和滨海平原组成，山麓平原地形缓斜，水源充足，土壤以褐土为主，土壤表层含有机质较多，上部土层比较疏松而多孔隙，土壤孔壁及结构面上盖被黏质胶膜，并呈核状、棱柱状或团块结构，是一种肥沃的土壤；中部冲积平原地区，地势低、洼淀多，地下水埋藏深度一般均在1.5—3.0米，土壤以浅色草甸土、沼泽土为主，土壤中有机质的累积不多，受腐殖质的渍染作用大，具有粒状或碎块状结构，地下水可借毛管上升作用上达地表，有些地区因排水不畅而造成土壤盐碱化；东部滨海平原，地势低平，洼地连片，排水不畅，且受海水及海潮的影响，地下水埋藏深度及矿化度又很高，使滨海平原的土壤盐渍化程度颇高，形成以盐渍土为主的土壤，盐渍土中有机质含量低，土壤肥力低下。

平原地区虽然地势平缓、辽阔，但是在古代却是河湖密布之区，仅据《水经注》记载，河北平原地区的湖、泽、薮、淀、渚、陂等就有45个，黄河、漳河、清河、瀍水、呼沱河等大小河流众多，水流湍急，这些都成为古代人们出行的阻碍。特别是黄河，对古代的京津冀的影响是很大的。谭其骧先生曾指出，今天河北平原中部有一片极为宽阔的地区，既没有发现新石器时代至春秋时代的遗址，也没有任何见于历史文献记载有关这个时期的城邑与聚落，其原因就是因为黄河在平原中部的广大地区内经常漫溢泛滥和频繁改道，以致人们不可能在这一地区定居下来，从事

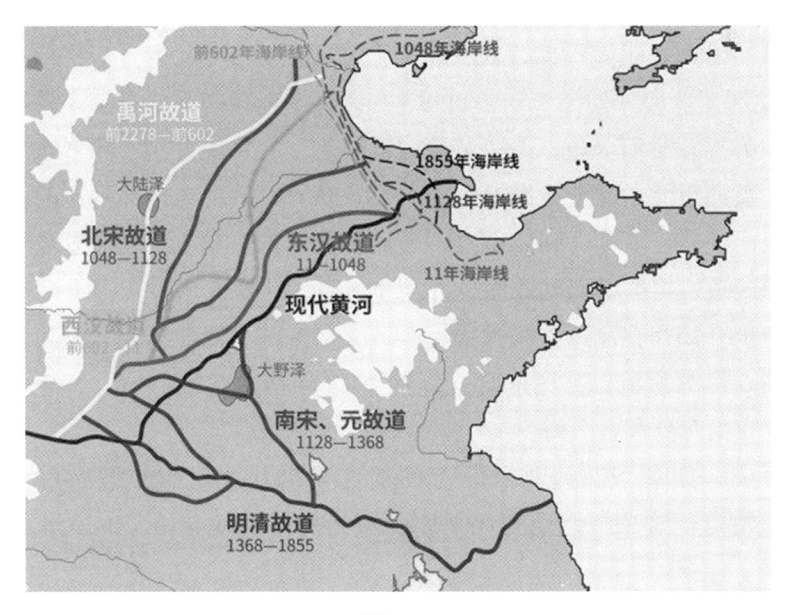

图 1-1

生产和生活。①黄河的下游以"善淤、善决、善徙"著称，至战国中叶黄河下游河道全面筑堤以前，其基本流向都是流经河北平原，在渤海湾西岸入海。如较早见于记载的《山经》河，其下游大致从今河南荥阳县广武山北麓起，经过新乡、滑县、浚县，沿太行山东麓北流，东北流至永定河冲积扇南缘，折东而流，经今大清河北一线，至今天津市区入海；战国时期的黄河称《禹贡》河，《禹贡》河在河北深县以上（即以南）与《山经》河相同，自深县以下河道偏东，流经今冀中平原，在今天津市区南部入海；汉代的黄河称《汉志》河，其流经在今河南浚县西南口宿胥口以上与《山经》河、《禹贡》河相同，自古宿胥口以下，东北流经今濮阳西南，折北经馆陶东北，又东经高唐南，北经东光西，又东北流经今黄骅县东入海。②从先秦至汉代以来，黄河下游在河北平原上自北向南不断摆动、迁移，有时黄河以《汉志》河为主，有时《汉志》河、《禹贡》河两股并流。黄河的摆动不定，不仅给下游民众的农耕生产带来极大的影响，也给尚处于生产力水平较低的民众生活交往带来不便。自东汉王景治河之后，黄河安流了八百年，到唐后期又决溢不时。北宋时更是在河北平原上多股并流，宋仁宗庆历八年（1048）六月，黄河再次改道，冲决澶州商胡埽，向北直奔大名，经聊城西至今河北青县境与卫河相合，然后入海。这条河宋人称为"北流"，12年后，黄河在商胡埽下游今南乐西度决口，分流经今朝城、馆陶、乐陵、无棣入海、宋人称此河为"东流"。东流行水不到40年便断流。南宋建炎二年（1128），为防御金兵南下，东京守将杜充在滑州人为掘开黄河堤防，造成黄河改道南流，向东南由泗水和济水而夺淮入海。黄河至此由北流入渤海改而南流入黄海，黄河对河北平原的影响至此结束。清咸丰五年（1855年），黄河又在河南兰阳（今兰考县境）铜瓦厢决口改道，再次摆回到北面，行经今河道，北流入渤海。1938年，蒋介石命令扒开郑州花园口黄河大堤，全河又向南流，沿贾鲁河、颍河、涡河入淮河。洪水漫流，灾民遍野。直到1947年堵复花园口后，黄河才回归北道，自山东垦利县入海。

历史时期黄河在河北平原上的变迁呈现从太行山东麓向东、向南迁徙的特点，这一特点使河北平原受黄河的影响随着历史的发展而逐渐

---

① 谭其骧：《〈山经〉河水下游及其支流考》，《中华文史论丛》第七辑，1978年6月。
② 邹逸麟主编：《黄淮海平原历史地理》，安徽教育出版社1997年版，第88页。

减轻。

东部是大海，京津冀的先民们对大海的情感并不深而是有所畏惧，秦始皇曾到秦皇岛组织船只东渡，由于航海知识与造船技术等因素，没有取得任何效果。此后没有再见到京津冀的先民们驾船远航，或探险或贸易或寻找财富。对海洋的控制，即海权思想在京津冀地区的先民们的脑海中并没有形成，对他们来说，海洋就是能够耕种的土地的尽头，就是边界。被美国罗斯福总统称为"美国生活中最伟大、最有影响的人物之一"的军事思想家马汉，在其《海权论》中指出："海权的历史，从其广义来说，涉及了有益于使一个民族依靠海洋或利用海洋强大起来的所有事情。""发展海权所必需的最重要的民族特点是喜欢贸易，包括必须生产某些用来交换的产品。假如一个民族有喜欢贸易的习性，并有一条较好的海岸线，海上的各种危险，或对海洋的反感都不可能阻挡一个民族通过海上贸易去寻找财富。通过其他的方法可能会找到致富的地方。"京津冀的先民们对海洋的畏惧，也就把大海看成最可敬畏的、最为安全的边界。

京津冀地区所处山海之间的地理环境，使一"坝"、一河、两山，构成了京津冀交通的主要骨架，京津冀的交通路线就是沿着山麓、山谷、河流而延伸开的。

二 京津冀地区在全国交通网中的地位

（一）理想之中的中心

《禹贡》是后世之人托大禹之名而作的一部区域地理著作，大禹通过治水建立了一个以冀州为中心的覆盖黄河流域、长江流域最发达地区的内河运输网。《禹贡》分天下为九州，每个州都可以通过水道将本州的贡物运输到冀州，《禹贡》中的冀州位于两河间，相当于今天的山西和河北地区。冀州成为九州之中心，概因华夏之始祖黄帝主要活动在冀州的缘故，《史记·五帝本纪》云：黄帝名曰轩辕。"轩辕之时，神农氏世衰。诸侯相侵伐，暴虐百姓，而神农氏弗能征。於是轩辕乃习用干戈，以征不享，诸侯咸来宾从。而蚩尤最为暴，莫能伐。炎帝欲侵陵诸侯，诸侯咸归轩辕。"黄帝率诸侯"以与炎帝战于阪泉之野。三战，然后得其志"。"蚩尤作乱，不用帝命。于是黄帝乃征师诸侯，与蚩尤战于涿鹿之野，遂禽杀蚩尤。而诸侯咸尊轩辕为天子，代神农氏，是为黄帝。"《山海经·大荒北经》记："蚩尤作兵伐黄帝，黄帝乃令应龙攻之冀州之野"，郭璞注云："冀州中土也，黄帝亦教虎、豹、熊、罴，以与炎帝战于阪泉之野而灭之"。黄帝又征服不顺者之后"而邑于涿鹿之阿"。《史记正义》引《括地志》云："阪泉，今名黄帝泉，在妫州怀戎县东五十六里。出五里至涿鹿东北，与涿水合。又有涿鹿故城，在妫州东南五十里，本黄帝所都也。晋太康地里志云'涿鹿城东一里有阪泉，上有黄帝祠'。"妫州，唐贞观八年（634）改北燕州置，属河北道，治怀戎县（今河北省涿鹿县西南保岱镇。长安二年（702）移治清夷军城，今河北省怀来县东南旧怀来）。辖境相当于今河北省张家口市、宣化县、怀来县、怀安县、涿鹿县及北京市延庆县等地。据此，阪泉在今河北涿鹿县境。《史记索隐》："或作'浊鹿'，古今字异耳。案：地理志上谷有涿鹿县。"涿鹿，即在今河北涿鹿县境。涿鹿之阿，《史记正义》："广平曰阿。涿鹿，山名，已见上。涿鹿故城在山下，即黄帝所都之邑于山下平地。"《水经注》卷13漯水篇的涿水条："涿水出涿鹿山，世谓之张公泉，东北流径涿鹿县故城南，王莽所谓褫陆也，黄帝与蚩尤战于涿鹿之野而邑于涿鹿之阿即是处也。其水又东与阪泉（水）合，水导源县之东泉，……涿水又东北还祚亭北而东北入漯水。"漯水即今之桑干河。据王北辰于20世纪80年代的实地考察：古张公泉今名七旗泉，泉水北流，经古城南面而东北流，在古城东南被拦蓄为古城水库。雨水大时，原有小河出库而东北流注桑干河，后因下游又建果园水库，小河汇入果园水库后不再能通向桑干河。涿鹿古城平面呈不规整的方形，城墙系利用天然地形夯土筑成。古城东南一里余有黑龙池，即古之阪泉。阪泉为自流泉，池为圆形，周98米，池面近300平方米，深约3米，水清见底，冬不结冰。水质甘美，流量每小时120立方米。泉水北流为小河，汇入古城水库。蚩尤泉在矾山乡南的龙王塘村内。登上古城南眺，从古城至龙王塘村的蚩尤城之间，扩展着一片平畴沃野，它当然就是《史记》所指的涿鹿之野或阪泉之野了。[①] 据此，黄帝与炎帝、蚩尤征战之地，建都之地都在涿鹿境内，涿鹿又位于太行山东麓、《禹贡》河之西，是诸水道的汇集之地，这里也就成了理想的中心。

[①] 王北辰：《黄帝史迹涿鹿、阪泉、釜山考》，《北京大学学报》1994年第1期。

冀州约相当现在的山西全省和河北省的西北部，东西南三面都临着黄河。境内有汾水，（所谓"既修太原，至于岳阳者"）有衡漳，有卫水，或西南流，或东南流，都入于河。冀州是京师所在，为其他八州贡赋输入的总汇。可以说是《禹贡》中的交通中心。

冀州的东边是兖州，约相当现在的河北省东南部和山东省西北的一小部分，西北临黄河，东南临济水。境内有灉水，有沮水，有漯水。它的贡物是"漆丝"，入贡的道路是"浮于济、漯，达于河"。即从济水、漯水转入黄河，向西南航行，直达冀州。

兖州的东南，是青州，约相当现在的山东半岛，东临海，西北至泰山。境内有潍水，有淄水，有汶水，有济水。它的贡物是盐、绨，入贡的道路，是"浮于汶，达于济"，即从汶水，入济水，折入黄河，以达冀州。

青州的西南，是徐州，约相当现在山东南部的一小部分和江苏北部、安徽东北的一部分，北达泰山，东临海，南临淮。境内有沂水，有泗水。它的贡物是"土五色"，入贡的道路，是"浮于淮、泗，达于河（菏）"，即从淮河进入泗水，由泗水达菏水，接济水入黄河，以达冀州。

徐州的南边是扬州，北边是淮水，东边是海，约相当现在的江苏、安徽南部以南。境内有三江，有震泽。它的贡物是"惟金三品"，入贡的道路，是"沿于江、海，达于淮、泗"，即沿江入海而北，折入淮、泗，转入黄河，以达冀州。

扬州的西边是荆州，北至荆山，南至衡山之南，约相当今湖北以南。境内有江、汉，有沱、潜。它贡物是"羽、毛、齿、革，惟金三品"，入贡的道路是"浮于江、沱、潜、汉，逾于洛，至于南河"。即由沱江、汉水，北上经过洛水，转入黄河，以达冀州。

荆州的北边是豫州，在荆山的北边，黄河的南边，约相当现在的河南省。境内有伊水、洛水、瀍水、涧水、荥水、波水。它的贡物是"漆、枲、絺、纻"，入贡的道路是"浮于洛，达于河"，是自洛水，入黄河，以达冀州。

豫州的西南是梁州，东至华山之阳，西据黑水，约相当现在的陕西南部、甘肃极南的一小部和四川的北部。境内有沱，有潜，有桓水，有沔水。它的贡物是"璆、铁、银、镂、砮磬、熊、罴、狐、狸、织皮"，入贡的道路是"浮于潜，逾于沔，入于渭，乱于河"，即自潜水，经过沔水，陆运入于渭水，横渡黄河，而达冀州。

梁州的北边是雍州，东临黄河，西据黑水，约相当于现在的陕西北部和甘肃的南部。境内有泾水，有沣水。它贡物是"惟球、琳、琅玕"，入贡的道路是"浮于积石，至于龙门、西河，会于渭汭"，西北境的贡赋自积石山下，沿黄河直到龙门山下，和东南境的员赋，会于渭河，入黄河之口，渡过黄河东岸，以达于冀州。

总计八州贡赋所经，以黄河为一最大干线。北方数州境内，都有黄河的支流①。南方数州之水道，与黄河不通者，则自海以入于河，或者经过一段陆路，再与黄河水道相接。黄河是沟通南北的主干道，而冀州又是理想中的水上交通网的中心。《禹贡》所规划的水路和陆路交通网络，经过秦汉以来的诸朝代的不断努力与经济中心的东移，到元明清时期政治中心的定鼎北京，理想中的交通中心的地位变成了现实。

（二）北接塞外、南连中原的枢纽

自夏后氏，经殷商，到宗周，交通区域的发展，无论其由东而西，或由西而东，都是一种横的发展。同时，交通区域内的各地虽然可以保持相当的联络，但这种联络并不妥善。主要原因是土广人稀，土地未辟，尚有一些非华夏族错居其中，对交通的通达性产生了一定的影响。宗周亡后，春秋战国时期交通区域之发展，在先秦交通史上，显然换了一个新方式：在外形之展开上，大体由横的发展转成纵的发展；同时，在交通区域的内部之联络上，也做了许多重要的工作。②

春秋战国时期，洛阳占据着交通中心的地位。《史记·货殖列传》："洛阳东贾齐、鲁，南贾梁、楚。""洛阳街居，在齐秦楚赵之中，贫人学事富家，相矜以久贾，数过邑不入门"。③洛阳位于齐国、秦国、楚国、赵国之间，商贾云集于此，道路四达，是当时交通中心所在。位于京津冀地区的燕、赵诸国，则是洛阳通往东北地区的要道。居于京津冀地区北部的燕国，是"勃、碣之间一都会也。南通齐、赵，东北边胡"。勃和碣，是指渤海和碣石山，沿渤海湾北到辽宁辽东半岛，南至山东胶州半岛；碣

---

① 白寿彝：《中国交通史》，团结出版社2011年版，第43—44页。
② 同上书，第11页。
③ （汉）司马迁：《史记》卷129，中华书局1982年标点本，第3265、3279页。

石山是位于河北省秦皇岛市昌黎县内的山峰,《管子·封禅》记载:"桓公曰:'寡人北伐山戎,过孤竹。'"《管子·小匡》又载:"(桓公)北伐山戎,制冷支(令支),斩孤竹,而九夷始听。海滨诸侯,莫不来服。"令支,汉代设有令支县,并说令支县境有孤竹城,王莽时期改令支为令氏亭。令支县应在今河北卢龙县西北的滦河右岸,碣石山是令支县的名山。由齐桓公北征山戎而过令支、孤竹等国的记载来看,令支、孤竹是燕国通往东北地区陆路交通节点,碣石山也就成了燕国通往东北地区陆路交通上的重要标志。司马迁说:燕"北邻乌桓、夫余,东绾秽貉、朝鲜、真番之利。"秽貉、朝鲜、真番这些部族都在今朝鲜等处,燕国可由碣石、令支,沿青龙河、大凌河河谷前往辽东郡治襄平,再由襄平东南行到达。辽东郡大致是在燕昭王时期设置的,《史记·匈奴列传》:"其后燕有贤将秦开,为质于胡,胡甚信之。归而袭破走东胡,东胡却千余里。与荆轲刺秦王秦舞阳者,开之孙也。燕亦筑长城,自造阳至襄平。置上谷、渔阳、右北平、辽西、辽东郡以拒胡。当是之时,冠带战国七,而三国边于匈奴。"[1] 右北平郡治辽宁凌源市境、辽西郡治辽宁朝阳市,右北平和辽西两郡都控制着出卢龙塞,沿青龙河、大凌河前往东北的通道,辽东郡襄平治辽宁辽阳市,成为沟通燕与朝鲜的枢纽。燕昭王时期燕国日渐兴盛,使朝鲜诸部族前来归附。"朝鲜王满者,故燕人也。自始全燕时尝略属真番、朝鲜,为置吏,筑鄣塞。秦灭燕,属辽东外徼。"[2] 燕国在朝鲜地区设置官吏,修筑关障。从燕到朝鲜的交通道路必然是在修治之中了,交通是燕国加强在朝鲜管理的基础,在这样的背景下,由燕都蓟,经令支、碣石,沿青龙河、大凌河河谷前往辽东郡治襄平,再转东南行到达朝鲜的陆路道路就成为最主要的通道。沿渤海湾通往东北地区再转东南行到达朝鲜的傍海道路,由于时常受到海潮的浸扰,道路泥泞难行,尚不是通途。燕国的文化遗迹不断在朝鲜半岛出土,载宁郡孤山里和大同郡反川里出土的桃式剑、铜铊等,都是战国时期燕国的遗物。[3] 在朝鲜半岛西南部的完州葛洞地区出土了许多铁器,如完州葛洞、新丰遗址,以及渭源龙渊洞、平安北道细竹里等遗址出土的铁斧,斧身平面形态呈长方形,銎部横截面呈

---

[1] (汉)司马迁:《史记》卷110,中华书局1982年标点本,第2885—2886页。
[2] (汉)司马迁:《史记》卷114,中华书局1982年标点本,第2985页。
[3] 吴江原:《韩国古代文化与乐浪文化的相互作用以及东亚细亚》,《东方考古》第11集,2014年。

长方形，从形制上看与易县燕下都 22 号遗址、抚顺莲花堡的铁斧近似。葛洞遗址出土了两件铁镰，器身较长，刃部内弧、背部边缘有凸棱、柄端有栏，形制与易县燕下都 22 号遗址出土的铁器十分相近。出土于新丰遗址的铁制环首小刀，与燕下都郎井村 10 号遗址、燕下都九女台 16 号墓出土的环首小刀形制类似。"从葛洞遗址的年代及其出土的铁器来看，公元前 3 世纪，在乐浪郡设置之前，燕系铁器的影响已经到达了朝鲜半岛的南部地区。战国晚期前后，燕系铁器开始向内蒙古、辽宁、吉林等地区传播，并逐渐扩大了影响范围。葛洞地区铁器出现应与这一次燕系铁器的传播有关。朝鲜半岛铁器发展初期受到了中国战国时代铁器文化发展的强烈影响。"[1]

燕国向北就进入乌桓、夫余等胡人游牧的地区，乌桓在今内蒙古东部，夫余则在今吉林省，前往乌桓，可通过右北平和辽西郡而到达。前去夫余则要取道于辽东郡，至襄平后再折向东北而至。

燕国通往赵国的西北地区也开辟了道路，苏秦对燕文侯说："秦之攻燕也，逾云中、九原，过代、上谷，弥山重道数千里，虽得燕城，秦计固不能守也。"[2] 由燕都蓟西北行经上谷（治今河北省怀来县东南 10 千米的大古城村）、代郡，进入赵国的云中郡和九原郡，这是燕地区日后经草原地带通往西域的早期通道。

踞中的是中山国，由于"地薄人众"，中山人善于经商，多"仰机利而食"。中山女子多才多艺，更善交际，"鼓鸣瑟，跕屣，游媚贵富，入后宫，遍诸侯"。从中山女子的行迹，则从另一个方面反映出中山与诸国都有交通，能够北通燕国、南经赵国而进入中原各国。

河北地区的南部为赵国，"然邯郸亦漳、河之间一都会也。北通燕、涿，南有郑、卫"。赵、中山、燕国将沿着太行山东麓的道路连接起来，成为南北主干道上的重要节点。同时，太行山东麓、沟通南北，连接东北地区及东亚的交通干道，是中原辐射四方的交通网络的重要构成部分。

随着渤海西部地区的不断开拓，沿渤海湾的南北向的道路也逐渐开辟出来，形成了一条"燕齐大道"，沟通着燕、齐两国间的往来。史念海

---

[1] 蒋璐：《从韩国完州葛洞遗址看中国与朝鲜半岛的交流》，《边疆考古研究》2018 年第 23 辑。
[2] （汉）刘向：《战国策》卷 29《燕一·苏秦将为从北说燕文侯》，上海古籍出版社 1985 年版，第 1039 页。

先生在其《秦汉时期国内之交通路线》中，论述了燕、齐之间道路的大致情况，"广阳之蓟，旧为燕都，其地处勃碣之间，当北塞之下，轮轨交错，北国之名都也。其南有涿郡，亦一时之巨镇。二地邻迩，其交通系统亦复相同。由广阳到各地之道路约有七途"。其中第三途是"由勃海东南行，过平原（今山东平原县南）、济南（今章丘县西），东至临淄，西至定陶"。齐地也是交通四达，其中一途是"经济南、平原北行，以至燕、涿诸地"。①史念海先生的论述只是对燕、齐间交通道路的大致勾勒，缺少中间途经的地点。里耶秦简道路里程简的发现，弥补了这一缺憾。根据里耶秦简，燕齐间的道路途经高阳、武垣（今河北肃宁县境）、饶阳、乐城（今河北献县境）、武邑、信都、武城（河北清河县境）、历城等城市，由高阳再向北，经易县，直达涿、蓟；由历城向南可达鲁国，向东可达临淄。②

太行山脉雄踞河北和山西之间，虽然高大，却也有不少东西向的断裂山谷，沟通着河北与山西的往来，太行山南麓的两座城市温、轵，就凭借着"西贾上党，北贾赵、中山"的区位优势，商业繁盛一时。温在今天河南温县西，轵在今天河南济源市轵城镇，是位于轵道上的两座城市，轵道，是豫北平原进入山西高原的交通孔道，为历代兵家必争之地。轵道形成于春秋时期，苏秦说赵王曰："秦下轵道则南阳动。"③南阳，应该是指太行山以南、黄河南北的地区，这一地区分布着诸多重要的城市，如东周的都城洛阳、韩国的都城郑、卫国都城朝歌，以及商业都会温、轵等。为防守这一要道，战国时修建了关隘——轵关（济源市西部22千米处的封门口村东），即"太行八陉"之第一陉。由轵道西北行可达上党，而东北行则可达卫国的旧都朝歌和赵都邯郸。太行山中段有一著名关隘井陉关，又名土门关。《读史方舆纪要》："太行八陉，其第五陉曰土门关。今山势自西南而东北，层峦迭岭，参差环列，方数百里。至井陉县东北五十里曰陉山，其山四面高平，中下如井，故曰井陉。"④滹沱河发源于山西省繁峙县泰戏山桥儿沟村一带，向西南流经恒山与五台山之间，至

---

① 史念海：《史念海全集》（第4卷），人民出版社2013年版，第399、400页。
② 林献忠：《里耶秦简道路里程简所见"燕齐道路"》，《中国历史地理论丛》2017年第1辑。
③ （汉）刘向：《战国策》卷19《赵策二·苏秦从燕之赵始合纵》，上海古籍出版社1985年，第637页。
④ （清）顾祖禹：《读史方舆纪要》卷10《北直一·井陉关》，中华书局2005年版，第424页。

界河折向东流，切穿系舟山和太行山，东流至河北省献县臧桥，滹沱河谷成为太行山内东西往来的隧道，井陉关（故址在今河北省井陉县北井陉山上）扼守隧道之东口，隧道西口称故关，在山西省平定东45千米处。由井陉东出，可直达今天的河北省省会石家庄，入华北平原；西出，上山西高原，通达晋中政治中心太原。赵武灵王二十年（前306年），赵武灵王进攻中山，一直攻到了中山国都城灵寿（今河北平山）附近的宁葭（今河北获鹿北），大将赵希利用井陉之地理优势，击败了林胡和代国的军队。

秦始皇十五年（前232），秦军分数路伐赵，一路东出太原，攻占了"井陉"，进至番吾（今河北灵寿西南），被赵将李牧击败。三年后，秦乘赵国内乱，再次出兵攻赵。秦大将王翦率军攻井陉，赵军战败。秦军由此长驱直逼赵都城邯郸城下，最后秦军攻破邯郸，赵国亡。公元前210年，秦始皇出巡死于沙丘（河北巨鹿）后，从井陉经九原运回咸阳。此后的汉至清代，井陉屡成兵家征战之地，足见井陉之战略地位。

太行山脉的第七陉是紫荆关，位于中国河北省易县城西40千米的紫荆岭上。紫荆关始建于战国时期，东汉时名为五阮关，又称蒲阴陉，宋时名金陂关，后因山多紫荆树而改名。紫荆关又是内长城的关口之一，与居庸关、倒马关合称内三关。自金迁都北京之后，紫荆关的地位尤重，成为京师屏障。《畿辅通志》称："控扼西山之险，为燕京上游，路通宣府、大同。山谷崎岖，易于成守。"[1]西出紫荆关可达山西大同，进连蒙古高原；东出紫荆关则可直逼京师。蒙古灭金以及围攻明之京师多由紫荆关道，故明将于谦说："险有轻重，则守有缓急，居庸、紫荆并为畿辅咽喉，论者尝先居庸而后紫荆，不知寇窥居庸其得入者十之三，寇窥紫荆其得入者十之七。"明、清之际的思想家顾炎武在《天下郡国利病书》中进一步阐释道："居庸则吾之背也，紫荆则吾之喉也，猝有急则扼吾之喉而附吾之背。"明代诗人尹耕的《紫荆关》[2]更加形象地描绘了紫荆关的地位与作用：

---

[1] （清）李卫、唐执玉等监修，田易等纂：（雍正）《畿辅通志》卷15《形胜》，《文渊阁四库全书·史部·地理类》，台湾商务印书馆1984年版，第504册，第283页。

[2] （清）沈德潜、周准编：《明诗别裁集》卷2，中华书局1975年版，第45页。

汉家锁钥惟玄塞,隘地旌旗见紫荆。斥堠直通沙碛外,戍楼高并朔云平。

峰峦百转真无路,草木千盘尽作兵。谁识庙堂柔远意,戟门烟雨试春耕。

由上所述数例,可知太行八陉在东西交通中的作用。太行八陉虽然随着京津冀地区中的政治中心的移动,关陉的地位时有升降,但是,太行八陉始终是晋冀间的重要通道,而今许多晋冀间的公路是沿着太行八陉的隘道修建的,在社会经济建设中发挥着更大的作用。

春秋战国时期燕赵境内的南北向、东西向交通道路,奠定了京津冀地区今后交通发展的基础和基本框架。无论政治中心是在长安、洛阳的东西向横轴上移动,还是东移到东部沿海的纵轴带上,京津冀都处在联通塞北与中原、江南的枢纽上。"自古建都之地,论者皆曰:'洛不如关,关不如蓟'。诚哉是言也。盖洛阳虽居土中,道里均,贡赋便,而无形势可凭。关中地势足以临制山东,而西北则无高山广川以为限,又漕更砥柱,前世以为难。我朝光有天物,定都于顺天,实古燕地。""左俯沧海,右倚太行,紫荆、居庸、山海诸关耸峙环拥。南向以临天下,臂指雍梁,控抱豫青徐兖,河济交会,江汉朝宗。荆扬之漕按程而至,五岭之贡计日,无淹是谓天府之国。"[①]

第一节　邺城:南北朝时期的中西方交通

一　秦汉至南北朝的京津冀交通发展

秦汉时期,政治中心西移至关中地区,都城所在,四方辐辏,为全国交通之中心。随着武帝疆域的开拓,京津冀地区的交通也有所延伸。

秦国灭燕国之后,以辽东郡为东部边界,放弃了原燕国在朝鲜半岛的领地。"汉兴,为其远难守,复修辽东故塞,至浿水为界,属燕。"[②] 浿

[①] (清)李卫、唐执玉等监修,田易等纂:(雍正)《畿辅通志》卷15《形胜》,《文渊阁四库全书》,台湾商务印书馆1984年版,第504册,第273页。

[②] (汉)司马迁:《史记》卷115,中华书局1982年标点本,第2985页。

水，为今朝鲜清川江，汉初在原燕国故地设置燕国，后改封卢绾为燕王。汉高帝末年，燕王卢绾起兵叛汉，樊哙、周勃将兵击败燕王卢绾，卢绾亡命匈奴，燕人卫满亦逃亡匈奴。此后，卫满带领千余名亡命者进入朝鲜半岛，并将战国时齐国和燕国亡命者组建成军队，推翻了箕准的朝鲜政权，建都王险城，史称"卫满朝鲜"。《后汉书》对这一事件记载道："汉初大乱，燕、齐、赵人往避地者数万口，而燕人卫满击破准，而自王朝鲜，传国至孙右渠。"①

汉武帝元封二年（前109）秋，发兵5万，分两路进攻卫满朝鲜。一路由楼船将军杨仆率领，从齐地渡过渤海；另一路由左将军荀彘率领，从陆路出辽东，合攻朝鲜。第二年，攻下王险城，灭了卫氏朝鲜。汉武帝在其管辖地先后设置了乐浪郡（约在今朝鲜平安南道，治所朝鲜县城是故卫氏朝鲜都城王险城，位于今平壤大同江南岸）、玄菟郡（约在今朝鲜咸镜道）、真番郡（约在朝鲜黄海道、京畿道各一部）、临屯郡（约在今朝鲜江原道），史称"汉四郡"。四郡之下各辖县若干，郡县长官由汉朝中央派遣汉人担任。至汉昭帝始元五年，罢临屯、真番，以并乐浪、玄菟。玄菟（郡）复徙居句丽。

汉四郡的设置与管理，使京津冀东北向的交通在战国时期的基础上向东又有所延伸。在鸭绿江地区发现了几座古城：一是刘家堡古城，位于辽宁丹东凤城市凤山区利民村，古城中曾出土了一百余斤战国明刀币，以及汉代的空心砖、卷云纹瓦当等，该古城被确定为辽东郡东部都尉及武次故城。另一是瑷河尖古城，位于丹东市振安区九连城镇上尖村附近的鸭绿江与瑷河交汇的沙洲上。城内遗存丰富，有西汉时期陶器、"安平乐未央"瓦当以及五铢钱、铁铧等，此古城为辽东郡西安平县故址。②在清川江下游平安北道博川郡坛山里有一古城，经文献记载考证与考古发现，这一古城是辽东郡最东部的县番汗县。这些古城正是由幽州治所蓟城经右北平、辽西、辽东郡至"汉四郡"的道路上的节点城市，由襄平向东南行，经武次县故城、西安平县故城，渡鸭绿江，东南行到浿江边上的番汗县，再南行就到了汉四郡的中心城市、乐浪郡的郡治朝鲜。东汉时期沿承西汉在朝鲜半岛北部的统治，东汉末年，辽东太守公孙康管辖乐浪郡地区，将乐浪

---

① （宋）范晔：《后汉书》卷85，中华书局1987年标点本，第2817页。
② 王禹浪：《东北古代民族筑城研究》，中国社会科学出版社2017年版，第107、108页。

南部都尉（原真番郡辖地）辖地析出，设立了带方郡。并为魏、西晋所承继。汉魏之时，在朝鲜半岛南部还居住着三韩。"韩有三种：一曰马韩、二曰辰韩、三曰弁辰。马韩在西，有五十四国，其北与乐浪，南与倭接，辰韩在东，十有二国，其北与濊貊接。弁辰在辰韩之南，亦十有二国，其南亦与倭接。"三韩与汉魏都有些联系，"建武二十年，韩人廉斯人苏马谋等，诣乐浪贡献。光武封苏马谋为汉廉斯邑君，使属乐浪郡，四时朝谒。灵帝末，韩、濊并盛，郡县不能制，百姓苦乱，多流亡入韩者。"[1]三韩与汉魏的沟通，乐浪成为枢纽。

三韩之南是今日本，时称倭人，也通过乐浪郡，经河北到京师长安或洛阳进行贡献。《汉书·地理志》记载："乐浪海中有倭人，分为百余国，以岁时来献见云。"[2]《后汉书·东夷传》："倭在韩东南大海中，依山岛为居，凡百余国。自武帝灭朝鲜，使驿通于汉者三十许国，国皆称王，世世传统。""建武中元二年，倭奴国奉贡朝贺，使人自称大夫，倭国之极南界也。光武赐以印绶。安帝永初元年，倭国王帅升等献生口百六十人，愿请见。桓、灵间，倭国大乱，更相攻伐，历年无主。"东汉末年，中原动荡，日本也发生战乱，双方交流中断。光武帝所赐的"汉倭奴王"金印，1784年在日本九州筑前地方发现，说明建武中元二年来朝见贡献的倭人，是居住在九州地方的日本人。[3]

西晋永嘉七年（313），因乐浪郡等地受到高句丽、百济的长期攻击，乐浪郡被迫西迁，侨置在辽西地区，随着乐浪郡在辽西侨置，管辖朝鲜半岛的汉四郡灭亡，汉魏以来与朝鲜、日本建立起来的联系也随之中断。

西汉武帝时期西域地区的开拓是一件影响后世很大的事件。西域有36国，"皆在匈奴之西、乌孙之南。南北有大山，中央有河，东西长六千余里，南北千余里。东则接汉，厄以玉门、阳关，西则限以葱岭"。[4]玉门（甘肃敦煌西北小方盘城）、阳关（甘肃省敦煌市西南的古董滩附近）是西域的东大门，地处于河西走廊之西端，在武帝之前玉门关和阳关所在地区都处在匈奴的控制之下。匈奴占据着蒙古草原，控弦之士三十余万，军

---

[1] （宋）范晔：《后汉书》卷85，中华书局1987年标点本，第2818、2820页。
[2] （汉）班固：《汉书》卷28，中华书局1983年标点本，第1658页。
[3] 白寿彝：《中国交通史》，第54页。
[4] （汉）班固：《汉书》卷96，中华书局1983年标点本，第3871页。

事实力强劲，又威胁着汉都长安的安全。汉武帝一方面派张骞出使西域，联络西迁的大月氏，共同抗击匈奴，另一方面积极做军事上的准备。在张骞联络大月氏无果的情况下，武帝开始了对匈奴的反击。元朔二年（前127），大将军卫青率军出云中以西至陇西，击匈奴的楼烦白羊王于河南（今内蒙古河套地区），一定程度上缓解了匈奴对汉都长安的威胁。元狩二年（前121）夏，骠骑将军霍去病率数万骑出陇西地数千里，击败匈奴浑邪王，河西和陇西等地不复有匈奴出没，使汉政府控制了河西走廊地区，设置了酒泉、武威郡，不久又设了张掖、敦煌两郡，河西四郡的设置，为开通与西域之交流奠定了基础。元狩四年，大将军卫青、骠骑将军霍去病分出定襄、代郡，绝幕击匈奴，匈奴大败，单于北遁。是后匈奴远遁，漠南无王庭。通过这次战役，彻底解除了匈奴的军事威胁，阴山南北、河西之地均成为汉王朝的疆土，长安通往西域的道路已被开通。

西汉末年的哀帝、平帝时期，在西域的统治渐弱，西域分裂为五十五国。王莽时，匈奴乘机又略取西域，控制了西域北道诸国。西域南道的莎车国力较强，与匈奴相抗衡，控制着西域南道。由于匈奴和莎车"赋敛重刻"诸国，西域诸国不堪忍受，建武二十一年（45），车师前王庭、鄯善、焉耆等十八国遣质子至汉，请求向西域派遣都护。东汉政府正着力加强中原的统治，无力西顾，于是拒绝了诸国的要求。此后，匈奴分为南、北匈奴，北匈奴势力较强，又击败了莎车，最终控制了西域南北道各国。永平以来，北匈奴不断侵略汉边，攻扰城邑，杀掠人口，迫使河西一带"城门昼闭"。永平十六年（73）东汉为解除北匈奴威胁和西域交通障碍，对北匈奴发动军事进攻。汉遣奉东都尉窦固等从酒泉、居延、高阙、平城四路出兵，于天山击败呼衍王，进抵伊吾庐城（今新疆哈密），并于伊吾庐设宜禾都尉，留吏士屯田。在车师后部（今新疆奇台）置戊校尉，前部（柳中城，今吐鲁番）置己校尉，并置都护。与此同时，窦固派遣假司马班超去西域。班超率吏士36人西行，至鄯善攻杀北匈奴使者，使西域诸国归附东汉。班超在西域31年，密切了西域同中原的联系。安帝延光二年（123），东汉又以班超少子班勇为西域长史。但是，东汉政府由于移都洛阳，在一定程度上避开了匈奴对都城的威胁；再者，东汉政府崇尚以文治天下，国力弱于西汉，致使东汉与西域的交通时有断绝。虽然如此，两汉所开通的与西域的交通，无疑加强了中原与西域诸国的联系，京津冀地区与西域之间的物产与文化交流在这一条大道上展开。

玉衣，是盛行于两汉时期的葬俗，汉代人认为玉是"山岳精英"，着玉衣可以使尸骨不腐。我国已出土10余件玉衣，在河北省就有1946年9月在邯郸西汉刘安意墓出土的铜缕玉衣，1968年满城县西汉中山靖王刘胜及其妻窦绾的墓中出土的金缕玉衣二件，1995年定县西汉中山孝王刘兴墓出土的一件。刘胜的玉衣最为完整，共用玉片2498片，金丝1100克，"这件玉衣的玉料，由中国科学院地质研究所通过岩石偏光显微镜研究、X射线粉晶分析和化学分析，鉴定为闪石玉，即软玉，与新疆的和田白玉、青玉同属一类。因此，玉料可能来自遥远的新疆"。[①]玉料来自当时的西域，足见两区域间的交流。

东汉时期京津冀地区与西域诸国的联系依然如故。今藏于定州市博物馆的"透雕神仙故事玉座屏"，出土于东汉中山穆王刘畅墓，由4块镂雕玉片插接而成，两侧以双胜为支架，双胜主体纹饰为透雕青龙、白虎纹；中间两屏片略呈半月形，两端有榫插入架内，透雕人物鸟兽纹饰。此外，同出土于刘畅墓的另一件国宝级文物是龙螭衔环谷纹青玉璧。玉璧器型硕大，玉质半透明，表面有温润、明亮的光泽，局部沁蚀处泛红褐色。玉屏是采用新疆和田玉雕制，玉璧用新疆和田青玉雕制。

魏晋南北朝时期，受战乱、国力等因素的影响，与西域的交通处于不绝如缕的状态，曹魏时"龟兹、于阗、康居、乌孙、疏勒、月氏、鄯善、车师之属，无岁不奉朝贡，略如汉氏故事"，但是受到战乱的影响，西域诸国"已不能尽至"。[②]晋时，武帝泰始中及太康中，仅康居、焉耆、龟兹、大宛、大秦来贡。北朝时期，河西走廊的交通受阻，与西域的往来多途经青海道或北行经草原道。"东西魏时，中国方扰，及于齐周，不闻有事西域。"[③]事实上，东魏、北齐时，与西域的往来还是比较多的，出现"信使往来，得羁縻勿绝之道"的现象。

随着西域的开通，京津冀地区的交通路线也随之向西延伸。从幽州、冀州南下，经温、轵，到洛阳，西行通过长安、河西四郡而达于西域。

魏晋时期，京津冀地区的交通建设上最大的成就是内河交通的发展。

---

① 汪莱茵：《西汉中山靖王刘胜的金缕玉衣》，《故宫博物院院刊》1980年第2期。
② （晋）陈寿：《三国志》卷30，中华书局1982年标点本，第840页。
③ （唐）李延寿：《北史》卷97，中华书局1974年标点本，第3207页。

建安九年（204年）春正月，曹操"遏淇水入白沟以通粮道"。①谭其骧先生认为：白沟是曹操利用了"山经河""禹贡河"故道。②白沟可能是曹操利用原来干涸河道而开通的。白沟故道南自今河南省新乡市东北的枋头，向东北又依次经滑县、浚县、内黄、大名，北至威县。曹操利用这条运河运送粮草，很快占领了袁绍的根据地邺城。袁绍的儿子袁熙、袁尚北投乌桓。曹操为了讨伐袁熙、袁尚，征讨乌桓，建安十年（205）又开凿了平虏渠与泉州渠。《魏书·武帝纪》："凿渠，自滹沱入泒水，名平虏渠；又从泃河口凿入潞河，名泉州渠，以通海。"③滹沱，即滹沱河，那时的滹沱水由太行山流出来以后，就东南流到今饶阳、武强等县，在武强县东北和漳水合流，又由漳水中分出，更东北入海。曹魏时期的漳水从邺城附近向东北流去，经过今冀县、衡水，继续流向东北，和清河相会后，由现在的运河水道入海。泒水，即现在的沙河，当时的泒水则较今猪龙河偏南偏东，它流经饶阳县北，河间县西，在文安县西北折而东流，入于渤海。曹操所开的平虏渠，是引滹沱水入泒水，也是因为滹沱水和漳水沟通，当时的舟船可由漳水入滹沱水，再通过平虏渠入泒水。④平虏渠的走向大致是从滹沱水旁的平虏城（今河北青县西南的木门店）引滹沱水，沿今南运河青县至天津段，在天津附近汇入泒水。

泉州渠的起点在泉州县（在今天津市武清县南，天津市区的西北），即平虏渠汇入泒水处附近，向北开凿，通到鲍丘水。泃河口是泃河汇入鲍丘水的地方，鲍丘水从塞外来，南过渔阳县东，又南过潞县（在今北京市通州区潞城镇古城村）西，又南至雍奴县（在今天津市武清区崔黄口镇大宫城村）北，屈东入于海。鲍丘水因为经过了潞县，所以又称潞河。曹操的舟船到今天津后，再沿平虏渠北至通州，潞河即鲍丘水的上游是今潮河，再沿潞河、潮河就可以北出古北口到塞外。曹操到了塞上之后，乌桓守着要塞的地方，使曹操的军队不能再向前行进了。这样，曹操改变了原来的行军计划，由现今卢龙、迁安一带出塞。这些地方沿着海边，一片沮洳之地，夏秋之际，更是一片水洼，既不便于行车，又不便于行船。为粮

---

① （晋）陈寿：《三国志》卷1，中华书局1982年标点本，第25页。
② 谭其骧：《海河水系的形成与发展》，《长水集续篇》，人民出版社1994年版。
③ （晋）陈寿：《三国志》卷1，中华书局1982年标点本，第28页。
④ 史念海：《中国的运河》，陕西人民出版社1988年版，第110页。

粮的运输，曹操在这里又开凿了条运河，即新河。新河是由雍奴县引鲍丘水东出，一直流到今滦县之南，合于濡水，即现在的滦河。这条运河一路向东，横绝了当时庚水、封大水、缓虚水、素河、清水，庚水是现今的蓟运河，封大水是今陡河，缓虚水当是今迁安市的沙河，素河即今素河，清水今为青河。① 曹操的军队到滦县后，可以沿着青龙河、大凌河谷北出塞外。这条道路也是战国时期燕国以来通往东北的要道。

建安十八年（213），曹魏又在洹水和漳水间开凿了一条运河，即利漕渠。利漕渠南起洹水旁的罗勒城（今河北广平县东南和大名县西北），北至斥漳县（今河北曲周县东南）南与漳水汇合。

曹操所开凿的诸运河，在南北朝时期多有利用。北魏初期，"神武自京师将北，以为洛阳久经丧乱，王气衰尽，虽有山河之固，土地褊狭，不如邺，请迁都。魏帝曰：'高祖定鼎河洛，为永永之基，经营制度，至世宗乃毕。王既功在社稷，宜遵太和旧事。'神武奉诏，至是复谋焉。遣三千骑镇建兴，益河东及济州兵，于白沟舫船不听向洛，诸州租籴粟运入邺城"。② 隋炀帝开凿的大运河永济渠，自洛阳向东北方向至北京，永济渠中的白沟至天津的运河河道，基本利用了当年曹操开通的白沟、平虏渠及屯氏河河道。③

曹操开凿的白沟，沟通了黄河和洹水；利漕渠沟通了洹水和漳水；平虏渠沟通了泒水和滹沱水，滹沱水的下游和漳水合流，所以平虏渠也就沟通了泒水和漳水；泉州渠沟通了泒水和鲍丘水；新河沟通了潞水（鲍丘水）和濡水（滦河）。曹操所开凿的运河将京津冀地区东西向和南北向的河流，从南向北沟通到了一起，使船只从黄河可以直达滦河。黄河连接着洛阳、长安，可通向西域；滦河连接着青龙河、大凌河，可到达东亚地区。曹操开凿运河为京津冀地区构建一个水陆交通的网，而这个交通网的核心点，就是邺城。

二 邺城的兴起与规制

邺城在今河北临漳县西南，靠近漳水，在汉代是冀州魏郡下的一个

---

① 史念海：《中国的运河》，第116页。
② （唐）李百药：《北齐书》卷2，中华书局1983年标点本，第16页。
③ 陈桥驿主编：《中国运河开放史》，中华书局2008年版，第29、63页。

属县。当时，幽州、冀州境内有名的城市是蓟城（今北京市）、涿郡城和邯郸城，这些城市能够成为一方经济都会，正是靠着太行山东的南北交通干线。在利漕渠开通之后，沟通幽、冀南北的水上运河交通道路，形成幽冀运河水系，水运的成本与速度优势，使运河很快代替了太行山东的南北陆路交通干线作用，成为新的南北交通干线。蓟城等几个城市离运河水道较远，就慢慢地不如以前繁荣了。代之而起的是更南边的、运河旁边的邺城。

邺城周围河流众多，对邺城的兴起与发展的有重要影响的是漳水和洹水。漳水即今漳河，漳水分为清漳水和浊漳水，二水异源分流，在邺城汇合，唐司马贞《史记索隐》引《地理志》："清漳水出上党沾县东北，至阜城县入河。浊漳水出上党长子县东，至邺入清漳也"[1]。漳水对邺城来说，起着非常重要作用。农业经济在我国古代是一座城市兴起的最重要的经济基础，漳水一方面给邺城带来水患，同时也是邺城地区重要的农业水源。战国时期，西门豹治邺，就是一方面治理河患，一方面凿渠溉田，"西门豹引漳水溉邺，以富魏之河内"[2]。河内，是今河北南部、山东西北、河南北部的地区，在先秦时期与河南、河东一起称为"三河"地区，是富庶之地。魏襄王时，史起又为邺城县令，史起治邺最大功绩是从农业发展的根本点土壤质量着手，太行山东麓至海滨地带，地势渐低，土壤受盐碱浸害严重，有"白壤"之称，《禹贡》在"冀州"条下曰："既载壶口，治梁及岐。既修太原，至于岳阳。覃怀致功，至于衡漳。其土白壤。赋上上错，田中中。"[3]冀州的土壤因受盐碱的影响在《禹贡》所划九等土壤中，处于第五等，其土壤肥力是中等偏下的，这对农耕生产是很大的制约。史起认为："魏氏之行田也以百亩，邺独二百亩，是田恶也。漳水在其傍，西门不知用，是不智；知而不与，是不仁。仁智豹未之尽，何足法也！"史起于是引漳水溉邺，冲洗土壤中的盐碱，使邺城地区的土壤成为沃壤，"以富魏之河内"。当地百姓盛赞史起，作歌曰："邺有贤令兮为史公，决漳水兮灌邺旁，终古舄卤兮生稻粱。"[4]河内之富泽被汉魏，西汉末年，光武帝

---

[1] （汉）司马迁：《史记》卷2《夏本纪》，中华书局标点本1982年版，第53页。
[2] （汉）司马迁：《史记》卷29，中华书局标点本1982年版，第1408页。
[3] 蔡沈注：《书经集传》卷2《禹贡》，上海古籍出版社1987年版，第23页。
[4] （汉）司马迁：《史记》卷126，中华书局标点本1982年版，第3213页。

曾问邓禹："诸将谁可使守河内者？"邓禹答曰："昔高祖任萧何于关中，无复四顾之忧，所以得专精山东，终成大业。今河内带河为固，户口殷实，北通上党，南迫洛阳。寇恂文武备足，有牧人御众之才，非此子莫可使也。"光武帝乃拜恂河内太守，行大将军事。光武对寇恂说："河内完富，吾将因是而起。昔高祖留萧何镇关中，吾今委公以河内，坚守转运，给足军粮，率厉士马，防遏它兵，勿令北度而已。"光武于是复北征燕、代。寇恂"移书属县，讲兵肄射，伐淇园之竹，为矢百余万，养马二千匹，收租四百万斛，转以给军"。[①] 东汉建立后，论功行赏时，对寇恂镇守河内，为大军征战转输兵粮而功居第一。漳水的水利运用，使田地成为良田，以肥沃著称，是邺城兴起的农业基础。曹魏经营邺城时，这里"陆荋稷黍，黝黝桑柘，油油麻纻，均田画畴，番庐错列，姜芋充茂，桃李荫翳"。[②]

洹水，源于山西省长子县的洹山，流经邺城之南。《水经注》载："洹水出上党泫氏县，水出洹山，山在长子县也。东过隆虑县北，县北有隆虑山，昔帛仲理之所游神也，县因山以取名。又东北出山，过邺县南"，洹水又东流，析出一支流向东北流经邺城南，谓之新河。新河又东流再分为二条河流，其中北河向北流经东明观下，又北经建春门、魏武玄武故苑，流注于漳河。东明观在邺城东侧，建春门是曹魏邺北城的东门，玄武苑在邺城北，洹水是邺城用水的重要水源。

白沟、利漕渠开通之后，漳水成为邺城内河交通水系中的干道，起着沟通南北的关键作用。《魏都赋》中描写道："真定之梨，故安之栗。醇酎中山，流湎千日。淇洹之笋，信都之枣。雍丘之梁，清流之稻。锦绣襄邑，罗绮朝歌。绵纩房子，缣总清河。若此之属，繁富夥够。"真定，为今河北正定；故安，在今河北易县南；中山，在今河北定州；淇洹，淇水流经今河南淇县，洹水流经今河南安阳，当是这里的物产；信都，在今河北冀县；雍丘，今河南杞县；襄邑，为今河南睢县；朝歌，为今河南淇县；房子，在今河北高邑；清河，在今山东临清县东北。左思在《魏都赋》中提到的这些物产与地名，涉及河北、山东和河南，河北、山东诸地均在曹魏所开运河及漳河、滹沱水等河流附近，唯有襄邑、雍丘不在幽冀

---

① （宋）范晔：《后汉书》卷16，中华书局1987年标点本，第621页。
② （南朝梁）萧统：《昭明文选》卷6《左思魏都赋》，中州古籍出版社1990年版，第84页。

运河水系之中。曹魏多次疏浚汴渠，襄邑、雍丘之物产可顺汴渠、黄河、白沟运到邺城。诸地物产在邺城的汇聚，足可以证明曹魏开凿的幽冀运河水系在邺城兴起与发展中的血脉作用。

"魏都之卓荦，六合之枢机"，使邺城成为北方的实际政治中心。建安十年（205）正月，曹操灭袁谭，平定冀州，并以邺城为根据地，开始对邺城进行建设。建安十七年（212）曹操调整邺城所在的魏郡的行政区划，将河内郡的荡阴、朝歌、林虑，东郡的卫国、顿丘、东武阳、发干，钜鹿郡的瘿陶、曲周、南和，广平郡的任城，赵国之襄国、邯郸、易阳等14县划归魏郡，加上原有魏郡所领的15县，魏郡共辖县29县，成为冀州境内面积最大的一郡。这样以邺都为中心的半径，北面到了河北中西部，东抵鲁西北，西南包有淇水流域，西至河南中西部，南达于河。方圆数百公里的土地，都在邺城的控制范围之内。① 建安十八年（213），曹操封魏公，以邺为都，"置丞相以下群卿百寮，皆如汉家初诸侯之制"。同年在邺城修建社稷、宗庙，置尚书、侍中、六卿等职，并将并州归属冀州。冀州辖境扩至32郡国，成为当时北方各州中户口最多的一州。二十一年，曹操封魏王，邺城升为王都。曹操设天子旌旗，出入称警跸，并在邺城召集群臣处理国政，邺城已成为实际的国都、政治中心所在。

与此同时，大量人口不断迁入邺城。建安九年，曹操围攻邺城时，"城中饿死者过半"。为了充实邺都人口，曹操鼓励向邺城移民。文献记载较大规模向邺城移民的就有三次：建安年间，并州刺史梁习先后将入居的匈奴人数万徙送至邺。建安二十年（215），曹操征服汉中张鲁政权，"徙民诣邺"。杜袭跟随曹操至汉中讨伐张鲁，后拜驸马都尉，"留督汉中军事，绥怀开导，百姓自乐出徙洛、邺者，八万余口"。

除以上几次较大规模主动或被动向政治中心移民外，曹操部下多举家居邺城，性质有如质子。如：右北平无终人田畴，原为袁尚部属，从曹操后，"尽将其家属及宗人三百余家居邺"。李典"宗族部曲三千余家，居乘氏，自请愿徙诣魏郡"，"遂徙部曲宗族万三千余口居邺"。曹操破袁谭于南皮，臧霸"求遣子弟及诸将父兄家属诣邺"。另外，曹魏制度凡是边剧郡守均须进任子，而任子多居邺城。以上措施使曹操时代"邺县甚大，一

---

① 参见陈桥驿主编：《中国七大古都》，中国青年出版社1991年版，第118—125页。

乡万数千户"。至曹丕即位，邺都内外居民多达数万户。

邺城政治地位的提升，曹操开始着力营建邺城。所《水经注·浊漳水》记载，"邺城东西七里，南北五里"。有七座城门："南曰凤阳门，中曰中阳门，次曰广阳门，东曰建春门，北曰广德门，次曰厩门，西曰金明门，一曰白门。凤阳门三台洞开，高三十五丈。"[①]据考古实测，曹魏邺城（即邺北城）平面呈长方形，东西长2400米，南北宽1700米，约4平方公里。并以城墙为基修筑了三座高大的台榭（金凤、铜雀、冰井）。当时的邺城，堂、殿、楼、阁、台，星罗棋布，应有尽有，把偌大的都城点缀得五彩缤纷，幽雅古朴。[②]城内设有三市，《魏都赋》："廊三市而开廛，籍平逵而九达。班列肆以兼罗，设阛阓以襟带。济有无之常偏，距日中而毕会。""百隧毂击，连轸万贯，凭轼捶马，袖幕纷半。壹八方而混同，极风采之异观。质剂平而交易，刀布贸而无算。财以工化，贿以商通。难得之货，此则弗容。"邺城的繁荣，还引来了无数的文人雅客、四夷使者云集于此，"亿若大帝之所兴作，二嬴之所曾聆。金石丝竹之恒韵，匏土革木之常调。干戚羽旄之饰好，清讴微吟之要妙。世业之所日用，耳目之所闻觉。杂糅纷错，兼该泛博。鞮鞻所掌之音，韎昧任禁之曲。以娱四夷之君，以睦八荒之俗。"[③]

从遗址勘探与文献研究可知，曹魏时期的邺城，空间形态呈长方形。从城东的建春门至城西的金明门有一条横贯城市的东西向道路，现存长2100米，路土宽13米。这条道路将邺城分为南北两部分，邺城的北半部分，考古勘探发现多座大型夯土建筑遗址，是邺城的宫殿建筑遗址群，即由西向东依次排列着"三台"、西苑、大朝宫殿区、内朝宫殿区和贵族居住区。"三台"即冰井台、铜雀台、金凤台，位于城的最西边，向东即是西苑——铜雀园；居于北部中央的是大朝宫殿区，其正殿为文昌殿，向南与宫城正门即端门相对，再向南与东西向大道交会成"十"字后，与邺城南部的中门中阳门相接。这条由文昌殿向南至中阳门的大道，成为邺城的"中轴线"。大朝宫殿区东侧是内朝宫殿区，内朝北部为后宫，东北部为太子宫，中央官署布置于内朝前。邺城东部为贵族达官居住区，如历史文献

---

① （北魏）郦道元著，（清）王先谦校：《水经注》卷10《浊漳水》，巴蜀书社1985年版，第213页。
② 陈剑：《邺城遗址的勘探发掘与研究》，《四川文物》2005年第1期。
③ （南朝梁）萧统：《昭明文选》卷6，中州古籍出版社1990年版，第85页。

记载的戚里、长寿、吉阳等均应于此。

邺城的南半部分是百姓居住区,被南北向的三条街道分为四个区域,从城南西面的凤阳门向北的凤阳门大街,与东西大道相接,现存南北长800米、宽13米;东面是由广阳门向北的广阳门大街,现存南北长150米、宽13米;中部是中阳门向北中阳门大街,即中轴线,现存南北长730米、宽17米,最为宽阔,构成城内主要干道。每个区域内,又由主干道与街道构成棋盘状的居民区单元或市场,以便于管理和维护治安。

曹魏邺城南北向"中轴线"的形成,一改曹魏邺城以前的汉长安城、东汉洛阳城都城形制,开启了此后中国古代都城新的形制。①

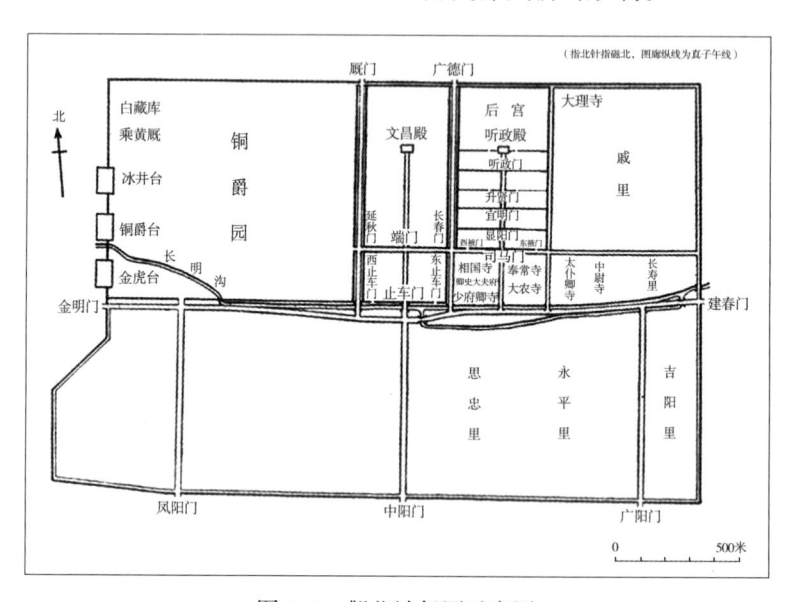

图1-2 邺北城复原示意图

曹丕继位后,迁都洛阳,但是,邺城作为"王业之本基",为五都之一。②西晋时,邺城多为皇室镇守。十六国南北朝时期,邺城又成为后赵、冉魏、前燕、东魏、北齐诸朝的都城,缮修营建不断,如后赵建武元年(335),石虎称赵天王,从襄国迁都于邺,开始对邺城的改建工程。石虎将后宫移至西苑,中央官署移至太武殿端门外及中阳门大街左右,使内朝宫殿区全部改为东宫,由太子居住。石赵的改建使中央的决策机关和执行

---

① 刘庆柱:《从曹魏都城建设与北方运河开凿看曹操的历史功绩》,《安徽史学》2011年第2期。
② (晋)陈寿:《三国志》卷2,中华书局1982年标点本,第77页。

机构集中，并沿中轴线左右对称分布，更加突出太武殿的中央核心地位。西苑后宫建设，也仿大朝宫殿的中轴线设置，具有前后排列、左右对称的规则设计特色，前有显阳殿，后有九华宫。九华宫三三为位，似八卦中的坤卦，住宫女一万多人，其遗址在铜雀台东北，这里曾出土了"大赵万岁"瓦当。后宫向南直对凤阳门，沿凤阳门大街构成了以后宫为中心的中线。使邺城城制更加规整。

东魏、北齐时期，在邺城南增筑了南城，形成了南北两座宫城。但邺北城仍延续使用不废，且有大规模的修建。如：北齐天保年间，征发工匠三十余万，用时三年修建了三台和附近宫室。经过考古钻探和试掘，在铜雀台、金凤台遗址的东面和北面，有大片的东魏、北齐文化层，且有大量有文字戳记的黑瓦片和莲花瓦当出土，这很可能就是天保年间那次大规模建筑的遗存。

邺南城呈长方形，西城墙距东城墙为 2602 米，南城墙距北城墙为 3454 米。文献记载："邺南城东西 6 里，南北 8 里 60 步。"以西晋尺 24 厘米计算，当时的 1 里合 432 米，6 里合 2592 米，8 里 60 步合 3542 米，钻探实测的数据和文献记载基本相符。[①]

文献记载：邺南城有十四座城门，南北城墙各三座，东西城墙各四座。北墙的三座系利用北城的南门即凤阳门、中（永）阳门、广阳门；南城墙的三座自西而东为厚载门、朱明门、启夏门；西城墙自北而南为纳义门、乾门、西华门、上秋门；东城墙自北而南为昭德门、上春门、中阳门、仁寿门。经实地勘探，已确定门址位置的有：南面的启夏门、朱明门、厚载门，西面的纳义门、乾门、西华门、上秋门，东面的仁寿门等。

城址北部中央为宫城，《邺中记》载：宫东西四百六十步，南北连后园至北城合九百步。经实地勘探，已探出宫城四面宫墙，其中东墙破坏严重。宫城东西 620 米，南北 970 米。在宫城内已探出建筑基址十多座。城内的三条南北大道和几条东西大道也已基本探出。经发掘的有朱明门、乾门、朱明门通向宫城的大道（即全城的中轴线）、"马面"、城壕等。朱明门为南面正门，《邺中记》载："独雄于诸门，以为南端之表也。"经对门址全面发掘，发现三个门道，进深 20.3 米，门墩（东西）宽 84 米。邺南

[①] 河北省临漳县文物保管所：《邺城考古调查和钻探简报》，《中原文物》1983 年第 4 期。

城在中国都城史上,也占有一定的地位,其城市布局对隋大兴城、唐长安城产生直接影响。①

邺南城制度大体沿承北魏洛都城制,但从形制和宫城位置看,远较洛都规整,宫城居北部中央,城内宫殿布局完全按照太极、阴阳二仪的构思设计,左右对称严格。宫城的主建筑为太极殿,两旁有东、西堂,太极殿后有昭阳殿,两旁有东西阁,为内朝主建筑,昭阳殿后有永巷,通后宫九院,九院以三三为位,呈坤卦"☷"形,后宫之北,为后园。外朝、内朝、后宫、后园自南至北排列,每组建筑又讲究左右对称,布局结构紧凑合理,浑然一体,可谓是对魏晋南北朝以来宫城制度的完善与总结,形成了一种新的宫城礼制。

邺南城也由主干道与街路等构成棋盘式街区,并设里、坊。据明嘉靖《彰德府志·邺都宫室志》记载,邺南城"盖有四百余坊"。城区基层管理似分二级,在里之下置坊,而且坊的面积较小,故有400多坊。邺都里坊制度沿袭北魏洛都,反映了都城管理制度从里到坊的转变。邺都形制、宫城制度、中轴线及棋盘式街区布局和里坊制度的发展变化,既总结、扬弃了秦汉以来的都城制度,又开启了隋唐时期的都城制度,在中国古都城制发展史上具有承前启后的地位并起了都城礼制的变革作用。②

三 邺城与西域的经济、文化交流

自西汉武帝开通西域,京津冀与西域的交流就一直延续着。京津冀地区是冬小麦的主产区,冬小麦是从武帝时期由西域传入这一地区的。冬小麦在汉代称为宿麦,原产地在西南亚、地中海一带。据《史记·大宛列传》等的记载,中亚的大宛、安息等地很早就有宿麦的种植。公元前2000年前后,小麦自西向东逐渐传入今之中国新疆、甘肃、青海,之后又延及黄河下游地区。董仲舒曾上书汉武帝,劝其下令在关中地区推广种冬小麦,"《春秋》它谷不书,至于麦禾不成则书之,以此见圣人于五谷最重麦与禾也。今关中俗不好种麦,是岁失《春秋》之所重,而损生民之具也。愿陛下幸诏大司农,使关中民益种宿麦,令毋后时"。③汉武帝采纳了董仲

---

① 徐光冀:《邺城考古的新收获》,《文物春秋》1995年第3期。
② 牛润珍:《邺城城制对古代朝鲜、日本都城制度的影响》,《韩国研究论丛》2007年,第十五辑。
③ (汉)班固:《汉书》卷24,中华书局1983年标点本,第1137页。

舒的建议,元狩三年,"遣谒者劝有水灾郡种宿麦,举吏民能假贷贫民者以名闻"。①董仲舒了解关中地区百姓没有种植冬小麦的习惯,所以,他对冬小麦的知识一定来自家乡,董仲舒是广川县(河北景县广川镇大董故庄村)人,冬小麦在这里的种植一定获得了较好的效果,董仲舒才劝武帝在关中推广。京津冀地区的冬小麦正是由西域传播而来的。

石榴,原产伊朗、阿富汗等地,是张骞从西域引入。《博物志》曰:"张骞使大夏,得石榴。李广利为贰师将军,伐大宛,得蒲陶(葡萄)。"②石榴进入之后在黄河中下游地区都有种植,汉武帝建元三年初修秦之旧苑为上林苑,"群臣远方,各献名果异卉三千余种植其中,亦有制为美名,以标奇异"。③《西京杂记》记载了这几千种的名果异卉的一部分,其中就有从西域传入的石榴,"安石榴十株"。④曹植《弃妇篇》的前四句云"石榴植前庭,绿叶摇缥青。丹华灼烈烈,璀彩有光荣。"俞绍初对曹植的这首诗作注评时说:曹丕作有《代刘勋妻王氏杂诗》,其序有云:"王宋者,平虏将军刘勋妻也。入门二十余年,后勋悦山阳司马氏女,以宋无子出之,还于道中作诗。"此诗的弃妇大约就是指刘勋之妻王宋。曹植还作有《出妇赋》,当同咏一事,都是建安中的作品。⑤建安时期,曹魏的政治活动以及文学创作的中心都在邺城,曹植所描述的"石榴植前庭,绿叶摇缥青",正是邺城地区种植石榴之生活反映。元嘉二十七年(450)拓跋焘率大军南侵,张畅为安北长史、沛郡太守。拓跋焘向张畅索要甘蔗、安石榴等物品,张畅曰:"石榴出自邺下,亦当非彼所乏。"⑥足见,邺城地区种植石榴到南北朝时期已经很普遍了,已是南北地方人士所熟知的常识了。所以,当从漠北而来的拓跋焘向张畅索要石榴时,张畅不卑不亢地回绝道:石榴出自邺下,是邺城的特产了,拓跋焘是不会缺少石榴的。

当邺城成为东魏、北齐的都城之后,京津冀地区与西域的交流持续不断。《北史·吐谷浑传》:西魏废帝二年(553),"是岁,夸吕又通使于

---

① (汉)班固:《汉书》卷6,中华书局1983年标点本,第177页。
② (南朝梁)萧统:《昭明文选》卷16,中州古籍出版社1990年版,第211页。
③ 陈直:《三辅黄图校证》,陕西人民出版社1985年版,第83页。
④ (东晋)葛洪:《西京杂记》,中华书局1985年版,第7页。
⑤ 曹道衡、俞绍初注评:《魏晋南北朝诗选评》,三秦出版社2004年版,第15页。
⑥ (唐)李延寿:《南史》卷32,中华书局1987标点本,第831页。

齐。凉州刺史史宁觇知其还，袭之于州西赤泉，获其仆射乞伏触状、将军翟潘密，商胡二百四十人，驼骡六百头，杂彩丝绢以万计"。又《北齐书·文宣纪》载：武定七年十一月，吐谷浑遣使朝贡。天保元年十月，吐谷浑再次遣使朝贡。其后虽无记载，但是，可从其他记载中获得消息。后主时，北周攻占并州，后主遣纥奚永安告急于突厥他钵略可汗。"及闻齐灭，他钵略可汗处永安于吐谷浑使下。"说明吐谷浑与突厥有联系，而突厥与北齐又保持着较好的关系，南北朝时期吐谷浑是西域各国与中原各国交往的枢纽。正是这不绝如缕的联系，使西域文化源源不断地传播到邺城的上层社会。同时，洛阳倾覆之时，40余万洛阳人口来到了邺城，其中定有不少定居洛阳的西域商人的后裔。幼主时，"任陆令萱、和士开、高阿那肱、穆提婆、韩长鸾等宰制天下，陈德信、邓长颙、何洪珍参预机权"。朝政大乱，"诸宫奴婢、阉人、商人、胡户、杂户、歌舞人、见鬼人滥得富贵者将万数，庶姓封王者百数，不复可纪"。北齐音乐中的"杂乐有西凉鼙舞、清乐、龟兹等。然吹笛、弹琵琶、五弦及歌舞之伎，自文襄以来，皆所爱好。至河清以后，传习尤盛。后主唯赏胡戎乐，耽爱无已。于是繁手淫声，争新哀怨。故曹妙达、安未弱、安马驹之徒，至有封王开府者，遂服簪缨而为伶人之事。后主亦自能度曲，亲执乐器，悦玩无倦，倚弦而歌。别采新声，为《无愁曲》，音韵窈窕，极于哀思，使胡儿阉官之辈，齐唱和之，曲终乐阕，莫不殒涕。虽行幸道路，或时马上奏之，乐往哀来，竟以亡国"。

正因东魏、北齐国主对西域文化的喜爱，在邺城之中也开始盛行与西域有关的音乐与绘画。曾在南梁、北朝齐为官的颜之推，在其《颜氏家训》中对河北民风中的西域因素多有记载，如《卷一·孝子》："齐朝有一大夫，尝谓吾曰：'我有一儿，年已十七，颇晓书疏，教其鲜卑语及弹琵琶，稍欲通释，以此伏事公卿，无不宠爱，亦要事也'。"又《卷五·省事》："近世有两人，朗悟士也，性多营综，略无成名，经不足以待问，史不足以讨论，文章无可传于集录，书迹未堪以留爱玩，卜筮射六得三，医药治十差五，音乐在数十人下，弓矢在千百人中，天文、画绘、棋博、鲜卑语、胡书、煎胡桃油、练锡为银，如此之类，略得梗概，皆不通熟"。

河北民风中的"弹琵琶""煎胡桃油"等民风文化，都来自西域文化，并在宫廷和社会中流行。临漳和士开"以倾巧便僻，又能弹胡琵琶"[①]而得到皇帝的任用、"亲狎"。北齐孝武帝高湛为储君长广王时，就喜爱胡舞、尚鲜卑语，陈元康就将祖珽推荐给长广王，祖珽非常善弹琵琶，还"善为胡桃油以涂画"[②]。并能与和士开一起跳胡舞娱乐。

东魏北齐崇尚佛教，在邯郸的响堂山和涉县的中皇山开凿了石窟，并在岩石上刻下大量的佛经，弘扬佛法。据《续高僧传菩提流支》记载，菩提流支是北天竺人，魏称其为道希，于魏宣武帝永平初年从西域来到洛阳，受到礼待。"供拟殷华，处之永宁大寺，四事将给七百梵僧，敕以流支为译经之元匠。"

随着佛教的兴盛，佛教之物狮子也随佛教来到中原地区。《魏书·西域传》载："嚈哒国……西域康居、于阗、沙勒、安息及诸小国三十许皆役属之，号为大国……正光末，遣使贡师子，至高平，遇万俟丑奴反，因留之。丑奴平，送京师。"嚈哒国为波斯国所属，此事在《北史·尔朱天光传》中也有记载："建义元年（528）夏，丑奴击宝夤于灵州，禽之，遂僭大号。时获西北贡师子，因称神兽元年，置百官。"万俟丑奴被平定后，狮子运抵洛阳，故《魏书·孝庄帝纪》载永安三年（530）六月，"嚈哒国献师子一"。狮子实为中原罕见之物，狮子到达洛阳后，在洛阳城南专设了一个"狮子坊"。《洛阳伽蓝记》卷3载："永桥南道东有白象、狮子二坊……狮子者，波斯国胡王所献也，为逆贼万俟丑奴所获，留于寇中。"因狮子不产于我国，所以，狮子只能作为贡物让皇帝等皇亲贵族们观看、欣赏，一般百姓也只能通过佛教中的狮子形象来了解狮子。

佛教起源地印度也出产狮子，狮子这种猛兽被视为兽中之王，《大集经》卷10说："过去世有一狮子王，在深山窟常作是念：我是一切兽中之王。"但是，佛却能威服狮子，而凌驾于狮子之上，《佛说太子瑞应本起经》说："佛初生时，有五百狮子从雪山来，侍列门侧。"从此，佛陀说法坐狮子座，演法作狮子吼，成了"人中狮子"。而作为佛陀左胁侍的文殊菩萨的形象则是骑着狮子的，以表示其智慧威猛[③]。在东魏北齐时期，定州等地佛教兴盛，境内的曲阳盛产优质白色大理石，又具有精湛的雕刻技

---

① （唐）李百药：《北齐书》卷50，中华书局1983年标点本，第686页。
② （唐）李百药：《北齐书》卷39，中华书局1983年标点本，第516页。
③ 黎虎：《狮舞流沙万里来》，《西域研究》2001年第3期。

艺，于是，在定州产生了大量的以白石为特征的石造像，并流传到各地。在这些佛造像中有许多狮子座的思维菩萨像，如东魏武定元年（543）的"思维菩萨残像"，菩萨残像的底座是中间为力士双手托举着博山炉，博山炉两侧各有一只雄狮，狮子的形象十分写实，突出表现了狮子颈部的鬃毛，呈现威猛之意。

图1-3　思维菩萨残像

齐武平二年（571）"思维菩萨像底座"，底座分上、下两层，下层的中间是两力士肩扛博山炉，两狮卧于东西两侧，此狮子为母狮子，安详地卧于两侧。

图1-4　思维菩萨像底座

随着狮子形象的普及，普通百姓对狮子的认识和了解，狮子在佛教中的地位和作用，使狮子在百姓心中成为一种吉祥的动物。

由狮子衍生出来的狮舞文化逐渐融合到百姓的生活之中，并长久地流传下来。如由狮子形象做成的枕头，在定州出土了宋代和金代的瓷器狮枕，宋代的定窑白釉卧狮枕，枕体为一伏卧的狮子，头部高，尾部低。枕面为弧形的狮背，狮头扭附于前爪之上。狮胡须修长，头后鬃毛弯曲，高鼻，以釉下黑彩点狮双目，尾毛贴于后肢上。金代的定窑黑卧狮枕，枕形椭圆，枕面前低后高，两侧翘起，中间下凹，周边出短檐，枕面画二道弦纹。枕体为一伏卧的狮子，两眼圆睁，大鼻张口，四肢和尾部只有大轮廓。

由狮子为主形成的狮舞更是百姓在年节和喜庆活动中不可缺少的表演项目。狮舞是在斗狮、训狮中形成的，源于西域。三国时期传入我国，到南北朝时期开始流行。杨衒之的《洛阳伽蓝记》卷1记载，北魏时洛阳"长秋寺，刘腾所立也……寺北有濛氾池……中有三层浮图一所……四月四日，此象常出，辟邪、师子，导引其前；吞刀吐火，腾骧一面；彩幢上索，诡谲不常。奇伎异服，冠于都市"。这是举行四月行像的法事时广设狮子等百戏表演。辟邪是我国传说中的神兽，现实生活中是不存在的一种动物。辟邪、狮子走在四月四日法事活动队伍的前面，一边行进一边表演。辟邪，一定是由人扮演的，与辟邪一起表演的狮子，由此推测也是由人扮演的，不可能是活的动物狮子，否则这项活动的危险性就太大了，同时，训狮者多是西域人士，我国若有训狮者也只能为皇家服务，不可能出现在一般的活动中。由此说明，狮子进入我国之后，因其是贡品属性，百姓是难得一见的。但是，狮子的威猛、百兽之王的地位而为百姓所喜爱，成为一种吉兽，由人扮演其动作并融入节庆活动之中。到了唐代，狮舞更为普遍，不仅唐宫廷中有专门训狮者，还有专门教授舞狮者，狮子舞成为宫廷中的十部伎之一。这种由人扮演的舞狮也更为百姓所喜爱。白居易《西凉伎》："西凉伎，假面胡人假狮子。刻木为头丝作尾，金镀眼睛银贴齿。奋迅毛衣摆双耳，如从流沙来万里。紫髯深目两胡儿，鼓舞跳梁前致辞。应似凉州未陷日，安西都护进来时。须臾云得新消息，安西路绝归不得。泣向狮子涕双垂，凉州陷没知不知。狮子回头向西望，哀吼一声观者悲。贞元边将爱此曲，醉坐笑看看不足。娱宾犒士宴监军，狮子胡儿长在目。"[①]白居易的《西凉伎》将狮子的形象描述的很细致，狮头由木雕刻而成，丝线制成狮尾，金眼银齿，双耳摆动。最为特殊的是戏狮人一定要装扮成胡人。随着狮舞与中原文化的不断融合，到明清之后，狮舞的西域"胡人"因素越来越少，戏狮人也不用再装扮成胡人形象了，而且舞狮子也与百姓生活密不可分了。仅在保定地区就有清苑、涿州、易县、满城、容城、望都、曲阳、蠡县、博野、安国等地都传承着狮舞文化，特别是徐

---

① 《中华舞蹈志》编辑委员会编：《中华舞蹈志》（陕西卷），学林出版社2009年版，第381页。

水的狮舞素有"北狮之宗"的赞誉，徐水北里村素有舞狮的历史传统，上至古稀老者，下到垂髫小童，人人披挂狮皮，个个练习，创出许多"绝活"。早在明、清时期，即以花会形式在乡间庙会、重大节庆时演出。北里狮舞中的"狮子"是仿照石狮的形态，古雅圆大的狮头，宽阔隆起的前额，黑亮有神的眼睛，前伸而突起的鼻子，开闭有度的大嘴，稍微颤动的双耳，加之头顶用彩绸扎成的彩球的映衬，更显得威武雄壮。狮脖上挂的一圈响铃，随着狮子的动作叮当作响。北里狮舞有文狮（雌狮）、武狮（雄狮）之分。文狮重在表现狮子温柔的性格、恬静的神态和活泼好动、喜欢嬉戏的一面。武狮侧重表现狮子威武的神态，并常与武术、杂技动作糅合，依靠器械道具表演一系列高难动作。狮舞在表演时分双人与单人两种扮演形式。两人合扮一头狮子时，前者双手握住狮头道具戴在头上，后者俯身双手抓住前者的腰带，身披狮皮，两人行动一致，紧密配合。单人扮演的小狮子称为"少狮"，狮皮与四肢是连在一起的整体服装。引逗狮子的角色称为"狮童"或"引狮郎"，为传统武士装束，手持绣球引狮起舞，动作以翻、腾、亮相为主，基本动作有晃球、转球、抛球、抖球等。配乐为打击乐。如今，北里的狮舞在政府的大力支持下，不仅全国众多歌舞、杂技艺术团体都有北里的狮舞演员，形成了"无狮不北里"的盛况，而且还走出国门，赢得国际友人的高度赞誉。

四　邺城的都城制度对东亚的影响

我国古代都城制度对日本、朝鲜等国都城的影响，最早是由日本学者提出来的，1907 年，东京帝国大学建筑学家关野贞教授在其《平城京及大内里考》一文中，提出日本历史上的平城京基本上是参考当时中国首都西京（长安）的制度来建造的。在此基础上，我国学者宿白教授认为日本各都城的设计既参考了长安，又参考了洛阳这两城的部署，说明一般所谓单纯模仿长安城的说法是不妥帖的。[①] 其后，王仲殊教授亦通过考古发现，"古代日本的宫城为唐长安、洛阳的宫城、皇城的结合体"，而且，"在平安京坊名的采用上，唐洛阳城反而占了唐长安城的上位"，"值得注意的是，8 世纪末，日本进入平安时代（794—1192）以后，唐洛阳城在平安

[①] 宿白：《隋唐长安城和洛阳城》，《考古》1978 年第 6 期。

京规制中的影响继续存在，而且有所提高。与平城京相比，平安京不设外京，都城全体的平面形状为规整的南北纵长方形，长与宽的比率更与洛阳城接近"。①正当平城京与长安城和洛阳城的关系的讨论有待进一步深化的之时，20世纪70年代末，日本学者岸俊男教授提出了日本都城模仿邺城的观点，这一"魏晋南北朝都城模仿说"的新观点，否定了关野贞教授的"长安城模仿说"。岸俊男指出："作为平城京原型的藤原京，其模仿对象与其说是唐长安城，倒不如说是基于更早一些的中国都城制。"他还将日本的藤原京与中国的北魏洛阳城进行了比较研究，认为藤原京的纵长方形形制，极似北魏洛阳城的内城，其被称为"九六城"的东西约六里、南北约九里的形状，亦正与藤原京一样，即东西和南北间比例为2∶3。对于岸先生所主张的"藤原京是模仿北魏洛阳城或者说是东魏邺南城而不是模仿唐长安城"这一新观点，王维坤持有不同意见，他认为：隋唐长安城是在广泛吸收了曹魏邺北城、北魏洛阳城、东魏邺南城对宫城和里坊以及街道等方面所作的特殊处理这一优点的基础上所建造起来的一座都城。而日本的藤原京、平城京又是在模仿隋唐长安城的基础上建造的。尽管藤原京、平城京在有些方面同北魏洛阳城、东魏邺南城存在着相似之处，但是它们之间根本不存在这种直接的沿袭关系，而是一种通过唐长安城作为媒介的间接继承关系罢了。所以说，它们之间是不能够进行对比的。虽然岸先生还从藤原京的外形上同北魏洛阳城、东魏邺南城、唐长安城进行了比较，但这一观点的确是难以成立的。②此后，藤原京的渊源来自唐长安或邺南城的争论一直没有停止。从文献记载来看，在东魏、北齐建都邺城之后，朝鲜、日本等东北亚诸国与东魏、北齐保持着密切的交往，如武定七年十一月戊午，吐谷浑国遣使朝贡；武定八年六月己卯，高丽遣使朝贡；天保二年五月高丽国遣使朝贡；天保六年十一月丙戌，高丽遣使朝贡。③河清三年，是岁，高丽、靺鞨、新罗并遣使朝贡；四年二月甲寅，诏以新罗国王金真兴为使持节、东夷校尉、乐浪郡公、新罗王。④

---

① 王仲殊：《论日本古代都城宫内太极殿龙尾道》，《考古》1999年第3期；《论洛阳在中日关系史上的重要地位》，《考古》2000年第7期；《关于中日两国古代都城、宫殿研究中的若干基本问题》，《考古》2001年第9期。
② 王维坤：《隋唐长安城与日本平城京的比较研究》，《西北大学学报》1990年第1期。
③（唐）李百药：《北齐书》卷4，中华书局1983年标点本，第55、61页。
④（唐）李百药：《北齐书》卷7，中华书局1983年标点本，第93、94页。

天统元年，是岁，高丽、契丹、靺鞨并遣使朝贡；天统三年冬十月，突厥、大莫娄、室韦、百济、靺鞨等国各遣使朝贡；武平元年二月癸亥，以百济王余昌为使持节、侍中、骠骑大将军、带方郡公，王如故；武平三年，是岁，新罗、百济、勿吉、突厥并遣使朝贡；武平四年，是岁，高丽、靺鞨并遣使朝贡，突厥使来求婚。①

东魏、北齐与朝鲜等国的交流，无疑邺城是朝鲜、日本等东北亚诸国使者见到的主要都城，邺城制度文化无疑直接影响到朝鲜、日本等东北亚诸国。同时，我们也看到，中日两国学者关于日本古代都城制度源流的研究，多看重两国古代都城城制现象的比较，诸如都城形制、宫城位置、坊市街区、园林等，并在这些方面寻找其相似之处，而且均使用"模仿"一词来描述它们之间因袭沿承关系。其实，城制现象取决于建都设计理念，邺北城、洛阳、邺南城、大兴、长安、藤原京、平城京的建筑设计都贯彻了"天象""风水"意识，城制现象自然多有相似的地方。邺北城、平城（北魏）、洛阳、邺南城、大兴、长安，其传承关系史书有证，自成一系统；如果仅凭城制某些方面相似的现象而断定长安是藤原京、平城京模仿的蓝本，仍嫌证据乏力，史料不足。而"模仿"一词的使用也不甚准确，藤原、平城京的设计与布局借鉴、参照了长安城，所以才有诸多相似点。如果说是"模仿"了长安城，那么，它们之间的许多差异之处又该如何解释呢！而且其相似点仅仅是"相似"，并不相同。尽管中日两国学者对日本古代都城制度源流的认识，分歧颇大，但日本古代都城制度受中国古都城制影响，两国古代都城制度属同一系统，这当不会有异议。中日两国一些学者把中世纪都城系统溯源至曹魏邺都，这样的看法，无论对于探讨日本或中国的古代都城制度的源流，都是值得重视的。牛润珍通过多篇论文论证了朝鲜的都城制度和日本的都城制度是来源于邺南城。②

古代朝鲜的都城制度由于受中国古都城制的影响，于公元 5 世纪发生了新的变化，其明显的标志是外郭城的修筑与坊里制的设置。公元 552 年至 586 年，高句丽兴建新都平壤城，即长安城。长安城由外城、中城、内城和北城构成，据城石刻字，内城建于 566 年，外城为 569 年，即先筑内

---

① （唐）李百药：《北齐书》卷 8，中华书局 1983 年标点本，第 98、103、106 页。
② 牛润珍：《邺城——中国、亚洲与世界城市史研究中的一个谜》，《史林》2009 年第 3 期；牛润珍：《邺城城制对古代朝鲜、日本都城制度的影响》，《韩国研究论丛》2007 年第 2 期。

城，后修郭城，工程顺序类似邺南城。新都背靠锦绣山牡丹峰，城垣由牡丹峰，经清流壁，沿大同江北岸抵达平川，又沿普通江伸向东北，经安山、万寿台、乙密台至牡丹峰，平面呈瓢状。城郭形制因地势伸曲，宫城处山之阳，面向平川。长安城外郭城的构筑正是受了中国都城制度的影响，它改变了高句丽前期都城于平原、山区各建一城的制度，如国内城（今中国吉林省集安市通沟）和安鹤宫土城（今朝鲜大同江畔清岩里土城）。而且长安城街道区划又是按棋盘式格局设计的，郭内里坊由宽窄不同的道路隔开，城内主干道宽9亩（一亩合高句丽4尺，一尺为35厘米），次为3亩，最窄者1亩。坊呈"田"字形，4坊为一里，但里、坊大小不等，大坊边长500尺（高句丽尺），小坊边长250尺，里或边长200尺。里里、坊坊之间均有东西南北的通道，宽度一般为3亩，坊内小道宽1亩。

  百济都城也能找到中国古都城制的影子。如圣王十六年（538年）至义慈王二十年（660年）的都城泗沘，北依扶苏山城，面临锦江。锦江由北而西，又向南，三面环绕，东面以扶苏山城为中心，经青山城向南筑有罗城，王宫位于扶苏山城南麓，处于都城北部中央。日本学者岸俊男指出"这样的泗沘城建制，是继承了此前的首都熊津的建制。熊津在扶徐之北，锦江上游，相当于现在忠清南道公州。它北依面临锦江的海拔高度为110米左右的公山城，东西两面是被山环绕的狭长盆地地带。以公山城为中心，据说在环绕周围的山岳还筑有夯土罗城。王宫位置也推测在公山城南麓附近"。[①]

  高丽时代的开城王京由宫城、皇城、罗城构成，皇城位于西北部，北墙、西墙即罗城城垣。宫城居皇城南部中央，四面各设一门，南曰升平门、东曰东华门、西曰西华门、北曰玄武门。皇城建有20门、2水门：由东垣南第一门广化门起，向南而西、北、东依次为通阳门、朱雀门、南薰门、安祥门、归仁门（以上南墙5门）、迎秋门、宜义门、长平门、通德门、乾化门（以上西墙5门）、金耀门、泰和门（以上北墙2门）、上东门、和平门、朝宗门、宜仁门、青阳门、玄武门、北小门；2水门即广化门水口门、宜仁门水口门。从开城王京的布局看，其结构实分为四城，即

[①] 岸俊男：《探寻日本古代都城的源流》，《考古与文物》1998年第4期。

宫城、皇城、内城、外城。内城呈南北长条状、中间由东西墙垣隔开分成南、北两半部，南部为皇城，都明显地体现了中国古代都城制度与特点。

汉阳城是朝鲜时代的都城，宫城居都城西北部白岳山南麓，坐北朝南，正门光化门直南大道（今世宗路）为全城最宽，礼、枢、宪、兵、刑、吏六部官署分置于光化门前南北大道两侧，并依《考工记》"左祖右庙"礼制，于景福宫东偏南建太庙，宫之西偏南建社稷坛。市在崇礼门（南大门）、兴仁门（东大门）附近，演变为今南大门市场、东大门市场。由于受地理地貌的影响，都城建筑在朝向方面并不专一，其主要宫殿及礼制建筑坐北朝南，如景福宫、太庙、昌德宫、文庙、成均馆等；别宫昌庆宫、庆熙宫及社稷坛则坐西朝东。又由于朝向和地理的缘故，使崇礼门、兴仁门成为往来城内外最重要的通道。城内主干道为靠近西城垣中部的庆熙宫至兴仁门的东西大道（即今钟路），南北主要道路均与东西干道相接，构成城内交通网，街区大体呈棋盘状，城内置坊，如安国坊、阳德坊、仁达坊、宽仁坊、莲花坊、彰善坊、广通坊、明哲坊、皇华坊等；城外四郊置里，孔德里、细桥里、水铁里等。坊里为街区管理单位，并无坊之建筑。城之北筑有北汉山城，西北建有西城，均沿山势构筑，对汉阳城形成拱卫之势。

综观古代朝鲜都城制度的发展，借鉴、沿承中国古都城制主要反映在四个方面：第一，外郭城的建筑及宫城、皇城、郭城呈"回"字形环环相套，如平壤城（长安城）、庆州王京、开城王京、汉阳城等均为这种形制。第二，宫城置于都城北部偏西，这一点与邺北城相仿，而且宫城的建筑布局均为前朝后宫，前朝的建筑讲究对称，主殿两旁有东、西殿阁，东、西回廊。这样的建筑形式较早见于北魏平城、洛阳及东魏、北齐邺南城，隋唐以后逐渐消失了，而古代朝鲜都城宫殿建筑却将这一形式保存下来了。如景福宫主殿——思政殿，东、西两侧又有万春殿、千秋殿，犹如邺南城昭阳殿两旁又有东、西阁，这正是邢劭《新宫赋》中所描述的"法三山而构翼室"，这种形式于今天的北京明清故宫已不复存在。第三，前市后朝，古代朝鲜都城内的市多在南部，这与魏晋邺北城、北魏洛都、东魏北齐邺南城及隋唐大兴、长安等城制相似，且与《考工记》所设想的"前朝后市"相背。第四，棋盘式街区与坊里设置，自平壤（长安）城至汉阳城，均沿承此制度，特别是平壤（长安），一坊包括四小坊

（2×2），四坊合一里（4×4）即十六小坊，坊里形制与长安城内之坊相似，但平壤（长安）城又早于大兴（长安），很显然，平壤城的坊里形制是从邺南城那里借鉴来的。

邺城城制对日本古代都城制度也有十分重要的影响。奈良时代持统天皇八年（694）建造的都城藤原京，其结构布局与邺南城甚是相似。藤原京由宫城（内城）和外郭构成。宫城位于城内中央偏北部位，以宫城为中心，规划街区和建筑，城区规划设计遵从对称的方式，讲究规整。从形制上看，藤原京平面呈纵长方形，整个都城坐北朝南，宫城前南北大道即朱雀大路为全城中轴线。大路以东为左京区，路西侧为右京区。城内主要街路包括宫城南六条横贯东西的大路，即"六条大路"，及朱雀大路两侧并与之平行的六条南北街路。街路纵横交叉，形成棋盘状街区，日本学者称这种棋盘状街区为"条坊制"，"条"即东西向排列的街区方格，"坊"即南北向排列的街区方格，左、右两京南北共12条，东西各4坊，共8坊。宫城南朱雀大路两旁设有东市、西市，每市占1坊之地。因此，日本学者秋山日出雄说："藤原宫与邺南宫有着十分亲近的关系；藤原宫的营造原理与邺南宫的营建原理具有许多重要相近之处。"[1]

比藤原京晚些的平城京始建于元明天皇和铜元年（708），和铜三年（710）天皇迁都于此。平城京的城制与藤原京十分相似。日本学者岸俊男指出，藤原京与平城京有着密切的关系，也就是说，平城京把藤原京原封不动地沿着中道和下道向北迁徙到了奈良盆地之北，面积扩大为藤原京的3倍。两京在宫城位置、条坊制、城内街路、佛寺方位等方面都有明显的因革关系，"以前的通说认为，平城京是模仿唐长安城建造的。可是，假使平城京与藤原京之间的关系密切，平城京的原型与其说是唐长安城，莫如说是藤原京"[2]。

东亚各国古代都城城制布局能够前后一脉相承，主要原因应该说各自在建都方面遵循了一个共同的理念，即重视地理环境的利用，把"天地人"合一和帝王独尊、中央集权与体现封建政治秩序等观念融入了都城的构建。正如《周礼》所言："惟王建国，辨方正位，国体经纬，设官分职，以为民极。"在公元4—5世纪，高句丽人借鉴了这一理念，并将之

---

[1] 秋山日出雄：《日本古代都城制的源流》，《历史研究》第十九号，1981年6月。
[2] 岸俊男：《探寻日本古代都城的源流》，《考古与文物》1998年第4期。

推广于朝鲜半岛，高句丽之平壤、百济王城、新罗庆州王京、高丽开成王京与朝鲜之汉阳城等古代都城遗址，都有所反映。古代日本对这一理念的引鉴稍晚些，有迹象表明约在公元6世纪已经在都城建筑方面实施了这种理念，藤原京、平城京、平安京等古都遗址发掘调查与文献记载，均有依据可证。相同的建都理念和思想原则，衍生出相同的都城制度，这是东亚各国古代都城构筑相似相类的根本原因。①

第二节　北京：元明清时期的中西方交流

一　交通中心北移的端倪：辽金时期

唐宋时期的京津冀交通是沿承了南北朝的交通道路，并在此基础上持续发展。唐代，驿站归尚书六部之一的兵部管辖，具体由驾部郎中负责，其官品为从五品上。当时全国共设有1643所驿，其中水驿260所，陆驿1297所，水陆相兼驿86所。通常每30里置一驿，驿设有驿长。凡地势险要之处及须依凭水草处，不依此例。根据驿站的交通繁忙程度配备马匹，最多配备75匹，依次递降，最少者8匹。驿道以长安为中心，"东至宋、汴，西至岐州，夹路列店肆待客，酒馔丰溢。每店皆有驴赁客乘，倏忽数十里，谓之驿驴。南诣荆、襄，北至太原、范阳，西至蜀川、凉府，皆有店肆，以供商旅。远适数千里，不持寸刃"。②从长安到幽州范阳的大道，是秦汉以来太行山东麓南北向的主要干道，也是唐政府的驿道。

从幽州向东北行，经营州可至朝鲜半岛。唐太宗亲征朝鲜就是从此道行进的。贞观十九年春二月，太宗亲统六军从洛阳，留皇太子在定州监国。大军于幽州城南誓师后，渡辽围辽东城（今辽宁辽阳市），拔之。进而攻安市城，杀获不可胜纪。获胜班师，于冬十月入临渝关（位于今河北抚宁县东榆关镇），皇太子自定州迎谒。安市城，目前对此城地望仍有争论，第一种观点认为其城为今辽宁海城市的英城子山城，③第二种观点认为

---

① 牛润珍：《邺与中世纪东亚都城城制系统》，《河北学刊》2006年第5期。
② （唐）杜佑：《通典》卷7，王文锦、王永舆等点校，中华书局1988年版，第152页。
③ 谭其骧：《〈中国历史地图集〉释文汇编·东北卷》，中央民族出版社1988年版。

其城为今辽宁营口市的海龙川山城,[①]第三种观点认为其城为今辽宁营口市青石岭高句丽山城。[②]

北宋与唐代的形势不同,幽云十六州为辽国所有,宋辽界河上的镇州(今正定)、易州、雄州、霸州和沧州成为双方贸易的榷场,也是南北交通的重要枢纽。而华北与东北地区的交通也是沿用着隋唐时期的交通路线,傍海道发挥着重要的作用,渝关仍是此道路上的重要的枢纽。

辽政权建立之后,实行五都制度,即上京临潢府(今内蒙古巴林左旗东南波罗城)、中京大定府(今内蒙古宁城西大明城)、东京辽阳府(今辽宁省辽阳市)、南京析津府(今北京市西南)、西京大同府(今山西省大同)。五京中,上京是首都,其他均是陪都,但是,中京的地位较高,特别是在辽中后期起到了首都的作用。中京城是摹仿北宋都城汴梁府的基础上创建的,筑城工匠是来自南京的汉族,"择良工于燕、蓟,董役二岁,郛郭、宫掖、楼阁、府库、市肆、廊庑,拟神都之制。统和二十四年,五帐院进故奚王牙帐地。二十五年,城之,实以汉户,号曰中京,府曰大定"。统和二十五年(1007)筑城完毕,迁辽东汉民。中京城由3座近乎方型的城池套筑而成,中京分外城、内城和皇城,其中外城的规模最大,东西城垣长4200米,南北城垣宽3500米,周长近15.5千米,是辽朝五京中规模最大的城市。并在城中建立祖庙和接待宋、高丽和西夏使节的驿馆,[③]中京城内遍布寺庙与道观,如玉清观、园宗寺、咸圣寺、华阳宫、静安寺、镇国寺、感恩寺、报圣寺、三学寺等数十个寺庙与道观。现今在辽中京城的遗址上,依然保留着三座辽代的古塔,俗称大塔、小塔、半截塔。还有宫殿庙宇。[④]

辽朝虽然有五京,却与中原政权不同,五京并非就是政治中心所在,杨若薇认为五京仅是地区行政中心,其本身并无建设中央政府所在地、建设"天子之居"之意,除上京外,辽国诸京皆因征服和统治异族的军事、政治需要而建置的,较少考虑经济、文化等因素。[⑤]行宫在辽朝起着政治中心的作用,皇帝行宫之所在,也就是辽国朝廷之所在,行宫几乎就是辽

---

① 王绵厚:《高句丽古城研究》,文物出版社2002年版。
② 王禹浪:《东北古代民族长城史研究》,中国社会科学出版社2017年版。
③ (元)脱脱:《辽史》卷39,中华书局1974年标点本,第459页。
④ 王宏北、树林娜:《辽代中京大定府述略》,《黑龙江民族丛刊》2007年第6期。
⑤ 杨若薇:《契丹王朝政治军事制度研究》,中国社会科学出版社1991年版,第173页。

国家的象征。

从《辽史本纪》的相关记载来看，辽朝皇帝时常离开上都巡幸陪都，皇帝在巡幸期间，王公大臣也随着一起巡幸，治国理政、召见使臣等工作都应在巡幸的陪都等地进行，正因如此，陪都在辽朝的政治地位也是不能轻视的。如南京，圣宗统和"二十三年春正月戊午，还次南京。庚申，大飨将卒，爵赏有差。二月丙戌，复置榷场于振武军。丁巳，夏国遣使告下宋青城。辛酉，朝皇太后。以惕隐化哥为南院大王，行军都监老君奴为惕隐。乙丑，振党项部。丁卯，回鹘来贡。丁丑，改易州飞狐招安使为安抚使。夏四月丙戌，女真及阿萨兰回鹘各遣使来贡。乙未，铁骊来贡。己亥，党项来侵。五月戊申朔，宋遣孙仅等来贺皇太后生辰。乙卯，以金帛赐阵亡将士家。丙寅，高丽以与宋和，遣使来贺。六月壬辰，清暑炭山。甲午，阻卜酋铁剌里遣使贺与宋和。己亥，达旦国九部遣使来聘。秋七月癸丑，问安皇太后。戊午，党项来贡。辛酉，以青牛白马祭天地。壬戌，乌古来贡。丁卯，女真遣使来贡。阿萨兰回鹘遣使来请先留使者，皆遣之。九月甲戌，遣太尉阿里、太傅杨六贺宋主生辰。冬十月丙子朔，鼻骨德来贡。戊子，朝皇太后。甲午，驻跸七渡河。癸卯，宋岁币始至，后为常。十一月戊申，上遣太保合住、颁给使韩简，太后遣太师盆奴、政事舍人高正使宋贺正旦。辛亥，观渔桑干河。丁巳，诏大丞相耶律德昌出宫籍，属于横帐。十二月丙申，宋遣周渐等来贺千龄节。丁酉，复遣张若谷等来贺正旦"。① 从圣宗统和二十三年的一年活动中，可以看到圣宗巡幸了南京、炭山、七渡河、桑乾河等地，在巡幸南京期间，处理了"大飨将卒""复置榷场""夏国遣使"等国事，召见夏国使臣很有可能就是在南京进行的。

辽朝五京制度的形成，五京间均置驿馆、修筑道路，加强交通。南京至中京的道路，宋王曾《上契丹事》曰："出燕京北门，至望京馆。五十里至顺州。七十里至檀州，渐入山。五十里至金沟馆。将至馆，川原平旷，谓之金沟淀。自此入山，诘曲登陟，无复里堠，但以马行记日，约其里数。九十里至古北口，两傍峻崖，仅容车轨。又度德胜岭，盘道数层，俗名思乡岭，八十里至新馆。过雕窠岭、偏枪岭，四十里至如来馆。过乌

---

① （元）脱脱：《辽史》卷39，中华书局1974年标点本，第155—156页。

涑河，东有滦州，又过摸斗岭，一名渡云岭，芹菜岭，七十里至柳河馆。松亭岭甚险峻，七十里至打造部落馆。东南行五十里至牛山馆。八十里至鹿儿峡馆。过虾蟆岭，九十里至铁浆馆。过石子岭，自此渐出山，七十里至富谷馆。八十里至通天馆，二十里至中京大定府。"[1]

南京至中京是走古北口道，南京至西京走居庸关道，北出居庸关后经怀来，西行经归化州、怀安县、天成县、长青县，至西京。南京向南入宋，可走雄州，宋王曾《上契丹事》曰："自雄州白沟驿渡河，四十里至新城县，古督亢亭之地。又七十里至涿州。北渡范水、刘李河，六十里至良乡县。渡卢沟河，六十里至幽州，号燕京。"[2]南京到东京则走渝关，经傍海道，与宋代通往东北的道路一致。

南京虽不是辽朝的首都，但是却成为北方区域的中心，以南京为中心初步形成通往四方的交通道路，为此后金朝于此建都奠定了交通基础。

金灭辽之后不久，开始南下进攻宋朝，宋靖康元年（1126）金军攻占汴梁，北宋灭亡，淮河以北的广大地区成为金朝的统治区。金天德三年（1152），完颜亮命张浩等人设计规划在燕京的基础上扩建新都。贞元元年（1153），燕京改扩建完成，完颜亮迁都燕京并改燕京为中都（今北京）。

金朝的强盛使高丽、西夏和南宋均上表称臣，金国因接待属国使节等事的需要，在宫中培养不同语言的翻译人才，在职官中有"高丽、夏国、回纥译史四人，左右各二人"。[3]金也由此成为东亚地区的盟主，中都也成为东亚地区的政治、经济、文化中心。宋靖康元年、金天会四年（1126）四月，高丽遣使入金，上表称臣。金皇统元年（1141），宋金达成"绍兴和议"，宋向金奉表称臣、岁贡，宋金君臣关系确定后，高丽结束了首鼠两端的观望，与金朝建立了宗主与属国的关系。次年五月，金朝遣大府监完颜宗礼、翰林学士田毂赴高丽，正式册封高丽国王。七月，高丽始行金皇统年号，命有司告于太庙及上二陵。此后，金与高丽关系平稳发展。通过《金史·交聘表》粗略统计，高丽向金朝派出的使臣有272次之多，其中203次是来到中都。

金与西夏的关系，要比高丽的关系繁杂得多，在辽、西夏和北宋对峙

---

[1] （元）脱脱：《辽史》卷39，中华书局1974年标点本，第484页。
[2] 同上书，第495页。
[3] （元）脱脱：《金史》卷55，中华书局1975年标点本，第1218页。

时，西夏联合辽以抗北宋，辽和西夏的关系十分密切，如"天辅六年，金破辽兵，辽主走阴山，夏将李良辅将兵三万来救辽"。[①] 到了金灭辽，形成金、西夏和南宋对峙时，西夏时时感到自己受到金朝的威胁，西夏与南宋交好，以联手抗金。所以《金史》评价曰："（西夏）立国二百余年，抗衡辽、金、宋三国，俛仰无常，视三国之势强弱以为异同焉。"金灭辽统一北方之后，西夏看到金的强大势力，开始以事辽来事金，天会二年（1124），西夏"始奉誓表，以事辽之礼称藩"。西夏向金称臣，建立了君臣的外交关系，双方使臣来往不断，两国也在兰州（今甘肃兰州）、保安（今陕西志丹县）、绥德（今陕西绥德县）、东胜（今内蒙古托克托县）、环州（今甘肃环县）等地设置榷场，进行贸易。到了金宣宗贞祐以后，双方征战再起，"自天会议和，八十余年与夏人未尝有兵革之事。及贞祐之初，小有侵掠，以至构难十年不解，一胜一负精锐皆尽，而两国俱弊"。直到西夏灭亡。据《金史·交聘表》粗略统计，西夏向金朝派出的使臣有229次之多，其中前往中都朝贡的有155次；金朝向西夏派出使臣有66次。

金与西夏使臣往来是很频繁的，西夏不仅在正旦日、皇帝生辰等一些大事遣使来贺，西夏在与宋的征战中获得一城一地，也要向金遣使报知。金与西夏间的往来，大致有两条道路，一是北线，即从中都北行，出居庸关，经西京大同府，北上进入草原地区至东胜州（今内蒙古托克托），西行沿黄河而上，沿贺兰山东麓南下到西夏的都城兴庆府（今宁夏银川市）。二是南线，从中都南下，经太行山东麓大道或由雄州中路至黄河，西行至洛阳，经京兆府长安，又西行至兰州，折而沿黄河北上，至西夏都城兴庆府。

金朝中都在辽朝南京的交通道路修筑的基础上，逐渐形成了以中都为中心的向四方辐射的交通道路，中都城已成为东北亚的核心城市。从此，京津冀地区的交通结构发生革命性的变化，在辽金之前，京津冀地区的交通路线一直都是以长安、洛阳或汴梁（开封）为中心的交通体系结构中的一环，是中原通往东北地区的一条主干道，在整个以中原为核心的交通体系网络中处于边缘附属地位。约翰·弗里德曼提出了"核心—边缘"理论，认为以核心和边缘作为基本的结构要素，核心区是社会地域组织的一

---

① （元）脱脱：《金史》卷134，中华书局1975年标点本，第7227页。

个次系统,能产生和吸引大量的革新;边缘区是另一个次系统,与核心区相互依存,其发展方向主要取决于核心区。核心区与边缘区共同组成一个完整的空间系统。核心与边缘之间有前向联系和后向联系,前者主要是核心从边缘区得到原料等,后者是核心向边缘提供商品、信息、技术等扩散作用。通过两种联系,发展核心,带动边缘。随着核心扩散作用加强,边缘进一步发展,可能形成较高层次的核心,甚至可能取代核心区。唐宋以来,随着经济中心的不断南移,政治中心的不断东移,核心与边缘发生分裂与转换,以中都为中心的新的核心区正在形成。

二 京师为核心的交通网络

元明清时期,北京成为统一王朝的都城,以北京为核心的交通网络形成。元朝修浚的大运河是这一交通网络体系中的重要组织部分。

(一)元代以北京为中心的交通网络

元代统一全国之后,而江南仍是全国经济最为富庶的地区,"元都于燕,去江南极远,而百司庶府之繁、卫士编民之众,无不仰给于江南"。[①] 元代绝大部分税粮来自江南地区,大都等地则要依靠江南的粮食等物资北运来解决。南粮北运,水运是用时最短、运量最大的方法,元初,从南到北的漕运从杭州开始,经江南运河,在京口过长江,再由扬州运河,在淮安北面入黄河,逆流而上,到中滦改由陆运,走180里到淇门(河南省淇县南);然后用船经由御河,以达大都。这中间的180里陆路,全靠人力、畜力搬运,费时费力,不仅增加了当地百姓的力役负担,而且还增加了漕粮的损耗。若是遇上阴雨连绵的天气,道路泥泞,更是难行。重新修浚大运河已成为关乎国之命运的大事。

至元二十年(1283)中书省奏准,开凿济州河。济州河从山东济宁开始,西北到须城安山(山东东平)长50多里。利用汶水、泗水,南通江淮,北出大清河,以入于海。每年的漕运,由江、淮北上泗水,再通过济州河北达安山,出大清河,经东阿、利津,进入海中;然后再由海路入大沽口,到达大都。为了调节汶、泗之水,于兖州(山东兖州)建立闸堰,

---

① (明)宋濂等撰:《元史》卷93,中华书局1976年标点本,第2364页。

约制泗水西流；在纲城（山东宁阳）建立闸堰，分汶水入河，南流至济州会合。济州河上有6座闸门，调节水势，启闭通放过往船只。

至元二十六年开通会通河。这一条新开的河道长250多里，从东平路须城（山东东平）安山的西南起，分梁山泊的水源，经过寿张西北到东昌，又西北到临清，合于御河。河上建闸31座。会通河南接济州河，北通御河，是运河上重要的一段。

至元二十九年（1292），开通通惠河，使漕船从通州直接进入大都城。改引浑水（即永定河）溉田，于旧闸河踪迹导清水，上自昌平县白浮村引神山泉，西折南转，合合双塔，榆河、一亩、玉泉诸水，至西水门入都城，南汇为积水潭（什刹海）东南出文明门，东至通州高丽庄入白河，总长164里。塞清水口12处，建坝闸10处，节制水流以通漕运。

通惠河开凿成功，从杭州可以北上直到大都了。从杭州起，经江南运河过长江至扬州，又北经扬州运河至淮河，连接泗水，沿泗水北上进入济宁的济州河，济州河北连会通河，至临清合于御河，沿御河北上至直沽（今天津），由直沽进入天然水道白河到通州，由通州入通惠河到达大都城。

元代大运河的开通，使由大都城北京南下的道路发生了改变，唐宋以来沿永济渠北上北京的东路交通线东移到由山东沿御河、通惠河到北京的交通道路，元代以来此路成为江南地区北上京师的重要道路，无论是使臣邮驿、征战的军旅，还是往来的商贾都以此路沟通江南与京师。

（二）明代以北京为中心的交通网络

明代在元朝的基础上构建了更加完善的以京师北京为核心的交通网络，并为清代所承袭。大运河仍是水运的重要通道，元末由于战争与黄河改道的影响，会通河已不能通航。到永乐年间都城北迁北京之后，大运河的作用更为重要。永乐九年，成祖命工部尚书宋礼主持疏浚，宋礼在东平州戴村的汶水河道上筑起一条戴村坝，使汶水受阴后改向西南流，至于南旺，储入蜀山、马踏两湖以济河运。因南旺地势较高，汶水在这里分流，汶水的六成水量北流至临清入卫河，四分水量南过济宁入泗水。会通河的疏浚，使江南漕船可至通州。通州到京师本有通惠河可以通漕，但是在明代，由于北京城的扩大，使积水潭被隔在禁城之北，漕船北来已无停泊的地方。另外，通惠河的水源白浮泉、一亩泉等水量有限，无法使用，通惠河的运力就难以恢复到元代的水平。江南来的漕船至通州后，改为陆路进京。

《明会典》记载了由京师通往各地的驿站官道，杨正泰又做了详细的考证。[①] 京师设有会同馆，正统年间扩建，改为南北两馆，北馆六所，南馆三所。由京师沿太行山东麓大道向南行，经良乡县固节驿、涿州涿鹿驿、易州青苑驿、定兴宣化驿、安肃白沟驿、保定府金台驿、满城陉阳驿、庆都翟城驿、定州永定驿、新乐西乐驿、曲阳县伏城驿、真定府获鹿镇宁驿、栾城关城驿、赵州鄗城驿、柏乡槐水驿、内丘中丘驿、顺德府邢台龙冈驿、永年临洺驿、邯郸丛台驿、磁州滏阳驿进入河南彰德府邺城驿，由此可南至开封府，西达洛阳、西安。

从京师会同馆沿中路南行，经涿州涿鹿驿折向东南行，经新城汾水驿、雄县归义驿、任丘鄚城驿、河间府瀛海驿、献县乐城驿、交河富庄驿、阜城阜城驿、景州东光驿，进入山东德州，又南行经兖州府、徐州、扬州府、镇江府，至南京；或从德州折而东南行，经济南府，向东至青州府、登州府。

从京师会同馆沿东路南行，经通州潞河驿、通州合和驿、武清河西驿、武清杨村驿，至天津杨青驿，又向东可入海；或折而南行，经静海奉新驿、青县流河驿、兴济（今沧县）乾宁驿、沧州砖河驿、交河新桥驿、吴桥连窝驿至德州，与中路南行道路合。

从京师会同馆东行，经通州潞河驿、三河三河驿、蓟州渔阳驿、遵化石门镇驿、玉田阳樊驿、丰润义丰驿、永平府滦河驿、抚宁芦峰口驿、迁安滦阳驿、迁安七家岭驿、抚宁榆关驿至山海关，沿傍海道至东北、朝鲜半岛等地。

从京师会同馆东北行，经顺义顺义驿、密云密云驿，出古北口可至东北地区。

从京师会同馆西北行，经昌平州榆河驿、延庆卫榆林驿、万全都司土木堡驿、万全都司鸡鸣驿，经怀安卫、天成卫至大同府。

此外，越太行山脉可与山西相沟通的尚有两条路，一是从京师会同馆

---

① 杨正泰：《明代驿站考》，上海古籍出版社2006年版。

南行至涿州涿鹿驿，折向西行，经紫荆关，入山西，经广昌香山驿、灵丘太白驿、繁峙雁门驿等，至代州，北上至大同府，南下至太原府。二是从京师会同馆南行至真定府，折向西行，经井陉井陉驿，进入山西，经乐平柏井、盂县芹泉驿寿阳太安、榆次鸣谦驿、阳曲临汾驿，至太原府。

（三）清代以北京为中心的交通网络

清朝统一后，使大漠南北的蒙古草原地区和东北地区成为中央王朝直接管辖地区，清政府为加强对蒙古地区和东北的管理，驿站的设置就是最重要措施，也是巩固边疆的最为基础的建设工作。《清史稿》卷137《兵志八》记载："蒙古各旗台、卡、鄂博之制，以大漠一望无垠，凡内外札萨克之游牧，各限以界，或以鄂博，或以卡伦。盛京、吉林则以柳条边为界，依内兴安岭而设。其内蒙古通驿要口凡五道，曰喜峰口、古北口、独石口、张家口、杀虎口，以达于各旗。内蒙路近，商旅通行，水草无艰。其外蒙古之驿，则由阿尔泰军台以达于边境各卡伦。"

漠北喀尔喀蒙古归附清政府之后，康熙三十年（1691），康熙亲自到内蒙古地区参加多伦诺尔会议，并做出了建立从蒙古地区到北京的五路贡道的决定，贡道沿途由清政府负责安设驿站，得到内蒙古有关各盟旗王公贵族赞同。次年春，内大臣阿尔迪和理藩院尚书班迪等人到内蒙古勘查安设驿站的地方，并向康熙提出了安设内蒙古五路驿站的具体方案，得到批准。五路贡道是从北京经喜峰口、杀虎口、古北口、独石口、张家口通达内蒙古各盟旗。各路驿站，被称作口外五路驿站或边外五路驿站，简称为蒙古台站，有时也笼统叫作草地路。[①]

喜峰口驿站，从北京皇华驿东行，经通州潞河驿、三河县三河驿、蓟州渔阳驿、遵化州石门驿、遵化州遵化驿、迁安县泺阳驿，至喜峰口，设6驿，共410里；然后出喜峰口，经宽城，进入蒙古草原，经浩沁塔宾格尔、克依斯呼、托郭图、伯尔克、黄郭图、沙尔诺尔、库库车勒、三音哈克、希讷郭勒、奎苏布拉克、博罗额尔济、诺木齐、哈沙图、阿勒坦克呼苏特依（即今日扎赉特旗，原科尔沁右翼后旗，图牧吉乡）、伸堆、哈岱罕到终点扎赉特旗，从喜峰口到扎赉特旗共汉、蒙18驿站，1600里。

---

① 金峰：《清代内蒙古五路驿站》，《内蒙古师范学院学报》1979年第1期。

途经卓索图、昭乌达和哲里木三盟，和喀喇沁右翼旗、喀喇沁中旗、喀喇沁左翼旗、土默特右翼旗、土默特左翼旗、喀尔喀左翼旗、敖汉旗、奈曼旗、扎鲁特左翼旗、扎鲁特右翼旗、科尔沁左翼后旗、科尔沁左翼中旗、科尔沁左翼前旗、科尔沁右翼中旗、郭尔罗斯后旗、郭尔罗斯前旗、科尔沁右翼前旗、科尔沁右翼后旗、扎赉特旗、杜尔伯特旗等20旗。喜峰口驿站，是清代由北京到内蒙古东部各盟旗的必由之路。

古北口驿站，从北京皇华驿出发经过顺义县顺义驿、密云县密云驿、密云县石匣驿，至古北口；然后从古北口经过鞍匠屯站、红旗营站、十八里台站至坡赖村站，进行蒙古草原，经美茸沟正站、希尔哈正站、阿美沟腰站、卓索正站、陈图博腰站、赍散琥图克腰站、色拉木伦正站（巴林桥）、噶察克正站、海拉察克正站到阿噜噶木尔正站至终点乌珠穆沁部，923里。途经昭乌达、锡林郭勒二盟，翁牛特右翼旗、翁牛特左翼旗、扎鲁特左翼旗、扎鲁特右翼旗、巴林右翼旗、巴林左翼旗、阿鲁科尔沁旗、乌珠穆沁右翼旗、乌珠穆沁左翼旗等九旗。从古北口到坡赖村设汉6站，从波赖村到终点设蒙古10站，蒙、汉共16站。

古北口驿站到鞍匠屯站以后同从北京到承德的驿站分道，一继续向北，一向东。

独石口驿站，是从北京到浩齐特部。从北京皇华驿西北行，经昌平州榆河驿、延庆州居庸关驿、怀来县榆林驿、土木（堡）驿、龙门县长安驿、龙门县雕鹗堡驿、赤城县赤城驿、赤城县云州驿，至独石口。出独石口进入草原地区，经奎腾布拉克、额楞、额默根、卓索图、锡林郭勒、胡鲁图等6站，总长1185里。途经察哈尔左翼和昭乌达、锡林郭勒二盟，克什克腾旗、阿巴噶右翼旗、阿巴噶左翼旗、阿巴哈纳尔右翼旗、阿巴哈纳尔左翼旗、浩齐特右翼旗、浩齐特左翼旗等7旗。

张家口驿站是从北京到四子部。从北京皇华驿西北行，怀来县土木驿、宣化县鸡鸣驿、宣化府宣化驿，至张家口。从张家口到长城以北分两路，一路向西到归化城（今内蒙古呼和浩特市），又一路向西北到四子部。归化城一路，由张家口出长城关口，向西进入草原地区，经察罕托罗海、叟吉、昭化、塔拉布拉克、穆海图和林格尔等蒙古站6座。经过归化城一路可以到达察哈尔右翼和归化城土默特等六旗之外，从北京到阿拉善左右两翼额鲁特旗、额济纳土尔扈特旗的官方人员也都要在这条驿站道上行走，完成使命。

张家口驿站的另一条四子部一路，可以到达内蒙古乌兰察布、锡林郭勒二盟的四子部落旗、苏尼特右冀旗、苏尼特左冀旗、喀尔喀右冀旗、茂明安旗等五旗。雍正六年（1728年）以后，四子部一路驿道从漠南蒙古地区延伸到漠北蒙古地区。这样延伸到漠北蒙古地区的张家口驿站，就成为清代著名的长达数千里的阿尔泰路军台的组成部分，即阿尔泰路军台的南段。出张家口长城关口后，经蒙古察哈尔境内的察罕托罗海（今河北省张家口市张北县大洪沟乡东营盘村）、布尔哈苏台（今河北省张家口市张北县八一乡二台蒙古营子）、哈留台（今河北省张家口市张北县海流图乡土城子村）、鄂拉呼都克（今河北省张家口市尚义县石井乡四台蒙古营村）、奎苏图（今河北省张家口市尚义县大营盘乡五台蒙古营村）、扎哈苏台（今内蒙古乌兰察布市商都县小海子镇六台村）、明爱（今内蒙古乌兰察布市商都县七台镇）、察察尔图（今内蒙古乌兰察布市商都县大拉子乡羊房子村）、沁岱（今察哈尔右翼后旗新建乡新建村）等9站；又经在内蒙古境内的乌兰哈达（今乌兰察布市四子王旗乌兰哈达苏木乌兰哈达嘎查）、奔巴图（又称布母巴图，今乌兰察布市四子王旗白音朝克图苏木新尼淖尔嘎查）、锡喇哈达（今乌兰察布市四子王旗查干敖包苏木白音乌拉嘎查）、布鲁图（今乌兰察布市四子王旗查干敖包苏木白音补力格嘎查）、乌兰呼都克（今乌兰察布市四子王旗吉尔嘎郎图苏木阿莫吾素嘎查）、察罕琥图克（今乌兰察布市四子王旗脑木更、白音敖包和吉尔嘎郎图三个苏木的交界处——察汗呼都嘎营子）、锡喇穆楞（今乌兰察布市四子王旗白音敖包苏木驻地）、敖拉琥图克（今乌兰察布市四子王旗白音敖包苏木，格少巴嘎阿日奔营子）、吉思洪呼尔（今内蒙古乌兰察布市四子王旗江岸苏木吉斯敖包嘎查）等9站。下接外蒙古土谢图汗部境内5站。

杀虎口驿站，从北京分别到乌喇特三公旗和鄂尔多斯地区。自北京皇华驿西北行，经昌平州榆河驿，延庆州居庸关驿、怀来县榆林驿、土木驿、宣化县鸡鸣驿、宣化府宣化驿、怀安县驿、天镇县驿、阳高县驿、聚乐堡驿至大同县站，又西经左云县高山站、左云站、右玉县站至杀虎口站，共930里。从杀虎口到归化城北路经八十家、二十家、萨勒沁至归化城等蒙古站4座，共210里。

杀虎口驿站分东、西两路：从杀虎口向西北经过归化城到乌拉特三公旗为北路或东路；从归化城向西南到鄂尔多斯地区为西路，此路经杜尔格、栋素海、吉克苏台、巴彦布拉克、阿噜乌尔图、巴尔素海、察罕扎达埃等蒙古站 7 座，共 1120 里。北路经过归化城土默特左、右两旗境到达乌兰察布盟乌拉特前、中、后三旗共同驻地哈达马尔（铁柱谷），共 360 里。西路从归化城到达伊克昭盟鄂尔多斯左翼前旗、左翼后旗、左翼中旗、右翼后旗、右翼前旗、右翼前末旗、右翼中旗等 7 旗。

清初，为加强对喀尔喀蒙古的管理，并通过雍正、乾隆年间征服准噶尔和阿睦尔撒纳，建立了从北京到乌里雅苏台、科布多以及至库伦的道路，雍正十一年（1733），置定边左副将军，负责掌管唐努乌梁海和喀尔喀四部及所附厄鲁特、辉特二部军政事务，乾隆以后，定边左副将军长驻乌里雅苏台城（今蒙古扎布罕省扎布哈朗特），故称乌里雅苏台将军。乾隆二十六（1761）年于布彦图河畔的科布多城增设科布多参赞大臣，归乌里雅苏台将军节制，统辖阿尔泰山南北、厄鲁特蒙古诸部和阿尔泰乌梁海、阿尔泰诺尔乌梁海诸部。从北京到阿尔泰山地区科布多城的道路设置了以传递军情为主的驿站，称为军台，并因此路通往阿尔泰地区称作阿尔泰军台路。

阿尔泰军台路，从京师出发，以张家口为重要的门户起点，通向中俄交界科布多城，乾隆朝内府抄本《理藩院则例》释义："凡驿，北路皆由阿尔泰军台达之。张家口外阿尔泰军台，自出内札萨克四子部落境起，由第十九站奇拉伊木呼尔，至赛尔乌苏，凡六站。由赛尔乌苏至哈拉尼敦，凡二十一站。由哈拉尼敦，至乌里雅苏台，凡二十站。由乌里雅苏台，至科布多，凡十四站，是为阿尔泰军台。"京师至科布多总长 6280 里。以阿尔泰军台路为主干，衍生出多条支线，如赛尔乌苏经库伦至恰克图道、库伦至乌里雅苏台路，以及由乌里雅苏台、科布多发出至边塞的多条卡伦路，形成广布漠南漠北的军台大系。《理藩院则例》记："由赛尔乌苏至库伦，凡十四站。由库伦至恰克图，凡十二站，以备巡查卡伦，并达俄罗斯互市。由乌里雅苏台至近吉里克卡伦，凡九站，由科布多至索果克卡伦，凡八站，以备巡查卡伦。"

在阿尔泰军台路中，赛尔乌苏是一个重要的交通枢纽。从北京到张家口至四王子旗境内的吉思洪呼尔台，是与口外五路中的张家口驿站路相重合，从吉思洪呼尔台北行，五十里至奇拉伊穆呼尔台，又八十里至布笼台，又六十里至苏吉布拉克台，又五十里至托里布拉克台，又七十里至图古里克台，又九十里至赛尔乌苏台。从赛尔乌苏北行可至库伦，西北行可至乌里雅苏台、科布多城。

从赛尔乌苏北行经库伦至恰克图一路，是由赛尔乌苏北行，经戈壁和尼奇、戈壁哈扎布巴、戈壁卓搏里、库图勒多兰、他拉多兰、苏鲁海、托克达、套里木、莫敦、那蓝、佛都尔多布、吉尔噶兰图、布哈、图拉至库伦。这一路，共设官马648匹，驼224只，章京14名，拨什库14名，兵丁140名，总管图萨拉克齐2名。由库伦再北行，经库依、搏罗诺尔、呼齐千、伯特格、库特勒那拉苏、努克图至恰克图。共设官马469匹，驼188只，章京11员，拨什库11名，兵丁48名。[①]

由北京经张家口，至库伦、恰克图的道路，不仅是传递军情的重要的道路，也是中俄商人交易往来的重要的道路，俄商人通过此路，获得了中国的茶叶、丝绸、瓷器等，是以北京为中心的北方丝绸之路。

三 北京与欧洲诸国的交通往来

元明清的大一统，为对外交往奠定了基础。到13世纪中期，成吉思汗及其子孙们带领着强大的蒙古骑兵，征服了欧亚大陆上的诸多王国，建立起了西至黑海和德聂伯河、东至太平洋、南至印度洋的横跨欧亚大陆的大帝国。在帝国内部建立了比较完善的驿站制度，"在元朝建立之前，蒙古帝国就已发展出了令人震惊的通信网络，更不用说那之后了。这种网络是必要的，因为如果没有长距离的通信的手段，蒙古人就无法控制边疆地区。马可·波罗就曾为元代的陆路通信系统而深深折服。他写道：'当大汗的信使沿着任何一条驿道出发，每40公里就有一个驿站。你要知道，在通往各个行省的每条驿道上，每隔40或50公里就有一个这样的驿站。'传送紧急公文的马递，一日之内可行400公里。马可·波罗向读者保证说：'无论是对国王、皇帝还是你能想到的任何人来说，这是他们活在世上能够享受到的最伟大的资源。'作为一个来自中世纪欧洲小城邦的人，马可·波罗从未见过这样的东西，他说：'这套制度实在太了不起

[①] （清）昆冈等修，刘启端等纂：《钦定大清会典事例》卷982《理藩院·边务·驿站》，《续修四库全书》第811册，上海古籍出版社2002年版，第732—734页。

了，但是耗费的代价也太高，因此它反而妨碍了谈话和书写的传递。'"①同时，由于蒙古人崇拜黄财神，对于财货的追求完全不受儒学的束缚，元代有几任宰相都出身西亚商人，因此，各大汗国的统治者都特别重视商业的发展，陆路交通的畅通更为重视，撤除了许多关卡，欧洲和中亚的商人可以直接到元朝为交易，降低了商业成本，极大地促进了商业的繁荣。马可·波罗就是跟随商人出身的父亲和叔父来到元大都的。

（一）元代北京与欧洲的陆路交流

1271年，马可·波罗跟随父亲和叔父从威尼斯出发，乘船渡地中海，在阿迦城上岸，乘马和骆驼穿越叙利亚、美索不达米亚和伊朗，走过中亚的沙漠，越过帕米尔高原的红其拉甫山口，进入新疆境内的喀什地区，"可失合儿，昔是一国，今日隶属大汗。居民信奉摩诃末。境内有环以墙垣之城村不少，然最大而最丽者，即是可失合儿本城（喀什）。此国亦在东方及东北方之间，居民为工匠商贾。有甚美之园林，有葡萄园，有大产业，出产棉花甚饶。有不少商人由此地出发，经行世界贸易商货"。②又东行，经鸭儿看城（今叶城）、忽炭城（今和田），忽炭州"百物丰饶，产棉甚富，居民植有葡萄园及林园，而不尚武"。③又东行经今策勒、于田至培因州，培因州"最名贵者是培因城，国之都也，有河流经行城下。河中产碧玉及玉髓甚丰"。培因州很可能在今天的于田（古时的克里雅）和民丰一带，培因城可能就是古代精绝国的尼壤（尼雅）城，尼雅城如今已被荒弃在民丰县城以北约100千米的沙漠深处。④又东行至车尔成州，"国之都城亦名车尔成，境内河流中有碧玉及玉髓，取以贩售契丹，可获大利。全州之地满布沙砾，自培因达此之道途亦然"。车尔成城应是且末古城，在今天且末县城以西7千米的车尔臣河畔，如今尚有废墟。"自车尔成首途后，在沙漠中骑行五日，仅见苦水。然更往前行，有一地有甘水可饮。"仍往前行至罗不之州。"罗不是一大城，在名曰罗不沙漠之边境，

---

① ［加］卜正民主编：《哈佛中国史》卷5《挣扎的帝国：元与明》，潘玮琳译，中信出版社2016年版，第29页。
② ［意］马可·波罗：《马可波罗行纪》，冯承钧译，上海书店出版社2000年版，第87页。
③ 同上书，第91页。
④ 王苗、石宝琇：《沿着马可波罗的道路——从红其拉甫到敦煌》，《万里长城暨中国长城学会优秀文集》2005年6月30日。

处东方及东北方间。此城臣属大汗，居民崇拜摩诃末。前此已言凡行人渡此沙漠者，必息于此城一星期，以解人畜之渴。已而预备一月之粮秣，出此城后，进入沙漠。"罗不城，即今若羌。从且末到若羌的道路是沿着塔克拉玛干大沙漠的南缘行走，必须准备一月之粮秣。在沙漠中行走了30多天，到达了一城，名曰沙州。"全州名唐古忒。居民多是偶像教徒，然亦稍有聂思脱里派之基督教徒若干，并有回教徒。其偶像教徒自有其语言。"马可·波罗一行又向东沿阿尔金山脉，经过青海之茫崖镇，越过当金山口，到达沙州，即敦煌。由敦煌东骑行10日，到达肃州，"居民是基督教徒或偶像教徒，并臣属大汗"。"如是诸州之山中并产大黄甚富，商人来此购买，贩售世界，居民恃土产果实为活。"肃州即是今酒泉。又东行至甘州，"居民是偶像教徒、回教徒及基督教徒"。甘州即是今张掖。从甘州向东骑行5日，至额里湫国，"居民是聂思脱里派之基督教徒，或偶像教徒，或崇拜摩诃末之教徒。此国之中多有城市，其要城名曰凉州"。凉州即今武威市。从凉州向东骑行8日，沿着腾格里沙漠南缘到达额里哈牙州，"隶属唐古忒，境内有城堡不少，主要之城名哈刺善。居民是偶像教徒，然有聂思脱里派之基督教堂三所。其人臣属大汗。城中制造驼毛毡不少，是世界最丽之毡，亦有白毡，为世界最良之毡，盖白骆驼毛之制之也，所制甚多，商人以之运售契丹及世界各地"。哈刺善，在今宁夏银川。又东行沿黄河至天德州，天德州即东胜州，在今内蒙古托克托，由东胜州渡黄河，东行2日到丰州。由天德州东行7日至申达州，"居民多以制造君主臣下之武器为业"。申达州即宣化府（即今张家口市宣化区）。由申达州远行3日，经过察罕脑儿城，"周围有湖川甚多，内有天鹅，故大汗极愿居此"。由此城向北行3日至上都城。马可·波罗一行从天德州到上都的路线大致是，由东胜州东行经库库和屯（明代的归化城，今呼和浩特）直接东行至宣德州荨麻林（今河北万全县洗马林），至荨麻林后转而北上野狐岭，取道大都至上都西道（即辇老路或辇落路）北段，经兴和城、宝昌州（治今河北沽源县九连城古城）地界至察罕脑儿，到达上都。① 马可·波罗又从上都南行，经宣化府，越过八达岭，到大都。

马可·波罗一行的路线，正是元代大都城连接欧洲的丝绸之路。

---

① 石坚军：《马可波罗上都之旅考述》，《中国历史地理论丛》2012年第1期。

（二）明清时期北京与欧洲的海上交流

元朝的灭亡，也使沟通中亚、西亚的陆路通道断绝，明朝建立后，蒙古始终占据着蒙古高原地区，明与蒙古之间的政治和军事上的对峙，以及中亚、西亚地区政权的割据，使陆路丝绸之路成为一条不安全、不通畅的道路，给往来商旅、使臣带来极大的不便。这一状况一直延续到清初，马夏尔尼使团的副使乔治·斯当东在其《英使谒见乾隆纪实》中记载："人选决定之后，使节团怎样从英国到达中国的路程就成为马上应当考虑的问题。北京和伦敦在赤道的同一边，只有纬度十一度的相差。两国京城的直线距离之间水路很少，所经过的地方具都气候和暖适人。但问题在于：在这漫长的五千七百九十哩的陆路上，许多地方的文化程度非常落后，从旅行的舒适、安全和迅速到达的观点上考虑，走这条路是不适宜的。因此只有取道海路前往，虽然这样走法迂回曲折，长度要三倍于陆路实际上的距离。"①中欧陆路沟通道路的不畅通，人们尝试着从海上打通这一欧亚间的通道，无论是欧洲或是中国都在努力着。

在永乐宣德年间郑和受命七下西洋，在七次航行中，郑和率领船队从南京出发，在江苏太仓的刘家港集结，远航西太平洋和印度洋，拜访了30多个国家和地区，其中包括爪哇、苏门答腊、苏禄、彭亨、真腊、古里、暹罗、榜葛剌、阿丹、天方、左法尔、忽鲁谟斯、木骨都束等地，目前已知最远到达东非、红海。虽然郑和没有到达欧洲，建立起沟通欧亚间的海上通道，但是，郑和的航行却给了欧洲航海者很大的影响，为他们提供了必需的航海知识和有关中国海域的情况。1639年，一位耶稣会士拜访了牛津大学校长劳德，他带来了一本手抄的航海通书，里面用文字而非地图向航海者指示了连接中国与世界的海上通道。此书记载了从福建省南部海岸出发，到琉球（冲绳）、日本、菲律宾群岛的西属马尼拉港、文莱，绕经整个东南亚，到达印度洋各港口，主要是加尔各答，再从那里出发直至波斯湾口的霍尔木兹海峡。其中还记载了永乐朝太监郑和数次下西洋的内容。此书被称为《劳德航海通书》，藏于牛津大学图书馆。1961年历史学家向达访问牛津大学后，将此书进行了翻译整理，此书"它不仅把明代的

---

① ［英］斯当东著：《英使谒见乾隆纪实》，叶笃义译，商务印书馆1963年版，第32页。

中国人放到了海洋的图景中，而且告诉我们，正是他们的积极活动，织造了一张商业网络，把明代中国与世界其他地方连接起来，并因此为欧洲资本主义的崛起创造了条件"。①

1500年前后的航海大发现，为欧洲商人前往中国通商提供了必要的条件。欧洲商人纷纷穿越大洋，前往亚洲。他们建立起美洲—亚洲—欧洲三角贸易圈，将美洲的金银运到中国，购买中国的丝绸、茶叶和瓷器等货物，贩运至欧洲高价出售。美洲—亚洲—欧洲三角贸易圈为西方国家和商人带来了巨大的利润。18世纪中期以后，英国成为世界海外殖民霸主，发展海外贸易是英国的基本国策。"早在工业革命之前，英国就与其美洲殖民地、西印度群岛、西非和印度以及欧洲有着贸易往来。规范这一贸易的目的在于创造贸易超额利润——财富是英国的真正资源，它依赖于该国的商业。"②英国从中国的贸易中获得了巨大的利润，仅茶叶一项，在18世纪末，就占了英国国库总收入的1/10。然而，在中英贸易中，英国一直处于出超的地位。要改变这一状况，英国政府认为，只有同清朝中央政府建立直接的外交联系，才能扩大对华贸易。到这一时期，虽然欧洲商人到中国贸易已经频繁，海上通道已经开通，但是这些贸易都集中在广州一带，黄海、渤海地区，特别是渤海地区仍是欧洲者的禁地。"现在正值和平无事，海军没有重要的任务。海军大臣决定派遣一只具有六十四门炮的军舰供特使往返之用，并且同意由马戛尔尼勋爵推荐舰长的人选。遴选一位担任这样重大任务的舰长不是一件容易的事。除了要尽量照顾到大家的舒适和安全而外，在这漫长的海路上可能还要遇到许多从未航行过的新路需要他开辟。按照预定计划，这个船要通过纬度十度和经度五度左右的黄海和渤海湾直接航行到北京附近的一个港口上岸。过去任何欧洲船只没有这段海路的航行记录。除入口处而外，这段海面一边由中国的北部和东部海岸线，一边由附属于中国的朝鲜和鞑靼地区所包围，过去没有外国船只为了增加航海知识敢于冒犯中国王朝开进此处。本使团既然得到同意访问北京，自然可以通过此路航行。这样走法比在广州上岸，再从广州通过内地

---

① ［加］卜正民主编：《哈佛中国史》卷5《挣扎的帝国：元与明》，潘玮琳译，中信出版社2016年版，第208页。

② ［英］约翰·劳尔著：《英国与英国外交》，刘玉霞、龚文启译，上海译文出版社2003年版，第3页。

取道陆路晋京要迅速得多。"①能够到达京城北京的欧洲人都是从广州等地上岸后，转由陆路北上至北京，京城与欧洲的直接的联系并没有在官方的层面上建立。马戛尔尼使团的到来，使北京建立了一条与欧洲联系的海上丝绸之路。

乾隆五十二年（1787），经东印度公司的建议，英王乔治三世派遣使臣卡斯卡特来华。但因卡斯卡特在来华途中病死，使团不得不中途返回英国。乾隆五十七年（1792），英国政府决定再次派遣以马戛尔尼勋爵为首的使团出使中国。使团人数众多，经过严格筛选，由哲学家、机械专家、医生、画家、钟表匠、军事情报专家等组成。马戛尔尼使团从英国的朴次茅斯港出发，通过英吉利海峡，沿着同西班牙、葡萄牙、直布罗陀海峡及非洲北部一条平行线向前迈进，历时9个月海上航行，于乾隆五十八年六月到达中国，八月，马戛尔尼使团到达北京。乾隆帝此时正在承德避暑山庄，随后，马戛尔尼使团又前往承德觐见了乾隆帝。

1792年9月26日，马戛尔尼使团从英国的朴次茅斯港出发，通过英吉利海峡，往西朝中国方面航行。10月上旬到达马德拉，马德拉岛是仅次于非洲西海岸外、大西洋上一个属于葡萄牙的群岛，该群岛的主岛称马德拉岛。补给完成后于10月18日离开马德拉前往圣雅哥岛的布拉雅港。10月21日到达特纳里夫岛，特纳里夫是西班牙加那利群岛中最大的一个岛屿，10月27日离开圣克卢斯，开往圣雅哥岛的普拉亚港。圣雅哥岛是费德群岛之一的岛，费德角群岛的"费德"，取名于在它附近的大陆海角名为费德角。这个海角和群岛属于葡萄牙。11月8日离开圣雅哥岛，沿着非洲大陆西海岸航行，穿越赤道，前往巴西里约热内卢。11月29日，望见巴西大陆，"使节团员们在里约自由观察，过去外国人在这里从来没有受到这样权利。总督把自己的驳船供给使节团游览港口，并答应给予其他的方便。总督对马戛尔尼特使更是特别尊重。在特使上岸的时候给予一种非常隆重的欢迎仪式，招待特使及随员们很好的住所，并派一队警卫保护。特使阁下连日海上生活，身体感觉不适，上岸以后两个星期完全恢复了健康。目的地相隔尚远，特使急于赶路，在供应品尚未完全备齐之前，特使即返回船上。葡萄牙代理人办事非常敏捷，船上所需的木材、清水和其他

---

① ［英］斯当东著：《英使谒见乾隆纪实》，叶笃义译，商务印书馆1963年版，第33—34页。

供应很快采购充足可以直达中国海而不必再在好望角停留。船就在1792年12月12日起锚继续航行"。①

马戛尔尼使团离开里约港口之后朝南航行，在到达南纬三十七度的地方，那里一年四季常刮西风，利用这股风可以直达亚洲。船只面朝西风沿三十七度的平行线航行了几天，在1792年12月31日望见特利斯坦·达空雅群岛。船只沿着南纬三十八度四十分的航线继续航行，在1793年2月1日望见了圣保罗岛（为法属南部领地的一个岛屿）和阿姆斯特丹岛（为法国亚南极带岛屿，位于印度洋中）。1793年2月2日晚间使团的船只离开这里，把这两个岛远远抛在后边。马戛尔尼使团为了有机会遇到其他船只，借此可以从由中国返回英国的船只方面打听中国在接到使节团即将访问的通知后所发生的反应，准备向东北方向斜着开进巽他海峡（位于印度尼西亚苏门答腊岛和爪哇岛之间的狭窄水道，沟通太平洋的爪哇海与印度洋），这样或有机会遇到从海峡开出的返国船只。1793年2月25日，使团的"狮子"号船驶进爪哇岛的最西边，此地名为爪哇头，不久之后看见巽他海峡入口处的太子岛。"狮子"号船找到了停泊在这里的"印度斯坦"号船，"印度斯坦"号在海峡入口地方遇到一只从中国回来的东印度公司船。这个船从广东带来东印度公司驻广州经理人写给特使阁下的一封信，信留在了巴达维亚（即今印度尼西亚首都雅加达，位于爪哇岛的西北海岸）。"狮子"号得到这个消息之后，马上同"印度斯坦"号继续向巴达维亚开进，船只在3月6日到达巴达维亚停泊处。从东印度公司的广州代理人写给特使阁下的信件看来，使团到达北京之后可以受到适当的接待。信中说：信件转呈北京后，中国皇帝得到这个消息之后非常高兴，特别为此事下了一道谕旨，指示中国官吏准备引航人，在英国特使和礼品船只到达中国的时候，引到天津或任何其他适当的口岸。代理人的信件中还说，"使节团的访问已经在广州发生了有利的影响，很明显可以看出，中国方面已经减少对外贸易上的干涉，对英国代理人的请求也比过去给予更多的注意。据说监督正在考虑取消澳门外商所征的重税，这对于全体外商来说将要减少一笔很大负担。"②中国的小帆船经常从中国的南部和东南海岸的广东和福建运茶叶、陶器和丝绸到巴达维亚。大批的中国人经常乘小

---

① ［英］斯当东著：《英使谒见乾隆纪实》，叶笃义译，商务印书馆1963年版，第106页。
② 同上书，第131页。

帆船到巴达维亚，他们到这里来的目的同荷兰人一样，那就是到外地去发洋财。

使团的船只在3月17日起锚离开巴达维亚，现在风向刚刚开始由北向南转变，正好利用顺风进入邦加海峡（印度尼西亚西部海峡，位于苏门答腊岛和邦加岛之间），从南向中国方面航行。"从尼古拉湾再往东，第二个海湾就是万丹湾，过去这里是欧洲商船的东方集合点。万丹是胡椒和其他香料的商业中心，从这里运送世界各处。英国东印度公司和荷兰东印度公司的主要商行过去都设在这里，印度和阿拉伯商人都到这里来办货。这里的君主保护贸易不遗余力，认真地保障外国商人的安全。""这个地方兴隆已久，但后来荷兰人侵占了这里邻省查卡特拉，修建巴达维亚，把它的商业中心移至巴达维亚。英国的商业也转移了路线，把重心放在印度和中国，现在这里大不如前了。……随着商业的没落，万丹国王的权力也逐渐没落。在他同其他爪哇部落打仗的时候，他曾请求荷兰人的协助，而从此事实上变为荷兰的俘虏。这位国王住在一所欧洲式样的王宫里，王宫建在一个堡垒里面。堡垒由一队巴达维亚的人防御，指挥官不服从国王，而接受荷兰长官的命令。"[①]风向有些转变，船只可以逐渐向邦加海峡方向移动。使团的船只马上开动。船只开行不久，在4月中旬遇到两只从中国方面开回来的船。这说明远处的季节风至少现时仍不利于向中国方面航行。这两只船也证实了以前接到的信件中有利的报告。4月30日，使团船只在三个南卡小岛的最南端，邦加岛的西海岸附近抛锚。邦加岛的锡矿驰名亚洲。邦加在苏门答腊岛的巨港的对面。邦加的君主，同时也是巨港土地的所有者也住在这里。他主要依靠荷兰的力量来维持他的统治。5月4日离开南卡群岛。5月10日，在东经一百零五度四十八分上穿过赤道线。5月17日在昆仑岛的东边一个宽广的海湾停下来。5月18日，使团的船只一行离开昆仑岛后直向土伦航进，望见了中国大陆的最南端，交趾支那（属越南，位于越南南部、柬埔寨之东南方。法国殖民地时代的名称，首府是西贡）就在附近。

"南顶点有三个小王国，第一个叫柬埔寨，第二个叫占婆，第三个叫交趾支那。根据记载这些小王国过去都是中华帝国的构成部分。"交趾支

---

① ［英］斯当东著：《英使谒见乾隆纪实》，叶笃义译，商务印书馆1963年版，第159—160页。

那在名义上仍然承认中国的宗主权，经常派人到北京去进贡和陛见。事实上它和中国现在只有这点关系，但这也足以引起使节团对它的兴趣。①占婆，即占城，位于中南半岛东南部，北起今越南河静省的横山关，南至平顺省潘郎、潘里地区。王都为因陀罗补罗（今茶荞）。中国古籍称其为象林邑，简称林邑。5月19日，船只望见占婆和附近的虎岛。第二天又望见康俾尔陆岛和塞西尔海岛。远看上去，占婆是一块耕种得很好的地方，到处是麦田和牧场。5月26日，使团船只到达交趾支那。6月21日，在澳门对面的万山群岛上岸。在此特使马戛尔尼从东印度公司代理人方面得到报告说，"根据皇帝陛下几次给沿海各省所下的谕旨，特使到达后将受到隆重的接待。皇帝指示中国官吏随时等候特使到达后，立即派领航人引导使节船只至天津，并派妥员护送特使及全体随员一同晋京"。②

6月23日，使节船只从珠克珠岛起锚，进入台湾海峡。6月24日，船只望见一块高大岩石，完全白色，葡萄牙称它为白石。葡萄牙人是欧洲人中第一个航行到这里的，许多葡萄牙人起的地名，后来欧洲各国来到这里的人都继续那样称呼。6月28日，驶出台湾海峡，北上舟山群岛。"从舟山到距离北京的最近口岸，这一段航程比上一段更长。过去欧洲船只最远只到过舟山。以后这一段约占纬度十度、经度六度的航程，它的具体情况，除了住在沿岸附近的中国人了解一些附近的情况外，对欧洲人来说，是毫无所知的。"③7月9日，进入黄海。7月19日，经过山东半岛，继续向西北航进。7月23日绕过登州府，进入天津。

1793年8月5日，使团搭乘中国船只穿过沙洲开进白河，当晚到达白河口内大沽镇。继续北行，在通州上岸，经由陆路至北京。乾隆帝此时正在承德避暑山庄，随后，马戛尔尼使团又前往承德觐见了乾隆帝。

马戛尔尼使团从英国的普利茅斯港出发，通过英吉利海峡进入大西洋，过非洲西端的佛得角，向东南航行，穿越赤道，到达南美洲巴西的里约热内卢，向东航行进入印度洋，到达印度尼西亚群岛，通过巽他海峡，进入太平洋的爪哇海，向东北航行到达中国的澳门，再经广州北上，经舟山群岛、山东半岛，进入渤海湾，到达天津，通过白河至通州，上岸经陆

---

① [英] 斯当东著：《英使谒见乾隆纪实》，叶笃义译，商务印书馆1963年版，第171页。
② 同上书，第201页。
③ 同上书，第224页。

路至北京。马戛尔尼使团打通了欧洲直通北京的最后一公里，使海上丝绸之路直接与都城北京直接相连。

四　北京与欧洲间的文化交流

明清时期，中国与欧洲之间的经济文化交流呈现新的特点，地理大发现之后，无论是美洲还是中国都被纳入世界经济体系之中，中国的商品和广阔的市场是欧洲强大的吸引力，欧洲努力地向中国推销着他们的商品和文化，而中国仍然站在自己所认知的世界地理的中心，以中央大国的态度来对待欧洲为中心的世界经济体系，仅用瓷器、丝绸、茶叶等产品就在与欧洲的贸易活动中获得优势地位。欧洲为打开中国的市场，极力地向中国展示他们先进的生产技术和在科学上的成就。"英王陛下为了向中国皇帝陛下表达其崇高的敬意，特地从他的最优秀卓异的臣属中遴选出一位特使万里迢迢前来觐见。礼品的选择自不能不力求郑重以使其适应于这样一个崇高的使命。贵国地大物博，无所不有，任何贵重礼品在贵国看来自都不足称为珍奇。一切华而不实的奇巧物品更不应拿来充当这样隆重使命的礼物。英王陛下经过慎重考虑之后，只精选一些能够代表欧洲现代科学技术进展情况及确有实用价值的物品作为向中国皇帝呈献的礼物。两个国家皇帝之间的交往，礼物所代表的意义远比礼物本身更足珍贵。"①除了欧洲使团给中国带来欧洲的物品之外，更多的是欧洲传教士在中国的传教以及传播欧洲的科学技术知识。

（一）与欧洲宗教文化的交流

明清时期，欧洲以耶稣会士身份来京知名者，约有76人，他们从明朝后期来到京城，这一时期来京的耶稣会士有18位，即：利玛窦（意）、郭居静（意）、龙华民（意）、庞迪我（西）、李玛诺（葡）、费奇规（葡）、熊三拔（意）、阳玛诺（葡）、金尼阁（法）、艾儒略（意）、毕方济（意）、傅汎际（葡）、邓玉函（德）、汤若望（德）、罗雅谷（意）、方德望（法）、陆若汉（葡）、万密克（德），其中龙华民、汤若望、方德望到清初仍居京，成为跨越明清两朝的在京耶稣会士。利玛窦是这一

---

① [英]斯当东著：《英使谒见乾隆纪实》，叶笃义译，商务印书馆1963年版，第248—251页。

阶段的中心人物。清初的顺治到康熙年间来京的耶稣会士58位：安文思（葡）、利类思（意）、瞿洗满（葡）、聂伯多（意）、郭纳爵（葡）、何大化（葡）、潘国光（意）、李方西（意）、卫匡国（意）、穆尼阁（波）、金弥格（法）、张玛诺（葡）、成际理（葡）、汪儒望（法）、洪度贞（法）、刘迪我（法）、聂仲迁（法）、穆格我（法）、穆迪我（法）、柏应理（比）、苏纳（德）、毕嘉（意）、白乃心（奥）、殷铎泽（意）、陆安德（意）、鲁日满（比）、瞿笃德（意）、南怀仁（比）、恩理格（奥）、闵明我（意）、皮方济（葡）、徐日升（葡）、李西满（葡）、罗历山（意）、马玛诺（葡）、苏霖（葡）、安多（比）、塞巴斯蒂昂·德阿尔梅达（葡）、洪若翰（法）、白晋（法）、李明（法）、张诚（法）、刘应（法）、郏维铎（葡）、郭天爵（葡）、卢依道（意）、李国正（葡）、纪理安（德）、法安多（法）、费约理（意）、鲍仲义（意）、何多敏（意）、翟敬臣（法）、巴多明（法）、南光国（法）、雷孝思（法）、卫嘉禄（法）、罗德先（法）。这些人约占来京的耶稣会士一半，大多身怀一技之长，或修历，或以数学、音乐、美术见长，或充当翻译，他们驻京时间相对较长。邓玉函、汤若望、南怀仁、闵明我、徐日升、安多等先后执掌钦天监。[①]

到明神宗时期，皇上"恩准我（利玛窦）与四同伴居留京师，一如准许供职朝廷的回教人或鞑靼人居留北京一般。因为曾多人相告，在中国获此特恩，颇不容易，而这特恩为我等传教事业却非常有利，因为蒙准居住北京，获皇上恩赐生活费一事，在中国社会中甚受重视，虽然所获为我们全体会士的开支仍显不够，但我及四位同伴则可终老京师，且如已往和在朝廷供职的人一样，有诵经及行动之自由"。[②]神宗打破了欧洲人不许长住京城的"祖制"，允许利玛窦一行居留京师，并配发一定的俸禄，使欧洲传教士可以在北京地区进行传教活动。1605年8月，利玛窦他们才在城南宣武门找到了一处固定住所，"修建了一间漂亮宽阔的礼拜堂"，这就是南堂的前身。到1608年，北京教会发展到300余位教友，"多为知识分子，是好教友"。[③]欧洲传教士在北京传播宗教文化，受众的主体北京城的中

[①] 欧阳哲生：《十七世纪西方耶稣会士眼中的北京》，《历史研究》2011年第3期。
[②] 《利玛窦全集》第4册，（台北）光启出版社1986年版，第298页。
[③] 同上书，第384页。

上层官员和知识分子，而对京城百姓产生影响的是宗教场所教堂的出现。教堂是基督教的主教、牧师、长老、司铎、修士、修女等神职人员传教布道、举行弥撒、礼拜和圣事的纯宗教活动的场所，同时也是基督教信徒过宗教生活的所在。与北京城内很早就出现的佛教的寺庙、道教的道观不同。基督教的教堂似乎多了几分神秘与庄严，也不搞什么庙会，也不对外开放，平时一般不允许京城百姓随意参观，但是在一年一度的基督教重大节日——圣诞节期间是不拒绝百姓的来访与参观。虽然基督教堂的这些规矩，在基督教与普通百姓之间树起了栅栏，但是入乡随俗的欧洲传教者们都想出许多办法来扩大基督教的影响，拉近与京城百姓的距离，如利玛窦在北京传教之初，为了扩大基督教的影响，招揽京城百姓进堂参观，除了将圣母玛利亚和耶稣的画像、十字架摆放在教堂圣台的中央外，还将从欧洲带来的、普通百姓难得一见的洋东西（诸如地球仪、浑天仪、三棱镜、日晷仪、报时钟、西洋琴等）展放在教堂里，任人随意参观。北京天主教的四堂，是建于明清时期的北京城最古老的教堂，四堂的兴起和发展的历程，反映了欧洲宗教文化在北京传播的过程。

北京天主教的四堂即北堂、南堂、东堂、西堂。四堂之中南堂（在宣武门内顺城街，今前门西大街）历史最久，是意大利籍耶稣会士利玛窦所建。明万历二十九年（1601），神宗皇帝批给了来华耶稣会士一所住地，后来，利玛窦又将其住地旁的"首善书院"（原为明东林讲学之所）买下，作为私人祈祷之所，规模很小。随着信教人数的不断增加，万历三十三年（1605），利玛窦神父将其改建成了一座小教堂。教堂规模虽然不大，这在当时却已引起众人的注意，都呼作天主堂。

南堂的发展得益于汤若望，清顺治七年（1650），德国耶稣会士汤若望将其改建成一座20米高的巴洛克式大教堂，奉无染原罪圣母为主保。同时还在西侧建神父住宅、天文台、藏书楼和仪器馆，4米高的铁十字架矗立在教堂的顶端。教堂竣工后，汤若望神父立碑记其事（此碑现今仍留在圣堂两侧）。顺治帝御笔亲书"钦崇天道"匾额，顺治十四年（1657）又御笔亲书"通玄佳境"（后人为避康熙皇帝玄烨之讳，改"玄"为"微"，而成"通微佳境"）门额和御制天主堂碑铭，对汤若望作了高度的评价。因汤若望的博学和友善，顺治帝在曾24次到南堂微服私访，并与汤若望促膝谈心，还亲切地尊称59岁的汤若望神父为"玛法"（玛法是满语"老爷爷"的意思），汤若望历任满清两朝官吏，官至二品钦天监监正。

1666年，汤若望神父去世，比利时耶稣会士南怀仁主管南堂。康熙十四年（1675），康熙帝两次亲临南堂看望南怀仁神父，为南堂御笔"万有真源"匾额和"敬天"匾额，命悬挂于南堂内。康熙二十九年（1690），成立北京教区，任命意大利籍伊大仁（又名康和之）为主教，南堂作为主教府。此后南堂遭地震破坏。1703年，康熙皇帝御赐银十万两，重新修建。乾隆四十年（1775），南堂不幸毁于火灾，原顺治和康熙帝为南堂御书的匾额及对联全部被烧毁。乾隆帝赐银一万两，敕令照先帝所赐之原貌加高加大重建天主堂，并恢复所有皇帝亲笔御题之匾额和对联等。

道光十八年（1838），南堂被关闭。道光二十四年（1844）十二月二十八日，道光皇帝才废除了对天主教的禁令。道光二十六年，南堂被归还。1860年重修南堂，并由北京孟主教重开南堂。

东堂，是继"南堂"之后的北京第二座天主教堂。明末清初，在四川传教的利类思和安文思二位神父被清兵房到北京，在肃王府当差。因二人德学兼备、行端品正，又不时给堂内人员讲道，受到尊敬。数年之后，他二人在宫内兼有差事，传教渐广，教友们临时购置房屋数间，作为经堂。顺治十二年（1655），皇家赐其一所宅院和空地（位于王府井大街74号），乃建筑圣堂，规模不甚大，奉圣若瑟为主保。1720年地震，房屋塌倒，次年又重修；堂内有郎世宁绘画的圣像多幅，最为名贵。嘉庆十二年（1807），因火灾，将房屋完全烧成灰烬，但圣堂未被波及。东堂的福文高、李拱辰二位神父，方任钦天监务，即上书引咎，自请处分。朝廷令福、李等神父移居南堂，将东堂房院没收，大堂本未烧毁，也令拆除，于是东堂遂废。到1884年，经田类思主教募捐巨款，重建罗马式大堂，比南堂、北堂更觉精致宏伟。建造后十多年，即1900年6月13日，又被焚毁；1904年后又重建，即现今之天主堂。

北堂，坐落在西安门内西什库。北堂最初的原址，是在三海的中海西畔（今国立北京图书馆的斜对面），名蚕池口，为清康熙皇帝酬谢传教士的赐地。康熙帝偶患疟疾，服用耶稣会教士洪若汗、刘应进奉的西药，一服即愈，遂赠此为谢；传教士即在此地建堂一所，康熙帝并亲撰匾额"万有真原"及长联。1703年举行开堂礼，名为"救世主堂"。此外还建造天象台一座和图书馆数间，规模都不很大。

道光七年（1827），朝廷将北堂没收入官，将堂拆除。咸丰十年（1860）朝廷又将该地发还给教会，六年后新建大堂完工，比先前的更为高大。后因皇家要扩展宫苑，天主堂迁移到现在的地址西什库，另建大堂及主教公署、修道院、育婴堂等。1900年后，前面钟楼被炮弹击破，事后修整并增高一级，成为以后的面貌。1860年以后，孟振生主教从主教座堂南堂迁来北堂驻节，北堂成为主教座堂。

西堂，位于西直门内大街路南，是北京四大堂中修建最晚的教堂。康熙四十四年，安第约基的宗主教铎罗作为特使来中国与清帝通好。为了传播基督教，主教铎罗将使团中的德理格神父和另外二位神父推荐给康熙帝，德理格神父三人遂来到北京，即住在北堂。德理格在朝中教授皇子们西学，其中就有后来继承大统的雍正皇帝。雍正元年（1723），德理格神父在西直门内购置了一块地，修建了教堂和住房多间，称为七苦圣母堂。德理格神父是遣使会士，将此堂献给来中国传教德各会修士居住使用。1746年12月10日德理格卒于西堂，年77岁，葬于天主教之营地，即阜成门外若瑟会修女及仁爱会修女之营地。嘉庆十六年（1811）政府下令，凡在朝供职者，准许在京居住，其他传教士，必须潜居各地，不得外出，违者驱逐出境。那时西堂有4位神父，因外出被逐回国，政府即将西堂全部拆毁。1860年，清政府将西堂及其他各教会之房地归还后，同治六年（1867），在孟振生主教主持下重建大堂及住房。光绪二十六年（1900）圣堂与住房被焚毁。1912年再次重建，并奉圣母圣衣为主保。

从基督教北京四堂的曲折发展历程来看，基督教在北京的发展是得到皇帝或政府的支持，各处教堂的建立，也从另一方面反映出接受基督教的北京普通百姓的人数是不断增加的。虽然基督教没有佛教、道教在社会中影响那么大，但是，在中西文化的传播上却做出了一定的贡献。欧洲的天文学、数学、心理学、医学等大都是借用传教士这一途径传入我国的。

（二）欧洲科学知识的交流

欧洲的文艺复兴之后，太阳中心说代替了地球中心说，特别是十五世纪以后的地理大发现，促进了欧洲科学知识和技术的进一步发展。这些先进的科学知识与技术是通过使团、传教士和通商等多种途径传入我国的，而对京城来说，皇帝和大臣们所接触到的欧洲的科学知识与技术，更多的是来自使团和传教士。

英国的马戛尔尼使团来华是明清时期影响较大的一次外交活动,这次外交活动虽然没有取得英王所期望的成果,促成两国建立正常的外交关系,但是双方都为这次外交活动做了精心的准备,英方为乾隆皇帝精心挑选了礼品,乾隆皇帝多次下谕旨让沿途官员做好接待工作。所以,这一外交活动在当时的影响是很大的。我们从马戛尔尼使团送给乾隆帝的礼品单中可以看到,这些礼品既代表了当时欧洲和英国先进科学知识和技术,同时礼品单对礼品的解说无疑就是一次对欧洲科学知识文化的宣传与传播。礼品有:天体运行仪,"礼品中的第一种包括许多物件,它们可以单独地,也可以结合起来,应用于了解宇宙。我们知道,地球只是茫茫宇宙间的一个微小部分。这些礼品代表着欧洲天文学和机械技术结合的最近的成就。它清楚而准确地体现出欧洲天文学家们指出的地球的运行;月亮围绕地球的离心的运行;太阳及其周围行星的运行;欧洲人所称的木星,面上带有光环,有四个卫星围绕着它转;土星及其光环和卫星;以及日月星辰的全蚀或偏蚀,行星的交会或相冲等等现象。另一件仪器能随时报告月份、日期和钟点。这些仪器虽然制造复杂,作用神妙,但操作运用却非常简单,欧洲同样物品中无出其右者。这种仪器可以计算千年,它象征着贵国大皇帝之声威将永远照耀世界远方各地"。

"望远镜,它可以清楚地观测出来天体各个部位在如何运行,同天体运行仪上所标示的模型完全一致。它不同于一般普通的望远镜。普通的望远镜通过镜头直接透视观测目标,这样望远的程度是有限的。它是从旁面透视观测目标在镜头上的反射。这是我国大科学家牛顿所发明,其后又为我国天文学家赫斯色尔所改进。这两个人在科学上的重大发明创造值得将他们的名字上达贵国大皇帝的听闻。他们所设计出来的望远仪器大大超出前人想象之外,望远能力是一切前人所梦想不到的。

"天体仪。淡蓝色的质地代表天空,上面所绘出的所有星宿俱符合它们在实际天空中的相对位置。星宿系用金银制成的,涂成各种不同的色泽,大小的比例正相当于它们在天空中的实际对比。天球仪上画出的银色线条代表实际天空的各个部位。

"地球仪。画出地球上各大洲、海洋、岛屿、山脉、各个国家及其首都。地球仪上所画出的各项材料都非常精确详尽。它包括在英王陛下命令下所做的远达世界各个角落的多次航海调查研究的最新发现。

"还有几个最新发明创造的确定时间的工具。其中一个可以计算满月、新月和月亮的其他变化。另一个可以预报气象。另一个机器可以排除空气,制成真空,借以在真空地方做种种有趣的试验,说明空气对于动物生命以及一切物质运动的作用。

"另有一部机器,根据力学的原理,指出各种协助人和家畜劳动的方式方法。应用这种知识可以减轻和帮助老年人和残废人的体力劳动。

"铜炮和榴弹炮,这些武器能攻城摧坚。贵国皇帝战功如此卓越,对它一定会感兴趣。另附毛瑟枪、连珠枪和剑刀片等等。

"另一类礼品包括各种实用的和装饰用的料和珍贵石头制的花瓶等等,其中有的仿古,有的近代式样。这些物品代表着英国的最好的手工业艺术。有些物品的硬度和色泽是由普通的火烧出来的,但另有一种热力更大,作用更猛的火直接取自太阳,礼品中包括这样一种工具。它是两块透明玻璃经过精细加工制成的。它的热度不但可以点燃一切易燃之物,即使把坚硬的石块或最顽强的金属,金、银、铜、铁,甚至在普通炼火炉中无法熔化的白金,放在其中,也可以很快化为粉碎或熔为流质。这种威力猛烈,作用即时的器具系由玻璃做成、容易打碎,所以非常困难制成大件。礼品中的这副器具可以说是在欧洲最大最好的一副。

"另一部分礼品包括华丽的照明用的器具。玻璃罩子配着金质架框。各种不同大小的形式,为的适于安装在宫内各个不同的房间里。在这种照明器具内,安装的是一种圆形灯,它可以把强度的光放射到很远的地方,这是我国最新设计的。

"英国出产的羊毛、棉织和钢铁制成品。这些各色各样的物品中,有的为了实用,有的为了皇帝陛下可以同中国同样物品作一比较。"[1]

这些礼品运到京城之后,成为皇帝个人的收藏品,没有发挥更大的作用,但是,除了皇帝本人外,一些皇帝身边的大臣们也是可以看见的,礼品所包含的科学知识渐渐地对中国产生影响。

传教士对欧洲科学知识的传入是做出重要贡献的,如利玛窦著、研究天体数学的《圜容较义》一卷,万历四十二年(1614)刊于北京;利玛窦

---

[1] [英]斯当东著:《英使谒见乾隆纪实》,叶笃义译,商务印书馆1963年版,第248—251页。

著《乾坤体义》二卷，上卷讲天象，下卷讲数学；利玛窦和徐光启共同翻译了《几何原本》。汤若望的《历法西传》，叙述了西洋天文学演进的过程。邓玉函的《远西奇器图说录最》（即《奇器图说》），是我国第一部机械工程学；邓玉函的《泰西人身说概》，叙述了欧洲的人体解剖生理学。熊三拔的《泰西水法》，介绍了欧洲的水利工程。

特别是天文学、历法和地理学知识对我国影响很大。明代的历法，是以大统、回回历相校修订的。大统历是洪武十七年（1384）漏刻博士元统所定，取元郭守敬之授时术，删订而成。回历则自隋唐以来，行于中国。然而大统历与回回历之推算久已存在错误，英宗正统六年（1441）正月朔日食不应；天顺八年（1464）四月朔，监推日食不验；孝宗弘治中，监推月食屡不应；世宗嘉靖十九年（1540）推三月朔日当食不验。历法的错误，导致要求改革历法的奏章不断，"议改者纷起"。到崇祯二年（1629）五月一日，监官据大统、回回历，推日食不验，初三日，礼部题覆徐光启推算不误。初十日，礼部请敕修改。七月十一日礼部开列选人员，用西法、博访取、用钱粮、考成绩等五事，并以宣武门内、已废弃的首善书院空闲无用，作为历局。得到皇帝批准。徐光启提出了历法修正十事、修历用人三事、急用仪象十事、度数旁通十事。在用人方面，特别提出李之藻，教士龙华民、邓玉函等；在"度数旁通十事"中特别强调数学为研究气象、测量、水利、音乐、军事、财政、建筑、物理、机械、医学、计时的基础，而请求皇帝倡导学习。八月初一日奉旨，至为嘉许。九月二十二日开局。[①] 西历的准确性，迫使明朝最终放弃了大统历、回回历，重新组织有西历背景的徐光启、李之藻以及欧洲传教士进入钦天监，开局重修历法，编成《崇祯历书》137卷。

欧洲关于地理学的知识，无论是在对世界的认识，还是世界地图的绘制技术上，都超过了我国。明朝后期，利玛窦制作的《世界地图》就震动了朝野，因为这类作品是中国未曾看见过的，利玛窦版的《世界地图》在中国已翻印十多次了。此外还有龙华民的《地震解》；利玛窦的《乾坤体义》《浑盖通宪图说》；艾儒略的《坤舆图说》《职方外记》等地理学著作，这些地图、著作的编制、流传，主要向中国社会介绍了地球的球形

---

① 方豪：《中西交通史》（下），上海人民出版社2015年版，第591—594页。

体、世界地理形势、风土人情、经纬度制图、投影法等西文地理、地图知识。"自明末清初，这些地图、著作被反复刻印、抄录，并以它丰富的地理内容和科学方法，给当时的中国的传统地理学以及地理认识以很大冲击，甚至出现了革新中国传统地理学的思想。特别在绘制地图方法等方面，西方经纬度测量、投影法等，更是给中国传统'计里画方'制图学以根本否定，致使清初聘用西方传教士，采取西法，进行了全国范围的经纬度大测量和全国新地图的编制活动。"[1]

清康熙时期，传教士南怀仁在康熙十三年（1674）绘制一幅世界地图《坤舆全图》，它是由8幅挂屏式地图拼接而成，中间6幅挂屏为主图，分布着东西两半球，并在主图的两侧设有6块上下对称的文字图版，分别解释气行、风、雨云、海水之动、海之潮汐等地理概念。主图两侧的2幅辅图各由4块文字图版组成，介绍地震、山岳、江河、人物以及四元行之序并其行、南北两极不离天之中心、地圆、地体之圆等地理知识。《坤舆全图》采用圆锥投影法绘制，经线不是平行直线，而是各以南、北极点为圆心的同心弧线，以赤道为横轴，经线与赤道垂直相交，南北纬线以赤道为对称轴南北分布并与经线相交。

《坤舆全图》明确标出各地的经纬度数，以及地球、赤道、南北回归线等标志线，准确反映了世界各地的地理位置。同时，《坤舆全图》是以中国为整幅地图的中心，本初子午线设在北京的顺天府，以契合"中央之国"思想观念，寻求皇权支持与文化认同。《坤舆全图》刊行当年，南怀仁很快就结集成书印行了《坤舆图说》，用以解说《坤舆全图》。乾隆年间开始编纂《四库全书》，《坤舆图说》是被《四库全书》收录的唯一一部清代西方传教士的地理学著作。[2]

康熙二十八年（1689），在中俄边境谈判中，康熙帝充分认识到地图精确的重要性，加之西方地图测绘技术的传入，康熙帝决定采用经纬度法绘制全国地图《皇舆全览图》。康熙帝让法国传教士白晋回国招聘学有专长的10多位传教士来华，负责地图测绘工作。此次全国地图测绘工作历时10年，共测绘了全国631个经纬点，参加测绘的有西方传教士白晋、雷孝思、杜德美、潘如、汤尚贤、费隐、麦大成等10多人，中国学者有

---

[1] 赵荣、杨正泰著：《中国地理学史（清代）》，商务印书馆1998年版，第6页。
[2] 于冬伟：《〈坤舆全图〉：融汇中西的传世珍宝》，《河北日报》2019年3月14日。

何国栋、索柱、白映棠、贡额、那海、李英等人。《皇舆全览图》是采用梯形投影法，以经过北京的经线为本初子午线，按 1∶140 万—1∶150 万的比例绘制，①是当时全国最精确的地图，同时也反映出西方的地图测绘技术已被我国学者所掌握，推动了我国地理学知识和制图技术的发展。

  在欧洲传教士将欧洲的科学技术介绍到中国的同时，他们也将中国的文化介绍到欧洲。早在明朝末年，意大利传教士利玛窦就把"四书"译成拉丁文寄回国去。康熙年间传教士将《大学》《论语》译成西文出版。比利时传教士卫方济的"四书"译本和《中国哲学》比较系统地介绍了中国的儒家经典和古代哲学思想。欧洲传教士还比较早地研究了《易经》。白晋用拉丁文著《易经要旨》，将八卦与"二进制"联系起来的假说，为德国科学家莱布尼茨"二进制"的科学创见提供了营养。在罗马出版的西班牙文的《中华大帝国史》是一本最早系统介绍中国历史和地理的书，也是由传教士撰写的。传教士卫匡国用拉丁文写的中国上古史《中国历史》，在欧洲影响很大。元曲《赵氏孤儿》，先后被译成法文、英文、德文、俄文在欧洲出版。伏尔泰还将它改编成《中国孤儿》，曾在巴黎公演。中国著名的医药学《本草》一书由传教士邓玉函翻译成西文后在欧洲影响很大，使中国的中草药随之进入欧洲市场。"大黄"是中国最早进入欧洲市场的药物。一些传教士还将中国的丝绸、瓷器、轿子等带有工艺美术性质的物品，不断地运回欧洲。中国文化通过这些在北京教堂的传教士将其传到欧洲，并产生了深远的影响。②

第三节　张家口：明末民初的茶道

一　张家口茶道商贸的兴衰

  京津冀北部的宣化地区在金元时期已是塞北草原地区与中原地区的重要衔接地带，并成为沟通西亚、塞北草原和中原农区的交通要枢。明朝建立之后，在长城南北建立都司、卫所及边镇以防蒙古南下，张家口堡始建于明宣德年间，是万全都指挥司所辖诸多堡寨之一。隆庆、万历年间，明

---

① 赵荣、杨正泰著：《中国地理学史（清代）》，商务印书馆 1998 年版，第 135 页。
② 佟洵：《试论北京历史上的教堂文化》，《北京联合大学学报》2000 年第 3 期。

廷与蒙古俺答部达成和平协议,并在长城沿线的 11 处关口,设"茶马互市",张家口堡是其中之一。为此,张家口堡的功能也相应发生变化,由单纯的军事城堡演变为兼有茶马贸易功能的边境城市。清代又在张家口堡境内的长城开子一个口子,称"大境门",将张家口推向了商贸的繁华。

茶道商贸,主要是指从明朝后期开始,内地商人在蒙俄地区进行的以茶叶为主要商品的贸易。张家口在对蒙俄贸易中的地位不断提升,扮演了独特的角色,同时也促使张家口城由军事功能向商贸功能的复合与转换。毋庸置疑,中俄贸易是在中蒙贸易的基础上发展起来的。大学士申时行所著《明会典·朝贡》中记载:隆庆"五年,……开市十一处:在大同者三,曰得胜口、曰新平、曰守口;在宣府者一,曰张家口;在山西者一,曰水泉营;在延绥者一,曰红山寺堡,在宁夏者三,曰清水营、曰中卫、曰平房卫……"随之茶马互市交易成果日益显著。清人魏源在《圣武记》中盛赞:"高拱、张居正、王崇古等张弛驾驭,因势推移,不独明塞五十年之烽燧,且为本朝开二百年(清初至道光年间)之太平,仁人利溥,民到于今受其赐"。隆庆和议不但维系了明蒙边疆六十年和平,而且使蒙汉贸易逐渐固定下来并得以长足发展。

张家口南通中原,北接蒙古大草原,处于农耕文明与游牧文明的交汇处,优越的交通和战略地位使张家口逐渐成为万里茶道中的重要节点,并有着北方"旱码头"之美誉,直到今天,张家口还有曾经存储茶叶的街巷东昌栈、西昌栈;还有曾经专营茶叶的街巷老茶店、小茶店;还有曾经驮运茶叶的街巷东驼号、西驼号。

图 1-5 大境门外马市

万里茶道张家口段即是闻名遐迩的"张库大道",张库大道是万里茶道重要的组成部分,张家口是万里茶道北方地区最为重要的交通枢纽、贸易中转站和榷关城市。

(一)万里茶道贸易的形成(顺治至乾隆前期)

"从1631年持续到1649年,中华帝国被满洲人所征服……在这样一段时间里,我们没有发现俄罗斯和中国至今曾有过任何的联系。"[1]17世纪中期俄国完成对西伯利亚领土的吞并,与中国的陆路相通,为中俄直接贸易奠定了基础。清顺治元年(1644)开通大境门,政府准山西八大皇商出张家口从事对蒙贸易。"顺治二年,设防御二员,笔帖二员。康熙三十二年添设总管一员,防御六员,管理边境大小二门,一应出入事务,驻来远堡。凡大境门入口进贡,名札萨克、蒙古人等,讯明人数、事由,加印文一道,咨呈理藩院照验、查核。其出口京城人员,照验兵部印票,勘合火牌验放。附近察哈尔蒙古人等进口,讯明登记档案,回时验放销号。凡小境门出口八家商人及民商人等,驮载货物前往口外、蒙古喀尔喀,以及库伦、俄罗斯贸易,皆照验理藩院原给印文挂号,回日验销。凡察哈尔蒙古进口交易出入小境门者,不禁,但不许出南门。其欲进口者仍由大境门挂号验放。凡大小二境门各拨防御一员,领催二名,披甲八名,轮班看守。南门拨骁骑校一员,领催二名,披甲八名,轮班看守。"[2]可见清初大境门来远堡已具备了查验信票、检验货物、征收关税等职能。顺治三年,大清户部在张家口设立钦差户部分司。

1689年,中俄签订了《尼布楚条约》,这是双方第一次以国家的名义正式承认边境贸易为

图1-6

---

[1] [俄]阿·科尔萨克著:《俄中商贸关系史述》,米镇波译,社会科学文献出版社2010年版,第5页。

[2] (道光)《万全县志》卷5"张家口驻防总管"。

合法。①但尼布楚地区"因各以土产交易、无远省之商、无难得之货,盖与会宁、中江、都市同为市易之小者,故其事不甚著"。②不难看出其贸易前景黯淡。1691年多伦会盟后,清政府允许汉民在理藩院统管下到后草地经商,旅蒙业应运而生,万里茶道初现雏形,直接带动了张家口皮毛业的兴起。

康熙三十二年(1693)定制:许俄罗斯隔三年来京贸易一次,每次不得超过二百人。俄国开始了和中国的官方商队贸易,形成了从尼布楚,经额尔古纳堡到嫩江、齐齐哈尔、内蒙、古北口或山海关到北京的路线。但这条路线往返时间需要5个月之久,交通较为不便。

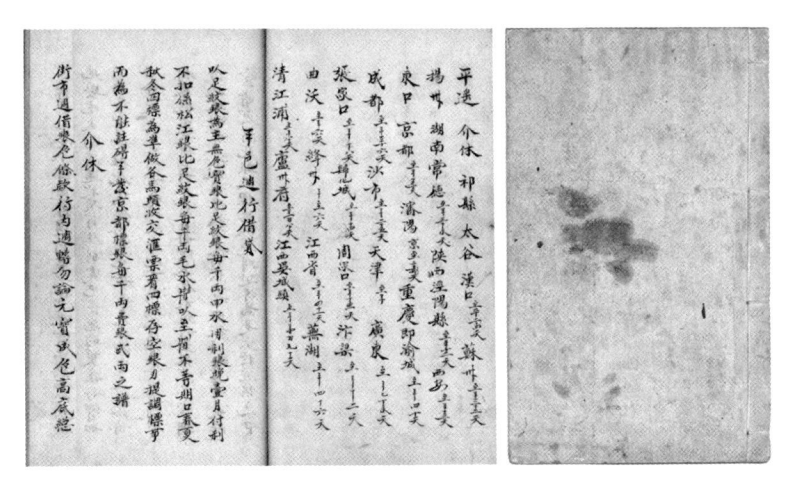

图1-7 清代 从山西赴汉口、张家口等地路程、镖期、借贷和银两兑抄本

康熙四十七年(1708),清政府批准了以色楞格—库伦—张家口的官道为俄国商队往返之官道,③往返只需要70余天。1720年,理藩院议准内地商人可持执照前往喀尔喀、库伦进行贸易,旅蒙商开始兴起。为了对中俄贸易进行规范管理,1725年,理藩院将颁发信票的权力下放至张家口。初始申请及查验手续在张家口理事同知衙门办理。万里茶道河北段官道基本形成。雍正时张家口的商号增加到90余家。

雍正五年(1727),《中俄恰克图条约》确定了恰克图—库伦—张家

---

① 米振波:《清代中俄恰克图边境贸易》,南开大学出版社2003年版,第11页。
② (清)何秋涛:《俄罗斯互市始末》,(清)王锡祺辑:《小方壶斋舆地丛钞》第三轶,杭州古籍书店1985年版,第189页。
③ 姚贤镐编:《中国近代对外贸易史资料》第一册,中华书局1962年版,第116页。

口—北京的正道贸易路线，首次从条约的角度将恰克图设立为两国边境贸易的口岸，允许两国商人到恰克图进行易货贸易。这是古丝绸之路消失后开辟出的一条新的国际商路。①

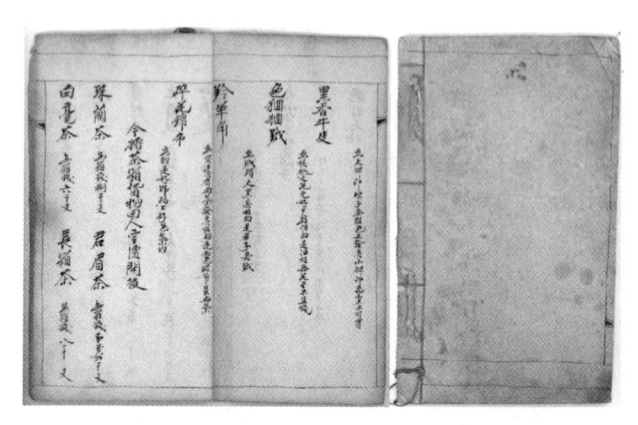

图 1-8　清代东口（张家口）恰克图贸易便览

许檀先生认为："张家口的崛起是以中俄贸易，汉蒙贸易的发展为契机的，它既是清代边疆贸易发展之必然，也是封建政府特殊作用的结果"。②

雍正八年（1730），中方在恰克图城的对面营造了买卖城。两国商人就地取材修筑房屋，并以木栅为垣，两城相距140码，正中竖立高约10尺，北刻俄文，南刻满文的界碑。自此，恰克图和买卖城成为中俄贸易的新兴城镇，这既有益于中俄边境的稳定，又为万里茶道的发展和繁荣奠定了基础。到1762年间，俄国官方贸易商队自开辟恰克图口岸入境，经库伦、张家口（或归化—张家口）来京贸易的商路后，"张家口买卖城可以说是中国对俄贸易的集中点，几乎全部俄国呢绒和各种绒布以及俄国出口的全部毛皮制品都是先运到张家口买卖城的货栈，然后批发给下堡，最后再运到中国本土"。③晋商"从江南采购棉布、绸缎、茶叶等货物贩运至张家口，再贩运至蒙古各部落和恰克图。然后，再从恰克图和蒙古各地贩运回牲畜、皮毛等货物运至张家口再销往各地"，张家口也逐渐演变成为中俄贸易的口岸。

---

①　米振波：《清代中俄恰克图边境贸易》，南开大学出版社2003年版，第15页。
②　许檀：《清代前期北方商城张家口的崛起》，《北方论丛》1998年第5期。
③　［俄］阿·马·波兹德涅耶夫：《蒙古及蒙古人》第一卷，刘汉明等译，内蒙古人民出版社1989年版，第74页。

(二)万里茶道贸易的发展期(乾隆中后期至道光时期)

为巩固和维护满洲贵族的封建统治,清廷于乾隆二十六年(1761)设察哈尔都统,署治张家口。《理藩院则例》规定:凡出入张家口赴内外蒙古地贸易,须经张家口察哈尔都统衙门批准,颁发准入蒙地的"部票";凡是通过张家口运往库伦和恰克图的货物都须有察哈尔都统的签发的文件,察哈尔都统还负责张家口大小境门的出入管理。清嘉庆十年进士、左都御史姚元之的《竹叶亭杂记》记载:"我之货往,客商由张家口出票,至库伦换票,到彼缴票……"

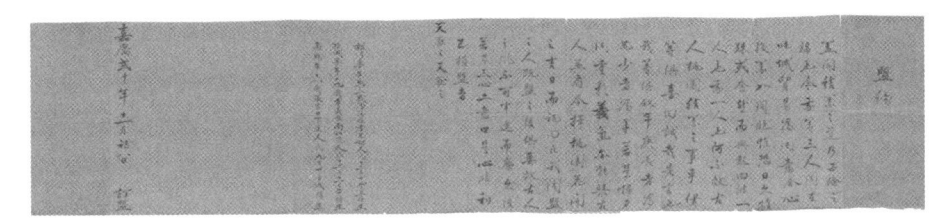

图1-9 1815年在张家口经商的晋商和当地商人订立的盟书

1762年,叶卡捷琳娜二世废止了官方商队的北京贸易,存在了近60年的官方商队对华贸易就这样停止了。① 中俄开始进入恰克图口岸贸易阶段。此时,张家口市场更加繁荣,成为山西商人去库伦、恰克图贸易的基地,(晋商的)总号设在张家口,分号设在库伦、恰克图以及科布多等地方。②

乾隆中后期,恰克图口岸贸易关闭三次,促使俄政府不得不正视中国的严正立场。1800年俄政府颁布了《恰克图贸易章程》和《对恰克图海关及各公司股东的训令》,对俄商在该地区进行贸易应遵守的规则,作了严格规定,保证了恰克图贸易的正常进行。嘉庆皇帝也放宽了乾隆时期实行的票证制度,对商人的处理更加人性化,推行了朋户和朋票制度(指携有政府票证的商人可以搭附其他无票小商人一起到恰克图经商),极大方便了小商人的经商活动,推动了中俄贸易的稳定发展。俄罗斯商品从这时开

---

① [俄]阿·科尔萨克:《俄中商贸关系史述》,米镇波译,社会科学文献出版社2010年版,第25页。

② 丰若非:《清代榷关与北路贸易——以杀虎口、张家口和归化城为中心》,中国社会科学出版社2014年版,第45页。

始用茶叶来估价。嘉庆六年（1801）中俄贸易总额为 8159576 卢布，嘉庆十八年（1813）上升到 1092934 卢布。① 从 18 世纪末经恰克图换进的白毫茶和砖茶的增长（如表1）。②

表1　　　　　　　　　　　　　　　　　　　　　　　　　　　单位：普特

1792 年	6861	1811 年	46405
1797 年	12799	1812 年	24729
1802 年	21581	1813 年	67583
1807 年	39791		

此时，运往库伦的茶叶、布匹、绸缎、瓷器、大黄等货"俱自张家口贩往"，商人们自用的日用品和米粮"向在张家口采办"。

为确保从恰克图贸易中获得稳定的收入，也为了有效控制中国北方的市场，从自身的重要利益出发，俄国政府在中俄恰克图边贸地区施行了禁止鸦片走私的政策，使中俄贸易在道光年间进入繁荣时期。

图 1-10

"经过恰克图与中国的贸易额，在 19 世纪 30 年代就显著地增加了，1829 年贸易额占俄国向亚洲输出总额的 29%，1840 年则达到了 42%……50年代前半期双方贸易达到俄国向亚洲输出总额的 60%"。③ 同时，"道光三十年（1850），张家口办出赴恰克图交易的信票 268 张，而咸丰初（1851 年后）办出信票达 400—500 张"。按每一张信票，货物不得超 12000 斤，老倌车不得超 20 辆，人不得超 10 位的规矩计算，道光朝最后一年，张家口有 1608 吨商品运到恰克图，而咸丰初年就达到了 2700 吨。④ 黄鉴晖《明清山西商人研究》中说："前期，部票一

---

① ［俄］阿·科尔萨克：《俄中商贸关系史述》，米镇波译，社会科学文献出版社 2010 年版，第 69 页。
② 休金：《茶和茶叶贸易》，《对外事务部》，1850 年第 4 期，第 11 页。
③ ［俄］洛日科娃：《俄罗斯与中亚的经济关系》（19 世纪 40 年代至 60 年代）俄文版，莫斯科 1963 年，第 50 页。
④ 刘振瑛：《品评张库大道》，国家行政学院出版社 2012 年版，第 311 页。

张……贩茶300箱。后期，一票曾贩茶600箱"。如果按运量翻番的逻辑推算，商品总量恐怕就要超过5000吨了。① 正是在这一时期，中国向俄罗斯的茶叶出口，也进入了黄金时期。

（三）万里茶道贸易逐渐衰落期（咸丰时期至民初）

咸丰元年（1851），太平天国起义爆发，阻断了长江运输线路，严重影响了万里茶道贸易的正常进行。中国茶商避开福建，转到湖北羊楼峒、湖南安化采购茶，至恰克图的运输路程缩短了300余公里，整体费用减少，一定程度上提高中国茶商在恰克图的竞争能力。"中国古埠运销外洋之茶，道光二十四年共为70476500磅，迨咸丰八年即增至103564400磅，期间尤以咸丰六年之130677000磅为最高峰。故就全体言之，国外华茶之销路，实有蒸蒸日上之趋势焉。"②

图1-11 清代 具有俄罗斯风格的张家口"福源昌记商号银酒杯"

咸丰时恰克图"办茶大字号约有四十家，均系张家口上埠者……"。③可见，当时中国商人大多来自张家口。清人松筠的《绥服纪略》中也记载："所有恰克图贸易商民皆晋省人。由张家口贩运烟、茶、缎、布、杂货，前往易换各色皮毡片等物。"可见晋商在对蒙古、俄罗斯的贸易中

---

① 刘振瑛：《品评张库大道》，国家行政学院出版社2012年版，第311页。
② 威廉斯：《1863年中国商务指南》，《中国近代对外贸易史资料（1840—1895）》第一册，中华书局1962年版，第198页。
③ 米镇波：《清代中俄恰克图边境贸易》，南开大学出版社2003年版，第40页。

占主导地位,而且都以张家口为大本营。①

清政府为筹集镇压太平军的费用,实行厘金制度。据《筹办夷务始末》,卷七载:"咸丰十年,因军饷支出,奏准每商票一张,在察哈尔都统衙门(张家口)输厘金六十两,凑拨察哈尔驻防常年军饷。华商税厘既重,获利无多,是以生计日穷……"时每一领取票照可贩茶300件,茶值约6000两,但要交正税1200两,票照50两,厘金60两,从而造成茶商巨大亏损。②

中俄《天津条约》和《北京续增条款》签订,取消了经陆路来华俄商数目及所带货物多寡的限制,恰克图口岸贸易遭受重挫。

《陆路通商章程》《改订陆路通商章程》相继签订,俄取得了在天津通商,俄商可以进入中国内地进行商业活动,直接到内地茶叶产地加工和采购茶叶了,使得中国商人丧失了原有的优势和生机,尤里茶道进入俄商主导的时期。

免除俄商复进口税,不但国家损失了大量税收,而且给俄商降低了货物成本,在与中国商人的商业竞争中有了更强的竞争力,中国商人的处境从此更加艰难。据《筹办夷务始末》卷五十七载:"同治五年,恰克图通商,日渐衰败,中国茶行字号,诸多业歇,以致百二十家,仅存十家。到同治七年初,'目前在买卖城只剩下四个老的山西行庄了'。"唐寿峰在《张家口的中俄蒙贸易及陆运》一文中所说:"从此以后,清政府逐步丧失贸易控制权,俄国商人在我国可以自由买卖、贩运,张家口至库伦的贸易运输带有了明显的半殖民地性质:俄国商人享有特权,给予优厚待遇,而我国的商人却因纳税负担过重,无力竞争,

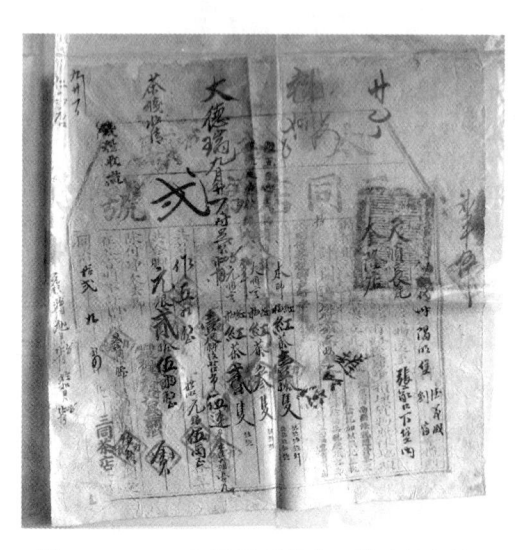

图 1-12　1873 年汾阳运张家口茶叶的契约

---

① 刘振瑛:《品评张库大道》,国家行政学院出版社2012年版,第293页。
② 韩祥瑞:《张库商道历史十题》,《张家口历史文化研究》2015年第15期,第15页。

受到了沉重打击。张家口的'山西帮'茶商由一百多家减到二十几家,在恰克图中国商店受其影响纷纷倒闭。"更为惨重的是同治七年(1868)闰四月,恰克图买卖城发生大火,五十多家华商的房屋被烧毁,中国商人损失惨重,买卖城贸易从此一蹶不振。同治年间,在沉重税收压制下的旅蒙业,已是强弩之末。[1]由晋商开辟的万里茶道加速衰败。

相反俄商利用免税特权和低廉的运输成本在南方直接从事茶叶采购和加工,形成了汉口—上海—天津—通州—张家口—恰克图的水陆并用运茶路线。通过不平等条约,俄国商人获准"由陆路输入内地者,可照旧通过张家口、通州前赴天津,或由天津运往别口及中国内地,准在各口岸经销"。并允许俄国商人在库伦、张家口等地建立为贩运服务的铺房和行栈。《北京续增条约》规定:"俄国商人除在恰克图贸易外,其由恰克图照旧来京,经过张家口地方,如有零星货物,亦准销售。"俄国人终于"零星"地挤入张家口,并获得了在张家口的领事裁判权和减免营业税的特权。[2]

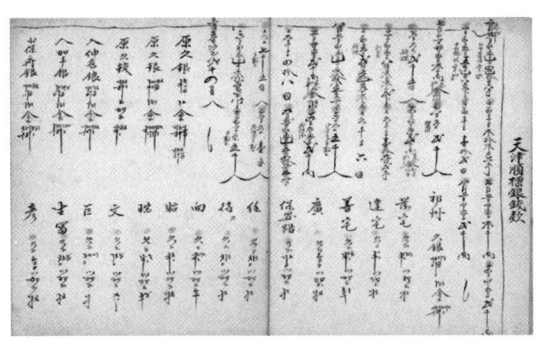

图1-13 1877年张家口南路入货账

1863年以后,俄商的顺丰、新泰、阜昌等多家洋行在汉口开业,开启了汉口蒸汽机制砖茶的先河,并逐渐垄断了汉口的茶叶加工业。"道光十七年至十九年(1837—1839)每年输入俄国的茶叶平均为8071880俄磅,到了同治六年(1867)已增到8659501俄磅,30年时间,年增近600000俄磅。"[3]这些数字的增长,则是清政府对俄商免征复进口税,俄

---

[1] 刘振瑛:《品评张库大道》,国家行政学院出版社2012年版,第309页。
[2] 同上书,第150页。
[3] 冀福俊:《清代山西商路交通及商业发展研究》,山西大学硕士学位论文,2006年,第22页。

商直接进入内地购茶的结果。俄商主导的陆路贸易逐步形成。

显然，不管是晋商主导的传统万里茶道，还是俄商主导的陆路贸易，都以张家口为重要的中转地。这时的张家口，已经成为茶叶北运的基地。①如《蒙古志》卷三所说："茶以张家口为枢纽，货物辐辏，商贾云集。"客观上张家口成为天津和华北经济区域与西北地区联系的枢纽。

俄罗斯以恰克图贸易业已衰落为借口，多次要挟清朝另辟张家口为商埠，以取代恰克图。清光绪七年（1881），《中俄改订条约》签订，俄国商人在张家口可以设立货栈，可以将运进之货物，全部留于张家口销售，俄商在中国内地经商的自由度大大拓展了，对中国的贸易战中进一步占据了有利地位。光绪二十八年（1902），清政府同意将张家口大境门外元宝山一带划地五万方尺为通商市场，俄商在此建造铺房货栈。万里茶道河北段愈加繁荣。张家口的汇集、中转、枢纽功能日渐突出，成为名副其实的陆路口岸。②据沈斌华《内蒙古经济发展史札记》记载，光绪末年，张家口的茶店、烟店、绸布庄、钱庄发展到530多家。张家口为仅次于天津的"华北第二商埠"。方行的《中国经济史》指出此时："张家口是清代最北方的商业城市、金融中心和中俄陆路贸易的重要口岸。它虽兴起较晚，却很快成为与广州遥遥相对，一南一北两个主要外贸口岸之一。"

图1-14 行进中的运送茶叶的骆驼商队。摄影：米科洛斯（Nagy Miklós），1909年

但随着东清铁路、西伯利亚铁路的相继通车，俄国运茶路线为：汉口—上海—大连港或者海参崴—东清铁路转西伯利亚铁路或西伯利亚铁

---

① 刘振瑛：《品评张库大道》，国家行政学院出版社2012年版，第319页。
② 同上书，第151页。

路——俄国。此时的张家口和天津完全被避开。清政府在蒙古地区贸易取消小本营生的限制，促使俄商将大量的俄制砖茶和货物销往蒙古地区。至光绪末年，俄商很快挤占了中国商人在蒙古地区的市场，加剧了俄国对蒙古地区的渗透和影响。主管张家口关税的监督松宽向朝廷奏报："张家口税务向以南茶并恰克图皮毛等货为出入大宗，次则进口牲口，均系内地商贾往来贩运，是以从前税课丰旺。及至俄国通商后，所有大宗茶货俱由俄国自行贩运，照章免税。内地商贾渐多歇业，因之每岁征额均属短绌"。万里茶路中晋商的贸易量日渐萎缩。

20世纪初，中俄相继爆发了辛亥革命和十月革命，两国政治格局的巨变，深刻影响了中俄茶叶贸易。

图 1-15

1909年京张铁路的通车，促使怡安街、福寿街、马路街等商业街市的出现，吸引了洋行、商贾投资，张家口市区的雏形基本形成。随后我国第一条正式运营的汽车线路——张库公路通车，旅蒙业再次振兴，张家口又迎来一个短暂的辉煌时期。《察哈尔省通志》记载："清末张库通商日繁，每年进出口约合口平

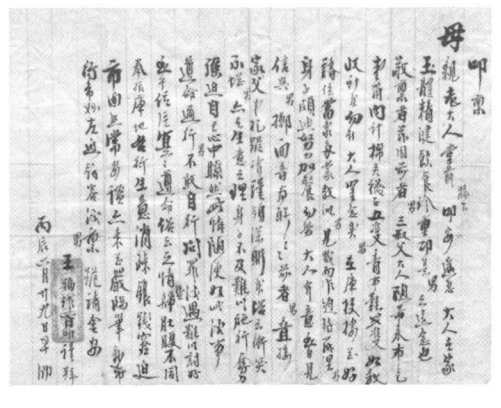

图 1-16 1916年库伦晋商来信指出生意消疏，钱银窘迫

银一万二千万两……自平绥路修至张垣，复经边防军建设张库汽车公路，运输捷便，商务遂盛，贸易额达一万五千万两。是为张垣商务鼎盛。"据《蒙古人民共和国史纲》记载："宣统三年，张家口总人口 132621 人，而当时经商人数竟然有 35000 人，占总人口的近四成之多。"大小商号 1450 余家，外贸行业占总商号的近一半，达 700 多家，张家口成为一个完全靠买卖支撑的商业之都。[①]

俄国人通过策划外蒙独立，逐渐取得了在外蒙古无税自由贸易的特权，万里茶路河北段严重受阻，晋商在外蒙古贸易事业遭到沉重打击。1924 年 6 月，在沙皇俄国不断的影响策动下，蒙古人民共和国成立，取缔私营贸易，驱逐中国商人。"自从外蒙宣言独立以来……如果有货物运入库伦城时，无论箱包，一律要打开视察……经过税务人员的许可，方才可以交税金。倘若说明书上所载的数目和货物不能符合，便当货物价十倍处罚……至于课税之法，是以价格为标准，但是无论种类如何，一概由税吏随意评价。所以时常有超过市价数倍的，税率又很大，为值百抽六。此外更需交纳落地税和俄人所设立皮毛瘟疫检验处的检验税，重重剋剥竟使汉商无力（利）可图。"[②] 1929 年，在苏俄的支持下，外蒙古将库伦的中国商店全部没收，近两个半世纪的万里茶道贸易彻底中断，张家口茶道商贸彻底衰落。

二 张家口为枢纽的茶道路线

（一）内陆进入张家口的主要茶道路线

由中原地区进入张家口的主要茶道可分为东线和西线（见图 1-17）。

东线茶道，是从江南茶区经大运河或走陆路，北上至北京通州，又由通州北经居庸关四十里关沟至土木堡，进入河北张家口境。途经鸡鸣驿城、宣化城、东榆林威远台至张家口。

西线茶道，从山西山阴县岐道地右行，经大同、阳高、天镇至怀安县枳儿岭进入河北张家口境。途经怀安城、后所堡、太平庄、左卫到张家口，或经怀安城、北沙城、老龙湾、万全右卫至张家口。

[①] 刘振瑛：《品评张库大道》，国家行政学院出版社 2012 年版，第 399 页。
[②] 刘虎如：《外蒙古一瞥》，商务印书馆 1927 年版，第 26 页。

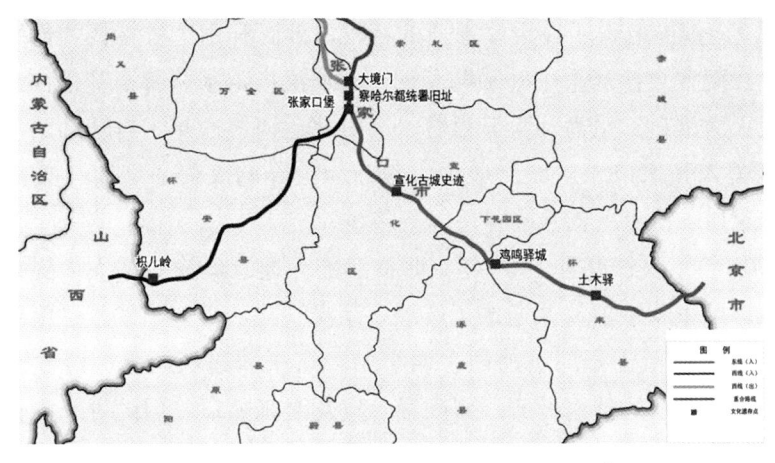

第一章　京津冀区域文化的时空演变

图 1-17　内陆进入张家口的主要茶道路线示意图

1860 年之前，传统的商贸路线以西线为主，华商为主导。1860 年之后，西线逐渐走向衰落，东线兴起，俄商逐渐成为主导。

1. 东线商贸路线的历史演进

明代京师到鞑靼的陆路交通：自京师西北行过昌平出居庸关，经怀里卫、土木驿、保安州、宣府镇、万全都司、兴和，再西行至鞑靼。张家口通向京师的驿站：德胜驿—宣府驿—鸡鸣驿—土木驿—榆林驿—居庸关—榆河驿—京师。[①]明代茶道基本上沿此道运行。

清朝建立后，沿承了明代的邮政制度和交通道路。政府管理的交通道路按照重要程度分为三级，即官马大路、官路支路及小路，不同等级的道路构成了以京师为中心的道路交通网。官马大路，是京师辐射通往各省的道路，既是全国道路网的干线，又是宣布政令、传递军情的主要驿道。据《畿辅通志》记载，京师通往各地的主要的官马大路有七条，其中张家口地区处于西北路官马大路（又称恰克图路），即自京师至张家口厅路段，再西北行经兴和城（今张北县）至库伦及恰克图。清代前期，张家口主要承担蒙古地区的货物由此转运京师的功能。输入的货物有皮革、皮制品、毛织品等，输出的有布匹、绸缎、纸张、瓷器、烟草、日用品等，茶叶运输量逐渐增加。

第二次鸦片战争后，中俄相继签订了《陆路通商章程》《改订陆路通

[①]　杨正泰：《明代驿站考》，上海古籍出版社 2006 年版，第 131 页。同时可参阅王纯等《河北公路史》（第一册），人民出版社 1987 年版。

商章程》，俄国取得了在天津通商的特权，俄商利用免税特权和低廉的运输成本在南方直接从事茶叶采购和加工，从汉口走水路将茶叶运往上海，海运至天津港口，沿海河至紫竹林，再沿北运河至通州，再转陆路从北京过居庸关入张家口，从而形成了以俄商为主导的汉口—上海—天津—通州—张家口—恰克图的水陆并用运茶路线。

1906年京汉铁路和1909年京张铁路的开通，运输效率大大提高，途经张家口的中蒙俄贸易又迎来了辉煌。京汉铁路从汉口出发，过保定到北京，从西便门至正阳门（前门）西车站，京张铁路从西直门经沙河、南口、居庸关、八达岭、怀来、鸡鸣驿、宣化至张家口。但随着东清铁路、西伯利亚铁路的相继通车，俄商的运茶路线也随之调整为：汉口—上海—大连港或者海参崴—东清铁路转西伯利亚铁路或西伯利亚铁路—俄国。以铁路为主的新的茶道形成后，明清以来的重要的茶道枢纽张家口和天津完全被避开，张家口的茶道枢纽地位衰落。

2. 西线商贸路线的历史演进

明代大同至张家口的驿道是由大同府向东行，经聚乐卫、阳和卫、天成卫、怀安卫、万全左卫，至张家口。

从17世纪到19世纪中期，西线是以作为传统贸易主要交通线路出现的。南方货物由福建崇安县过分水关，入江西铅山县，在此装船顺信江下鄱阳湖，穿湖而过出九江口入长江，溯江抵武昌，转汉水至襄樊起岸，贯河南入泽州（今山西晋城），经潞安（今山西长治）抵平遥、祁县、太谷，这里是晋商的大本营，从南方来的茶叶在此进行二次加工、分装后，再经忻县至大同，由大同转而东行，经天镇到张家口。[①]19世纪70年代后，西线日渐衰落，到20世纪30年代中断。

（二）出张家口至蒙俄的主要茶道路线

由张家口至蒙俄的主要茶道可分为：军台线、西线、东线（见图1-18）及汽车运输线路。

1. 军台线

出大境门，走正沟，经崇礼区西甸子、嗨南营、五十家子、头台察罕

---

① 张正明：《清代的茶叶商路》，《光明日报》1985年3月6日，第三版。

托罗台、二台布尔哈苏台（今张北县油娄沟乡大山尖行政村二台蒙古营子自然村）、三台哈柳图台（今张北县海流图乡土城子村）、四台鄂拉呼都克台（今尚义县石井乡四台蒙古营子）、五台奎素图台（今尚义县大营盘乡五台蒙古营子），进入内蒙古商都县境内。

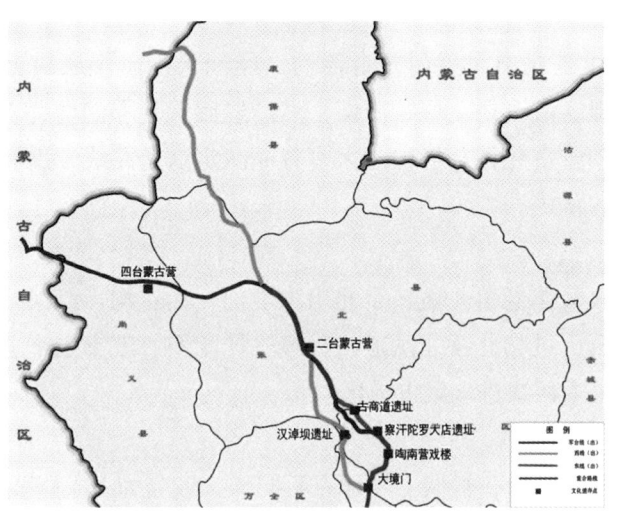

图1-18　张家口至蒙俄的主要茶道路线示意

清代军台，是集传烽报警和邮政驿站功能于一体，呈树状分布的防御、管理体系，为往来差遣、紧要事务、速于接应之设施。既是交通站，又是兵站。由兵部车驾清吏司管理，沿路各地府、州、县长官也行兼管。

据《蒙古民族通史》载，清代，以京城为出发地，通驿内蒙古有喜峰口、古北口、独石口、张家口、杀虎口五条驿道，通往蒙古各盟旗、各卡伦。从张家口通往西北的各驿站，驿路最长，分叉及到达的边陲地点也最多，因清初这条驿道主要功能为传递西北军情战报及运送军需物资服务，而被称为军台，即著名的阿尔泰军台。整条驿道穿越阴山，纵贯南蒙、北蒙，直抵外蒙古腹地，是有史以来线路最长、辐射地域最广的驿路。全长6280里，设有78台，以阿尔泰山得名。

《清史稿·地理》"内蒙古驿凡五道"，记为"自张家口至四子部落为一路，计五百余里，设五驿"，为阿尔泰军台初段。其中现张家口境内有头台至五台五站。军台承担内地与边疆的物质输送功能，尤其承担对官商保护和补给。旅蒙商每年三月份自口内出发，往往耗三个月时间始达目的地，九月中旬返回，至内地已是十月、十一月。途中逐水草而行，行旅极为艰辛。但为利益所驱动，故络绎于内地、蒙古者不绝。蒙古各地也是遍布来自内地的商人，以至有"苟有十数户之蒙古部落，周不见行商者之天幕瑰然存焉"。①

2. 西线

茶道西线是北出大境门，走西沟，经南天门、坝底村，出汗淖坝，过张北、庙滩、汽车桥至德言庆庙，然后经康保县邓油坊、李家地、芦家营，进入今内蒙古化德县境内。大多数商队走这条路线，因而它是茶道外运中最重要的路线。

3. 东线

茶道东线又称老倌儿道，是北出大境门，走正沟，经崇礼区孤石、西甸子、啕南营，过啕北营北岔道西行经察汗陀罗、五十家子上坝，至今张北县，之后汇入西线进入蒙古地区。

4. 汽车运输线路

张库公路开通后，根据上坝地点不同，大致分为三条路线出张家口。

商营大成公司行驶路线：1918年，旅蒙商人景学铃创办大成张库汽车公司，开通张家口至库伦的汽车运输，这条公路路线是从张家口出大境门向西北行，越汗淖坝（西沟），过猴儿山抵张北县。②上坝出塞后沿着国民政府修筑的张库公路，穿越蒙古草原沙漠地带，抵库伦后再赴蒙俄边境城市恰克图。即从张家口到库伦途中共10站，由张家口北口行，经张北县、加卜寺、四里崩、滂江、二连、乌得、赛乌苏、叨林、闹狗庙（原先汽车站设在西里呼图，后改在闹狗庙，距西里呼图30里）、大坝，至库伦。由于张家口直通张北县的路途难行，后又改经由万全县城，到达西里呼图，路段较为崎岖，过后则草野铺地，车路平坦，最多六七日就可到达库伦。

商营泰通汽车公司行驶路线：张家口出大境门北行，经朝天洼、察汗陀罗，五十家子到黄旗村……，自黄旗村上行5公里坝路，……再行15公里过东营子即到张北县，以后路段全部沿用大成公司所勘路线。③

---

① 花楞：《内蒙古纪要》，台北南天书局1987年版，第121页。
② 景学铃：《大成张库汽车公司通史》，内部资料，对大成公司张库汽车路线应有详细记载。
③ 张家口地区公路运输史编撰委员会：《张家口地区公路运输史》，河北科学技术出版社1981年版，第48页。

官办京绥铁路局西北汽车处行驶路线：由张家口经西沙河，过万全县向西北行，越神威台坝，经猴儿山到张北县，即现在的张家口至化德、张北至张素营子（省界）段。①

三　茶道上的经济文化交流

（一）中西商行汇聚张家口

明初，蒙古族退守漠南、漠北，对中原地区仍虎视眈眈。为加强北疆防务，宣德四年（1429），指挥张文在清水河西筑张家口堡，主要屯驻军队，张家口之名自此而始。成化十六年（1480）张家口堡展筑关厢，周五里，高二丈。嘉靖八年（1529）指挥张珍改筑城堡。万历二年（1574）堡始以砖包。这一阶段作为军堡的张家口堡，是明代长城九边要冲宣府防御体系的重要组成部分，以"武城"之誉而雄冠北疆。隆庆议和后，张家口被辟为蒙汉互市之所，由单纯的军事城堡演变为兼有贸易功能的边境城市。

清朝平定准噶尔部叛乱之后，解除了来自北方的军事威胁，张家口的军事作用开始下降，而政治、经济地位上升，民族融合成为趋势。康熙二十八年（1689），中俄签订《尼布楚条约》，规定"嗣后往来行旅，如有路票（护照），听其贸易"，中俄互市贸易发端。康熙四十七年（1708），清廷批准以色格楞—库伦—张家口商道为俄国商队往返之官道，张家口成为俄商入京要冲。雍正五年（1727）《中俄恰克图条约》开通中俄恰克图贸易，清政府指定张家口与独石口、归化城、杀虎口等地为出入蒙地经商的贸易孔道，凡赴内外蒙古地区进行贸易的商贾，须经张家口的察哈尔都统批准并领取"部票"，张家口成为对蒙贸易的重要关口。乾隆十七年（1752）规定：中国商人若想进入恰克图贸易，必须到张家口、库伦等地纳税。这样货物集中到了张家口、库伦，并在此北转运至恰克图，南运至全国各地。乾隆二十年（1755），清政府停止俄国官方商队入京贸易，将中俄贸易统归于恰克图一处。随着恰克图边境贸易繁荣和中俄贸易的扩大，作为商路孔道的张家口，吸引了内地商人纷沓而至，在此经营对蒙古地区和俄国人的贸易。18世纪末，茶叶成为中俄贸易的主要商品，占

---

① 梅兰：《近代张家口城市发展研究》（1860—1937），河北大学硕士学位论文，2013年，第19页。

恰克图市场货值的30%以上，19世纪后迅猛发展，到19世纪中期占90%以上。为了适应茶叶贸易蓬勃发展的新形势，以晋商为代表的茶商开辟了一条由福建、江西、湖南、湖北、河南、山西至张家口（即"东口"）再转运至恰克图的运茶路线，历尽艰辛，千里迢迢，把茶运至张家口囤积，并进行再加工，然后运往恰克图进行贸易，是为"万里茶道"。以张家口为起点的张库恰国际商道成为名副其实的"万里茶道"最重要的北部路段。

乾隆年间，随着万里茶道的兴起，张家口成为中俄贸易中重要的中转贸易站和物资集散地，张家口堡及其周边地区逐渐成为贸易往来的集散地和交易地。经营中俄贸易的晋商、旅蒙商纷纷以张家口为根据地，购置产业、修建住宅、设立商行。张家口的晋帮茶商，以长裕川、长盛川、大玉川、大昌川，这四大带"川"字号的"祁帮"为著名。张家口堡鼓楼北街大玉川茶店故地院内还保存着乾隆皇帝赐给的一块"大玉川"双龙石碑，记载着这家茶庄从事中俄茶叶贸易的盛况。

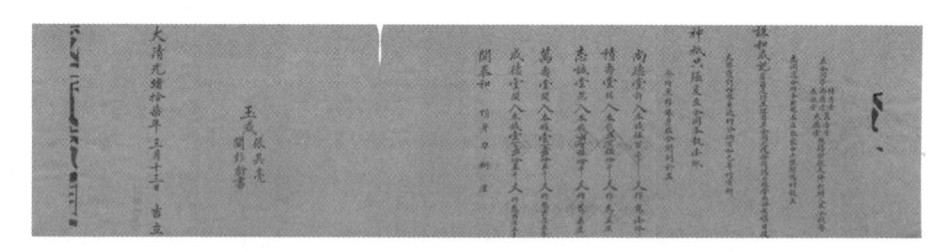

图1-19　1891年张家口谦和成号成立合同

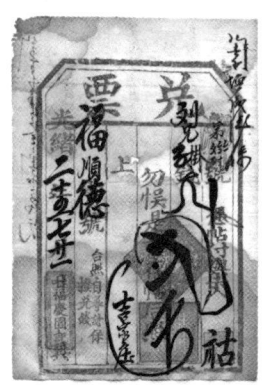

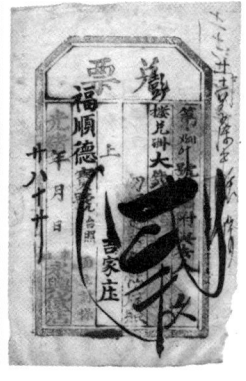

图1-20　1899—1902年张家口"福顺德钱庄"兑票

张家口堡得以迅速发展，东门外纵贯南北的武城街店铺鳞次栉比，逐渐发展为张家口的另一个富庶的商业区，汇聚了大批的商行、钱庄、票号，成为张家口最繁华的街道。批发商的住宅和商行大多集中在纵贯南北的武城街。这些住宅都有巨大的仓库，储存批发的货物。堡内较大的商号有大新德、大亨玉、大德公、天太德、复兴隆、永兴隆等。

茶叶贸易的发展也催生了张家口的近代金融业。著名的祁县乔氏家族在堡子里二道巷开办了宏茂票号，祁县的渠家也在堡子里开设了茶店以及三晋源、百川通票号，太谷的曹家开设了锦泉涌、锦泰亨、锦泉兴票号、钱庄。张家口堡的棋盘街、鼓楼东街、锦泉兴巷、书院巷、东门大街设有裕源生钱庄、复兴成银号、宏盛票号等几十家传统金融机构。

中外商贾聚集张家口堡，投入大量资金，在此建起了深宅大院，基本保持了明清时代的建筑风貌，也给这里的文化建设带来生机。1912年，在张家口的外国商行有英国的德隆、仁记、商业、平和商行，德国的礼和、地亚士商行，美国的茂盛、德泰商行，日本的三井、三菱商行以及法、俄、荷兰的立兴、恒丰商行，总数达44家。如立昌洋行，位于东门大街13号，占地面积256.8平方米，建筑面积145.96平方米，为明清时期四合院。清朝末年俄国商人开办。该院落门楼依然保持着鲜明的欧式建筑风格，其顶部的沙俄国徽三头鹰图案已修复。

图1-21　俄立昌洋行

英国平和洋行，旧址位于张家口堡二道巷1号院。现该院主体结构完好，占地面积412平方米，建筑面积307平方米。清代中期，为英国平和洋行。到清代末年，该院为山西榆次常老九开设的大德成钱庄。山西祁县乔家在太原设总号大德亨，大德成属于在张家口的分号。民国初年此院改为晋泉源银号，东家为山西太原人侯顿，经理是山西太原人富仁斋。晋泉源是个百年老字号，在市面上信誉很高。

法国立兴洋行，位于张家口堡安仁里3号，清末民初设立，该建筑主体结构完好，占地面积560平方米，建筑面积469平方米，为中西合璧的楼阁式建筑，带有着明显的欧式风格。

美国德泰洋行，位于张家口堡二道巷2号院，清末民初设立。现该院主体结构完好，占地面积468平方米，建筑面积297平方米。

图1-22　法国立兴洋行　　　　图1-23　美国德泰洋行

日本三井洋行，位于张家口堡鼓楼东街4号，清末设立，现该院主体结构基本完好，占地面积721平方米，建筑面积427平方米。该建筑初为清朝豫兴银号，其股东是山西大商号大盛魁，经理是山西祁县人王明府，它们以经济雄厚的大盛魁做靠山，对蒙俄贸易特别兴隆。清末，日本人购买后进行了二次装修，融入了日本民族的建筑风格。

日本三菱洋行，位于张家口堡鼓楼西30号院，清末民初设立，该院主体结构完好，占地面积530平方米，建筑面积345平方米。目前，临街墙面和门楼的水刷石有明显的东洋建筑风格。

图1-24　日本三井洋行　　　　图1-25　日本三菱洋行

俄国华俄道胜银行，位于张家口堡东门大街23号，代表俄国在华利益的金融机构。光绪二十一年（1895）12月10日成立，资本来自法、俄、中三国，总部在圣彼得堡。华俄道胜银行于1896年进入张家口后，又在上海、哈尔滨、营口、汉口、天津等地陆续开设了二十多处分行。华俄道胜银行享有在中国代收关税、盐税、经营铁路建筑、发行卢布（羌帖，张家口人称之为俄帖）等各项特权。宣统二年（1910），它与俄法合资的北方银行合并，改称俄亚银行。十月革命后，总行被苏维埃政权收归国有，该行即以巴黎分行为总行，并继续在中国经营。1926年巴黎总行因外汇投机失败而清理，在华各地分行也随之倒闭，所发行巨额纸币皆成废纸，无数中国人因之倾家荡产。

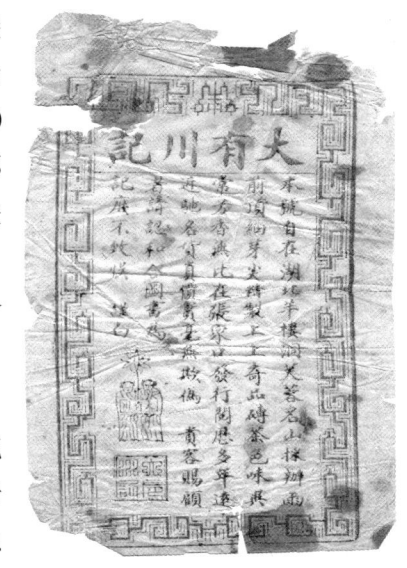

图1-26 清末民初张家口大有川茶庄广告

德国德华洋行（WOSTWAG）的总部在上海，主要经营进出口业务。1931年在张家口设立分行，经理是德国人白伯斯，副经理是俄国人拉兹夫。经营地址开始在来远堡市圈，后来迁到张家口堡西豁子，主要经营对蒙俄贸易。

随着1909年京张铁路建成通车，1914年张家口自行开埠通商，1918年张家口至库伦的公路修通，商道的交通运输条件得到改善。张家口对外贸易迎来了短暂的辉煌。据沈斌华《内蒙古经济发展史札记》记载，光绪末年，张家口的茶店、烟店、绸布庄、钱庄发展到530多家，成为名副其实的华北第二商埠和"旱码头"。据《察哈尔省通志》记载："张库汽车路修通后，市场更加繁荣，年贸易额达15000万两白银，其中年销砖茶30万箱，输入羊毛1000万斤，羊皮1500万张之多，成为张家口商务的全盛时期。"1924年蒙古国独立，1929年中俄贸易断绝，万里茶道迅速衰败，张家口堡从此繁华不再。

（二）西洋宗教传入张家口

两次鸦片战争之后，基督教在我国的传播获得了许多有利的条件。特别是1858年的《天津条约》确定了基督教等宗教的内地传教权，基督教传教士开始进行在京津冀地区传教。

同治四年（1865），基督教开始传入张家口。这一年，华北公理会派美国公理会传教士孺理夫妇到张家口进行传教活动。基督教在张家口落户的教会大约九个，即公理会、卫理公会（前身为美普会）、协力公会、基督复临安息日会、圣书公会、神召会、耶稣家庭和基督徒聚会处等。光绪二年（1876）毕业于"协和大学"的中国人蔡清、冯锦成等也积极参与传道工作。在西豁子（张家口）买地30多亩，建造教堂、男女学校、养病院及传教士住宅。①奠定了基督教在张家口发展的基础。

图1-27

卫理公会：1909年，瑞典人海涅尔用庚子赔款在阳原县青圪垯建了一所小学，后到宣化按院街一带传教，成立了美普会。1914年公理会将张家口的财产和教务让渡给海涅尔。其又在西豁子买地60亩，除扩建教堂外，还扩办了医院（博爱医院），培植小学、高小、初中等学校，实行寄宿制，给当时的张家口人民带来了近代的科学、技术和教育，也开启了张家口与西方文化的交流。1918年，美普会在张家口堡东关街购置一座四合院设立了外堂做为对外布道所。1941年，张家口美普会改为卫理公会。

协力公会：在中国仅分布在齐齐哈尔和张家口两个地方。1917年，挪威人鲍约瑟在张家口来远堡创办协力公会。1919年挪威牧师韩士檀在今西坝岗白山路开办了博爱医院，建房100余间，工作人员大部分为挪威人。此院为张家口百姓的救死扶伤做出一定贡献。

---

① 王治心：《中国基督教史纲》，上海古籍出版社2004年版，第190页。

圣书公会：是基督教新教专事出版和发行"圣经"的机构。1920年，荷兰人阿牧师与其妻在张家口建立圣书公会，属大英圣书公会。设在桥西区西豁子西头河岸边南瓦盆窑，主要发行《圣经》，供应张家口附近各教会和内蒙教会。

神召会：张家口神召会。主要分布在张北、张家口市、怀来等地。民国9年（1920），英国神召会牧师白约翰、毕士督创办，先后在北瓦盆、草厂巷、桥东铁路斜街设立神召会。

天主教早在元朝时就已传入我国。1858年的《天津条约》确定了欧洲宗教的内地传教权之后，清政府还发还了康熙末年以后没收的天主教堂，有利的传教环境促使天主教掀起了传教的热潮，从鸦片战争时期至20世纪初年，天主教会各派有20多个主要修会或修女会进入中国，仅华北地区就有14个修会的足迹。清顺治年间，天主教进入宣化、西湾子（今崇礼县城）一带传教。康熙三年（1664）张家口地区被划归法国耶稣会管辖的北京代牧区管理，康熙二十七年（1688），法国耶稣会会士张诚（社赫德）到宣化传教。康熙三十八年（1699），法国耶稣会会士巴多明在宣化修建了第一座天主教堂。次年，龚当信神父在北京期间，曾探望宣化府和长城一带的教友，在那里，曾给70人付洗。[①]道光九年（1829），法国遣使会会士薛玛窦在西湾子设立小教堂，成为第一任本堂神甫并开办了第一座修道院。道光十八年（1838），罗马教庭划出一个新传教区——天主教蒙古宗座代牧区（辖区南以长城为界，东以关东三省为界，西以宁夏、陕西三边地区和山西省雁门关以北的广大地区为界），任命法国遣使会会士孟振声为首任代牧主教，总堂设在西湾子村，标志着西湾子成为蒙古宗座代牧区传教中心。这是河北也是我国长城以北历史上建立的第一个天主教代牧区，而此时的宣化天主堂也已成为北京教区的一个中心区堂。[②]光绪九年（1830），罗马教廷将蒙古代牧区划分为东、西、中三个代牧区，中蒙古代牧区的主教府设在西湾子。民国12年（1923），罗马教廷又将内蒙古地区划分为热河、察哈尔、绥远、宁夏、集宁、赤峰、大同七个代牧

[①] ［法］费赖之：《明清间在华耶稣会士列传（1552—1773）》，梅乘骏译，上海光启社1997年，第98页。

[②] 中共张家口市委统战部：《团结进步的乐章——张家口市宗教界爱国爱教史料集》（内部资料），2009年11月印，第53页。

区，西湾子仍为察哈尔代牧区的主教府所在地（1948年底迁移张家口大境门外坝岗东街一号、1958年底迁至桥西明德南街63号）。西湾子教区创办的张家口宣仁医院，1953年由张家口市人民政府接管，改名为张家口市第二人民医院至今。

现存于宣化区牌楼西街51号的天主教堂，始建于同治元年（1862年），为欧洲哥特式建筑。整体造型为双钟楼十字型大堂。南北长51米，东西宽27.4米—18.9米，建筑面积1026.5平方米，大堂高21米，钟楼高27米。石柱、门窗，内部设施大量使用艺术构件，拱型结构贯穿于梁架、门窗的造型上。该建筑设计严谨，结构合理，造型别致，独具风格，既庄严古朴，又具有浓厚的宗教氛围。是欧洲建筑风格在我国的杰作。

图1-28

同治十一年，艾儒略接任宣化总堂神父后，完成了这座总堂的全部修建工程。光绪五年（1879），都士良神父将该教堂扩建。光绪二十六年七月该堂被义和团焚烧。光绪三十年（1904）用庚子赔款1万两白银重建宣化大堂。

大堂南面有台阶通往上面的音乐楼，一架管式大风琴放在那里，每到礼拜时，都打这里听到悦耳的教堂音乐。甬道的尽头有两位在宣化天主教发展史上做出杰出贡献的主教墓碑，西面的是第一任主教赵怀义的墓碑，他是中国第一批中国籍的主教之一，曾发起创办主徒会——第一个由中国办的中国式修会。东面是第二任主教程有猷的墓碑，他是大修道院——若瑟总修院的创建者，为华北地区培养高级神职人员。若瑟总修院旧址就在天主教大堂东侧，是一座规模很大的三进四合院，1945—1946年曾是察哈尔省民主政府所在地。

除了若瑟总修院，还有两座较小的修道院。一是若瑟修道院，也叫小修道院。另一座在一条小街上，叫若瑟女修道院，又叫若瑟修女会，有修女50多人。她们有的在会内工作，有的在小学任教，有的在诊疗所当大夫。①

天主教堂成为中俄万里茶道上一座著名教堂，沿途进行商贸的信奉天主教的俄罗斯商人来此礼拜。赵怀义，第二任主教程有猷的墓碑保存在大堂内，墓穴被毁坏。

宣化府的回族是来自蒙古西征后，随蒙古军队一起回来的从征的中亚和西亚战士，元初时就留居在宣化府地区，当时的荨麻岭（今张家口万全区洗马林镇）、弘州（今张家口阳原县）等地，驻扎着大量回回军队和撒马尔罕工匠，为元代全国最大的穆斯林纺织、养马基地。②定居在宣化地区的从征而来的中亚或西亚的战士们与当地居民不断通婚，逐渐形成了今日的回族，后来随着人口的不断增多，城内的庙底街、后府街、钟楼至观桥附近十多条街巷都成为回族聚居的地方。明朝建立的过程中，许多建有战功的将领多为穆斯林，因此明廷对伊斯兰教施以尊崇、保护政策，各地纷纷修建清真寺。宣化清真寺就是在这一时期建立起来的，被列为全国百座清真名寺。清真寺阿訇普遍实现了仿官定制，明廷所设定的阿訇服饰沿用至今。

清代，随着张库大道贸易的日盛，张家口的商业贸易地位迅速上升，以及张家口和内蒙、西北联系交接地带的优越地理位置，逐渐发展为牧畜、皮毛、茶叶商品转运和集散地。原居住于宁夏、陕甘一带的回民，凭借其善于经商的特点，开始定居张家口。在张家口经营张库大道生意的回族人主要以养骆驼搞长途运输为主。③清同治年间（1862—1874），西北爆发了大规规模回教农民起义，遭到清廷的镇压，大批回民携家带口逃到张家口避难，一部分回民来到坝上各县（张北、沽源、康保）开荒定居，一部分进入张家口市区，集中于来远堡、元台子、新华街一带定居。目前，市区留存下来的清代清真寺有新华街清真寺、西关街清真寺、土尔沟清真寺等。1912年随着京张铁路的通车，大批京东回民、大厂、三河县和北京市回族人纷纷来张，有效地推动了张家口桥东区的发展。

清真南寺建立于明永乐年间，成为宣化回民们进行礼拜、举行宗教活动的重要场所。后来，回民人口增多，对宗教信仰活动的需求增加，清康

---

① 孙泓洁编著：《九边之首——宣化》，河北美术出版社2010年版，第110—113页。
② ［意］马可·波罗：《马可波罗行纪》，冯承钧译，上海书店出版社2000年版，第165页。
③ 刘振瑛：《品评张库大道》，国家行政学院出版社2012年版，第202页。

熙四十二年（1703）由回民自行集资，在钟楼北街另建了一座北寺。南寺和北寺之间还有一座中寺，位于后府街，规模较小，但是建筑精巧，别有特色，现今每逢周五都有礼拜仪式在这里举行。

现在的南寺是清道光元年（1821），一名伊斯兰信徒用庙底街的140间房屋，将原南清真寺拆迁扩建而成的。该寺位于庙底街49号，建筑布局为坐西向东的二进四合院形式，占地4420平方米。由牌坊、山门、旁门、影壁、石拱桥、省心楼、回廊、大殿、望月楼、侧殿、

图1-29

经堂、浴室和厢房组成。庭院宽阔，殿堂恢宏，在门窗、额坊等处用阿拉伯经文进行装饰，古朴而肃穆，是一座既有阿拉伯风格又具中国特色的建筑。主殿宽敞高大，是教徒们进行礼拜的大殿，前后均出抱厦，构成勾连搭结构。通面阔27.6米，通进深24.4米，建筑面积达到662.5平方米，可见其规模之大。后抱厦明间4根金柱升起成通天柱，建成二层望月楼，出奇之处在于4根通天柱升到二层变成八角形攒尖结构，其建筑结构的巧妙令人赞叹。

在万里茶路上奔波的回民驼户们拉着骆驼常年来往于中、蒙、俄之间进行商贸，多来此礼拜，是宣化回教民众主要的宗教活动场所之一。因其建筑规模宏大，与北京牛街清真寺、大同大清真寺、包头清真寺合称北方四大清真寺。

（三）茶道上的民间文化交流

经济商贸空间上的往来，带动了民族之间和地域之间的文化交流，诞生了许多适应经济发展水平的民间文化形态，反映着具有时代特色的精神价值、思维方式和想象力。

1. 东路二人台

随着张家口茶道的兴起，尤其是乾隆、嘉庆年间，晋冀陕鲁的大批灾民北迁坝上地区，将内地的秦腔、晋剧、道情、民歌、社火、秧歌、打

坐腔等艺术带到这里，与蒙古民歌、长调、好来宝等艺术形式相融合，清道光、咸丰、光绪时期，随着茶道的繁盛，促进了文化繁荣，在多元文化的长期融合，经民间艺人的加工，逐渐形成了集说唱、舞蹈、表演为一体的民间艺术——二人台。它与内蒙古呼和浩特市以西的二人台相区别，故被称为东路二人台。东路二人台在张家口以康保县、张北县和尚义县为代表，具有明显的地域特色，曲调悠扬高亢，舞蹈淳朴粗犷，幽默诙谐、短小活泼、节奏紧凑。东路二人台的表演分为歌舞和小戏两种类型，所用道具有彩扇、霸王鞭和手绢，音乐分唱腔和伴奏曲牌两部分。东路二人台是坝上地区扎根于泥土之中的草根文化，是具有原生态性质的民族文化瑰宝，对丰富和完善民族文化有挖掘和推动作用。[①]21世纪后，东路二人台剧目斩获多项省级、国家级大奖，《父子争权》的主演睢步忠受到党和国家原领导人李岚清同志的亲切接见。2011年5月，二人台剧《挂红灯》《小拜年》首次出访法国巴黎、荷兰鹿特丹演出，受到国际好评。东路二人台现为国家级非物质文化遗产。

2. 口梆子

随着张库大道的开通和兴盛，内地和蒙俄的通商交流日盛，张家口的商业愈加繁荣，促使南北民族文化在此交汇，晋商的活跃也将晋剧（俗称山西梆子）引至张家口，在百余年的传承和发展中，继承了晋剧的基本形态，吸收京剧、昆曲、评剧、话剧、河北梆子及本地秧歌、二人台等地方艺术元素，逐渐形成独具地方特色的戏曲，张家口晋剧，俗称"口梆子"。

口梆子艺术风格独特：唱腔多元融汇，优美流畅；道白字清韵圆，受听易懂；音乐风格鲜明而又丰富多彩；表演则不离行当又个性突出。[②]清朝中后期在张家口演出的剧场有：上堡（大境门来远堡）的大新园、下堡（张家口堡）的小新园、南门旧园。张家口也被称为晋剧第二故乡，当时张家口曲艺繁荣，曾有"欲在山西成名，须在东口唱红"的说法（张家口称"东口"，山西杀虎口为"西口"）。

口梆子名家辈出，清同治至清末时期，张家口万全人侯俊山，13岁出科便成为顶梁柱，艺名"十三旦"，深受慈禧青睐，红透京都、上海

---

① 程志涛：《张家口市非物质文化遗产集成》第一辑，张家口市非物质文化遗产保护中心印，2012年，第67页。

② 同上书，第52页。

滩。清大学士徐桐麟赞誉"状元三年一个，十三旦盖世无双"。近代著名表演艺术家杨丹卿，张家口宣化人，艺名"筱桂桃"，被誉为"旦角皇后""晋剧梅兰芳"，与山西"晋剧须生大王"丁果仙齐名，并称为"东桃西果"。从20世纪90年代以来，口梆子的相关剧目还获得了全国戏剧"梅花奖""文华奖""小梅花奖"等国家级奖项。

3. 崇礼打柳子

清康熙年间，崇礼陶赖庙村（由今崇礼区石嘴子乡陶北营和陶南营村组成）成为张库大道上的一个商品交易集散地，当时商家云集，街市繁华，有"二张家口"之雅称。在生活实践中，村民就地取材，两手各持一根柳棍子，相互击打，配以舞蹈、说唱等形式，被称为打柳子。随着张库大道日渐繁盛，过往陶赖庙的旅蒙商与日俱增，每逢商队出行或归来以及重大节日都要张灯结彩，打柳子助兴，祈求保佑，欢庆佳节。清朝中叶，陶赖庙商贸发展进入鼎盛时期，张家口大兴德、天义奎等商号纷纷入驻。春季，旅蒙商驼队从南方运上茶叶、布匹、绸缎等物品沿张库大道输往蒙古、俄国。秋天拉上蒙俄的牲畜、皮毛、碱盐等特产回来，陶赖庙自然成为一处蒙汉商品交易市场。经济是文化发展的基础，富有的村民和商人集资建庙宇戏楼，留存下来的陶南营戏楼就是最好的见证。戏楼不仅促进了文化艺术的传播和交流，更有利于商贸往来和交易发展。

随着茶道上商贸往来的繁盛，张家口地区还涌现了传统舞蹈蹦鼓子、打棍，传统戏剧秧歌、高跷，曲艺戳古董、大鼓、干磕等文化艺术形式。

四 张家口茶道上的文化遗存

张家口与蒙俄间的茶叶贸易的开展，张库大道的形成，促进了张家口城市的发展，同时，在张库大道上留下了许多与茶叶贸易有关的历史文化遗迹。现择其中主要者作一介绍。

（一）张家口堡

张家口堡，位于张家口市桥西区展览馆西侧，是国保单位、省级历史文化街区。

张家口堡是张家口市区最早的城堡，初建于明宣德四年（1429），至今已经有近600年的历史，是全国大中城市中保存最为完整的明清建筑城堡之一，堪称北方民居博物馆，素有"明清建筑博物馆"之美誉。

堡墙东起武城街，西至西豁子街，南到西关街，北止北关街，面积达到 25.94 公顷。城堡最初只在东南两面开有城门，东门为"永镇"，南门曰"承恩"，东南二门均有瓮城。嘉靖八年（1529）开小北门，堡内道路呈三横三纵格局。

蒙汉互市开辟后，张家口堡逐渐由一座"武城"转变为"商城"。随着万里茶道的兴起，张家口堡及其周边地区逐渐成为贸易往来的集散地和交易地。张家口的茶商最多时有百余家，其中最著名的商号有"两大"（大玉川、大昌川）、"两长"（长裕川、长盛川）。茶叶贸易的发展推动了张家口各行业的快速发展，特别是金融业，在万里茶道兴盛时，张家口堡的票号、钱庄多达 42 家。

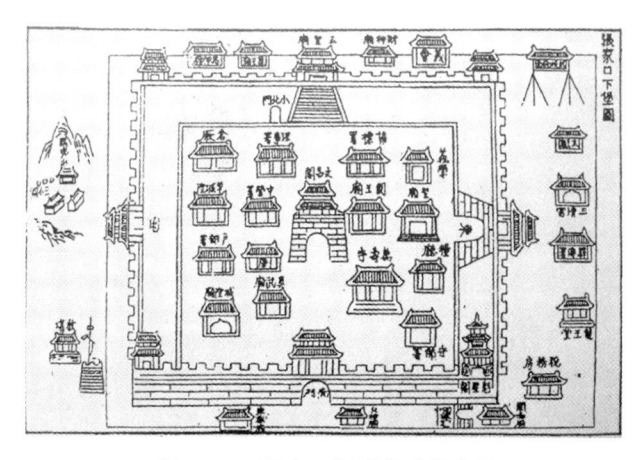

图 1-30　张家口堡明代建筑布局

张家口堡从清末民初时形成了现有的十街十巷格局，共有 478 个院落。其中极具历史价值的 208 处，张家口堡就是明清建筑和钱庄、票号、洋行的集中区，被我国著名建筑专家吴良镛评价为"明清建筑、世界金融的博物馆"。昔日繁荣的贸易，在堡子里留下诸多商号、票号、钱庄、洋行建筑，折射出张家口浓厚的商业文化。以中国传统建筑为主流，民国初年建筑则融进了西方文化艺术建筑元素，成为一座具有时代特征的群组建筑，对研究清代及民国初年的建筑艺术、中西文化相互影响具有珍贵的保留价值。

此外张家口堡及其周边地区目前还存有众多与茶叶贸易密切相关的古

老建筑和遗迹，如储存、包装茶叶场所的东昌栈、西昌栈（现仅余东昌栈大门）；专门经营茶叶的老茶店巷、小茶店巷；为运输茶叶而饲养骆驼的东驼号、西驼号等，张家口堡及其周边的这些古老建筑遗存是万里茶道茶叶贸易盛况的历史见证。

1. 祥永发账局

祥永发账局位于鼓楼东街3号，占地面积582平方米，建筑面积376.5平方米，为明清时期四合院。由山西汾阳商人王庭荣创建于清乾隆元年（1736），当时注金四万两白银。它不仅是张家口最老的账局，而且也是中国历史上最早的金融企业之一，在中国金融史上有重要的地位。

图 1-31

2. 锦泉兴票号

锦泉兴票号位于锦泉兴巷4号，占地面积432.45平方米，建筑面积258.7平方米，为明清时期四合院。清同治年间山西太谷县巨商曹本举开设，该票号的主要业务对象是万里茶道上的商人。

3. 华丰成商号

华丰成商号位于鼓楼南街2号，占地面积240.7平方米，建筑面积154.92平方米，为明清时期三合院，门楼为欧式建筑。民国时期中俄商人合办，专门出口茶叶，进口法兰绒。

图 1-32 华丰成商号

4. 康熙茶楼

康熙茶楼位于东门大街 36 号，占地面积 198 平方米，建筑面积 396 平方米，前身为大玉川茶庄，由清初皇商范永斗开设，后由旅蒙巨商大盛魁接收，为二层五开间建筑。相传康熙皇帝曾在大玉川茶楼品茗尝茶，体察民风民情，遂改名为康熙茶楼。

图 1-33　康熙茶楼

5. 常家老宅

常家老宅位于鼓楼东街 5 号，占地面积 445 平方米，建筑面积 265.36 平方米，为明清时期四合院。山西榆次富商常万达的住宅，是张家口堡最早的住宅之一。该院院门内有一块"福"字影壁，院外临街的南墙上也有一块"福"字影壁，取福兆内外之意。

图 1-34　常家老宅

6. 关帝庙

关帝庙，位于鼓楼北街 6 号院。据道光版《万全县志》记载，张家口堡之关帝庙建于明万历四十二年（1614）前。关帝庙的历史早于张家口堡。关帝庙碑亭内的《重修关帝庙碑记》和《重修关帝庙功德碑》载清咸丰年间山西商人集资重修。碑身厚重大气，碑首双龙缠绕，是张家口堡保存最完好的碑刻。

图 1-35　关帝庙

（二）大境门

大境门，位于张家口市东、西太平山之间的天然隘口处，是明清时期军事防御、蒙汉互市的重要地点。现为国保单位。

明隆庆五年（1571）蒙汉议和，张家口大境门外元宝山一带，逐渐形成了在历史上被称为"贡市"和"茶马互市"的边贸市场。来自蒙古草原和欧洲腹地的牲畜、皮毛、药材、毛织品、银器等在这里换成了丝绸、茶叶、瓷器和白糖。清军入主中原后，为加强和蒙古地区的联系，顺治元年（1644）于边墙下开一门，曰"大境门"，即边境之门，为蒙古诸藩入京通道。康熙四十七年（1708）清廷批准以色格楞—库伦—张家口商道为俄国商队往返之官道，从此，张家口成为中俄贸易的重要枢纽之一。雍正五年（1727）《中俄恰克图条约》开通中俄恰克图贸易，逐步形成沟通中俄的国际商道，作为商路孔道的张家口，吸引内地商人纷沓而至，在此经营对蒙古地区和俄国人的贸易。大境门以北至元宝山下亦为商业区，多汇集晋商和京商开设的店铺，俄国商人的住宅和茶叶堆栈也多集中在这一区域。元宝山和大境门之间的坝岗子则是牲畜贸易市场。大境门内外有 13 家旅蒙业，元宝山老商号很多。

张家口对俄国长途运输贸易主要依靠骆驼，故大境门外西沟渐成骆驼市，养骆驼者达百余家，主要分布在桥西黑达子沟、白家沟、西关街、东驼号和西驼号巷等处。康熙初年，张家口仅有十余家对蒙商号，雍正年间增至90余家，乾隆后期达190余家，嘉庆二十五年更达230余家。随着京张铁路和张库公路的开通，张家口迎来历史上最辉煌的时期。据《察哈尔通志》载，1918年有大小商号7000余家，银号30余家，大境门外馆市场增至1600多家，年贸易额达15000万两白银，其中年销砖茶30万箱，输入羊毛1000万斤，羊皮1500万张之多。张家口成为名副其实的西北"旱码头"，号称"华北第二商埠"。

图1-36

1924年蒙古人民共和国独立，阻断了商业活动。对外贸易的断绝使张家口大境门外正、西沟一带靠旅蒙生意的商户遭到致命打击，商店百不存一。到1931年，外管市场内的店铺只有三五家。

图1-37

大境门是一座条石基础的砖筑拱门，是万里长城的主要组成部分，为张家口标志性建筑。门墙高12米，底长13米，宽9米。券洞外侧高5.4米，宽6米，内侧高9.5米，宽6.8米，有木制铁皮大门两扇。顶部为一长12米，宽7.5米的平台，靠外一侧砌1.7米高的垛口墙，内侧有0.8米的女儿墙。1927年，察哈尔都统高维岳题写"大好河山"四个颜体大字于门楣上。

大境门段长城包括：从西太平山东侧第1座城台向东下山，经西第2

号城台至西太平山下，东行至大境门，再向东经小境门（西境门）经东1号台、东2号台至清水河西岸段的砖包长城墙体。还包括内侧关帝庙，外侧的二郎庙、卧龙亭等附属建筑。

西境门位于大境门东侧，门洞高2.4米，宽1.62米，大小仅可通过一辆牛车，又称"小境门"。门洞券顶北外沿为保存完好的石拱，券洞内为青砖砌拱，现存的砖拱表面成琉璃状。门道平铺着不规则的青石板，石板上碾轧出的车辙印深0.07米。在门道内西侧，地面上有可辨的门轴石，磨痕明显；在门道内东侧，有将军石（门档），石旁无门轴痕迹，可见其为一单扇门。

大境门是居庸关外京西第一座较大的长城关口，是蒙、汉、回、藏等多元文化友好交流的主要场所。这里是著名商道张库大道的起始点，万里茶道兴起之后，大境门成为中外茶叶交易象征性的标志，有"陆路商埠""旱码头"之称。它所富含的历史文化信息丰富深厚，为研究中国北方边塞史、中外贸易史、军事防御史等，提供了珍贵资料。

（三）鸡鸣驿城

鸡鸣驿，位于怀来县鸡鸣驿乡鸡鸣山下，现有驿城及驿丞署、关帝庙戏台、财神庙、马家店、当铺等遗迹，是国保单位。

鸡鸣驿，处于自先秦时代就闻名于世的"上谷干道"之上，是为连接平原地区与西北高原的咽喉孔道，是极冲之地。驿站始建于元代，南宋嘉定十二年（1219），成吉思汗率兵西征，在通往西域的大道上开辟驿路，曾在鸡鸣山下设置"站赤"，即驿站。明朝时为加强对蒙古作战，于永乐十八年（1420）在此建驿、筑堡，城内设有防守指挥署，属万全都指挥使司，为宣化府进京师的第一大站，是明九边长城防务的重要组成部分。隆庆议和后，随着蒙汉关系的缓和，宣府设茶马互市，蒙汉双方的贸易往来频繁，边境安宁，鸡鸣驿的军事作用逐步削弱，转而以承担官方贸易的接待转运功能为主。

清初，鸡鸣驿仍为军驿，设站兵150名。清代一统长城内外后，由于鸡鸣驿处于中原去往蒙古地区交通干道的要处，为满足来往商旅的顿宿之需，私人经营的车马大店、茶房、酒肆之类随之出现。康熙三十二年（1693），清政府设驿丞主管鸡鸣驿站事务，设释垂署、皂隶、馆夫、马牌子、兽医、马夫、喂养夫、扛轿夫等额定114名,释马84匹,统归县派的择承管理。设把总署,额定马步守兵31名,由一名把总管领,只负城守之责,上隶宣化镇城守营。兵、役分家,释站脱离军管,标志着鸡鸣驿正式由军驿转化为民驿。同年,清设阿尔泰军台于张家口,正式建立通行外蒙的台站交通,不久此路成为通行俄国的商贸正线。随着张库恰这一国际干线(即万里茶路)的畅通无阻、外交使团的往来、国际商贸的开展,鸡鸣驿城的商业日益繁荣。由京杭大运河运至张家口进而北运蒙古的商品,尤其19世纪后大批的茶叶经由鸡鸣驿滚滚北上,商业运输和国际信使往来频繁,驿吏、官员、商旅络绎不绝,鸡鸣驿成为万里茶道上一处重要的补给休息之地。同时,驿城的商业也随之发展起来,成为商家发聚之地。据城内现存碑刻记载,仅以文昌庙、城隍庙乾隆碑刻布施名单显示,乾隆年间城中就有永丰当等六家当铺,恒定号、双和号等九家商号,万和店等四家作坊店铺,另有车马店、茶馆等。当时南官道两旁,商号、货栈、当铺相连,酒楼、茶肆、车马大店充盈城之内外,信使交错,商旅如鲫,驿务繁忙,鸡鸣驿出现了历史上的鼎盛时期。

图1-38 鸡鸣驿

光绪二十八年(1902)察哈尔省设邮政局,鸡鸣驿遂废去邮传之用,成为单纯供商旅使用的民驿。随着万里茶道的衰落,鸡鸣驿也日趋萧条。宣统元年(1909),京张铁路正式通车,驿运停废,鸡鸣驿彻底退出历史舞台。

驿城墙高8—12米,底宽8—11米,上宽3—5米,顶部设垛口、女墙及排水设施。全城周长1891余米,城内总面积约22万平方米。城设东西两门,上设门楼,门外各设挡水墙。四面城墙上分布有4座角台、26个墩台。古驿道由南城墙外径行，沿古驿道分布有多处传递军情的烟墩。城墙上分布有玉皇阁、寿星庙、魁星楼等建筑遗址。城内沿城墙有 5 米宽的环城道路和 5 处登城马道。城内有原南北走向街道 2 条、东西走向街道 3 条，城内还分布有驿馆、驿学、驿仓、杠房、驿丞署、商铺及关帝庙、财神庙、城隍庙、龙神庙、普渡寺、白衣观音殿、文昌宫、泰山庙等多处古建筑，它们均为硬山布瓦顶的形式，多数寺庙建筑内保存有壁画和碑刻。

随着万里茶道的兴盛，鸡鸣驿城功能和性质发生了根本性转变，其在茶路兴盛前以邮驿功能为主的驿站，之后成为以商贸功能为主的集镇。鸡鸣驿城是我国现存保护最为完整、规模最大的驿城，被誉为"中国邮政博物馆"。

1. 驿城署

驿城署是管辖全城的政务机关所在地，为清代驿城核心最高行政官员驿丞及其吏属的办公之所。位于前街北关帝庙巷西侧，占地面积 1037 平方米。坐北朝南，大门临街，其后为三进四合院院落布局，再后设花园。现驿城署仅存第三进院落的门楼、正

图 1-39

房及后花园，沿正房西山墙北行即可到后花园。门楼面阔一间，进深两柱三檩，硬山布瓦顶建筑，前檐柱间施两扇板门。

正房面阔三间，进深三柱六檩，硬山布瓦顶建筑。《宣化县志》载："鸡鸣驿驿丞，俸银三十一两五钱二分；皂隶二名，工食银一十二两；馆夫二名，工食银一十二两。"管理驿站中商贸往来。

2. 关帝庙戏台

关帝庙戏台位于城内东侧，占地面积 100 平方米，面阔三间，进深三柱六檩，前出廊，硬山布瓦卷棚顶。明间两金柱后移，金柱下施木隔断，将室内分为前台与后台，前台演出，后台化妆。在这里进行的戏曲表演等曲艺活动，对旅蒙商人来说是乡土情怀的寄托所在。

3. 财神庙

财神庙位于头道街西端路北，两进院落，240 平方米，门楼悬挂"异

图 1-40　　　　　　　　　　　　　图 1-41

姓同心"匾额。用刘关张三兄弟的故事告诫人们只要同心协力,异姓兄弟同样可以成天下大事,得天下财富。财神庙中的壁画,采用沥粉贴金工艺,金碧辉煌,是中国古代美术史上不可多得的佳作。精典之处在于,东西方各国使臣带着各自国家的奇珍异宝朝拜中国财神的描绘,从另一个角度向我们展示了当时鸡鸣驿的繁盛景象,和当时中国社会曾经有过的辉煌。

4. 当铺

当铺在头道街和西街的交叉路口,硬山布瓦顶周围加建围廊,造型很别致,64 平方米。属双面当铺,两面临街、两面开门。当铺经典对联"南通州北通州,南北通州通南北;东当铺西当铺,东西当铺当东西"是其真实写照。

5. 马家店

马家店位于东城门的车马大店,土坯墙、四合院,占地面积约 1500 平方米。属于日杂、住宿兼营的店铺。

（四）察哈尔都统署

察哈尔都统署,建于清乾隆二十七年（1762）,坐落于桥西区明德北街三角地东侧,地处东西太平山之间,北邻长城大境门,为清式一品官衙建筑规制。清代仅设乌鲁木齐、热河、察哈尔三个驻防都统中,察哈尔都统设置时间最早,唯一兼辖副都统,也是目前全国唯一幸存的清代都统署。

康熙二十四年（1685），建立台站制度。台站是军台和驿站的合称。清代一些蒙古地区的驿站主要是为国防、军用服务的，因此常被称为军台。自清朝前中期开始，张家口作为驿道的起点地位始终没有改变。自张家口至阿尔泰大站二十九，腰站十五，共四十四站。康熙三十二年清廷在张家口设阿尔泰军台署，管理张家口至阿尔泰军台事务。乾隆二十六年（1761）设察哈尔都统，兼管张家口驿传道署和赛尔乌苏驿传道，张家口驿传道分管第一至第十五台，赛尔乌苏驿传道分管第十六至二十九台。察哈尔都统借治张家口，官职正一品，辖副都统、理事同知厅，职掌八旗四牧群旗民教养、训练、驻边、屯垦、管理军台署等，不理政务。第二年，于张家口明德北街建都统署。

察哈尔都统的具体职责主要有四项：一是统辖察哈尔八旗军政。它不但统辖张家口驻防官兵，而且兼摄锡林郭勒盟军务。二是掌察哈尔八旗游牧之事。管理位于察哈尔境内的四牧群，为清朝政府养战马及牛羊。三是负责察哈尔地区的安全和稳定，做好这些地区对匪盗活动的打击，并负责蒙古族人之间以及蒙古与汉人之间的诉讼事宜。四是负责管理通往蒙古地区的站台。

至清代中后期，随着张家口军事地位的逐步下降，以及政治经济地位的迅速上升，察哈尔都统逐步改为统管军政、民政，成为察哈尔地区最高长官。其职责在原基础上又增加重要两项：一是保持张库商道的平安和畅通。随着蒙汉贸易、中俄贸易的兴盛。为规范管理，清廷理藩院于康熙五十九年（1720）对于前往蒙古地区与俄国贸易者，实行院票制度，即许可证制度。采取就近原则，直隶出张家口者，院票由理藩院张家口理事同知衙门颁发，在设立了"张家口都统"一职之后，由都统颁发。《理藩院则例》规定："由直隶出口者，在察哈尔都统或多伦诺尔同知衙门领票；由山西出口者，在绥远城将军衙门领票。"即凡出入张家口赴内外蒙

图1-42 察哈尔都统署

古地贸易，须经张家口察哈尔都统衙门批准，颁发准入蒙地的"部票"，在指定的蒙旗境内经商贸易。用满、蒙、汉三种文字书写，注明人数、姓名、品种、数量、返程日期，凡无票者不得进入蒙地贸易。

凡是通过张家口运往库伦和恰克图的货物都须有察哈尔都统的签发的文件，察哈尔都统还负责张家口大小境门的出入管理。其二，管理张家口户部税司署。户部税司署是中央政府户部的派出机构，主要职责是管理和收取由张家口出境商品税，当时张家口所收取的税收在中央财政中占有重要地位，是清王朝陆路对外贸易的最大关口，隶属理藩院管辖，其进出口税由察哈尔都统署代收。

同治十年（1871）又令蒙古各台，自张家口至八台，以察哈尔都统管理。终清一代，共有61任都统、代都统、署都统在此任职。

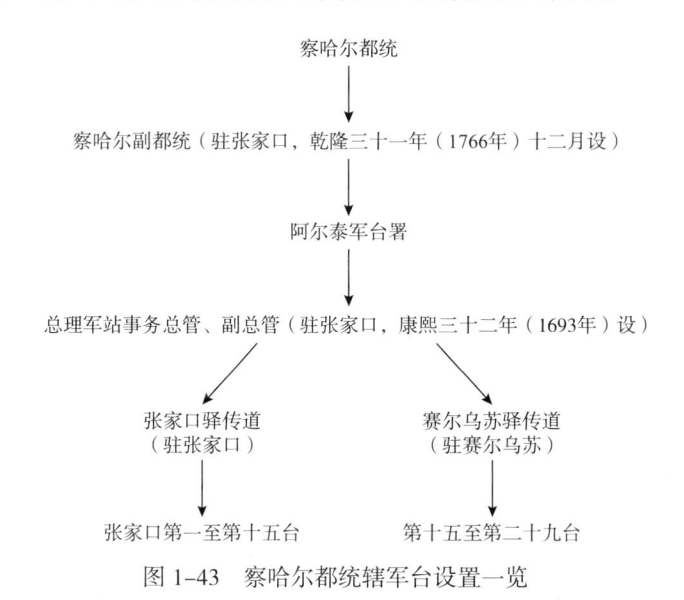

```
                    察哈尔都统
                        │
        察哈尔副都统（驻张家口，乾隆三十一年（1766年）十二月设）
                        │
                    阿尔泰军台署
                        │
        总理军站事务总管、副总管（驻张家口，康熙三十二年（1693年）设）
                    ┌───┴───┐
            张家口驿传道      赛尔乌苏驿传道
            （驻张家口）      （驻赛尔乌苏）
                │              │
        张家口第一至第十五台  第十五至第二十九台
```

图1-43 察哈尔都统辖军台设置一览

民国三年（1914）北洋政府设察哈尔特别行政区，置都统管理察哈尔地区军政，先后有8位都统入驻都统署。民国十七年改设行省，察哈尔都统署又成为国民党察哈尔省政府驻地。抗日战争期间，日本帝国主义在察哈尔成立了以蒙古王公德穆楚克栋鲁普（即德王）为首的伪"蒙疆联合自治政府"，1941年德王将其官邸迁至于此，以后都统署便俗称"德王府"。

1945年，抗战胜利后察哈尔都统署成为晋察冀边区首府所在地，为边区政府主席宋劭文办公的地方。1946—1948年，为国民党察哈尔省政府

图 1-44 民国时期的察哈尔都统署

驻地。

1948年，张家口解放后，都统署为察哈尔省人民政府驻地，乌兰夫驻都统署办公。1949年，内蒙古自治政府迁至张家口驻都统署。1952年察哈尔省建制裁撤后，都统署先后作为张家口市公安局、市委党校、市国家安全局、市地质矿产局等单位和部门的办公用房。2002年，张家口市人民政府将察哈尔都统署内入住单位迁出，将衙署建筑移交市文物部门管理。

察哈尔都统署是清政府对北部边疆和对俄茶叶贸易的管理机构，对于研究清代中国经济和清政府的对外贸易政策有着极其重要的作用。现存建筑总体布局以中路建筑为主，东西两路为辅。中路建筑南北长162.25米，东西宽44.96米，占地面积约7300平方米，大小房间67间。该衙署坐北朝南，四进院落，采用传统的庭院式建筑风格，中轴线上由南向北依次为大门、仪门、大堂、二堂、内寝正房。大门、仪门、大堂、二堂均建有耳房，二堂及后寝前建有厢房。前朝后寝，威仪庄重，礼制森严，为我国清代官衙建筑的完美体现。

第四节　天津：近代以来的中西海上交通

一　天津的兴起

（一）自然环境与地理特征

天津是华北平原地区诸多水系的入海口，自古以来素有九河下梢之称，其中最著名的水系为海河水系。据前人研究，海河水系大致形成于三国时期。在明清时期，海河水系以北运河、南运河、永定河、大清河、子牙河等几大河流为主。不同历史阶段，海河水系的河流也有所变化。例如明代海河水系主要由潞河（北运河）、卫河（南运河）、凤河、卢沟河、会通河等河流汇集而成。由于河道变迁，清代海河水系则变为主要由北运河、南运河、子牙河、大清河、滏阳河、永定河等河流汇集而成："此正指今北运河会永定、大清、滏阳、子牙、南运等河而合流为海河也。"①天津的海拔总体较低，除北部蓟州区多山以外，其余地区多为平原地带。总体而言，天津平原属于相对平坦低洼的冲积沉积平原，平均海拔在3—5米。作为华北众河入海之总汇，低洼而平坦的平原地貌容易导致河流的水流不畅，进而引起河床抬高。这种低洼的地势也容易导致涨潮时潮水的倒灌。无论是河水水流不畅抑或海水倒灌，都经常造成历史上天津地区严重的自然灾害。故而水灾是天津的主要自然灾害之一。

由于濒临渤海，受海洋的影响较大，天津地区土壤盐碱化程度也较为严重。现代研究认为："天津市大部分地区属'海退'之地，地势低洼，地下水位离地表较近，土壤深处的盐分可以沿毛管上升至地表，除汛期有较多雨水淋洗土壤盐分外，其余时间雨水较少，蒸发旺盛，土壤盐分增多，造成大部分地区土壤盐碱较重。影响作物生长和发育，必须进行认真的改造。"②大面积的土壤盐碱化并不利于农业生产，农业活动的范围和成效面临很大的障碍。天津靠近内陆的土壤也多贫瘠，在历史上对农业生产和当地经济的发展造成了一定的制约。如宝坻县土壤"涯洼而硗，故财赋无几"。③民国修《静海县志》将静海田土做了一个分类，"运河两岸厥田惟上中，其色赤，其味甘，其质埴，宜蔬菜果木，占全境百分之一。西河两岸厥田惟中上，其色白，其味淡，其质壤埴，之间宜蔬菜及麦，占全境百分之二。四乡凹地俗名某淀某洼，厥田惟中中，其色黑或白，其味寒，其质面层壤而不坟，稍下层埴，宜谷及麦，占全境百分之三十五。四乡凸地俗名某埑某岗，厥田惟下中，其色白或黑，其味稍咸，其质埴而不细，

---

① （清）沈家本、荣铨等修，徐宗亮、蔡启盛纂：光绪《重修天津府志》卷20，《续修四库全书》第690册，上海古籍出版社2002年影印本，第396页。
② 天津师范学院地理系编：《天津农业地理》，天津科学技术出版社1981年版，第24页。
③ 天津市地方志编修委员会办公室等编著：《天津区县旧志点校 宝坻县志·宁河县志》"宝坻县志序"，天津社会科学院出版社2008年版。

可种五谷，占全境百分之二十八。滨海及四乡荒地，厥田惟下下，其色白，其味咸，出芦蒿及盐，占全境百分之三十四。按，近年勤劳之家将土之上下层互相翻转，名曰倒地，或将肥土敷于瘠土之上层，名曰垫地，下下之田一变而为中中，可庆也"。① 可见，经过历史上的长期开发，到民国时期静海县的田土仍旧是贫瘠居多，中中以上的仅占38%，而不适宜种植作物的咸土地占62%。显然，在以农为本的中国传统农业社会中，天津地区的水文与土壤环境给农业生产和社会发展带来了很大的障碍。

天津地区这种独特的地理特征与自然环境，决定了城市兴起所依赖的主要产业不是农业。作为九河下梢及诸河入海总汇，独特的地理位置使天津成为华北平原的水运枢纽和重要港口。毗邻渤海，有渔盐之利，盐业也成为天津城市发展的重要经济支柱。因此，天津城市的兴起与发展，与漕运、盐业等产业密切相关，也与天津作为京师门户的地位紧密相连。

（二）早期开发

根据考古发现，天津地区在原始社会时期已经有人类活动。战国时期，在今天津北辰区、津南区等地出土了许多铁器，还发现了砖瓦厂等人类活动的遗址。考古证明此时天津出现早期的人口聚落，得到了初步开发。两汉时，在今天津境内曾经设置过泉州和东平舒二县，分别隶属于渔阳郡和渤海郡，天津地区的人口不断增长。东汉末年，曹操为了向东北运粮征讨乌桓，开凿平虏渠和泉州渠两条河道。《三国志·魏志·武帝纪》："三郡乌丸（即乌桓——笔者注）承天下乱，破幽州，略有汉民合十余万户……公将征之，凿渠，自呼沲（即滹沱——笔者注）入泒水，名平虏

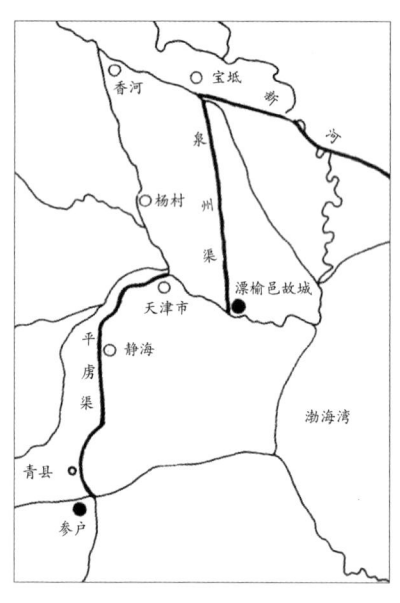

图1-45 平虏渠、泉州渠、新河示意

---

① 白凤文等修：《静海县志·丑集土地部》，成文出版社1968年版，第110—111页。

渠；又从沟河口凿入潞河，名泉州渠，以通海。"①此后不久，曹操又开凿新河一道，连接鲍丘河和滦河这两条河流。曹操所开的三条河渠使河北平原的众多河流归于一处。海河水系在此基础上初步形成，由此确立了天津水运枢纽的地理优势。这对天津城市的形成和发展具有重要意义。

隋大业四年（608）春正月，"将兴辽东之役，自洛口开渠达于涿郡，以通漕"。②此渠为永济渠。永济渠开通以后，中国南北的水运航道开始贯通。这一形势对天津城市发展有一定程度的积极影响。隋唐时期，清河水系、滹沱河水系、沽河水系三大水系在"三会海口"汇合，从军粮城（今天津市东丽区军粮城）流入渤海。军粮城成为重要的入海港口和河运通道。为了供应幽州、平州和营州等地的军需，唐中宗年间，沧州刺史姜师度又向北开凿了一条新的平房渠。平房渠使得作为物资中转地的军粮城开始繁荣起来。《旧唐书·食货志》："神龙三年（707），沧州刺史姜师度于蓟州之北，涨水为沟，以备奚、契丹之寇。又约旧渠，傍海穿漕，号为平房渠，以避海难运粮。"③军粮城是唐代储存军粮的重要地点和海漕的运输基地。安史之乱后，江南漕运废止，军粮城开始逐渐没落。

宋辽对峙时期，海河为宋辽界河的一部分。在界河南岸，宋设置了大量的军事屯堡，驻扎数量不等的军队以防御辽国。据《宋史·地理志》："（沧州清池县）有乾符、巷姑、三女、泥沽、小南河五砦。"④泥沽寨和小南河寨即在今天津所辖范围之内。乾宁县也有部分屯堡在今天津境内，"乾宁县，砦六：钓台、独流北、独流东、当城、沙涡、百万"。⑤其中的钓台、独流北、独流东即在天津。在界河两岸，宋辽双方设置了专门进行贸易交易的"榷场"。天津附近地区既是军事重地，也是商品交易和经济流通的贸易重镇。宋辽交流的物资主要有牛羊、皮毛、茶叶、瓷器、漆器、香料、兵器、丝麻织品、铜、盐等。宋辽时期，泥沽附近地区开始通过界河贸易逐渐繁荣。

公元1152年，金朝将首都迁至燕京（今北京），改称中都。燕京成为金朝的政治、军事中心。为满足朝廷皇亲贵戚的生活，同时保证与他国

---

① （晋）陈寿撰：《三国志》卷1，中华书局1959年标点本，第28页。
② （唐）魏征等撰：《隋书》卷3，中华书局1982年标点本，第70页。
③ （后晋）刘昫等撰：《旧唐书》卷49，中华书局1975年标点本，第2113页。
④ （元）脱脱等撰：《宋史》卷86，中华书局1977年标点本，第2122页。
⑤ （宋）王存撰：《元丰九域志》卷2，中华书局2005年标点本，第74页。

作战的战争物资供应、镇压各地此起彼伏的反金运动等需要，金朝开始从全国各地筹集运输物资。形形色色的各种物资从各地汇集而来，经由华北平原的河道网，运至天津三岔河口，并最终送到燕京。为了便于运输漕粮等各种物资，金朝开始在三岔河口设立了直沽寨，此为天津市区聚落形成之始。此前的军粮城、泥沽寨等地虽曾兴起，但均不属于现今天津市区的范围之内。《金史·完颜佐传》中，贞祐二年（1214）出现了"直沽寨"的记载，有学者据此推测了金朝设立直沽寨的时间在贞祐二年之前不久。见《金史·完颜佐传》："完颜佐本姓梁氏，初为武清县巡检。完颜咬住本姓李氏，为柳口镇巡检。久之，以佐为都统，咬住副之，戍直沽寨。贞祐二年，纠军遣张晖等三人来招佐，佐执之。翌日，刘永昌率众二十人持文书来，署其年号曰'天赐'。佐掷之，麾众执永昌，及晖等并斩之。"①自此，天津一跃而开始成为首都的门户和内河航运的枢纽。

（三）在元代的初步兴起

入元以后，天津开始初步形成了兼具河运功能和海运功能的港口城市。元代的天津，其境内大致以海河为界，分属二县管辖。海河以南为清州静海县，以北为漷州武清县。1272年，元廷改中都为大都（今北京）。定都大都之后，数量庞大的政府机关、军队以及由此而带来的激增的人口，均使得大都的粮食等物资需求急剧上升，即所谓"百司庶府之繁，卫士编民之众，无不仰给于江南"。②元代的漕运最初采取河运与海运并行的方式。但因运河狭窄，经常淤浅，造成河运耗费巨大，辗转费时，运量远远不能满足元大都的需要。虽然后来采取疏通和开凿新河等方式，但这种局面并没有得到彻底地扭转。至元十九年（1282），设京畿都漕运使司管理漕运。同年，试行海运。次年，海运漕粮抵达直沽。此次运粮数量不大，仅1.6万石。此后海运漕粮渐增，均经由天津直沽进京，形成元代以海运为主的局面。大规模的海运使天津初步繁荣起来。据《大元海运记》记载："至元二十年（1283），海运漕粮4.65万石。至元二十三年（1286），57万余石。至元二十七年（1290），159万余石。大德元年（1297），65.8万石。至大三年（1310），292万余石。延祐七年（1320），

---

① （元）脱脱等撰：《金史》卷103，中华书局1975年标点本，第2273页。
② （元）危素撰：《元海运志》，中华书局1985年标点本，第1页。

326万余石。天历二年（1329），352万余石。"①以上为元代海运漕粮数量的大概。至元年间，海运漕粮数量起伏不定。最少时为试行海运的4.65万石，最多为至元二十八年的152余万石。大德年间在60余万至180余万石不等。此后，元代漕运数量大致稳定在200万—300万石，最高峰即是天历二年的352余万石。

有元一代，天津除了是南粮北运入京的必经之路外，也是百姓生活必须物资——盐的重要产地。《元史·食货志》："大都之盐：太宗丙申年（1236），初于白陵港、三岔沽、大直沽等处置司，设熬煎办，每引有工本钱。"②据此，直沽既是海漕之终点，亦是盐业的生产中心。世祖至元十九年（1282）改立大都、芦台、越支、三汊沽盐使司。至元二十二年，又在天津设立三汊沽、丰财、芦台、富国、兴国等多处盐场。

漕运、盐业带来了天津的商业繁荣。《元史》："漕运粮储及南来诸物，商贾舟楫，皆由直沽达通惠河。"③不少人写诗描写当时直沽的盛况。如元代的王懋德有诗云："极目沧溟浸碧天，蓬莱楼阁远相连。东吴转海输秔稻，一夕潮来集万船。"这种以漕运、盐业为中心的经济活动，大大提升了天津的影响力，促进了天津经济的发展。天津城市的地位不断上升。至大二年（1309），元廷在直沽设立镇守海口屯储亲军都指挥司，派遣两千名康里军在此处驻守。延祐三年（1316），又改直沽为海津镇，命副都指挥使伯颜屯驻。至正九年（1349），"立镇抚使于直沽海津镇"。至正二十六年（1366），派枢密院同知买间领兵镇守海津镇。从明朝胡文璧《求志旧书》也可以看到元代天津城市发展之一斑："元统四海，东南贡赋集刘家港。由海道上直沽，达燕都。舟车攸会，聚落始繁。有宫观，有接运厅，有临清万户府，皆在大直沽。"④

天津城市的兴起由漕运、盐业带动。这两大产业的需要，也影响着天津港口城市的城市空间与布局。有元一代，天津的城市空间布局呈现一种沿着河流发展之态势。城市发展的重要地点有军粮城和大直沽、小直沽以及三岔沽等，并向西北扩展到南仓和北仓，一直延伸到杨村附近。元代初

---

① 佚名等撰：《史料四编 大元仓库记 大元海运记》，广文书局1972年排印本，第79—87页。
② （明）宋濂等撰：《元史》卷94，中华书局1976年标点本，第2386页。
③ （明）宋濂等撰：《元史》卷64，中华书局1976年标点本，第1598页。
④ （清）薛柱斗纂修：《新校天津卫志》，成文出版社1968年铅印本，第260页。

步形成了天津城市发展初期带状的河港城市布局。大直沽和三汊沽为城市的中心，其中三岔沽是最为繁华的地区。

（四）明代的天津卫城

明永乐二年（1404），设置天津卫，同年十二月设天津左卫，次年设天津右卫。设置天津卫的同时，开始在小直沽修筑天津卫城。卫城历时一年多完成。筑成初期，卫城俗称"算盘城"。这座城市的建造规格为：周围长九里十三步，高三丈五尺，广二丈五尺。卫城初建时为土城。弘治四年（1491）始，时任天津按察副使的刘福重修了天津卫城，并在土城外面使用砖石包砌，从而加强了天津卫城的坚固程度。天津建卫筑城是天津城市发展的重要起点。从元代的海津镇到明代的天津卫城，天津逐渐发展成为一个约略具备城市规模的军事据点。

军事上的重要地位可以说是促进明代天津城市发展的一个非常大的原因。明代天津的三个卫所分别设立于武清和静海两县的辖区之内，这主要是出于军事戍守的考虑。三卫虽然并非实土卫所，不辖民政，但也管辖相当一部分的土地。天津三卫所管辖的土地和屯堡分布在武清、静海、青县、沧州、南皮等州县境内。随着政治形势的变化，天津的军事地位日益提高，直接推动了天津城市地位的提升。永乐十九年（1421），明廷正式迁都北京。天津作为京师门户，负有守卫都城安全这一重任，其军事重要性开始凸显。弘治年间，始设天津兵备道。兵备道统辖三卫的军事，并兼管部分与民政相关的财政和司法等事宜。天津的城市性质此时开始从单一的军事城堡向兼具部分民政相关职能转化。万历二十年（1592），日本丰臣秀吉侵略朝鲜。天津是为明朝抗倭援朝战争的桥头堡和战争物资供应的基地。援朝的水路和陆路官兵由天津出发。其中水路战船驶向仁川等地，陆路则经由辽东进入朝鲜境内。此役之后，天津的军事重要性进一步提高。万历二十五年（1597），设立天津海防巡抚。与此同时，增设水、陆两营官兵防倭备倭。在明代末期与后金（清）战争期间，天津既是守卫北京的门户，也是前往辽东的咽喉要道。万历四十七年（1619），为加强天津防务、筹集军饷，在天津设置督饷部院，总督地方粮饷。天津开始由军事区划向行政区划过渡。天启元年（1621），明廷派遣巡按直隶屯田御史左光斗在天津地区屯田，以此来弥补当时国计用度之不足。天启二年，又指派董应举在天津安插战争中逃难而来的辽民并兼理屯田事务。有明一代，天津在军事方面具有独特的地位，扮演着重要角色。军事的需要推动着天津城市的进步。

在经济活动中占据重要地位的两大产业——漕运和盐业，是明代天津城市发展的重要推动力。明太祖洪武年间的漕运主要是通过向北方转输江南出产的粮米以供应北伐的军队需要。永乐年间，政治中心北移之后，漕运开始迅速发展了起来。永乐十二年，"海运漕粮四十八万八千八百一十石，卫河攒运粮四十五万二千七百七十六石"。[①] 迁都北京后，"百司庶府，卫士编氓，一切漕于东南"。[②] 永乐后期曾经罢海运，专门行河运。天津卫亦扼漕运之咽喉，其地理位置具有无可比拟的优越性。漕粮从江南浩浩荡荡运抵直沽和河西务两地，再运至京师。每年数百万石漕运粮米汇集于此地，天津这个转输漕粮与储存漕粮的重地也随着漕运的发展而蓬勃繁荣。同时，漕船随船载运的各地商品也在天津进行交易，一时天津呈现"天下粮艘、商舶鱼贯而进，殆无虚日"[③]之景象。漕船的往来、商船的停泊、商品交易的发展，这些都大大刺激着天津经济的发展，促使城市日益繁华。

明代天津境内存在大量的盐场，如其中有丰财场、芦台场、富国场等。天津盐场的自然条件很好，盐产量也很高。盐的质量过硬，时有"芦台玉沙"之称。天津水路运输便利，这非常有利于食盐的销售和转运。交通便利，食盐的运费低廉，"顾天津以舟楫之便，商人乐于行官盐"[④]。当时在北直隶附近的宣化、蓟州和大同等地均销售天津所产的食盐。隶属于河南的卫辉和彰德等等府州县也广泛销售天津所产的食盐。附近的沧州分司生产的食盐也常常通过水路，由天津转销北方各地。优越的条件使天津逐渐发展成为长芦盐产区的生产和销售中心。食盐是天津地区具有代表性的重要商品，为天津经济发展发挥着极大的推动作用。家资巨万的盐商长期在天津运营。他们兴办了运学、义学，同时也设立义冢、育婴堂、救火会等社会保障机构和设施。这些机构和设施都对天津城市发展有着重要贡

[①] （明）王圻纂辑：《续文献通考》卷37《国用考·漕运》，现代出版社1986年版，第547页。
[②] （明）傅维麟：《明书》卷69《河漕志》，江苏广陵古籍刻印社1988年版，第3页。
[③] （清）薛柱斗纂修：《新校天津卫志》，成文出版社1968年铅印本，第17页。
[④] （清）莽鹄立监修：《新修长芦盐法志》卷14，学生书局1966年版，第1300页。

献。盐商也积极与各地文人交通往来、应酬唱和，留下了大量具有社会影响的文学作品。有明一代，盐业与天津城市发展有着千丝万缕的联系，并对天津的文教和社会保障事业产生积极而深远的影响。

明中后期以后，天津虽然依旧是军事建置，但经济活动十分活跃。受到漕运、盐业等产业的影响，天津的手工业和商业也开始发展起来。天津城市的人口构成也逐渐开始变化，从以设卫之初的士兵为主体，逐渐变成以各地汇流而成的新兴市民阶层为主体。云集天津地区的各地商人、不同行业的手工业者、产盐的灶户以及船户等的大量涌入，在潜移默化地改变着天津的人口结构和城市属性。

（五）清代的兴盛与繁荣

入清以后，由于地方行政体制的变革，天津三卫合并为天津卫。优越的地理位置和京师门户的政治定位使天津的城市地位继续提高。天津在清初已俨然有大都会之气象："天津为卫，去神京二百余里，当南北往来之冲。京师岁食东南数百万之漕悉道于此。舟楫之所式临，商贾之所萃集，五方之民之所杂处，皇华使者之所衔命以出，贤士大夫之所报命而还者，亦必由于是。名虽为'卫'，实则即一大都会所莫能过也。"[1]雍正三年（1725），改天津卫为天津州，下辖武清、静海、青县三县。天津城市性质完成了由军事建置向地方行政区划的转变。雍正九年，直隶总督唐执玉又建议将天津由直隶州升为府："天津直隶州系水陆通衢，五方杂处，事务繁多，办理不易，请升州为府。"[2]唐执玉的奏疏得到了清廷批准。天津升州为府，管辖范围包括天津、静海、青县、南皮、盐山、庆云和沧州。天津开始一跃而发展成为畿辅地区重要的工商业城市和经济中心之一。

漕运和盐业二大支柱产业的兴盛继续推动着天津城市的繁荣。清初沿袭明朝旧制，漕粮采取河运的方式进行。顺治二年（1645），即开始进行南粮北运。到了嘉庆时期，由于运河多处淤浅，河运的运道开始梗阻。清廷开始议行海运。道光六年（1826），漕粮开始分为春、夏两次，部分漕粮则"由海运抵津"。终清一代，天津漕运枢纽的地位一直在继续保持。

---

[1] （清）薛柱斗纂修：《新校天津卫志》，成文出版社1968年铅印本，第21页。
[2] 《世宗实录》卷103，雍正九年二月丙辰条，中华书局2008年影印本，第368页。

清代天津的盐业生产相较于明代而言也有了更大的进步。首先，制盐技术有所提高，各盐场开始比较多地使用晒盐法。其次，盐业生产工具也进行了改进。例如盐场在制盐过程中，开始采用更好、更大的器皿；使用风力，用风车将盐场的海水提入盐沟来蒸晒。再次，天津盐业的生产规模也在不断地扩大。清廷对于盐业发展给予了大力的支持，制定了很多促进盐业发展的规章制度。在此背景下，天津盐业继续发展，盐商这一群体也在不断壮大。清代天津的盐商大致可以分为坐商、引商和号商三种。盐商们一方面采用"报效""捐输"等各种手段来得到朝廷的青睐，从而提高他们的政治地位。另一方面，盐商也在社会中积极发挥其影响力。他们不断地在各地开设各种学校、兴办善会和善堂、建立义冢、设立育婴堂、救火会、积极参与社会赈灾等。与此同时，盐商也依旧广与文人交流，甚至很多盐商及其子弟自身即兼具名士之身份。在天津的经济发展、城市建设、慈善和社会保障事业、文化繁荣等方面，清代的盐商群体也在继续发挥其积极的作用。

清代后期，天津位列畿辅地区的重要城市，城市地位和重要性凸显。光绪《畿辅通志》称其为："（天津）地当九河要津，路通七省舟车，九州万国贡赋之艘，仕宦出入，商旅往来之舟楫，莫不停泊于其境，江淮赋税由此达，燕赵渔盐由此给，当河海之冲，为畿辅之门户。"光绪二十八年（1902），时任直隶总督兼北洋大臣的袁世凯，将直隶总督衙门从保定迁到天津。天津至此成了直隶地区的首府。

二 天津开埠前的水陆交通

天津在清代开埠以前即是南北各地交通往来之通衢，同时也是便利的水陆码头。河海两路水运十分发达。天津的商品交易活动自元代以后十分繁荣，有"一日粮船到直沽，吴罂越布满街衢"[1]之景象。在明代，"由广、大、顺、平，乃东西腰膂，南北舟车并集。于天津下直沽、渔阳，犹海运之故道也。河间、保定，商贾多出于其途，实往来之通衢"[2]。大量运载粮米的漕船在天津停泊。漕船上面携带着各地所出产的物资——"土宜"。四面八方的物资云集此处，不断刺激、繁荣着天津的商品交易市

---

[1] （元）张翥：《蜕庵集》卷4，中国书店，第136页。
[2] （明）张瀚：《松窗梦语》卷4，中华书局1985年标点本，第82页。

场。商品交易的繁荣使天津成为商品销售和物资转输的集散地。可以说，发达的水、陆两路交通对天津地区商品经济的发展和城市繁荣产生了重要的促进作用。

（一）陆路交通

天津地区海拔较低、成陆晚，是为诸水汇流之地。在中国古代早期，天津的陆路交通客观而言并不太发达。秦统一全国后，开始动用国家的力量修筑通往国内各个地方的驰道。当时右北平郡的治所——无终县（今天津蓟州区）便修有驰道通往其他地区，拥有相对便利的陆路交通。在西汉时期，天津地区的陆路交通网络已经可以联系国内的晋阳、邯郸、辽东、右北平、临淄等地，与这些地区沟通往来。隋炀帝时期开始修筑御道，"发榆林北境，至于其牙，又东达于蓟，长三千里，广百步，举国就役而开御道"。[①] 据此可见当时修筑的御道通到现今天津的北部。唐代从首都长安出发，形成了四通八达的陆路交通网络。唐代的陆路交通路线经由天津地区的大致有以下几条。一、代州到蔚州（今山西灵丘县）线。这条陆路交通线向东经过太行山，途经易州，从而到达幽州和蓟州。二、从魏州（今河北大名县北）经过冀州和瀛洲（今河北河间县），也可以到达天津地区。三、从青州（今山东益都）向北经过黄河，再由棣州到沧州，可以到天津地区。宋辽时期，两国的分界线为"界河"。渔阳（今天津蓟州区）处于辽的管辖之下。渔阳陆路地交通在此时四通八达。从渔阳出发，向南可以到达宋东京（今河南开封），向西南的路线可达长安，向东的路线可至平州（治所在今河北卢龙县），向北可出长城。

元代定都北京以后，其陆路交通网基本上能够覆盖全国大部分地区。天津地区的陆路交通在元代得到了很大的拓展。首先，由于距离较近，天津与大都之间的陆路交通十分便利、畅通。其次，天津及其附近地区，例如武清、宝坻、香河、静海、蓟州、永清等地之间在当时也已有便利的陆路往来。郭蕴静等主编的《天津古代城市发展史》为本处梳理明清时期天津的陆路交通提供了很大的参考，谨此致谢！明代的天津是首都北京向南交通的必经之路。在明代后期，天津和东北的陆路交通不断延伸，与东北

---

① （唐）魏征等撰：《隋书》卷51，中华书局1982年标点本，第1336页。

的联系日益紧密。明代天津沟通各地的陆路交通路线主要有如下五条。（一）天津—北京线。这条路线从天津出发，依次经过杨村（今属天津市武清区）、武清、河西务（今属天津市武清区）、潞州（今北京市通州区东南）等地，最终到达北京。（二）天津—济南—德州线。此条路线以天津为起点，经过杨柳青（今天津市西青区杨柳青）、静海、青县等地，到达沧州。然后再从沧州出发，可以到达济南和德州等地。（三）天津—遵化线。从天津开始，经过蓟州和遵化，再北出长城喜峰口。这条路线是天津和北京两地到达辽东的便捷之路。（四）天津—山海关线。此条路线从天津出发，经过军粮城、塘沽、大沽等地，再北上汉沽、芦台、唐山、昌黎等处，最终可以到达山海关。到明后期，由于战事的需要，唐山到山海关这一段路线开始成为明廷从天津运送士兵、粮饷和军事装备等物资至广宁前线的重要通道。（五）天津—保定线。从天津出发，经过霸州、归信（今河北雄县）、涿州等地，最终到达保定府。此外，天津与附近的香河、三河等地也都有陆路交通往来。

　　清代天津的的陆路交通线根据级别的不同，大致上可以划分为御道、官道、大路和小路四种。御道级别最高，主要是供皇帝祭祀祖先、谒陵以及出外巡幸时车马仪仗所经之路。清代从北京出发，有御道到达盛京和东陵。这两条御道均经过天津。通往盛京的御道其路线途经通州、三河、蓟州、玉田等地，向北而行至盛京。通往东陵的御道其路线经三河、蓟州、遵化等地，最终到达清东陵。官道是北京通往全国各省的要道。经过天津的官道主要有两条，一是北京—盛京线，一是北京—济南线。北京—盛京线和御道是重合的。北京—济南线经过天津、青县、沧州、德州等地，到达济南，之后和江南各省的驿道相互连通。大路主要是指是一省之内省府通往各府州县的驿道。天津到直隶省的首府——保定便有一条大路。这条大路从天津出发，途经文安、霸州、雄县和安新等地，最终到达保定。除此之外，从天津府的府城到附近的各州县还有多条"小路"相连通。这些小路将天津和附近的宁河、静海、沧州、武清、大沽、香河、河间、蓟州等地紧密联系起来。虽然在规格上不如以上三种，但却发挥着不可替代的重要作用。清代的官道一般会根据不同的距离设置驿站，天津境内的驿站就不少。河西驿、杨村驿、渔阳驿、杨青驿、奉新驿是天津境内的五个主要的驿站。河西驿位置在现今天津武清区的河西务；杨村驿在现今天津武清区的杨村镇；渔阳驿在现今天津的蓟州区；以上三座驿站均位于从北京到盛京的官道之上。杨青驿在现今天津西青区杨柳青镇；奉新驿在现今天津静海区；这二者则位于从北京到济南的官道之上。

综上所述，明代的天津已经形成了具备一定规模的陆路交通网络。清代以后，天津的陆路交通网络在前代基础上更加完善。在铁路、公路等近代新的交通方式出现之前，天津的陆路交通运输方式是以传统的马、驴、骡等牲畜运输为主，具有运量小、成本高的特点。然而尽管如此，较为通达的陆上交通网络对天津城市的发展繁荣也产生了十分积极的推动作用，为天津经济发展提供了巨大便利。

（二）水路交通

唐代以前，天津地区的水路交通在史籍记载中并不很多。唐代以后，曾经由桑干河一线的水路向幽州一带转运过军需物资。沿着这条路线从幽州城向南，可以进入现今北京南苑，然后再从武清下北运河，可以从海河入海。唐代向平州和营州二地的水路转运也经过天津地区，主要是通过滦河来向这两个地方运输物资。

从金代开始，天津逐渐发展为内河的航运枢纽。金代天津的水路交通是以运河的漕渠作为中心，从而沟通南北各个地区。当时沟通燕京和天津等处的漕渠是沿着隋朝的永济渠旧河道，通过今南运河、子牙河、大清河以及滹沱河、滏阳河和漳水等水路，将各地征集而来的漕粮汇集，先运至天津的三岔河口一带，再从三岔河口向北运到通州，最终抵达燕京。《金史·河渠志》中记载："其通漕之水，旧黄河行滑州、大名、恩州、景州、沧州、会川之境，漳水东北为御河，则通苏门、获嘉、新乡、卫州、浚州、黎阳、卫县、彰德、磁州、洺州之馈，

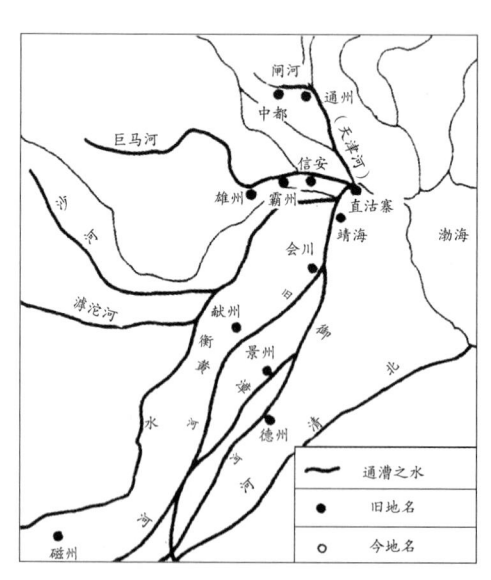

图1-46 《金史》"合于信安海壖"海渠形势

衡水则经深州会于滹沱,以来献州、清州之饷。皆合于信安海壖,溯流而至通州,由通州入闸,十余日而后至于京师。其他若霸州之巨马河,雄州之沙河,山东之北清河,皆其灌输之路也。"[1]据现代学者研究,"信安海壖"即当是现今天津的三岔河口。这条水路交通线主要运输从河南、河北和山东等地征收的漕粮,是金廷漕运的重要通道。

元代初年,漕粮的河运是先从长江出发,再进入淮河。因金末黄河曾经夺泗入淮,黄河与淮河相连通。漕粮运到淮河以后,再进入黄河。运到黄河北岸的中滦镇之后,漕粮上陆。再通过陆运将漕粮运到淇门(今河南汲县东北),从淇门进入御河(今南运河)北上,经过天津最终运到京师。《大元海运记》中记载了这条路线:"命造鼓儿船运浙西粮,涉江入淮,由黄河逆水至中滦旱站,船至淇门入御河接运。"[2]《读史方舆纪要》的记载与此大致相同:"元初定江南转漕之路,自浙西入江淮,由黄河逆流至于中滦登陆,以至淇门。复由御河登舟,以达燕京。"[3]此段漕粮运输的交通路线路程较远,而且费时费力,十分不便。至元二十年(1283),由于江淮水运不通,元廷开凿济州泗河,经过东阿旱站到利津河入海,通漕,再由海运将漕粮运至天津。至元二十六年(1289),凿通了会通河,疏浚漕渠,彻底使京杭大运河的全线得到了贯通。忽必烈试行海运后,海运路线也不断调整。首次海运从上海太仓刘家港起航,经通州(今江苏南通)海门县,过胶州湾,绕成山角,抵达天津后交卸漕粮。全程大致有13350华里,运输需时六到七个月。至元二十九年(1292),由于这条路线太过险恶,朱清等人建言改进航线:自刘家港入海至崇明之三沙放洋,过青水洋、黑水洋到成山角,再经莱州大洋以达界河口。这样仅须时半月至一个月十日,时间大为缩短。至元三十年,又开辟了新的航道。从上海刘家港起航,到崇明的三沙放舟青水洋,向东行,行黑水洋,越成山转西到刘家岛,于莱州大洋入界河。《大元海运记》对朱清的建言作了详细的记载:

  至元二十九年,朱清等建言:此路险恶,踏开生路,自刘家港

---

[1] (元)脱脱等撰:《金史》卷27《河渠》,中华书局1975年标点本,第682页。
[2] 佚名等撰:《大元海运记》,广文书局1972年排印本,第34页。
[3] (清)顾祖禹:《读史方舆纪要》卷129,商务印书馆1937年版,第5012页。

开洋，遇东南水疾，一日可至撑脚沙。彼有浅沙，日行夜泊，守伺西南便风，转过沙嘴，一日到于三沙洋子江。再遇西南风色，一日至扁担沙大洪抛泊。来朝探洪行驾，一日可过万里长滩。透深才方开放大洋，先得西南顺风，一昼夜约行一千余里。到青水洋得值东南风，三昼夜过黑水洋。望见沿津岛大山，再得东南风，一日夜可至成山，一日夜至刘岛，又一日夜至芝罘岛，再一日夜至沙门岛。守得东南便风，可放莱州大洋，三日三夜方到界河口。前后俱系便风，经直水程，约半月可达。如风水不便迂回盘折，或至一月、四十日之上方能到彼。倘值非常风阻，难度程限。明年，又以粮船自刘家港开洋，过黄连沙转西行使，至胶西投东北取成山，亦为不便，继委千户殷明略踏开生路。自刘家港开洋，至崇明州三沙放洋。望东行使，入黑水大洋，取成山，转西至刘家岛。聚艅取薪水毕，到登州沙门岛，于莱州大洋入界河，至今为便。皆行。北道风水险恶。①

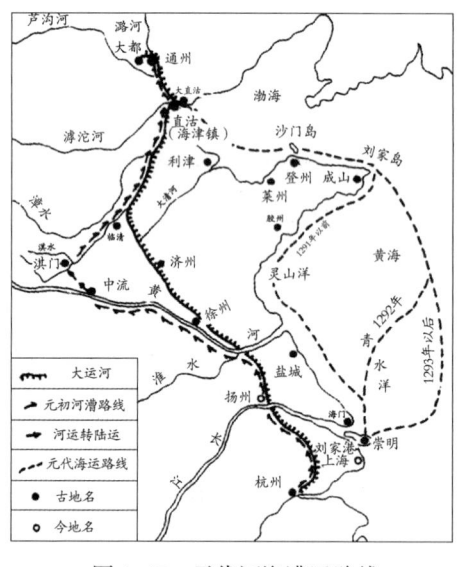

图 1-47　元代河海漕运路线

根据建议，这条改进后的海运航线实际上是利用了春夏两季海上多东南风这一特点，并结合了黑潮暖流进入渤海这一规律，从而使漕粮从江南地区运到京师的时间能够大大缩短，"舟行风信，有时自浙西至京师不过旬日而已"。

元代中西交流空前发展。天津作为河海转运枢纽，也是元廷与西方交往的必经之路。如意大利传教士鄂多立克来华传教，经过君士坦丁堡、印度、斯里兰卡、苏门答腊、爪哇等地，到达中国广州，再经泉州、福州到金华，沿钱塘江去杭州，再从南京、扬州溯运河北上大都。鄂多立克由运河而至大都，定然要路过天津这个必经之地。

---

① 佚名等撰：《大元海运记》，广文书局 1972 年排印本，第 97—98 页。

明代天津仍为漕粮转输的必经之地，以运河为主的水路交通使天津成为南北货物集散地。永乐十三年（1415）以前，漕粮的运输兼用河运和海运。天津通过运河这一线的水路交通向北可以连接北京、通州等地，向南可以连接临清、济宁、徐州、宿迁、淮安、宝应、高邮、扬州、杭州等地。江南的漕粮云集运至淮安，其他地区的漕粮运送至散落在运河沿岸的码头，经过河南的阳武、卫辉等地，进入卫河，最后解运而至北京。海运的漕粮则先抵达直沽，再用小船分别转运至京师。与此同时，为了解决北部蓟州等地边境守军的粮饷需要，从天津到蓟州也有两条水路运道运粮。其中之一为蓟运河。这条水路运道最初从海河入海，至蓟运河，再顺流而上到达蓟州。由于海运风险较高，经常遇见覆溺现象。明英宗天顺年间，明廷开通了连接海河和蓟运河的新河。粮食和其他军需物资则由海河经过新河（亦称漕渠）运送至蓟州。据《明史·食货志》："蓟州河者，运蓟州官军饷道也。明初，海运饷蓟州。天顺二年（1458），大河卫百户闵恭言：'南京并直隶各卫，岁用旗军运粮三万石至蓟州等卫仓，越大海七十余里，风涛险恶。新开沽河，北望蓟州，正与水套、沽河直，袤四十余里而径，且水深，其间阻隔者仅四之一，若穿凿以运，可无海患。'下总兵都督宋胜、巡按御史李敏行视可否。胜等言便，遂开直沽河。阔五丈，深五尺。"[1]另一条水路运道是从北运河出发，转入潮河，再进入泃河，最后通过蓟运河到达蓟州。明后期出于防备倭寇和女真人的需要，天津还成为向辽东地区转输军粮的重要基地。此时有一条经由天津向宁远等地转运军饷的水路交通线："初，宁远军饷率用天津船，自登州候东南风，转粟至天津，又候西南风转至宁远。"[2]在运输军粮时，去辽东的漕船也往往载有在天津市场上购买的青梭布、栀黄布、深兰布、秋色布、紫花布、白市布等运销而至东北。此外，海河水系之内的其他河流也是天津与附近地区开展商品贸易的重要转输通道，例如磁州的陶瓷器可以经过滏阳河运至天津，"以售于他郡"。天津与南方的福建等地有海路交通，福建的纸商"由闽航海"至津，再将纸张转贩入京。

清代天津的水路交通，占据重要地位的仍是承袭自明代的运河线路。除此之外，康熙年间为解决畿辅地区粮食供应紧张问题，允许天津海上官

---

[1] （清）张廷玉等撰：《明史》卷86，中华书局1974年标点本，第2113页。
[2] （清）张廷玉等撰：《明史》卷277，中华书局1974年标点本，第7107页。

纲户郑世泰等"用海舟贩运奉天米谷,以济津民"[①]这一请求。此举又称"奉天海运",是清代沟通天津和东北地区的重要水路交通。康熙二十三年(1684),开放海禁以后,"奉天海运"得到了迅速的发展。乾隆年间,天津远赴奉天贩运货物的商船不断增加,"从前不过十数艘,渐增至今已数百艘,不独运至津门,即河间、保定、正定,南至闸河,东至山东登、莱等口,亦俱通矣"[②]。到嘉庆年间,天津一县"向来以商贩东省粮石营生者,每岁约船六百余只,每船往返各四、五次或五、六次不等。不仅船户借以养生,沿海贫民以搬运粮石生活者,不下数万人"[③]。随着时间的推移,天津向辽东等地贩运商品的数量和种类不断增加。其中,天津向辽东转输的商品有粮食、布匹、铁器、绸缎等,从辽东输入天津的商品有木材等。同时,奉天海运涉及的地区也日益广泛、不断扩展,"不但直隶、山东仰其接济,并河南、山西、陕西等省均资流通,借裕食用"[④]。奉天海运使天津成为清代辽东以粮食为主的商品物资集散市场。"海禁"开放后,天津和江浙、福建、广东等地的水路交通也开始有了迅猛的发展。江浙等地"海船南载于吴淞,而北卸于天津,两地为出口入口之总汇,实海运成始成终之枢要"[⑤]。由于新航线的开辟,运输时间也大大缩短,加快了商品流通速度。江浙商人"由上海至天津,风利七八日可到,至迟不过旬月,从无阻滞",于是从一年行运两三回变为"一年行运四回"[⑥]。闽广商人也开辟了北方航线。从福建厦门满载货物的福建海船"顺风十余日即至天津"。厦门的商人"北至宁波、上海、天津、锦州,南至粤东,对渡台湾,一岁往来数次"[⑦]。由广东潮州出发往来贸易的商船"春夏之交,南风始发,扬帆北上,经闽省,出烽火、流江,翱翔乎宁波、上海,然后穷尽山花岛,过黑水大洋,游奕登、莱、关东、天津间,不过旬有五日耳"。广东其他地区如肇庆、雷州、琼州、惠州等地也有商船往来天津开展贸易。天津本地的商船既有频繁往来附近的直隶、奉天、山东等地进行近海

---

① 天津市地方志编修委员会编著:《天津通志·旧志点校卷》(中),天津社会科学院出版社 2001 年版,第 304 页。
② 同上。
③ (清)黄丽中修:光绪《栖霞县续志》卷 9,凤凰出版社 2004 年版,第 282 页。
④ 同上。
⑤ (清)贺长龄撰:《贺长龄集》卷六,岳麓书社 2010 年版,第 569 页。
⑥ (清)贺长龄:《皇朝经世文编》卷 48《户政·漕运下》,文海出版社 1966 年版,第 1694 页。
⑦ 聂宝璋编:《中国近代航运史资料 第一辑》(上),上海人民出版社 1983 年版,第 60 页。

贸易者，也有扬帆南下从事远海商品贸易者。另外，清代天津县还曾集中了940只舨船。因为北运河水浅，无法行驶大船。漕船到达天津后，需要将漕粮换至载重100石左右的红剥船上，再由这些红剥船转运至京通各仓。这些剥船每年有三个月以上的时间处于闲置状态，可以在天津附近地方从事水路的商业运输，再通过天津发达的水路网络，沟通华北各地。

三　天津开埠与海上交通

天津自明代开始兴起，到清代中期已经发展成为北方的重要城市。嘉庆、道光年间，天津成为中国北方最大的港口，同时又是一个以工商业为主要支柱的旧式封建城市。因为天津所处的政治和经济地位非常重要，在开埠之前，天津一地即吸引了西方列强的注意力。来新夏先生主编的《天津近代史》对此论述较详，提供了丰富的史料参考。例如，顺治十二年（1655），荷兰国使臣哥页从天津进入北京时，认为天津是除了广州和镇江之外的中国三大港口之一。哥页记载道："这个地方到处被庙宇所点缀，而且人烟稠密，交易频繁，像这样繁荣的商业景象实为中国其他各地所罕见。"[1]乾隆五十七年（1792），英国使臣马戛尔尼来华时也对天津评价颇高："一条从京城附近流来的河流，一条同其他边远地区相连接的河流，这样的两条通航河流的会合，从中国成为一个统一的帝国的初期起，必然会使天津成为一个热闹的地方。"[2]由于天津地位的重要性，马戛尔尼强烈要求在宁波、天津等地与中国开展贸易。然而次年，乾隆皇帝出于种种考虑，拒绝了这种贸易的愿望："据尔使臣称，尔国货船将来或到浙江宁波、珠山及天津、广东地方收泊交易一节……其浙江宁波、直隶天津等海口，均未设有洋行。尔国船只到彼，亦无从销卖货物。况该处并无通事，不能谙晓尔国语言，兹多未便。除广东澳门地方仍准照旧交易外，所有尔使臣恳请向浙江宁波、珠山及直隶天津地方泊船贸易之处，皆不可行。"[3]嘉庆二十一年（1812），英国使臣阿美士德来中国出使时，专门对天津和北京这一地区的风俗民情以及军队防务等相关情况作了详细的调查和研究。第二次鸦片战争之后，天津被开放为通商口岸。

---

[1]　[英]雷穆森：《天津——插图本史纲》，《天津历史资料》1964年第2期，第3页。
[2]　同上书，第4页。
[3]　聂宝璋编：《中国近代航运史资料 第一辑》（上），上海人民出版社1983年版，第28页。

（一）内河航运与铁路交通

天津的水陆交通在开埠以前所占比例最大的是内河航运，海路运输、陆路运输在天津的水陆交通中亦占据重要地位。水路交通以内河航运以及海路运输作为代表，是天津与其经济腹地之间最为主要的商品物资交流渠道。水路交通占开埠以前天津货运量的 90% 左右。开埠以后，天津逐渐成为西方列强在华贸易重要的基地和前沿据点，与世界各国、各地之间的联系日益密切起来。天津开埠是天津水陆交通发生重大变革的转折点。从此以后，天津的水陆交通开始呈现空前繁荣的局面。随着新式铁路运输的异军突起，内河航运在天津水陆交通中的位置不断下降，所占比重也随着时间的发展逐渐降低。与此同时，天津连接中西的海上交通开始蒸蒸日上、大放异彩。

内河航运是天津与其传统的经济腹地的最主要的水路交通形式，这种地位在长时间段内依旧保持。天津的内河航运线以海河水系为主，主要包括以下几条运道：南运河、北运河、子牙河、大清河、蓟运河等。除此之外，天津内河航运线还包括滦河水系以及部分黄河的水路交通。大大小小的中外轮船公司发展经营着天津的内河航运业务。西方的政治家们很早就意识到了在天津开展内河航运业务可以赚取巨大的商业利益。1868 年 11 月 23 日，布朗致恭亲王的文件即明确指出了这一点："一个重要的问题是，还没有订立协定的内河通轮问题。扬子江上游内河、鄱阳湖以及天津白河航线，通行小轮甚至拖轮都有很大'好处'。"[1]以海河沿线的驳运业务为例：先后有英商太古洋行的天津驳船股份有限公司、英商大沽驳运公司、日商和清洋行和大连海河驳船公司、法商仪品公司等外国公司经营各种驳运业务。华商也创办了轮船招商局驳船公司、天津航业公司、政记轮船公司等经营沿线驳运业务。1874 年，轮船招商局已有"附局洞庭、永宁二船，往来长江，代本局轮船转驳川、汉、广东、天津各货"。[2]1875 年，"二月初六日，津河开冻，即派永清、利运、日新、保大、丰顺走津河，仍留富有走广东、和众走汕头"。[3]这些中外轮船公司的设立一方面大大繁

---

[1] 聂宝璋编：《中国近代航运史资料 第一辑》（上），上海人民出版社 1983 年版，第 362 页。
[2] 聂宝璋编：《中国近代航运史资料 第一辑》（下），上海人民出版社 1983 年版，第 1004 页。
[3] 同上书，第 1007 页。

荣了天津的水路运输，另一方面也对原有的天津传统木船运输业造成了非常大的打击。1886年，《沪报》上有这样一篇相关的报道："（天津）沿河一带……居民撑驾海船为业者十居六七，通商以来，轮船盛行，卫船无利可图，亏折销耗，失业孔多，综计其数，不及从前十分之三，而向之撑驾为生者，大半无业可就。"①可以看出，随着新式交通方式的发展，传统的木船运输已日渐凋零。整体而言，随着铁路和公路的兴起，内河航运业在天津与其腹地的经济交流中所占比重是出于逐渐降低这一趋势。但内河航运业依然有其自身的优势：运价低廉。基于这一优势，内河航运一直到20世纪30年代仍然承担着天津30%—40%的货运量，在水陆交通中具有相当重要的地位。

洋务运动的蓬勃发展给天津的交通带来了新的契机，促使铁路成为天津新的陆路交通形式。铁路可以承担大宗货物运输，在货物运输量和运输的时效性等方面具有传统交通方式无可比拟的优势。旧式的畜力驮运，甚至新兴的汽车运输与铁路相比均有所不及。自创修伊始，铁路便异军突起，并发展为天津当地最为重要的陆路交通形式。天津是中国最早建立近代工业企业的城市之一。随着近代工业在天津的蓬勃发展，铁路的修建也日益迫切。修建铁路最初的目的是解决天津城市工业企业以及轮船运输业对能源——煤的需求。起初国内的煤矿开采业并不发达，天津工业和轮船所需的煤从日本进口。西方人指出了煤矿的开采给天津带来的好处："所有人都会从中得到好处。天津还将出现一个新时代。正如从海关报告中所看到的那样，当地每年需要的一万吨煤将由天津供应，而不再从日本进口。两家中国的轮船公司——招商局和华海轮船公司无疑将会发现：不再像现在这样用定期供煤船把煤从长崎运到上海和天津两个煤库，而是在这两个终点站之一建立一个中心煤库，而从那里把煤运到其他站去对他们更为有利。"②1877年，为了解决煤的供应，开采唐山煤矿，开平矿务局成立。开平矿务局建立的主要目的便是向天津机器局、北洋水师、轮船招商局等部门和机构供应所需的煤矿资源。煤矿开采之后，如何运至天津成了一个现实问题。为解决开平的煤运至天津这一难题，唐廷枢首先修筑了一条从煤矿产地到丰润县的运输铁路。通过这条铁路运输线，开平矿务局生

---

① 聂宝璋编：《中国近代航运史资料 第一辑》（下），上海人民出版社1983年版，第1309页。
② 同上书，第1114页。

产的煤可以从开平先运到丰润,再经由蓟运河运到天津。1886年,在李鸿章的支持下,在此基础上成立开平铁路公司,并将铁路延伸至芦台。随后不久,这条修到芦台的铁路又继续向南,一直延伸到了大沽北岸。基于铁路的不断延伸,李鸿章建议清廷一鼓作气将此条铁路修到天津。李鸿章认为,如果将铁路修到天津,不仅可以运煤,还可以便利货物运输:"若将铁路由大沽接至天津,商人运货最便,可收取洋商运货之资,借充养路之费。"①李鸿章在此指出了这条铁路拓展到天津的重要商业价值,即便于商人运货,并可收取洋商运费来弥补养路的费用。李鸿章的建议很快得到了施行。清廷同意之后,开平铁路公司遂改名为天津铁路公司。从唐山到天津的这条铁路在当时亦被称作"北洋铁路"。1888年10月9日,津唐铁路修成,从唐山开平煤矿到天津的这一运输线正式打通。在铁路建成之后不久,李鸿章亲自对铁路进行了视察,对铁路评价颇高:"自天津至唐山,铁路一律平稳坚实,桥梁车轨均属合法。除停车查验工程时刻不计外,计程二百六十里,只走一个半时辰。快利为轮船所不及。"②津唐铁路的建设开通,是天津城市交通上的重大事件,天津借此成为中国历史上第一个建有铁路的大型城市。自此以后,唐山生产的煤矿不仅能够满足天津发展的需要,也能够经由天津出口,使天津从进口煤的城市转而变为出口煤的城市。1900年前后,中国国内铁路建设进入高潮时期。在修建铁路风潮的影响和带动之下,天津很快与国内其他城市和地区建立起"铁路"这种新形式的陆路交通,逐渐形成了以天津为中心的华北铁路交通运输网。1897年,从天津至北京卢沟桥的津芦铁路完工,这条铁路在1903年延伸到了山海关。1906年,京汉铁路全线通车,连接了华北和华中的陆路交通。自此以后,河北、河南、湖北各地的商品可以通过京汉铁路运至天津出口。1907年,正太铁路通车。山西生产的煤炭以及棉粮等物资也可以经由石家庄运至京津一带。1911年,津浦铁路也全线筑成通车,从天津到南京浦口。津浦铁路的通车大大地改善了从天津到长江下游地区的交通条件,加强了天津与河北、山东、江苏、安徽等地区的联系,使天津与这些地区的经济交流活动日益频繁起来。1912年,京奉铁路全线通车,后来在1929年改称为北宁铁路。京奉铁路(北宁铁路)将天津与东北连接起来。

---

① 中国史学会主编:《洋务运动》(六),上海人民出版社1961年版,第187页。
② 同上书,第199页。

通过京奉铁路，周边的海河水系和蓟运河水系、滦河水系及辽河水系连为一体，活跃了天津与东北的经济交流。1923年，京张铁路经过两次修筑，将铁路线延伸至包头，并由此改称为"京包铁路"。这条铁路实际上沟通了天津与西北地区的联系。西部省区如陕西、甘肃、宁夏、青海、内蒙古等的产品可以通过黄河先运送至包头，再经铁路转运，从天津出口到国内外各地。与之相应的，南方产出的茶叶以及丝绸等商品也可以运至天津，再经由京包铁路的辗转运输，运送到西北地区或向国外出口至苏联与东欧。另外，陇海铁路的分段建成也加强了天津和西北的经济联系，成为天津与陕甘等地重要的进出口陆路通道之一。

以天津为中心的华北铁路交通网的形成，极大地拓展了天津的经济腹地，提高了天津的城市经济辐射能力，使天津与全国各地的陆路交通状态发生了本质的变化。至此，天津的经济腹地开始覆盖到华北各省，并不断延伸到东北和西北的部分地区。铁路交通开始与内河航运互相补充，形成天津与全国各地区之间水陆交通的崭新格局。

（二）海上埠际交通

开埠之前，天津的海上交通主要涉及的是近海贸易。这种近海贸易主要交流的是国内埠际之间的物资和商品，与世界上其他的国家和地区进行的直接贸易并不多。开埠以后，作为中西交通的重要口岸，天津的海上交通开始日益繁荣起来。这种繁荣表现在两个方面。一、天津与其他港口之间的国内埠际海上交通路线在不断地开通。二、天津的海上远洋交通也随着经济形势的变化日益发达。天津开始走向世界，与世界各地产生密切的经济贸易联系。同时，天津海上交通的对象和范围也在不断扩大。

在埠际交通方面，随着国内外轮船公司的设立，天津开通了多条国内埠际海上交通线。较早在天津经营埠际轮船运输业务的是德国的船只："威尔纳于1861年在天津为欧洲人新开放的停泊地见到汉堡船十五只，不莱梅的船四只和其他国家的船六只。"[①] 随后不久，法国和美国也在天津经营着船运业务。法国的法兰西火轮公司于1865年开通了天津到上海之间的航线。1866年，美国的旗昌轮船公司也开通了这一航线。次年，有

[①] 聂宝璋编：《中国近代航运史资料 第一辑》（上），上海人民出版社1983年版，第161页。

"山西号"、"拉蒙号"（直隶号）、"满洲号"、"四川号"四条轮船运营。到1872年，轮船的数量增加到六只，分别为"山西号""四川号""满洲号""山东号""直隶（Ⅱ）号""东来号"。这条航线"冰冻不行，开冻乃行，每礼拜开行二次，客人货物金银俱可装载"。[①]"船往烟台、天津，以每礼拜三、礼拜六黎明时为来期，自天津出口回电亦同此日……天津，银十五两。"[②]英国的怡和洋行1867年在天津紫竹林码头设立分行。随后怡和洋行在香港成立怡和轮船公司并开通北洋航线。北洋航线沟通天津、烟台、青岛、秦皇岛、龙口、牛庄等地。怡和洋行也有数条轮船行驶在天津、上海和广州之间，在这几个重要的贸易城市承担轮船货运业务。在1870年末，怡和洋行便有五条轮船行驶在天津—上海航线上。1888年，台湾商务局也有轮船行驶于津沪航线，开展运输。英国太古洋行于1890年在天津成立太古轮船公司天津分公司。太古轮船公司主要运营的是天津与上海、广州、香港之间的航运业务。日本的日本轮船公司则主要经营从天津到青岛和大连等地的进出口相关业务。大阪商船会社于1898年在天津设立其分支机构，经营由天津驶向青岛、上海、福州、台湾等地的航线。1899年，德国的美最时洋行也经营着轮船三艘，行驶于天津、芝罘、上海之间。日清轮船公司于1907年在上海设立分公司，主要运营业务为天津到上海和广东的航运路线。

  同治十一年（1872），清政府在上海成立了官督商办企业——轮船招商局。轮船招商局成立之初的一个重要任务是运输漕粮。李鸿章在当年11月23日的奏折中提到："现届江浙海运米数日增，沙宁船只日少，得有华商轮船分运，更无缺船之虞。是一则为领用官船张本，一则为搭运漕粮起见，于国计固有裨益……现已陆续购集坚捷轮船三只。所有津沪应需栈房码头及保险各事，分装海运米数，均办有头绪，并由鸿章咨准江浙分运明年漕米二十万石。"[③]轮船招商局发展速度很快。同年12月，轮船招商局的船只即增加到五艘。据轮船招商局创办人之一朱其昂的禀复："伏查卑局招商轮船，除浙江省拟拨伏波一舟外，现继陆续购定四舟。其先购之一舟名伊敦，价银五万三百九十七两，堪装重货一万担，核装漕米七千

[①] 聂宝璋编：《中国近代航运史资料 第一辑》（上），上海人民出版社1983年版，第459页。
[②] 《万国公报》9卷427期，1877年2月24日尾页。
[③] 聂宝璋编：《中国近代航运史资料 第一辑》（下），上海人民出版社1983年版，第780页。

石,每一点钟驶十一'买',三日到天津……其余三舟,均系新样。一名代勃来开(Daybreak),计价银十万两,堪装重货一万八千担,核装漕米一万余石,每一点钟可驶十'买',三日半到天津……一名利运,价银八万三千两,堪装重货一万七千担,核装漕米一万余石,每一点钟可驶十'买',三日半到天津……一名泼利克有收,价银七万四千两,堪装重货一万七千担,核装漕米一万余石,其烧煤及行驶迅速,与利运相同。"①次年,轮船招商局天津办事处设立。继此之后,轮船招商局相继开辟了天津到上海、烟台、牛庄等地的航线。不同的轮船乘风破浪,行驶于各条航线之上,"福星往来上海、燕台、天津、牛庄等处……利运往来上海、厦门、汕头及天津、烟台等处"。②

此后,陆续由国人成立的私营航运公司也在天津与国内的埠际海上交通中扮演着重要角色。如虞洽卿创办了三北轮船公司,1918年从天津始航;三北轮船公司曾开辟了津沪专线。其他诸如政记轮船公司、北方航业公司、直东轮船公司等,也运营天津与各地的海上交通线。

(三)远洋交通

开埠初期,天津与世界各国家地区的海上远洋交通处于起步阶段,并不发达。天津没有直航至欧美的海上远洋航线。天津与欧美的经济交流以间接的进出口贸易为主。这种间接进出口贸易的重要转口地是上海,贸易数量巨大:"远比长江线数量为大的上海与天津之间各口的轮运贸易,主要是进口货物。1867年的进口洋货占天津与其他通商口岸外轮轮运量的60.7%,而在1872年,它占55.9%。"③天津商人远赴上海购买欧美的商品,"不仅价格较低,佣金较低,而且'利用轮船运输,可以不必保险',购者从中可以省下一笔沿海保险费"。④天津的直接进出口贸易则以香港为中心,当时"各国来华贸易之大号帆船及定期轮船,大多仅以香港或上海为目的地,其余别埠输出之土货,大抵先用轻便之西式纵帆船、横帆

---

① 聂宝璋编:《中国近代航运史资料 第一辑》(下),上海人民出版社1983年版,第792页。
② 同上书,第988页。
③ 聂宝璋编:《中国近代航运史资料 第一辑》(上),上海人民出版社1983年版,第157页。
④ 同上书,第603页。

船、鸭尾船等,运到沪港二处,再行转船出口"。① 例如怡和轮船公司曾经开通南洋航线,多艘轮船往来于天津、上海、厦门、广州、香港、澳门以及加尔各答和新加坡等地。香港当时是英国在东亚的重要贸易港口和基地。天津与香港之间的海上远洋贸易路线一直是天津最为重要的直接对外贸易路线。从开埠以后一直到19世纪末,这条海上远洋交通线在天津的直接对外贸易中所占据的比重长期维持着相当高的水平。其中进口比例在50%—75%,出口所占比例在40%—70%。通过上海和香港两地,天津拓展了与世界各国的联系,能够与多个国家开展经济贸易往来。当时已经有不少欧美、亚洲国家与天津开展了这种间接或直接的海上交通。相关国家大致有英、法、美、俄、葡、奥、日、朝鲜、越南、菲律宾等国。天津还是日本与欧洲联系的一个中转站,"从日本经过上海开往欧洲的船只,天津一直是一个停泊的口岸"。② 对俄国人而言,天津也是一个贸易中转地,有时候"经由天津再转陆路运出他们的茶叶"。③ 例如1871年,"长江线出现三条本地轮船,'沙斯勃里号'(六百八十吨)、'洞庭号'(二百四十一吨)及'汉阳号'(二百七十五吨)……这三条船的主要任务是代俄国商人自汉口至上海运送砖茶,然后再运至天津转运蒙古或海参崴"。④

总体而言,开埠初期天津的对外贸易以间接贸易为主,直接贸易为辅。但是随着形势的发展,这种情况也一直在持续不断地变化。天津的远洋交通航线在陆续不断地增加,原来的间接贸易逐渐向天津与世界各国的直接贸易转变。1870年,苏伊士运河正式通航,运河沟通了地中海与红海,使欧洲到亚洲的航路大大缩短:"我们的运输路线很快从旧日的好望角航线转到了比较迅速可靠的新辟航线来了。这件事对于贸易究竟有多么大的裨益,我们且不去说它,但是必然会从它得到裨益是无可怀疑的。英国制造品(对华)供应的比较正常和比较易于控制,将使商人的资金周转较前迅速,并将阻止市场疲滞时自然发生的存货积累,使货主免受沉重的损失。确实,这些影响已经很明显了。几乎没有一艘轮船到埠时,它的货

---

① 转引自上海社会科学院经济研究所、上海市国际贸易学术委员会编著:《上海对外贸易(1840—1949)》(上),上海社会科学院出版社1989年版,第29页。
② 聂宝璋编:《中国近代航运史资料 第一辑》(上),上海人民出版社1983年版,第314页。
③ 同上书,第673页。
④ 同上书,第1353页。

物……不是预先卖了的，或起岸后立刻就卖了。"[1]苏伊士运河的通航也为天津开拓与欧洲以及地中海沿岸国家的海上交通创造了条件，客观上有利于天津和欧洲大陆之间发展直接贸易："故是时中国出口贸易，实有集中沪埠之倾向。迨至本年，则以苏伊士运河业以通航之故，欧亚轮运，更形促进。于是上海以外各埠之直接对外贸易，始见增广。"[2]与此同时，太平洋航线也在不断地开辟和打通。1874年，太平洋邮轮公司开辟了从美国旧金山到上海的太平洋航线。1875年，日本三菱公司开通了上海到日本的航线。此后不久，加拿大太平洋铁路公司也开通了加拿大西海岸到中国的航线。1886年，日本邮船公司开辟了天津到长崎和神户的航线。甲午战后，"各国为获取中国贸易的实权，无不锐意扩张其航路而不稍懈怠。其中英德两国尤为热衷。德国汉堡，亚美利加汽船会社（汉美轮船公司）的东洋线不但延长至上海，并在上海天津间使用汽船三只每周航行"。[3]1900年，日本商船会社开通天津到神户的航线，"日本商船会社现定以'肥后丸'为往返天津日本之邮船，准于下月八日由神户起程。于下月十日经釜山、仁川、芝罘至天津"。[4]1905年，大阪商船会社开辟了大阪到天津的航线。在太平洋航线不断增加的历史背景下，天津与美洲和大洋洲国家的海上交通路线也逐渐建立。到20世纪初，天津直接对外贸易的船只吨位在不断上升，贸易额也有了逐渐的提高：

> 必须注意挪威进出口船舶1905及1906年的只数各为296与198。但次一年（1907）却急骤下降为26……安东天津间木材贸易对船吨的需要及向华南输送的盐运，使得挪威船只于1909年及1911年再次显著增加。德船有很大增长，其进出口吨位从1905年的156020吨增至1911年的352718吨。最显著的特点是与海外各国直接贸易的航海大轮的只数。几只颇优秀的轮船加入该口的正规贸易，开抵天津埠的轮船平均大小也逐渐增长。
>
> 早年天津市场的洋货，大都来自上海，向海外出口的土货也都通

---

[1] 聂宝璋编：《中国近代航运史资料 第一辑》（上），上海人民出版社1983年版，第636页。
[2] 同上书，第641页。
[3] 同上书，第36页。
[4] 聂宝璋、朱荫贵编：《中国近代航运史资料 第二辑》（上），中国社会科学出版社2002年版，第190页。

过上海的代理行号。但最近五年中，开抵天津的海外轮船数目与欧美及日本来往运送及从事直接货运船只数目的增加，使1911年直接对外贸易额，进口数占52%，出口占16%。[①]

在沟通天津与美国的太平洋航线上，英商祥泰洋行以运销美国的木材为主业，"因木料关系，特向美国船舶部承办波特兰哥伦比亚之航线，兼驶碌山矶至横滨上海，即分赴小吕宋与天津大沽之两支线，美船舶部指定十船交祥泰经理之"。[②]1919年，巴拿马运河开通。这也为天津与加勒比海附近的国家发展海上交通创造了条件。到20世纪20年代，天津海上远洋交通所涉及的地区空前拓展，遍布欧洲、亚洲、非洲、美洲和大洋洲，主要对象为英、美、日等国家。1919年时，"所有从事中国远洋及沿海贸易的轮船公司都在天津设置分行或代理人。在正常时期所有主要海运国家的船只都进出于本口"。但不得不说的是，截至此时，天津与海外口岸的直达航线仍不甚发达，"客货运输必须转运，主要在上海、神户与香港"。[③]综上所述，天津的远洋航路呈现不断开拓和增加的趋势。这一趋势密切了天津与世界各个国家和地区的经贸联系，逐渐减轻天津对上海等地转口贸易的依赖。

四 天津与中西经济文化交流

（一）与西方经济文化交流

开埠以前，天津是西方各国使节进入北京的必经之路。顺治年间荷兰使者哥页、雍正年间俄国人萨瓦、乾隆年间英国使者马戛尔尼、嘉庆年间英国使者阿美士德等进入北京时均曾经过天津。在早期的对华贸易中，英国长期处于入超地位。为了改变这种贸易状况，追求利润，英国的鸦片贩子们开始不断地将印度等地生产的鸦片通过不同的走私渠道输入中国。在开埠前后，天津已经成为中国北方鸦片走私的中心地，同时也是白银外流的重要口岸。来新夏先生主编的《天津近代史》对此问题亦有精到论述，

[①] 聂宝璋、朱荫贵编：《中国近代航运史资料 第二辑》（上），中国社会科学出版社2002年版，第121页。

[②] 同上书，第197页。

[③] 同上书，第326页。

参见下文。

天津之所以能成为中国北方鸦片走私的中心地，与两个因素有关。一是天津拥有便利的水陆交通；二是天津地近北京，附近生活着大量的官僚和贵族。在道光十二年时（1832），英国著名的大鸦片贩子查顿便开始直接向天津走私鸦片。查顿最初派遣了两艘双桅船沿海岸行驶，船上满装着鸦片和各种货物。这种初步尝试成效不大。随之查顿租赁了最新制造的飞剪船"气仙号"航行于上海和天津两地，并邀请熟悉中国情况的德籍传教士郭士立在船上充任翻译，利用传教、贿赂等多种手法，大量销售鸦片。① 天津的鸦片走私多数是英国鸦片贩子利用福建和广东等地的商船转贩而来。最初，英国的鸦片贩子将存放鸦片的船只停泊在珠江口附近的伶仃洋上。专门进行走私的武装快艇（又称"快蟹"）从趸船上接收鸦片，转而将其运交给各个批发商——"大窑口"批发销售。"大窑口"再暗中将鸦片转售给包买商——"小窑口"。据《清实录》的记载，道光十一年（1831）流入福建、广东和天津的鸦片"皆由窑口立券，到趸交货"。道光十八年七月二十七日（1838年9月15日），江西监察御史狄听在《请饬拿天津洋船夹带鸦片由》的奏折中，详细地叙述了天津当时作为北方最大鸦片市场的具体情况。其在奏折中提到每年来天津的闽、广商船有一百余只，这些船只许多都私自夹带鸦片。到达天津以后，这些鸦片即经由"潮义""大有"和"岭南"等"窑口"分销。鸦片一部分在天津洋货街的洋货铺销出，另一部分在针市街的洋货局中销出。但绝大部分鸦片则经过"窑口"之手转贩给山西、陕西等处的商人，或由人包运到北京。除此之外，也有鸦片贩子从内河走私贩运鸦片："夷船载运烟土……其大宗由海运至福建、浙江、江南、山东、天津、关东各海口。其由内河兴贩至南北各省，盈箱累箧，实繁有徒。"② 鸦片走私之所以在天津达到如此猖獗的地步，其中一个重要的原因是官员验关不严。每当商船入口时，往往"并无官役稽查，抵关后委员验货仅能大概观看"。另外一个原因是府县的包庇。一旦遇有查缉时，"府县家人、书役等向多得规包庇，或自行吸食"。诸色人等与烟贩子们消息互通，"一有查拿之信，外间刻即遍传，不过藏匿烟土，暂时敛迹，其实私行贩卖，依然如故"。鸦片走私猖獗的

---

① ［英］格林堡：《鸦片战争前中英通商史》，商务印书馆1961年版，第126页。
② 齐思和等整理：《筹办夷务始末》（道光朝）一，中华书局1964年版，第64页。

第三个原因是北京的官僚贵族从中大量渔利，从而助长了鸦片走私。例如"宫中的宦官作着很大的鸦片生意"，这种行为导致鸦片走私在各个口岸之中以"天津为最易。都城中有势力的人，握有所有从事鸦片贸易的名单……因之大人们可以向他们敲诈，以充实自己的腰包"①。当时，鸦片对天津社会上产生的危害十分严重，"烟馆则随处皆有，烟具则陈列街前，积习成风，肆无顾忌"。鸦片走私也造成了中国白银通过天津大量外流。道光十七年（1837年），御史朱成烈即指出：鸦片走私造成了白银的大量损失，如"广东海口岁出银至三千余万，福建、浙江、江苏每海口出银不下千万，天津海口出银亦二千万"。②天津开埠后第六年（1866年），鸦片的进口额激增至1465万余两，这一数额约占当时天津一地进口总值的33.4%。天津成为中国北方最大的鸦片贸易市场。

　　直到开埠前不久，天津与西方的商品经济以及文化交流仍不甚发达。在天津北门外和东门外有专门交易欧洲商品的"洋货街"。但客观而言，这种商品交易的规模不是很大。1858年，英法联军登陆天津之后，他们发现了天津店铺里销售着欧洲各国生产的种种商品，但是种类和数量并不是很丰富。他们认为这是很好的商机。一个英国人对此评价道："没有什么疑问，我们会为我们的棉毛制品在中国北方找到相当大的市场。在店肆里，我看到一些曼彻斯特棉布，以及英国式日耳曼玻璃器皿、刀具、黄磷火柴等等。"③另外一个法国人也说："天津城的全部商业活动似乎限于城外，主要在连接运河的地方（指三岔河口一带——译者）。在这广阔地带，店铺里摆着皮毛、糊墙纸、扇子、古董。在陈列待售的货物中间，我们看到一些欧洲产品，包括浅色鲜明的俄国毛织品、曼彻斯特棉织品、日耳曼黄磷火柴。"④天津开埠以后，与西方各国的商品经济交流才日益繁荣起来。《津门杂记》便指出开埠以后与西方的经济交流焕然改观："津门为畿辅喉襟之地，人杂五方，繁华奢侈使然。昔年漕运盐务盛时，生意勃勃，异常热闹。迨后屡经灾歉，市面萧条，不无减色。惟逢岁时令节尚不致十分冷落，然较之于昔，亦大都悬殊也。乃自西洋通款，各国来津贸易

---

①　齐思和等编：《鸦片战争》（5），神州国光社1954年版，第24页。
②　（清）王先谦：《东华续录》卷35，文澜书局1898年版，第5页。
③　转引自刘志强、张利民主编《天津史研究论文选辑》，天津古籍出版社2009年版，第445页。
④　同上。

者既夥，议准于距城五里之紫竹林地方，设立关榷，建造房屋，中外互市，华洋错处，轮艘戬迁，别开生面，为北洋通商要地。由是益臻繁盛，焕然改观。"① 开埠初期，天津的进出口贸易主要是通过上海的转口贸易。西方的商品源源不断地涌入天津：大宗商品有全套的机器设备、机器部件、羊毛、皮革、驼绒、呢绒、烟酒、粮食、猪鬃、制糖、染料、油漆、药品等等；小宗商品亦种类丰富，有洋钉、洋针、化妆品、钟表、轴线、眼镜、西洋镜等等。种类齐全的西方商品充斥着天津的市场，刺激出天津商品市场新的活力。开埠以后的1860—1910期间，天津进口西方的洋货以鸦片、外洋棉布、绒货、绸缎羽绫、五金等几类产品为主。这几类产品中，鸦片在开埠初期所占份额最高。例如1863年，当时天津进口鸦片的贸易值高达进口商品总量的36.4%。从1870年代以后，鸦片的进口量开始逐渐减少。外洋生产的棉布等纺织品是天津进口的另外一类大宗的商品。山西的商人每年都到天津购买大量洋布，人数多时"其数达300人左右"②。绒货亦是从外国进口的重要棉织品之一。当时天津进口的绒货种类很多，其中有英国和荷兰产的羽毛、各种羽绸、各种羽绫、不同等级的小呢以及其他各色的绒货和绒棉布。五金产品也是天津从西方进口的重要商品，其范围含括了钢、铜、铅、洋针、钉条铁等多个种类。进口的洋针先在天津海关纳税，主要的销售地是朝鲜，用以换取高丽参以及其他朝鲜的土产，"人皆发现此项贸易获利甚厚"③。

从天津向西方出口的土货种类也很丰富，在《津门杂记》中记载了多种天津出口到西方的土货，其中包括"古玩。铜，瓷器。驼、羊毛。马、猪鬃。牛、驴、骡、马皮。牛、羊骨、角。各色皮货。蚕茧。乱丝头。棉花。土布。土酒。靴鞋。草帽缏。毡、绒毯。毡帽。羽扇。椒。参。药材。金针。红枣。桃、杏仁。花生。瓜子。大头菜等类。"④ 实际上，从天津出口到西方的商品种类远远多于上述所列。出口最大宗的商品以皮毛、药材和草帽缏等为主。根据海关档案的记载，经由天津出口的"大宗品目，计有草帽缏、骆驼毛并绵羊毛、山羊皮褥、生皮、马毛以及猪鬃等，

---

① （清）张焘：《津门杂记·自序》，天津古籍出版社1986年版，第1页。
② 《津海关年报档案汇编》（1865—1888年），1883年天津贸易报告，第219页。
③ 《津海关年报档案汇编》（1865—1888年），1865年天津贸易报告，第3页。
④ （清）张焘：《津门杂记》卷下，天津古籍出版社1986年版，第146页。

其外洋销场日渐扩大，各货之生意均见起色，则大有裨于本埠商业之畅茂"。①整体而言，开埠初期天津出口的土货以原料类的农产品为主，其次为土特产品，畜产品的数量相对较少。原料类农产品中以棉花和豆类最多。土产类别中鹿茸和大黄则占据着相当的位置。自1870年代以后，这种格局又有了新的变化，土特产品成为天津土货出口的最大宗商品。例如在1873年，当年出口的土特产品有两万四千余两的药材、近两万担的红枣，一万四千余担的黑枣。相比较而言，本年农产品和畜产品的出口贸易值则甚少。这种情况一直持续到了1880年，出口的土货仍以土特产品为主。1885年以后，天津出口的各类产品数量均有所增加。以下列举数例，以见开埠后天津对西方的商品出口情况。

首先，皮毛出口方面。皮毛是天津向西方出口的重要货物之一。皮毛的产地主要来自距离比较近而且交通相对发达的蒙古草原等地。"天津特有之出口货计有毡、毡帽、马毛、各色皮货、骆驼毛、绵羊毛、山羊毛、牦牛尾、水牛角及水牛皮。所有此类商品，除毡及毡帽率由直省所制者外，均产于蒙古，蒙古之货源几乎取之不尽。"②其中通过天津出口的骆驼毛的主要来源是归化城。据海关档案记载："归化城乃骆驼毛唯一之定期销场。据估计，凡运至天津者，其二十分之十九皆购自该处。"③商人们的商品交易顺序往往是先从天津贩运茶叶到归化城，再从归化城贩运骆驼毛回津。出口西方以后，骆驼毛在西方市场上一般是销往伦敦和纽约两个城市。骆驼毛主要被用以制造各种绒布。较细质地的骆驼毛可以混丝，用来制造女士衣料。④

其次，药材出口方面。药材是中国内地出产的重要土特产品，也是内地通过天津出口的重要产品之一。"天津乃各种药材之最大出口港之一，凡离埠之船，岂有不带若干而去者？"⑤开埠之后，潮州帮、闽帮和广东帮等商人将天津作为商品贩运的集散地，进行南北间的货物贩运。这些商人往往将北方药材出口到南方。当时盛京的特产嫩鹿茸、关东参以及高丽参等珍贵的药材，大量经过天津销往广州等地，进而出口到国外不同地区。

---

① 《津海关年报档案汇编》（1865—1888年），1887年天津贸易报告，第145页。
② 天津社会科学院历史所、天津市档案馆编：《津海关年报档案汇编》（1865—1888）上，第148页。
③ 《津海关年报档案汇编》（1865—1888年），1877—1879年天津贸易报告，第177页。
④ 同上书，第178页。
⑤ 《津海关年报档案汇编》（1865—1888年），1865年天津贸易报告，第7页。

再次，草帽缏出口方面。草帽缏从1869年开始出口到国外，很快便跃升为一项重要的产品。草帽缏主要产自直隶地区的兴济、阳信、黄花店、苏济、玉田以及河南省的南乐等地。这些地区草帽缏的草帽缏生产出来之后，分别交由位于天津的洋行和华商进行代理。草帽缏销往欧美国家，其用途一般是制作草帽。也有将草帽缏制作成为装饰品者，例如将其制成针线篮和画框等。

在种类繁复的销往外洋的货物之中，不同产品的销售地也有区别。药材的主要销售地是南洋和日本。草帽缏和骆驼毛以及草帽则多数转运至美国。古董类的物品多销往欧洲。除此之外，茶叶也是天津出口的大宗土货商品之一。从1866年开始，清政府允许俄国商人转运恰克图茶叶，并提供优惠的关税政策。这一政策施行以后，俄商经营的茶叶贸易开始逐渐兴盛起来，"俄商现在产茶区设有其自己之公司数家，亲自监制所购茶叶。自蠲免复进口半税以来，由轮船将茶叶遵长江、缘海岸运往天津，自比故道节省费用"。[1]茶叶抵达天津后，通过水路用船只运至通州，再利用骆驼等交通工具运往恰克图。与以往茶叶主要销往俄国不同，俄商所运的茶叶多数在蒙古和西伯利亚地区销售。

（二）多元的宗教信仰

天津作为"水陆通衢"和"五方之民杂处"之地，在宗教信仰方面也具有极强的多元性和包容性。

自元代以来，天津即是河海漕运的咽喉。元代漕粮运输普遍采用海运，但是海运具有相当大的风险，"风涛不测，粮船漂溺者无岁无之"。海难的频发使祭祀海神天妃的天妃宫较早在天津大直沽建立。《元史·祭祀志》记载："南海女神灵惠夫人，至元中，以护海运有奇应，加封天妃神号，积至十字，庙曰灵慈。直沽、平江、周泾、泉、福、兴化等处，皆有庙。皇庆以来，岁遣使赍香遍祭。"[2]此为始建大直沽天妃宫。泰定年间（1324—1328），大直沽天妃宫遭遇火灾，此后不久在小直沽另建新庙。至正五年（1345），都漕万户府又拨款重建了位于大直沽的天妃宫。于是天津地区有了东、西二座天妃宫。自此以后，大直沽的天妃宫俗称为东庙，

---

[1] 《津海关年报档案汇编》（1865—1888年），1866年天津贸易报告，第36—37页。

[2] （明）宋濂等撰：《元史》卷76，中华书局1976年标点本，第1904页。

图 1-48

小直沽的则俗称为西庙。1900年，大直沽天妃宫被八国联军烧毁，现仅存"宫前""宫后""终结"等街道的名称令后人追思古迹。西庙的位置在三岔河口以南，明清两代对其不断重修，至今得以保存。

除了天妃宫外，天津的其他宗教寺庙亦为数不少。《天津古代城市发展史》曾对天津当地的寺庙作了详细的考察。其中，明代天津的寺庙宫观有数十座。在这些寺观中，佛教寺庙占据了多数，道教的庙宇数量也很多。其中佛教的寺庙有海会寺、观音寺（三所）、涌泉寺、稽古寺、大寺（观音庵，二所）、西方庵、白寺、净土院、药王庙（四所）、观音庵、大佛寺、白衣寺、弥勒庵、甘露寺、宏济院（法华园）、地藏庵等。道教的寺庙有天妃宫、关帝庙（三所）、城隍庙、东岳庙、三官庙（二所）、太虚观、真武庙、玉皇庙、三元庵、九天庙、元帝庙、小圣庙（祀海神平浪元侯）、泰山行宫等。另外，伊斯兰教的清真寺有金家窑清真寺和穆庄子清真大寺等。其他的民间寺庙也有许多，例如五圣庙、庆国寺（挂甲寺）、永明寺、马王庙、红寺、镇海寺、善庆庵、慈惠寺、天安寺、育德庵等。明万历年间修建的金家窑清真寺是天津地区创建最早的清真寺。根据民国十六年（1927）戴德桂所撰《天津金家窑清真寺碑记》的记载："稽津郡创设清真寺，以金家窑为最古，前明万历二年间，皖省安庆回教运输皇粮船帮，沿运河由南向北蜿蜒数千里，所经都邑船泊时，咸造清真寺……每当抵津泊岸，恒以未有朝拜之处为憾。于是该穆民等，有变卖船产者，有凑措资财者，乃在津城东北隅金家窑地方，滨河东岸购置屋数椽，权作朝拜之天房，此创设金家窑清真寺之所由来也。"[1]

清代以来，天津宗教信仰的多元化格局表现得更加明显。清初时，天津"本卫土著之民凋零殆尽，其比间而居者，率多流寓之人"[2]。政局

---

[1] 转引自李家璘主编《天津文博论丛》第 2 集（下），天津人民出版社 2010 年版，第 366 页。
[2] （清）薛柱斗纂修：《新校天津卫志》卷 2，成文出版社 1968 年铅印本，第 72 页。

稳定后，随着人口的聚集和经济的发展，天津当地的宗教活动日益丰富。皇会成为天津重要的民间活动之一，是为庆祝天妃圣诞而举行。张焘《津门杂记》记载："三月二十三日，俗传为天后诞辰。天津系濒海之区，崇奉天后较他处尤虔。东门外有庙宇一所，金碧辉煌，楼台掩映，即天后宫，俗称娘娘宫。庙前一带，即以宫南、宫北呼之。向例此庙于十五日启门，善男信女络绎而来。神诞之前，每日赛会，光怪陆离，百戏云集，谓之'皇会'。香船之赴庙烧香者，不远数百里而来。由御河起，沿至北河、海河，帆樯林立。如芥园、湾子、茶店口、院门口、三岔河口，所有可以泊船之处，几于无隙可寻。河面黄旗飞舞空中，俱写'天后进香'字样。"[①] 进入四月份之后，有祭祀城隍的庙会："四月庙会最伙。初六、初八日天津府、县城隍庙赛会。自朔日起至初十日，香火纷繁。而灯棚之盛，历有年所，尤为大观。"[②] 此外，民间新宗教信仰有供奉药王的峰山庙以及供奉碧霞元君的金顶妙峰山，二者也是信徒众多，香火极盛，各有其对应的宗教活动。每年的中元令节，"众善循例延致僧道，建醮设坛，赈济孤魂……或谓之水陆道场，或谓之盂兰胜会。津城内外不一其处，近来以紫竹林之梁家园为最"。[③] 清代末期，随着西方势力的渗入，天主教、新教等宗教势力也在天津逐渐扩张，如"英、美二国所传之道为耶稣教。其中礼节与天主教迥别，传教者称牧师，聚会之所曰礼拜堂，又曰讲书堂。津城内外计有七八处，每日开门讲道劝人"。[④]

五 海上交通对天津城市空间格局的影响

金朝在天津设立直沽寨，天津城市聚落开始形成。元朝建都大都（北京）后，天津的大直沽、三岔河口一带逐渐繁荣。明成祖迁都北京，天津作为京师的门户日益受到重视。明清两代，天津兼具京师门户、漕运咽喉和长芦盐集散地的三重重要地位。这大大促进了天津城市的发展。明孝宗弘治年间之前，天津城仅仅是一个单纯的军事堡垒，城内居民以军丁为主。弘治以后，通过整饬天津兵备山东按察司副使、巡抚、屯田等衙署

---

① （清）张焘：《津门杂记》卷中，天津古籍出版社1986年版，第76页。
② 同上书，第80页。
③ 同上书，第83页。
④ 同上书，第132页。

的设立，天津城市开始逐渐向行政性城市转化。清雍正年间，天津改卫为州，旋即升州设府，天津正式由军事体制转变成为地方行政体制。城内也基本奠定了官方衙署、百姓民居、宗教庙宇和商业贸易区错杂相间的城市空间布局。随着天津开埠和中西海上交通的发展，天津城市性质逐渐发生变化，由内贸型城市向外贸型城市转变。西方国家在天津划分的大量租界。这些都促使和推动着天津的城市空间布局发生新的变化。

（一）内贸型城市向外贸型城市的转变

开埠以后，天津成为西方列强们资本扩张的桥头堡和推销洋货的重要市场。随着清廷的统治者们意识到西方在军事和工业方面的优势地位，开始大力兴办洋务，天津也借此一跃而成为北方的洋务中心。这些因素都使天津从传统的封建工商业城市向近代工商业城市转型。

在商业方面，天津开始从内贸型商业城市向外贸型商业城市转变。开埠之前，天津的商业主要是建立在漕运和盐业两大支柱产业基础之上的，是典型的内贸型商业城市。根据道光年间的《津门保甲图说》记载，当时天津城厢一带的居民中，盐商、铺户、负贩、船户等占据了总户数的56%。通过这种人口的结构比例可以看出，在天津的城市经济结构中，商业比重显然很高。优越的地理位置和便利的交通条件，无一不支持着天津在国内的南北贸易中占据重要地位。但天津的商业活动在开埠前主要局限于国内市场，商品交易的种类也是以农副产品和传统手工业产品为主。从销售和服务区域看，来到天津进行贸易的商品具有很大的服务首都北京属性。另外，天津重要的产业——盐业等受到官府的严格管理和控制。从产销两方面来看，除了食盐之外，天津本地的商品生产能力实际上极其有限。客观而言，天津除了食盐外并没有太多的优势商品，主要作为南北贸易的中转站。综合看来，开埠前天津是以商品中转为主的传统内贸型商业城市。开埠后，通过天津一地，逐渐将中国传统的商品市场与国际商品市场沟通联结，开始了西方资本主义商品与华北地区传统产品之间的商品交流。天津慢慢成为华北的商品集散中心，"自西洋通款，各国来津贸易者既夥，议准于距城五里之紫竹林地方设立关榷，建造房屋，中外互市，华洋错处，轮艘鳞迁，别开生面，为北洋通商要地，由是益臻繁华"。[①] 此

---

① （清）张焘:《津门杂记·自序》，天津古籍出版社1986年版，第1页。

后，交易的商品不再仅仅局限于国内生产的商品，而是实现了国际上工业化生产的商品和国内传统商品的相互交易流通。天津的商业开始由内贸型向外贸型转变。

近代官办工商业也在天津繁荣发展起来。1867年，清政府在天津创办了规模较大的军工企业——天津机器局。天津机器局在建立之初委托英国商人密妥士代为购买机器、雇用工匠，并委托其参与筹建机器局。1880年，清政府又在大沽创办了修理海军战舰的"北洋水师大沽船坞"。李鸿章委派英国人德璀琳和清道员罗丰禄负责大沽船坞的建厂相关事务。清政府创办的近代军事工业是天津大规模工业化的开端，对天津近代工业的发展产生着重要的影响。1880年，李鸿章又在天津设立电报总局，拉开了天津近代民用工业的序幕。不久之后，中国第一家铁路公司——天津铁路公司也在天津诞生。近代工业企业的出现导致天津经济结构的调整与变化，促使天津逐渐发展成为我国重要的工业城市。在此基础上，天津的民族资本主义工业企业也在不断孕育。

（二）租界与天津城市空间布局的调整

租界是天津近代海上交通影响下的产物之一，对天津城市空间布局产生了深刻的影响。对于这一问题，乔虹先生在其《天津城市建设志略》、黄克力先生在其《海河与天津城区发展研究1404—1912年》等著作中均作了细致而精到的论述，为看清租界对天津城市空间市局的影响提供了不可或缺的重要帮助谨此感谢并略述此问题如下。

1860年以前，天津是典型的中国封建城市，具有封建城市的一般特点。按照清道光二十六年（1846）《津门保甲图说》的描述，当时天津的市区主要集中在天津城及城外海河和南运河两岸附近，面积在9.4平方公里左右。1860年之后，随着各国租界的不断开辟和扩大，近代西方的建筑和各种市政设施随之出现，天津逐步发展成为近代化的港口城市，城市空间布局也经历了很大的调整和变化。

天津租界的开辟肇始于咸丰十年（1860），英、法、美、德、意、俄、奥、比、日等国均曾在天津设立租界。英租界的位置在天津城东南，属于海河西岸第七区。英租界的四至是东至海河，西至西康路，北至营口道，南至马场道。与后来相比，英租界设立伊始的占地面积并不算很大，

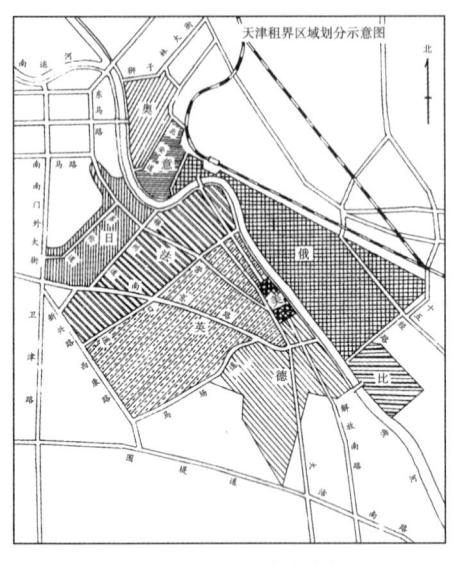

图 1-49　天津租界划分

仅有 315 亩左右。但后来陆续扩张，面积增加到 6150 亩左右。法租界的位置在天津城东南、英租界北侧。法租界的四至为东至海河，西至墙子河（今南京路），北至今锦州道，南至营口道。法租界最初占地面积在 423 亩，与英租界相差不大，后来陆续扩张到 2830 亩左右。美租界的位置在英租界南面，北邻英租界，向南而至开滦胡同，后来美租界并入了英租界。德租界的位置在天津城东南，海河的右岸，英租界以南。德租界的四至是东临海河，向北连接美租界，向西到海大道（今大沽路），向南自小刘庄的北庄外起顺小路（今琼州道）而至海大道。德租界的面积最初有 900 余亩，后来逐渐扩大到 4200 亩。1917 年由于德国在第一次世界大战中的失败，德租界被收回，改名特一区。日租界的东北部与天津城南毗邻。其四至是东到海河，东南和法租界毗邻，西到墙子河（今南京路），北界从今张自忠路和多伦道口起，向西经海光寺直到墙子河而止。日租界的面积共 1667 亩。俄租界位于海河东岸，与法、英、德租界隔河相望，面积 5000 余亩。1920 年俄租界被收回，改名特三区。意租界位于海河东岸，向南连接俄租界，向北连接奥租界，并与日租界隔河相望。意租界的四至是南临海河，西至北安道，东至五经路，北至兴隆街，面积 780 余亩。比租界的位置在海河东岸，俄租界南侧。比租界的四至是西临海河，北接十五经路，东至大直沽，南到小孙庄，面积 747 亩。1931 年比租界被收回，改名特四区。奥租界位于海河东岸，隔河与天津城区相望。奥租界的四至范围：北至今狮子林大街，向南连接北安道，向东到十字街和新货场大街，西临海河，面积 1000 余亩。1919 年奥租界被收回，改名特二区。

各国在天津划立租界以后，纷纷对其进行了改造。各国一方面建造附近的码头，同时对海河干流的水道进行疏通和清理，另一方面也在各自的租界区域内进行了大量的市政建设。例如英租界内部进行了租界道路建设，对紫竹林码头加以改造，修建了医院、球场，兴建各种大楼和住宅等等。法租界除了修建道路和紫竹林码头以外，也开辟了大量的娱乐消费场所，同时兴建了中法实业银行、朝鲜银行、中国银行等大量的金融业建筑。在对租界进行改造和整顿的基础上，租界内的商业氛围也日益浓厚，商业消费区逐渐形成。租界内先后出现了和平路商业区、滨江道商业区以及小白楼娱乐区。

租界对天津城市空间布局产生了十分深刻的影响。其中的一个影响是改变了天津的城市发展趋势。由于各国租界均沿着海河的走向分布发展，与天津老城区的布局呈现出了西北—东南的竖向分布。这就使天津城的发展趋势从原来的向西和向北发展有所转变，转为向天津城东南租界方向发展。天津的城市空间布局由此改变。租界对天津城市的另一个影响是扩大了天津的城区范围。原来天津城区的范围较为有限，仅仅包括天津城附近的地区。九国的租界皆位于海河两岸，与天津城之间以城外的商业区作为缓冲。这种情况下形成了旧的天津城区、城外商业区、新的租界区的城市空间格局。然而，租界又通过多条道路与天津城区和城外的商业区连为一体。例如其中有天津海关道修筑的碎石路，这条路从总督衙署通至紫竹林码头，从东门外经过法、德、英租界的海大道，将天津老城区和城外商业区租界区三者连接起来。再如海河东岸的奥、意、俄租界，它们通过海河浮桥与天津城东的商业区连成一片。以此为基础，天津的城区面积发生了很大的变化。道光年间，天津城区面积约为9.4平方公里。1900年前后，天津城区面积大大增加，扩展到13.4平方公里。天津城区受到租界区的辐射和影响，也沿着海河向东发展，在海河西岸扩展而至海大道以东地区，在海河东岸则自老龙头车站以下扩展至直沽一带。与此同时，天津城区也沿着海河向北扩展。1911年辛亥革命前夕，随着租界的扩张，天津的建成区面积也进一步扩大。英法租界向海大道以西扩建，日租界向芦庄子一带发展，意租界沿旧盐坨一带延伸，俄租界沿六纬路至十三经路拓展。在租界以外的毗邻地区，因夹在中国管辖区与各国租界之间，一些军阀和官僚在此开发建房。这些地区开始成为租界与中国辖区的缓冲地带，事实上也逐渐被纳入了天津城区的范围。1911年，日本中东石印局曾经出版了一本《天津地图》。根据这幅地图的标识，此时天津的城区面积已经达到了16.2平方公里。

第二章 京津冀区域科学技术发展与对外交流

序　言

　　科学技术史是整个人类文化史的一部分。在它发展的过程中，我们曾经不断地吸取世界各民族、各地区和国家的许多成果，同时我们也通过各种途径，把自己的许多先进成果贡献给全人类。

　　中国古代的科学技术随着国门的洞开而走出国门，传播到世界各个地区。英国著名学者李约瑟在其所著的《中国科学技术史》一书中认为：中国在公元前1世纪到15世纪，在应用自然知识于人类实际需要方面，远比西方领先。英国另一著名学者贝尔纳在其所著的《历史上的科学》一书中也指出，"中国许多世纪以来，一直是人类文明和科学的巨大中心之一"[①]。

　　京津冀区域历史文化悠久，科学技术发源也很早，原始社会时期已经出现原始科学技术知识的萌芽。经夏商周春秋战国时期的渐生与积累，到秦汉魏晋南北朝时期形成了较为完备的科学技术体系并不断发展，至隋唐宋辽金元进入科学技术的鼎盛与繁荣时期[②]。在这个漫长的历史过程中，基于自身科技发展高水平带来的向心力和吸引力，京津冀区域渐次展开与其他国家和地区的科学技术交流。特别是与一衣带水的周边国家朝鲜、日本，京津冀区域与之保持了长时段、多领域、全方位的科学技术输出，这种状况一直延续到近代。近代以来，日本通过改革，科技发展一日千

[①] ［英］贝尔纳：《历史上的科学·为中文译本写的序》，科学出版社1981年重印。
[②] 贾红星主编：《河北科学技术史》，人民出版社2013年版。

里，而中国却故步自封、画地为牢，中日科技交流输出方与输入方的地位逆转。

京津冀区域西向的科学技术交流则以北京作为政治中心分界，大致分为四个阶段。

第一个阶段为秦汉至两宋时期，由于道长且阻，远行困难，京津冀区域仅与中亚地区有零星科技交流，如葡萄、西瓜等作物的传入与中国农学、数学的传出，交流领域、范围相对狭小。

第二阶段为有元一代，北京作为政治中心的地位得以确立，科学技术发展进入繁盛期，京津冀区域与西方科技交流渐次广泛开展，阿拉伯数学、医学传入，中国科学与技术对周边地区的辐射增强，交流范围、领域有所开拓。

第三阶段为明清时期，北京政治中心地位更加凸显，京津冀区域与西方科技交流大规模展开。这一阶段，一改之前京津冀区域主要是单方面科技输出、更多影响对方的情况，伴随着耶稣会士的大规模来华，作为传教的手段，西方自然科学技术较多传入中国，一定程度加速了中国近代科技的发展。

第四阶段为1840年以来至20世纪初期，本着自强与求富原则，清政府通过兴建军工与民用企业，引入西方近代技术和设备；借助兴办学堂与派遣留学人员，学习西方科学与技术，为中国近代科技人才的培养与制度建设奠定基础。

第一节　元代及以前京津冀区域的对外科技交流

一　秦汉至两宋时期京津冀区域的对外科技交流

（一）京津冀区域与周边国家的科技交流

中国与一衣带水的朝鲜、日本之间文化交流源远流长。早在战国时，齐宣王、燕昭王之世，曾"使人入海求蓬莱、方丈、瀛洲"[①]。秦始皇

---

① （汉）司马迁：《史记》卷28《封禅书》，中华书局1963年版，第1369页。

二十八年,"齐人徐市等上书言海中有神山,名蓬莱、方丈、瀛洲,仙人居之",始皇"于是遣徐市发童男女数千人,入海求仙人"[1]。有人谓上言神山或在今琉球群岛。可见,战国以来,我国大陆与近海地区已有海上交通。至于朝鲜、日本等国,与我国交往更多。秦汉之际,我国北方人民因避乱迁往朝鲜的不少。史称:"燕、齐、赵人往避地者数万口。"[2]秦末汉初,燕人卫满率领一千多人渡浿水,即今朝鲜清川江,"役属真番、朝鲜蛮夷及故燕、齐亡命者王之"[3],都于王险城(今朝鲜平壤市南)。至于日本,"自武帝灭朝鲜,使驿通于汉者三十许国",安帝永初元年,倭国王帅升等,"献生口百六十人,愿请见"[4]。这些迁往日本、朝鲜的华夏之民,以及中国与朝鲜、日本的交通往来,给当地经济、文化以积极的影响,包括科学技术在内。下面则分类介绍京津冀区域与周边国家,特别是与朝鲜、日本之间的科技交流。

数学 中国古代数学远远走在世界各国和地区的前列,并率先传入一衣带水的邻国朝鲜和日本,向四周辐射扩散。中国数学是朝、日两国早期数学发展的基础,其影响之大是可想而知的。

祖冲之(429—500),我国南北朝时期杰出的数学家、科学家,祖籍范阳郡遒县(今河北涞水),其主要贡献在数学、天文历法和机械等方面,备受后人尊敬。祖暅是祖冲之之子,是其科学事业的继承人,同其父一起圆满解决了球体积的计算问题,得到正确的球体体积公式。祖暅的主要贡献是修补编辑祖冲之的《缀术》,因此可以说《缀术》是他们父子共同完成的数学杰作。唐显庆元年(656)国子监添设算学馆,规定《缀术》为必读的"十部算经"之一,学习期限为四年,是数学书中学习时间最长的一种。《缀术》还曾传入朝鲜和日本,被选作数学教育的教材。

在朝鲜,据《三国史记》记载,新罗早在7-8世纪,便曾在"国学"内设立算学科,置"算学博士若助教一人,以《缀经》《三开》《九章》《六章》教授之"[5]。其中所说《缀经》,当是祖冲之的《缀术》。总的来说,其数学教育制度与所用教材,均与唐朝国子监算学馆相类似。10—

---

[1] (汉)司马迁:《史记》卷6《秦始皇本纪》,第247页。
[2] (宋)范晔撰,(唐)李贤等注:《后汉书》卷85《东夷列传》,中华书局1965年版,第2817页。
[3] (汉)司马迁:《史记》卷115《朝鲜列传》,第2985页。
[4] (宋)范晔撰,(唐)李贤等注:《后汉书》卷85《东夷列传》,第2821页。
[5] 金富轼:《三国史记》卷38《职官上》。

14世纪的高丽王朝也建立了类似的制度。他们还多次派人来华采购各种书籍，其中也包括数学书籍。

在日本，早在公元3世纪，日本就开始吸收中国的数学知识，而从6、7世纪日本的飞鸟、奈良时代起，中国的历法和数学就更多地直接或经由朝鲜间接地传入日本。日本于8世纪初设立学校，讲授数学，据日本养老二年（718年）公布的《养老令》及其释义书《令义解》（833）记载，可知当时所用教材有《孙子》《五曹》《九章》《海岛》《六章》《缀术》《三开》《重差》《周髀》《九司》等十部算书。其教职人员的设置、学生人数、学习内容和考试方法等也与唐朝国子监算学馆的制度相类似。

金元之际的数学家李冶是一位佼佼者。李冶（1192—1279），字仁卿，真定藁城人（今河北省石家庄市藁城区）。本名治，后改今名。登金进士第，曾任钧州（今河南禹县）知事。1232年元兵攻占钧州，李冶北渡河，过起了长期的侨寓生活。李冶精于算法，著《测圆海镜》十二卷。该书是我国现存最早的一部系统讲述天元术的著作。又著《益古演段》三卷，以发挥天元如积之术，与《测圆海镜》相表里。李冶曾语其子克修曰："吾平生著述可尽燔，独《测圆海镜》虽小术，吾尝精思致力，后世必有知者，庶可布广垂永乎。"[①]事后果如李冶所言，该书不仅在国内广为流传，还在元代传入高丽。

农作物、农业技术和农书 公元前3世纪，日本种植水稻。据考据学家研究，日本稻谷是从中国传来的，而其途径大体有三条：一是从华北传到朝鲜半岛南端，再传到九州北部；二是从长江口越海传到九州；三是从华南传到台湾、冲绳一带岛屿，再传到九州南部。水稻的输入使得日本原始社会起到了划时代的变革。日本史学家藤间生大曾说："日本民族从未开化的世界，进入到原子能时代，其间必须经过数千年的岁月，以及许多重要的发展。作为这种发展的第一步，是从中国输入水稻开始的。"[②]此外，从中国华北地区输入日本的其他农作物种类也不在少数。

4世纪中叶，大和朝廷大体上统一了日本列岛。大和曾通过与百济交往，间接吸收大陆文化，从南朝鲜输入植根于中国农业技术的铁制农具、工具及其制作技术，学习农业土木技术。据史料记载，4世纪时，不少中

---

① 何劲忞：《新元史》卷171《李冶传》，吉林人民出版社2006年版，第2760页。
② 陈玉龙：《汉文化论纲》，北京大学出版社2002年版，第31页。

国人经由朝鲜移居到日本，带去了先进的养蚕、缫丝和农业生产技术。

《齐民要术》是我国现存完整农书中最早的一部，东魏贾思勰撰。贾思勰，山东益都人，曾任东魏高阳（今高阳县东旧城）太守。他撰成《齐民要术》10卷，近11万字。此书写成于东魏天平元年（534）至武定二年（544），"起自耕农，终于醯醢，资生之道，靡不毕书"[1]，是一本包括种植业、养殖业和食物加工等内容的百科全书式的著作，也是世界上首屈一指的古代农业科学经典。贾思勰虽然祖籍山东益都，但大半生活动在河北，又出任高阳太守，所以《齐民要术》总结的农事经验应该是以河北为中心的北方地区农业生产实践的反映，该书撰人即题作"后魏高阳太守贾思勰撰"。据记载，《齐民要术》大约在晚唐时期传入日本。最早见诸日文记载是平安时代宽平年间（889—897）学者藤原佐世为天皇家馆藏汉籍图书编写的《日本国见在书目》。据日本东洋史学者渡部武教授考证，藤原是阳成天皇时期（876—887）的皇家学府"大学头"（校长），为了充实被火灾损毁的宫廷书库，皇室命藤原对在库珍贵和汉典籍进行清点和著录，其书目中记有"《齐民要术》十卷，置于《农家》的条目中"数语。这是一部手抄本，被当作百科全书供上流人士在创作吟咏汉诗之际使用。两宋时期，大量典籍被"渡宋僧"带到日本，其中就有宋代版刻的《齐民要术》，为北宋崇文院刻本，这是《齐民要术》进入日本的第一部刻本，如今只余残卷。《齐民要术》自传入日本后一直是高岭之花，直到六七百年后的江户时代才开始在民间流传，逐渐运用到农业生产实践，对日本农业生产发展产生了长期的积极影响[2]。

瓷器与制瓷技术 从唐代开始，中国制瓷业有了显著进步，瓷器手工业与陶瓷生产分为两个系统，已经成为一个独立的生产部门，并且获得了长足发展，达到了相当高的水平。在唐代制瓷业的进步中，河北占据着重要的地位。唐代制瓷业的主要产地在河北，河北制瓷业又主要集中在邢州，邢州制瓷业是河北地区生产规模最大且在全国最有影响的手工业，河北陶瓷生产方面的成就主要体现在邢窑的发展上。邢窑出产主要是白瓷，邢窑白瓷是当时蜚声中外的名瓷。邢窑的主体在内丘，临城唐代窑址也是邢窑的一部分。邢窑的制瓷年代至迟于北朝，衰落于晚唐、五代，唐代是

---

[1] （后魏）贾思勰：《齐民要术·自序》，中华书局1956年版，第4页。
[2] 周朝晖：《〈齐民要术〉在日本》，《书城》2019年第2期。

邢窑的盛烧期。公元756年以前，邢窑已经作为贡品运往京师，在中唐后期，邢瓷的销售区域相当广泛，李肇《唐国史补》中言："凡货贿之物侈于用者，不可胜纪……内丘白瓷瓯……天下无贵贱通用之。"[1]邢窑白瓷远销海外的也不在少数，据考古发现，在日本平城京和平安京及其周围地区出土的唐代白瓷中也有邢窑制品。另据统计，日本出土唐至五代中国陶瓷的遗址有近200处，分布在秋田至冲绳的广大地区。位于日本九州的大宰府和鸿胪馆因为地利之便，成为日本的中国陶瓷贸易中心。在鸿胪馆遗迹中即发现有邢窑、定窑等窑的瓷器碎片，整个遗迹的年代为公元7—11世纪，主要作为送迎遣唐使团和唐、新罗使节的外交场所[2]。

唐代时候全国很多地方都有瓷窑，由于自然条件尤其是土、水和燃料的限制，到北宋时期渐渐集中发展成为几个制瓷中心，在河北地区，主要有两大窑：一是官办的在今河北曲阳的定窑和民办的在今磁县为中心的磁窑。定窑窑址在河北曲阳县磁涧村、燕川村和灵山镇。从窑址发现的白瓷片中，刻有"官""尚食局"等字样，可见定窑的一部分是为官府和宫廷烧制瓷器。其余部分则作为商品，外运各地。磁州窑建立于河北磁县观台镇，系北方著名民窑。磁窑烧制碗、盘和大型盆罐之类的用品，同时还烧瓷枕以及各种儿童玩具。磁胎坚细，釉色白，微带黄色，采用绘花、剔花等技术绘制各种花纹图案。除了定窑和磁州窑的瓷器曾远销海外，定窑制瓷技术也曾通过辽朝的途径东传至高丽。据1123年出使高丽的北宋官员徐兢在其回国后所著的《宣和奉使高丽图经》记载："闻契丹降虏数万人，其工技十有一择其精巧者，留于王府，比年器服益工。"高丽正是通过契丹人吸收了定州窑的制瓷技术，徐兢之书续言："陶器色之青者，丽人谓之翡色。高丽青瓷，今年以来，制作工巧，色泽尤佳。酒尊之状如瓜，上有小盖，面为荷花伏鸭之行。复能作碗、碟、杯、瓯、花瓶、汤盏，皆窃仿定器制度。"[3]这里所说的定器，即指中国的定州窑瓷器。考古也发现，在高丽时代的开城遗址、元香寺遗址、大阜岛高丽古坟等遗址中发现了定窑、磁州窑等当时在中国各地生产的瓷器或瓷片，由此可以了解那个时期

---

[1] 李肇：《唐国史补》卷下，新文丰出版公司1986年版，第14页。
[2] 秦大树、谷艳雪：《越窑的外销及相关问题》，《2007年中国越窑高峰论坛论文集》，文物出版社2008年版。
[3] （宋）徐兢：《宣和奉使高丽图经》，陈尚胜：《五千年中外文化交流史》（第一卷），世界知识出版社2002年版，第361页。

中朝陶瓷文化交流情况。

建筑技术 俗称赵州桥的安济桥是最能代表隋唐时期河北乃至全国桥梁建筑水平的。安济桥于隋开皇中期(591—599)由著名工匠李春主持设计和建造。大桥横跨于赵州的洨河之上,长64.04米,桥净跨37.02米,拱矢净高7.23米,属于坦拱。其跨度之大,是当时中外首屈一指的。此桥跨度大使得桥面坡度平缓,便于交通和运输的往来,还起着施工快、用料省、减轻桥身重量、加强桥梁坚固性的作用。桥拱高,便于船只往来,运用"敞肩拱"增加了排水面积,减少了水流阻力。桥台基址没有特殊设置,采用天然地基。所有这些都显示出高度的科学技术水平。同时,安济桥在造型艺术上也表现出很高的水平。

安济桥的石拱桥建造技术在明朝时曾流传到日本等国,促进了与周边国家的文化交流。此外,还应注意到,安济桥的建造技术还具有更广阔的世界性的意义,是世界桥梁史上的一大创举,著名英国学者李约瑟曾评价说:"安济桥显然建成了一个学派和风格,并延续了数个世纪之久","弓形拱矢从中国传到欧洲去的发明之一"[1]。在世界上,19世纪前期欧洲铁路兴起时,所建的拱桥跨度都不超过15米。19世纪中叶后,法国勃兰斯首建四孔的诺若大拱桥,但其仍是普通的满肩拱。直到1883年,法国在亚哥河上建安顿尼特铁路石拱桥和卢森堡建造的大石桥,才是真正的敞肩拱桥,揭开了欧洲修造大跨度敞肩石拱桥的序幕[2]。

历法 唐代对天文、历法研究做出贡献的是河北籍学者僧一行。僧一行(673—727),俗名张遂,巨鹿(今属河北)人。僧一行在天文学上最大的成就是组织天文观测与历法创制。在大规模的观测和吸收前人研究成果的基础上,僧一行从开元十三年开始重新修订历法,到开元十五年,新历初稿问世,取名《大衍历》。《大衍历》最突出的贡献是比较正确地掌握了太阳在黄道上视运动速度变化的规律。古代天文学家一直认为太阳运动速度是均匀的。僧一行在继承隋朝刘焯成就的基础上,通过实际观测提出,太阳在冬至运行速度最快,以后逐渐慢下来,到夏至时最慢,夏至以后情况与夏至以前的情况正好相反。为了使《大衍历》中数学推算更加精确,僧一行对《周易》中的大衍之术进行了研究。在确定每天太阳的位置和运

---

[1] 潘洪萱:《十大名桥》,上海古籍出版社1991年版,第3页。
[2] 严兰绅主编,杜荣泉著:《河北通史4·隋唐五代卷》,河北人民出版社2000年版,第32页。

动速度时，又把刘焯创立的等间距二次内插法向前推进了一大步，创造了不等间距二次内插法。这一公式在世界数学发展史上也具有一定意义。《大衍历》编成不久，僧一行便离开了人世。开元十七年（729），《大衍历》颁行天下。《大衍历》代表了唐代历法的最高成就，它以密微精确受到后人称赞。《旧唐书》称："近代精数者，皆以淳风、一行之法，历千古而无差，后人更之，要立异耳，无逾其精密也。"[1]《新唐书》也说："自《太初》至《麟德》，历有二十三家，与天虽近而未密也。至一行，密矣，其倚数立法固无以易也。后世虽有改作者，皆依仿而已。"[2]都对僧一行具有的水平和取得的成就给以高度评价。僧一行也因而成为唐代著名的天文学家。

公元734年，入唐留学18年的吉备真备学成归国，将唐朝正在使用的《大衍历》带回日本。这部唐代新历大概很快就被送往阴阳寮，由历博士进行研读。757年，孝谦天皇敕令历算生必须学习包括《大衍历议》在内的书目。《大衍历议》10篇，专门探讨历学理论，作为历生的必读书目，说明历博士已经掌握其中的原理。果然六年以后，到763年，朝廷下令停用《仪凤历》，依用《大衍历》编制新历，翌年开始施行[3]。

（二）京津冀区域与中亚、西方零星的科技交流

1. 京津冀区域科技传入中亚、西方

植物品种 战国时期果树栽培开始普遍起来，纵横家所编造的苏秦对燕君的游说词说燕"北有枣、栗之利，民虽不由田作，枣、栗之实，足食于民矣"[4]，简直把这两种果类当成木本粮食看待了，可知这时燕国种植枣、栗的园林很多，所产的枣、栗也是很丰硕的。这一记载也并非虚语，古燕地即今河北一带，直到现代仍以产枣、栗著称。河北沧县的"无核枣"，为枣中佳品。河北迁西和邢台等地的栗树，树龄则有达四五百年的，而且仍旧生长良好。

枣不仅可制干果，同时也是可口的鲜果。早在北魏时我国就创造出能提高果实质量的"环剥法"，此法至今仍通用。由于历代劳动人民的辛勤培育，我国枣的品种不断增加，《尔雅》中记录了11个品种，元代柳贯

---

[1] （后晋）刘昫等撰：《旧唐书》卷32《历志一》，中华书局1975年版，第1152—1153页。
[2] （宋）欧阳修、宋祁撰：《新唐书》卷27上《历志三上》，中华书局1975年版，第587页。
[3] 蔡毅：《中国传统文化在日本》，中华书局2002年版，第196页。
[4] 《战国策·燕策一》。

《打枣谱》中记录了 72 个，而清代吴其濬《植物名实图考》中所记的品种则已达 87 个了。我国的枣最先传入邻国，如朝鲜、原苏联、阿富汗、巴基斯坦、印度等国。约在 1 世纪传至亚洲西部，经波斯（今伊朗）、叙利亚传入意大利以西地中海沿岸国家，再传至西班牙、葡萄牙等国。

桃子原产于我国雨量较少而阳光充足的山区，其栽培的历史不下 3000 余年。商代，河北地区已经有桃、樱桃、枣等果树栽植。1973 年，在河北藁城商代遗址中发现过外形完整的两枚核桃，经鉴定，该核桃与现在栽培的核桃完全相同。《诗经·魏风·园有桃》中也有"园有桃，其实之肴"之言。《齐民要术》中，关于桃树的繁殖法、培植技术等都有详细说明。可见至南北朝时，我国桃树的栽培已相当发达了。桃是品质极高的一种水果，适于生食和加工，所以受到世界各地人民的欢迎，约在公元 2 世纪传入印度，所以梵文中称桃为 cinani（"秦地持来"，秦地即中国），这个名称到现代仍然通行。波斯的桃子也是自中国传入的。后来，桃又由波斯传往欧洲各地。

蚕丝业 唐代前期的蚕丝业中心仍在北方。诗人李白形容河北清漳一带的纺织情况是："缲丝鸣机杼，百里声相闻。"《唐六典》中所记全国各道的贡赋中，关内、河南、河北、山南、淮南等道均有丝绢之类，但江南道却只写"厥赋麻紵"。《通典》所记天宝年间的情况仍然如此。可见这时江、浙一带的蚕丝业还比较落后。

现在世界各国的家蚕或柞蚕，都是由我国传去的。公元初年，我国的家蚕沿丝绸之路向西传播。在这条穿过亚洲腹地的国际交通干线上，留下了不少关于中国蚕丝西传的故事和美术作品。出土中国古代丝织物的地点，在丝路经过的地区更是星罗棋布。公元 7 世纪，养蚕法进而传到阿拉伯和埃及，公元 10 世纪传到西班牙，公元 11 世纪传到意大利，公元 15 世纪传到法国。从而栽桑、养蚕和丝织的方法，便逐渐为欧洲大部分地区的居民所掌握。至于柞蚕丝，虽然传开来的时间远较家蚕为迟，但现在世界上产柞丝的国家如朝鲜、日本、苏联等国的柞蚕种，都已经证实是先后从我国引入的[①]。

冶铁业 早在春秋战国时期，铁器在中国就已经广泛使用。到秦汉

---

① 中国青年出版社编辑部编：《中国古代史常识（专题部分）》，中国青年出版社 1980 年版，第 83—84 页。

时期,我国又完成了生产工具和兵器的铁器化过程。从冶炼技术上看,当时鼓风动力已经从人力发展到畜力,说明冶炉规模有了增大;从铸造技术上看,汉代铁范的使用已经普及,尤其是一些炼钢技术的发明,如铸铁脱碳钢、炒钢、百炼钢、灌钢等技术的使用,使我国的冶铁技术处于当时世界上的领先地位。汉代河北的冶铁业是比较发达的,《史记·货殖列传》记述各地都会的物产时指出,赵和中山的人们会作巧冶,所谓"冶"当指铁冶而言。赵和中山正是河北冶铁业最著名的两个地方。赵国的铁冶在全国驰名,与宛(治今河南南阳)、棠溪(治今河南西平)等著名产铁地同享盛名。赵在战国时期就已经产生了以冶铁致富的郭纵、卓氏等大铁商。汉武帝时,"赵国以冶铸为业,(赵)王数讼铁官事"[1],足见铁业的兴废对赵国来说是生死攸关的大事。中国的冶铁技术,在西汉时开始传入中亚地区。据《史记》载:"自大宛以西至安息,……其地皆无丝漆,不知铸铁器。及汉使亡卒降,教铸作他兵器。"[2]《汉书》也说,汉将陈汤初到西域时,见到"胡兵"的兵器远不及汉朝兵卒,"矢刃朴钝,弓弩不利。今闻颇得汉巧"[3]。由此可见,中国冶铁技术的西传,最初是通过汉朝逃亡士卒直接传播的。对于中国的铁器,甚至远在罗马的老普林尼也有所闻。他在公元77年成书的《自然史》中写道:"在各种铁中,赛里斯铁名列前茅。赛里斯人在出口服装和皮货的同时,也出口铁。"[4]老普林尼关于中国铁的知识,可能是从中亚或者印度了解到的。在中亚塔吉克语中,铸铁叫作Чуян,它相当于鞑靼语的Чуен,二者都来自汉语"铸"。这一词语后来又传入俄国,成为俄语中的Чугун(铸铁)。在印度梵文中,表示钢的一个词语是cinija,这个词的意思是"支那生",也就是说钢产自中国。显然,语言学也证实了中国冶铁技术在中亚等地的传播。

造纸术 魏晋南北朝时期,中国的纸就传入了粟特、大夏和波斯等国。7世纪中至8世纪初中国纸作为出口货物输入阿拉伯。8世纪中期,怛逻斯战役后,被俘的中国工匠,其中包括造纸工匠,又将造纸术传入撒马尔罕,阿拉伯在此办起了第一个造纸厂。从此,"撒马尔罕纸"传播于哈里发统治下的亚洲各地。11世纪时,一位中亚作家秦欧立巴(Thaalibi)

---

[1] (汉)司马迁:《史记》卷122《酷吏列传》,第3142页。
[2] (汉)司马迁:《史记》卷123《大宛列传》,第3174页。
[3] (汉)班固撰,(唐)颜师古注:《汉书》卷70《陈汤传》,中华书局1962年版,第3023页。
[4] [法]戈岱司编:《希腊拉丁作家远东古文献辑录》,中华书局1987年版,第13页。

曾自豪地说:"在撒马尔罕的特产中应该提到的是纸。它因为更美丽、更合适、更简便,已经代替了过去书写用的埃及纸卷和羊皮纸。它只产于此地和中国。"① 不久,阿拉伯又在其首都巴格达办起了第二个造纸厂。10 世纪,阿拉伯东南海岸和大马士革又分别建立起造纸厂。从此,几百年间,大马士革成为供应欧洲用纸的主要产地,所以欧洲一般称纸为"大马色纸"。10 世纪初,造纸术从阿拉伯传入埃及。至 12 世纪初,造纸术又从阿拉伯传入摩洛哥②。

瓷器 在唐和五代,中国制瓷工艺有了长足的进步,瓷窑有大幅度增长,陶瓷制作处于一个大发展阶段。瓷器从唐代中晚期开始已经列入外销的大宗货物,分别从西北陆路和东南沿海远销中亚地区和海外。唐代的瓷器,通常是"南青北白",南方出青瓷,北方,特别是河北地区,出产白瓷。从海道外销的以青瓷为主,由陆路外销的多半是白瓷。伊斯兰世界见到精美的中国瓷器是在阿巴斯朝。阿布·法德尔·贝哈基在 1059 年写出的著作中,提到早期中国瓷器运往巴格达的情形,在哈里发哈仑·拉希德执政时,"呼罗珊总督阿里·伊本·伊萨向哈里发·拉希德进献过 20 件精美的中国御用的瓷器,以及数量多达 2000 件的中国民用的陶瓷。这在哈里发宫廷中是从未见到过的"③,这些瓷器中有碗、杯、盏、瓶、壶,是由骆驼队商运去的。据考古发现,在埃及福斯塔特、印度勃拉名巴古代遗址中,都发现邢窑白瓷。

2. 中亚、西方科技传入京津冀区域

植物品种 葡萄,原名蒲桃、蒲陶,即伊朗语 budawa(葡萄汁或酒的对音),由汉使张骞从大宛带回中国。据《史记》卷 123《大宛列传》所载:"宛左右以蒲陶为酒,富人藏酒至万余石,久者数十岁不败。俗嗜酒,马嗜苜蓿。汉使取其实来。"④ 唐代诗人李颀《古从军行》中云"闻道玉门犹被遮,应将性命逐轻车。年年战骨埋荒外,空见蒲桃入汉家",即言葡萄传入之情形。葡萄传入中国后,最初在汉室皇宫别观种植,《史记·大宛列传》续载:"于是天子始种苜蓿、蒲陶肥饶地。及天马多,外

---

① 张俊彦:《中古时期中国和阿拉伯的往来》,《亚非问题研究》1979 年第 2 期。
② 孙玉琴、赵崔莉:《中国对外开放史(第一卷)》,对外经济贸易大学出版社 2012 年版,第 84 页。
③ 沈福伟:《中西文化交流史》,上海人民出版社 2006 年版,第 186 页。
④ (汉)司马迁:《史记》卷 123《大宛列传》,第 3173 页。

国使来众，则离宫别观尽种蒲萄、苜蓿极望。"①随着葡萄的种植，汉人还将它作为一种装饰题材，如丝织品中和毛织品中曾出现的葡萄纹、青铜器上的葡萄图案等。其后，葡萄在国内种植范围不断扩大，钟会《蒲陶赋》曾言："余植蒲萄于堂前，嘉而赋之。"②钟会乃三国时期魏国军事家，又才华横溢，精通文赋和玄学，在魏国深受重用，他于自家种植蒲陶，可见葡萄已逐步得到推广。至隋唐时期，河北地域已经普遍种植葡萄，经过长期栽培驯化和选育，成为栽培品种。

西瓜原产于中亚干旱地区，先传入我国新疆一带，唐末五代时期传到河北北部的契丹辽境。清人赵翼依据胡峤《陷虏记》所记"自上京（今内蒙巴林左旗附近）东去四十里，至真珠寨，始食菜。明日东行，遂入平川，多草木，始食西瓜。云契丹破回纥始得此种，以牛粪覆棚而种，大如中国冬瓜而味甘"，断定在五代时期中国北方已经有西瓜了③。辽和北宋灭亡后，女真人在燕北地区仍种植西瓜，南宋使臣洪皓在《松漠纪闻》中也说，见到的"西瓜形如马蒲而圆，色极青翠，经岁则变黄，其瓞类甜果，中有汁，尤冷"。随着金人南下，在北宋末南宋初，西瓜也越过燕山，在河北大地普及开了。宋金时期北方文雄元好问也说河中府"临晋上排乔英家业农，种瓜三二顷。英种出西瓜一窠，广亩二分，结实一千二三百颗，他日耕地，瓜根如大橡。辛亥年，定襄人樊顺之亲见"④。乾道六年，田园诗人范成大使金途中作《西瓜园》一诗，题注称：西瓜"味淡而多液，本燕北种，今河南皆种之"⑤，也证明西瓜确实由西北而向南传播，北宋末期已经首先推及到河北地区了。

除葡萄外，中亚、西亚的其他一些植物品种也传入中国，比如上言的苜蓿，还有石榴、胡麻、胡豆、胡桃、胡瓜、胡荽、胡蒜等。苜蓿，或称光风草、连枝草，为豆科本草植物，是营养价值极高的牲口青饲料，由汉朝使节从大宛引种。唐朝人颜师古说："今北道诸州，旧安定、北地之境往往有目宿者，皆汉时所种也。"⑥石榴，又称若留，在西域各国都有

---

① （汉）司马迁：《史记》卷123《大宛列传》，第3173—3174页。
② （宋）李昉等：《太平御览》卷972《果木部》引《蒲陶赋》，中华书局1960年版，第4309页。
③ （清）赵翼：《陔余丛考》卷33《西瓜始于五代》，商务印书馆1957年版，第719页。
④ （金）元好问：《续夷坚志》卷4《临晋异瓜》，中华书局1985年版，第59页。
⑤ （宋）范成大：《范石湖集》卷12《西瓜园》，中华书局1962年版，第146页。
⑥ （汉）班固撰，（唐）颜师古注：《汉书》卷96上《西域传》，第3895页。

栽培，张骞从大夏将它引种回国，它不仅可供食用和观赏，而且还可用以制药和造酒。《齐民要术》介绍了石榴的种植方法。"三月初，取枝大如手指者，斩令长一尺半，八九枝共为一窠，烧下头二寸，掘圆坑一尺七寸，口径尺。竖枝于坑畔，环圆布枝。置枯骨、礓石于枝间。下土筑之。一重土，一重骨、石，平坎止。其土令没枝头一寸许。水浇长令润泽。既生，又以骨、石布其根下，则科圆滋茂可爱。"[1]胡麻即芝麻，来自大宛，为一种油料作物，汉人曾将它作为保健食品。胡桃即核桃，来自安息，即伊朗北部，汉武帝时引种到中国，甚至还将它种植于皇家的上林苑。胡瓜即黄瓜，原产埃及，汉代乌孙、大月氏等地都有种植，汉时引进。4世纪时，羯人出身的后赵统治者石勒，因避讳，而改称胡瓜为黄瓜。黄蓝，一称红蓝、红花，汉代引自西域，既可入药，又可作为染料和胭脂。酒杯藤也是汉代从大宛引种，其花果可以解酒。这些植物新品种的引入，大大丰富了中国农作物品种，使汉代农业生产体系趋于完善，对于丰富中国人民的物质生活具有重要的意义。

葡萄酒酿造技术 随着葡萄的引进，西域葡萄酒的酿造方法大约在东汉末年传入中国。三国初年，魏文帝曹丕《与吴监书》中说："中国珍果甚多，且复说葡萄，当其朱夏涉秋，尚有余暑，醉酒醒宿，掩露而食，甘而不饧，脆而不酸，冷而不寒，味长汁多，除烦解饴。又酿以为酒，甘于曲蘖，善醉而易醒。"[2]由此可见，葡萄酒的酿制方法已经为当时中国人所掌握。而从当时情况看，周边诸国只有西域地区盛行用葡萄酿酒，并为汉人所了解。所以，这种葡萄酒的酿造技术应来自西域。

玻璃制造技术 我国早在先秦时期就能烧造铅钡系列的玻璃，而西方的钠钙玻璃也早在先秦时期就已经输入我国。魏晋南北朝时期，西方玻璃器皿仍大量输入中国。如北京西晋华芳墓出土的一件玻璃碗，绿色，透明，高7.2厘米，口径10.7厘米，腹部有椭圆形乳钉装饰，经化验为钠钙玻璃，与同时期伊朗玻璃产品的成分一致，器型、装饰也相似，可能是从伊朗进口的早期萨珊玻璃制品。

---

[1] （后魏）贾思勰著；缪启愉校释：《齐民要术校释》卷4《安石榴第四十一》，中国农业出版社1998年版，第304页。

[2] 夏传才、唐绍忠校注：《曹丕集校注》，河北教育出版社2013年版，第223页。

二 元代京津冀区域的对外科技交流

（一）京津冀区域与西方科技交流的广泛开展

元朝正式建立之后，有不少学者到伊尔汗国任职，带去了先进的天文历法、医学等知识和书籍。元世祖忽必烈还派孛罗和爱薛到伊尔汗国，将钞法等制度传到波斯。与此同时，阿拉伯人和波斯人也大批迁入中国，有的甚至入朝为官，元代文献中将他们称为"回回人""西域人"或"大食人"，他们也将中亚的天文学、医学、数学、手工技术、科学仪器以及音乐和舞蹈等先后传入大都。

1. 西方科技传入京津冀区域

天文历法 元朝统治者对西域阿拉伯天文历法十分重视，下令征召回回天文学家到中国，波斯人天文学家扎马鲁丁等应召东来。忽必烈中统年间（1260—1264），元朝设立了西域星历之司。至元四年（1267），扎马鲁丁撰进《万年历》，忽必烈下令予以颁行。同年，扎马鲁丁还制造了多种天文仪器，包括斜环仪、方位仪、斜纬仪、平纬仪、天球仪和观象仪等，《元史》卷四八《天文志》对其制造的一些仪器有较为详细的介绍。这些仪器有的是第一次在中国出现，开拓了中国学者的眼界。由于扎马鲁丁在天文学方面的杰出才能，至元八年（1271）元政府设立"回回司天台""掌观象衍历"机构时，他又被任命为负责人。至元十年，回回司天台拨属秘书监管理，扎马鲁丁任司天台提点兼知秘书监事。在回回司天台和秘书监工作的人中，有很多是来自中亚和西亚地区的，他们传入中国大量的天文著作和仪器[1]。

元秘书监中收藏了大批回回书籍。据元人王士点、商企翁所编纂的《秘书监志》卷9《回回书籍》条所载：世祖至元十年（1273）十月，北司天台收藏的波斯文、阿拉伯文书籍总计有23种。其中天文、历法、算学、占星书14种。天文著作以《麦者思的造司天仪式》十五部与《积尺诸家历》四十八部最为重要。《麦者思的造司天仪式》是希腊天文学家托勒密的名著《行星体系》的阿拉伯文节译本，取名《行星体系萃编》。《积尺

---

[1] 胡世庆、张品兴：《中国文化史》，中国广播电视出版社1991年版，第324页。

诸家历》是波斯语《天文表》（al-zij），可能是《伊利汗天文表》。此表于 1272 年完成，由于也有中国天文学家参加工作，所以很快传到了中国。

大批阿拉伯天文历法书籍以及天文历法学家进入中国，对中国天文历法产生了积极影响。如郭守敬著《五星细行考》五十卷，就吸收了回回历的五星纬度计算法。这种计算法比较严密，郭守敬在编制《授时历》时也作为一种参考系数。另外郭守敬在恒星观测方面开始编星表，也受到了撒马尔罕和马格拉天文台的启发。郭守敬测量 28 宿杂座诸星入宿去极度，编制了星表，又将前人未命名的 1464 颗星以外的无名星编为星表，这些都是中国天文观测方面的开创性工作。郭守敬设计制造的 13 种天文仪器，受到比他早出现的马拉格仪器的启发，经过改进创造，比其更适用、更先进。

数学 13 世纪是中国数学发展的高峰期，涌现出了一批著名数学家及其著作。中国数学史上的辉煌成绩的取得亦吸收了阿拉伯的代数、历算、几何和三角的一些成果。阿拉伯数字码在元朝由于回回司天台的使用，渐入中国数学界和社会。1957 年，我国考古工作者在西安城东北 3000 米外的元代安西王府故宫殿遗址的夯土台基中，发现了五块铁铸的阿拉伯数字幻方。据考证，安西王府的奠基年代是 1273 年，这些幻方的发现表明，此时阿拉伯数字码已经比较系统地传入中国。另外，中世纪初印度、阿拉伯数字码都已用〇表示空位，在此表示法的影响下，宋元之际中国数学家也使用空位的零号。如李冶在所著的《测圆海镜》与《益古演段》里，就以〇代替唐宋时的□位表示空位。

元代时古希腊数学家欧几里得的《几何原本》也通过阿拉伯算学著作的介绍传到中国，成了元代数学家研究的命题和解算理论。《多桑蒙古史》和拉施特丁的《史集》里记载了蒙哥有关于欧几里得《几何原本》解说的若干图式。蒙哥所依据的《几何原本》本，可能是波斯天文学家纳速拉丁·杜西来华后修订的版本。元秘书监在 1273 年收藏的书籍中有《兀忽烈的四擘算法段数》十五部，兀忽烈便是当时译写的欧几里得，四擘是阿拉伯文算学的意思。这是欧几里得的《几何原本》第一次传入中国，并得到中国知识分子的研究，比 1605 年利玛窦口授、徐光启笔录的《几何原本》早 300 多年。

元代著名天文学家郭守敬在计算编制《授时历》时，曾受到回回历算的启发，应用球面割圆术，此术在中国传统计算法基础上的创新。中国历代天文计算不用球面三角法，黄赤道都用二次差的内插法进行近似计算，郭守敬引用了这种新的割圆术。另外，郭守敬还受到哈桑·马拉喀什《允解算法》的启发，在计算赤道积度和赤道内外度时，开始应用对算弧三角法。

医药学 元朝初期先后设立了西域医药司、京师医药院、广惠司、大都与上都回回药物院及回回药物局等六个回回医药专门机构，这些机构的创始者是来自叙利亚西部的拂林人爱薛。爱薛是广惠司的负责人，史载："爱薛，西域弗林人，通西域诸部语，工星历、医药。……中统四年，世祖命掌西域星历、医药二司事，后改广惠司，仍命领之。"[①]广惠司有职官20多人，他们都是医术高明的回回医生，使用的是回回的药法和药物。爱薛的妻子撒剌也精通阿拉伯医学，曾主持京师医药院，该医院后来与广惠司合并。

元代统治者非常喜欢回回药物，回回药物通过中亚、西亚诸汗国的进贡、商人陆路和海路的贸易等途径大量输入元代。例如，伊利汗合赞、不赛因诸王先后多次遣使向元廷进贡，在所贡物品中，回回药物占很大比重。元代回回药物的大量输入及广泛应用，促进了当时人们对回回药物的研究，某些回回药物为中国本草学所吸收，逐渐华化，为后世所习用。元代宫廷饮膳太医忽思慧所著的《饮膳正要》一书，是一部皇家食谱，其中就收载了马思答吉、必思答等一些回回药物，采用了大量的回回膳食营养等知识。回回医药在民间的影响也同样存在，不少回回医生在各地行医，明代李时珍所写的《本草纲目》著录中也有不少回回药物和药法。

元代与阿拉伯的医学交流也反映在《回回药方》一书中。最初，有一些阿拉伯文、波斯文的伊斯兰医药书籍传入中国，后被一些穆斯林学者翻译成汉文或用汉文重新编写，《回回药方》就是一部包括内、外、妇、儿、骨伤、皮肤等科，内容丰富的中国回族医学典籍。有学者考证，《回回药方》的基本内容来自阿拉伯一些著名医学家的伊斯兰医学经典。原书36卷，现存仅有4卷，为明代手抄残本，其中1卷为目录卷，其他3卷为第12、30、34卷，主要是治疗一些疾病的方剂和理论。《回回药方》不但

[①] （明）宋濂等：《元史》卷134《爱薛传》，中华书局1976年版，第3249页。

是一部反映元代与阿拉伯医药交流的医学专著，也是研究世界医药交流史的一部重要文献。

建筑技术 阿拉伯人也黑迭儿是优秀的建筑工程师，曾参与大都的建设。元世祖在位时，也黑迭儿曾经负责茶迭儿局诸色人匠总管府达鲁花赤，兼领监宫殿，在大都宫城的设计和修筑中都有贡献，"也黑迭儿受任劳勋，夙夜不遑，心讲目算，指授肱麾，咸有成画。太史练日，冬卿抡材，魏厥端门，正朝路寝，便殿掖庭，承明之暑，受厘之祠，宿卫之舍，衣食器御，百执事臣之居，以及池塘苑囿游观之所，崇楼阿阁，缦虒飞檐，具以法"[①]。他设计督造的大都京城，南北长7400米，东西宽6650米，皇城位于偏南部的中央。全城11座门，东南西三面各辟3门，唯北面只辟2门。城内分为50坊，坊各有门，坊与坊之间配列平直宏阔的大道，极为壮观。全城共分384大巷，以钟鼓楼为全城中心点。皇城中有3组宫殿以及太液池、御苑，"崇楼阿阁，缦虒飞檐"，极具阿拉伯建筑风格。保存至今的北京北海琼岛，即是当年也黑迭儿设计督造的御苑之一。

2. 京津冀区域科技传到西方

天文历法 元代是我国天文历法发展的最高峰，当时在世界范围内也处于领先的地位，所以，中国先进的天文历法理所当然地对阿拉伯诸国的天文历法产生了明显的影响。中国天文学家在预测日月食、恒星观测方面都处于领先地位，其严密的计算使天文学家撒马尔罕等人折服。另外，中亚马拉格天文台在编制《伊利汗天文表》时，由中国天文历算学家与波斯、阿拉伯学者共同研讨编制。其中明显吸收了中国天文历法的成果，以至成为此表的重要内容。还有曾主持撒马尔罕天文台的著名阿拉伯天文学家和数学家阿尔·卡西非常精通中国天文历法。他于15世纪初年编制的著名的《兀鲁伯星表》四卷，第一卷就论述了中国历法年置闰的原理。此历曾广泛流传于亚洲、欧洲等地，将中国历法的某些先进东西也带到了这些地方。

数学 中国数学的伟大成就也传入了阿拉伯及亚洲其他国家。印度人在沙盘中利用位值制数码进行四则运算，其运算方法就与中国筹算法相似，分数的表示和四则运算也和中国分数算法相同。这种方法还通过印度

[①] （元）欧阳玄：《圭斋文集》卷9《马合马沙碑》，四部丛刊本。

陆续传入伊斯兰国家。9世纪阿拉伯数学家阿尔·花剌子模的著作中有中国公元1世纪出现的《九章算术》中"盈不足"问题的论述,后来这种算法长期流传在阿拉伯数学界。直到15世纪阿拉伯数学家阿尔·卡西的《算术之钥》中,这种"盈不足数"被称为"契丹算法",可知宋元时期又进一步传入伊斯兰国家。阿尔·卡西对中国数学非常熟悉,他的《算术之钥》中关于四则运算、开平方、开立方,以及他介绍的开任意高次幂的方法,与宋元中国数学家秦九韶、朱世杰等人论述多所相近。

杨辉在元世祖至元十二年(1275)著成的《续古摘奇算法》中,根据中国古代的九宫纵横图,仿制成四行、五行、六行、七行、八行、九行、十行的纵横图。这些纵横图传入阿拉伯国家,又经阿拉伯数学家发挥,发展成为阿拉伯国家的"格子算"。此算法把被乘数按格记入右行,乘数记入上行,以乘数每位数字依次被乘数,所得数据记入相应的格子,最后按斜行相加,便是所求的数字。阿尔·卡西《算术之钥》中的某些算法就与此算法相同。

医学 中国医学对波斯与阿拉伯国家也产生了明显影响。阿维森纳在其所著的《医经》中就广泛采用了中国的脉学。唐代孙思邈的《千金要方》在元代也被译成波斯文。仁宗皇庆二年(1313),著有《史集》的拉施特丁还编纂了一部中国医学百科全书,取名为《伊利汗的中国科学宝藏》。此书涉及脉学、解剖学、胚胎学、妇科学、药物学等医学科目。其中提到了中国晋代名医王叔和和他的《脉经》,并附有三个中国式的医学图片。一个图中画出八卦,并将它划成24等分,和昼夜相配,表示患者体温的升降;第二图为内脏解剖图,画有心脏、横膈膜、肝脏和肾脏;第三图以图示脉经。其图完全仿造中国医书。从拉施特丁此书中,可以看出中国医书和医疗方法传入阿拉伯诸国的情形。而且此书流传至今,是为中国医学与阿拉伯医学交流的典范。

火药与火器 我国发明的火药与火器,主要是在13至14世纪由西征蒙古军传到交战国家和地区的,后又由这些国家和地区继续西传。如13世纪中叶,旭烈兀西征阿拉伯国家时,蒙古汗征集了1000多名中国抛石机、火炮手、弓弩手从军,并带去了大量武器,当时中国的各种火器居世界领先地位,在攻打木剌夷诸堡、报达城以及叙利亚各地时,发挥了很大威力。而阿拉伯人也正是同蒙元军交战中,获得了这些火器,并且由于当时阿拉伯的科学技术较发达,他们进行研究仿制,造出了木质火器"马达发"(Madfa,意即火器)。这是外国人最早仿制的火器。阿拉伯人对中国火器的仿造,在火药与火器的制作方面,已与中国初级火药、火器的制作方法相似。如其对硝石采取溶解、过滤、沉淀、结晶等方法进行提纯,在拌和药料时加入适量的油料,将拌和好的火药成品装入管形容器苇管和纸筒中,在管筒的前端安放弹丸,后部留有小孔,成为粗短型或细长型的初级火器。在此基础上,仿制成了类似中国突火枪的木质管形射击火器——马达发。据史料记载,马达发以木管为枪筒,尾部插有长木柄、管中装填粉状火药,木质管壁上有一小圆孔以发射弹丸。日本火器史研究者有马成甫曾说:"阿拉伯人的火器马达发,与中国金军所用的飞火枪,南宋研制的突火枪,同属管形火器。其区别在于飞火枪用纸筒、突火枪用竹筒、马达发用木筒做枪筒",学习借鉴关系十分明显。

阿拉伯人研制成马达发后,曾用于与欧洲人的作战。1325年,他们使用马达发进攻西班牙的巴扎城,大胜而归,并将马达发这种火炮技术带到了西班牙。随后,西班牙又将马达发的使用制造技术传到了西欧。欧洲人于是以马达发为模式,仿制成欧洲最早的管形射击火器"手持枪"(handgun)。这使欧洲的作战方式产生了巨大变化,并对欧洲近代社会的变革和科学的兴盛以至人类文明的进步都产生了较为明显的影响。日本京都大学薮内清名誉教授于1982年5月高度评价了中国火药西传的历史作用。他认为,中国火药等四大发明的西传,都是欧洲文艺复兴运动之前,没有中国四大发明的西传,就没有欧洲文艺复兴运动,也就没有欧洲的近代化,这是欧洲人自己也承认的。

瓷器 陶瓷制品是中国元代对外贸易出口的重要商品之一。据史书记载,元代陶瓷曾随着庞大的海路商队出口至印度、阿拉伯地区。元朝时非洲著名旅行家、曾到过中国的摩洛哥人伊本·拔图塔,在其所著的《游记》里曾经记载了元朝与海外各国贸易往来的情况。据他说,中国的瓷器非常精美,经印度及阿拉伯地区远销至其他海外国家,并转销到他的故乡摩洛哥。考古资料也表明,在亚丁,在东非海岸各港口,在埃扎卜,在开罗,在摩洛哥,均发现了大量中国元代的瓷器及碎片。元代青花瓷是传世珍品,在开罗南郊的福斯塔特城遗址,就发现了这种青花瓷碎片达数百件。东非人喜欢把中国的瓷碟、瓷盘和瓷碗镶嵌在建筑物上作为装饰品。

（二）京津冀区域与周边国家的科技交流

农作物与农书　棉花在元时传入高丽。1363年，高丽使臣文益渐作为计禀使、左侍中李公遂的书状官（跟随使臣派往国外的文官）出使元朝，当时因高丽恭愍王对元强硬外交，致使使节团被元朝扣押42天，后发配云南等处行中书省。后因亲元的德兴君被恭愍王击败，元朝国内纷乱，决定对高丽让步，1366年使节团回国。他在元朝时读《农桑辑要》，知道了棉花，当时高丽没有棉花，他打算将棉花带回高丽，元朝禁止棉花流出，文益渐将棉花种子十几枚藏在笔杆里带回国内。其后文益渐以一半棉实交其舅郑天益种植，但仅1枚得以成活，当年秋，郑天益收获棉实达100余枚。天益年年繁育，棉实渐多。至1367年，天益以所获棉种分给晋州乡里，劝令种植。据传有一流落到朝鲜的中国僧人弘愿，至天益家，见到本土之物棉花，十分感动。天益盛情款待弘愿，因问纺织之法，弘愿毫无保留地详细告知，并制出工具交给天益。天益因教其家之婢织出朝鲜的第一匹棉布。从此，邻里相传，得以传遍一乡，不到10年而传遍朝鲜全国。

蒙古族以游牧为业，谓："其俗不待蚕而衣，不待耕而食。"[①] 初入中原，有些极端的蒙古贵族居然认为："虽得汉人，亦无所用，不若尽去之，使草木畅茂，以为牧地。"[②] 但金朝的灭亡，使蒙古贵族认识到，为维护统治的稳定，有必要改变固有的生产方式的观念，应重视农业生产。忽必烈曾"首诏天下，国以民为本，民以衣食为本，衣食以农桑为本"[③]，基本确立了重农思想之基础。至元七年（1270）二月，设立司农司，同年十二月改司农司为大司农司，大司农司"专以劝课农桑为务"[④]，旨在发展农业生产，为重农思想的贯彻施行提供了组织保障。为进一步指导民间、推动农业生产的发展，大司农司编订并颁发了《农桑辑要》。其纂修缘起是："农司诸公，又虑夫田里之人，虽能勤身从事，而播殖之宜，蚕缲之节，或未得其术，则力劳而功寡，获约而不丰矣。于是遍求古今所有农家之书，披阅参考，删其繁重，撮其切要，纂成一书，目曰《农桑辑要》，

---

① （明）宋濂等：《元史》卷93《食货志一·农桑》，第2354页。
② （元）宋子贞：《中书令耶律公神道碑》，（元）苏天爵：《元文类》卷57，商务印书馆1936年版，第832页。
③ （明）宋濂等：《元史》卷93《食货志一·农桑》，第2354页。
④ 元世祖敕司农司撰：《农桑辑要·原序》，中华书局1985年版，第1页。

凡七卷。"① 由政府出面组织编写印制农书，并出面发行，且数量庞大（15000部），这在元代之前是不多见的。大司农司的设立与《农桑辑要》的颁布，的确为农业生产的恢复和发展，为农业生产经验的总结和传播起到了重要作用。后来随着与朝鲜王朝贸易的展开，《农桑辑要》流传到朝鲜，得到朝鲜王朝的重视，影响深远。朝鲜王朝曾用俚语对《农桑辑要》逐节夹注，刻版广布，以使本国民众掌握书中的农业技术。比如养蚕方面，朝鲜李朝介绍中国的成功经验，鼓励人民养蚕。对此，朝鲜史料云："初，前艺文馆大提学李行于《农桑辑要》内抽出养蚕方，自为经验，所收倍常。遂板刻行于世。国家虑民间未解华语，命议政府舍人郭存中将本国俚语逐节夹注，又板刻广布。"②

数学 朱世杰《数学启蒙》在元代时先后传入朝鲜与日本。朱世杰（1249—1314），字汉卿，寓大都（今北京），不知何许人。著《四元玉鉴》三卷。又撰《算学启蒙》三卷。在元朝统一中国之后，以数学名家之身份，朱世杰曾周游祖国各地20余年。在朱世杰到达当时的广陵之后，学者云集而至。朱世杰在系统全面地借鉴前人已有的数学成果基础之上，既吸收当时南方数学领域中的通俗歌诀、各种日用算法与正负开方术，又采纳了当时北方有名的天元术，并且在这样一个基础上从事着中国数学领域内的创造性研究，撰成《算学启蒙》一书。该书自乘除加减以至天元如积总二十门，内容包括常用数据、度量衡和田亩面积单位的换算、筹算四则运算法则、筹算简法、分数、比例、面积、体积、盈不足术、高阶等差级数求和、数字方程解法、线性方程组解法、天元术等，以总结和普及当时各种数学知识为宗旨，是一部较全面的通俗数学启蒙书籍，较《四元玉鉴》为便于初学。由浅入深的《算学启蒙》，俨然形成了一个较为完整的数学体系，自一位数乘法始，直到对当时最新的数学成果天元术的讲解。《算学启蒙》在元代传入高丽。此后，丰臣秀吉侵略朝鲜期间，日本从朝鲜得到朱世杰的《算学启蒙》，在朝、日两国产生了很大的影响，深深地影响着当时的朝鲜、日本的数学进程。该书在中国亡佚，后又从朝鲜反传回中国，清代刻印所依据的是朝鲜翻刻本，史载："朱氏《算学启蒙》中国久轶，阮堂于其国得之，携以来京，展转入仪征手，爰属罗君次球校算

---

① 元世祖敕司农司撰：《农桑辑要·原序》，第1页。
② 《朝鲜实录中的中国史料》上编卷3《太宗恭定大王实录二》。

付梓。"[1] 实乃中外科学技术互动交流之典范。

历法 元统一中国后，政府重视对历法的修订，著名的天文历算家和水利学家郭守敬受任改作历法，他在前人研究的基础上不断探索，创制了近20多种天文测仪器，制定出著名的《授时历》。这部中国古代最卓越的历法于1281年通行全国，一直使用了364年，并且传到朝鲜，为朝鲜人所用。《授时历》于1334年传入越南。当时，元派遣吏部尚书贴住、礼部郎中智熙善二人出使陈朝，随之赠予《授时历》。先进的历法有利于越南人民的生活。

医药学 在元代，中朝两国之间的医药交流也比较密切，表现在两个方面。一是医术交流。元世祖至元十二年（1275年）八月，元帝派遣德新等医生抵达高丽王宫，至元三十年（1293年）十一月，高丽王遣将军高世来中国，向元帝请求派医生，同年十二月，元帝派太医姚生赴高丽。元成宗元贞三年（1296年）六月，元遣太医王得中、郭耕去高丽。元末，河间人李敏道去高丽留居，高丽授予他"典医正"和"尚山君"之称号。朝鲜也派医生来中国从事医疗。1285年3月，元世祖生病，诏求良医，高丽先后两次派遣尚药侍医薛景成入元，为元帝治病，元世祖赏赐甚厚。二是药材交流。据《高丽史》载，元世祖至元年间、成宗贞元、大德年间以及顺帝至正年间，高丽忠烈王和恭愍王先后8次遣使来中国向元朝廷献人参、松子、木果、榧实等药物，元朝廷先后9次向高丽王惠赠葡萄酒和香药等药物。1267年，元世祖患脚肿病，听说阿吉儿合蒙皮（一种鱼皮）做的鞋子能够治病，乃派9名使者前往高丽寻求此物，高丽将17个阿吉儿合蒙皮赠送元使。

建筑技术 安南对元大都的宫廷建筑风格非常向往。陈英宗英隆七年（1299年），安南使臣邓汝霖奉命到北京窃画宫苑图本，作为其建筑参考。《元史》曾记载这一史实："大德五年二月，太傅完泽等奏安南来使邓汝霖窃画宫苑图本，私买舆地图及禁书等物，又抄写陈言征收交趾文书，及私记北边军情及山陵等事宜，遣使持诏责以大义。"[2]

丝织品 中国丝织品深受古代泰国人的喜爱。以华贵绚丽为世瞩目的丝绸，不仅作为商品远销海外，而且还是皇帝的外交礼品。元代皇帝给贡

---

[1] 天台野叟：《大清见闻录（下卷）艺苑志异》，中州古籍出版社2000年版，第169页。
[2] （明）宋濂等：《元史》卷209《安南传》，第4650页。

使的回赐礼品，不仅有丝织品，还有丝织品做成的衣服。《元史》载："元贞二年十二月癸亥，赐金齿、罗斛来朝人衣。"[①]

丝织品在中国和东南亚国家的交流并不全是单方面的，古代越南丝织品还曾经通过纳贡"反馈"到中国。《元史》有载，世祖中统三年（1262年）九月，世祖遣南谕使出使安南，并下诏曰："卿既委质为臣，其自中统四年为始，每三年一贡，可选儒士、医人及通阴阳卜筮、诸色人匠各三人，及苏合油、光香、金、银、朱砂、沉香、檀香、犀角、玳瑁、珍珠、象牙、绵、白磁盏等物同至。"[②]即言元廷指定将安南的"绵"作为贡品之一。

瓷器 元代瓷器销往东南亚诸国的也不在少数。如根据考古资料表明，马来亚、爪哇、苏门答腊、沙捞越、北婆罗洲、菲律宾等东南亚国家均有中国元瓷发现。1958—1959年，考古学家在菲律宾巴坦加省卡拉塔甘半岛的诸贝遗址开掘了609座坟墓，得到完整的瓷器共约1200件，其中92%是碗和碟。中国瓷器又占85%，泰国瓷器占13%，越南瓷器占2%。研究者认为，中国瓷器中大部分是元瓷。另汪大渊《岛夷志略》里也提到向菲律宾、苏禄、加里曼丹、爪哇、苏门答腊、占城、交趾、真腊、缅甸、马来半岛等许多国家和地区远销中国元瓷的情况。

造像建筑艺术 南亚国家尼泊尔与元朝往来密切，双方在许多方面多有交流。元朝时期，有许多尼泊尔艺匠来到中国，长期居住，传授技艺，阿尼哥（1243—1309）是其中最著名的一位。阿尼哥在尼泊尔被称为八鲁布，擅长绘画雕塑，他在中国工作40余年，参与了元代的许多建筑设计制造，如今屹立于北京阜成门附近的妙应寺白塔就是由阿尼哥设计建造的。至元八年（1271），元世祖忽必烈决定在阜成门附近修建一座佛塔，阿尼哥成为该塔的设计者。整个塔高50米左右，分为塔座、塔身、相轮、华盖、塔刹五个部分。塔座占地810平方米，有下、中、上三层，塔座上有覆莲座，莲座被五道金刚圈环绕。塔身是一个巨大的覆钵体，上端有一层折角须弥座，连接塔身和相轮。相轮为13层，呈圆锥状，其顶端承托华盖。华盖上面是鎏金宝顶，即塔刹。阿尼哥还为中国汉藏两族培养了不少优秀的工匠艺师，刘元是阿尼哥的高徒，他继承了阿尼哥的"西天梵

[①] （明）宋濂等：《元史》卷19《成宗本纪二》，第408页。
[②] （明）宋濂等：《元史》卷209《安南传》，第4635页。

像"雕塑技术,并将中国古典造像艺术推进到一个新阶段,"大都和上都的名刹造像多出于刘元之手,其作品天下无与伦比。后人为了纪念他,将他在大都活动过的地方,取名为刘兰塑胡同,一直沿袭至今"[①]。由于阿尼哥的杰出贡献,元廷授予他光禄大夫、大司徒兼领将作院、印秩皆视丞相。阿尼哥死后还被追赠了太师、开府仪同三司、凉国公、上柱国等头衔。

第二节 明清时期中外科技交流

一 明清时期中外交流的增强

文艺复兴时期,欧洲通过恢复大批古希腊和罗马时代灿烂艺术和学术成就,特别是希腊的理性思想和经验科学,再加上稍后的航海和地理大发现,促使科学革命的序幕徐徐拉开,欧洲学者在文艺复兴基础上掀起了一场科学革命,并建立了改变整个人类生活和历史进程的近代科学。16世纪末以前的漫长时期足以让中国人引以自豪,正如李约瑟所说:"中国的科学技术在公元3世纪到13世纪之间保持了一个令西方望尘莫及的水平。"明代是中国科技发展的极其重要的时期。这一时期不但涌现一大批集大成式的科学家,而且出现了许多不朽的科技名著,与此同时。西方的科学技术传入中国,再加上传教士的推动,中外科技交流进入一个重要时期。对中国社会产生了重要影响,进而开启了中国近代科技发展的大门。

(一)明代东西方科技发展状况

德国科学家莱布尼茨说:"全人类最伟大的文化和最发达的文明仿佛今天汇集在我们大陆的两端,即汇集在欧洲和位于地球另一端的东方的欧洲——中国。"英国的中国科技史专家李约瑟也认为:"由于历史的巧

[①] 北京市社会科学研究所:《北京古今十讲》,北京日报出版社1985年版,第64页。
本节内容写作过程中,借鉴、参考和吸收了前辈学者关于中外科技交流的研究成果,主要有白寿彝《中国通史》(上海人民出版社2015年版);赖新元主编,韩勇军副编,李舟编《中国通史(第5卷)》(延边人民出版社2000年版);李喜所主编《五千年中外文化交流史》(世界知识出版社2002年版);苑书义、孙宝存、郭文书主编《河北经济史》(人民出版社2003年版);周一良《中外文化交流史》(河南人民出版社1987年版);李未醉、魏露苓《古代中外科技交流史略》(中央编译出版社2013年版);左芙蓉《北京对外文化交流史》(巴蜀书社2008年版);漆侠《宋代经济史上》(上海人民出版社1987年版);云峰《中国元代科技史》(人民出版社1994年版)等,特此致谢。

合，近代科学在欧洲崛起与耶稣会传教团在中国的活动大体同时，因而近代科学几乎马上与中国传统科学相接触。""在明代，中国的传统数学、天文学由于西学的到来而复兴。到1644年中国的数学、天文学和物理学和欧洲的已经没有显著差异。它们完全融合，浑然一体了。明朝末期，正是西方科技文化理论大发展的前夜，而明朝广大士大夫阶层已经普遍研究西学，中西方在科学发展上各有千秋。明朝，这一时期涌现出一大批集大成式的科学家和科技巨著，如李时珍的《本草纲目》、宋应星的《天工开物》、方以智的《物理小识》和徐光启的《农政全书》、朱载的《乐律全书》、罗洪先的《广舆图》、徐霞客的《徐霞客游记》等等。这些著作相对于近代数学、化学、物理学和哲学都还没有发展起来的西方颇具亮点。1643年前的西方科技发展还很不明朗，牛顿和莱布尼兹尚未出生，波义耳和帕斯卡尚处孩提阶段，伽利略被判终身监禁，笛卡尔隐居荷兰。而明朝已经进入西学东渐的高峰，学术环境开放，政府支持，士大夫阶层普遍接受、研究和翻译西学著作，共有七千多种西方图书进入中国。"

（二）明朝域外地理观念的增强

在这一方面最值得一叙的是郑和下西洋壮举。

郑和（1371—1435），本姓马，小字三保，回族，云南昆明（今晋宁）人。洪武时入宫为宦官，分至燕王府听用。后从燕王起兵，参加靖难之役，因功赐姓郑，擢内宫监太监。永乐三年（1405）六月，明成祖怀疑建文帝亡命于海外，"欲踪迹之，且欲耀兵异域，示中国富强"[①]，派郑和及另一宦官王景弘等，率将士27800多人，以巨舶通使"西洋"（即今加里曼丹至非洲之间的南洋群岛和印度洋一带），他们自苏州刘家河（今江苏太仓东浏河镇），泛海至福建，而后到达占城（今越南南部），历爪哇（今印度尼西亚爪哇岛）、暹罗（今泰国）、满剌加（今马来半岛南端马六甲）、今印度、苏门答剌（今印度尼西亚苏门答腊）等地，于永乐五年回国，历时2年有余。而后，自永乐六年至宣德年间，郑和又进行类似远航达六次之多，先后访问亚非30多个国家和地区，包括"占城、爪哇、真腊、旧港、暹罗、古里、满剌加、渤泥、苏门答剌、阿鲁、柯枝、大葛

[①] 《明史》卷304《郑和传》。

兰、小葛兰、西洋琐里、琐里、加异勒、阿拨把丹、南巫里、甘把里、锡兰山、南渤利、彭亨、急兰丹、忽鲁谟斯、比剌、溜山、孙剌、木骨都束、麻林、剌撒、祖法儿、沙里湾泥、竹步、榜葛剌、天方、黎伐、那孤儿"①，最远到达非洲东岸和红海。

郑和船队所到之处，以中国瓷器、丝织品等交换当地特产，加强明朝与各国联系，促进中国与亚非诸国的友好交流，在增广明朝域外地理知识方面，也有重大意义。所历国家地区的山川形势、气候物产、人文景观海洋岛屿等，都为郑和及其同行者所目睹亲闻。这些地理知识，有的此前中国人根本没接触过，十分珍贵；此有所了解的，经过这些航海调查，也得到印证和加深，价值同样很高。郑和航海时的随从浙江会稽人马欢、江苏太仓人费信、南京人巩珍分别撰写的《瀛涯胜览》《星槎胜览》和《西洋番国志》三书，记载作者在随从航海时的所见所闻，具体生动地反映了郑和航行在增加域外地理知识方面所做出的重大贡献。此外，《郑和航海图》，绘出了自长江口到非洲东岸的地理状况，20世纪熟悉马来半岛海岸线的欧洲学者米尔斯（J. V. Mills）和布莱格登（C.O. Blagden）曾对其精确性给予很高评价。②这些都反映出通过郑和航海，中国人民对南洋群岛和印度洋地理知识的了解达到前所未有的新高度。

同时，明朝对西域和黑龙江流域的地理状况的了解也进一步增多，此与明成祖派遣陈诚等人出使西域有关。陈诚，江西吉水人，洪武年间进士。永乐十一年（1431）受命出使西域，第二年春天出发，永乐十三年回国。与其一起出使的有宦官李达等人，所历有撒马尔罕、哈烈（在今阿富汗西北部）、达失于（今塔什干）等地。根据沿途见闻陈诚写出《使西域记》一书，记载许多西域地理状况。如记撒马尔罕说："在哈烈东北，去陕西肃州卫嘉峪关九千七百余里，去哈烈二千八百余里。地宽平，土壤膏腴，有大溪达河，东北流。城广十余里，开六门，其有子城。国主居室稠密。西南诸番，百货多聚此"。③记哈烈说："一名黑鲁，在撒马尔罕西南，去陕西肃州嘉峪关万一千一百里。其地四周多山，中有河西流。城近东北

---

① 《明史》卷304《郑和传》。
② 参见李约瑟《中国科学技术史》第3卷，第22章，第4节，第6小节；中国科学院自然科学史研究所地学史组：《中国古代地理学史》，第1章第5节，科学出版社1984年版。
③ 转引自张星烺《中西交通史料汇编》第5册，中华书局1978年版，第209页。

山下，方十余里……其土饶沃，气候多暖少雨。土产有白盐、铜、铁、琉璃、金、银、珊瑚、琥珀、珠翠之属。多育蚕，善为纨绮。木有桑、柳、榆、槐、松、桧、白杨。果有桃、杏、梨、葡萄、石榴。谷有麻、豆、菽、麦、粟。兽有狮、豹、良马、牛、羊、鸡、犬。"①

明人对黑龙江流域地理状况了解的增多，与明成祖、仁宗、宣宗加强对东北地区的经营有关。在洪武时期经营东北的基础上，明成祖、仁宗、宣宗继续经营东北，明成祖尤其如此。这时期，他们在黑龙江流域建立了许多卫所，任用当地少数民族的首领担任指挥、千户、百户等官；又在永乐七年决定置奴儿干都司，于黑龙江下游东岸亨滚河口附近的特林地方（今俄罗斯蒂尔）设置流官统辖。

明中叶以后研究边疆和域外地理的人仍旧很多，写出了许多记载有边疆和域外地理状况的书籍，如董越有《朝鲜赋》，黄省曾有《西洋朝贡典录》，黄衷有《海语》，郑开阳有《筹海图编》（原题胡宗宪辑）和《郑开阳杂著》，严从简有《殊域周咨录》，罗日褧有《咸宾录》，张燮有《东西洋考》。这些著作，有的依靠调查访问所得资料而写成，有的通过阅读大量古今文献而编就，不管是哪一种，都有不可忽视的价值。如黄省曾的《西洋朝贡典录》，根据《瀛涯胜览》《星槎胜览》等书资料，又"征之父老，稽之宝训"②，记载了"郑和所历之国"，"自占城以迄天方"等二十三国状况。③它虽与《瀛涯胜览》等书所记有所重复，但记载了一些它们所不记的资料，可纠正地名误载和文字错讹。又如张燮的《东西洋考》成书于明朝后期，该书特记各国的物产形胜，眉目极为清楚。其卷五"东洋列国考"之"文莱"条，写有"文莱，即婆罗国，东洋尽处，西洋所自起也"数语，第一次明确指出"东洋"和"西洋"界限，使地域概念空前明确，从另一角度反映该书价值，以及当时中国域外地理知识的进步。

（三）来华传教士的促进

传教士来华始于明朝中期，明末已达到一定规模，其中多人具备一定

---

① 转引自张星烺《中西交通史料汇编》第 3 册，中华书局 1978 年版，第 278—279 页。
② 黄省曾：《西洋朝贡典录》自序。
③ 《四库全书总目》卷 78《〈西洋朝贡典录〉提要》。

影响力，如：利玛窦、罗明坚、庞迪我、熊三拔等。来华传教士以传教为基本目的，他们也带来当时西方相对先进的科学技术知识，内容涵盖自然科学多个方面，天文历法、数学、地理学、军事火器、音乐、医学等都有所涉及。虽出于多方面原因，他们并没有将西方近代科学最新科技成果带到中国，不可否认，这些外来科学知识为明朝知识分子带来全新的研究视角，对东方传统科学发展提供了不可替代的推动力。

与此同时，明代中期以后，以儒学自我批判为核心的实学思潮，为中国科学社会化、世俗化提供了新的思想基础和文化环境。随着封建制度日益走向没落，传统的程朱理学已经日益教条化和绝对化，并成为封建统治阶级摧残荼毒人性的理论工具。商品经济的发展对封建专制文化提出挑战，人们既有的生活方式和价值取向都大力提倡经世致用，把学术研究的范围从儒家经典扩大到自然、社会和思想文化领域，天文、地理、河漕、山岳、风俗、兵革、田赋、典礼、制度等，皆在探究研讨之列。西方传教士的努力则加速了这一运动进程。

作为宗教布道者的传教士能够身兼西方科学知识的传播者，根本原因是基督教是在西方文化土壤上生长起来的宗教，对中国来讲完全属于异质文化，要想让中国人接受基督教，就必须让中国人对西方文化有所了解。而科学技术所具有的普遍应用性特点，更适合于对不同文化背景下的人们产生吸引力。结果如其所愿，"新奇的欧洲科学知识震惊了整个中国哲学界"。于是，中国的有识之士开始对中西科学会通与调适的工作。徐光启、李之藻、王征是这些人中的代表人物。"一方面，他们通过中西科学技术的比较，以理性的审视眼光，看到自身缺乏与承认域外文明的精进；另一方面，他们又从'有济于世'出发，为振兴中国科技，发出'欲求超胜，必先会通'呼声，锐意融合中西，以形成一套系统科学思想为毕生事业。"[1]他们认为"会通之前，必须翻译"，[2]并与传教士一起翻译传教士携来的西方科技书籍，有意识将西方科学知识与中国传统科学知识进行融会贯通，通过长期研究和实验，进而形成"富有近代科学倾向的思想体系"。

---

[1] 李亚宁：《明清之际的科学文化与社会》，四川大学出版社1992年版，第117页。
[2] （明）徐光启：《崇祯历书》，《徐光启集》，上海古籍出版社1984年版。

二 西方科学技术的传入

(一)西方物种的传入

明朝时期自国外传进甘薯、玉米、烟草和落花生。甘薯原产美洲墨西哥、哥伦比亚一带,15世纪末16世纪初,葡萄牙人把它带到非洲沿海地区、印度和印度尼西亚等地,西班牙人则将它传到包括菲律宾的西太平洋地区。此基础上,甘薯便从陆、海两路传进中国。陆路自印度、缅甸而云南,时间在16世纪三四十年代。海路由菲律宾到福建,时间为16世纪初。通过海路传进的还有广东地区,其时间与福建差不多。南直隶和浙江在明代也传进了甘薯,其中南直隶从福建引进。玉米原产美洲,16世纪传入中国,一由滇缅陆路到云南,一从东南沿海传到浙江、福建和广东。内地省份如贵州、四川、河南,在明亡前已有玉米种植,但总的说来,明代内地尚种植不多。烟草在"明神宗时始入中国"。最早传入地区为福建,清人王士禛《香祖笔记》卷3记载:"吕宋国有草,名淡巴菰……初漳州人自海外携来,莆田亦种之,反多于吕宋。①"这里的"淡巴菰"即指烟草。广东也是较早传入烟草的地区,崇祯七年(1634)广东《恩平县志》卷7《地理志·物产》说:"(烟草)出自交趾,今所在有之。"到崇祯末年,烟草的种植已发展到许多地区,诸如嘉兴、上海、苏州、北方等地区皆有记载②。落花生起源于美洲的巴西。嘉靖《常熟县志》的"物产"中,已经列有落花生;苏州16世纪初的学者黄省曾在他所著的《种芋法》(即《芋经》)中,也提到了"引蔓开花,花落即生",名之"落花生","嘉定有之"。这说明早在16世纪初期落花生已经传到江南地区。除了江南以外福建沿海地区也是当时落花生输入的主要地区,并且进而由福建传入浙江。清初上海人叶梦珠说:"万寿果,一名长生果,向出徽州。"②说明徽州在明代就已种植落花生。

(二)西方自然科学、语言学、音乐、绘画与建筑等的传入

耶稣会士在向中国传布天主教的同时,也向中国传布西方的天文、

---

① (清)阮葵生:《茶余客话》20卷。
② 《阅世篇》卷7,按:万寿果,长生果,即落花生。

历法、数学、机械工程与物理、火器、地理、医药等自然科学，以及语言学、音乐绘画与建筑等艺术。

1. 天文历法

耶稣会士在传布西方的天文历法上，主要通过翻译有关著作，传入和制作若干有关仪器，以及介绍西方的天体学说。

译著的有关著作，数量很多，著名的有《乾坤体义》《天问略》《崇祯历书》等。这些书籍在译著的过程中，由于耶稣会士的汉语水平并不太高，因而基本上是与中国的知识分子合作来完成的。这种情况，在耶稣会士译著其他内容的著作时，也同样存在。《乾坤体义》，利玛窦与李之藻译，是讲天体的一部书。称：地与海合为一球，居天球之中，其度与天相应；地球外有天多重，各重天相包如葱头，皮皆坚硬，而日月星辰嵌在各重天上，如木节在板；由于天体明而无色所以光线能够透过。这套天体理论，是公元前4世纪至2世纪以后流行于欧洲的亚里士多德—托勒密体系。《天问略》是阳玛诺的作品，它"于诸天重数、七政部位、太阳节气、昼夜永短、交食本原、地形粗细、蒙气映漾、曚影留光，皆设为问答，反覆以明其义。末载曚影刻分表，并注解晦、朔、弦、望、交食浅深之故，亦皆具有图说，指证详明"。①《崇祯历书》比上述两书更引人注目。它包括有由西文编译过来的多种历书，其编译与明末所用历法不确有关。明代沿用元郭守敬《授时历》，至明末误差越来越大。万历三十八年（1610）十一月朔，日食，历官推算多谬，朝中修改历法之议蜂起。第二年，礼部疏请徐光启、李之藻与耶稣会士庞迪我、熊三拔等同译西洋历书以资参订改修。但不久发生驱逐耶稣会士教案，庞、熊等因之离京，治历之事即告中止。崇祯二年（1629）五月朔，日食，历官推算，不准确，同年九月，徐光启遂奉命于宣武门内东城根首善书院设吏编译历书，修订历法。徐光启荐李之藻及耶稣会士龙华民、邓玉函参与其事。第二年，邓玉函死，又征耶稣会士汤若望、罗雅谷，同年十一月，李之藻卒。徐光启为搞好西洋历书编译，制定"节次六目"和"基本五目"编译蓝图。在其指引下，编译工作进行极为顺利。崇祯四年正月，徐光启向皇帝进呈第一批编译完毕的历书，八月进呈第二批，崇祯五年四月进呈第三批。崇祯六

---

① 《四库全书总目》卷106《〈天问略〉提要》。

年，徐光启因病辞去治历职务，推荐原山东布政司右参政李天经自代。李天经对徐光启留下的稿本进一步整理，于崇祯七年七月和十二月两次进呈。以上五次进呈的历书，共四十五种，一百三十七卷，便是所谓《崇祯历书》。徐光启在领导《崇祯历书》编译中，不仅亲订大纲，而且亲自捉笔，付出了艰苦劳动。

《崇祯历书》徐光启他与历局全体中西人士互相协作的硕果。《崇祯历书》进呈本皆系缮写本，崇祯时也曾付印，但印本没包括全部进呈本。清初，《崇祯历书》改名《新法历书》再印，不过所收书籍有所变动，由于屡次翻刻以及传本错乱残缺，后人已经弄不清楚进呈本原貌及其与崇祯刻本的区别，明刻本与清刻本的不同也不为世人所知[①]。《崇祯历书》与明朝行用的郭守敬《授时历》相比，精确度大有提高，但由于朝廷意见分歧，《崇祯历书》在明末并未颁行。直到清初，才以《时宪书》名义公布施行。

自利玛窦开始，耶稣会士不断向中国传入西方天文仪器，李之藻奏疏中称赞："其所制窥天窥日之器，种种精绝。"崇祯二年（1629）决定设历局翻译历书、修订历法后，徐光启提出制造七政象限大仪六座、列宿纪限大仪三座、平浑悬仪三架、交食仪一具、列宿经纬天球仪一架、万国经纬地球仪一架、节气时刻平面日晷三具、节气时刻转盘星晷三具、候时钟三架、测候七政交食远镜三架。在耶稣会士传入的天文仪器中，最重要的是望远镜。最初利玛窦将欧洲旧式望远镜带到中国，明郑仲夔《耳新》卷7称："番僧利玛窦有千里镜。"1610年，伽利略在意大利对旧式望远镜加以改良，造出了效率更高的新式望远镜。而后十几年，即天启二年（1622），汤若望又将这种新式望远镜带入中国，并于天启六年撰《远镜说》一书，对其原理、制法及应用等加以介绍。崇祯七年（1634），更在中国第一次将之制造出来。[②]

西方天体学说有多种，公元前4世纪，亚里士多德提出地球居于宇宙中心、天体皆嵌镶在透明水晶球上并绕地球旋转的理论。公元2世纪，希腊的托勒密继承发展亚里士多德理论，提出了以本轮、均轮系统来解释行星运动的地心说，成为基督教的基础宇宙观，在西方流行一千多年，直

[①] 参见王重民《徐光启》第6章及徐宗泽《明清间耶稣会士译著提要》第6卷。

[②] 参见方豪《中西交通史》第4篇第1章；张维华《明清之际中西关系简史》后篇第1章；沈富伟《中西文化交流史》第9章，上海人民出版社1985年版。

至哥白尼提出日心说（即地动说），其统治地位才渐渐丧失。1543年出版的《天体运行论》引起西方宇宙观的重大革新，不过其提出时，人们并没马上完全接受下来，有的甚至极力抵制，产生过激烈斗争。1582年，丹麦人第谷为调和哥白尼学说与《圣经》的矛盾，曾提出一个折中体系，设想地球居于宇宙的中心，太阳、月亮和恒星围绕地球运转，而五大行星则围绕太阳运转。这一体系在测定行星视运动时比托勒密体系要准确一些，但仍然是一个地球中心体系。第谷之后，又有意大利人伽利略起而捍卫哥白尼理论。他通过望远镜观察天体，在17世纪初发现木星等的卫星，确认银河乃系无数小星组成，有力证明哥白尼的地动说，以上是截至明末西方关于天体的各种学说。关于这些学说，明代入华的耶稣会士都将之介绍到了中国。不过，其态度是拥护旧学说，而基本否定哥白尼、伽利略的新学说，对前者大力介绍，对后者则只是偶尔提及，并否定其主要内容，只肯定个别内容，显然出于维护其教义的动机。关于亚里士多德—托勒密体系的介绍，利玛窦《乾坤体义》一书就是一例。另外，阳玛诺的《天问略》也对此有所涉及。关于第谷体系的介绍，主要表现于《崇祯历书》的编译中，书中奉为标准的即是第谷体系及其计算方法。至于对哥白尼、伽利略新学说的介绍，其地动说曾于罗雅谷的《五纬历指》中简略述及，介绍之后随即加上否定批语，称为"实非正解"；其关于木星等的卫星以及银河乃无数小星组成之类发现，则于汤若望的《历法西传》和《新法表异》等书中作了论述。耶稣会士在向中国介绍西方天体学说时对新、旧学说的不同态度，使中国虽从其介绍中得到帮助，但却没能赶上最新水平，以后中国天文学在很长时间里起支配作用的是第谷体系，而不是最先进的哥白尼学说[①]。

1644年明朝灭亡后，清朝启用汉制，其中包括很多钦天监中的传教士。1644年汤若望修订《崇祯历书》修订历法，制成天文仪器，确立了完整的天算科学。顺治元年十一月，命掌钦天监事。次年，他将《崇祯历书》压缩成《西洋新法历书》一百零三卷，进呈摄政王多尔衮，被封太常寺少卿。

顺治七年，清政府赐地在宣武门内原天主堂侧重建教堂。汤若望将利

---

① 郑文光、席泽宗：《中国历史上的宇宙理论》第7章，人民出版社1975年版；方豪：《中西交通史》第4篇第1章第7节。

马窦所建经堂扩大，建成北京城内的第一座大教堂（南堂），此处成为汤若望等神父的起居地。汤若望工作的地点则是在北京建国门附近的古观象台。在古观象台工作的传教士有50多人，汤若望是其中最主要的传教士，还担任台长，即钦天监监正。

1669年康熙历狱平反后，受命督造钦天监仪器的南怀仁制成纪限仪、地平经纬仪、赤道经纬仪、黄道经纬仪等天文仪器，并向其讲授几何学、静力学、天文学知识。

1688法国传教士洪若翰（清初来华传教士）带来浑天仪、象限仪、千里镜、测天器、天文数学书籍30箱，清初西方科学技术的传入一定程度上加速中国对近代科学的认知。

2. 数学

数学是自然科学的基础学科，举凡天文历法、气象、水利、机械、物理、医学、建筑等皆离不开数学知识。明末，由于天文观测、修订历法的需要，耶稣会士为吸引中国士人，单独或与中国士人合作，将许多西方数学书籍译成中文，一些中国士人在其影响下，也单独撰写过若干介绍西方数学的书籍，形成西方数学向中国传播的热潮。这时出现的译介西方数学知识的书籍，有徐光启与利玛窦合译的《几何原本》《测量法义》，李之藻与利玛窦合译的《圜容较义》《同文算指》，徐光启与罗使谷合译的《测量全义》邓玉函编译的《割圆八线表》《大测》，徐光启撰写的《测量异同》《勾股义》，孙元化（南直隶嘉定人，徐光启的学生，信奉天主教）撰写的《几何用法》《几何体论》《泰西算要》《西学杂著》等。上述著作，大体可分为几何学与算术两大类，前一类的代表作是《几何原本》，后一类的代表作是《同文算指》。

《几何原本》是根据利玛窦的老师、德国数学家克拉维斯所注的欧几里得《原本》译出，由利玛窦口授，徐光启撰文。"反复展转未合原书本义，重复订正，凡三易稿"。原书本十五卷，但万历三十五年（1607本）译完前六卷后，利玛窦就不肯再译下去，因而最早的刊本只有六卷。[①] 剩余的部分，到了清代后期方才译出。利、徐译本虽不是全本，毕竟系统介绍欧洲平面几何学知识，明清许多数学工作者学习过这部书，并在论证方

---

① 利玛窦：《译几何原本引》。

法方面受到它的影响，此译本使用的点、线、直线、曲线、平行线角、直角、锐角、钝角、三角形、四边形等名词在我国一直沿用下来，而且影响了日本、朝鲜等国。

《同文算指》主要根据克拉维斯的《实用算术概论》译出，采收中国学者程大位所著《算法统宗》许多内容。全书分"前编""通编"和"别编"三大部分。"前编"内容主要论整数及分数四则运算，其中加法、减法和乘法与分数除法，与现在运算方法基本相同。"通编"内容包括比例、比例分配、盈不足问题、级数、多元一次方程组、开方与带从开平方等，此外还辑入《算法统宗》中的一些难题以及徐光启《勾股义》、徐光启同利玛窦合译的《测量法义》。"别编"内容只有截圆弦算一部分。本书一个重要价值是第一次介绍欧洲的笔算，其算法与今天十分接近，产生了很大影响。[①]

1685年，安多和闵明我成为康熙皇帝的御用教师，根据1689—1691年白晋的日记，安多曾到宫廷编写中文正弦、余弦、正切和对数表，还向康熙介绍算术、三角和代数内容，提供解三次方程根的方便表。安多根据个人著作《数学纲要》编译而成《算法纂要总纲》，是康熙时代西方数学的集大成之作《数理精蕴》的前期成果，内容包括《测算刀圭》三卷，一曰《二角法摘要》，一曰《八线真数表》，一曰《八线假数表》；又有《面体比例便览》一卷，《对数表》一卷，《对数广运》一卷。[②]《数理精蕴》是康熙末年所编纂的《律历渊源》的第三部分，主要内容介绍西方数学，包括上编五卷，下编四十卷，数学用表四种八卷。上编名为"立纲明体"，主要内容为《几何原本》《演算法原本》。

3. 机械工程和物理学

耶稣会士向中国传入西方机械工程和物理学，主要表现于机械钟表的输入、《泰西水法》与《远西奇器图说》的译出，以及《新制诸器图说》等书的撰写。

以机械为动力的钟表当时称为自鸣钟，葡萄牙人到达澳门不久，即被带进澳门，罗明坚、利玛窦等进入中国内地后，又将其带入内地，成为结交上层人士和官府的礼物。如顾起元《客座赘语》记载："（利玛窦）所制

[①] 参见钱宝琮：《中国数学史》，科学出版社1964年版，234—250页。
[②] 韩琦、詹嘉玲：《康熙时代西方数学在宫廷的传播——以安多和〈算法纂要总纲〉的编纂为例》，《自然科学史研究》2003年第2期。

器有自鸣钟,以铁为之,丝绳交络,悬于虡,轮转上下,戛戛不停,应时击钟有声。器亦工甚,它具多此类。利玛窦后入京进所制钟及摩尼宝石于朝。"①这一新鲜事物的传入,对中国机械制造是不小的启发。

《泰西水法》,熊三拔和徐光启合译,共六卷,刊于万历四十年(1612),为欧洲农田水利技术专著,介绍欧洲的取水、蓄水等方法和器具。后来徐光启在撰写《农政全书》时,在水利部分曾将之采入。

《远西奇器图说》全名《远西奇器图说录最》,简称《奇器说》。由邓玉函口授、王征译绘而成。王征,陕西泾阳人,万历二十二年(1594)举人,天启二年(1622)进士,性喜研制各种器械,与耶稣会士关系密切,并加入天主教。《远西奇器图说》系统介绍欧洲机械工程学,书中讲到重心、比重、杠杆滑车轮轴斜面等原理,以及应用这些原理起吊重物的器械等,各种器械和用法都有图说。

王征所撰《新制诸器图说》,记载他所研制的各种器械,有的系其个人发明,有的仿造西方机械。如《新制诸器图说》所载"自行车""轮壶"即据自鸣钟原理制造,"轮壶"能使小木人按时前行,拨动十二时辰牌,并摇鼓撞钟。王征另一著作曾说,他"依《远西奇器图说》中诸制,增减截酌",制出"一人可起七千多斤"的机器②。王征对西方机械的模仿反映了刚刚传入的西方机械工程和物理学对中国知识分子的巨大影响。

4. 火器技术

火药由中国发明并制造火器应用于军事,欧洲火器通过阿拉伯人从中国传入。火器传入欧洲经过改进。明朝时期,中国原有火器没有准星,命中目标的准确率不大,威力也有限,而欧洲火器已有准星,命中率大有提高,威力远超中国。因此,明朝时期西方火器及其技术传入中国,对中国军事技术提高是个促进。当时传入中国的西方火器,有枪和炮。枪称鸟铳,其管形枪体长约三尺,据说"十发有八、九中即飞鸟之在林,皆可射落,因是得名"③。炮有多种,主要有来自葡萄牙的"佛郎机"和来自荷兰的"红夷炮"。佛郎机以铜或铁制成,"长五六尺,大者重千余斤,小者为百五十斤,巨腹长颈,腹有修孔。以子铳五枚,贮药置腹中,发及百余

---

① 《客座赘语》卷6《利玛窦》。
② 《两理略》卷2《易闸利运记》;转引自方豪:《中西交通史》下册,第4篇,第3章第2节。
③ 戚继光:《练兵实纪·杂集》卷5《军器解》上。

丈，最利水战。驾以蜈蚣船，所击辄糜碎"①。红夷炮有铁、铜两种，威力甚大，据说"长二丈余，重者至三千斤，能洞裂石城，震数十里"。②鸟铳和佛郎机传入中国时间较早，在正德至嘉靖年间；红夷炮传入较晚，在万历以后。西方火器及其技术传入中国的途径，除耶稣会士外，有的是战争缴获，有的是派人购买。以上两种皆直接从西方殖民者手中得到。还有的通过日本人、东南亚人以及与西方人相接触的中国商人那里，间接获取西方火器及其技术。

耶稣会士来到中国后，立即投入向中国介绍西方火器技术的活动之中。天启元年（1621），李之藻在《为制胜务须西铳乞敕速取》疏中，谈及利玛窦生前与之谈论欧洲火器的情况："臣尝询以彼国武备，通国无养兵之费。名城大都，最最要害处，只列大铳数门、放铳数人、守铳数百人而止。其铳大者长一丈，围三、四尺，口径三寸，中容火药数升，杂用碎铁碎铅，外加精铁大弹，亦径三寸，重三、四斤。弹制奇巧绝伦，圆形中剖，联以百炼钢条，其长尺余，火发弹飞，钢条挺直，横掠而前，二、三十里之内，折巨木，透坚城，攻无不摧；其余铅弹之力，可及五、六十里。其制铳或铜或铁，锻炼有法，每铳约重三、五千斤。其施放有车，有地平盘，有小轮，有照轮；所攻打，或近或远，刻定里数，低昂伸缩，悉有一定规式。其放铳之人，明理识算，兼诸技巧，所给禄秩甚优，不以厮养健儿畜之。"③有的耶稣会士亲自为明朝政府铸造西式火器。如天启二年罗如望、阳玛诺和龙华民被明政府下令制造铳炮。崇祯后期，汤若望也曾被明政府下令铸造西式火器，费赖之《入华耶稣会士列传》记载汤若望的这段经历说："鞑靼势力日盛，渐有进迫京师之势。一日，朝中大臣某过访若望，与言国势阽危，及如何防守等事。若望在谈话中言及铸炮方法，甚详明，此大臣因命其铸炮。若望虽告其所知铸炮术实得之于书本，未尝实验，因谢未能，然此大臣仍强其为之。盖其以为若望既知制造不少天文仪器，自应谙悉铸炮术也。1636年（崇祯九年，清崇德元年）在皇官旁设立铸炮厂一所，若望竟制成战炮二十门，口径多大，有足容重四十镑炮弹者。已而又制长炮，每一门可使士卒二人或骆驼一头负之以行。所需铸炮

---

① 《明史卷》92《兵志》四；胡宗宪：《筹海图编》卷13。
② 《明史卷》92《兵志》四。
③ （明）徐光启：《徐文定公文集》卷3。

之时亘两足年。"①

除亲自制造西式火器外，汤若望曾与中国人焦勖合作，写成西式火器制造、使用专书《则克录》。此书成于崇祯十六年，又名《火攻挈要》，共三卷，前有"火攻挈要诸器图"四十幅，上卷为造铳、造弹、造铳车、狼机、鸟枪、火箭喷筒、火罐地雷各种方法，并连带述及制造尺量、比例、起重、运重、引重之机器、配料、造料化铜之方法，中卷为制造、储藏火药须知；试放新铳，装置各铳，运铳上台、上山、下山及火攻基本原理；下卷则为西铳之攻法，铸铳应防诸弊等，此书是当时介绍西方火器技术诸书中最为重要的一部②。

5. 地理学

在向中国传入西方的地理学知识方面，做出贡献的耶稣会士主要有利玛窦、艾儒略和龙华民。利玛窦将欧洲世界地图传入中国，大大增加中国人的地理学知识。早在1583年（万历十一年），刚刚进入中国内地、定居在肇庆时，他已开始这项工作。《利玛窦中国札记》叙述其事："在（利玛窦设在肇庆的）教堂接待室的墙上，挂着一幅用欧洲文字标注的世界全图。有学识的中国人啧啧称羡它；当他们得知它是整个世界的全图和说明时，他们很愿意看到一幅用中文标注的同样的图"。于是，地方官"跟利玛窦神父商量，请他在译员的帮助下，把地图写为中文"；利玛窦应其请求，"马上进行这项工作"；"新图的比例比原图大"，"还加上了新的注释"；为迎合中国居于大地中央的固有观念，新图改变原图设计，"使中国正好出现在中央"。地方官得到这张地图后，"无比高兴，用最和蔼的词句来表达他的满意"，"自己出钱多制几幅地图，分赠给当地友人，并把其余图送到各省去"③。此后，利玛窦又在南昌、南京、北京等地数次重绘该图，进行修改。其所绘世界地图，当时曾被多次刊印，能确认并为人们称道的，就有如下八种：肇庆王泮刻本；苏州赵可怀刻本；南京吴中明刻本北京冯应京刻本；北京李之藻刻本，北京刻工刻本；贵州郭子章刻本；北京李应试刻本。此外，利玛窦还将欧洲许多地理学知识介绍给中国，主

---

① 转引自方豪《中西交通史》下册，第4篇，第4章第8节。
② 参见方豪《中西交通史》；刘旭《中国古代火炮史》，上海人民出版社1989年版；《中国军事史》第一卷《兵器》，解放军出版社1983年；南炳文《中国古代的鸟枪与日本》，载《史学集刊》1994年第2期。
③ 《利玛窦中国札记》，第173—182页。

要是经纬度制图法、关于五大洲的知识（包括亚细亚、欧罗巴、利未亚即非洲、南北亚墨利加、墨瓦蜡民加即南极地方）、地为球形说、地球分五带的见解（热带、南北温带、南北寒带）等。这些知识当时虽并没被全体中国人所接受，但产生一定影响，许多译名如亚洲、欧洲、大西洋、地中海、罗马、古巴、加拿大以及地球、南北极、南北极圈和赤道等，一直沿用到今天。可以毫不夸张地说，利玛窦向中国传入欧洲的世界地图和地理知识，使中国人的眼界大大扩展[1]。

艾儒略在向中国介绍西方地理学方面，著有《职方外纪》及《西方答问》二书。《职方外纪》成书于天启三年（1623），是在庞迪我、熊三拔译介欧洲所作世界地图旧稿基础上增补而成的介绍世界地理的专书。全书共五卷，卷首冠有《万国全图》，分述五洲各国情况；所含内容远比利玛窦所介绍的详细。书中对欧洲叙述尤多，凡出产、风俗、饮食、屋宇、工业、车马、教育、图书馆、宗教、慈善事业、赋税、诉讼、兵制等，无不叙及。学术界对此书评价甚高，认为在当时"有此一书，评述世界大势，开拓世人眼光，已属难能可贵"，"为划时代之一部世界地理著作"[2]。《西方答问》刻于崇祯十年（1637），共二卷，分条介绍西方的有关事宜，上卷介绍国土、路程、海舶、海险、海奇、登岸、土产、制造、国王、西学、官职、服饰、风俗五伦、法度、谒馈、交易、饮食、医药、人情、济院、宫室、城池、兵备、婚配、续弦、守贞、葬礼、丧服、送葬、祭祖；下卷介绍地图、历法、交蚀、列宿、年月、岁首、年号、西士、堪舆、术数、风鉴、择日。入清后，利类思、安文思等曾节录该书成《御览西方要纪》，呈康熙皇帝。

龙华民介绍地理学知识的著作是《地震解》。此书刻于天启六年（1626），用问答体论述了地震的成因、先兆、强度等，所论多有不合现代地震学说之处，但当时曾颇受中国学者重视[3]。

6. 医药学

耶稣会士中有的懂得医药学，来到中国后也将欧洲的医药学知识带到

---

[1] 参见曹婉如等《中国现存利玛窦世界地图的研究》，载《文物》1983年第12期；洪煨莲《考利玛窦的世界地图》，载《禹贡》，1936年第3、4合刊；杜石然等《中国科学技术史稿》下册，科学出版社1982年版，第192—232页.

[2] 张维华：《明清之际中西关系简史》后编第2章.

[3] 转引自方豪《中西交通史》下册，第4篇，第4章第8节.

中国。徐光启家信中写道："庞（迪我）先生教我西国用药法，俱不用渣滓。采取诸药鲜者，如作蔷薇露法收取露，服之神效。此法甚有理，所服者皆药之精英，能透人脏腑肌骨间也。"①明人刘侗、于奕正所著《帝京景物略》记载："（邓玉）函善其国医，言其国剂草木，不以质咀，而蒸取其露，所论治及人精微。每尝中国草根，测知叶形花色、茎实香味，将遍尝而露取之，以验成书，未成也。"②耶稣会士在向中国传布欧洲医药学知识时，著书立说是重要方式，多数在以论述其他问题为主的书籍中，间或谈及医药学方面的知识。如利玛窦所著《西国记法》主要谈记忆问题，但其中"原本篇"介绍欧洲的神经学知识："记含有所，在脑囊。盖颅颥后、枕骨下为记含之室。故人追忆所记之事，骤不可得，其手不觉搔脑后，若索物令之出者。虽儿童亦如是。或人脑后有患，则多遗忘。试观人枕骨最坚硬、最丰厚，似乎造物主置重石以护记含之室，令之严密，犹库藏之有扃镝，取封闭巩固之义也。"③这段文字中夹杂宗教说教，无疑在基本方面是讲神经学的。耶稣会士也写了一些专门谈医药学的书籍，只是数量不多，其中被人们常常提起的有两部：《泰西人身说概》和《药露说》。《泰西人身说概》，邓玉函撰，山东掖县人毕拱辰译，共二卷，是一部介绍解剖学的专著，谈及人体运动系统、肌肉系统循环系统神经系统与感觉系统。此书使欧洲人体解剖学传入中国。《药露说》，熊三拔撰，约成书于万历四十六年（1618年），所论为西药制造术，书中对蒸馏、制造药炉等器，均有图说④。

康熙时期西医传入中国，对传统的中医产生触动。康熙得了疟疾，隔两三天便高热不退，痛苦万分。传教士带来珍贵的金鸡纳霜。此后，康熙对西药发生浓厚兴趣，命京城内炼制西药，在宫中设立实验室，试制药品，亲自临观并提倡种痘以防天花。

7. 语言学

耶稣会士来中国，不可避免遇到语言问题，便用本国研究语言的方法来研究中国语言，将中国语言与本国语言或所熟悉的某种语言作对比，西

---

① 《徐光启集》卷11《书牍》，中华书局1963年版。
② 《帝京景物略》卷《利玛窦坟》。
③ 利玛窦等：《传教士东传文献》，台湾学生书局1982年第二版。
④ 参见方豪《中西交通史》，下册，第4篇，第5章。

方语言学随之传入中国。耶稣会士为此撰写的著作，有郭居静和利玛窦合编《西文拼音华语字典》、利玛窦与罗明坚合编《平常问答词意》、利玛窦的《西字奇迹》以及金尼阁撰写的《西儒耳目资》等。《西文拼音华语字典》按照拉丁字母和中文读音编排。《平常问答词意》编写于万历十二至十六年（1584—1588），是一本葡华字典，附罗马注音。《西字奇迹》一卷，万历三十三年（1605）刻于北京，以汉字译写拉丁字母。《西儒耳目资》刊于天启六年（1626），该书"以西洋之音通中国之音，中分三谱：一曰译引首谱；二曰列音韵谱，皆因声以隶形；三曰列边正谱，则因形以求声"[1]。上述诸书，向中国介绍西方拼音方法，远较当时中国使用的反切法；特别是《西儒耳目资》一书，对中国文字音读做深入分析，对中国音韵学知识贡献颇大。

《西儒耳目资》分诸音为29音素，又将29音素分为自鸣母（韵母）、同鸣父（声母）及不鸣（中国不用者）三类，分别为5个、20个和4个。自鸣母除5个元音外，还有5元音自相配合或与同鸣父中之m、n、i三音相配合而产生的"自鸣二字子母"22个、"自鸣三字孙母"22个、"自鸣四字曾孙母"1个，从而自鸣母的总数达到50个。将自鸣母与同鸣父互相配合，即可得到每个字的音值。而中国字皆有五声，于是书中又于每一自鸣母加上有关符号来做区别，如清平用一，浊平用"^"，上声用"\"，去声用"/"，入声用"V"。此外，金尼阁又以为自鸣母之五元音读时有粗细之分，因分"甚""中""次"三等来加区分，并为之分别规定了特定符号，只是因视"甚"为正读，故对其未规定特殊符号，有特定符号者仅"中""次"二等。《西儒耳目资》一书，可说在音韵学上使中国人眼界大开。此书写成后，有远见的中国知识分子对之十分欢迎，有的捐资刊刻，有的为之写序介绍，有的在自己有关著作中对之大加赞扬。如王征在《西儒耳目资释疑》中说："今观西号，自鸣之母，号不过五；同鸣之父，号不过二十，及传生诸母之摄统计之，才五十号耳。肯一记忆，一日可熟。视彼习等韵者，三年尚不能熟，即熟矣，寻音寻字，尚多不得便遇者，谁难谁易，而甘自逊为？且余独非此中人乎？暗愚特甚，一见西号，亦甚了了，又况聪明特达之士、高出万万者乎？"方以智在其《通雅》一书中，

---

[1] 《四库全书总目》类44《〈西儒耳目资〉提要》。

对该书也曾多次提及①。

8. 绘画、音乐和建筑艺术

耶稣会士传入中国的西方绘画、音乐和建筑艺术，主要是宗教艺术，这很大程度上满足了耶稣会士进行宗教活动和宣传基督教的需要。

绘画是布置教堂、举行宗教仪式不可或缺之物，耶稣会士把西方有关绘画带到中国，使中国看到与本国大不相同的新画风，引起其关注。如《利玛窦中国札记》第二卷第五章记载利玛窦刚到肇庆时的情况："所谓传教室在两头各有两间房，中间是间空屋，用作教堂，中央是圣坛，上面挂着圣母画……当人们去访问神父时，官员和其他拥有学位的人，普通百姓乃至那些供奉偶像的人，人人都向圣坛上图画中的圣母像敬礼，习惯地弯腰下跪，在地上叩头。这样做时，有一种真正宗教情绪的气氛。他们始终对这幅画的精美称羡不止，那色彩，那极为自然的轮廓，那栩栩如生的人物姿态。"②明人顾起元在其专记南京掌故的《客座赘语》一书中，记载利玛窦及"其徒罗儒望"在南京的情况：利玛窦"来南京，居正阳门西营中。自言其国以崇奉天主为道，天主者，制匠天地万物者也。所画天主，乃一小儿，一妇人抱之，曰天母。画以铜板为幀，而涂五采于上，其貌如生，身与臂手俨然隐起幀上，脸之凹凸处，正视与生人不殊。人问画何以致此，答曰：'中国画但画阳，不画阴，故看之人面躯正平，无凹凸相。吾国画兼阴与阳写之，故面有高下，而手臂皆轮圆耳。凡人之面，正迎阳，则皆明而白，若侧立，则向明一边者白，其不向明一边者，眼耳鼻口凹处皆有暗相。吾国之写像者解此法，用之，故能使画像与生人亡异也。携其国所印书册甚多…间有图画人物屋宇，细若丝发……利玛窦后人……后其徒罗儒望者来南都，其人慧黠不如利玛窦，而所挟器画之类亦相埒。"③明人刘侗、于奕正在《帝京景物略》一书中，记载明末北京宣武门内天主堂所供耶稣画像的情形说："供耶稣像其上，画像也。望之如塑，貌三十许人。左手把浑天图，右叉指若方论说次，指所说者。须眉竖者如怒，扬者如喜，耳隆其轮，鼻隆其准，目容有瞩，口容有声，中国画

---

① 参见方豪《中西交通史》，下册，第11章；沈福伟《中西文化交流史》第9章；张维华《明清之际中西关系简史》后编，第6章。

② 《利玛窦中国札记》，第168页。

③ 《客座赘语》卷6《利玛窦》。

绘事所不及。"[①]

耶稣会士带到中国的西方绘画，有的还献给了皇帝。利玛窦于万历二十八年（1600）获准进京，于同年十二月二十一日（公历已为1601年1月24日）到达[②]。这次进京，利玛窦献给明神宗"天主图像一幅，天主母图像二幅"。[③]在崇祯年间，汤若望也曾向明思宗做过类似进献，《正教奉褒》载其事说："崇祯十三年十一月，先有葩槐国君玛西理饰工用细致羊鞟装成册页帙，彩绘天主降凡一生事迹各图，又用蜡质装成三王来朝天主圣像一座，外施彩色，俱邮寄中华，托汤若望转赠明帝。若望将图中圣迹释以华文，工楷誊缮。至是，若望恭赍趋朝进呈。"

耶稣会士传入中国的西方绘画，还有在中国得到翻刻者。其最著名者为程大约翻刻西方绘画于《墨苑》之中。收入《墨苑》中的西方绘画共有四张，全是宗教画：一为"信而步海，疑而即沉"，绘的是《新约》耶稣召彼得海上行走的故事；二为"二徒闻实，即舍空虚"，绘的是《新约》耶稣受难后现身与革流巴等二门徒同行的故事；三为"淫色秽气，自速天火"，绘的是《旧约》所得玛城因罪被焚的故事；四为圣母玛利亚怀抱圣婴耶稣之像。这四张宗教画的原作，皆为利玛窦所赠。

音乐是基督教宗教仪式不可缺少者，随着耶稣会士东来，西方乐器和乐曲一同来到中国。来华耶稣会士中，有的精通音乐，如郭居静就长于此道。关于耶稣会士在华宗教活动的记载中，常常可以看到西方音乐传入中国的资料。如《利玛窦中国札记》一书记载利玛窦去世在北京举行葬礼时的情形："这许多事都完成之后，就确定以诸圣节为利玛窦神父的安葬日并为教堂献祭……在规定的那一天，所有信徒都来了，点燃蜡烛和香增加了庄严气氛。首先举行当日的弥撒，奏起了风琴和其他乐器，场面安排得尽可能隆重。"[④]这里所说"奏起了风琴"，无疑反映了当时西方音乐的传入。西方音乐在明代也传入中国皇宫。最著名的是利玛窦万历二十八年底向明神宗进献古翼琴（钢琴的前身），并由庞迪我向太监传授演奏技巧。《利玛窦中国札记》记载其事说："过些时候，在皇帝面前演奏弦乐器的四

---

① 《帝京景物略》卷4《天主堂》。
② 《利玛窦中国札记》，第399—409页。
③ 参加黄伯禄《正教奉褒》所载万历二十八年十二月二十四日利玛窦贡表；参见《万历野获编》卷30《大西洋》。
④ 《利玛窦中国札记》，第617—650页。

名太监奉皇帝之命来见神父。在中国人中间,演奏这种乐器被认为是一种先进艺术,宫廷乐师的地位高于算学家。他们指导皇宫里一所高级学校,他们前来请神父教他们演奏古翼琴,这架古琴包括在进献给皇宫的礼物之中。庞迪我神父从一个偶然学徒已经成为精通这种乐器的人,他每天去皇宫给他们上音乐课。庞迪我神父还是很久以前在利玛窦神父的建议下向很有修养的音乐家郭居静神父学的古琴。利玛窦神父在提出建议时就已期待着今天这一天了。关于这种乐器中国人几乎一无所知,而庞迪我神父不仅学会演奏,而且还会和……学古琴的每个学生们学会一首曲子就满足了。两个较年轻的学生在学习上颇有才能,但他们要等待其他人完成学业,因此安排的学习时间拖长到一个多月。他们很有兴趣为他们演奏的乐曲配上中文歌词,于是利玛窦神父利用这个机会编写了八支歌曲,他称之为'古琴之歌'。这些歌曲涉及伦理题材、教导良好道德品行,并引用基督教作家的话加以详实说明。这些歌曲非常受人欢迎,许多文人学士要求神父送给他们歌曲的抄本,并高度赞扬歌中所教导的内容。"①这里所说的"古琴之歌",即是其他文献中所说的《西琴曲意》。关于利玛窦进献给明神宗的古翼琴,在清修《续文献通考》中曾评论其结构:"纵三尺,横五尺,藏椟中,弦七十二,以金银或炼铁为之弦,各有柱,端通于外,鼓其端而自应。"②在崇祯年间,汤若望曾奉明思宗之令对这张古琴进行修理,并将修复后的这张琴,与葩槐国君玛西理进呈的礼物,一起献给明思宗,在礼物中另有一种用水力推动的新乐器③。

　　康熙时,西洋音乐在宫中很受欢迎,康熙皇帝不仅十分欣赏西洋音乐,有时还要亲自演奏。对此,传教士费迪南德·维比斯特在传记中有详细记载:"清朝康熙皇帝演奏西洋音乐十分娴熟,就像演奏中国乐器那样,清新流畅。"乾隆皇帝在音乐方面的造诣,虽不及康熙,但他却积极推广西洋音乐。乾隆皇帝亲自组建中国第一个西洋管弦乐队,还下旨让工匠们制作象牙长笛和铁弦琵琶等乐器,极为巧妙地将西洋音乐融入古典音乐里。

　　耶稣会士来中国长期从事传教活动,日常生活中需要房屋居住,宗教

---

① 《利玛窦中国札记》,第410—421页。
② 《续文献通考》卷120《夷部乐》。
③ 参见方豪《中西交通史》下册,第4篇,第8章第2节。

活动中需要教堂以供使用，去世时需要建造坟墓与有关建筑，这样，在耶稣会士东来中国过程中，西方建筑艺术不能不随之传入。从史料记载看，耶稣会士在明代所到过的澳门、肇庆、北京等处，都进行过建筑。这里仅从《利玛窦中国札记》书中摘录两段关于在肇庆、北京进行建筑的资料，以见一斑。关于前者，书中记载："政府和其他好心人给教会送来钱和各种礼物，足以偿还债务，完成建筑，充分添置家具。房子本身很小，但很中看。中国人一看就感到很惬意；这是座欧式的建筑物，和他们自己的不同，因为它多出一层楼并有砖饰，也因为它美丽的轮廓有整齐的窗户排列作为修饰。房屋地点和安置也增添它的美丽。从这里能看见水平面上的所有建筑物，河上有各类船只，河那边是整整一片树木繁茂的山峦。那是当地出名的美景又加以欧洲新奇的装束，每个人都想一开眼界。来访的高官络绎不绝，其中不仅有本城的，还有其他省份来见总督的官员。"[①] 关于后者，书中所记为利玛窦死后的墓地建筑："整个传教团的监督龙华民神父在移灵后不久来到这里，葬礼推延就是要等他到来。在他的指导之下设计出中国第一座基督教墓地。花园的一端用砖修建一座六角形带拱顶的小教堂。小教堂的每一边伸延着半圆形的墙，圈出一块地方作为教会成员的墓地。在这块地的当中有四棵柏树，这在中国和别国一样都是哀悼的标志……挖出一部分土，在穴中修建了一座大小合适的砖墓放置棺木。"[②]

清代最奢侈的西式建筑为圆明园的修建，乾隆年间郎世宁设计，王致诚、蒋友仁协助，整个建筑采用18世纪流行的巴洛克与洛可可风格，环以意大利式花园，端庄凝重与华丽纤巧并重。

三 中国与周边国家的科技交流

（一）中朝自然科学及技术的交流

1. 中国历法、数学、医药学在朝鲜的传播

在历法方面，高丽时期，朝鲜先使用唐《宣明历》，后使用元《授时历》。李朝建立后，奉明正朔，用明《大统历》。李世宗时，命郑麟趾、郑招监造观天仪器，广搜中国和朝鲜文献加以研究，历时七年，制成北极

[①] 《利玛窦中国札记》，第 183—187 页。
[②] 《利玛窦中国札记》，第 617—650 页。

测定器及各种日晷、漏刻、浑仪、简仪（天球仪）。世宗又命郑麟趾等参酌元《授时历》及明《大统历》，撰《七政算内篇》。至此，朝鲜始立推策之法。李中宗时，命司成李纯到中国取得《革象新书》，按图制器，以为精巧。但由于历法长期不修，逐渐出现误差。李宣祖时，派郑斗源到中国访求武器及历法。当时，传教士利玛窦和中国官员徐光启等人正在研究新的历法。郑斗源1631年归国，带回《治历缘起》《天问略》等书。1635年，徐光启等人编成《崇祯历书》。1643年，明朝改用《崇祯历书》。1644年，李仁祖遣观象监提调金堉赴北京，购得《崇祯历书》等，令观象监官金尚范加以研究，至1653年颁行。

在数学方面，朝鲜也深受中国影响。高丽王朝仿唐朝实行科举制，设算科，并在太学中设算学博士。李朝也设算科，置算学博士，用中国算学著作。李朝规定，算学生徒额定十人，每三年一试选，以中国《九章算术》、宋人杨辉《算法》及元人朱世杰《算学启蒙》为必读之书[①]。

医药学方面，高丽朝在科举中设医科，置医学博士，并不断从中国搜购医书药品。李朝也重视医学，典医监置博士二人，助教二人，医科三年一试，初试录取十八人，复试录取九人。典医监生徒学习的主要是中国医药学著作，如《直指方》《伤寒类书》《医方集成》《补注铜人经》等。李世宗时，因典医监中生徒人多，中国医药学著作很少，"难以共看"，令将《补注铜人经》刊板，《直指方》《伤寒类书》《医方集成》"令铸字所各印五十件"[②]，分给典医监等机构。李朝医生考试也仿中国方法，如铸铜人试针灸之穴便是一例。同时为提高朝鲜医学水平，李朝还积极与明朝进行医药交流，一方面搜购中国医学著作，另一方面派医生到明朝质疑问难。李朝广泛搜购中国医学书籍，并迅速刊行。如，1415年《铜人图》流入朝鲜，当年即被刊行。1448年，朝鲜成建从中国购回《东垣十书》等书，很快流行。李朝还多次派医生随使节来中国，向明太医院医师质疑问难，并做记录，有的记录还刊印流传。如，1380年刊印的《朝鲜医学问答》，即为朝鲜尹知微问，中方王应遴答。1617年刊印的《医学疑问》为朝鲜内医院教习御医崔顺立等问，中方傅懋光、朱尚约等答。当时，中

---

① 参阅李俨《从中国算学史看中朝文化交流》，载《进步日报》1952年10月31日；朱云影《中国文化对日韩越的影响》，台湾黎明文化事业公司，第118—121页。

② 《朝鲜李世宗实录》卷52。

朝这样的国家级医学讨论会曾多次举行，对朝鲜医药学水平的提高很有裨益。

朝鲜医家对中医药进行广泛深入的探讨研究，取得很大成绩。在药学方面，出现了《乡药集成方》。以前，朝鲜中医所用药材均依赖于中国。李太祖时，权仲和开始就地采辑，并著《乡药简易方》。李世宗时，朝鲜多次派医官随使到北京广求方书，且因申奏就太医院考正药品。1431年，李世宗令典医正卢重礼等搜集各种乡药方著作，分类增补，编成《乡药集成方》。该书把旧症338增为959，旧方2803增为10706，并附针灸法1476条，乡药本草及炮制法，合为八十五卷。在医学方面，出现了《医方类聚》和《东医宝鉴》两部巨著。金礼蒙等人自1443年起，对15世纪以前的150多种中朝医籍文献加以研究，从中辑录名医论述及方剂，用中文分类汇编，于1445年编成《医方类聚》。该书计三百六十卷（现存二百六十六卷），体裁与《外台秘要》《太平圣惠方》相同，内容包括临床各科及证治九十二门，先论后方，按引用书籍年代顺序排列，收方五万余，950万余字，堪称15世纪以前中医医方之大成。由于该书广征博引，其中保存四十余种今天已佚失中医古籍，有很高医学价值。如我国第一部产科专书《经效产宝》现印本即从该书中辑出。《东医宝鉴》由李朝太医许浚、杨礼寿、金应铎等人于1596年开始编纂，一年而成初稿，后经许浚修改定稿，于1613年刊行，计二十五卷。该书参考中医书籍八十三种，朝医书籍三种，所引医籍上自《内经》，下迄金元名家及明代王纶、李梃、龚信、龚延贤等人著述，分内景、外形、杂病、汤液、针灸五部分，选方丰富实用，内容简明扼要，对介绍中国医药学做出贡献。该书于明末清初传入中国，对中国医学发展也有积极影响[①]。

2. 中国农业技术在朝鲜的推广

朝鲜为了普及农业知识，积极译介中国农书。李朝太宗时，命儒臣以方言翻译元代农书《农桑辑要》，以便于朝鲜农民学习。李世宗时，朝鲜刊行《农家集成》。其后，郑招撰《农事直说》，姜希孟撰《四时纂要》，朴趾源撰《课农小抄》等，多不外中国农业技术知识的介绍或提倡。

与此同时，朝鲜政府大力推广中国农业技术。1416年，李太宗命典

---

① 参阅史兰华等《中国传统医学史》，科学出版社1992年版；第260—261页；李经纬等《中国古代医学史略》，河北科学技术出版社1990年版。

厩署及礼宾寺按照《农桑辑要》中记载的方法饲养羊、猪、鸭、鸡等。次年，李太宗又推广《农桑辑要》中的养蚕技术，劝农种桑。1437年，李世宗以《农桑辑要》之法劝令农民进行秋耕。1438年，李世宗又下令各道依照《农桑辑要》《四时纂要》规定，刻期催督农民种植水稻，勿令失时。李朝还从中国学得水车制造技术，令工匠仿照，向各地推广。

此外，朝鲜还积极从中国引进新农作物品种及其栽培技术。高丽末期，朝鲜从中国元朝引进棉花种子及其栽培技术。李朝初期，棉花种植已推广到整个朝鲜。1463年，朝鲜讲肆官鲁参进中国碱地所种稻种，李世宗令于沿海碱地推广。[1]

3. 中国火药技术对朝鲜的影响

明朝与朝鲜友好，对火药等重要军事物资应朝鲜要求而允许交流，火药技术也传入朝鲜。

为了清剿骚扰朝鲜和中国沿海的倭寇，1373年，高丽政府向明朝要求赠给用以武装水军的合用器械、火药、硫黄、焰硝等物资。次年，明太祖回复同意，中国火药遂大量输入朝鲜。与此同时，朝鲜人崔茂宣为学会火药配制技术，经常到礼成江口，寻找中国客商请教。1373年，他终于找到粗知焰硝采取法的中国商人李元，"遇之甚厚"，得其指导，了解火药配制技术。其后，崔茂宣又与家童数人私习其术，经过艰苦努力，终于实验成功。

火药技术的掌握，使朝鲜火器技术得到大大提高。1377年，高丽政府设立火㷁都监以制造火药，任命崔茂宣为提调官。在崔茂宣主持下，火㷁都监不仅生产火药，还在过去研究"炮机""铳筒"等武器基础上制造出"大将军""二将军"等火器，观者莫不惊叹。崔茂宣总结自己所发明火药和火器原理，编写《火药修炼之法》。这是朝鲜历史上第一部有关火药、火器的专著，对15世纪朝鲜火药、火器的继续发展作出重要贡献。火药、火器技术的发展，提高了朝鲜军队的战斗力，对当时朝鲜人民反倭寇斗争的胜利发挥了重要作用。[2]

4. 中朝印刷术的交流

中国于7世纪初发明雕版印刷术，11世纪中叶又发明活字印刷术，开

---

[1] 朱云影:《中国文化对日韩越的影响》，第449—458页。

[2] 参见朴真奭《中朝经济文化交流史研究》，第120—131页。

创人类印刷史新纪元。中国印刷术很快传入朝鲜。由于毕昇的活字用胶泥制造，易碎而不经久，且印出来不够整齐，因此朝鲜在接受中国胶泥活字印刷后，继续探究，于13世纪前半期发明铸字模，用铜铸活字，既方便耐久，又美观整齐。

李朝建立后为印刷更多书籍，向官吏、士人、百姓灌输封建思想，进一步发展金属活字，使其普及开来。1403年，李太宗"虑本国书籍鲜少，儒生不能博观"，令置铸字所，"多出内府铜、铁，又命大小臣僚自愿出铜、铁，以支其用"[①]。铸字所由李稷负责，以《诗》《书》《左传》等做字本，几个月间铸出数十万铜活字，是为癸未字。这是朝鲜历史上空前的大规模铸字，对印书广布起了巨大作用。不过，癸未字究属草创，字样有欠美观。1420年，李世宗命李葳负责改铸，七月而成，字样精好，是为庚子字。但庚子字字体过小，不便阅读。1434年，世宗命李葳以皇家所藏《孝顺事实》《论语》为字本又铸新字，不足部分由李瑈补写，费时两年，铸成20余万字，是为甲寅字。甲寅字在朝鲜历次铸成的活字中质量最好，被称为"朝鲜万世之宝"。李葳等人经过实践，不仅改造了活字体，而且提高了造版技术，即均植字体于底板而以竹木破纸填其空，比原来布蜡于底板而植字于上的方法更为坚固耐用，提高了印刷能力。1436年，朝鲜在世界上首次铸造了铅活字。

朝鲜的金属活字印刷技术，不久又传入中国，影响中国的印刷业。13世纪末，王祯编写《农书》以前，中国出现了金属活字。15世纪末，无锡华氏用铜活字印书。约略同时，无锡安氏、苏州孙氏、南京张氏等也先后用铜活字印书。15、16世纪之交，常州有人用铅铸字[②]。中朝印刷术的交流，促进了两国文化的发展[③]。

（二）中日科技交流

1. 历法、数学和医药学

日本自9世纪中叶以来，一直沿用中国唐代《宣明历》。1401年，幕

---

① 朝鲜《李太宗实录》卷5。
② 参见周一良《从印刷术看中朝文件交流》，载《进步日报》1950年12月26日；张秀民《中国印刷术的发明与影响》，人民出版社1978年版，第103—127页；朴真奭《中朝经济文化交流史研究》，第132—146页。
③ 参见何孝荣《明代的中朝文化交流》，载《文史知识》1998年第3、4期。

府将军足利义满派遣肥富、祖阿使明，称臣纳贡。次年，明朝派遣道彝天伦、一庵一如出使日本，"颁示《大统历》，俾奉正朔"①。《大统历》即元代郭守敬所创《授时历》，较唐《宣明历》更为精确。虽然日本没有很快使用该历，但私人研习者大有人在，这为江户时期日本编成《新勘授时历》等书及日本改行此历打下基础。

中国的算盘于明代传入日本。一般认为，毛利重能于明末两次到中国学习数学，携算盘归国，在丰臣秀吉家中和军中使用，又命工匠仿造，此为算盘传入日本之始。但是，根据对一些实物和史料的研究，算盘传入日本的时间还应更早。日本山田市现存一架算盘，左十四档，右十档，中留一档宽窄空格，这可能是中国算盘的最初形式。至于上下盘珠个数、形状均同于今，而盖板反面有"文安元子年"（1444）字样②。此外，159年肥前天草耶稣会所刊《罗葡日对照辞典》中有"sansoroban"一词，即日本人新谓"十露盘"的译名，狩野吉信的《职人尽绘》也有十露盘（算盘）图。可见，算盘可能在明中期已传入日本。但是，算盘在日本的流行则是明末之事。当时，木匠归大津造算盘卖钱，各地纷纷抢购。随着算盘的流行，中国各种运算方法和口诀也传入日本，对日本数学的发展和普及起了巨大的推动作用。

中国一些重要算学著作也传入日本。丰臣秀吉侵略朝鲜期间，日本从朝鲜得到中国元代朱世杰《算学启蒙》和明代程大位《算法统宗》。毛利重能最先在日本传授《算法统宗》。他在京都开办学校，登门求学者数百人，吉田光由、今村知商、高原吉种为其三大高足。毛利重能1622年编《割算书》，是现存和算的第一部名著。吉田光由采取《算法统宗》要点和应用部分，加入当时流传的算法，于1627年编成《尘劫记》，多次刊行，历久不衰。《算学启蒙》介绍了包括天元术（中国的高级代数）在内的中国宋、元数学，在中国一度失传。该书传入日本后，桥本正数据以研究天元术，其门人泽口一之继之，著成《古今算法记》。于是，天元术引起日本学界研究热。其中成就最大者，即是被誉为"算圣"的关孝和。关孝和精心研究天元术，加以发展，独立发现行列式、数字系数方程解法、不定方程解法等。他被人称道的点窜术，实即笔算形式的直行天元术。关孝和

---

① 瑞溪周凤：《善邻国宝纪》卷中。
② 参阅钱宝琮《中国算学史话》，中国青年出版社1957年版，第104页。

由此成为日本古典数学（和算）主要奠基人。此外，明代柯尚迁《数学通轨》也在日本广为流传，《数学九章》《四元玉鉴》《测海圆镜》等数学著作也有传入日本的形迹[①]。

中外医药学交流中，中日交流最为频繁。明朝建立后，两国医药学交流更空前频繁。当时，中医在日本有很大影响，来中国者喜欢搜集中国医学著作，"若古医书，见必买，重医故也"[②]。一些日本医生，专门到中国学习医学。竹田昌庆1369年入明，学医于道士金翁，金翁授以秘方，十年后归国，并带回一批中医书籍及《铜人图》等。竹田昌庆在华期间，曾医治明太祖皇后难产，使皇后安全产下一子，被明太祖封为"安国公"。1452年，日僧月湖（又号润德斋）入明学医，住钱塘，著《全九集》《大德济明方》。1487年，妙心寺僧田代三喜来明学医，历时12年，拜月湖为师，攻李杲、朱丹溪学说。1498年回国，在日本首倡李、朱学说。因田代三喜居处远离文化中心京都，故其学说未能很快普及。曲直濑道三于1531年入其门下，学习十多年，1545年到京都，设启迪院，传授医学，门徒甚从。他宗丹溪之学，对虞抟、王绘的著作也很推崇，1571年著《启迪集》，成为日本汉医"后世派"骨干。曲直濑道三的养子曲直濑玄溯承继父说，开设学舍，传授医术。后世派名医辈出，当时内将军、诸侯的侍医者甚多，影响遍及日本。本派门徒杏林见宜曾入中国学医数年，攻丹溪之学，兼及仲景、河间、东学说，著成《纲目撮要》《医统粹》等书。他与崛正意（号杏庵）创办嵯峨学舍，广收门徒三千人，讲学中推崇李梃《医学入门》，遂使该书广为流传。后世派至十八世纪中叶尚盛行不衰。与后世派对立，有古方派的崛起。日本名医坂净运于1492年入明学医，八年后携回《伤寒杂病论》，大力宣传仲景学说，著有《新椅方》《遇仙方》等书。永田德本承坂净运之学，反对曲直濑道三所提倡的李、朱学说。其后，古方派长期流行而不衰，对日本医学界影响很大。此外，日本医学家吉田宗桂于1539年、1547年两次入明，治愈明世宗疾病。回国时，世宗赐颜辉扁鹊图《圣济总录》等。1504—1569年，日本医家和气明亲、金持重弘、吉田意休等人均先后入明，学习中医和针灸。

[①] 参见李俨《中算史论丛》第5集，科学出版社1955年，第178—181页；田久川《中国古代天文历算科学在日本的传播与影响》，载《中日关系史论文集》，黑龙江人民出版社1984年版。

[②] 侯继高：《日本风土纪》。

一些中国医生，也先后渡日，在日本传播中国医药学。成化年间，明人陈祖田入日本，在京都行医，传家方"透顶香"。嘉靖年间，明人郑舜功随日僧昌虎首座赴日本，传授医术。明末，又有杭州人陈明德移居日本。他精于儿科，著有《心医录》。在药物学传播方面，1607年，明人李时珍的《本草纲目》传入日本。5年后，林罗山编成摘要五卷，本论语"多识于草木鸟兽之名"，题曰多识篇，传布各地。曲直濑玄溯从《本草纲目》中"撼至要之语"，又增添药品，撰成《药性能毒》。此后，日本陆续出现《本草纲目》的各种版本，日本的本草学著作开始大量出现[①]。

2. 手工制造技术

在陶瓷烧造技术方面，由于这一时期日本茶道的流行和欣赏中国瓷器风气的普遍化，瓷器需要量大增，也刺激日本人民学习中国瓷器制造技术，烧制陶瓷器。伊势陶工五郎大夫祥瑞，于1510年随遣明使了庵桂梧入明，学到制瓷之法，在明从事瓷器烧制。1513年，他携带大批高岭瓷土回国，在肥前伊万里开窑，烧制釉面平滑的白瓷，销售全国，这是日本今天流行瓷器的起源。1616年，朝鲜陶瓷匠师李参平在佐贺县有田郡的泉山发现优质瓷土，率家到此开窑，称为有田窑。其产品有青花瓷器、五彩和白瓷刻花等。有田窑瓷器明显受中国技术和风格影响，瓷质坚致，釉色清澈，造型工整，纹样奔放、磊落。此外，由于日本僧人不断访问中国，带回许多天目茶碗，受到热烈欢迎，濑户窑受此刺激，也仿制很多黑釉天目茶碗，一般称为"濑户天目"[②]。

在漆器制作技术方面，明朝堆红堆黑技术传到日本。所谓堆红堆黑，就是在器物上先用红漆或黑漆涂抹数层，然后以雕刀镂刻人物、花卉、鸟兽楼阁等各种花纹。日本人学到这种技术，仿制许多漆器。当时的遗物，有一堆红香盒存于近江坂本来迎寺，今日已被定为日本国宝[③]。

在金属工艺技术方面，日本庆长年间（1596—1614），平田道仁从朝鲜人那里学到中国烧制景泰蓝的先进工艺，成为将军家烧制景泰蓝的匠师，代代相传，尾张七宝村遂成为日本烧制景泰蓝工艺品的名地。

[①] 参阅史兰华等《中国传统医学史》，第261—261页；李经纬等《中国古代医学史略》。
[②] 参阅朱培初《明代瓷器与世界文化的交流》，中国轻工业出版社1984年版，143—146页。
[③] ［日］佐藤虎雄：《日本考古学》，第287页；转引自朱云影《中国文化对日韩越的影响》，台湾黎明文化事业公司1981年版，第481页。

在印刷技术方面,室町时期的五山各禅寺竞相刊刻禅僧语录、诗文集僧侣传记、儒学书籍等,这些刻书事业中都有中国雕工参加。因此,当时所刊各书大抵为宋、元版覆刻,即非覆刻,也多酷似宋、元版。著名中国雕工,有陈孟千、陈伯寿、陈孟荣、俞良甫等。陈孟千、陈伯寿为福州南台桥人,刮字工,元末明初应日本人招聘而渡日。陈孟荣为江南人,参加临川寺雕版工作,刻有《宗镜录》《蒙求》等书。俞良甫为福建莆田人,元末避乱日本,参加京西嵯峨寺的雕版工作,刻有《般若心经》,李善注《文选》《唐柳先生文集》等。他又以个人财力,刻成《传法正宗记》一书。除帮助日本刻书以外,中国雕工俞良甫、陈孟荣等人又培养新刻手,在日本雕版史上很重要。壬辰战争期间,日本侵略者大掠朝鲜文物,将朝鲜部分铜活字掳入日本,用以印刷书籍。如1593年敕板的《古文孝经》,1596年的《蒙求补注》以及1599年的"四书",均用朝鲜活字排印。不过,直到明治维新以前,日本印书主流仍是雕版,或称为"整版"①。

纺织技术方面,日本天正年间(1573—1591),明织匠至堺市,传入织造纹纱、绉纱类技术,一时产品大受欢迎。不久,这些技术又传到京都,从此奠定西阵机织业的兴盛基础。②

(三)中越科技交流

1. 历法

越南至陈朝宪宗以前,一直使用中国历法,陈宪宗时采纳太史令邓辂建议,改元朝颁给《授时历》为《协记历》。1401年,黎季犛建立大虞朝后,废《协记历》,行《顺天历》实仍用《授时历》。明朝在越南重置郡县时,又恢复中国制度,行《大统历》。后黎朝建立后,造《万全历》,实仍是《授时历》。

2. 数学

越南自李朝以后,一直仿效中国,举行算学考试,遴选专门人才。1404年,大虞朝举行乡试,试法仿元,前四场考试文字,第五场试书、

---

① 参阅张秀民《中国印刷术的发明与影响》,上海世纪出版集团2009年版,第132—145页。
② 参阅横井时冬《日本工业史》,原书房,1982年4月,第118页,转引自朱云影《中国文化对日韩越的影响》,台湾黎明文化事业公司,第481页。

算。1437年，黎太宗考试书、算，分为三场，首默写古文，次真草书，次算法。结果，中试690人，补内外各衙门属椽。黎圣宗时，1482年考军民书、算。1512年，襄翼帝考官员子孙书、算。由此可见，越南历朝都很重视算学，因而中国数学在越南得到广泛传播。明末清初，中国算盘传入越南，推动了越南数学发展①。

3. 医药学

后黎朝仿明代设立医官制度。在太医院之外，还设立民间医疗机构济生堂，1403年负责济生堂的阮大能是针灸专家。随着两国的交往，中国的一些医籍，如李梴《医学入门》、张介宾《景岳全书》、冯兆张《锦囊备录》等传入越南。这些医籍的传入，向越南人民普及了中国医药学知识，提高了越南医药学水平。越南无名氏著《新方八阵国语》，取材于《景岳全书》。潘孚先于1432年著《本草植物纂要》，其大部分是中国出产的药材，表明中国药材大量出口越南，且为越医所采用。与此同时，越南一些医师来中国供职，一些医药学著作，如陈元陶《菊堂遗草》、阮之新《药草新编》等传入中国，或多或少向中国传来越南的医学和药学②。

4. 中越手工艺及兵器技术交流

中国陶瓷技术在越南的传播　越南较早从中国学得陶瓷烧造技术。后黎朝时期，其陶瓷烧造技术进一步发展，瓷器的色泽、花纹都比较丰富，渐趋成熟。当时，越南古窑多集中于北部。北宁是著名陶瓷产地，据说该地主要陶窑由从老街迁入的中国陶工在1465年创建。越南另一个制瓷中心藩朗出现于16世纪前半期，有人将其比作"越南的景德镇"，并认为它的制瓷技术采自景德镇③。

中国印刷术对越南的影响　中国雕版印刷技术于10世纪传入越南。后黎朝时期，越南运用雕版印刷技术，大量刻印书籍。如前所述，黎太宗、黎圣宗先后颁《四书大全》版、"五经"版。圣宗时期是后黎最繁盛时期，也是越南雕版印刷大发展时期。当时，因书版众多，特于文庙造库储藏。此后，越南印书业获得长足发展，18世纪似可自给。

---

① 转引自朱云影《中国文化对日韩越的影响》，第125—129页。

② 参见冯汉镛《中越两国医药文化的交流》，《中医杂志》1958年第8期；史兰华等《中国传统医学史》，科学出版社1992年版，第260—263页。

③ 参阅纳尔逊·斯平克斯《重评越南陶瓷》，《暹罗学会会刊》，1976年一月号。

河内是越南的政治、经济、文化中心，也是刻书中心。当时，河内除官刻外，私人刻坊林立。这些官私刻坊雇用的刻工，大多来自海阳省嘉禄县。据越南史籍记载，后黎长津县（即今嘉禄县）红蓼村人探花梁如鹄1443年、1459年两次奉使入明，学习中国刻书技术，回国后传授给乡人，依样仿刻经、史等书，印行流通。同县柳幢人也学会这些技术。因此，嘉禄县刻工挟技走向全国。越南刻工为纪念梁如鹄功绩，尊奉他为刻字业祖师[①]。

阮安与北京营建 中国土木建筑技术传入越南也很早。随着中越文化交流发展和越南人民的不断探索研究，越南的建筑技术不断提高。明代，越南建筑技术开始传入中国，其突出表现是越南人阮安对营建北京的贡献。

阮安，一名阿留，交趾人。永乐五年（1406）明军平越南黎季犛之乱时被俘，入南京，选为阉人。他有巧思，善谋画。尤长于土木营造之事。永乐年间，明成祖决定把都城从南京迁到北京。当时，北京宫殿城池府署等皆由他负责设计修建。他用四年时间，初步完成这项繁重工程。经过修建的北京建筑群，布局匀称，庄严雄伟。正统元年（1436）十月议修九门城楼，工部侍郎蔡信以为役大，非征十八万民工不可。结果，阮安负责这项工程，仅以京师聚操之卒万余人，自正统二年（1437）正月动工，至正统四年四月，门楼、城濠、桥闸均完工，这就是今天北京内城九门的前身。正统五年三月，阮安受命重建北京宫殿中的奉天、华盖、谨身三殿和乾清、坤宁二宫。他在已有基础上，精思擘画，再接再厉，至次年十月而完工。重建后的三大殿，比原来的建筑更为壮观。正统七年，阮安又受命设计建筑宗人府、吏部、户部、兵部、工部、鸿胪寺、钦天监太医院翰林院等诸司公宇。正统十年六月，阮安再奉命督工修葺北京城墙，这就是后来北京内城城垣。此外，他还督修国子监，负责治理杨村驿河等。

阮安是东方建筑史上不可多得的奇才，是明朝永乐至正统年间几乎所有重大建筑的总设计师。史书称赞他"修营北京城池、九门、两宫、三殿、五府、六部诸司公宇，及治塞杨村驿诸河，皆大著劳绩。工曹诸属，一受成说而已"[②]。阮安对营建北京做出的巨大贡献，尤其值得称道，在中

---

① 张秀民：《中国印刷术的发明与影响》，人民出版社1978年版，第151—157页。
② 叶盛：《水东日记》，卷11。

越文化交流史上写下了光辉一页①。

黎澄和越南火器制造技术传入中国 越南火药制造技术最初也从中国学得，但发展很快。明代，越南人黎澄将其国内火器制造技术传入中国，成为与阮安齐名的对中国文化做出重要贡献的越南人。

黎澄，字孟源，号南翁，陈末权臣黎季犛长子，官判上林寺事。大虞朝时，官至左相国。永乐五年（1406）被明军俘获，送入南京。他谙悉越南火器制造技术，即向明朝介绍。明政府任命他为行在工部营缮司主事，专督造兵仗局铳箭火药。后历官工部郎中、右侍郎、左侍郎，正统十年（1445）升工部尚书。次年去世，享年73岁。其子叔林继父职，仍督造火器，官工部右侍郎，70岁以后破例留用。黎澄传入的越南火器，《明史·兵制志》载："用生、熟赤铜相间，其用铁者，建铁柔为最，西铁次之。大小不等，大者发用车，次及小者发用架、用桩、用托。大利于守，小利于战，随宜而用，为行军要器。"清人赵翼对这段话进行解释，称"用车"者即当时"大炮"，"用架用桩"者即"鸟机炮"，"用托"者则是"鸟枪"②。但据后人研究，当时传入的"用托"者是没有照门、准星及枪床的"神枪"之类，而非鸟枪。

越南火器制造技术传入中国后，中国大量仿制，对提高明朝部队战斗力、抗击侵略发挥了一定作用。因此，成化年间兵部侍郎滕昭说："克敌制胜，率赖神枪。永乐、宣德间操演得法，最为虏贼所惧。"③同时，中国军队编制也受其影响。当时，京军有所谓"三大营"，其中"神机营"即专门操演越南火器。由于黎澄把越南火器技术传入中国，因此明代军中凡祭兵器，并祭黎澄，奉之为"火药之神"④。

（四）中国与其他国家的科技交流

由于东南沿海倭寇的骚扰和西方殖民者东来，明朝政府常对海外各国政治往来和经济贸易持消极甚至反对态度，奉行禁海政策，因而使明代中

---

① 参见张秀民《明代交阯人在中国之贡献》，载《明代国际关系》，台湾学生书局1968年版。
② 《陔余丛考》，卷30《火枪火炮》。
③ 《明宪宗实录》，卷168。
④ 参见张秀民《明代交阯人在中国之贡献》，《学原》1939年3月第一期；南炳文《中国古代的鸟枪与日本》，载《史学集刊》1994年第二期，何孝荣《明代的中越文化交流》，《历史教学》1998年第10期。

国与各国文化交流受到很大限制。不过，由于明初郑和下西洋，以及明中期以后的大规模南洋移民，中国的科学技术对周边国家产生重大影响。尤其是在农业、手工制造技术方面的交流。

东南亚一些国家，土肥地沃、气候适宜、雨量充沛、本应盛产米谷。但是，由于缺乏农业技术，当时如占城、暹罗、满刺加等国都是"人少耕种"。一些跟随郑和下西洋的人员留居各地，与当地人民一起用辛勤劳动开发所在国，把中国水稻技术传授给当地人民，使今日印度支那许多国家成为世界产米之区。除水稻种植以外，郑和等人还把中国捕鱼、种果等农业技术传入各国。在柯枝，当地渔民捕鱼的网叫作中国网，相传是郑和下西洋时中国水手教会。在印度尼西亚巴厘岛，传说郑和的一厨师留在该地，结婚生子。他带去少量白葱和荔枝，在巴厘种植成功，一直延传至今，巴厘岛因此成为印度尼西亚唯一生长荔枝的地方。

与此同时，郑和等人也把海外各国一些农作物品种及其种植技术传入中国。如我国江南一带所称的"洋暹米"，就是郑和下西洋时传入中国。

中国是丝绸之国，郑和等人在输出丝和丝织品同时，把丝织技术传到亚非一些国家。如印度半岛的古里等国，能织"五六样细布"，但对丝"止会作线缲丝、嵌手巾"，经中国人员帮助，学会织一些简单丝织品，还能用丝织品制作衣服。费信说，"榜葛剌国以纻丝长衣赠我官兵"，可见丝和丝织技术已逐渐为这些国家掌握。

东南亚许多国家原来没有或少有砖瓦建筑。如满刺加"居屋如楼，各有层次。每高四尺许，即以椰木劈片，藤扎缚如羊棚状"[①]。郑和数至该国，从中国带去砖瓦，帮助他们盖起砖瓦建筑。满刺加国"王居前屋用瓦，乃永乐中太监郑和所遗者"[②]。柯枝国贫民或"无屋居之，惟穴居树巢"，或"在海滨居住，房檐高不过三尺"，"用椰木盖之"[③]。郑和到达后，指导他们修建房屋。为崇扬各国固有佛教和伊斯兰教信仰，传播伊斯兰教，郑和等人还在各国修建了许多佛教寺塔和伊斯兰教清真寺，如暹罗三宝寺塔、礼拜寺（清真寺）、西塔，以及旧港、爪哇、马来半岛和菲律宾等地穆斯林华人社区清真寺等，从而把中国建筑技术介绍到海外各国。

---

① 巩珍：《西洋藩国志·满刺加》。
② 黄衷：《海语》。
③ 马欢：《瀛涯胜览·柯枝》。

与此同时，郑和等人还把亚非各国建筑技术吸收过来。如阿丹国用紫檀木建筑的楼居，天方国用玉石建筑礼拜寺等，引起郑和的兴趣。他在下西洋时购回玉石、紫檀木等，用作我国建筑材料。永乐年间建造的静海寺，"础石大如车轮，润如苍玉，柱皆数围，或云沉香木为之"[①]。俞彦寺碑说静海寺"精合制作之妙，此使者（郑和）得之西洋"。

中国制造的青花瓷器宣德炉等，原料不少来自海外，因而这些原料的使用技术也糅入青花瓷器、宣德炉等制造技术之中。吴仁敬《中国陶瓷史》指出，明代瓷器描绘所用色料，多采自外国。如青花初用苏泥渤青，至成化时苏泥渤青用尽，乃用回青。红色则有三佛齐之紫石非、渤泥之紫矿、胭脂石[②]。不仅如此，为方便与海外各国的贸易，郑和下西洋时所带大量瓷器在器形、纹饰等方面还根据各国习惯而特别设计出来。如运往印度尼西亚、马来西亚的有大批适合穆斯林使用的军持，畅销西亚和非洲阿拉伯国家的许多具有中东风格的大盘、高足杯、鸡心碗、葵口碗。永乐、宣德年间外销瓷式样特别繁多，双耳扁瓶、双耳折方瓶、天球瓶和盘座、有梁执壶、八角烛台均为创新之作，造型都仿自伊朗陶瓷。永乐年间烧制的青花盘座，上下两端敞口成喇叭形，瘦腰中空，用于承放花盆、水罐，是叙利亚、伊拉克流行式样，最早起源于公元前1400年利凡特使用的青铜托座。永乐、宣德时期，景德镇烧造的青花瓷上已开始使用回文（阿拉伯文、波斯文）和梵文作为装饰图案。正德年间设计的"回器"，更在盘、碗、笔山、炉盒、深腹罐上采用阿拉伯文、波斯文铭文。伊斯兰繁缛的缠枝图样和变幻无穷的几何形纹饰，更成为外销青花瓷不可或缺的装饰[③]。

此外，许多中国技术随着传教士的进入也传播到欧洲，传教士殷弘绪在康熙四十八年（1709）通过江西巡抚郎廷极的私人关系得以长驻景德镇，自由进出当地大小陶瓷作坊，逐渐熟悉窑场制造瓷器各项工序与技术。康熙五十一年（1712）及康熙六十一年（1722），殷弘绪两度将其在景德镇观察与探听而得的瓷器制作细节以及相关样本写成报告，寄回欧洲耶稣会，结果使法国最终仿制中国高级瓷器成功。殷弘绪还用礼物结交宫

[①] 甘熙：《白下琐言》。
[②] 转引自朱培初《明清陶瓷与世界文化的交流》，中国轻工业出版社1994年版，第9—10页。
[③] 李自修：《中华文明史》第八卷，河北教育出版社1994年版，第925页。

廷御医，弄到人痘种和种痘方式，将人痘接种方法传到欧洲，从而结束欧洲天花没法预防的历史。

还是这个殷弘绪，他向欧洲介绍中国焰火制作方法。乾隆时期，耶稣会士汤执中又将各种焰火配方发回欧洲。纺织染色也是在这一时期传入欧洲。白铜的发明是我国古代冶金技术中的杰出成就，我国古代把白铜称为"鋈"。这种金属由传教士在康熙年间介绍回欧洲。由于白铜具有耐腐蚀特性，导致欧洲大量从中国进口白铜，并经广州出口，由英国东印度公司贩往欧洲销售，进而促进白铜在欧洲的推广与使用。

第三节　近代以来京津冀区域的对外科技交流

中国的近代社会，是从 1840 年鸦片战争开始的。从这时起到 1919 年的五四运动前后，中国社会发生了前所未有的变化。中国延续 2000 多年的封建社会，逐步演变为半封建半殖民地社会，政治、经济、社会、文化等各个方面都发生了巨大变化。中国人民面对"数千年来未有之变局"，以及封建统治的残酷压迫，不断觉醒，奋起反抗，进行了不屈不挠的斗争，涌现出一大批杰出的代表人物。这一时期京津冀地区科学技术的发展和对外交流，也具有与历史上各个历史阶段不同的显著特征。

一　近代京津冀地区社会状况与西方科技的发展

（一）近代京津冀地区社会发展状况

京津冀地区的社会状况，到了 19 世纪中叶，面临着日益严重的问题。

社会经济　作为清王朝的核心区域，京津冀地区封建经济基础依然根深蒂固，资本主义经济成分在社会经济中所占比重微乎其微，几乎没有发展的空间。而这一时期大量鸦片的输入，白银货币的外流，贵族官僚的奢侈浪费，以及黄河泛滥、人口激增等问题，致使清政府财力日益枯竭。乾隆时期尚属充盈的国家财政，嘉庆年间就已经入不敷出，亏空严重，道光时期更是日堪一日，曾经辉煌的"康乾盛世"已经一去不返了。农村土地兼并现象非常严重，贵族、官僚、地主占有大片土地，甚至有高达数十万亩以上者。由于官府、地主、高利贷者的层层盘剥，广大农民生活在水深火热之中，社会矛盾和阶级矛盾日益激化，农民起义斗争时有发生，对京畿地区的稳定构成了严重威胁，沉重打击了清王朝的统治。

政治方面 鸦片战争前后的清王朝，吏治严重腐败。机构庞杂重叠，人浮于事，贪污受贿之风盛行。嘉庆四年（1799），"和珅案"发，抄出家财竟达 8 亿两，是当时国库每年收入的 20 倍，以至有"和珅跌倒，嘉庆吃饱"之谚语。兵制败坏，八旗子弟不事骑射，却贪恋耍钱赌博、斗鸡养鸟，终日闲逛，饱食终日。

思想文化 作为少数民族入主中原的政权，清朝统治者历来重视对臣民的思想控制，一方面通过学校、科举，整理文化典籍，特别是编纂《四库全书》等文化举措，移风易俗，促使广大民众以儒家纲常伦理规范自己的行为，心安理得地做朝廷的"忠臣""顺民"，以确保大清帝国的长治久安；另一方面通过"文字狱"等文化高压政策，从价值观念、意识形态的角度，统一人心，强化控制。在这种情况之下，学术界沉湎于考证、训诂的"汉学"之中，呈现"万马齐喑究可哀"的局面。

应该说近代的中国社会，无论是政治、经济条件，还是思想文化环境，都对科学技术的发展极为不利。更为严重的是，自雍正元年（1723）起直至鸦片战争，清朝一直推行闭关锁国政策，使中西方科学技术的交流陷于几乎停滞状态，前后长达一百多之久。正是在这一时期，西方科学技术迅猛发展。英国于 17 世纪完成了资产阶级革命，18 世纪中叶更开始了产业革命，大量机器的使用和推广，使生产力迅速发展，社会也发生了根本变化。此后，法国、美国、德国、沙皇俄国先后完成了产业革命，成为资本主义强国。

（二）鸦片战争前后西方科学技术的进步

明清之际，由于牛顿力学体系的建立和重要数学方法（解析几何、微积分）的发明，西方在天文学、物理学、数学等基础理论研究领域已经处于优先地位，而当时中国虽然在医学、农业等领域具有一定优势，但步履蹒跚，发展缓慢。经过 18 世纪和 19 世纪上半叶的发展，到鸦片战争前后，中国在科学技术大部分领域，已经远远落后于西方国家。这主要表现在以下几个方面。

1. 数学与天文学

这一时期，西方数学在级数展开式、变分学、椭圆函数论等领域都有开拓性进展。对微积分基础也进行了多方面的探索，特别是欧拉、柯西等人在概率论、方程式论等方面取得了显著成就。数学的发展，为其他科学技术发展提供了有力工具。

德国学者康德和法国学者拉普拉斯分别于1755年、1796年提出的天体演化学说，打破了传统机械唯物论的宇宙观。而近代数学和牛顿力学的发展，为天体力学进一步发展奠定了坚实基础，从而使日月食的计算和各种星表的推算变得更加精确。18世纪初哈雷彗星轨道的准确计算，以及英国学者赫歇尔于1781年对天王星的发现，特别是1846年海王星的发现，代表着18世纪以来西方天文学的进步。

2. 物理学与化学

物理学在18世纪有了很大发展，特别是在温度的测定、比热的定义等热学方面。一系列电学研究成果的出现也为电能利用开阔了广阔前景，先是意大利学者伏特发明了伏特电池，接着在19世纪三四十年代英国学者法拉第提出了著名的电磁感应定律，为电学的发展奠定了坚实基础。此外，在19世纪上半叶物理学重大成就中，能量守恒定律的发现，也是令人瞩目的，极大地促进了物理学发展。

这一时期化学方面也取得了一系列重要成就，特别是18世纪70年代以后，氢、氮、氧等化学元素的发现，为化学发展奠定了重要基础。法国学者拉瓦锡在化学方面的成就又彻底摧毁了传统燃素说，特别是19世纪初英国学者道尔顿原子学说的建立，为化学工业发展奠定了理论基础。在此之后，制碱、制酸、漂白粉等化工产业迅速发展起来，而法国学者李比希等人所确立的有机化合物分析方法，为有机化学研究铺平了道路。

3. 地质学与生物学

矿藏所带来的丰厚利润及其重要实用价值，促进了西方地质学发展。18世纪末到19世纪上半叶，是西方地质学发展的重要时期，被称为"地质学的英雄时代"。这一时期人才辈出，成就显著，1815年，英国学者史密斯出版了著名的《英国地质图》，1825年，法国学者居维叶发表了《地表变革论》，尤其是1830年英国学者赖尔出版了《地质学原理》，极大地促进了地质学发展。特别是《地质学原理》，"第一次把理性带进地质学中",准确地解释了"地球的缓慢变化这一种渐近作用",从而"代替了造物主的一时兴起所引起的突然革命"。①

17世纪中叶进行的科学旅行和探险,以及古生物学、解剖学和生理学的发展进步,特别是显微镜的广泛应用,使有机细胞的详细观察成为可能。德国学者施莱登和施旺分别于1838年、1839年创立了植物细胞学说和动物细胞学说,为生物学发展奠定了重要基础。当然,19世纪生物学方面的最大成就,当属达尔文"进化论"学说的建立。自从18世纪德国学者沃尔弗对物种不变理论提出质疑以后,许多生物学家都对此进行了不断努力,达尔文集前人研究成果之大成,经过长期观察研究,在1859年发表了著名的"进化论"学说,这在人类发展史上是一次重大突破,列宁认为"达尔文推翻了那种把动植物种看做彼此毫无联系的,偶尔的、'神造的'、不变的东西的观点,第一次把生物学放在完全科学的基础上"。② 而能量守恒定律、细胞学说和生物进化论的建立,被恩格斯称为19世纪前半叶科学领域的三项重大发现。

图2-1 达尔文（1809—1882）

当然,这一时期,真正促进西方社会快速发展,并且将传统中国远远抛在身后的,是蒸汽机的广泛应用,及其所引起的技术革命。

这次技术革命起源于英国。英国在圈地运动以后,纺织业迅猛发展起来。市场的不断需求,利润的有力驱动,为纺织机械的改进提供了良好契机。英国人凯伊于1733年发明了飞梭织机,哈格里沃斯于1760年发明了多锭纺纱机。纺织机械的进步,迫切需要动力装置的改进。英国人阿克莱和卡莱特分别于1768年、1785年将水力应用于纺织机械,使工作效率提高了几十倍甚至上百倍。此后,动力装置不断改进,1695年,法国人巴邦设想了最早的活塞式蒸汽机,1705年,英国的纽可门制造了以其名字命

---

① 恩格斯:《自然辩证法》,人民出版社1971年版,第13页。

② 列宁:《什么是人民之友以及他们如何攻击社会主义者》,见《列宁选集》第1卷,人民出版社1975年版,第10页。

名的纽可门汽机。这一时期，最重要的发明，就是1781年英国人瓦特发明的蒸汽机。他利用蒸汽的膨胀力，使蒸汽由汽缸两面依次进入缸体，从而推进活塞不断往复运动，改进了以往的效率低下的旧型汽机，而变成了"万能汽机"，从而使蒸汽机的应用不再局限于矿坑抽水，而被广泛应用于工业生产各个领域。在此之后，蒸汽轮船、蒸汽机车都迅速发展起来，交通运输发生了根本性变化，促进了生产力发展，也逐渐改变了整个世界。

此外，这一时期，冶金业、电报业也都发展迅速。总之，这是一次以蒸汽机广泛利用为中心的技术革命。在西方各国，科学通过各种技术途径变成了直接生产力，使社会物质生产迅速发展。正如马克思和恩格斯在《共产党宣言》中所说，"资产阶级在它的不到一百年的阶级统治中所创造的生产力，比过去一切世代创造的全部生产力还要多，还要大。自然力的征服，机器的采用，化学在工业和农业中的应用，轮船的行使，铁路的通行，电报的使用，整个大陆的开垦，河川的通航，仿佛用法术从地下呼唤出来的大量人口，——过去哪一个世纪能够料想到有这样的生产力潜伏在社会劳动里呢？"

二 京津冀地区与西方国家的科技交流

（一）西方科学技术的传入

1. 近代农业与畜牧水产科技

经济发展状况事关社会稳定和国家政权的巩固，而农业更是中国传统社会经济发展的关键。近代以来，京津冀地区政局动荡，农业科技发展缓慢，然而也有所发展创新，西方先进科学技术的传入，为传统农业的转型创造了某种契机。西方机械动力的传入，开始逐渐取代人畜动力，赵县李献瑞利用机械动力发明了三轮、五轮水车，为农业发展、粮食增产发挥了重要作用。一些农作物品种的传入，也为农业发展提供了动力，特别是1892年引进美国陆地棉，使棉花质量、产量大幅度提高。庚子动乱以后，清政府开始推行新政，注重农业，美国陆地棉的引进也进入快速发展时期。1904年，清政府农工商部从美国大量输入陆地棉种籽，分发到京津冀地区进行试种。民国政府成立后，积极改进发展陆地棉种植。1914年，农工商部公布奖励种植棉花条例。1915年，在河北省正定县设立部属第一棉业试验场。1918年，又在北京地区设立了第四棉业试验场。此后，又陆续引进美国大批"脱"字及"隆"字棉种，推广种植，以至有文献记载：京津冀地区"近日美国棉种输入，种者颇多，收获较厚"。①

近代以来，京津冀地区畜牧业实现了由传统饲养业向近代饲养业的转型。鸦片战争以后，京津冀地区官营牧场受到严重影响，规模日益缩小，民间饲养业借势发展起来。然而，受战争、瘟疫和自然灾害影响，传统畜牧科技发展缓慢。"这一时期，国外许多优良畜禽品种被引入，同时也带来了先进的科学技术，培育出一批地方优良农家品种，完善了饲养管理技术，畜禽防病治病技术水平不断提高，捕捞和水产技术有所发展，畜牧水产教育蓬勃兴起。"②这一时期，引入京津冀地区的优良畜禽品种主要有：奶牛、马、羊和英国"哈犁佛"牛。

京津冀地区原无奶牛品种。20世纪初，部分西方传教士，以及国际组织人员从国外引入荷兰奶牛、日本小型黑白花奶牛、南洋大型黑白花奶牛。这些奶牛品种的引入，奠定了京津冀地区奶牛养殖业发展的基础，促进了现代奶牛养殖业的形成与发展。京津冀是我国最早引进西方纯种马，以进行品种改良的地区。光绪三十一年，清政府引进欧洲马，同时派员整顿察哈尔两翼牧场，设立模范马群，拉开了我国近代马匹改良的帷幕。清政府军牧司拟订马匹改良方案，引进德国、俄国纯种马及我国新疆伊犁马，开始有组织、有计划地开展马种改良。京津冀是我国最早引进美利奴羊，进行羊种改良的地区。实际上，早在光绪十八年，察哈尔地区就引进数只美利奴羊进行品种改良。1910年，美国教会将"吐根堡"奶山羊引入唐山地区，1922年，又由美、英、德等国教会引入部分"萨能"奶山羊饲养供奶。1919年以后，随着"萨能"羊的繁殖，逐步在滦县、乐亭、滦南等铁路沿线一带饲养，并逐渐向石家庄、保定地区发展。经过长期繁殖传播，"萨能"羊与当地山羊杂交，品种得到进一步改良，逐渐形成了当今京津冀地区奶山羊品种。1913年，北洋政府农商部在张家口附近设立畜牧试验场，引进英国"哈犁佛"牛及朝鲜高丽牛，正式开始改良京津冀地区的黄牛品种。在国外优良肉用品种牛引入的基础上开展的我国黄牛改良工作，改变了数千年来我国缺乏专用肉用品种牛的历史，通过这一改良技术

---

① 《霸县新志》卷4《物产》，《中国方志丛书》，台湾成文出版社1968年印行，第134册，第312页。
② 贾红星主编：《河北科学技术史》，人民出版社2013年版，第575页。

的推广和普及，显著提高了我国黄牛的肉用性能，对京津冀发展成为当今肉牛养殖发达地区发挥了重要作用。

与此同时，西方先进的畜牧饲养技术也开始传入京津冀地区，主要有人工哺乳技术和人工辅助繁殖技术的推广应用。在传统畜牧饲养业中，往往由于母畜死亡或泌乳量不足而导致幼畜死亡，严重影响畜牧业发展，成为京津冀地区畜牧业发展的重要瓶颈。近代以来，京津冀地区畜牧业试验场进行了有益尝试，取得了重要成绩。早在宋代，京津冀地区人民便创造了人工辅助交配，以提高马匹配种成功率的技术，这一技术经过长期传承演变，不但在马匹配种繁殖上得到了广泛应用，同时亦在其他畜种上得到推广。如因中国羊有尾，与美利奴羊交配困难，便辅以人工，使中国羊成功地与美利奴羊进行了交配。同时，京津冀地区人民在继承和发扬传统饲养管理技术的基础上，不断开发技术内涵，新的技术元素渗入日常饲养管理之中，创新了多种饲养管理方法，在我国动物饲养发展史上占有重要地位。总之，这一时期，京津冀地区的畜牧业在传统技术进步经验积累基础上，逐渐引进西方新技术元素，逐渐进行定性、定量的主动性研究，填补了我国家畜饲养科学研究的多项空白，由过去根据传统经验进行养殖，变为根据科学的试验数据来制定相关技术方案，具有划时代的科学意义。

2. 近代陶瓷与冶金科技

近代以来，中国传统制瓷业逐渐衰弱，而西方制瓷业借助近代科学技术，迅速提高了陶瓷产量和质量。随着西方制瓷技术的传入，中国传统制瓷业逐渐开始吸收其优点和长处，不断改进工艺，使传统技艺逐渐焕发了生机。这一时期，唐山陶瓷勃然兴起，有"北方瓷都"之称，仿古瓷技术悄然出现，使陶瓷行业在动乱中有所发展。

第一次世界大战爆发后，欧美列强忙于战事，暂时放松了对中国的侵略。以此为契机，中国民族工业迎来了发展的春天。在"抵制洋货""收回权益"口号下，一批采用外国设备与技术的新式瓷厂相继在北京、天津、唐山等城市成立。唐山先后成立了启新瓷厂、德盛窑业制造厂、集成瓷业公司等多家瓷厂，逐步发展形成"北方瓷都"。1889年，中国的第一座水泥厂在唐山建成，1911年，旧水泥厂改为启新陶瓷厂。据《滦县志》记载："光绪十八年华洋合资建厂，二十四年开始制造。二十八年完全收为华商所有。宣统三年改组后，老厂制造缸砖瓦管器皿等件。公司辖花砖厂、缸砖厂、石坑、瓷厂等部。"1914年，唐山启新洋灰公司创办人李希明以细绵厂旧址、旧具改办瓷厂，由该公司技师德国人汉斯·昆德兼管。开始试制少量低压电瓷和日用瓷，成功生产出中国第一件洗脸的卫生瓷。①

鸦片战争后，先进的中国人开始"睁眼看世界"，逐渐意识到西方国家科学技术的迅速发展。洋务运动兴起后，"振兴实业"成为中国人民对西方资本主义近代化的一种积极回应。而近代冶金科技的传入，也正是在洋务运动"求强""求富"的口号下进行的。

洋务运动以李鸿章、曾国藩、张之洞等人为代表，他们在跟西方列强周旋和镇压人民起义的过程中，逐渐认识到只有利用西方的先进科学技术才能维护清朝统治。因此，在慈禧太后的支持下，从19世纪60年代到90年代，在中国掀起了一场名为"师夷长技以自强"的洋务运动。他们首先依靠进口钢铁来发展近代军事工业，如同治六年（1867），在奕䜣授意下，由清室贵族、三口通商大臣崇厚在天津城东购地2230亩，花费白银20余万两，创立了军事工厂，初名军火机器总局。次年，建于天津城南海光寺的西局也开工生产，铸造出450磅重铜炸炮，还制造出炮车和炮架。

图2-2 李鸿章（1823—1901）

同治九年，东局（亦称火药局）建成，局内安装了制造火药机器。同年，李鸿章任直隶总督，接办军火机器总局，改名为天津机器局。李鸿章上任不久，撤销了西局，把西局的铸铁厂并到东局，并对东局进行扩建，兴建了铸铁、熟铁、锯木等厂和新机器房。光绪元年（1875），天津机器局增添了火药生产品种，新建了饼药厂房，购置了制造饼药机器，试制成供后腔钢炮炮弹装用的六角藕形饼药，同时购进了制造林明敦后膛枪和枪弹机器，把原来的机器房分出一半改建成枪厂。另外，还把铜帽厂分出一半改建成枪弹厂，并新建了锵水、轧制铜板和配造拉火厂房。光绪六年，该局建造了中国第一艘潜水艇。中法战

---

① 参见贾红星主编《河北科学技术史》，人民出版社2013年版，第583页。

争之后，清政府决定加快海军建设，特别是加强北洋舰队建设。于是，天津机器局的生产内容又有了扩大，不仅要为陆军各营提供枪支弹药，还要为海军制造铁舰、快船、鱼雷艇，以及水雷营和各口炮台所需的军火弹药。光绪十三年，所建的栗色火药厂，就采用了"最新式机器制造最新式的炸药"，以适应"各海口炮台内新式后膛大炮及铁舰快船之巨炮"的需要。李鸿章认为天津机器局乃是"北洋水陆各军取给之源"，因此，特别重视它的地位与作用，不断加以扩充。光绪十七年，为制造海军使用的新式长钢炮炮弹，经李鸿章电请清政府驻英大使，从英国葛来可力夫工厂购进铸钢机一套，并从格林活厂购进水压机、10吨起重机和车床等设备。光绪十九年，又从英国新南关机器公司购进西门子马丁炼钢炉全套设备，筹建炼钢厂。光绪二十一年，开始出钢，并铸造钢质炮弹，至清光绪二十二年，年产炮弹达1200发。然而，随着清政府对军械的需求越来越大，此时仅仅依赖进口钢铁已经难以维持军工生产。因此，兴办近代钢铁工业就成为时代需要。同治十三年，直隶总督李鸿章请开煤铁，并授命于直隶磁州试办。光绪元年，直隶磁州煤铁矿向英国订购熔铁机器，后因运道艰难而未能成功。这是京津冀地区近代冶铁业的最初尝试。[1]

图 2-3 天津机器局旧址

近代冶金业在京津冀地区兴起的同时，西方先进冶金科技也传入这一地区。1840年以后，西方产业革命促进了西方资本主义生产力的发展，机器逐渐开始取代人力。1735年，阿布拉罕·达比发明了焦碳炼钢法，使铁的质量大为改善。1750年，钟表匠本杰明·亨茨曼发明了用耐火泥制的

---

[1] 参见贾红星主编《河北科学技术史》，人民出版社2013年版，第586页。

坩埚炼钢法，通过该法炼出的钢相当纯净。1760年，斯密顿发明了用水力驱动的鼓风机，提高了炼铁效率。1784年，科特发明了搅拌法（即反射炉），此法将燃烧室与熔化室分开，省力而有效，不仅使炼钢质量得到了保证，而且还使铁的大量廉价生产成为可能。1857年，英国的亨利·贝塞麦发明了"转炉炼钢法"和"吹气精炼法"，在此基础上，1878年，托马斯创造了碱性转炉炼钢法。1864年，马丁又改造了反射炉炉体。至此，近代炼钢技术已经基本形成，人类历史上真正的钢时代开始到来。而近200多年，世界上所发生的大小技术革命几乎都以钢铁工业为先导。与之相反，中国的冶铁手工业基本上仍维持在宋元时代的水平，几百年来始终没有实质性突破。由于它是手工作坊，且又高耗低效，因此当英国森林资源已经无法满足其日益增长的冶铁生产需要时，达比于1713年将焦碳作为炼铁燃料。西门子于1861年改用煤气作燃料，实现了炼铁燃料由高耗低效向高效低耗的革命性跨越。面对西方国家以钢铁为骨架，和以汽车、火车、轮船、发电机、有线电报等为血肉的工业化进程，中国古代传统冶炼技术相形见绌，于是，一批先进的中国人开始向西方寻求富国强兵之路，而振兴实业便成为这个时期中国人民对西方资本主义近代化的一种积极回应。在此前提下，京津冀地区出现了像宣化龙烟铁矿等新式矿冶公司，给传统冶炼业注入了新的生机。

3. 近代纺织科技

鸦片战争以后，西方国家的"洋纱""洋布"大量输入中国，给传统纺织品销售带来严重冲击。迫于形势，洋务派人物被迫从欧洲引进动力纺织机器和技术人员，近代纺织工业开始在中国出现。京津冀地区也出现了一批近代纺织工厂，其中比较著名的主要有饶阳协成元织工厂（1909）、清苑聚和纺织厂（1909）、张家口信生织布厂（1910）等，形成了以天津、石家庄、唐山为中心的北方纺织工业基地。

天津纺织业　这一时期，天津纺织业出现了快速发展时期。在机器纺纱业、针织业、丝织业、毛纺织业等各个领域出现了较快发展趋势。

光绪二十四年，吴懋鼎创办天津机器织绒局，后不幸毁于义和团运动中。光绪二十九年，周学熙在天津创办直隶工艺总局，任首任总办，鼓吹"大兴工艺"，提倡开办工厂，为北洋实业奠基人。1904年，又成立实习工场，设织机、染色、提花等12个科目，从此开始有了机器织布工业。

此后，天津及周围郊县陆续兴办了数十家机器织布工厂。1915年，天津第一家机器纺纱——直隶模范纺纱厂设立，有纱锭1536枚，资金15万银元，次年扩大到5000锭。1916年，直隶天津县大沽人王郅隆在天津设立裕元纱厂，定名为裕元纺织股份有限公司。王郅隆、倪嗣冲等人共投资200万银元。1918年4月，纱厂建成并正式投产，有纱锭7.5万枚，是当时天津资本最为雄厚、纱锭最多、获利最丰的纱厂，王郅隆时任总经理。此外，章瑞廷亦于1916年创办恒源帆布有限公司，后与直隶模范纱厂合并，改名为恒源纱厂，该厂在1920年8月开工，有纱锭30160枚，布机299台。

图2-4 周学熙（1866—1947）

1916年，周学熙被推举为新华纺织股份有限公司董事长兼总经理，于1918年建成天津华新纱厂。1918年至1922年，又有裕元、稻大、北洋、宝成等纱厂相继建成。至此，天津已成为我国北方近代棉纺织业的生产中心。

1912年，英商在天津以高价发售针织机器，此为天津近代针织业的肇始。1913年，王济中创办福益公司，分女子和男子针织两部。1918年，王氏组织天津针织公会。随后，效法王氏创办针织厂者日渐增多。至1929年，天津针织厂坊已达154家，共有针织机1265架。1930年，高瑞丘创立天津首家机器针织缝纫厂——水昌针织缝纫社，置有平盘缝纫机2台。至1937年，该厂增添罗纹机1台、棉毛机2台，自备坯料，并购进起毛机1台，专营起毛加工，号称"起毛大王"。1931年，英商在天津成立第一家纬编针织厂——光道成针织厂，共有单面棉毛机5台。该厂于1933年转让给华商张潭高经营，截至抗日战争爆发前，光道成针织厂已经发展到针织机61台，年产针织品39万件。

京津冀地区丝织业在经过明清时期的沉寂之后，受近代西方对中国丝绸需求日益增长的刺激，在20世纪初期，开始重整旗鼓，而天津在这个新的历史机遇期形成了北方丝织中心。1912年，天津永盛公成记织染厂正式成立，这是天津第一家近代化丝织厂。它拥有电动丝织机28台，工人40多名，以生产丝绸为主。接着，玉华丝织厂、宜章丝织厂等相继成立，从1921年到1930年，出现了利源恒、生生、大德隆、华兴等十几家丝织厂，织机总数达到300台，工人300多人。

光绪二十四年，吴懋鼎创办天津织绒局，是为天津近代毛纺织业兴起的开始。1923年，英商海京洋行创建毛纺厂，分纺部和染部。1935年，该厂将纺部改称"海同毛纺厂"，有织机20台、三联梳毛机1台，先生产地毯纱，后转为生产粗纺人字呢。另外，仁立毛纺厂成立于1931年，东亚毛呢纺织股份有限公司亦于1932年建厂投产，至此，天津近代毛纺织工业逐渐形成。

唐山纺织业 1916年，北洋政府原财政总长周学熙及其同僚组建官商合办的新华纺织有限公司。1919年，该公司决定在唐山建立华新三厂。由公司董事王筱汀及财团成员、唐山启新洋灰公司经理李希明负责筹建，1922年7月，第一批细纱机开始投产。随后，该厂又相继增添织造和漂染工厂，到1932年已经形成了较大规模，该厂是北方最重要的近代化纺织工厂之一。

石家庄纺织业 石家庄大兴纺织厂建于1919年，1922年10月正式投产，有纱锭2万余枚。其生产的棉纱主要供附近栾城、赵县、正定等各县手织户需要，每月销售700余件。此外，还少量生产16支和20支纱。其中该厂用20支纱织山鹿牌12磅细布，是为赶超上海日商龙头细布而设计的，它采取"减经加码"的办法，在原料、染、织上作了改进。这样，大兴纺织厂生产的细布不仅与日产龙头细布规格相同，而且比日"龙头"牌细布更加结实耐用。同时，在外观上也更加漂亮。所以，该细布一上市即广受欢迎，很快占领了华北市场。[①]

4. 近代交通科技

近代以来，作为京畿重地，京津冀地区较早引进了西方先进的交通科学技术，出现了诸如京张铁路、津保轮船公司、大成张库汽车公司等近代交通企业，兴修了京张铁路等杰出的交通科技成果，促进了中国传统交通技术的发展和创新。

开平矿务局在唐山创办之后，为解决煤炭外运问题，唐廷枢冒着朝廷禁令，于光绪七年五月，以修筑快马车路为名，秘密修筑"唐胥铁路"。

---

① 参见贾红星主编《河北科学技术史》，人民出版社2013年版，第592页。

东起开平矿务局，西至胥各庄煤码头，全长 9.76 千米，单轨铺设，轨距为 1.435 米，从此以后，这一轨距成为中国铁路的标准。因清政府要求必须以骡马拖运，人们戏称为"马车铁路"。光绪八年，开平公司工程师金达氏利用废铁旧锅改造小机车驶于唐胥铁路上，为我国国内造火车之始。唐胥铁路将煤自唐山运至胥各庄，然后装船由新开运河经阎庄涧河口入蓟运河运往塘沽。在实际运行过程中，由铁路改为河运之后，受雨季潮汛影响，煤船常有停棹候水之苦。有鉴于此，开平矿务局函请李鸿章从胥各庄至阎庄沿新河南岸接修铁路 65 里。光绪十二年，唐胥铁路延长至阎庄以南的芦台，全长 425 千米。光绪十三年，唐胥铁路再进一步延长到天津。唐胥铁路揭开了中国自主修建铁路的序幕。

马克思指出："工农业生产方式的革命，尤其使社会生产过程的一般条件即交通运输工具的革命成为必要。"① 众所周知，产业革命的精髓，就是用先进的机器生产来不断取代落后的手工生产。在西方，为了适应社会化大生产的迫切需要，1829 年，史蒂文森设计制造了"火箭号"蒸汽机车，并很快被应用于铁路运输，带来了交通方式的重大变革。1830 年，在英国由利物浦至曼彻斯特的铁路上已经有 8 列蒸汽机车行驶。1835 年 7 月，德国传教士郭实腊在广州编纂出版的杂志《东西洋考每月统记传》上刊载题为《火蒸车》的文章写道："利圭普海口，隔曼者士特邑，一百三十里路，因两邑交易甚多，其运货之事不止……故用火蒸车，即蒸推其车之轮，将火蒸机，缚车舆，载几千担货。而那火蒸车自然拉之……倘造恁般陆路，自大英国至大清国，两月之间可往来，运货经营，终不吃波浪之亏。"希望把铁路修筑到中国的愿望溢于言表。可是，对于铁路，清政府视之为"妖物"，如修筑铁路会"破坏我祖坟""占我民间生计"等抵制之声不绝于朝。在这样的历史条件下，同治二年，驻上海的英美商人二十七行联合请求李鸿章兴修上海至苏州间的铁路被严厉拒绝。"同治四年七月，英人杜兰德，以小铁路一条，长可里许，敷于京师永宁门外平地，以小汽车驶其上，迅疾如飞。京师人诧所未闻，骇为妖物，举国若狂，几至大变。旋经步军统领衙门饬令拆卸，群疑始息。"② 这是中国境内

---

① 《马克思恩格斯全集》，人民出版社 1972 年版，第 23 卷，第 421 页。
② 李岳瑞：《春冰室野乘》，沈云龙主编：《近代中国史料丛刊》，台北：文海出版社 1967 年影印本，第 60 册，第 401 页。

图 2-5　我国杰出的爱国工程师——詹天佑
（1861—1919）

第一条铁路。

京张铁路是由中国工程师詹天佑设计和主持修建的国内第一条工程艰巨的铁路干线，全程 200 多千米，从京奉铁路柳村车站起，经西直门到南口，沿关沟越岭，在八达岭过长城，出岔道城，再经康庄、怀来、沙城、宣化而达张家口。经过仔细勘察和研究，詹天佑提出了将整个工程分三段来修建的方案：第一段由丰台到南口，长约 60 千米；第二段由南口至岔道城，长约 33 千米；第三段由岔道城至张家口，长约 128 千米。其中第二段因关沟阻隔，地形复杂，需要开凿大量隧道，工程最为艰巨，此段"中隔高山峻岭，石工最多，又有 700 余尺桥梁，路险工艰为他处所未有"，尤其是"居庸关、八达岭，层峦叠嶂，石峭弯多，遍考各省已修之路，以此为最难，即泰西诸书，亦视此等工程至为艰巨"。詹天佑在地形险峻、工程艰巨的关沟段，采用 1∶30 即 33.3% 的大坡度和半径为 600 英尺（183 米）的曲线，在青龙桥车站巧妙地设置"之"字形展线，使八达岭隧道长度由 1800 米缩短至 1091 米，既解决了最困难的越岭问题，又节省工程，降低了造价；为缩短修路工期，詹天佑利用"竖井施工法"开挖隧道；为保证大坡道上的行车安全，詹天佑专门设计铺设了 8 处反坡道的保验岔道（避难线），以防列车制动失控造成事故；为防止列车脱钩，詹天佑使用了"詹氏"自动车钩，等等。[①]

在具体铁路修筑过程中，为保证施工质量和速度，詹天佑还厘定了标准，首定工程规范。他非常重视工程标准化，主持编制了京张铁路工程标准图，包括整个工程的桥梁、涵洞、轨道、线路、山洞、机车库、水塔房屋、客车、车辆限界等，共 49 项标准，是为我国第一套铁路工程标准图。它的制定和实行，加强了京张铁路修筑中的工程管理，保证了工程质量，

---

① 参见贾红星主编《河北科学技术史》，人民出版社 2013 年版，第 608 页。

为修筑其他铁路提供了借鉴。由于詹天佑和我国工人艰苦卓绝的奋斗，使这条被外国人原定计划要用 7 年时间、需花费 900 万两白银才可修成的铁路，实际只用时 4 年、花银 520 万两就竣工完成，创造了铁路建造史上的奇迹。

5. 近代天文学与数学

明清之际，西方近代天文学知识就已经传入我国，但由于当时这些技术知识多为宫廷服务，并未在民间普遍传播开来，影响也有限。

鸦片战争以后，随着一系列不平等条约的签订和通商口岸的开放，近代西方天文学知识也随着西方人士的纷纷来华而再度传入中国。传入的主要途径是中国少数先进知识分子与西方传教士一起合作译著、出版近代天文学书籍，其中最具代表性的译著是李善兰与英国传教士伟烈亚力合译的《谈天》。该书译自英国著名天文学家约翰·赫歇尔的名著《天文学纲要》。该书以哥白尼日心地动说、开普勒行星运动定律和牛顿万有引力定律为基础，介绍了天体测量方法、天体力学基本理论、太阳系结构、天体运动规律，以及恒星周年视差、光行差、小行星、天王星、海王星等一系列天文新发现，使国人对天文的认识耳目一新。

创办于 1862 年的京师同文馆是中国最早的新式学堂，1866 年在馆内增设天文算学馆，开始讲授自然科学知识。实际上天文课到 1877 年才开始添设，最初均由外国教习讲授，后来渐有毕业生担任副教习。在清末民初的天文教育中，实用天文教育比较突出。在一些工业技术学堂和军事学堂中，凡与航海或测量有关的学科都教授实用天文学。早期聘请外国教习讲授，以后逐渐由中国人接替。当时京津冀地区的学校如天津水师学堂、唐山路矿学堂、天津北洋大学堂等均教授实用天文。清末京师测绘学堂和民初的陆地测量学校是培养测绘人才的教育机构，其三角科以实用天文为主课。京师陆地测量学校高等科有些毕业生后来成为中国近代天文大地测量工作的骨干。

在中国传统社会，曾积累了丰富而发达的数学知识，不过其主要应用于天文和历法方面。鸦片战争以后，随着西方数学知识的传入，中国传统数学也逐渐在继承中得到发展。清朝晚期，河北涞水县的赵曾栋在会通中西数学的前提下，[①]完成了《四元代数通义》和《代数摘要》两部数学

[①] 赵曾栋，字隆之，号杏楼，博通经史，尤其喜好数学。咸丰九年（1859）中举人，光绪初年曾任河南孟县知县。

专著，虽称"中法之四元而实即九章之方程"，但在中国近代数学发展史上占有重要地位。此外，华蘅芳撰写的《测量法》，以及与傅兰雅合译的《合数术》等书，成为这一时期数学知识发展的代表之作。

华蘅芳（183—1902），字若汀，中国近代著名数学家，他一生翻译和撰写了大量数学著作。这些著作大多完成于上海江南机器制造总局和天津武备学堂。从光绪十三年到光绪十八年，华蘅芳在天津武备学堂共生活了5年，在此试制成功的氢气球是中国人自己制成的第一枚氢气球。其间，华蘅芳一面讲学，一面从事数学的翻译和研究工作，撰写了《测量法》，并与傅兰雅合译了《合数术》等书。其中《合数术》即《代数总法》，为英国人白尔尼原著，书中的主要内容是一种新的近似程度较高的计算方法，同时涉及概率论，共11卷。

图2-6　华蘅芳（1833—1902）

6. 近代物理科技

明清以来，中国传统物理技术长期处于停滞状态，发展缓慢。鸦片战争之后，随着中国先进分子对西方先进技术的认识，尤其是经过洋务运动、戊戌变法、清末新政等一系列改革运动，使近代物理科技知识日益传入我国。京津冀地区物理科技的发展，大致开始于19世纪60年代，经过不断的吸收、消化和会通，逐渐融入世界物理科技发展的潮流之中。概括而言，近代物理科技的发展，主要体现于物理学在工业、铁路交通领域的应用。

在工业领域的应用。同治九年，洋务运动的代表人物李鸿章出任直隶总督兼北洋通商大臣。在长达20多年的任期里，他在直隶开办了一批以军用工业为主的近代工业。1870年，李鸿章到直隶后，随即接管了筹建于1867年的天津机械局。在他的主持下，该局经过五次扩建，逐渐成为中国近代一所庞大的军火工厂。它的建立对于培养中国一代技术工人、推动北方各省近代资本主义的发展，曾产生过一定的影响。

光绪五年，李鸿章奏请在大沽至天津之间架设一条电话线。次年，又奏请设电报总局于天津，1882年改为官督商办。1881年开通津沪电线，这是继津沽线之后在中国正式开办的第一条跨省陆路电线。同年在天津设电报总局。1883年，津通电线投入使用，年底又把电线由通州架至京城，并安置双线。1884年，从天津至旅顺的电线全部接通，并交付使用。1885年由天津至保定架设官用电线。始建于1890年的一条长途电话线路，由保定经获鹿、太原、平遥、侯马、潼关至西安，全长1302千米。至此，在京津冀地区，以天津为中心的电线网基本形成。

1901年，袁世凯继任直隶总督兼北洋大臣，举办新政。1902年秋，袁世凯将轮船招商局和电报总局收归国有。此后，袁世凯又兼任督办商务大臣、电政大臣、铁路大臣。在此期间，他铸造银元、兴办新学、发展工商业，尤其在发展北洋工矿企业、修筑铁路及开办新式学堂等方面颇有成效。其中，通国陆军速成学堂是当时全国规模最大的一所军事学堂。

在铁路交通领域的应用。1889年，詹天佑担任中国铁路公司工程师，设计建造天津到山海关的津榆铁路，路经滦河，要造一座横跨滦河的铁路桥。滦河河床泥沙很深，又遇到水涨急流。英、日、德三个外国工程师都相继失败了。

詹天佑分析总结了三个外国工程师失败的原因后，仔细研究滦河河床的地质构造，反复分析比较，大胆决定采用新方法——"压气沉箱法"来进行桥墩的施工。滦河大桥是在中国工程师主持下修建起来的中国第一座现代化大铁桥，1892年建成通车，成为世界铁路建桥史上的一个壮举。当然，这一时期，最为著名的铁路交通方面的成就是京张铁路的修建。

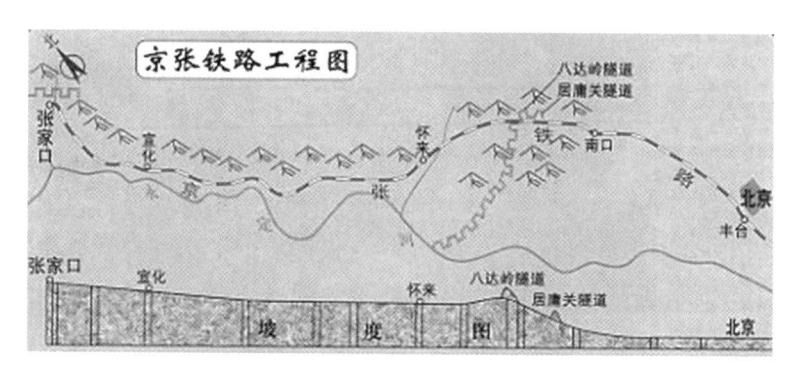

图2-7 京张铁路工程图

7. 近代化学与医药卫生科技

近代以来，随着西方化学科技的传入，清政府开始在各地兴办兵工厂，而在各兵工厂中硫酸、硝酸和各种弹药的生产，成为我国近代化学工业的开始。在京津冀地区逐渐形成了以天津为重要基地的化学工业。

天津机器局是在东南地区新式军火工业兴起时，为加强清政府中央统治力量，1866 年由恭亲王奕䜣、三口通商大臣崇厚分别向清政府建议在天津设机器局，从事军火制造，从而使其成为清政府四大军工企业之一。

1869 年夏，向国外订购的以制造火药、铜帽为主的各种设备和洋匠陆续到达天津，在天津城东 8 里贾家沽道设东局（即火药厂），1870 年开工，日碾洋火药三四百磅。天津机器局在李鸿章主持下，生产业绩好转，到 1876 年所生产的新式军火在产量上已较前两年增加了三四倍，火药、子弹等产品产量也逐年增加。中法战争结束后，清政府决定加快海军建设，不仅要为陆军部提供枪、炮、弹药，还要为海军制造铁舰、快船、鱼雷艇、水雷及各口炮台所需的军火弹药。天津制造局的主要产品是火药，光绪二年正式生产以来，从每年产量 60 余万磅，到 1881 年栗色火药投产，产量提高到 100 多万磅，天津制造局的建设前后耗资达千余万两，成为清政府重要军工企业之一。[①]

明清以来，不断有西方传教士将西方医药卫生科技传入中国。鸦片战争后，随着西方列强的入侵，西方医药卫生科技也逐渐开始大规模传入中国，京津冀地区也随之出现了该领域快速发展的时期。在继承发扬传统医学的基础上，出现了中西医相互结合、相互渗透的趋势。

西医传入京津冀地区与外国传教士的活动有着密切关系。1858 年，法国传教士在正定城内开设诊疗所，从此河北开始有了西医。1867 年，献县张庄天主教堂设"仁慈堂"，生产金鸡纳霜、"一扫光"等药品，并行医治病，后改为右瑟医院。1876 年，基督教公理会美籍牧师贝以撒在保定唐家胡同建立医院施诊。1886 年，天主教在顺德府北门里建立眼科门诊部，治疗眼疾。1887 年，教会在张家口开办济民医院，诊治内外科常见病。1890 年，英籍医生墨海在唐山开办华人医院进行常见内科病的诊治和伤口清创截肢等小手术。1897 年，英国传教士在沧州建教堂医院，年诊病约万人

[①] 参见贾红星主编《河北科学技术史》，人民出版社 2013 年版，第 626—627 页。

次。1900年，英国人在枣强县兴办教会医院，有病床百余张。1903年，英国基督教会在河间县城建立圣公会医院，设病床50张，能做腹部手术、剖腹产等。有显微镜、恒温箱等设备，可以开展血、尿、便、痰四大常规化验。1905年，美国基督教会创办昌黎广济医院，配备X光机1台。1910年，美国基督教长老会在顺德府建福音医院，有X光机1台，设病床80张，能做阑尾切除、肠梗阻等手术。1876年，贝以撒在保定唐家胡同建立医院施诊设有内科，这是西医内科在河北省的开端。由此至20世纪20年代中期，内科诊断手段仅依赖病史询问及简单器械作床边检查，治疗手段仅仅限于口服、皮下注射或肌内注射药品。20年代后期至40年代后期，开滦医院内科凭借诊断仪器的优势，在传染病诊疗等方面取得了突出成绩。

8. 近代地理科技

鸦片战争以后，先进的中国人面对内忧外患的局面，不断呼吁学习西方先进的科学技术，以富国强兵、抵御外侮。这一时期，西方先进地理学科技也日益传入中国，在京津冀地区开展了自然资源调查、勘探以及地图测绘方面的研究工作。

道光二十六年（1846），官方刻印了《津门保甲图说》，里面有总图及分图共计181幅。同治十年，直隶总督李鸿章在保定莲池书院设立《畿辅通志》局，专门编撰地方志和舆图。光绪年间刻印了《畿辅六排地图》48张、《畿辅舆地全图》6册、《俄刻舆地全图》3张、《中俄交界图》1张、《海防图》1张，以及《俄国全图》1册。其中既有中国地图和河北省地图，又有世界地图（主要是俄国地图）。

光绪二十八年前后，保定北洋陆军编译局从西方引进印影设备。从光绪三十二年到宣统二年，该局编译印刷了50种日、德军事教科书，如《防守学》《地势学》《筑垒学》《混成诸队战斗指挥法》《桥梁教范》等，其中《地势学》是一本专业地理书。实际上，当时的教会学校早把《地势学》列为"格致学"的主修课程之一。光绪三十三年，上海海关造册处印制《直隶省交通地图》1幅。光绪三十四年，直隶警务处绘图局绘印了《直隶省各府地图》和《直隶各县地图》。

由于京津冀地区特殊的政治地位，随着近代地图学的兴起，这里就变成了众多地理学家高度关注的对象，也成为启动中国地图学走向近代化的重要触点之一，如戴震曾试用裴秀法绘制《直隶地图》。同治七年十二月初九日，曾国藩在固城仔细查阅《直隶地图》，略考水道。光绪二十二年，邹代钧在《译印西文地图公会章程》中计划绘制《直隶地图》17 幅。中国近代地图是以地圆说和经纬网坐标为基础的，康熙年间所绘《皇御全图》已使用了先进的经纬图法、三角测量法和梯形投影法。然而，邹氏与之不同，他在绘制"直隶地图"的过程中，除了应用上述绘图方法外，还应用等高线法于中国地图的绘制之中，为后来中国地图的绘制提供了范本。

1918 年 3 月 20 日，顺直水利委员会成立，熊希龄为会长。该会主要任务就是整治直隶省河道，而绘制河道图则是其基础性工作。熊希龄认为"本会地形测量每处工竣，即从事于绘制地图，其比例为五万分之一。后又加为一万分一之总图。益以本会所制之各河纵剖面及横剖面图，则直隶各河之流行于平原中者，始得正确明悉。并可推算各河于大汛期内流量大小如何，河决何处，何处应遭淹没，不难一览而了然也。从前直隶地图仅有外人所制百分之一之图一种，又有参谋部所制二十万分之一之军事一种，是否适应，未敢决定。但亦年代过久矣。本会图成，实为全国所最详之校准。在过去三年中，本会用最小二乘法校准测量导线之法，现已证明其非常有用"。① 此外，因东西陵建在京津冀地区，为了晚清皇帝行程的方便，各种交通图迅速出现。如清末所绘《北京至大沽河道陆路图》《京师内外马路全图》等。

随着中国地理学科技的发展，地理学知识的丰富，成立学会组织的呼声日益高涨。宣统元年（1909）八月十五日，"中国地学会"在天津成立，张相文被推为会长，该会宗旨是"联合同志，研究本国地学"，首次鲜明提出了以研究学术为宗旨的口号，此处所讲的"地学"实质上是指

图 2-8 张相文（1866—1933），被誉为中国近代地理学第一人

---

① 周秋光编：《熊希龄集（下）》，湖南出版社 1996 年版，第 1919 页。

地理学，旁及地质学。学会一成立，即与国际地理学界建立了联系，并诚邀美国学者德瑞克来津演讲。接着，张相文将国学大师章太炎、地理学家白眉初、历史学家陈垣和教育家蔡元培等人团结在地学会的旗帜下，组成了我国第一支地理学研究队伍。以后又陆续吸收了地理、地质方面的专家章鸿钊、丁文江、翁文灏等人，不断壮大研究队伍，有力地推动了我国近代地理研究迅速发展。宣统二年二月，"中国地学会"创办了中国第一个地理学术刊物——《地学杂志》。在白毓昆的主持下，该刊物从1910年创刊到1937年停办，发表了不少具有近代地理学萌芽性质的文章，内容涉及自然地理、文化地理、医学地理、人口地理、城市地理、历史地理、经济地理、政治地理、军事地理等众多领域，有力地推动了传统地理学向近代地理学的发展。[①]

9. 近代生物科技

近代以来，围绕京津冀地区动物、植物资源的科学研究大量展开，国外先进农业生物技术、优良品种及农机具陆续传入，对我国近代农业生物技术发展起到了重要促进作用。

随着帝国主义列强的入侵，在先进的中国科技精英倡导下，部分优良技术、品种被逐渐引入国内。19世纪90年代开始的西方近代农业技术的引进，多数属于生物技术，这是中国近代农业生产过程的显著特点。而美国因其特殊资源优势和历史条件，18—19世纪一直以农立国，拥有世界上最先进的农业科技，因而近代中国从美国引进的动植物优良品种、先进农机具以及全新的农业科研教育模式，可谓影响深远。其中棉花、小麦、玉米等作物优良品种的引进与改良成绩尤其显著。其他如水稻、大豆、高粱、花生、烟草等，在品种引进和改良方面也取得了一定成绩。对近代农业科技的引进，在初期主要通过翻译刻印西方农书、延聘外国教员和派遣留学生等途径，同时也引进了不少近代农业科技的物质和技术成果，如农机具、育种技术和病虫害防治技术等

京津冀地区早在元末明初即有棉花的栽培，到19世纪末20世纪初，河北植棉得到空前发展，如形成三大著名植棉区，棉田面积、专业化程度、产量和质量均有明显提高，棉花基本商品化。此期植棉发展之原因，

[①] 参见贾红星主编《河北科学技术史》，人民出版社2013年版，第640页。

除了自然条件优势以外,其他因素更值得关注,如依托天津这样一个规模巨大的棉花集散市场,铁路运输给棉花运销带来了便利,农民在生存压力下的利益选择,以及中国政府、民族工商业对植棉的推行,日本对植棉的干预等。京津冀棉区主要分布在中部和南半部的保定、真(正)定、大名、广平、河间、顺天等府,以接近山东、河南的一部分地区最为普遍。清末农工商部发表全国棉业考略,京津冀地区重要棉产区,包括栾城、藁城、赵州、成安、束鹿等20余县,每县年产额多者至三千余万斤,少者亦达一千六七百万斤。在棉业发展过程中,新品种引进与传播又为一突出现象。京津冀地区的棉花品种,在陆地棉种输入之前,主要是粗绒中棉,其中又分长绒、短绒、白籽、黑籽、毛籽、大花、紫花等不同类别。晚清庚子乱后,推行新政,注重实业。1904年,清政府农工商部从美国输入大量陆地棉种籽,分发给各省棉农栽培。正定县曾于此时试种成功。民国初期政府对于棉产改进,亦不遗余力。1914年农商部公布植棉奖励条例。1915年设部属第一棉业试验场于河北正定,1918年更设立第四棉业试验场于北京,令"采购美棉各籽种,比较试验,俟卓有成效,即行分给农民,以广传布"。同年,自美国购入大批"脱字"及"隆字"棉种,并公布分给美国棉种及收买美国种棉花细则,次年由直隶等省实业厅分给农家种植。

自清末美棉传入后,京津冀地区棉业蓬勃发展。1919年,全省棉田面积为639余万亩,皮棉产量达到2684千市担,占全国当年皮棉总产量的1/4强,居全国第二。其中"洋棉"的棉田面积和产额也呈现出较快增长趋势,但是,1919年以后,由于战事不断,兵燹连年,京津冀地区的棉产,几乎是每况愈下,1928年曾降到了最低点,年产皮棉仅有653千市担,比1919年减少了75%。①

(二)京津冀地区科技的输出

1. 畜牧水产科技的输出

近代以来,京津冀地区在传统畜牧业经验积累基础上,不断进行畜牧业改良,并且培育出了一些优良品种,主要有优良肉鸡品种"九斤黄"和肉鸭品种"北京鸭"。清代中晚期,京津冀地区人民经过长期饲养培育,

---

① 参见贾红星主编《河北科学技术史》,人民出版社2013年版,第672—673页。

培育出了著名的优良肉用鸡品种"九斤黄"。该品种以重达9斤而闻名于世,曾于1851年万国博览会上引起轰动。由于该品种体大肥硕肉嫩味鲜,表现优异,英国"奥品顿"、美国"芦花鸡"和"洛岛红"等优良品种鸡在育成过程中都引进"九斤黄"进行杂交改良。"九斤黄"的形成,不仅对我国肉鸡品种的培育,也对世界肉鸡品种培育发挥了重要作用。北京优良农家种"北京鸭",个体大、肉味美、生长快,在国际上负有盛名。1873年,"北京鸭"输出国外之后,立刻引起国际市场轰动。"北京鸭"生产性能及肉质不仅在国内受到欢迎,而且也得到国际市场的一致认同。因此,该品种先后被输入欧美、日本及苏联等地,并在国外鸭品种培育过程中得到大量应用,如英国"樱桃谷鸭"、澳大利亚"狄高鸭"均含有北京鸭基因,对世界养鸭业发展贡献颇丰。

2. 近代制瓷科技的输出

近代京津冀地区制瓷业兴起后,通过与西方先进科学技术的结合创新,制瓷质量与工艺都有很大提高。唐山制瓷业兴起后,一方面积极引进西方科学技术,尤其是技术工人,例如1922年,唐山启新洋灰公司派汉斯·昆德借去欧洲考察新式水泥机械之际,积极物色制瓷专家。1923年,汉斯·昆德回到中国,不仅购进了一套制瓷设备,而且还请来了德国制瓷专家魏克,利用唐山本地原料制瓷。这时该厂所生产出来的瓷器坯体较厚,色泽灰黄,由于其瓷是施小火釉二次烧成,瓷质烧结不良,胎骨不坚,尤其是底足露胎处,胎体发灰发暗,故人称"洋灰瓷"。随着技艺改进,唐山瓷开始销往新加坡、马来西亚等地。

三 京津冀地区与周边国家的科技交流

(一)京津冀地区与日本之间的科学技术交流

中日之间科技文化交流源远流长。早在东汉魏晋时期,就有中国人民前往日本进行贸易的记载。隋唐时期,日本派遣使者到中国学习先进科技文化知识,"鉴真东渡"更成为中日交流史上的一段佳话。明清时期,中日之间科技文化交流更加密切。鸦片战争后,随着明治维新改革,日本科技文化日益迅速发展起来,先进的中国人也意识到学习日本的重要性,一方面将日本的科技文化引入我国,另一方面也有部分中国人到日本进行留学，学习其强国富国之路，以期进行仿效，变法图强。这一时期，中日之间科技文化交流主要体现在以下几个方面。

农业科学技术的引进　蚕桑纺织是京津冀地区传统手工业之一，在农业经济发展中占有重要地位。近代以来，京津冀地区开始逐渐引入日本先进的蚕桑品种，以促进蚕桑纺织技术发展。1913年，民国政府于河北省邢台成立蚕桑试验所，从日本引进"千代鹤""高温区""角义大寨"等三个蚕桑品种，且对京津冀地区传统蚕种"桂圆""顺白"等进行鉴定选育，在承德、迁安、平泉等地区放养了柞蚕，有力地促进了蚕桑纺织业发展。

纺织科学技术的引进　纺织业也是京津冀地区传统手工业之一，在农业经济中占有重要地位，而清代以来该地区棉花种植业的发展，也为防治技术发展奠定了重要基础。甲午中日战争后，京津冀地区迎来纺织业发展高潮，河北省高阳县开始引进日本织布机生产"宽面布"以取代"窄面土布"，促进了传统纺织业的发展创新。

在近代机器纺织业出现之前，高阳等地是北方重要产布中心，在市场中占有一定份额。高阳布原是用木机织造的窄幅布，清光绪三十二年，高阳商会的创办人张兴权、杨木森等集资向天津日商田村洋行购置织机试办工厂，是为高阳布改良之始。当时，高阳布商从日本引进织机后进行仿制，此举成为京津冀地区最早出现纺织机械制造业之先河。至1926年，高阳已经拥有2万多台这种自制的铁制织机，有力地促进了高阳布区各村织布业的蓬勃发展。与此相连，高阳印染业从1917年至1937年的20余年间，逐渐由手工染坊转入机器生产。

化工科技的交流　近代以来，随着京津冀地区化学工业的发展，中日之间化工科技的交流也出现了新局面。

著名爱国化工实业家范旭东（1883—1945），1908年考入日本京都帝国大学应用化学科，1912年日本留学归国后的第二年奉派赴欧洲考察盐政。1914年于天津塘沽集资创办久大精盐股份有限公司，生产简装精盐，以抵制洋货，改善食品卫生。

范旭东在创办久大精盐公司成功之后，于1918年在天津成立永利制碱公司，在塘沽设厂，采用索尔维法制碱。索尔维法制碱技术复杂，流程冗长，且制造技术为国际索尔维公司所垄断。因此，永利制碱公司在技术上几乎需要从头摸索起步，困难重重。1919年永利制碱公司开始在美国设计，1920年破土动工建设厂房，1921年聘请留美博士侯德榜为技师，1922年试工。由于没有掌握索尔维技术的关键，又使用海盐为原料，用硫酸铵代替粗氨液，这些都是世界氨碱厂所少见的。当时国际上一般使用地下卤水为原料，氨则用炼焦副产的粗氨水。因此，开工不久便发现矛盾百出，蒸馏塔的管道堵塞，碳化塔的冷却水箱配置不合理，煅烧炉又被烧裂，红黑碱出现……因技术不过关，企业三次濒临倒闭。后来，在侯德榜领导下采用科学方法，刻苦钻研技术，终于在1924年开始出碱。

图2-9 侯德榜（1890—1974）（我国杰出的化学家，"侯氏制碱法"的创始人）

国产纯碱刚开始在市场上并不受欢迎。1926年6月29日终于生产出合格的产品，颜色洁白，碳酸钠含量大于99%，范旭东为把中国生产的优质产品区别于"口碱"和"洋碱"，取名"纯碱"。永利纯碱不仅畅销国内市场，而且出口到日本、朝鲜等国。1926年8月，在美国费城博览会上质地优良的永利红三角牌纯碱荣获金质奖章。永利纯碱的成功在世界上排第31位，在远东则排第一位，比技术先进的日本还早一年，这是我国近代化工史上一件振奋人心的大事。

（二）京津冀地区与越南之间的科技文化交流

中国与越南的交往由来已久，在历史上其也长期为中国的藩属国。中越之间山水相连，唇齿相依，两国人民长期保持着深厚友谊。近代以来，西方列强不仅用坚船利炮打开了中国大门，而且也用野蛮武力侵入了越南，这其中尤以法国为最甚。1858年，法国政府借口保护传教士，纠合西班牙一起入侵越南，揭开了武装侵略越南的序幕。1884年，越南阮朝政府被迫与法国政府签订条约，正式承认了法国在越南的宗主国地位。两国人民深厚的历史友谊、类似的近代遭遇，使近代以来两国之间的科技文化交流也出现了良好发展趋势。其中，京津冀地区与越南之间的科技文化交流,主要体现在以下几个方面。

印刷技术 中国的印刷技术早在隋唐时期就已经传入越南。到19世纪中叶,越南开始向中国购买木活字,开始使用活字印刷书籍,促使越南印刷术向前发展了一大步。此后,印刷术也在越南得到了改进,出现了套版、套印彩色的年画,充满了越南情调。1856年4月,阮朝又"命将清船载纳白锡印字活板,交国史馆藏板所典守。又命遴选在监举人、监生奉充检办,并现在刊刻。匠人随同余协记(原货主)指示行款,试行印刷,俾得谙详"。①

天文历法 历法是中国人民对世界的重要贡献之一。越南长期借鉴使用中国历法,尤其是二十四节气对越南影响深远。近代以来,越南阮氏王朝引入中国历法,并结合当地实际情况,加以改进创新,如所颁布的《协纪历》,与中国传统历法具有很多相同之处。例如大南维新十年(1916)的历书上写道:"正月大(庚午)三日壬申巳正一刻十四分立春。正月节十八日丁亥卯正一刻十三分雨水。"② 由此可见,中国的干支纪年法、二十四节气对越南影响之大。

综上可以看出,鸦片战争以来,西方列强用武力打开了中国闭关自守的大门,对中国进行了疯狂侵略,使中国逐渐沦为半封建半殖民地社会。这一时期中国科学技术的发展,明显带有传统与现代并存、中学与西学互动的鲜明时代特征。面对列强侵略、民族危亡,一部分先进的中国知识分子,"睁眼看世界",提出了"师夷长技以制夷"的口号。他们主张向西方国家学习先进科技,并努力付诸实践,与历史上各个时期相比,这是西方科技传入中国规模最大、数量最多、影响最为广泛的时期。

19世纪60至90年代开展的洋务运动,应该算是中国历史上第一次大规模由中央政府主导的向西方学习的近代化尝试,但是由于清政府不愿意改变中国传统政治制度,固守传统文化的樊篱,致使这次尝试也最终以失败而告终。但是,这次尝试性改革却为以后向西方学习,变法图强起到了先导式的基础。在此之后,"戊戌变法"、清末新政,以及教育制度的改革,留学生的派遣,官督商办企业的创办,近代化专业技术人才的培养等

---

① 张登桂等:《大南实录正编》(第1纪第36卷),日本东京庆应义塾大学语学研究所,1963—1968年版,第315页。

② 余定邦:《近代中国与东南亚关系史》,中山大学出版社1999年版,第377页。

等，都在昭示着先进的中国人民不屈不挠的学习精神、奋斗精神和兼容并蓄的包容精神。

近代以来的事实证明，在当时的中国，"科学救国""实业救国"都是行不通的，中国未来的出路只能是进行社会革命。然而，先进的科学技术不仅可以创造先进的生产力，更是社会变革不可缺少的重要一环。五四运动前后，中国科学已逐渐融入世界科学发展的洪流之中。天文、数学、物理、化学、纺织、医药在继承传统工艺的同时，也开始积极吸收借鉴外国先进科学理论和技术，不仅焕发了新的生机与活力，而且在新的历史时期为世界科技的发展贡献了新的力量，而这一时期京津冀地区对外科技交流也翻开了历史上新的一页。

第三章　京津冀区域的宗教文化与传播

序　言

宗教文化是京津冀区域文化的重要组成部分。宗教文化涵盖的内容非常广泛，包括宗教信仰、寺观建筑、宗教活动、宗教典籍、宗教人物、艺术、节日等。

宗教信仰是古代民众重要的精神寄托。古代民众在面对自然灾害或世间困难时，往往感到孤独无助，无力改变自己的处境，于是往往将希望寄托在拥有非凡能力的神灵身上，原先单一的神灵由于民众日益增长的需求，其功能也会逐渐增多，甚至发生较大变化。由于功能不同，宗教中的神灵会受到不同的礼遇，最明显莫过于佛教，佛教中的菩萨信仰，尤其是观音菩萨，流行较广、知名度较高。

宗教的外化表现是各式各样的宗教建筑。佛教宗教建筑名称较多，有寺、庙、庵、堂、院等，伊斯兰教建清真寺，基督教建教堂，形成一个相对封闭独立的空间。

京津冀区域所出现的宗教既有产自本土的道教和民间宗教，同时世界性的三大宗教佛教、伊斯兰教、基督教等沿着不同的海陆路线进入中国，经过一段时间的调适和磨合，落地发芽，对中国民众和地方社会开始发挥其独特的作用。丰富的宗教形式极大丰富了中国古代民众的精神世界和区域文化，同时各宗教在京津冀区域内相安无事、和平相处，没有发生宗教纠纷，也是宗教本土化的必然结果。

佛教传入最早，有碑记载永平十年河北南宫县始建普彤寺塔，比公认的内地佛教第一建筑——洛阳白马寺还早一年，魏晋时期凭借邺城显耀的政治地位，该区域出现了很多佛教大师，从事佛经的翻译及教义传播工作。隋唐以后，佛教迅速完成中国化，本土产生了临济宗和赵州禅，对佛教发展及后世影响深远。明清时期，儒释道三教合流趋势明显。近代以来，中国发生了翻天覆地的变化，宗教也面临着转型的巨大挑战。

外来宗教思想的传入也是中国古代思想史上的重要转折点，给中国传统文化带来了新鲜的内容，也对中国传统思想造成了强烈的冲击。中国本土宗教面临外教进入、信众减少的困境时，也会主动作出改变，吸取外来宗教的可取之处，完善自身，以立足于世。

世界三大宗教沿着陆上和海上两条丝绸之路传入中国、进入京津冀，生根发芽并且发扬光大，形成本地独具特色的宗教文化，同时外来宗教在完成中国化后又走出去传播到其他国家，临济宗传到日本后临济寺被视为日本禅宗的祖庭，欧美等地博物馆多藏有河北佛教铜像，甚至佛教铜像艺术形成了"河北派"。本区宗教不断与世界其他地区进行交流学习，扩大了本地宗教的影响力，为世界宗教交流与繁荣作出了应有的贡献。

第一节　佛教

一　东汉至南北朝时期：佛教传入与发展

（一）东汉：佛教传入京津冀

最早记载始建年代的唐代碑刻乃太和四年（830）所立，距东汉始建七百多年，其准确性有待商榷，并且从迦摄摩腾、竺法兰以及丝绸之路的路线也存在诸多疑问。迦摄摩腾和竺法兰乃是皇帝遣人从西域请来，迦摄摩腾乃是大月氏僧人，因此往来路线都应该是从长安经敦煌出新疆到中亚、南亚的陆上丝绸之路，返回到达长安后，继续沿黄河东行至洛阳，将佛教传到内地。

但若从东汉时期京津冀地区佛教寺院分布程度来看，普彤塔始建年代较早并非偶然。迦摄摩腾和竺法兰另一件为世人所知的事即是开启五台山建寺的历史，"明年春，礼清凉山回，奏帝建伽蓝"。[①] 南宫恰好处于往来

---

① 《清凉山志》卷3《高僧懿行》，民国二十二年排印本。

洛阳和五台山的路线上，因此普彤塔很可能是二人途中所建。同时这条路线上分布着京津冀地区最早的一系列东汉寺院：内丘慈仁寺[①]、南宫普彤寺、赵县观音寺、九门白佛寺等，可见京津冀区域是佛教传入中国后最早开始传播的地区之一。

佛教传入中国后，迅速传播并且影响普通民众的日常生活。民国《徐水县志》收录一块碑刻，记载："延光元年（122）九月一日，韩富为亡父母造观音一尊供养，现为邑人李振声保存。"延光乃汉安帝刘祜的年号，徐水位于河北中部，该条资料表明佛教思想已经由南向北传播，开始广泛影响京津冀地区丧葬习俗。

汉明帝遣人赴西域迎僧表明佛教在传入时已经得到了官方的认可与支持，佛教发展获得了良好的政治氛围，东汉桓帝、灵帝时期，佛教得到了突飞猛进的发展，诸多西域高僧大德如从安息来的安世高、从月氏来的支娄迦谶、从天竺来的竺佛朔、从康居来的康孟详等沿着陆上丝绸之路经西域到敦煌，再经长安来到内地，开始翻译佛经，传播教义，建立佛教寺院。

东汉佛教的传入及迅速传播与其社会背景有密切的联系。东汉自章帝以后朝政腐败，外戚宦官交替专权，百姓生活艰难，民不聊生，佛教教义中的苦、空及彼岸解脱思想正好使民众的心理得到慰藉，心灵得到解脱。

（二）魏晋南北朝时期：京津冀成为北方佛教活动中心

魏晋时期京津冀地区凭借优越的地理位置、重要的政治地位成为北方佛教活动中心。

以邺城为核心的京津冀地区长期是政治核心区，随着统治者对佛教日益推崇及译经活动大规模展开，佛教教义得到进一步的传播，京津冀地区的佛教发展迎来第一次高潮。

中山僧人康法朗成为中国第一个西行求法并返回的汉地僧人。西晋永嘉年间（307—312），康法朗同其他四位僧人一同西行求法，其所走的路线仍是传统的西域丝绸之路，经过数千里跋涉，到达张掖，穿越沙漠，到达西域诸国，游历后康法朗返回中山，"门徒数百"[②]，成远近驰名的大法师。

西晋著名的居士抵世常居住在中山，丝毫不惧西晋太康年间的限佛政

[①] 乾隆《顺德府志》、《内丘县志》记载："慈仁寺在金提店，汉孝子获金以其半养母半建此寺。"
[②] 释慧皎：《高僧传》卷4《康法朗传》，《续修四库全书》第1281册，第281页。

策,"潜于宅中,起立精舍,供养沙门"。①可见其信佛之深。

西晋末年,统治阶级内部矛盾重重,北方少数民族不断南下,导致政权更迭频繁,各族人民不断迁徙,社会秩序、生产生活遭到极大破坏。政权的更迭及残酷的现实有利于佛教的传播,统治者也希望利用佛教这一工具去安抚民心,后赵石勒、石虎对西域僧人佛图澄非常推崇,佛图澄晚年常驻后赵都城襄国和邺城,屡出奇谋,帮助石勒和石虎平定北方局势、稳定政权,同时在官方支持下,佛教在北方迅速发展,仅河北建立佛寺就达893所。追随佛图澄的信徒众多,有弟子数百,随他学法出家的人超过一万,并且吸引了包括西域等地的僧人到河北来学佛法,如来自天竺、康国的竺佛调、须菩提等数十名梵僧,不远万里慕名前来。其徒如释道安、竺法雅、竺法和、竺法汰、竺僧朗等都成为一代高僧。公元348年,佛图澄在邺都圆寂。佛图澄在佛教发展史上占有浓墨重彩的一笔,"大教东来,至澄而盛"。

佛图澄弟子中开创山林佛教隐逸型僧人的是竺僧朗,冀(今河北省高邑西南)人,从小出家师事佛图澄,学成后喜欢游方,曾至关中开讲《放光般若经》,至泰山建立当地第一座寺院朗公寺(今神通寺)。前秦苻坚、东晋孝武帝司马曜、后燕成武帝慕容垂、南燕国主慕容德、后秦主姚兴、北魏道武帝拓跋珪都曾致书竺僧朗,高丽、胡国、昆仑等政权甚至赠送佛像,但竺僧朗始终不为名利所动,隐居泰山而不出,开创了僧人住山的风气,逐渐形成了"天下名山僧占多""白云深处老僧多"的局面,对后世影响深远。

佛图澄弟子中成就最高的当属释道安。道安,本姓卫,出生于常山扶柳县(今河北冀州境内),12岁出家,20岁受戒,开始外出游学,后到邺城拜谒佛图澄,相随十多年。后在北岳恒山创立寺塔,"改服从化者中分河北",成为继佛图澄后河北佛教的新领袖,慕名而来剃度出家者包括净土宗始祖慧远及其弟慧持。后因战乱率弟子慧远等400多人南迁至襄阳,创制《众经目录》、始创六家七宗之首的"本无宗"、创制僧尼规范,在东晋相对稳定的社会环境中取得了丰硕的成果,但前期河北佛教的培育之功不可忽视。为安置前来游学的僧众,道安创建了工程浩大、规

---

① 释道世:《法苑珠林》卷28《抵世常》,《大正藏》第53册。

模空前的檀溪寺，"建塔五层，起房四百"。襄阳被前秦占领后，被苻坚邀请到长安，主持五重寺（今道安寺），大弘法教，门下僧众常达数千，邀请西域僧人伽提婆、昙摩难提、伽跋澄等组成了庞大的译经队伍，为后来译经奠定了良好的基础。西域龟兹高僧鸠摩罗什听闻道安事迹，称道安为"东方圣人"，非常希望能够见面，这也是鸠摩罗什最终来华的原因之一。

北魏起于东北大兴安岭一带，原本不信佛法，随着不断征伐接触内地，才慢慢接触到佛教，在平定佛教盛行的京津冀地区时，被当地的寺院、佛像、佛教文化所震撼，"太祖平中山，经略燕赵，所经郡国佛寺，见诸沙门、道士皆致精敬，禁军旅无有所犯"。[1]并建立了正式的僧官系统，道武帝延请赵郡沙门法果赴京师，"为道人统，绾摄僧徒"，这是正史记载佛教设置僧官之始，可见河北僧人道行之高。北魏佛教逐渐得到恢复，并且开始了石窟开凿的历史，京津冀地区最早的石窟——下花园石窟、宣化柏林寺石窟、怀来五道壶石窟，都开凿于这一时期。位于中原地带的响堂山石窟主要是由北朝末期的北齐一代皇室贵族出资营造。东魏武定八年（550），高洋称帝建立北齐，改号天保，定都于邺，并以晋阳（太原）为陪都。高氏贵族经常来往于二都之间，当时的响堂山（鼓山）是其必经之地。据金正隆四年所立《鼓山常乐寺重修三世佛殿记》记载："文宣常自邺都诣晋阳，往来山下，故起离宫，以备巡幸……于此山腹见数百圣僧行道，遂开三石室，刻诸尊像。"逐渐形成了响堂寺石窟群。太和五年（481），孝文帝驻跸定州，随行的皇后指示地方官在定州城东北建造了一座五级佛塔，后考古塔基出土了玛瑙、水晶、珍珠、宝石、琉璃、铜钱等，还有少量波斯银币，印证了当时定州佛教的繁荣以及河北佛教与中亚等地交流的频繁。

从所刻铭文内容可以看出当时民众对佛教的虔诚。

为了传承佛教文化，京津冀地区的高僧还刻写石经，最早刻写石经的是北齐特进骠骑大将军唐邕。在佛经传承中，"缣缃有坏，简策难久，金牒难求，皮纸易灭"[2]，为了避免这种状况的发生，北齐天统四年至武平三年（568—572），唐邕在今河北邯郸北响堂山刻写了《维摩诘经》《弥勒成

---

[1]《魏书》卷114《释老志》，中华书局1974年版，第3030页。
[2] 唐邕《鼓山刻经铭》。

佛经》《孝经》等多部佛教经典，并且留下著名的《鼓山唐邕刻经铭》，记述了发愿刻经的原因、所刻佛经数量以及开刻起讫年月等。该碑保存良好，具有重要的史料价值，向来为中外文物、史学研究者所重，其本身书法价值极高，是历代书法碑刻临摹的范本。

魏晋南北朝时期，佛教发展达到了第一个高潮，这种高潮也体现在魏收所著《魏书》第一次设立专门的"释老志"，记载佛教发展情况，为研究北魏时期僧官制度和佛教经济留下了宝贵的史料。

佛教沿着丝绸之路传入中国，进入京津冀地区，发展迅速，出现了众多本土名僧大德，其他地区及西域等国的僧人慕名前来学法者络绎不绝，河北成为这一时期北方佛教发展的中心，从南至北都分布着大量的寺院，定州和邺城则是本区两个佛教重镇。本地佛教也开始沿着陆上丝绸之路、海上丝绸之路和东北亚丝绸之路向三个方向传播，对朝鲜、越南、西域等地佛教的发展产生了深远的影响。

二 隋唐宋辽金时期：佛教中国化

（一）隋唐时期：京津冀佛教第二个高峰

隋唐时期，社会秩序比较稳定，经济逐渐得到恢复并发展，统治者仍然将佛教作为重要的统治辅助手段，佛教盛况空前，成为京津冀佛教发展的第二个高峰。

隋唐时期，佛教在魏晋译经的基础上完成了其中国化，本土僧人对佛教教义已经谙熟于心，于是开始在讲经同时加入自己的理解和思考，对佛教教义的不同理解使得中国出现了众多佛教宗派，包括天台宗、三论宗、华严宗、唯识宗、律宗、禅宗、净土宗和密宗。京津冀作为佛教最发达区域之一，部分宗派与河北渊源甚深。如华严宗依《华严经》而立故名，其学说发端于河北邺城的地论学派，华严宗——至相寺开山之祖静渊13岁师从河北高僧灵裕讲《华严》《涅槃》等经，静渊传智正，智正传智俨，智俨再传法藏，最终创华严宗。禅宗的实际创始人慧能祖籍范阳（今河北涿州）。河北籍高僧一行撰《大日经疏》，成为密宗的祖师。

一行禅师是巨鹿（今河北巨鹿县）人，俗姓张，名遂。在嵩山善会寺出家，两度到荆州玉泉寺学习佛教戒律，又在浙江天台山国清寺学习了整整七年，后被唐玄宗请回长安修订历法，于是一行创制了黄道游仪和水运浑天仪等观测仪器，在实际观测基础上重新编制新历，取名《大衍历》，是当时最准确的历法，后来传到了日本。并协助印度高僧善无畏翻译《大日经》，金刚智翻译《苏婆呼童子经》《苏悉地羯罗经》等密宗经典，成为中国最早的密宗传人。

唐代佛教发展的一次大挫折是唐武宗时期的灭佛运动，从会昌二年（842）一直到会昌六年（846），朝廷下令拆毁大量佛寺，强迫僧尼还俗，史称"会昌法难"。但当时京津冀地区处于河北三镇藩镇割据统治下，京津冀地区佛教没有受到较大冲击，反而成为佛教的避难所。此后，其他宗派一蹶不振，日渐凋落，唯有禅宗独盛，进而开出五大门派，蔚然成为中国佛教的主流。禅宗源自菩提达摩，六传至南宗禅慧能和北宗禅神秀，自从神会评论南顿北渐之后，北宗禅渐衰，南宗禅渐盛。慧能弟子智隍出家后在河北一山洞中静修，又慕名南下求法，跨黄河，涉淮水，渡长江，翻越五岭，来到曹溪从慧能学法，学成复归河北，这是京津冀地区第一次接触顿悟禅法。

隋唐时天津蓟县盘山寺院逐渐增多，宝积禅师从北方云游至江西从慧能三传弟子马祖道一学禅，学成后回到盘山，传播南禅，属较早传播南禅的僧人。宝积弟子普化后到镇州临济禅院，与临济义玄机锋对答，并亲自以疯疯癫癫的行为方式传播南宗禅风。普化"明头来明头打，暗头来暗头打，四方八面来旋风打，虚空来连架打"的偈子及门风经过数传在宋理宗时传入日本，日本临济宗下的普化宗将普化禅师奉为鼻祖。

隋唐时期京津冀地区佛教对后世影响最大的是产生了临济宗和赵州禅。

禅宗四大门风"德山棒、临济喝、云门饼、赵州茶"中的"临济喝、赵州茶"，均属于河北佛教文化传承体系。几乎在义玄禅师创立临济宗的同时，从谂禅师开法于赵州观音院（今河北赵县柏林禅寺）。他德劭悟深，其禅法贯通古今，形成"赵州禅风"。脍炙人口的"吃茶去""洗钵去""庭前柏树子""狗子无佛性"等公案不仅启悟了当时的许多禅僧，而且流传后世，历久弥新。从宋朝开始，中国禅门盛行以"参话头"为方便的话头禅，赵州禅师的公案语录最频繁地为人们所参究，许多人在赵州语录的启发下明心见性。其中"狗子无佛性"凝练为"无门关"，直至今天在中国、日本、欧美等地仍是最流行的公案。

唐安史之乱后，河北陷入割据，形成了魏博、成德、幽州等割据型藩镇。在以节度使等为代表的职业军人的支持和参与下，河北佛教取得了长足发展。在恒州、定州等传统发达地区之外，形成了魏州、幽州、沧州等新的佛教中心，南禅开始传入，佛教发展格局也为之一变。从谂、义玄等人的到来，使河北中部的镇州一跃成为全国的禅学中心。

隋唐两代是中国佛教发展史的盛世时期，在魏晋译经的基础上，佛教教义得到进一步的传播与研究，先后有多人赴印度、西域取经求法成功。佛教宗派繁衍出八支，禅宗下又繁衍出五家七宗，禅宗的兴盛也表明佛教中国化的完成。河北为隋唐时期宗教兴盛也提供了很多帮助，承接魏晋时期北方佛教中心的优势，京津冀佛教仍然非常兴盛，在原有定州、邺城的基础上又形成了多个地区性的宗教中心，遍布本区。

（二）宋辽金时期

五代时期由于军阀混战不休，京津冀地区僧众逃离，佛寺荒废，佛教转入了颓势。北宋建立后，官方下诏编修大藏经，历时12年于太平兴国六年（983）竣工，这是中国大藏经刻版之始，也成为后来明清及高丽、日本刻藏的共同依据。

北宋时期佛教逐渐恢复，并有所发展，宋代将佛教的交流当作对外联系的重要手段。太祖乾德三年（965），沧州僧道圆自西域还，得佛舍利一水晶器、贝叶梵经四十夹来献，"道圆晋天福中诣西域，在途12年，住五印度凡六年，五印度即天竺也。还经于阗，与其使偕至。太祖召问所历风俗山川道里，一一能记"。[①]道圆赴西域也直接引发了宋初朝廷与西域诸国联系的热潮，次年（966）僧行勤等157人上疏请求去西域，得到朝廷准许，并派人诏谕沿线甘、沙、伊、肃等各州，焉耆、龟兹、于阗、割禄、布路沙、加湿弥罗等国。开宝后，天竺僧持梵夹来献者不绝。道圆自天竺回国途中，曾到于阗，为当地沙弥传戒，并与于阗使臣沿着传统的古丝绸之路一起回到敦煌。道圆为北宋初佛教的恢复、宋与西域建立联系都起到了直接的推动作用。

[①] 《宋史》卷490《天竺》，中华书局1977年版，第14104页。

隋唐以后，外出云游求学俨然成为僧人的必走之路。释岩俊（882—966），邢台人，出家后登匡庐、上衡岳、入巴蜀、过岷山，到杭州凤林寺，拜舒州投子山，云游数年思还赵，一路北上，经汴梁，为官绅所留。释法圆，真定元氏人，受戒后巡礼诸方佛教圣地，后回到故乡，驻锡真定天王院。

辽代是兴起于辽河流域的契丹人所建立的政权，公元937年，石敬瑭将幽云十六州割让给契丹，河北中北部被纳入其统治版图。由于辽代皇帝与贵族崇佛，境内佛教得到了空前发展，修建寺院数量非常多，涿州人王鼎在《蓟州神山云泉寺记》中记载：

> 佛法西来，天下响应，国王、大臣与其力，富商强贾奉其赀，智者献其谋，巧者输其艺，互相为劝，惟恐居其后也，故今海内塔庙相望。①

同时，辽代的民族特色为境内佛教发展带来了新鲜元素，辽代藏经编刻、寺院建筑方面都极具特色，辽代盛行造塔与刻制经幢。与宋代汉地流行临济与曹洞不同，禅宗在辽境内并不流行，辽代最兴盛的是华严宗，如辽道宗亲扣《华严》玄旨，撰《华严经随品赞》十卷颁行天下。其次，密宗也非常盛行，有非浊（范阳人）、觉苑（住持燕京圆福寺）、法均（修北京大戒坛）等。

公元1125年，金军攻占汴京，俘虏徽、钦二帝，北宋灭亡，京津冀地区全部归入金代境内。金代燕京仍有很多佛寺，"燕京兰若相望，大者三十六"。②

禅宗重新开始兴盛于京津冀地区，临济宗杨岐派禅师圆性（1104—1175）本怀柔人，在开封谒佛日禅师而得法，赴辽阳惠安寺传法，于大定年间住持燕京潭柘寺，大力复兴禅学。两宋、辽金之际，发源于河北的临济宗逐渐南移，而一直在南方繁衍的曹洞宗悄然北上，经青州来到河北南部的磁州，重新焕发生机，法脉传承为投子义青→芙蓉道楷→净因自觉→青州希辩→大明法宝→玉山师体→雪岩慧满→万松行秀→雪庭福裕。

---

① 向南：《辽代石刻文编》，河北教育出版社1995年版，第358页。
② 洪皓《松漠记闻》卷上，清乾隆四十一年抄本。

大明法宝（1114—1173）俗姓武，磁州滏阳人，大定二年（1162年）建磁州大明寺，为开山住持。大明寺成为金代曹洞宗传入河北的根据地，逐渐培育出一批禅师，并向两河、齐晋辐射，孕育出曹洞宗中兴之祖——万松行秀。得法弟子众多，还有一位日本僧人彻通义介（1225—1280），于宋开庆元年（1259）来华，先后参谒浙江径山、天童等名刹，后北上燕赵，得法于行秀禅师，列为曹洞宗第十六世。景定三年（1262），归国，讲法于永平寺，为日本曹洞宗第二世。由此可见京津冀地区佛教影响之广。在京津冀深厚文化传统的滋养下，曹洞宗一跃成为北方佛教的主流。

三　元明清时期：以北京、承德为中心的藏传佛教

（一）藏传佛教的传入及兴盛

元朝和清朝都是由北方少数民族建立的统一政权，对汉地佛教了解很少，作为联系西藏等地的重要手段，藏传佛教开始被两代统治者所重视。元世祖即位后，定喇嘛教为国教，尊八思巴为国师，至元元年（1264），忽必烈带头从八思巴受佛教秘密戒，皈依藏传佛教，皇子、后妃及蒙古诸王贵族行灌顶受戒，于是藏传佛教迅速在蒙古与河北北部广为传播。至元十一年，八思巴还西藏，同年元世祖再将其迎回京师，直到至元十七年入寂。此后，英宗、晋宗、明宗、文宗等都崇信藏传佛教，多次敕封喇嘛为帝师、国师。皇帝的大力支持，使藏传佛教在蒙古和内地传播迅速，大德十一年（1307），元武宗建立中都（今张家口张北县馒头营乡），作为行宫，张家口、承德是元大都通向北方草原的必经之路，因此两地藏传佛教比较普及。

明代统治者亦多有信奉佛教者。永乐、正德、万历时，亦曾多次派遣宦官或僧人到乌斯藏等地进行交流。

满洲部落有崇信萨满教的传统。入关前，清统治者采用满、蒙联合的方式共同对付明朝，皇太极时已经和达赖五世建立了联系，顺治九年（1652），达赖五世受邀抵京，受到隆重的接见。康熙时又册封另外一位黄教领袖班禅五世为"班禅额尔德尼"，清统一过程中不断降服了察哈尔等蒙古诸部领袖和大喇嘛。康熙三十年四月，在多伦诺尔进行了著名的

"多伦会盟"，会盟后，康熙下令修建汇宗寺，开通过藏传佛教怀柔蒙古草原的先河。从康熙年间开始，朝廷开始在承德大肆修建藏传佛教寺院，使承德建成了全国最大的皇家寺院群落，承德成为汉地的藏传佛教中心之一。

从康熙五十二年（1713）至乾隆四十五年（1780），承德避暑山庄先后修建了12座寺庙，其中有八座住有喇嘛，直属于理藩院，由皇家发饷并进行管理，俗称"外八庙"，包括溥仁寺、溥善寺、普宁寺、安远庙、普陀宗乘之庙、殊像寺、须弥福寿之庙、广缘寺等。

康雍乾时期，清廷在承德修建的喇嘛寺院有50多座，由内务府直接管理的有30座，朝廷从蒙古招收大批喇嘛住于各寺庙，承德成为北方藏传佛教中心。清廷还在东陵（遵化）、西陵（易县）建有藏传佛教寺院，驻有喇嘛。清朝河北成规模的格鲁派寺院有上百座，喇嘛两千余名。

（二）汉传佛教的传承

曹洞宗自金代传入京津冀后，僧众遍布燕赵大地，辐射三晋、齐鲁、嵩洛。元以后，曹洞宗形成三个重要的根据地：万松行秀出生地邢州（今邢台）、弘法的燕京（今北京）及禅宗祖庭少林寺。本区所出著名僧人有华严至温、足庵净肃、菊庵法照、古岩普就等。

刻有《普润大师寿塔记》的元代陀罗尼经幢，明显是普润大师的弟子为自己的业师所建造，以表彰其功德并祝祷其长寿而修造，亦算是佛教徒宣扬佛法，并借以传播陀罗尼信仰的重要实物证据，真实反映了元代佛教恢复的情况。

四 近代以来：京津冀佛教的转型

1912年，中华民国成立，中国的社会面貌发生了翻天覆地的变化，多种西方思潮的传入极大充实了民众的精神世界，佛教所面临的形势非常严峻，佛教地位大幅下落，全国范围内兴起了庙产兴学运动。清末废科举，兴新学，但因经费没有着落，于是利用寺院庙产开办学校的风潮逐渐兴起。

庙产兴学运动中，全国半数以上的佛教寺院被拆毁、强占，直隶作为试点，对寺院庙产的侵占尤为严重。河北清苑县"凡昔日梵宇琳宫，半改学校，即其庙产，亦拨充学款"①，磁县"民国初年，历行新政，多数寺庙改作学校，大半庙产充作学田，和尚道士，大遭其殃"。②定州被拆毁庙宇达327座，涿州所建206所小学多数占用的是佛教寺院。光绪《唐县志》记载有寺院217座，僧尼227人，1917年僧尼锐减到84人，到1933年，住僧寺院仅剩10所，有僧尼27人。民国《成安县志》记载，1931年成安县只有3个出家人。著名的禅宗二祖慧可说法台——匡教寺也已经无僧居住。

此外，从乾隆年间取消戒牒制度开始，世人出家大为便利，但形形色色的名利之徒也趁机进入佛教，导致僧尼素质下降，高僧则奔走于官府权贵间，底层僧人迫于生计专注于经忏募化，佛教"被人称为是为死人服务、驱鬼的宗教和封建迷信，严重歪曲了佛教在社会公众中的形象"。③

清末民初的佛教面临着前所未有的危机，其衰败也到了佛家传入中国后的极点。在极其艰难的时代背景下，部分有识之士主动求变，积极适应社会的需要对佛教进行了深刻的反思，积极推动佛教向近代化发展。

这一时期，京津冀佛教变化主要体现在以下几个方面。

1. 僧人学校兴起

为维护寺产，各地寺院纷纷建立学校，1904年，湖南长沙的开福寺创建了"湖南僧学堂"。它规模虽小，却是中国近代最早的佛教学校。1906年，释文希在扬州天宁寺开设了普通僧学堂。1907年，释觉开在北京开办小学校，招收僧俗学徒。1908年，释敬安在浙江宁波创办了僧众小学校和民众小学校。而在1907年由杨仁山居士在金陵刻经处创办的祇洹精舍则是当时佛教学校中准备最充分、办学宗旨最明确、组织最严密、办学方式最新潮的佛教学校。

京津冀地区佛教学校为数不少，最著名者乃台源和尚1929年创办的北平柏林教理院，常惺任院长。各方青年前往就读者颇多，1931年夏，太虚至该院讲《大乘宗地引论》。后将锡兰留学团及世界佛学苑筹备处移至该院。时法舫、尘空均由武昌来北平，柏林教理院被列为世界佛学苑华英文系，从此该院成为太虚、常惺合作推进世界佛教的中心，发行的《佛

---

① 民国《清苑县志》卷6《寺观》，民国二十三年铅印本。
② 民国《磁县县志》第9章《宗教》，民国三十年铅印本。
③ 张志军：《河北佛教史》，宗教文化出版社2016年版，第508页。

教评论》对佛学教育、丛林制度、佛法精神多加评论。"九一八"事变后停办。

此外，还有道阶和尚在北平广济寺创办的"弘磁佛学院"、法源寺的中华佛学院、瑞应寺的中国佛教学院等。

2. 居士佛教的兴起

1921年，河北籍居士韩清净在北平与研究佛学的同人朱芾煌、韩哲武、徐森玉、饶风璜等，组织了一个佛学研究团体"法相研究会"，以研究法相唯识之学为目的，由清净主讲《成唯识论》。1927年，清净在北平与朱芾煌、徐森玉、饶风璜等发起创办"三时学会"，被推为会长。三时学会的宗旨为阐扬印度佛学和佛教真实教义，并以讲习、研究、译述及刻印佛教经藏为工作重点。成员以居士为主。三时学会与南京支那内学院齐名，欧阳竟无与韩清净有"南欧北韩"之称。

居士林是佛教居士们学习教理、开发智慧、弘扬教义、净化身心的活动场所，1918年始创于上海，1926年胡瑞霖在北京创办华北佛教居士林，经常奉请高僧大德——太虚、常惺、慈舟、倓虚、能海、道源等诸长老莅临传戒、弘法。并常礼请蒙藏活佛为林众传法、灌顶。一年之内，讲经至一百余座之多，听者云集，多为各大学学生。并组织僧众佛学观摩会，培养人才，鼓励青年僧伽精进。定期举行念佛、诵经、斋僧、放生等法事。创办藏文学习班、佛画班等。

北京居士林在世界佛教界亦颇有声望，多次与外国佛教团体交流。英国伦敦摩诃菩提学会副会长包乐登居士在本林受瑜伽菩萨戒。奥地利僧人照空法师美国僧人孤云、默斋法师哈佛大学教授霍金美国福开森博士荷兰高罗佩博士等均来林访问。与上海佛教居士林南北并称，极一时之盛。

天津居士林始于天津八大家"李善人"李春城的家庙，后由北洋政府总统徐世昌题额"清修禅院"。1933年靳云鹏联合孙传芳等人与李春城之长孙李颂巨商妥，将清修禅院改为"天津佛教居士林"，靳云鹏任林长，孙传芳为副林长并自封为"首席居士"，并规定每周日居士来居士林诵经，由富明法师主讲，当时信徒甚多，达千人以上。

河北的居士团体有1941年周叔迦成立的"中国佛学研究会"等。

第二节　伊斯兰教

一　清以前伊斯兰教在京津冀地区的传播与发展

现存最早的清真寺是今北京牛街清真寺，古称岗上礼拜寺，著名建筑学家梁思成曾专门考证，确认该寺始建于辽宋时期。

从建筑风格上讲，牛街清真寺主体建筑为明代风格，经清代翻修、翻建，但是大殿最后的部分窑殿具有辽宋风格，"窑内梁上有六幅彩色绘画，曾有建筑专家认为此绘画与藻井为宋、辽时代的作品，堪称一绝"[①]。清真寺的建立和宗教学者的驻寺，标志着伊斯兰教在京津冀地区开始了稳定的传播。从有明确文献、物证角度看，京津冀伊斯兰教传播始于辽宋，始于牛街。

很多历史文献证实，元代京津冀各地有大量穆斯林生活定居。如：至元年间监察御史王恽《为在都回回户不纳差税事状》："今体察本路回回人户，自壬子年元籍并中统四年续抄，计二千九百五十三户，于内多系富商大贾、势要兼并之家"；至正八年（1348）定州清真寺《重建礼拜寺记》："回回人之遍天下，而此地尤多，朝夕亦不废礼"；民国二十一年《南皮县志》："元忽辛，涿州人，至大三年为南皮达鲁花赤，性刚，明达时务，厘弊恤民，兴学造士。"[②] 穆斯林定居京津冀，推动了清真寺的建设，据目前资料统计，元代北京、通州、顺义、房山、定州、易县、沧州、藁城、威县、大名等地已经普遍存在清真寺和伊斯兰教的传播。[③] 元代政府专设"回回哈的所"管理伊斯兰教，据《元史·刑法志》载"诸哈的大师止令掌教念经，回回人应有刑名、户婚、钱粮、词讼并从有司问之"[④]，也就是说，回回人的宗教礼俗由哈的所管理，世俗生活由政府有关部门直接管理。清真寺内部形成了三掌教制度，掌教（伊玛目）总理教务，赞教（海推布）负责演讲，宣教（穆安津）负责宣礼。元末，"回回

[①] 彭年编著：《北京的回族与伊斯兰教史料汇编》，北京市民委史志办公室、北京伊斯兰教协会，1996年，第325页。

[②] 以上材料转引自吴丕清《河北伊斯兰教史》，宗教文化出版社2016年版，第17—19页。

[③] 吴丕清：《河北伊斯兰教史》，宗教文化出版社2016年版，第27页。

[④] 转引自白寿彝《中国伊斯兰史存稿》，宁夏人民出版社1982年版，第212页。

教"一词出现，成为伊斯兰教的中国名字。①

明代，河北伊斯兰教在元代基础上进一步民族化、中国化。民族化的主要特征是，明代穆斯林普遍改用汉姓，撰修家谱，渐为社会潮流。中国化的主要特征是，穆斯林用汉文阐述伊斯兰教。明代政府对伊斯兰教的管理延续了元代的办法，伊斯兰教在政府扶持下得以继续传播。明初，明成祖朱棣迁都北京，南京等地的穆斯林随驾北迁，定居北京、廊坊、天津、沧州一带，人口的增加与繁衍，促进了伊斯兰教在京津冀的发展。到明中后期，很多穆斯林家族的读书人操持撰修家谱，从此时族谱的序言看儒家"慎终追远""尊敬祖宗"的思想深刻影响到河北穆斯林。据万历八年（1580）李时蓁《古瀛蟆沧李氏世系族谱序》载：

> 尝谓：夫人之有身，当详其身之所自出，不于先世而实叙之是忘本原也，不于族类而并列之是轻先裔也，皆非所以尊祖敬宗意尔。第有务夸诩者，多援引上世神明之胄，窃附之以为荣，殊不知气脉不同，非类不享，亦何益之有哉？昔杜正伦不与通谱，狄青却梁公像，彼一武弁者流，犹慎世代之重，矧佩儒业明理义者，岂可忽其所自始哉。②

明代儒家教育在政府推动下得到有力的普及，对河北穆斯林产生了深刻影响，不仅表现在撰修家谱，也表现在用儒家术语阐扬伊斯兰教，如嘉靖二年（1523）王浃撰《重修礼拜寺记》，"其立教之目有五：一、敬天、忠君、孝亲"，儒家士大夫认可当时伊斯兰教"附儒"的思想，据正德十四年（1519）大名南关小东街清真寺"礼拜寺碑记"载，大名知府金贤表示，"尝考其教，大要以敬天为主，以清心寡欲为训，而正纲常、辨义利、审取舍、昭淑慝以劝诫者，大抵皆归于道也，其异于诸夏之圣人者盖寡矣"③。士大夫对伊斯兰教教义充分认同，认为伊斯兰教教义与儒家思想基本一致，明代中前期伊斯兰教的中国化努力为明末伊斯兰教经堂教育、汉文译著的兴起奠定了基础，京津冀地区成为经堂教育、汉文译著的重要

---

① 世界宗教研究所伊斯兰教研究室编：《中国伊斯兰教基础知识》，宗教文化出版社1999年版。
② 《李氏谱书》第1册，2011年，第92页。
③ 余振贵、雷晓静主编：《中国回族金石录》，宁夏人民出版社2001年版，第212页。

活动区域。明末，经堂教育的首倡者胡登洲曾在北京接受儒家诗书教育，汉文译著的代表王岱舆曾游学于北京并在此归真。这充分说明京津冀地区悠久的儒家文化传统深刻影响了中国伊斯兰教，塑造了京津冀伊斯兰教"伊儒会通"的传统。

二 清代民间伊斯兰教在京津冀地区的继续发展与爱国事业

京津冀地区伊斯兰教借助中国传统的家族观念传承伊斯兰教信仰。儒家传统的"慎终追远"的家族观念在家谱文字间传承，在祭祀礼仪中强化。京津冀穆斯林受儒家影响热衷撰修、续修家谱，他们认为家谱的目的是维系家族认同，"家乘犹国史，所以志已往示未来，而令后人能知本源"。[①]穆斯林家谱序言普遍反映出"回儒融合"的文化认同，伊斯兰教信仰融入中国传统家族观念中得以表达，在游坟仪式中得到强化，儒家特别重视的"祭祀先祖"礼仪深刻影响着华北穆斯林，如沧州吴氏族谱训规："本家忌辰，皆当上坟，至十年为一期，邀请亲众上坟，是追远之意。上坟念经，吾教所重。务须沐浴虔诚，效祭如在之意，不得虚应故事。"[②]穆斯林的游坟仪式禁止烧纸、放鞭、敬酒、叩头等不符合伊斯兰教教规的行为，只邀请阿訇到坟地跪坐诵经、祈祷告恕。

伊儒会通的家族文化是京津冀穆斯林扎根中国社会的重要历史基础，穆斯林先人的光荣事迹增强了同族的家族自豪感，增进了穆斯林的家国认同，也激励着后代继续在社会上建功立业、光宗耀祖。京津冀地区经师积极参与穆斯林家谱的编修。穆斯林家谱多为穆斯林中接受儒家专业教育的读书人主持，但经师们也积极参与、支持。

风云激荡的近代转型中京津冀穆斯林积极承担社会责任，主要表现为穆斯林对近代共和政体的自觉赞成，对社会法治化进程的自觉努力，对中华民族的自觉认同。

中华民国肇造，鼓吹五族共和，宣传信仰自由、结社自由，受到伊斯兰教在内的宗教界人士的欢迎，他们自觉赞成共和政体，热衷推进革命事业。据载，辛亥革命成功后，陕甘总督升允负隅西北，反对共和，要求西北的清军将领出兵勤王，提督马安良响应举兵东进，马安良部抵达乾州

---

① 马思聪：《创谱序》，载《河北回族家谱选编》，河北人民出版社2006年版，第265页。
② 吴丕清、马祥学主编：《河北回族家谱选编》，河北人民出版社2006年版，第10页。

时，王浩然阿訇主动通电马安良等西北穆斯林上层人士，向他们解释共和真谛，劝说他们支持共和，不要盲目效忠封建势力。不久，西北的穆斯林上层人物纷纷致电中央，赞成共和，"共和始基危而复安，西北人民不罹兵戎，胥赖阿訇成全之也"。后来，王浩然应蒙藏院聘请，又主持《回文白话报》，"西北回族幸赖此报获知中央政令，内地新闻，明晰共和意义，忠诚内向，未蹈外蒙之续，亦阿訇力也"①。

京津冀经师主张发扬宗教的道德教化功能，辅助社会法治建设。京津冀经师接受儒家"导之以德，齐之以礼"的传统思想，认为宗教的道德教化功能，有助于人们发自内心自觉遵守法律，促进社会的和谐有序，张子文认为"积人民成国家，积国家成世界，良莠不齐，事端万变，既有法律以为有形之制裁，尤不能不有道德以为无形之约束，则宗教尚已。约略举之，如清真也、佛也、道也、天主、耶稣也，虽各教之宗旨，向不相同，而其劝善惩恶，维持世界之和平与范围人心之纯正，要自一辙"。近代以来，随着王权的瓦解，法律观念开始深入人心，但是社会法治化进程毕竟是复杂的、曲折的，"迨共和改建平权自由之说，中于人心，其注意道德、保持公安者虽不乏人，而徒逞强权、不念公理者，亦数见不鲜。人心不古，习染甚速，若不以宗教道德之学，急为引起人民之良心，使之却妄归真，崇尚人道，将恐机械变诈，相习成风，国家既受影响，宗教岂能无虞"②。简言之，发扬宗教道德，助力社会法治化，一直是京津冀经师自我赋予的社会责任。

卢沟桥事变后，京津冀穆斯林积极参与抗日战争。1938年，华北大部分地区沦陷，穆斯林先后组织起多支抗日武装，加入八路军，其中冀中回民支队、渤海回民支队转战华北，为抗日战争做出了重要贡献，他们编写歌曲唱道："抗日的烈火燃烧在冀中平原，伊斯兰的教胞挥起了战斗的臂膀，在共产党的爱护培养下组织起自己的武装，高举起鲜明的少数民族的旗帜，发扬勇敢善战的优良传统，我们誓为回民的自由，中华民族的解放，永远跟着共产党，直到最后的胜利，直到敌人的灭亡，直到最后的胜利，直到敌人的灭亡。"回民支队在宣传共产党的抗日主张时也借助于伊斯兰教传统思想，这种模式被称为"抗战的内容，民族的形式"，如"宣

---

① 《王浩然阿訇传略》。
② 张子文:《清真正史》序,《京华新报》1914年。

扬和利用伊斯兰教中有利于抗战救国的教条：如'爱国爱家属于伊玛尼'（信德），回族坚决制止'杀、拿、奸、坏、奴'，日寇入侵中国是要我们当'亡国奴'，为了不当日寇的奴隶，'抗战是圣战'，为圣战而牺牲是'舍西代'"等。[①]

回民支队认真贯彻中国共产党的民族宗教政策，孤立投敌叛国的少数分子，争取阿訇和信众的拥护，一些阿訇投笔从戎，应征入伍，担任随军阿訇，追从回民支队南征北战，"这些阿訇和所有战士一样随军南征北战，艰苦奋斗，不怕牺牲。他们平时与干部战士一起参加学习训练，徒步行军，上火线抢救伤员，安葬阵亡战士，并经常给干部战士和驻地群众讲解回族发展情况和风俗习惯，协助部队维护党的民族政策。他们已经不是一般的宗教职业者，而是投身中国革命的爱国志士"[②]。在沦陷区的阿訇，也在力所能及范围内为群众利益而周旋，保护抗日的地下组织。近代以来，中国穆斯林在反抗列强欺侮，争取民族解放中凝聚起对中华民族共同体的自觉认同与空前的爱国主义精神，"他们祖祖辈辈生于斯长于斯，在这片古老的大地繁衍生息，这份厚重的民族感情在民族危亡之际往往表现得更为充分"[③]中国穆斯林对中华民族共同体的自觉认同与爱国主义精神在新中国成立后发展为激励广大穆斯林拥护中国共产党、建设社会主义，走与社会主义社会相适应道路的精神动力。

第三节 基督教

基督教包括天主教、东正教和新教三大派别，也包括一些小的派别，这是基督教在广义上的含义。但是，在我们国内，通常称新教为基督教，所以，从狭义上来说，基督教又专门指新教。本书采用基督教的广义含义，泛指与耶稣信仰有关的宗教；而对于宗教改革之后的新教，本书称之为基督新教。

[①] 杨伯橒主编：《渤海、东北回民支队回忆录》，宁夏人民出版社1992年版，第16页。
[②] 中共河北省委党史研究室：《冀中回民支队》，中共党史出版社1997年版，第13页。
[③] 黄兴涛：《重塑中华：近代中国"中华民族"观念研究》，北京师范大学出版社2017年版，第191页。

一　元时期的早期基督教

继唐朝之后，基督教再次在中国大范围传播便是到了元朝时期。与唐朝不同的是，这一时期的基督教不再被称为景教，中国人把基督徒叫作"也里可温"。"也里可温"一词源自阿拉伯语，乃是由"阿罗诃"转写而得，意为"福分人"，指"信奉上帝之人"。据史料记载，当时在元朝流传的基督教既包括景教，也包括罗马天主教。

元朝时期，国家统治者一直对景教徒宽容以待，给予他们很多优惠政策。早在元帝国建立之初，景教徒就获得了许多特权，可以"不服兵役、不纳赋税"[①]，到元朝建制之后，景教更获得了较大的发展。根据《马可·波罗游记》的记载，可以发现自喀什葛尔至北京，沿路处处都有景教徒或景教的宗教场所。从《元史》可以看出，直隶一带也有景教徒散居，如北京、正定、河间。这一时期，北京成为景教传播的中心地区，并且还是景教的一个大主教区，许多景教徒集聚于此。根据相关史料记载，北京有三处也里可温教的遗址。其中一处在北京房山，此地有一座十字寺。第二处在广安门外，旧跑马场附近有一处景教徒的墓石，上边刻有十字架及花草纹样。还有一处，是地安门外的一座也里可温十字寺，位于元大都城旧址城内的靖恭坊。

北京房山地区的景教十字寺是元代非常著名的一座景教寺，也是北京最古老的一座基督教教堂。在历史的变迁中，这座十字寺已被损毁，所留遗址现位于北京房山区周口店镇车厂村北的三盆山，在其遗址中发现的一块元代碑刻证明了它景教寺的身份。据学术界研究，该寺最早建于东晋时期，当时是一座佛教寺院。其最初的名称已无法确认，只可从遗址中的辽代"三盆山崇圣院碑记"得知，辽代之时，这座寺院曾名崇圣院。而到元朝时，由于皇亲贵族当中多有信奉景教之人，此寺获"敕赐十字寺"的称号。值得一提的是，也有学者推测，或许在唐朝时期十字寺就已是当时的一座景教寺院，毕竟当时景教达到"法流十道""寺满百城"的形势，所以北京地区有景教流传也不无可能。但是确实没有更为确切的资料来证实这一推测。

[①]　［韩］李宽淑：《中国基督教史略》，社会科学文献出版社1998年版，第26页。

第三章　京津冀区域的宗教文化与传播　281

元代房山十字寺的复兴与一位名叫拉班·扫马①的景教士有关。拉班·扫马，原名巴·扫马，自幼学习宗教知识，他在30岁时正式成为一名景教修士。在北京城内的修道院修行六年之后，拉班·扫马下定决心去郊外静修，所到之处正是房山的十字寺。拉班·扫马是元代著名的景教士，1276年，经元世祖忽必烈许可，他开启了前往耶路撒冷的朝圣之路，与之同行的也是一位虔诚的景教士，名叫马可斯②，师从拉班·扫马。在西行的路途当中，他们得到很多景教徒的帮助，并且在马拉加拜见了当时的聂斯托利派大主教马屯哈，大主教任命马可斯为景教驻中国北部地区的主教，取名雅巴拉哈，与此同时，拉班·扫马被委任巡察使一职。行至叙利亚北部时，正值此地战乱，无法再前行，二人只好放弃了前往耶路撒冷的计划。

1289年，为了方便管理基督教事务，元世祖忽必烈特设"崇福司"。据《元史·百官志》记载："崇福司，秩从二品。掌领马儿哈昔列班也里可温十字寺祭享等事。"③需要指出的是，这是我国第一个专门管理基督教的中央行政机构，该机构所管辖的事务不单单与景教相关，也涉及元朝时期来华传教的天主教事宜。到延祐二年时，崇福司改为崇福院，"置领院事一员，省并天下也里可温掌教司七十二所，悉以其事归之"④，由此可见，元朝时期基督教在我国呈现出一片繁荣景象。

对于天主教进入中国内地传教来说，意大利著名商人马可·波罗一家起到了非常重要的作用。马可·波罗的父亲、叔叔及马可·波罗都曾到访中国，促进了蒙元帝国与罗马教会的联系。元世祖忽必烈遣马可·波罗的父亲和叔叔为使，向罗马教皇转达请求派百名传教士来华的意愿。1298年，为回应元世祖忽必烈的请求，罗马教皇尼古拉四世派孟高维诺前来中国传播福音。经过四年多的漫漫路途，1294年⑤，孟高维诺终于抵达北京，但此时，忽必烈已然去世，继位不久的铁木尔为表尊重，亲自接见了

---

① 拉班·扫马，出生于北京，畏吾儿人，是元代著名的景教士，他的父亲西班曾在北京任景教巡察使，是一名虔诚的景教徒。
② 1245年，马可斯出生于北京附近，据相关资料显示，系畏吾儿人。
③ 《元史》卷89《百官志》，中华书局1976年版，第2273页。
④ 同上。
⑤ 亦有资料显示是1921年。参见宴可佳《中国天主教简史》，宗教文化出版社2001年版，第19页。

这位不远万里来华传教的方济各会修士,准许他在北京建立教堂,在中国开展传教活动,并且给他发放俸禄。自此,天主教正式在中国获得了合法地位。

孟高维诺在北京的传教事业非常成功,他先后于1299年和1305年在北京建立了两座天主教教堂,到1305年,已为6000多人施洗。同时,他还收养了一些孤儿,向他们传授宗教知识,为他们施洗入教,并把他们分别安排在两座教堂中唱诗,他本人则轮流在每个教堂举行宗教仪式。[①]1307年,知悉孟高维诺在华传教顺利之后,罗马教会决定设立北京总教区,并任命孟高维诺为总主教,管理契丹和蛮子[②]的各地教务,同时还派了7名修士来华协助他传播上帝的福音。孟高维诺在中国生活了长达34年之久,1328年在北京离世。他以一己之力推动了罗马天主教在中国的发展,是中国天主教会第一位总主教。

孟高维诺离世之后,罗马教皇委派马黎诺里到北京管理天主教事务,与他同行的还有32名修士。马黎诺里曾记载了当时天主教在北京发展的情况:"汗八里都城内,小级僧人有教堂一所,接近皇宫。宫内有总主教之寓所,各有警钟;教士衣食费用,皆由大汗供给,至为丰足。"[③]足见当时罗马天主教在中国的发展很是顺利。但是,即便是这种光明的发展前景也未能长留马黎诺里,在北京逗留了三四年之后,他还是执意返回欧洲了。蒙古大汗再次恳请罗马教会派大主教到北京任职,但因为当时罗马教会的内部分裂,导致教皇虽有委派却未有到任之人。此后,随着元朝的覆灭,天主教也在京津冀地区灭迹。

二 明清之际基督教在京津冀的活动

(一)天主教成功进入京城

1583年,利玛窦终于实现了耶稣会传教士三十来年的愿望,得以进入广东,并获得了在此居留的许可。[④]为了让中国人更好地接受天主教,利

[①] 参见《孟高维诺1305年书信》和《孟高维诺1306年书信》,江汉文:《中国古代基督教及开封犹太人》,知识出版社1982年版,第132—136页。

[②] 契丹指中国北部,蛮子指中国南部。

[③] 张星烺主编、朱杰勤校注:《中西交通史料汇编》(第一册),中华书局2003年版,第354页。

[④] 1583年9月,罗明坚和利玛窦一起到达广东,但是后来罗明坚离开了,只留利玛窦。

玛窦不仅身着僧服，自称是"西僧"，而且非常积极地学习中国的文化、礼仪等。在与中国的达官贵人、士大夫的交往过程中，利玛窦逐渐意识儒家学说在中国的重要性，故改僧为儒，推崇儒学，赢得了中国士大夫们的好感，并且先后在南昌、南京等地展开了传教活动。经过多年的活动，利玛窦清楚地认识到，在严格的封建制度下，天主教要想在中国发展壮大，皇帝的许可是必不可少的"护身符"。他曾指出："假使我们不能在南、北两京，到皇宫里，对着皇帝宣讲福音，设法求得他的许可，至少许我们在中国境内自由传教，那么，将来传教要得不到保障，也就甚么不能成就。"[1] 因此，自1595年开始，利玛窦就多次寻找机会前往明朝的政治中心——北京，以期拜见帝王。

经过几次失败之后，1600年，在瞿太素的帮助下，利玛窦终于获得了北上进京的通行证。次年1月，以利玛窦为首的、历经波折的耶稣会传教士进入了北京城。这次成功，成为天主教在华传教史上的一个转折点。抵达北京之后，利玛窦上书万历皇帝，呈文中不曾提及天主教的传教事宜，只说慕中国之名前来，只为"贡献土事物"[2]，并一一献上贡品："天主圣像一幅，天主母图像二幅，天主经一本，珍珠镶十字架一座，报时自鸣钟二架，万国图志一册，西琴一张。"[3] 利玛窦敬献之物甚得万历皇帝喜欢，"悉令收存，供天主圣像于御前，置自鸣钟于御几，万国地图，珍藏府内，召玛窦等便殿觐见，垂询天主教旨，西国政治。上命礼部，待以上宾，厚给廪饩，并于京都宣武门（初名顺承门）内东首，赐第居之"[4]。以修理自鸣钟为名，利玛窦得以留居北京，而且还得到朝廷发放的俸禄补贴，这为他们在北京的生活提供了基本的保障。

初入北京的一段时间，利玛窦害怕引起朝廷的反对，不敢大肆宣扬天主教，大多以结交达官贵人为掩饰，通过向他们介绍西方的科学技术、向他们学习中国文化，从而达到传播天主教的目的。利玛窦学识渊博，在北京得到很多士大夫的尊重，与之结交的不乏名公钜卿，很多人纷纷受洗皈依天主教，其中徐光启、李之藻、杨廷筠三人后来更是成为促进传教事业

---

[1] 德礼贤：《中国天主教传教史》，(台湾)商务印书馆1970年版，第70页。
[2] 徐宗泽：《中国天主教传教史概论》，第177页。
[3] 同上。
[4] 同上书，第178页。

发展的"圣教三柱石"。据学术界研究，到1605年，北京受洗入教之人已超过200人。也是在这一年，利玛窦在宣武门附近花"五百金"买下了一座宅院，作为天主教的圣堂。

1610年5月11日，利玛窦因患重病在北京离世，庞迪我奏请万历皇帝赐其墓地，明帝念其"慕义远来，劝学明理，著述有称，宜加优恤"[①]，下令将阜成门外"滕公栅官地二十八亩，房屋三十八间"[②]改建成墓地，"畀葬利子（即利玛窦——笔者注）"[③]，并命京兆尹撰写碑记，简要记录了利玛窦的生平。此地，除作为利玛窦的墓地之用外，还成为耶稣会传教士开堂设教、敬奉天主之处。自此，耶稣会传教士终于获得了中国皇帝正式批准的传教之所。明朝时期，利玛窦率先敲开了中国的大门，为天主教在中国的传播奠定了基础，正如他离世之前对庞迪我、熊三拔等人所言："我给你们打开了一扇大门，从这座门进去，可以建立许多大功劳。"[④]

自满清入关之后，天主教在顺治皇帝的保护之下得到了迅速的发展，而且从未有大教案发生。1650年，在清政府的支持下，耶稣会传教士汤若望将利玛窦在宣武门购置的宅院修建成为北京城内的第一座天主教教堂，即南堂，顺治帝特赐"钦崇天道"之牌匾。而汤若望本人因修缮历法而得到顺治帝的重视，被任命为"钦天监"监正，这一身份成为天主教的"保护伞"。帝王的这份尊重与礼遇也提高了天主教的声望，促进了清朝初年天主教在中国的发展。据史料记载，到1664年，京津冀一带共有教堂13座，其中：北京3座（分别为南堂、东堂、利玛窦墓地教堂）、正定7座、保定2座、河间1座；天主教徒的数量仅北京地区就达到15000人，河间2000人（正定、保定的天主教徒数量没有详细记载）。

康熙三年（1664），教案再起，给天主教的发展带来了新的打击，虽有禁教之令，但是天主教的传播势头没有就此熄灭，只是汤若望在此次教案中溘然长逝。1666年8月，汤若望在北京去世，时年75岁。自入华以来，他一生都致力于中国天主教事业的发展，出任朝廷官员也是他保护天主教的一种手段，他对天主教的贡献不仅在于推动耶稣会的发展，也在于

---

① 转引自江文汉《明清间在华的天主教耶稣会士》，知识出版社1987年版，第19页。
② 徐宗泽：《中国天主教传教史概论》，土山湾印书馆1938年，第187页。
③ 同上。
④ 江文汉：《明清间在华的天主教耶稣会士》，知识出版社1987年版，第19页。

对多明我会、方济各会在中国开展传教工作的支援。康熙亲政之后,为汤若望平反冤案,并恢复了其"通微教师"[①]的称号,还为他撰写祭文。

康熙在位期间,他对天主教传教士一直友好相待,天主教在这一阶段获得了更为蓬勃的发展。1689年,在中俄签订《尼布楚条约》的谈判当中,西方传教士发挥了一定的调解作用,这更增加了康熙对传教士的好感。1690年,作为中国最早的三个主教区之一的北京教区得以成立,设南堂为主教座堂,由方济各会传教士伊大仁任主教,这是中国天主教历史上的第一任主教。[②]1692年,康熙帝下令:"……西洋人并无违法之事,反行禁止,似属不宜。相应将各处天主堂俱照旧留存,凡进香供奉之人,仍许照常行走,不必禁止。"[③]这道圣旨被当时的传教士叫作"期待已久的基督教宽容敕令"[④],这一政策使天主教第一次正式获得了自由传教的权利。1693年[⑤],天主教传教士献药有功,治好了康熙的疟疾,康熙也因此赐予他们土地用于建造北堂,建成之后还亲自题了牌匾和对联。据不完全统计,1701年,京津冀地区天主教教堂的数量达到22座,住院有7个,教士有13人。

清朝初年,中国的天主教,可以说是经历了一段发展的高潮时期,但是,此时的天主教内部却蕴藏着一场严重的危机。天主教内部对于中国天主教徒是否可以祀孔祭祖的争论由来已久,并且在这一阶段愈演愈烈,这便是历史上著名的中国礼仪之争。利玛窦到中国传教之时,为了适应中国的国情,并不禁止中国教徒参加祭祖和祭孔这类中国传统仪式,但是他的这一做法引起当时一些传教士的反对,他们认为这类仪式带有宗教特征,作为天主教徒不应再参与此类活动。另外,为了更好地在中国传播天主教,采用更贴合中国传统文化的"天主""上帝"来称呼造物主,这也引起反对派的不满,他们则主张使用拉丁文音译的"陡斯"(Deus)作为译名。最初,罗马教会对此争论左右摇摆、难下决断,经过多年讨论,终于

[①] 1653年,因汤若望人品出众,又修订历法有功,顺治特赐其"通玄教师"的称号,后为避康熙的名讳而改成"通微教师"。
[②] 宴可佳:《中国天主教简史》,宗教文化出版社2001年版,第89页。
[③] 任继愈主编,王美秀、乐峰等著:《基督教史》,江苏人民出版社2006年版,第363页。
[④] 洛克曼:《耶稣会士游记选(1698—1711)》第2卷,伦敦,1743年,第53页。
[⑤] 亦有资料显示是1694年。参见罗伟虹《中国基督教(新教)史》,上海世纪出版集团2014年版,第24页。

在 1704 年，罗马教皇克雷芒十一世发布命令，禁止中国教徒祭拜孔子和祖先。得知这一禁令之后，康熙皇帝震怒，决定在全国范围内禁止天主教的传播，对于身无长物的传教士也一并遣返，只留"会技艺之人"①和"年老有病不能回去之人"②。中国礼仪之争给中国天主教的发展带来非常沉重的打击，一直到鸦片战争，清朝政府一直实行禁教政策，时间长达百余年，造成天主教徒急剧减少。而对罗马教廷来说，自颁布禁令以来，经过了将近 250 年才解除了禁止中国礼仪的指令。

自清政府开始实施禁教政策以来，天主教的传教活动一直处于非法的状态，但是，"传教士和中国基督徒一直在坚持违反着帝国一再而明确颁布的法律条文"③，赖德烈曾说："奇怪的不是基督教遭受迫害，奇怪的是居然它还能够存在下来。"④

（二）东正教在京的多重使命

1054 年，基督教分裂为公教（即天主教）和东正教。东正教以拜占庭帝国为中心。15 世纪中叶，随着拜占庭帝国的陨落，东正教的中心迁移到俄国。而中国的东正教，正是经由俄国传入的。有资料记载，蒙古西征欧洲之时，军队当中就有信仰东正教的俄籍士兵。1330 年，元朝还在北京设立了"宣忠扈卫亲军都万户府"⑤，总辖鲁斯⑥军士。可见，这一时期东正教曾进入中国，只是相关的宗教活动已无迹可寻。

17 世纪，沙俄帝国盘踞中国东北黑龙江地区。1685 年，为保中国疆土，康熙大帝派兵在雅克萨地区进行了反击战。战争以清政府的胜利结束，同时还俘获了一批俄国人，其中一部分战俘自愿随清军来到北京。清政府将他们安置在东直门的胡家圈胡同，因"罗刹归顺人颇多"⑦，为方便管理，"令编为一佐领"⑧，除此之外，为了满足这部分战俘的宗教信仰要

---

① 晏可佳：《中国天主教简史》，宗教文化出版社 2001 年版，第 110 页。
② 晏可佳：《中国天主教简史》，宗教文化出版社 2001 年版，第 110 页。
③ 赖德烈：《中国基督教传教史》，麦克米伦出版社 1929 年版，第 195 页。
④ 同上书，第 179 页。
⑤ 《元史》卷 8《文宗本纪》。转引自张绥《东正教和东正教在中国》，学林出版社 1986 年版，第 178 页。
⑥ 即俄罗斯。
⑦ 转引自张绥《东正教和东正教在中国》，学林出版社 1986 年版，第 180 页。
⑧ 同上。

求，另拨给它们一座关帝庙（即北馆）用于临时祈祷之所。由战俘当中一位名叫马克西姆·列昂捷夫的司祭主持宗教仪式。不久，关帝庙改建为东正教教堂，成为中国第一座东正教教堂——圣索菲亚教堂①。自此，东正教正式进入中国，进入京津冀地区。

东正教传入中国时，正值中国礼仪之争发生之时，沙俄政府对东正教的在华活动甚是谨慎。在彼得大帝决定派遣传教团之前，他就曾俄国东正教徒的在华生活做出批示："唯以上帝起见，行事宜谨慎，戒鲁莽，以免结怨于中国官员及在当地安营扎寨多年的耶稣会士"②。因此，早期的东正教传教团实际上只是负责管理被编入镶黄旗的俄国战俘及其后代的宗教生活，并没有在中国人当中开展传教活动。而且，由于东正教的特殊性以及俄国对华政策的需要，东正教驻北京传教团实际上是一个兼有外交、商务和文化等多种职能的机构。自成立时起，它的职责就不仅仅局限于宗教领域本身，可以说，传教工作并不是它们的主要任务，传教团的存在只是为沙俄政府收集中国情报③。

基于种种原因，在清政府实施全面禁教政策的这个时期，东正教不但没有在中国遭到禁止，反而获得了"一些特权"：传教士不仅可以自由留居北京，而且可以前往中国其他地方去探访俄国教徒而不受清政府的约束。而且，1727年，中俄双方签订的《恰克图条约》不仅承认了俄国东正教传教团在中国的合法地位，还为定期派遣传教团提供了保障。按照条约的规定，"在北京之俄馆，嗣后仅准前来之俄罗斯人居住"④，而且除一名修士大司祭外，俄国还可增派3名传教士来中国，且由清政府提供食宿等费用。1932年，由清政府出资、"中国办理俄罗斯事务大臣协助"在东江米巷⑤建成了奉献节教堂，这是东正教在北京地区的第二座教堂，此后，传教团也迁居此处，成为俄国东正教徒非常重要的宗教场所。此后，俄国东正教驻华传教团成为北京的常设机构，在清朝一百多年的禁教时间内，只

---

① 因教堂当中供奉着由俄国战俘带来的"显圣者尼古拉圣像"，故又叫圣尼古拉教堂，后又改名为圣母安息教堂。
② 彼得罗夫：《俄国驻华传教团》，华盛顿，1968年版，第17页。转引自肖玉秋《1917年俄国在华东正教传教士与天主教和新教传教士》，《世界历史》2010年第5期。
③ 布纳科夫：《十九世纪上半叶俄中关系史的一页》，《苏联东方学》1956年第2期，第101页。
④ 张绥：《东正教和东正教在中国》，学林出版社1986年版，第188页。
⑤ 即东交民巷。

有沙俄帝国借助《恰克图条约》的保护得以定期派遣传教团,每届传教团的服务期限差不多为十年。

与天主教不同,东正教从进入中国开始,其主要任务就不是向中国人传播东正教,加上传教士的谨慎态度,所以,东正教在华的传教工作实际上到19世纪上半叶并没有很大的进展。而且,应该指出的是,随着俄国战俘在与中国人通婚的过程中,他们的后代越来越多地接受了中国的思想和文化,逐渐失去了对东正教的兴趣。因此,为了维持这些俄国后裔的宗教信仰,传教团就做出了很大的努力,更加难以发展中国教徒。

俄国战俘后裔的中国化是各届驻华传教团都面临的情况,也是因为这种情况的存在,传教团的教务活动大多荒废了,很多传教士也因此郁郁寡欢,染上了酗酒、赌博的恶习。直到第五届传教团来到中国时,在团长尤马托夫的努力下,东正教的传教活动才出现了来华后的第一个小高潮。根据相关资料记载:"阿姆夫罗西(即尤马托夫,笔者注)修士大司祭在17年的任期内为220名满人和汉人施洗"[1]。此后,传教团的宗教活动也一直起起伏伏,难以稳定发展。

虽然俄国东正教驻华传教团在传教工作方面没有什么成就,但是,如果把它当作俄国的情报机关来看,传教团却是取得了优秀的成绩,比如:第九届传教团的团长亚金夫·比丘林,1808年比丘林抵达北京,在华13年间,他在情报搜集工作和分析研究工作方面颇有建树,超过了此前来华的历任传教团团长。比丘林游走于北京各胡同、各市场之间,与达官贵人左右逢源,为沙俄帝国收集了包括清政府的外交政策、天主教传教士在华处境、国内的商业情况在内的众多资料,为沙皇政府远东决策的制定提供了重要依据。另外,他还用双脚及双目丈量了几乎北京城的每一寸土地,绘制出了一幅令人震惊的《北京城廓平面图》,标记了16条大街、384条小巷、370座桥梁和700所寺庙。[2] 除此之外,比丘林在汉学研究方面也取得了很大的成就,推动了俄国汉学研究工作的发展。在华期间,比丘林翻译了不少中国典籍,诸如:《资治通鉴纲目》《大清一统志》《四书》等

---

[1] 齐明:《1773年6月3日原驻北京传教士团教堂差役斯捷凡·齐明致外交委员会的呈文》,《远东地区的东正教:俄国驻中国传教士团275周年纪念文集》。转引自肖玉秋《中俄天津条约签订前俄国东正教驻北京传教士团宗教活动分析》,《世界近代史研究》,第112页。

[2] 张绥:《东正教和东正教在中国》,学林出版社1986年版,第220页。

等；而卸任回国之后还在继续从事汉学工作，专门出版了关于西藏和蒙古学术著作。与他的这些成就形成鲜明对比的是，他担任团长期间，传教团的宗教活动几乎完全荒废了。1813 年，根据比丘林的工作报告记载，当时北京的东正教徒仅剩 28 人，"教堂圣事只有节日时才举行，而亚金夫本人仅在复活节的头一天主持仪式，并且不是每年如此"。① 毫无疑问，出现这种反差的原因，就在于比丘林的工作重心完全不在传教工作，而是在情报收集工作上。他本人也承认："我留在这里仅仅是为了祖国，而不是为了自己。否则，我就不能像现在这样在两年内学会讲中国话。"②

总而言之，俄国东正教驻华传教团自 1716 年到达北京之后，在此后的将近一个半世纪的时间里，可以说，几乎未曾取得大的传教成果，甚至有些时候都难以维持俄国人的宗教信仰。这样的结果与传教团的工作定位不无关系，从传教团进入中国那一天，它就是沙皇政府实现其政治目标的重要手段。但是，必须承认的是，作为沙俄帝国侵略中国的重要工具，俄国东正教驻华传教团为沙俄提供了很多重要的情报和资料，对于俄国对华政策的制定具有不容忽视的作用，也在中俄关系史上留下浓墨重彩的一笔。

三　近代以来的基督教在京津冀的传播

（一）鸦片战争后天主教深入整个京津冀地区

第一次鸦片战争之后，清政府被迫与西方列强签订了一系列不平等条约，中国沦为半封建半殖民地社会，成为帝国主义列强的刀俎上的鱼肉。在一系列不平等条约的掩护之下，天主教卷土重来。1844 年，《中法黄埔条约》签订，清政府同意法国传教士在通商口岸自由传教。1858 年，《中法天津条约》签订之后，西方传教士更是获得了出入内地传教的特权，"备有盖印执照安然入内地传教之人，地方官务必厚待保护"。除此之外，1860 年签订的《中法北京条约》也涉及传教事宜："……任法国传教士，在各省租买田地，建造自便。"③ 遵照利益均沾的原则，西方各国传教士均

---

① 《俄国东正教驻中国传教士团简史》，第 87 页。
② 霍赫洛夫：《比丘林及关于蒙古和中国的著作》。转引自张绥《东正教和东正教在中国》，学林出版社 1986 年版，第 220 页。
③ 《中法北京条约》的法文版本中并没有这一条款。据学者研究，此条款系法国传教士艾美在条约签订过程中贿赂中国官员，私自在中文版本中添加了这一条。

获得了在中国各处自由传教及购置房产的权利。自此，天主教各修会传教士纷纷来到中国，天主教的传教工作不仅得以恢复，而且进入一个全新的发展阶段。

借助于这些不平等条约，天主教传教士很快就就深入中国内地，打开了传播福音的新局面。作为天主教传播的重要阵地，北京、天津、河北一带的天主教得到迅速发展，传教士积极发展教民、筹建教区、兴办各种教会事业。随着天主教在京津冀地区的发展壮大，为方便管理，1856年，罗马教会决定撤销康熙年间设立的北京主教区，将其分为三个代牧区：直隶北境代牧区、直隶东南代牧区、直隶西南代牧区。根据罗马教会的指示，直隶东南代牧区的传教权力归耶稣会所有，而直隶北境代牧区和直隶西南代牧区都交由天主教遣使会管理。

天主教遣使会从1775年[①]耶稣会解散之时，就接管了原来由它开创的天主教区，其中就包括京津冀一带。根据1846年道光皇帝颁布的谕旨，天主教传教士收回了康雍乾年间因禁教被查封的各处房屋地产，北京地区的南堂也得以启封。1856年，传教士孟振生[②]被任命为北京教区的主教。随着北京教区的划分，按照罗马教会的安排，遣使会掌管了直隶北境代牧区和直隶西南代牧区。

直隶北境代牧区的主教由孟振生担任，分管北京、保定府、宣化府、永平府、天津府等地的天主教，北京的其他三座教堂也陆续收回，东堂、北堂都在原址上重新修建了新教堂，西堂也开始恢复宗教活动。北堂建造完成之后，孟振生在此主持了一场盛大的宗教仪式，并将其设为直隶北境代牧区的主教座堂。1887年，经清政府与遣使会商议，北堂迁至西什库一带，并由清政府出资修建了一座新的教堂，即西什库教堂。[③]此后，随着直隶北境代牧区天主教事业的发展壮大，先后于1899年、1910年、1912年划分出直隶东境代牧区、直隶中境代牧区和直隶海滨代牧区。而直隶北境代牧区也在1924年改为北京代牧区，1946年设立总主教区。

---

① 亦有1773年之说。参见王治心《中国基督教史纲》，上海古籍出版社2004年版，第157页。

② 孟振生，法国人，遣使会传教士，1834年来到中国，次年7月开始在西湾子教堂进行宗教活动，1846年开始管理北京教区天主教事务，1856年初出任北京教区主教，同年任直隶北境代牧区主教，1868年12月4日于北京离世，葬于正福寺墓地。

③ 北堂本位于蚕池口附近，后因其离紫禁城过近，教堂钟楼顶部即可俯瞰整座皇宫，清政府与罗马教皇商议，另辟一处修建新教堂，故迁址西什库。

除直隶北境代牧区之外，遣使会修士还负责管理直隶西南代牧区，正定府、顺德府①、定州、赵州皆属其管辖范围。直隶西南代牧区刚刚划分出北京教区之时，并没有选定主教，只交由孟振生暂管。1858年底，才最终决定由法国遣使会传教士董若翰②任主教，正定成为主教座堂的所在地。

1814年，耶稣会得以重建，不平等条约一经签订，此会便再次来到中国，伺机而动，先后获得了江苏、安徽等地的传教权，后又在罗马教会的支持下，接管了直隶东南代牧区，负责河北东南部地区的天主教事务，河间、大名、广平、冀州、深州等都在其辖区内，由郎怀仁③担任第一任主教。直隶东南代牧区设立之初，主教座堂位于威县赵庄村。1861年，在郎怀仁的主导下，教区总堂迁至献县张家庄，并在此修建了耶稣圣心主教座堂④。耶稣会接管直隶东南代牧区之时，此处的天主教徒尚未达到万人的数量。但是，经耶稣会的大力经营，到1896年，天主教徒的数量就超过了43700人。

义和团运动被镇压之后，各天主教修会纷纷投入到恢复传教的工作当中。不但许多被毁的教堂都被重建，而且天主教传教士还扩大了他们的传教范围，建立了更多的新教堂。同时，清政府在西方列强的压迫下，被迫采取了越来越多的保教政策，明令要求各地官员保护传教士和教堂。除此之外，西方传教士吸取了义和团运动的教训，不再一味庇护中国天主教徒。而且，这一时期，传教士改变了以往传教策略，开始大力兴办慈善事业。因而，20世纪上半叶，中国天主教徒的数量持续增长，天主教得到了进一步发展。1949年，京津冀地区分设了13个教区、1个监牧区，境内大小教堂共计2638座，神父891人，天主教徒超过73万人。

另外，应该指出的是，这个时期的天主教更加注重文化教育事业，并且不再满足于基础教育的发展，而是将目光转向了高等教育。1922年，在天津开办了一所天主教大学——津沽大学，次年便开始招生。1925年，

---

① 今邢台市。
② 董若翰，法国人，1848年来到澳门，次年抵达北京传教，初任北京教区助理主教，1858年被任命为直隶西南代牧区，1869年2月于正定离世，其墓地位于正定教区柏棠小修院的小教堂内。
③ 郎怀仁，法国人，1841年加入耶稣会，1844年到上海浦东传教，曾出任天主教南京教区副主教。1856年被任命为直隶东南代牧区主教。1878年在上海去世。
④ 耶稣圣心主教座堂位于沧州市献县城东的张家庄村，1863年10月开始建造，1866年修建完成并祝圣。该教堂是哥特式建筑，可容纳2000多人，被称为"华北第一堂"。

天主教又在北京创办了辅仁大学，这是中国第一所全国性的天主教综合性大学。

20世纪初，中国天主教徒的数量大大增多，其内部的民族意识逐渐开始觉醒。西方列强对中华民族的压榨、剥削越来越引起中国天主教徒的不满，反对帝国主义、要求教会自立的呼声日益高涨。五四运动爆发之后，天主教徒纷纷响应，北京、天津的教会学校中的爱国学生也都投入这场反帝爱国运动当中。只是，天主教徒的这些活动却很快遭到了教会的镇压。

即便如此，中国天主教徒仍然没有放弃中国天主教的自主运动。1946年，中国天主教建立了圣统制。中国神父的数量也逐渐增多，中国天主教的本地化运动也取得了重大发展。但是，新中国成立之前，中国天主教依然未能摆脱外国势力的影响，其统治权依然掌握在罗马教会手中。

（二）第二次鸦片战争后东正教在京津冀地区的蔓延

俄国东正教在清政府全面实施禁教政策的形势下进入中国，在《恰克图条约》的保护之中，俄国传教士得以享受留居北京的特权，虽有"地利"之眷顾，奈何一直未得"天时"之照拂。因此，在将近150年的时间里，其传教工作一直"默默无闻"，直至19世纪下半叶。

1858年，英法联军发动第二次鸦片战争，沙俄帝国以从中调解为名，行坐收渔利之实，趁机胁迫清政府签订了《中俄天津条约》。条约规定："天主教原为行善，嗣后中国于安分传教之人，当一体矜恤保护，不可欺侮凌虐，亦不可于安分之人禁其传习。若俄国人有由通商处所进内地传教者，领事官与内地沿边地方官按照定额查验执照，果系良民，即行画押放行，以便稽查"，沙俄帝国获得了在中国自由传教的权利。继这一条约之后，1860年中俄双方又签订了《中俄北京条约》，沙俄帝国和清政府就互派领事官的问题达成一致。次年，沙俄帝国在北京设立公使馆，由外交使团接任了原本属于传教团的外交使命，"南馆"也成为俄国外交使团的驻地。自此，俄国东正教驻华传教团不再同时担负多重职能，正式成为一个以传播东正教为主要任务的机构。

1900年，一场以"扶清灭洋"为口号的义和团运动席卷全国，其中，以京津冀地区所遭受的破坏最为严重。北京城内的北馆、东正教教堂都被焚毁，城外的俄国墓地也惨遭挖掘，张家口的教堂、金山嘴的祈祷所等都被付之一炬，给俄国东正教驻北京传教团带来了最沉重的打击。

早在1780年，第七届传教团前往中国时，俄罗斯东正教圣务院曾对俄国东正教团在北京的工作做出了详细的指示："一到中国就要努力学会使用他们的语言，以便在合适的时机就能用他们的所懂得的语言向他们传授福音真理。"[①]但是，这个时机一直到义和团起义之后才真正的到来。1902年，经多方考量，沙俄帝国决定在北京设立主教区，同时，英诺肯提乙被晋升为主教，负责管理中国的东正教事务。英诺肯提乙立即重新组建传教团，投入恢复中国东正教的工作当中。他利用庚子赔款大兴土木，先后在北馆修建了4座教堂，其中有一座专门为纪念遇难的200多名中国籍东正教徒而建成的教众致命堂，并将他们遇难的日子——6月11日定为"教众致命圣日"。

主教区成立之后，中国东正教在主教英诺肯提乙的推动下得到了迅速的发展。自1907年开始，中国东正教进入了发展的黄金时期，并且，在1913年，可以说是达到了顶峰，教堂、学校、图书馆、修道院等等纷纷重建并得以扩展。作为传教团的主阵地，北京地区受洗入教的人数逐年递增。义和团运动之后，北京的东正教徒仅剩75人，而到1913年，根据历史资料记载，传教团在此发展的东正教徒已有1300余人，中国籍东正教徒的数量也显著增加。但是，应该注意的是，在这些东正教徒中，不乏为求生存而入教者，他们大多数人或在传教团创办的工厂工作，或在教会学校学习。

随着沙俄帝国对中国的侵略越来越深入，东正教也逐渐扩大了其传教范围。除北京之外，俄国传教团还在天津、永平府[②]、涿州、通州、北京西山等地开展宗教活动，建成了多处教堂或传教点，东正教在京津冀地区得到广泛的传播。

（三）基督新教在京津冀地区的普及发展

1860年，美国公理会传教士白汉理自上海进入天津，标志着新教正式

---

① ［俄］尼·伊·维谢洛夫斯基编：《俄国驻北京传道团史料》，第1册，转引自张绥《东正教和东正教在中国》，学林出版社1986年版，第192页。

② 今秦皇岛市卢龙县。

传入京津冀一带，拉开了在此地区传播的序幕。公理会作为最早进入京津冀地区的差会，次年便在天津建立了第一座新教教堂。随后，英国的伦敦会、圣道公会也到天津购房建堂。从此，京津冀地区流传的基督宗教，除罗马天主教、俄国东正教之外，基督新教也开始大范围发展起来，英国、美国、德国等国家的各差会纷纷在京津冀地区安营扎寨。

自基督新教进入京津冀一带，到义和团运动之前，在30多年的时间里，基督新教的传教工作取得了显著的成果。据相关资料显示，京津冀地区的140个县区当中，有49个县区已经开展了宗教活动。当时，进入此地的差会总共有10个，各差会在这一带建立了12个传教士驻地，修建了26座总堂，新教徒也超过了10000人。

1900年，这是京津冀地区的基督新教经受了严重挫折的一年。义和团运动爆发之后，短短几个月的时间就迅速席卷了京津冀全境，北京、天津、保定更是成为义和团活动的中心，因而，这一带各差会所遭受的灾难异常沉重。

进入20世纪之后，基督新教转而进入了一个孕育着生机的新时期。根据史料记载，截至1920年，基督新教的宗教活动遍及京津冀各地，境内的差会数量已达到18个，共设总堂67座，位居全国第四位，各地传教点达471个，主要集中在北京、天津、保定的三角地带，受餐信徒有22283人，① 位居全国第六位。

自义和团运动之后，基督新教各差会更加注重推进京津冀地区的文化教育、医疗卫生、慈善事业的发展，也从侧面推动了发展传教工作。到1920年，由各差会开办的京津冀地区的中小学从100所迅速增至400所，学生数量也大范围增加，达到1.3万人。教会学校在当时的京津冀地区占据了很大的比重。除中小学教育，基督新教也非常注重高等教育，1919年，在北京成立了燕京大学②，进一步促进了中国近代教育的发展。另外，医疗、慈善事业在这个时期也得到了迅速的发展，医院的数量达到24所，传教士及信徒们积极参与赈灾济民、推动乡村建设的工作。

---

① 到1920年，京津冀地区的新教徒已达到37089名。
② 1919年，北京地区的汇文大学、华北协和大学、华北协和女子大学合并，创立了燕京大学。学校成立之初，学校办学非常困难，经费短缺。但是，不到10年，燕京大学就跃居中国甚至是国际一流综合大学之列，培养了各领域的优秀人才。在其毕业生当中，有52名是两院院士。1952年，中国高等学校院系调整之时，燕京大学被撤销。

20世纪初，中国经历着剧烈的社会动荡，辛亥革命、五四运动逐渐把民族意识输入人民的头脑当中。1922年，北京掀起了一场声势浩大的非基督教运动，揭露了基督教伴随着帝国主义的入侵而在中国大肆传播、欺压、残害中国人民的恶行，基督新教的发展一度萎靡。面对这种新局势，京津冀地区的新教差会开始奋力推行基督教的本色化，纷纷记入中华基督教会，或冠之"中华"之名，这促进了新教的再一次发展。到抗日战争全面爆发前夕，此地的基督新教的发展达到了空前的高峰。京津冀地区的基督新教教会多达886处，教堂750多座，信徒总计7.5万人。[1]据统计，传入京津冀地区的新教差会有30多个，占全国差会总数量的1/4到1/3。[2]路德宗、长老宗、圣公宗、公理宗、监理宗、内地会等，都在京津冀地区有宗教活动。

　　1937年，日本侵略者全面侵华，中华民族经受了深重的苦难。京津冀地区的教堂、学校、医院也在这场灾难中经历了磨难，或被占领，或被摧毁。虽然蒙受了巨大的损失，但是抗日战争期间，新教的信徒们积极参与救亡运动，救助伤员、编辑出版战地读物等，得到了社会及人民大众的赞赏。在这期间，中国信徒承担起教会当中的主要工作，这也从侧面推动了京津冀地区基督新教教会的自立。

---

[1]　河北省地方志编纂委员会编：《河北省志·宗教志》，中国书籍出版社1995年版，第386页。
[2]　基督新教在整个中国传播福音的差会数量有100多个。

第四章 京津冀区域民俗文化的沿袭与发展

序　言

民俗，作为一种伴随人类生活产生的文化现象，存在于世界每个角落，有相当久远的历史。今天我们国际通用的民俗学用语 folklore 一词，发端于19世纪50年代的英国，而后迅速流行于美、法、德、意等国，并舶入中国。1913年12月，周作人在《绍兴县教育会月刊》第4号上发表的《儿歌之研究》中，使用了"民俗学"一词。除了在名称上达成共识外，各地对民俗的内涵、外延与分类等，有着不同的看法，一直众说纷纭，但总体均认为它是一种在民众中传承的文化传统。

新中国成立后，尤其是党的十一届三中全会后，我国学者在历史唯物主义和辩证唯物主义的指导下，吸取国外学者对民俗研究的成果，提出了具有中国特色的民俗分类。虽因角度不同，学者们的具体分类又有差异，但也不外乎物质民俗、社会民俗、精神民俗与语言民俗等，涉及物质生产民俗、物质生活民俗、民间工艺、人生礼仪民俗、岁时节日民俗、社会民俗、民间戏曲艺术、民间娱乐民俗、信仰民俗和少数民族生活民俗等相关层面。

本章中的民俗参照目前国内外学界的已有论述，结合"一带一路"视野下京津冀地区中外文化交流中的主要层面及具体内容，分三类进行论说，即物质民俗、社会民俗和精神民俗。其中，物质民俗包括如服饰、饮食、居住、生产（农、林、牧、副、渔）、交通（运输、通信、交易等）；社会民俗包括人生仪式如诞生、成年、婚姻、丧葬，和节日、节气等岁时习俗；精神习俗包括神话传说、歌谣、谚语等口承语言民俗，民间游艺和美术、音乐、舞蹈等民间艺术，及宗教、信仰、禁忌、道德礼仪等精神信仰民俗。

民俗是人民生活的具体形式，它没有一个文本权威，主要靠耳濡目染、言传身教的途径在人际和代际之间传承。因此，民俗既有稳定性，又具有变异性。如，不同的地域有不同的风俗，但又相互影响。民俗体现了普通民众的群体生活状态，与地方文化息息相关。"百里不同风，千里不同俗。"从先秦时期，各方国部族林立就长期保留了自己的民俗习惯，并由此逐渐形成了地方特色。如，燕国人的祭祖习俗相当于齐国之祭社稷、宋国之祭桑林、楚国之祭云梦，均成为男女聚会的重大活动。《礼记·王制》曰："修其教，不易其俗；齐其政，不易其宜。中国戎夷五方之民，皆有性也，不可推移。"但社会总是不断向前发展，自然地理生态环境在不断变化，适应新环境条件的民俗总是在不断地产生，不适应发展变化的旧民俗总是不断地消亡。而且，随着时代的变迁，人们生存的客观物质条件和主观精神条件都在改变，在千变万化的生活情境中，活动主体会进行适当的调适，民俗也就随即发生了变化。即使在基本相同的条件下，它也不可能毫发不爽地被重复。一代人或一个时代对以前的民俗在延续继承的同时，又总会有所改变，有所创新。这种时段之间的变化也是民俗的时代性。其虽很难依年份等进行截然划分，但从民俗生活的细微变化中，我们依然可以感受到时代的烙印，看到不同时期的民俗特征。如"明清社会处在中西对接与古今杂陈的复杂时代，民俗生活在继承传统的基础上出现了明显的变化。明清民俗总体特征是世俗化，人们对世俗生活空前重视，无论是庄严的祭典，还是寻常的儿童娱乐，人们都以世俗的需要为基本前提"。"晚清由于西方生活方式的部分进入，城市民众生活受到一定影响，由此在民俗形态上出现了一些新的变化，特别是在娱乐消费生活方面。但是民俗的总体形态仍然保持着传统样式，传统民俗依然是社会民众生活的主体部分。"[1]

京津冀地区在历史上是草原文明、农业文明、海洋文明交会的区域，是草原丝绸之路与海洋丝绸之路连接的重要纽带。因地理位置特殊，其民

---

[1] 钟敬文主编，萧放等著：《中国民俗史》（明清卷），人民出版社2008年版，第2页。

俗既受到外来文化的冲击，也在对外传播和影响世界文化层面产生了影响。这种文化交流程度由浅至深，在不同的时期，其具体内容、特色又有异同。大致说来，可分为三个阶段。

（1）远古、先秦至汉唐，为文化接触阶段。考古发现表明，古燕国因其所处的地理位置特殊，既经营农业又经营畜牧业，同时在其渤海湾沿岸及各岛屿，还有少量的渔业和盐业。这为沟通海洋、农耕及草原文化，提供了得天独厚的条件。早期，由于造船和航海技术的限制，对外交流主要通过陆路实现；交流内容基本局限于珍奇异物互通有无，商贾往还互问讯息的初始阶段。这种状况至蒙元时期出现了极大转变。

（2）元代至清早期，为民俗文化广泛交流阶段。自元朝始，北京成为国家的都城，也成为国家的经济与文化中心。自此，这一地区的对外交流明显活跃，中外交往之规模与范围突破了前一阶段的局限，无论是器物、技术、科学，还是宗教、哲学、思想观念，从物质到精神层面，都相互渗透，相互辐射。如中国方面，由于传教士广泛传播西方近代科技，儒绅士林与宫廷社会经受了第一次西学渗透，《崇祯历书》的编撰、西洋火枪的仿造、康熙《皇舆全图》的绘制、融合中西画法的"新体画"以及北京圆明园的西洋式建筑等，都可圈可点。欧洲方面，由于传教士向西方世界介绍儒家文明，欧洲启蒙运动出现膜拜儒家文化的现象，中国的造纸、印刷、罗盘、火药等也对欧洲文明进程及文化发展做出卓越贡献。但此时期的文化交流主要限于社会上层，上行下效，这种影响向下传递。后来，罗马教廷发出禁止天主教中国教徒祭祖尊孔的指令，雍正皇帝推行禁止天主教在华传教政策。随着这些禁教政策的实施和强化，中西文化交流陷于低谷。

（3）19世纪中叶鸦片战争至21世纪，为民俗文化融会阶段。中国进入人类历史的全球化潮流，从社会价值观念变迁到百姓日常衣食住行的改变，都充分反映出这一阶段文化融会的广度和深度。如，在物质层面，西方的生活方式影响着人们的生活方式，衣食住行融入了大量的西方元素：吃西餐、穿西服、住洋楼、骑洋车乃至开汽车，成为人们的生活时尚；电灯、电话、钟表等洋货逐步普及，成为人们习以为常的必需品。精神层面，看电影、逛公园、看展览、听交响乐，成为人们的品位追求和主要的业余文化生活。社会层面，人们首先告别各种陋俗，女子不再缠足，男子不再梳辫，追求男女平等、恋爱自由。西方的节庆礼俗和生活方式被人们模仿，医院、学校、轨道交通等新生事物也逐渐被人们接受。但相对而言，此时期所谓的文化融会，更多的还是我们向西方的学习和靠拢，所以体现出来的也主要是我们自身民俗文化所产生的巨大变化，而我们的民俗文化对外所产生的影响有限，走出国门产生一定影响的主要是中餐、中医、戏剧和武术。因此，在中华文化全面复兴的今天，这一局面的形成和影响就更加需要我们认真分析、深入研究，并力争改变。

第一节　对外交流中的元以前京津冀地区民俗文化

秦汉以来，大一统思想逐渐深入人心，在民俗、风俗方面亦追求统一化，《汉书·地理志下》曰："圣王在上，统理人伦，必移其本，而易其末，此混同天下一之虖中和，然后王教成也。"[1]汉中后期的王吉认为各自为俗不利于统治的稳定，需要用礼制与刑法约束民众的日常习俗。"今俗吏所以牧民者，非有礼义科指可世世通行者也，独设刑法以守之。其欲治者，不知所系，以意穿凿，各取一切，权谲自在，故一变之后不可复修也。是以百里不同风，千里不同俗，户异政，人殊服，诈伪萌生，刑罚亡极，质朴日销，恩爱浸薄。"[2]秦汉统治范围内，人们的生活习俗包括服饰、信仰、出行、住宅、婚丧等方面一定程度上与礼法结合，尤其大型礼仪活动需遵守朝廷的规定而行。然而具体来看，全国民俗区域化仍然存在，并且继承了春秋战国以来的文化差异，如关中、三河、北方沿边地区、齐鲁等地各有特点。其中燕、代、赵为今天京津冀地区，秦汉时北边仍有燕赵之风，任侠好气，南部仰机利而食，但亦有邯郸这样的大都会存在。据《史记》称："杨、平阳陈西贾秦、翟，北贾种、代。种、代，石北也，地边胡，数被寇。人民矜懻忮，好气，任侠为奸，不事农商。然迫近北夷，师旅亟往，中国委输时有奇羡。其民羯羠不均，自全晋之时固已患其慓悍，而武灵王益厉之，其谣俗犹有赵之风也……中山地薄人众，犹有沙丘纣淫地余民，民俗懁急，仰机利而食。丈夫相聚游戏，悲歌忼慨，

---
[1] 班固：《汉书·地理志下》卷28下，中华书局1964年标点本，第1640页。
[2] 班固：《汉书·王吉传》卷72，第3063页。

起则相随椎剽，休则掘冢作巧奸冶，多美物，为倡优。女子则鼓鸣瑟，跕屣，游媚贵富，入后宫，遍诸侯。然邯郸亦漳、河之间一都会也，北通燕、涿，南有郑、卫……夫燕亦勃、碣之间一都会也。南通齐、赵，东北边胡。上谷至辽东，地踔远，人民希，数被寇，大与赵、代俗相类，而民雕捍少虑，有鱼盐枣栗之饶。北邻乌桓、夫余，东绾秽貉、朝鲜、真番之利。"①

魏晋南北朝时代，政权更迭频繁，少数民族入主中原，不论南北经济还是文化都产生了巨大变化。南方经济因北方人口的大量南迁迅速发展，北方民俗因数百万胡族人口的入居重新整合，人们的语言、饮食习惯、服饰都有很大变化。而隋唐时期民族文化交流与中外文化交流皆达到了一个新的高峰，多元文化并存，当时人不加区别，将这两种情形皆以"胡"称之，如胡食、胡服、胡乐等。外来文化的传入得益于丝绸之路的进一步开拓，唐朝大批外国人的到来，不仅带来了丰富的外国物品，同时还传播了异域风俗。宋辽金时期，京津冀地区分属不同的政权，然而经济文化交流未被阻断，宋王朝大兴文教，辽金推进汉化进程，皆促进了多民族国家的文化发展。

元代以前，随着草原丝绸之路、西北陆路丝绸之路以及海上丝绸之路的开辟，域外交住逐渐增加，南亚、中亚和罗马统治地区居民的一些风俗随着宗教的传入而影响了中原地区的生活面貌，尤其促进了胡风的东传。尽管有关记载十分简略，但从中能够看到这段历史中京津冀地区对外民俗交流的情况。这些在精神层面主要体现于音乐，物质层面则可见于服饰、饮食等方面。

一　元代以前京津冀地区物质生活中的民俗文化

（一）服饰文化

京津冀地区的人们通过长期的生产、生活形成了具有地域特色的物质文化生活，随着中外交流的加强，尤其是汉唐以来，人们的衣食住行等都在一定程度上受到了西方等外来文化的影响，其中这一时期的服饰文化与饮食文化最为明显。

---

① 司马迁：《史记·货殖列传》卷129，中华书局1963年标点本，第3263页。

1. 赵国胡服骑射

胡服是古代汉人对西方与北方少数民族服饰的总称，后来泛指汉人服饰以外的服装。胡服不同于中原地区的服饰，其以窄袖翻领为主，且便于活动。它是在战国赵武灵王时期传入的。春秋战国时期，京津冀地区分属于燕、代、赵、中山等国，其中赵国的势力较大，并以邯郸作为其都城，很快邯郸便成为一个经济、文化繁荣的大都市。赵武灵王时期不断扩大统治区域，修通了灵寿（在今河北）到代地的道路，这条道路直通域外，与北方少数民族直接进行商业贸易，《史记·赵世家》曰："起灵寿，北地方从，代道大通。"[1]战国时期的赵国通过今天的内蒙古可与俄罗斯进行贸易往来，"上世纪在俄罗斯南西伯利亚的古墓中，出土了中国战国时期的织锦、铜镜"。[2]可见这条远古的草原"丝绸之路"将河北与域外联系起来。

赵武灵王为了与林胡、楼烦交好，不仅向外输出中原的织锦，还大力推行胡服骑射。赵武灵王首先强制上层社会以及军人改穿胡服，提倡服装的实用性，提高了军队的战斗力。此外在民间也大力推广胡服，主要宣传其方便于生产和生活的特点，很快得到了平民百姓的认可。汉族民众通过吸收周边民族以及外来服装文化的精华，从而更加丰富了当地服饰的多元化设计。

赵武灵王推行的胡服具体而言有很多种，主要包括冠、靴、裤等。胡服中的冠有很多种，例如貂蝉冠，胡广称："武灵王效胡服，以金珰饰首，前插貂尾，为贵职。"[3]可见是用黄金珰装饰头冠，冠下垂两条貂尾，以表尊贵。另一种叫鵕鸃。《淮南子·主术训》载："赵武灵王贝带鵕鸃而朝，赵国化之。"[4]鵕鸃是"尾毛红赤"的野鸡，可见鵕鸃冠是用野鸡的羽毛装饰的头冠。[5]以上两种冠都是给王佩戴的，归为王冠。还有一种武士佩戴的冠："武冠，俗谓之大冠。环缨无蕤，以青系为绳，加双鹖尾，竖左右，为鹖冠云。"[6]"鹖者，勇难也，其斗对一死乃止，故武灵王以表武

---

[1] 《史记·赵世家》卷43，第1813页。
[2] 刘妙：《胡服骑射与丝绸之路》，《语文学刊》2017年第5期。
[3] 范晔：《后汉书·舆服志》卷120，中华书局1965年标点本，第3668页。
[4] 《淮南子·主术训》，转引自何清谷《胡服骑射初探》，《史学月刊》1982年第4期。
[5] 何清谷：《胡服骑射初探》，《史学月刊》1982年第4期。
[6] 范晔：《后汉书·舆服志》卷120，第3670页。

士。"①这里的"鹖尾"是野鸡翎,两根野鸡翎子插在帽子的左右,象征着武士的勇敢。还有一种武士平时戴的帽子,《中华古今注》记载多搭耳帽之制,"本以韦为之,以羔毛络缝。赵武灵王更以续绢皂色为之始,并立其名爪牙帽子,盖军戎之服也"。②这种帽子保护双耳以防御北方的严寒以及风沙。

赵武灵王的胡服改制最突出的地方在变履为靴以及裤褶服的穿着上。《学斋佔毕》第二卷记载古时"有履而无靴,故靴字不见于经。至武灵王作胡服,方变履为靴"。③《释名疏证》记载:"靴,跨也。两足各以一跨骑也,本胡服,赵武灵王服之。"④另有史籍称:"靴始起于赵。武灵王好服短勒靴,黄皮为之,渐以长勒靴,军戎通服之。皂靴之制,自武灵王始也。"⑤赵武灵王引进胡服中的靴,用黄皮做成,并逐渐由短靴变为长靴。

古代传统汉族服饰为上衣下裳,北方游牧民族则为裤。赵武灵王借鉴了裤的穿着,变为一种上衣下裤的组合,称为"裤褶",它的基本款式是上身穿大袖衣,下身穿肥腿裤。王国维在《胡服考》中对裤褶有过详尽的考证,他说:"以裤为外服,自袴褶服始。然此服之起,本于乘马之俗。盖古之裳衣,本车之服,至易车而骑,则端衣之联诸幅之裳者与深衣之连衣裳而长且被土者,皆不便于事。赵武灵王之易胡服,本为习骑射计,则其服为上褶下袴之服可知,此可由事理推之者也。虽当时尚无袴褶之名,其制必当如此。"⑥不论是皮靴还是裤褶皆有便于骑马上阵,尤其裤褶深受中原人的喜爱,至南北朝时期广为流行,裤口也越来越大,为了行动方便,人们用长1米左右的锦带将裤腿缚住,称为"缚裤"。

2. 北朝邺城服饰

北朝邺城先后为曹魏、后赵、冉魏、前燕、东魏、北齐六朝都城,居黄河流域政治、经济、军事、文化中心长达四个世纪,具有重要历史地位,其服饰文化对河北乃至京津冀地区皆产生了重要影响。当时邺城作

---

① 范晔:《后汉书·舆服志》卷120,第3670页。
② 马缟:《中华古今注》卷中《搭耳帽》,宋百川学海本。
③ 《学斋佔毕》卷2,转引自何清谷《胡服骑射初探》,《史学月刊》1982年第4期。
④ 刘熙撰,毕沅疏证:《释名疏证》卷5,清经训堂丛书本。
⑤ 《实录》,转引于何清谷《胡服骑射初探》,《史学月刊》1982年第4期。按,以上论述参考该论文,特致谢。
⑥ 王国维:《胡服考》,《观堂集林》卷22。

为织锦中心，城内设织锦署，署有数百人，专织各种花色的锦，举世闻名。时人为别于蜀锦，称其产品为"北邺之锦"。陆翙《邺中记》载后赵邺都设有织锦署，"石虎中尚方御府中巧工作锦，织成署皆数百人"，产品很多，"锦有大登高、小登高、大明光、小明光、大博山、小博山、大茱萸、小茱萸、大交龙、小交龙、蒲桃文锦、斑文锦、凤凰朱雀锦、稻文锦、核桃文锦、或青绨、或白绨、或黄绨、或绿绨、或紫绨、或蜀绨"，"工巧百数，不可尽名也"。[1] 邺城丝织业的发达，包括品种、纹样、色彩都独具特色，为该地区服饰文化的繁荣创造了条件。

从 1983 年秋开始，中国社会科学院考古研究所和河北省文物研究所合作组成的邺城考古工作队在邺城遗址此区域共发现 14 座北朝时期墓葬，保存较为完整、出土文物较多的墓葬有东魏元祐墓（537 年）、东魏河北磁县茹茹公主墓（550 年）、北齐磁县元良墓（553 年）、北齐湾漳大墓（约 560 年）、北齐高孝绪墓（567 年）、北齐高润墓（576 年）等[2]。河北磁县发现的北朝壁画为研究北齐时期河北服饰提供了丰富的实物资料。

北朝时期社会思想"自由开放、兼容并蓄"，服饰文化也更加多元化。汉晋古制的汉族传统服饰受到外来文化服饰的冲击，形成"胡汉杂糅"特点；同时受到西域地区以及佛教艺术等影响，形成多元性服饰文化。中国古代服饰文化历来受到礼制的约束，除了在服饰图案、做工、布料等体现人们身份不同外，整体以保守为主，不可裸露身体。然而就在东魏茹茹公主墓墓道西壁壁画第一人，右肩袒露，右手握一棍棒，棒端加囊套，似为麾节。显然，袒右肩的着装方式并非中原汉族传统的着衣方式，而是佛教僧侣的装扮。佛教僧侣、信徒及一些造像的服饰风格或呈"通肩式（把袈裟或长衣盖在两个肩膀上，掩住里面的内衣），或披挂式（把袈裟或长衣随意披搭在肩头，或挂在腰间），或袒露右肩，在腰间系结衣服，外套袈裟，下穿裙，有时也见袒露整个上身的形象，这些都是犍陀罗艺术风格的表现"。[3] 北朝后期尤其北齐皇帝高洋笃信佛教，举国上下佛教兴盛。随着佛教在河北地区的逐渐发展，民族服饰与佛教信仰互相影响、

---

[1] 陆翙：《邺中记》，清武英殿聚珍版丛书本。
[2] 李丹：《从艺术遗存探析北朝邺城区域服饰特征及现代创新设计研究》，河北科技大学硕士学位论文，2018 年。按，本段论述参考该论文。
[3] 刘鹤：《磁县北朝墓群壁画和陶俑服饰研究》，硕士学位论文，河北大学，2017 年。

互相融合。于是出现了袒右肩、半披外衣类袈裟状的佛造像和陶塑。

区别于真正的佛教徒穿着的"法衣",这些人物袒露右肩的服装并非没有右侧衣袖,而是两侧衣袖完好但隐而不用。这种穿着方式"一是模仿佛教信徒袒露右肩的服装风格;二是由于河北地区气候较佛教发源地更为寒冷,一味照搬佛教徒穿衣风格在冬季无法抵御严寒;三是由于传统、保守的汉服受到胡文化冲击为接纳和模仿新的服饰提供了条件,然而保守的羞耻观依然存在,因而袒右肩陶俑和壁画人物形象都没有直接袒露上身或双肩,而是在里面穿有圆领窄袖衣或其他里衣,外面再单肩披外衣"。[1]这都体现了佛教文化对河北地区的深厚影响,而西北及北方少数民族对佛教在河北地区的传播又起到了特有的作用。

除了袒露右肩的服装外,还有穿翻领袍的壁画存在,"如湾漳大墓壁画仪仗人物形象以及人物陶俑身着翻领袍,说明翻领装在当时社会较为流行。敦煌石窟壁画303、304窟中,存有西域厌哒人的三角翻领的服饰画像,表明中古时期西域的厌哒和粟特两地就盛行这样的服装,即左右翻领的波斯风格服装。湾漳大墓、高孝绪墓壁画人物衣袖收窄、小口裤、垂裙鲜卑帽等鲜卑胡服多有出现"。[2]受到了佛教中开放思想影响,在服饰方面,开始流行修身的、短款的服装款式。

北齐时期我国古代服装文化的变化除了受到佛教传播的影响外,还受到西北及北方少数民族迁徙的影响,北朝前期大规模的鲜卑拓跋部进入邺城区域,成为河北和中原的统治者,此时期是民族大迁徙的高峰期,多次大规模的迁徙活动促进了各民族之间的不断交往,影响着中原地区的服饰形制。

中原传统服饰为上衣下裳的形制,如官员们的朝服上衣为曲领,袖口极宽。带下为裳,似裙,下裳拖曳及地面。与此同时,为了穿着方便也吸收了一些胡服服饰元素,如北朝时期邺城区域十分流行褶服,《隋书·礼仪志》:"袴褶,近代服以从戎,今纂严,则文武百官咸服之。车驾亲戎,则缚袴,不舒散也。中官紫褶,外官绛褶,腰皮带,以代鞶革。"[3]

---

[1] 刘鹤:《磁县北朝墓群壁画和陶俑服饰研究》,河北大学硕士学位论文,2017年。

[2] 张晓峥:《河北磁县北朝壁画墓服饰文化探析》,《赤峰学院学报》(汉文哲学社会科学版)2016年第4期。

[3] 魏徵:《隋书·礼仪志》卷11,中华书局1973年标点本,第235页。

袴褶服综合了中原传统服饰与北方少数民族服饰的特点，既发扬了其实用的优势又保留了洒脱飘逸的形态。北方的少数民族习惯上衣下裤的形式，因为他们的生活以狩猎和游牧为主，这种紧身袍衣，窄袖，小口长裤不仅有利于骑马射箭还有保暖、防风沙等功能。袴褶服保留了"上衣下裳"的基本形式，又结合胡服紧身特点，将其上衣袖变窄，衣身收缩，下裳变为行动方便的裤装；将胡服裤口增肥，接近"下裳"飘逸形态；将裤装膝部用绳子系缚，袍衣腰部束带，最终形成了实用性常服。"袴褶服的产生可以说是胡汉服饰融合的产物，胡服所穿的袴褶中的小口裤虽轻便，但却离汉族传统袍服之式相去甚远，而其使两腿分开的款式似对祖宗的不敬，因此有了将袴加肥的样式，即大口裤。"[①]

胡汉交融的服饰款式从壁画人物、陶俑造型中可以看出，邺城地区湾漳壁画墓中有很多造型，"他们头戴帽，帽裙扎于脑后，露出白色衬里。上身内着宽袖衣，袖口系结。外罩立领，右衽半袖衣，腰扎革带。下穿着大口裤，膝部系缚"。[②] 沈括在《梦溪笔谈》一书中也讲道："中国衣冠，自北齐以来，乃全用胡服。窄袖绯绿，短衣，长靿靴，有蹀躞带，皆胡服也。窄袖利于驰射，短衣长靿，皆便于涉草。……带衣所垂蹀躞，盖欲佩带弓剑、帨帉、算囊、刀砺之类。自后虽去蹀躞，而犹存其环，环所以衔蹀躞，如马之鞦根，即今之带銙也。天子必以十三环为节，唐武德、贞观时犹尔。开元之后，虽仍旧俗，而稍褒博矣。然带钩尚穿带本为孔，本朝加顺折，茂人文也。"[③] 可见，北齐以来至开元年间皆喜着胡服。在北朝时期，甚至女性也能够着男装、骑马，当时女子流行穿裲裆，并常与裤合穿，形制与男装一致。

新服饰样式的出现还影响了当时的艺术创作，北朝时期的绘画和雕塑艺术随之有了新的发展，完美展现出多民族文化交流的硕果。如北齐曹仲达的人物画，笔法刚劲，衣服褶纹多用细笔紧束，衣衫紧贴身上，如刚从水中捞出。曹仲达原是一位胡人画家，其绘画风格带着明显的外来文化的色彩。[④] 从服饰文化上来讲，胡服从此成为中国古代服饰的一种，成为包

---

① 李丹：《从艺术遗存探析北朝邺城区域服饰特征及现代创新设计研究》，河北科技大学硕士学位论文，2018年。

② 同上。

③ 沈括：《梦溪笔谈》卷1《中国衣冠用胡服》，中华书局2009年译注本，第8页。

④ 刘鹤：《磁县北朝墓群壁画和陶俑服饰研究》，河北大学硕士学位论文，2017年。

括北京、河北等在内的广大中原地区人们的日常服装,也是当地民俗特征的表现。

3. 唐代胡服的流行

胡服到唐代广泛流行,唐代以前胡服多为男子所穿,用于骑马射箭等活动,而到了唐代开始出现中原女子穿胡服,且广为流行,如小袖袍、靴子等,男人穿,女子同样也可以穿。女子穿胡服骑马射箭,也有穿着胡服参加社会活动、跳舞等。唐朝是中国古代社会的又一个繁荣时期,是当时东西方文化的交流中心。唐代社会风气开放,兼容并蓄,吸收了当时世界上诸多优秀文化。从唐太宗晚年到唐高宗初年,唐初解决了西突厥问题,大开丝绸之路,而中亚西亚的商人,贵族等由丝绸之路进入中原,同时也带来了他们丰富的文化,这时的胡服也已也不单单指北方少数民族服饰,还包括西域的服饰。在唐代胡服也不仅仅是贵族礼服,不再局限于上流社会,它已经作为一种日常服饰流行于民间。

在沈从文先生的《中国古代服饰研究》中介绍到:"就近年大量出土材料比较分析,大致可分为前后两期;前期实北齐以来男子所常穿,至于妇女穿它,或受当时西北民族(如高昌,回鹘)文化的影响,间接即波斯诸国影响。特征为高髻,截尖锥形浑脱花帽,穿翻领小袖长袍,领袖间用锦绣缘饰,钿镂带,条纹毛织物小口袴,软绵透空靴,眉间有黄星靥子,面颊间加月牙儿点装。后一期则在元和以后,主要受吐蕃影响,重点在头部发式和面部化妆。特征为蛮鬟椎髻,乌膏注唇,脸涂黄粉,眉细细的作八字式低颦。"①从这段材料中我们可以看出当时女子所着胡服与男子相似,也由帽、长袍、靴子组成,且基本特征为窄袖、翻领、对襟,但在每个部分加了更多装饰,或对其稍加改造,来更符合女性特征,像翻领,领袖间用锦绣纹饰,软绵的透空靴,还搭配了相应的妆容。

《新唐书·五行志》中称:"天宝初,贵族及士民好为胡服胡帽,妇人则簪步摇钗,衿袖窄小……"②白居易诗称:"小头鞋履窄衣裳,青黛点眉眉细长。"李贺称:"秃衿小袖调鹦鹉,紫绣麻鞋踏马虎。"通过

---

① 沈从文:《中国古代服饰研究》,上海书店出版社2002年版,第318页。
② 欧阳修:《新唐书·五行志》卷34,中华书局1975年标点本,第879页。

这些资料我们可以看出唐代女子所着胡服袖口更加窄小。唐代女子穿的胡服,腰间也有蹀躞带。蹀躞带本是北方少数民族服装的一种装束,后来传入中原地区,便慢慢被去掉,但"自后虽去蹀躞而犹存其环",也就是唐代用的革带,其在民间十分流行。[①] 革带其实只是一种装饰,女子通常在革带上带香囊和如意等物件。1965年山西唐墓出土的陶俑有两件女俑"穿赭黄色圆领窄袖衣,腰束带,足穿黑靴"。[②] 唐代妇女还流行戴帷帽,尤其到唐高宗时,汉族妇女戴帷帽的增多。帷帽是西域传入中原的"胡帽之一",又称席帽。帷帽有两种形制,一种是帽檐附近织成的网状的纱罗,另一种是帽檐之下悬吊丝穗。席帽"本古之帷帽也,男女通服之,以韦为之。四周垂丝网之,施以珠翠,丈夫去饰"。[③] 它的优点在于摘戴方便,外形看起来更加美观,缀在帽檐上的网随时可以撩起。到武则天时,帷帽广为流传,不论贵族女性还是民妇,骑马外出多戴帷帽。

(二) 饮食文化

中国古代饮食文化历史悠久,人们的饮食习俗随着社会经济发展不断发生变化,同时又受到外来食品的影响,种类越来越丰富,烹饪技术越来越多样化。

春秋战国时期燕赵及中山国主食主要有高粱、粟、稻和黍。河北石家庄市市庄村战国遗址出土的食物遗迹中有炭化了的高粱两堆[④]。中山国的各种玉器纹饰中经常出现谷纹,反映出当地对粟(小米)这种农作物比较熟悉。"中山王墓 M1 西库中出土的箧中,一只所盛食物呈褐色,颗粒较粗,空隙较大而长,有稻壳,说明原盛稻米饭;另一只所盛食物呈深褐色,颗粒较细密,有谷壳,原为小米饭。"[⑤]

上述河北石家庄市市庄村战国遗址出土的食物遗迹中有牛、羊、狗、

---

① 刘文娜:《唐代妇女服饰研究》,南京师范大学硕士学位论文,2011年。
② 山西省文物管理委员会晋东南文物工作组:《山西长治北石槽唐墓》,《考古》1965年第8期,第463页,转引自刘文娜《唐代妇女服饰研究》,硕士学位论文,2011年。
③ 马缟:《中华古今注》卷中《席帽》,宋百川学海本。
④ 转引自何艳杰《中山国社会生活礼俗研究》,郑州大学博士论文,2003年。河北省文物管理委员会:《河北石家庄市市庄村战国遗址的发掘》,《考古学报》1957年第1期。
⑤ 何艳杰:《中山国社会生活礼俗研究》,郑州大学博士学位论文,2003年。

猪、鸡等家畜家禽的骨骼，在遗址底部还发现了鸡蛋壳两堆。①说明当时人们已经普遍饲养家畜、家禽等，除了将其所为食物外，还食用鸡蛋。②另外，狩猎仍然是春秋战国时期人们获取食材的重要途径。燕赵之地的狩猎对象有各种飞禽走兽，很多铜器上刻有猎兽、猎鸟的狩猎场面。"中山人的狩猎物中包括各种走兽，如铜盖豆上的一组狩猎画面中，猎人捕杀的有鹿、野猪、野兔、野牛、犀牛等等野生动物。"③河北石家庄市市庄村战国遗址出土的食物遗迹中有鱼骨骼，还出土了17件蚌器残片，多为蚌刀、蚌锯等生产工具。④这些都说明中山国人也以鱼、蚌、鳖等水中生物为食物。⑤。

春秋战国时期，燕赵、中山等地的食物制作方式主要是蒸、煮，除此之外还有烤炙，即把肉放在火上烧烤，然后切块食用。中山王墓中就出土了烹调用具铁质长方形火盆。墓中东、西库各出土一件，形制相同，平面长方形，敞口折沿，四壁直立，底部平阔，四蹄足位于底两侧，外壁两侧各有两个铜兽面衔环铺首。器身周正，边角规整，表面平光，高约18.2厘米、长88.4厘米、宽44厘米，重74.1公斤。发掘者认为此器应是取暖和烧烤肉食的用具。中山王墓M1中还出土了刀、削等餐具，正是食用炙肉必不可少的工具。⑥烤炙属于北方游牧民族常见的烹饪方式，说明此时农耕文明与游牧文明已有了普遍的交流。

秦汉至北朝时期再到汉唐，中国古代的食物制作愈趋发达，逐渐确立了"以粟、稻、麦等粮食为主食，以蔬菜和一定肉类为副食的饮食结构模式；初步形成了以蒸煮烤煎炸烹炒等为基本手段，以色、香、味、形为终极效应，讲究刀工火候、五味调和，具有整体性、完美性的综合烹饪艺术"。⑦这些复杂、形式多样的美食离不开多种饮食文化区域之间的交流。汉代至唐我国就已经形成了沟通中外的南北两大主要交通线路，分别为"陆上丝绸之路"和"海上丝绸之路"，通过"丝路"外来农作物、香料、

---

① 河北省文物管理委员会：《河北石家庄市市庄村战国遗址的发掘》，《考古学报》1957年第1期。
② 何艳杰：《中山国社会生活礼俗研究》，郑州大学博士学位论文，2003年。
③ 同上。
④ 河北省文物管理委员会：《河北石家庄市市庄村战国遗址的发掘》，《考古学报》1957年第1期。
⑤ 北京市发酵工业研究所：《中山王墓出土铜壶中的液体的初步鉴定》，《故宫博物院院刊》1979年第4期。
⑥ 何艳杰：《中山国社会生活礼俗研究》，郑州大学博士学位论文，2003年。
⑦ 黎虎：《汉唐饮食文化史》，北京师范大学出版社1997年版，第8页。

果蔬大量引进，西方人的饮食风尚与饮食器具不断传入，极大地丰富了古代京津冀地区的食物种类并影响了其饮食风俗。

该时期京津冀地区主要种植粟、麦、稻、豆等粮食作物。北京周边稻粟产量较高。据《隋书》记载北齐平州刺史嵇晔建议兴修水利，大力提高粮食作物产量："孝昭皇建中，平州刺史嵇晔建议，开幽州督亢旧陂。长城左右营屯，岁收稻粟数十万石，北境得以周赡。"[1]可见，北齐时期，幽州地区仍然是重要的水稻产区，水稻的生产需要较为充裕的水利资源，该地区通过水利建设满足了水稻对水源的需求。"因此，幽蓟地区得以成为北朝时期华北地区水稻的主要产区之一。"[2]该地区豆类的种类也很普遍，高丽的大豆品种被引进来，《齐民要术》记载大豆有白豆、黑豆、长梢豆、牛践豆、黄高丽豆、黑高丽豆等，从命名上来看，黄高丽豆、黑高丽豆等，可能是因其来源于高丽而命名。除了豆类作物有引进外，还有大量的外来蔬菜、水果传入。

1. 蔬菜

总的来看，汉代蔬菜种类达二十多种，包括葵、韭、瓜、芜菁、芥、大葱、小葱、苜蓿、芋、蒲笋、芸薹及豆类等。[3]到北朝时期，《齐民要术》中所记载的蔬菜品种已达到30多种，其中包括有葵、蔓菁、芋头、韭菜、堇、芹菜、菜瓜、冬瓜、越瓜、瓠、蘑菇、芸薹、兰香、荏、桂荏、苋菜、蓼、莼菜等。这个时期主要的外来蔬菜有苜蓿、胡瓜、芸薹、胡豆等。[4]

外来蔬菜的传入首先得益于西汉时期张骞出使西域，大量商人、使者随之前来，其中粟特人为主的西域人来到中原地区居住、经商，带来了他们的生活习俗、食物等。

苜蓿，西汉时期出使西域的使者引进种植。"马嗜苜蓿。汉使取其实来，于是天子始种苜蓿。"[5]苜蓿引进以后，最初作为马的饲料，由于魏晋北朝时期畜牧业有所发展，因此得以广泛种植。而苜蓿除作饲料之外，也

---

[1] 魏徵：《隋书·食货志》卷24，第677页。
[2] 尚童：《北魏民众的日常食物试探》，吉林大学硕士学位论文，2018年。
[3] 梁家勉：《中国农业科学技术史稿》，农业出版社1989年版，第75、214页。
[4] 张洁：《魏晋南北朝饮食文化研究》，西北农林科技大学硕士学位论文，2011年。
[5] 司马迁：《史记·大宛列传》卷123，第3173页。

可食用。如苜蓿可生吃、做羹或干菜，味道鲜美。《齐民要术》卷3《种苜蓿》："春初既中生噉，为羹甚香。"①苜蓿在春初菜少时既可生吃，也可作羹，味道香美。

胡瓜，即今黄瓜。由外传而来，"这一葫芦科植物是属于埃及西亚细亚栽种范围之内，而不是中国土生的"②。胡瓜可以生吃，也可作酢瓜。在《齐民要术》卷9《飧饭》记载的"胡饭法"中便出现有名为"酢瓜菹"的原料。③直至隋朝，隋炀帝将胡瓜改称"白露黄瓜"。④

胡荽，又名芫荽、香荽、香菜。既可生吃、又可作菹。《齐民要术》卷3《种胡荽》："作胡荽菹法：汤中渫出之，着大瓮中，以暖盐水经宿浸之。明日，汲水洗净，出别器中，以盐、酢浸之，香美不苦。"⑤这种做法类似腌制，腌制之前先用开水煮一下香菜，然后放进瓮里，用暖盐水浸一夜，第二天早上用水洗净放在别的容器里用盐、醋浸泡，味道香美且不苦。胡荽还可以作为烹饪菜肴的调味品，如"作胡羹法"中便有"葱头一斤，胡荽一两，安石榴汁数合，口调其味"。⑥在做羹时加入胡荽以调和味道。可见胡荽不仅可以做菹食用，还可以用作调味品。这些都说明胡荽在当时人们的饮食生活中较为常见。

回鹘豆即豌豆，宋辽时期先由回鹘传入辽，金占领辽地后，亦在金境内得以扩展，快速融入金人饮食生活。如王哲在《刮鼓社》中写道："刮鼓社，这刮鼓食中拍。且说豌豆出来后，却胜如大小麦。便接著、五方颜色。青红黄黑更兼白。又同那五方标格。蒸炒煮烧生吃。蒸炒煮生。"⑦词中生动形象地描述了豌豆成熟后具有的各种状态，且豌豆适用于蒸、炒、煮、烧等多种烹饪手段。河北井陉县柿庄金墓第2号墓，南侧画"宴饮图"，"幔下桌涂浅痛色，方脚，上放果盘、注子，盘内盛桃、石榴之类"。⑧

---

① 贾思勰著，缪启愉校释：《齐民要术校释》卷3《种苜蓿》第29，农业出版社1982年版，第177页。
② [美]劳费尔著，林筠因译：《中国伊朗编》，商务印书馆1964年版，第126页。
③ 贾思勰著，缪启愉校释：《齐民要术校释》卷9《飧饭》第86，第557页。
④ 韦述、杜宝撰，辛德勇辑校：《两京新记辑校大业杂记辑校》，三秦出版社2006年版，第29页。
⑤ 贾思勰著，缪启愉校释：《齐民要术校释》卷9《种胡荽》第24，第164页。
⑥ 贾思勰著，缪启愉校释：《齐民要术校释》卷8《羹臛法》第76，第493页。
⑦ 王哲：《刮鼓社》，转引自黄甜《金代饮食生活研究》，博士学位论文，西北大学，2016年。
⑧ 唐云明：《河北井陉县柿庄宋墓发掘报告》，《考古学报》1962年第2期。

2. 水果

魏晋至隋唐时期，外来的水果主要有葡萄、安石榴、胡桃、西王母枣等。葡萄，古时称作蒲陶、蒲桃、蒲萄。西域葡萄早在汉代就已传入，《史记》记载："（大）宛左右以蒲陶为酒，富人藏酒至万余石，久者数十岁不败。"[1] 这时候葡萄多种植于皇宫苑囿，到了魏晋北朝时期，蒲陶的种植更加广泛，河北邺城宫廷内流行用葡萄解酒、解乏。魏文帝曹丕曾说："中国宝果甚多，且复为说蒲萄……醉酒宿醒，掩露而食，甘而不饴，脆而不酸，冷而不寒，叶长汁多，除烦解倦。……他方之果，宁有匹之者乎？"[2]《酉阳杂俎》记载："'（庾信）我在邺，遂大得葡萄，奇有滋味。'……瑾曰：'此物实出于大宛，张骞所致。有黄、白、黑三种，成熟之时，子实逼侧，星编珠聚，西域多酿以为酒，每来岁贡。在汉西京，似亦不少。杜陵田五十亩，中有蒲萄百树。今在京兆（长安），非直止禁林也。'"[3] 庾信，南北朝时期著名文学家，身居北方，曾在邺品尝到葡萄的美味。

安石榴，也就是今天的石榴。据西晋陆机《与弟云书》记载石榴为张骞出使西域所得："张骞为汉使外国十八年，得涂林安石榴也。"[4] 在魏晋北朝时期，石榴在内地已有种植。《齐民要术》卷4《安石榴》："石虎苑中有安石榴，子大如碗盏，其味不酸。"石虎苑中种有安石榴，子大不酸。又载："龙岗县有好石榴。"[5] 龙岗（今河北邢台）出产好石榴。可见十六国时期石榴已有种植。据《北齐书》记载，北齐安德王延宗纳赵郡李祖收女为妃，皇帝前往贺喜，妃母宋氏献上两颗石榴，帝问魏收有什么特殊意义，魏收解释道："石榴房中多子，王新婚，妃母欲子孙众多。"[6] 石榴多子，送与新婚之人是希望可以如石榴一般子孙众多。皇帝听了很高兴，并予厚赐。

胡桃，即今天的核桃，又叫作"羌桃"，即从胡羌地区传入的"桃"。《太平御览》引刘滔母《答虞吴国书》曰："咸和中，避苏峻乱于

---

[1] 司马迁：《史记·大宛列传》卷123，第3173页。
[2] 欧阳询：《艺文类聚》卷87引《晋宫阁名》，第1495页。
[3] 段成式撰，曹中孚校：《酉阳杂俎》卷18《广动植之三·木篇》，第691页。
[4] 李昉等：《太平御览》卷970引《与云书》，第4301页。
[5] 贾思勰著，缪启愉校释：《齐民要术校释》卷4《安石榴》第41、240页。
[6] 李百药：《北齐书》卷37《魏收传》，第490页。

临安山，吴国遣使饷馈。乃答书曰：此菜有胡桃、飞攘。飞攘出自南州。胡桃本生西羌。"①《西京杂记》："胡桃，出西域，甘美可食。"②可知胡桃有来自西域者，也有来自西羌者。胡桃可以用来榨油，据《北齐书》记载曰："造胡桃油"，"善为胡桃油以图画"。③

唐以后，又有西瓜自回鹘传入契丹，至金朝得到快速发展，金朝南部中原地区也大面积种植。"碧蔓凌霜卧软沙，年来处处食西瓜。形模濩落淡如水，未可蒲萄苜蓿夸。"④虽然范成大觉得西瓜不如葡萄和苜蓿，但"年来处处食西瓜"，可知西瓜在金国各地广泛种植。宋人洪皓在《松漠纪闻续》中记载"西瓜形如匾蒲而圆，色极青翠，经岁则变黄。其瓤类甜瓜，味甘脆，中有汁尤冷"。⑤据《金史·食货志》记载，金朝经由聘使、榷场等对外贸易大量引进了北方不能生长的南方瓜果，包括荔枝、桂圆、橘子、橄榄、芭蕉、枇杷等。⑥

3. 食用香料

食用香料主要是指那些给食物增香调味，以提高食物口感的香料。秦汉至唐时期，香料主要是从外国引进来的。

荜茇，又名荜拔梨、荜拨，属于胡椒科植物之一种，原产于印度尼西亚、菲律宾、南亚等热带地区。徐表的《南州记》有记载，"荜拨本出南海，长一指，赤褐色，为上"。所以，荜茇又称"长胡椒"。此外，《南方草木状》记载："蒟酱，荜茇也。生于番国者，大而紫，谓之荜茇。生于番禺者小而青，谓之蒟焉。可以为食，故谓之酱焉。"⑦荜茇味辛而香，既可做酱，又可调味。《齐民要术》卷七中有以"荜茇"调味的"作和酒法"⑧，李时珍《本草纲目·草部》引苏恭曰："荜茇……。其子紧细，味辛烈于蒟酱。胡人将来，入食味用也。"⑨荜茇传入我国后，成为一种食用香料。

---

① 李昉等：《太平御览》卷971引《答虞吴国书》，第4306页。
② 贾思勰著，缪启愉校释：《齐民要术校释》第4引《西京杂记》，第205页。
③ 李百药：《北齐书》卷39《祖珽传》，中华书局1972年标点本，第516页。
④ 范成大：《范石湖集》卷12《西瓜园》，上海古籍出版社2006年标点本，第146页。
⑤ 洪皓：《松漠纪闻续》，《全宋笔记》第3编第7册，第132页。
⑥ 本书关于瓜果在金朝的食用资料参考黄甜《金代饮食生活研究》，博士学位论文，西北大学，2016年。
⑦ 嵇含：《南方草木状》卷上，景印《文渊阁四库全书》，第589册。
⑧ 《齐民要术校释》卷7《笨曲并酒》第66，第520页。
⑨ 李时珍：《本草纲目》卷14《荜茇》，影印《文渊阁四库全书》，第773册，第112页。

安息香，是由芳香树脂凝聚而成，原产于阿拉伯及伊朗高原地区。晋人所作《广州记》中记载"安息香生南海、波斯国"①。汉代文献称波斯之地为安息国，魏晋以后安息国不复存在，而称此地产香料为安息香者，可能沿袭汉代旧称。据此推测，安息香应该在汉代已经传入。唐《酉阳杂俎》对安息香有着详细介绍，"安息香树，出波斯国，波斯呼为辟邪。树长三丈，皮色黄黑，叶有四角，经寒不凋。二月开花，黄色，花心微碧，不结实。刻其树皮，其胶如饴，名安息香，六、七月坚凝，乃取之。烧之通神明，辟众恶"。②

郁金香，原产于印度北部，三国时万震《南州异物志》载："郁金香，唯罽宾国人种之，先取以上佛寺，积日乃委去之。然后贾人取之。郁金色正黄，而细与扶容里披莲者相似，所以香礼酒，郁花也。"郁金香可以配酒饮用。罽宾国即今克什米尔地区，是个佛教兴盛的国家，最初的郁金香料来自于供奉佛寺而干枯的金黄色郁金花，它香气馥郁。李时珍《本草纲目》："郁金香生大秦国，二月、三月有花，状如红蓝；四月、五月采花，即香也。"③

4. 烹饪技术

京津冀地区自秦汉以来，在烹饪方法上已经比较丰富，除了羹、濯（把食物放在油中炸）、脍（将生肉切细生吃）、脯、菹等方法以外，还有蒸、煮、熬等。外来饮食加工方法主要是炙与炮，这些烹饪技术加以融合促进了华北地区饮食文化的丰富多样化。

主食中有叫作"胡饼"者，是一种烤炙饼，是用"胡饼炉"烤炙而成。即先做好饼之后，撒上胡麻然后用胡饼炉烤熟。还有一种用髓脂、蜜和面，然后放在胡饼炉内烤熟，可经久不易坏，叫作"髓饼"。《齐民要术》中记有其制作方法："以髓脂、蜜，合和面。厚四五分，广六七寸。便著胡饼炉中，令熟，勿令反复。饼肥美，可经久。"④另外一些饼在制作时放入胡桃等坚果，使饼的味道更加香甜。《太平御览》卷860引《赵录》："（石虎）好食笼饼，常以干枣、胡桃瓤为心蒸之，使坼裂方

---

① 缪启愉，邱泽奇辑释：《汉魏六朝岭南植物"志录"辑释》，农业出版社1990年版，第172页。
② 《酉阳杂俎》卷18，四丛刊景明本。
③ 转引自金相超《魏晋南北朝饮食文化研究》，华中师范大学博士学位论文，2018年。按，本书有关香料的资料参考本论文。
④ 贾思勰著，缪启愉校释：《齐民要术校释》卷9《饼法》，第540页。

食。"①据记载当时在华北许多地方都开有胡饼店，有些甚至是胡人开的。从这些可以得知，当时胡饼是深受人们喜爱、比较常见的一种饼。

饼的食用深受京津冀地区人们的喜爱，到唐宋时期更为普遍。宋人黄朝英在《靖康缃素杂记》中指出："凡以面为食具者，皆谓之饼。故火烧而食者，呼为烧饼；水输而食者，呼为汤饼；笼蒸而食者，呼为蒸饼；而馒头谓之笼饼，宜矣……盖胡饼者，以北人所常食而得名也。"②从中可知，北宋时除了蒸饼、烧饼、汤饼等，胡饼也非常普遍。金人常供面食就有"炊饼、白熟胡饼"③等。

外来菜肴烹制方式中比较著名的便是"羌煮貊炙"和"胡炮肉"。"羌煮貊炙"，其中羌、貊是西北少数民族的代称，煮和炙指的是烹饪方法。《宋书》记载："泰始之后，中国相尚用胡床貊盘，及为羌煮貊炙，贵人富室，必畜其器，吉享嘉会，皆以为先。"④关于羌煮，《齐民要术》卷八记载："好鹿头，纯煮令熟。著水中洗，治作胾，如两指大。猪肉，琢，作臛。下葱白，长二寸一虎口，细琢姜及橘皮各半合，椒少许；下苦酒、盐、豉适口。一鹿头，用二斤猪肉作臛。"⑤也就是说，把新鲜的鹿头煮熟后清洗，切成两指大小的肉块。猪肉切碎，二者一起做臛。再加上葱白、姜、橘皮、椒、苦酒和盐、豉等调味品，这便是"羌煮"的做法。这样看来，"羌煮"定当是美味之食，才会是"吉享嘉会，皆以为先"，可以说是已经融入人们的饮食生活中了。《齐民要术》卷九《炙法》中记载炙法对刀工、配料、火候、手法也有很高的要求，如灌肠炙："取羊盘肠，净洗治。细锉羊肉。细切葱白、盐、豉汁、姜、椒末调和，令咸淡适口，以灌肠。两条夹而炙之，割食，甚香美。"⑥刀法讲究"细锉"，选料要用羊盘肠，配料丰富，有葱、白、盐、豉汁、姜、椒末等。

炮是另外一种常用的外来烹饪技术。如"炮羊肉"，选料为生长期为一年的肥白羊肉，刀法为切成薄片，配料有豆豉、盐、葱白、姜、椒、胡椒等调味品。最后将其装进洗净的羊肚内缝好，挖一个烧火坑，将之

---

① 李昉等：《太平御览》卷860引《赵录》，第3819页。
② 黄朝英：《靖康缃素杂记》卷2《汤饼》，中华书局2014年版，第15页。
③ 黄甜：《金代饮食生活研究》，博士学位论文，西北大学，2016年。
④ 沈约：《宋书》卷30《五行志》，中华书局1974年版，第887页。
⑤ 贾思勰著，缪启愉校释：《齐民要术校释》卷8《羹臛法》，第76、494页。
⑥ 转引自王玲《〈齐民要术〉与北朝胡汉饮食文化的融合》，《中国农史》2005年第4期。

烧热，掏出火灰，把羊肚放进坑内，盖上火灰，上面再烧火。过一会儿就香味扑鼻了。这也是当时在汉族社会中比较流行的烹制肉类食物的一种方法。①

在器物方面，具有浓厚罗马、波斯色彩的金银器、琉璃器、玻璃器及其铸造技术传入我国，对我国的饮食审美及饮食器物的变革产生了巨大影响。食物作为一种文化象征，他们具有各自不同的特征，处于不同文化环境中的人们往往能够通过各自的饮食状况来区分彼此。可以说，食物已经成为了识别一个族群、民族、国家的重要标志。②

综上所述，元代以前京津冀地区的民俗文化除了继承春秋战国以来的燕赵风俗以外，还受到了西域乃至西方的影响。尤其是汉代以后，丝绸之路的开通为胡乐、胡舞、胡食、胡服等传入提供了方便。魏晋时期河北地区作为政治中心，西域部族通过丝绸之路来到邺城等大都市，带来了大量外来文化，并日益被当地百姓所接受，与中原服饰、艺术、饮食等传统因素相融合，促进了各民族之间以及中外文化的交流。

二 元代以前京津冀地区精神生活中的民俗文化

京津冀地区的人们早在元代以前就已经注意丰富自己的精神生活，其中这段时期受外来因素影响较大的有音乐领域。音乐源于生活，又是文化的重要组成部分，京津冀地区的音乐源远流长，且具有很强的地方特色，反映了当地人们的生产与生活以及文化生态。如今在河北廊坊、保定十分盛行的民间音乐演奏，如屈家营、高桥、东张务音乐会等，形成了享誉国际的南音乐会，而古代河北的音乐文化可追溯到燕赵时期。李白《幽歌行》描述道："赵女长歌入彩云，燕姬醉舞娇红烛。"至秦汉时期，社会经济发展，为河北音乐的兴盛提供了条件，加之有关政策的支持，各地纷纷创造出反映自身特色的音乐，为宫廷提供服务。据《汉书·艺文志》记载："自孝武立乐府而采歌谣，于是有赵代之讴，秦楚之风，皆感于哀乐，缘事而发。亦可以观风俗，知薄厚云。"③可见音乐的创造反映了当地的风俗、民俗。

---

① 转引自王玲《〈齐民要术〉与北朝胡汉饮食文化的融合》，《中国农史》2005年第4期。
② 金相超：《魏晋南北朝饮食文化研究》，华中师范大学博士学位论文，2018年。
③ 班固：《汉书·艺文志》卷30，第1756页。

汉代河北之地出了很多擅长歌舞的女子，穿着罗裳薄衣，勤习清商之曲，《古诗赏析·东城高且长》写道："燕赵多佳人，美者颜如玉。被服罗裳衣，当户理清曲。音响一何悲，弦急知柱促。"① 其中以河北邯郸最为出名，"邯郸倡"即邯郸乐人主要是女乐人蜚声全国，乐府诗《相逢行》云："黄金为君门，白玉为君堂，堂上置樽酒，作使邯郸倡。"② 有些女子凭借音乐才能出入诸侯之家，《汉书·地理志》称："赵、中山……女子弹弦跕躧，游媚富贵，遍诸侯之后宫。"③ 甚至有些能歌善舞的燕赵女子被征入宫廷，负责在祭祀等大型礼仪活动时演奏。《三辅黄图》卷三记载："武帝求仙起明光宫，发燕赵美女二千人充之。"④ 汉成帝时入宫的班婕妤在《捣素赋》中描写燕赵女子道："燕姜含兰而未吐，赵女抽簧而绝声。改容饰而相命，卷霜帛而下庭。"⑤ 燕赵女子代表了当时河北地区的音乐造诣，她们离开民间来到宫廷，并没有完全抛弃原有的表演技能，而是在宫廷进一步将其发扬光大，为宫廷乐舞的发展带来了新的启发。

张骞出使西域，打通了西北丝绸之路，从此成为中外文化交流的重要渠道，乐舞方面包括许多西域的乐器如羌笛、觱篥、箜篌、笳、角等通过丝绸之路传入中原。因此丝绸之路的开通成为中原地区音乐发展的转折点，"西域的乐曲不断地传入中原，于是在中原地区古典的音乐中注入了新的声律，从而又改变了中国古典歌舞的场面"。⑥ 在中外音乐交流加强的条件下，当时还出了著名的音乐家李延年。李延年为中山人，对西域音乐的吸收和创新方面卓有贡献。《汉书·礼乐志》记载汉立乐府，"有赵、代、秦、楚之讴。……（李延年）多举司马相如等数十人造为诗赋，略论律吕，以合八音之调，作十九章之歌。以正月上辛用事甘泉圜丘，使童男女七十人俱歌，昏祠至明"。⑦ 又如张骞出使西域得《摩诃兜勒》一曲，李延年将其进一步解读，并发展成为武乐。

---

① 张玉谷：《古诗赏析》卷4《汉诗》，清乾隆姑苏思义堂刻本。
② 郭茂倩：《乐府诗集》卷34《相逢行》，四部丛刊景汲古阁本。
③ 班固：《汉书·地理志》卷28下，第1655页。
④ 佚名：《三辅黄图》卷3，四部丛刊三编景元本。
⑤ 章樵：《古文苑》卷3《捣素赋》，转引自王文涛《论汉代河北的乐舞文化》，《河北师范大学学报》2010年第6期。
⑥ 翦伯赞：《秦汉史》，北京大学出版社1983年版，第544页。
⑦ 班固：《汉书·礼乐志》卷22，第1045页。

曹魏时期，邺城（河北临漳县一带）成为首都，胡舞为当地人们所喜爱。邯郸淳，是三国时期魏国人，博学有才。赤壁之战后，邯郸淳随曹操来到邺城。曹操的儿子曹丕、曹植争与邯郸淳结交。曹操命邯郸淳往见曹植，曹植大喜过望，隆重地接待了邯郸淳。《三国志》裴注引《魏略》记载："植初得淳甚喜，延入坐，不先与谈。时天暑热，植因呼常从取水自澡讫，傅粉。遂科头拍袒，胡舞五椎锻，跳丸击剑，诵俳优小说数千言讫，谓淳曰：'邯郸生何如邪？'于是乃更著衣帻，整仪容，与淳评说混元造化之端，品物区别之意。"[1]从中可见有胡舞的表演，胡舞成为达官贵人宴饮、会客时的重要娱乐形式。

魏晋南北朝时期，西域乐舞包括天竺乐、龟兹乐、西凉乐、疏勒乐等，随着政权的交替、都城的变化、人口的迁移、宗教传播等，陆续传入中原并继续不断东传。如"西凉乐最初由凉州传入，随着政权的交替，由平城（今山西大同市东）传到洛阳又传到了长安（今陕西西安市）"[2]。又如龟兹乐的传播，按照地域的不同形成了三大分支，分别是"西国龟兹""齐朝龟兹""土龟兹"，其中包含今天河北地区。《隋书·音乐志》记载了其传播过程及其表演所用乐器："龟兹者，起自吕光灭龟兹，因得其声。吕氏亡，其乐分散，后魏平中原，复获之。其声后多变易，至隋有西国龟兹、齐朝龟兹、土龟兹等凡三部。……其乐器有竖箜篌、琵琶、五弦、笙、笛、箫、筚篥、毛员鼓、都昙鼓、答腊鼓、腰鼓、羯鼓、鸡娄鼓、铜钹、贝等十五种为一部。"[3]

此时京津冀地区属于东魏、北齐的统治区域，其统治力量是鲜卑人和鲜卑化的汉人，大多喜欢弹胡琵琶。后主高纬"自弹胡琵琶而唱之，待和之者以百数"。[4]唐初太常少卿祖孝孙称："陈梁旧乐、杂用吴、楚之音；周齐旧乐，多涉胡戎之伎。"[5]可见北齐音乐融合了胡乐的元素，从宫廷乐官的设置上也可窥见胡乐的影响，有专门掌管西凉乐的直长。北齐宫廷音乐机构归太常寺管辖，有鼓吹署和太乐署两大机构，"太常，掌陵庙群祀、礼乐仪制，天文术数衣冠之属，属官有协律郎二人……太乐掌诸乐及

---

[1] 陈寿：《三国志》卷21，中华书局1964年标点本，第603页。
[2] 王虹霞：《由汉至唐西域乐舞的传入及其传播特点》，河南大学硕士学位论文，2003年。
[3] 魏徵：《隋书·音乐志》卷15，第378页。
[4] 李延寿：《北史·齐本纪》卷8，中华书局1974年标点本，第300页。
[5] 刘昫：《旧唐书》卷28，中华书局1975年标点本，第1041页。

行礼节奏等事"。① 具体的乐官包括伶官西凉部直长、伶官清商部直长、协律郎、太乐令、太乐垂、清商部丞、鼓吹令、鼓吹承、黄户局丞、都兵曹等。

从宫廷乐乐种来看类型更是丰富多样,《隋书·音乐志》中记载:"杂乐有西凉磬舞、清乐、龟兹等。然吹笛、弹琵琶、五弦及歌舞之伎,自文襄以来,皆所爱好。至河清,传习尤盛。后主唯赏胡戎乐,耽爱无已。"② 北齐的几代君主几乎都十分喜欢胡乐,尤其是北齐后主高纬酷爱胡乐,对"能舞工歌"者大肆封赏,甚至封侯拜相。《北齐书·恩幸传》记载:"又有史丑多之徒胡小儿等数十,咸能舞工歌,亦至仪同开府、封王。"③ 这充分说明了胡乐在北齐时代的发展。当时,通鲜卑语或善弹琵琶者,就能受到重用。《颜氏家训》中写道:"齐朝有一士大夫,尝谓吾曰:'我有一儿,年已十七,颇晓书疏,教其鲜卑语及弹琵琶,稍欲通解,以此伏事公卿,无不宠爱,亦要事也。'"④ 这段话,形象地刻画了当时鲜卑化的社会风气,反映了东魏、北齐境内风俗文化中的胡化倾向。

考古发掘中也发现了北齐西域乐舞的图像,1952 年在北齐墓出土过两个舞蹈瓷壶。"一个是河南安阳范粹墓出土的黄釉瓷扁壶,上有五人组成的乐舞场面,乐舞人都是高鼻深目,身穿胡服的西域人。另一个传世的北齐瓷壶,也有一组乐舞图,卷草纹中有七个西域乐舞人像。这两个壶上舞人的舞姿都具有'胡腾舞'的某些特点。"⑤

隋唐时期西域乐舞更是风行一时,虽然当时的统治中心在长安、洛阳一带,然而由于这时社会长期安定,各大都市经济发展,文化繁荣,促进了胡乐、胡舞走出宫廷,在王公贵族之间以及民间的传播。加之唐朝奉行兼容并包的文化政策,社会风气较为开放,胡舞胡乐大量涌入中原,例如拓枝舞、胡腾舞、胡旋舞等。拓枝舞是唐代非常有名的健舞之一。有学者观点说它出自怛逻斯,也有说它出自石国,本是女子独舞,后来发展成双人舞,由两名女子相对而舞,舞女身穿紧袖窄小罗衫,戴着缀有金玲的卷檐胡帽,随着身体舞动,金玲会发出悦耳的声音。系着腰

---

① 魏徵:《隋书·百官志》卷 27,第 755 页。
② 魏徵:《隋书·音乐志》卷 14,第 331 页。
③ 李百药:《北齐书·恩幸传》卷 50《韩宝业》,第 694 页。
④ 颜之推:《颜氏家训·教子篇》卷上,四部丛刊景明本。
⑤ 王虹霞:《由汉至唐西域乐舞的传入及其传播特点》,河南大学硕士学位论文,2003 年。

带，脚上穿着红靴。胡腾舞和拓枝舞同出于西域石国。李端的《胡腾儿》曰："桐布轻衫前后卷，葡萄长带一边垂。"跳胡腾舞时舞女们穿着前后卷起的轻衫，腰间束着葡萄纹饰的长飘带，头上戴着尖顶胡帽。胡旋舞出自康国，经丝绸之路传入长安，在长安城风靡一时，元稹诗曰："天宝欲末胡欲乱，胡人献女能胡旋，旋得明王不觉迷，妖胡奄到长生殿。"[①]可见当时皇亲贵族对胡旋舞的喜爱。胡旋舞在服装上有金银佩饰，在跳舞时光彩夺目，让人应接不暇。上面提到的"紧窄袖，红靴，皮靴"等都是典型的胡服服饰。胡舞不仅在上层社会广为流行，在民间也十分受欢迎。这在唐诗中多有反映，如王建《凉州行》记作"城头山鸡鸣角角，洛阳家家学胡乐"。元稹《法曲》称："自从胡骑起烟尘，毛毳腥膻满咸洛，女为胡妇学胡妆，伎进胡音务胡乐。"地域上，除了长安、洛阳外，河北地区也广为传播。如除了唐明皇的宠妃杨玉环、安乐公主的丈夫都擅长此舞之外，时任范阳节度使、河北采访使的安禄山也舞"胡旋"。有学者总结唐代流行乐舞的特点："一是流行乐舞随时间迁移而不断向两京以外的地区扩散；二是在同一地区，流行文化亦有随时间变迁不断向较低阶层传播的趋势。"[②]

自魏晋南北朝至唐代，胡乐的传播促进了京津冀地区音乐的多元化发展，尤其是天竺乐、安国乐等外来乐曲随着丝绸之路的开通不断东渐。丝绸之路在唐代及唐以前是贯穿欧亚大陆的重要交通渠道，东起长安，经河西走廊、西域，向南达古印度地区，向西通过阿拉伯国家、波斯帝国一直到达罗马帝国。在这条道路上不仅仅有商人之间的贸易往来，还有僧侣与游客音乐家等各行各业的人之间的文化交流。例如很多乐曲都是从佛教信仰国家传入中原，佛教信徒为了更好地传播教义，往往利用音乐等形式吸引民众，成为该段历史时期中西音乐交流的一大特色。

宋代京津冀地区的歌舞也非常兴盛，主要继承和发展了唐代的音乐。由于当时瓦子、勾栏等娱乐场所的构建，又金灭北宋后俘虏了大批皇亲贵族北返，其中还有他们的家眷、宫女以及乐师等，途经河北等地时，不少乐人流落民间，这些都为民间各种音乐活动广泛开展提供了条件。如宋朝诗人范成大于南宋乾道六年（1170）出使金国时，途经真定，看到在勾栏

[①] 《元稹集》卷 24，中华书局 1982 年版，第 282 页。
[②] 张晓虹：《丝绸之路与唐代流行文化及其空间格局》，《西安音乐学院学报》2017 年第 3 期。

乐棚内演奏着北宋宫廷乐曲，赞叹之余写下了《真定舞》这首诗，称"虏乐悉变中华，唯真定有京师旧乐工，尚舞高平曲破"。诗曰："紫袖当棚雪鬓凋，曾随广乐奏云韶，老来为忍耆婆舞，犹倚黄钟衮六幺。"① 真定市井能够上演宫廷大曲除了因为有京师乐人在此传播外，还因为这里人口密集，商品经济发达，为发展各类音乐提供了土壤。"真定路之南门，曰阳和。……左右挟二瓦市，优肆、娼门、酒炉、茶灶、豪商大贾并集于此"。②

宋代河北地区娱乐活动极为丰富，期间的百戏、说唱等都属于音乐表演。《东京梦华录》记载开封社火节目："自早呈拽百戏，如上竿、趯弄、跳索、相扑、鼓板、小唱、斗鸡、说浑话、杂扮、商迷、合笙……道术之类，色色有之。"③ 河北民间地区也有类似的节目，至今对"宋代社火中的《扑蝴蝶》、《旱船儿》、《竹马儿》、《村田乐》、《十斋郎》基本保存"。④ 在各种民俗节日中，人们通常用歌舞、伎乐、民间游艺等形式来进行娱神和敬神。北宋文学家欧阳修在真定曾目睹了三月十八日人们载歌载舞庆祝节日的场景，由此作《后潭游船见岸上看者有感》："河朔之俗，不知嬉游。大名真定以三月十八日为行乐之日，其俗颇盛，喧喧谁暇听歌讴，浪绕春潭逐彩舟。正得心如汝无事，明年今日更来游。"⑤ 三月十八日人们举行音乐活动以传扬"西门豹治邺"的典故。

河北民间音乐的繁盛离不开对外来文化的借鉴，河北地区乐人表演异域音乐受到了宫廷的喜爱，如高丽乐："四夷乐有善于演奏高丽乐的河北镇州（今河北正定）伶官28人。"⑥ 可见河北当地非常善于表演高丽乐曲。另外宋代京津冀地区的佛教音乐也很兴盛，"寺院定期的音乐活动与民间瓦肆中的表演交相呼应。受宋代音乐艺术门类繁多的影响，佛教音乐与世俗伎乐、说唱音乐、器乐等相互影响，表演形式更加丰富……宋时期的河北主要天界乐伎为多，伎乐浮雕多集中于各寺院的塔基上。宋初建造

---

① 《范成大诗选》，人民文学出版社1959年版，第133页。
② 《河朔访古记》上卷，转引自高丽那《宋时期河北音乐历史研究》，河北大学硕士学位论文，2011年。
③ 孟元老：《东京梦华录》卷8，中国商业出版社1982年版，第53页。
④ 《中国民族民间舞蹈集成·河北卷》，中国舞蹈出版社1989年版，第44页。
⑤ 《全宋诗》，北京大学出版社1998年版。
⑥ 程民生：《宋代地域文化》，河南大学出版社1997年版，第73页。

的正定大佛寺,慈悲阁须弥座局部的乐伎图中有石刻莲座化生乐伎和化生菩萨。这些石刻乐伎图,无论是坐的还是卧的乐伎皆身披彩带,与敦煌飞天乐伎的形态相一致"。①

自唐代以来通过丝绸之路传入中原地区的音乐到宋代有很多被继承下来,如河北地区非常流行的乐器筚篥。据史载,筚篥源于龟兹乐,如唐代杜佑《通典》记载:"筚篥,本名悲篥,出于胡中,其声悲。"②《乐府杂录》称:"筚篥者,本龟兹国乐也,亦曰悲栗,有类于笳……大历中,幽州有王麻奴者,善此伎,河北推为第一手……"③这说明早在唐代,河北地区就出现了善于演奏筚篥的乐人,到了宋代更是使用频繁。1969 年发掘出北宋至道元年的"定州净众院舍利塔地宫哀乐壁画"(图 4-1),现存河北定县博物馆,在其塔基的地宫顶部发现了彩绘的伎乐歌舞图,其中就有筚篥,"图中绘有伎乐天人 6 身,6 人演奏乐器,所用乐器有拍板、横笛、笙、琵琶、排箫、筚篥"。④

图 4-1 定州净众院舍利塔地宫哀乐壁画

辽统治时期,河北、北京、天津部分地域盛行散乐,而散乐的演奏离不开筚篥,据《辽史·乐志》中记载其乐器主要有:筚篥、笛、琵琶、箫、箜篌、筝、方响、杖鼓、第二鼓、第三鼓、腰鼓、大鼓、拍板、鞚。⑤1971 年在河北张家口宣化区下八里村出土的张世卿墓中的散乐壁画(图 4-2),"图中的十二人中最前面的比较矮小的乐人,是一位舞者正翩翩起舞。后面的十一人依空站位进行器乐演奏"。⑥从所持的乐器来看,筚篥使用较为普遍。

除此之外还有一种乐器用于佛乐的演奏,称作法螺。相传法螺随佛教

---

① 高丽那:《宋时期河北音乐历史研究》,河北大学硕士学位论文,2011 年。
② 杜佑:《通典》卷 144,中华书局 1988 年版,第 3683 页。
③ 李昉:《太平御览》卷 584《乐部》22,中华书局 1960 年标点本,第 2631 页。
④ 高丽那:《宋时期河北音乐历史研究》,河北大学硕士学位论文,2011 年。
⑤ 脱脱:《辽史》卷 54,中华书局 1974 年标点本,第 893 页。
⑥ 《中国音乐文物大系》(河北卷),大象出版社 2008 年版,第 188 页。

图 4-2　张世卿墓散乐图

图 4-3　定州白瓷法螺

传入,《法华经·序品》称今佛世欲说大法,吹大法螺。可见,在宣讲佛法等重要场合时会吹奏法螺。宋代河北已有法螺的使用,据记载:"至道元年,定州送新罗二人于阙下,召见便殿。皆乎持大螺吹之,其曲曰——《单于》,云中契丹学此。"[1] 此外,考古发掘中亦发现了宋代河北地区使用的法螺(图4-3),"现藏于定州市博物馆中的白瓷法螺正是北宋时期用于佛教寺庙活动中的乐器,这件法螺1969年出土于定州净光寺塔基地宫,通体布波浪形花纹,除螺口外具呈白色。螺体顶端留有吹孔,吹之发出稳定的粗糙洪大的声音,显然具有吹奏的功用"。[2]

总之,宋、辽、金时期京津冀地区的歌舞音乐包含了多民族的因素,而且继承并发展了通过丝绸之路传播而来的乐器。此外,随着商品经济的发展,市民阶层的扩大,民间歌舞空前繁荣,顺应了音乐进一步通俗化和平民化的历史趋势。

---

[1] 王应麟:《玉海》卷108。
[2] 高丽那:《宋时期河北音乐历史研究》,河北大学硕士学位论文,2011年。

第二节 对外交流中的元明清时期京津冀民俗文化

元明清三代建都于北京，京津冀区域成为全国政治核心区。这一时期本区民俗明显受到宫廷及正统思想的影响，由于政治中心的吸附力及皇帝的喜好，尤其元代和清代两个少数民族建立的政权，统治者对蒙古、西域、中亚各种民俗有着浓厚的兴趣，其他地区的音乐、绘画、宗教信仰等民俗内容从不同方向进入京津冀区域。明代中后期以后，西方传教士开始经由海上丝绸之路进入中国，同时带来了新思想、新器物、新风格，外来民俗内容在本地生根发芽，与本地原有民俗融合，出现了新的民俗内容、形式及特点。这些，不仅表现在音乐方面，还有绘画和节日民俗上。

一 元明清时期京津冀地区艺术与娱乐生活中的民俗文化

（一）音乐艺术与娱乐性表演

"礼以道其志，乐以和其声，政以一其行，刑以防其奸。"[1]礼、乐、政、刑是古代统治者普遍使用的治国工具。元明清时期，京津冀区域音乐风格明显受到政治及宫廷的影响，本区北部与蒙古族等少数民族地区相邻，又受到南方音乐文化的影响，使得本区成为北方音乐文化中心，形成了形式多样、种类繁多、风格各具特色的特点。

这一时期，音乐文化下移明显，音乐已进入普通民众娱乐生活，成为民俗不可或缺的一部分，如清初束鹿县"俗喜徘优，正月八日后淫祠设会，高搭戏场，遍于闾里，以多为胜。弦腔、板腔、魁锣莱鼓恒声闻十里外，或至漏下三鼓，男女杂沓，犹拥之不去"[2]。文中弦腔是元、明弦索调的遗音，是河北省特有的古老地方剧种之一，明末以来，在河北地区流行的戏曲主要有昆腔、弋腔、弦索腔三大声腔以及影戏。

元明清时期，京津冀地区流行的音乐形式主要有河北梆子、鼓乐、秧

---

[1] 郑玄：《礼记·乐记》卷11，四部丛刊景宋本。
[2] 《中国戏曲志·河北卷》，第11页。

歌等。

1. 宫廷乐

宫廷乐在京津冀乃至全国音乐文化中占有特殊的地位，其本身形成了独立的体系。元明清时期，京津冀作为全国政治核心区，深深吸引了全国各地音乐文化的融入，元朝和清朝少数民族特色又为宫廷音乐增添了新的元素。

元代有特色的如天魔舞，主要用于用于赞佛、宴飨等。以宫女十六人，头垂辫发，戴象牙佛冠，身披璎珞，扮成菩萨形象而舞。该乐舞产生于元朝初年，"当为元太祖初年征服西夏时征用的西夏旧乐舞，在世祖时即已风行，其与元朝统治者崇信密教有很大的关系，以其宝相庄严而又香艳飘逸受到观赏者的喜爱"①。《元史·顺帝本纪》载："时帝怠于政事，荒于游宴，以宫女三圣奴、妙乐奴、文殊奴等十六人舞《十六天魔舞》。"②元朝灭亡之后，很多人就把原因归咎到十六天魔舞上头。"凭谁为问天魔女，唱得陈宫玉树声"，"自古国亡缘女祸，天魔直舞到天涯"。足见宫廷乐之影响。

明代设置了比较完善的宫廷乐机构，如太常寺、教坊司、钟鼓司、司乐司等，有专门的乐舞生、乐户，因此宫廷乐非常发达，明代多位皇帝如太宗、宪宗、武宗、世宗对西番等地音乐亦感兴趣，在与外界交流时注意吸收当地音乐文化的优秀成分。

满族人能歌善舞，艺术文化传统历史悠久，"太平鼓、八角鼓、唱连厢、女童清音等都是满族常见的艺术形式"③。清军入关后，大批满族贵族与众多满族平民陆续迁入关内，集中在河北北部的承德地区。随着这些移民的迁入，满族人的一些包括音乐娱乐在内的风俗文化也被带入京津冀境内，丰富了本区音乐的形式，极大充实了音乐的内涵。

承德作为清朝帝王接见蒙藏首领的重要活动场所，其音乐风格更倾向于宫廷乐。自康熙四十七年（1708）始，皇帝带领王公大臣们赴承德避暑山庄开展政治活动的次数增多，随之以音乐歌舞表演为主的娱乐活动也丰富起来。"从秋狝设宴到万寿庆典，从政治接见到日常生活，音乐几乎渗

---

① 邹代兰、郑莉：《浅谈十六天魔舞》，《九江学院学报》2008年第4期。
② 宋濂：《元史》卷44，中华书局1976年标点本，第918页。
③ 吴倩：《清代河北音乐的初步研究》，福建师范大学硕士学位论文，2003年。

透在避暑山庄的各项活动中"。①乾隆皇帝的万寿庆典从规模、形式和水平都达到了空前的高度。每年农历八月初，祝寿的国内各地方官员、民族首领及外国使节陆续来到山庄。"六日即演大戏，至十五日止。"

每当木兰秋围时，"康熙都要将蒙古王公编入'围班'，并通过召见、赏赐、宴请等活动结好蒙古各部，以实现'备边防，合内外之心，成巩固之业'的图略"②。二十天后，行围期满，开始举行盛大的庆功、告别宴会。笊、管、筝、琵琶、马头琴等乐器组成的蒙古乐队奏起欢快的乐曲，蒙古族艺人们翩翩起舞，引吭高歌，还有摔跤、比武、赛马、射箭等多种娱乐表演。③除满、蒙两族外，还有很多其他少数民族的音乐艺术表演，如西北回部民族、西南土司都有进献。

乾隆五十八年（1793），英国玛戈尔尼使团曾经在避暑山庄观看乾隆的"万寿庆典"，他在日记中描写到当时的情景："各族人都有，穿着各民族的服装，操着各民族自己的言语，演本民族的歌舞，甚是优美。"④看来，避暑山庄的民族音乐盛况也给来华的欧亚使者留下了深刻而美好的印象。万寿节期间还有许多外国使节前来祝寿，据《乾隆帝起居注》记载，乾隆五十五年，皇帝八十寿辰时，安南、南掌（老挝）、朝鲜、缅甸等使团齐集山庄恭祝万寿，承德离宫的演出活动受到当时的外国使节的欢迎。清代皇帝在避暑山庄进行的民族、外交等一系列政治活动，为各民族音乐的交流和融合提供了良好的机会，使避暑山庄成为当时国内各地各民族乃至国际音乐文化荟萃的地方。

宫廷乐对京津冀地区乃至北方音乐文化影响很大，几乎是各地音乐文化时尚的风向标，宫廷流行的音乐传到地方，立刻成为当地流行音乐的主体。

2. 河北梆子

梆子戏是广泛流传于中国北方的传统剧种，以使用硬木做的梆子击节而得名，梆子腔是戏曲四大声腔之一，起源于明末清初陕西地区，清初即传入京津冀地区，至于传播的路线，秦腔乃从陕西经山西，由张家口传入

---

① 吴倩：《清代河北音乐的初步研究》，福建师范大学硕士学位论文，2003年。
② 同上。
③ 承德市文物局、中国人民大学清史研究所编：《承德避暑山庄》，文物出版社1980年版，第44页。
④ [英]玛戈尔尼：《英使谒见乾隆纪实》，转引自吴倩《清代河北音乐的初步研究》，福建师范大学硕士学位论文，2003年，第33页。

河北，传播的人群当是两地的商帮。刘献廷《广阳杂记》记载："秦优新声，有名乱弹者，其声甚散而哀。"①刘献廷生于清顺治五年（1648），卒于康熙三十四年（1695），乃随手所记十七世纪末他在北京及其周围地区的见闻，可见当时已有"秦声"或谓"乱弹"在流行。到乾隆年间，"秦声"已经非常盛行，《梦中缘传奇序》记载："长安（北京）之梨园……所好唯秦声、罗、弋。厌听吴骚，闻歌昆曲，辄哄然散去。"②此后，"至嘉庆年，盛尚秦腔，尽系桑间濮上之音"。③

在"秦声"流传的过程中，为了迎合本地人的风俗习惯，梆子戏根据当地的语言、风俗、爱好等，不断进行改革、创造，原先的唱腔、念白、奏乐等方面均发生了巨大的变化，于是道光年间逐渐形成了独具本地特色的河北梆子，时人称为"直隶梆子"或"京梆子"，诞生的标志是直隶梆子科班的出现，说明此时已有专门学习直隶梆子戏的人才。道光末年，雄县和定兴出现了三庆和、祥泰等直隶梆子科班。

由于河北梆子接地气，符合当地的审美，咸丰、同治两朝，河北梆子迅速发展，专门的科班、戏班不断出现，到光绪年间达到鼎盛，"几乎遍布于河北各地，逐渐成为河北地区最为流行的音乐品种"。④河北梆子成为梆子戏的重要分支。

河北梆子形成以后，逐渐向外扩散，借助于河北的有利位置及便利条件，不仅在国内大放光彩，还走向了世界。河北梆子广泛流行于河北、天津、北京以及山东、河南、山西部分地区，成为中国北方影响较大的传统戏曲剧种之一。河北梆子在其兴盛期，还曾传入中国东北三省、江淮地区以及俄罗斯伯力、海参崴，蒙古国库伦等地，少数班社到过宁夏银川和新疆伊犁去演出，成为河北音乐文化输出的重要标志。

河北戏曲对所到之处的音乐发展产生了一定的影响，成为传播河北音乐文化的重要使者。除梆子戏外，"丝弦于光绪年间，经艺人张玉春、周殿喜传入山西雁北地区的浑源、灵丘等地，并在当地艺人的改革后成为流行于山西地区的一个重要剧种"。⑤此外，还有喝喝腔传入山东省乐陵等地。

---

① 刘献廷：《广阳杂记》卷3，清同治四年钞本。
② 张漱石：《梦中缘传奇序》，转引自吴倩《清代河北音乐的初步研究》，第39页。
③ 《都门纪略》词场序。
④ 吴倩：《清代河北音乐的初步研究》，福建师范大学硕士学位论文，2003年。
⑤ 同上。

3. 鼓吹乐

河北省的鼓吹乐中，最具特色和代表性的是冀中管乐。河北的鼓吹，均以管子或唢呐主奏，配以笙、鼓等，定县、高桥、高洛、屈家营、胜芳等地音乐会比较出名。

智化寺始建于明代正统九年（1444），初为明英宗时期太监王振"舍宅为寺"所建的家庙，后王振擅将部分宫廷音乐移入寺院，并组建乐队，用于寺院佛事和一些传统民俗活动，此即智化寺音乐的由来。清道光、咸丰年间，智化寺音乐从寺院逐渐传播到北京周边地区，从而成为北方佛曲的代表，被时人冠以"京音乐"。北乐会的音乐与以智化寺为代表的北京寺院中的"京音乐"同源、同类。北乐会的曲目主要是传承古曲，"音乐结构严谨、程式化，其曲目可分为套曲、大曲和只曲三种曲体型类。以筒音或小管为主奏乐器的，没有唢呐"。[①]总体上北乐会的风格以庄严、典雅、深沉为主，具有震慑力。清末从北乐会分化出一支，称为南乐会。南乐会不仅参与祭祀、丧事的活动，还为婚庆等喜庆活动伴奏，在演奏过程中还增添了乐器，扩大了演奏曲目，从而扩大了音乐活动的范围以及影响力。

河北的"曲艺"亦享誉全国，并随着各地文化的交流向外传播。如清中叶以后，在河北兴起的各类大鼓书开始向其他地区传播。"沧州、河间一带的木板大鼓艺人将其带入京、津地区，后发展为京韵大鼓。庚子年后，西河大鼓艺人分别沿着大清河、子牙河进入天津，又由天津将西河大鼓带到北京以及东北、西北的部分地区。"[②]乾隆后期，由于白莲教等秘密宗教组织在河北农村展开活动，促进了鼓词艺术的发展。因为这些组织在宣传教义时采用的是鼓词说唱形式，由信徒持宝卷走街串巷进行讲唱，于是人们逐渐把听宝卷当作了一种文化娱乐活动。

其他传统乐舞表演形式如秧歌在河北亦非常流行，明万历十九年《隆平县志》记载："元宵前后，居民张灯鼓乐，儿童秧歌、秋千、湖游诸戏，男妇游行为乐。"[③]

4. 西洋乐

明清时期，西方传教士进入中国，带来了很多西洋乐器，为京津冀地

[①] 姜枫：《河北清代音乐史考略》，河北大学硕士学位论文，2009年。
[②] 吴倩：《清代河北音乐的初步研究》，福建师范大学硕士学位论文，2003年。
[③] 《中国民族民间舞蹈集成·河北卷》，第7页。

区音乐注入了新鲜的元素。明末,传教士利玛窦曾向万历皇帝进呈西琴,利氏所著《西琴曲意》小引记载:

> 万历二十八年(阴历),岁次庚子,窦具蛰物,赴京师献上,间有西洋乐器雅琴一具,视中州异形,抚之有异音;皇上奇之,因乐师问曰:"其要必有本国之曲,愿闻之。"窦对曰:"夫他曲,旅人阁知,惟习道语数曲,今译其大意,以大朝文字,敬陈于左。第泽其意,而不能随其本韵者,方音异也。"

《续文献通考》卷一百二十《乐二十》记载颇详,曰万历二十八年,大西洋利玛窦献其国乐器。……自言泛海九年始至,因天津御用监少监马堂进贡土物。其俗自有音乐,所为琴,纵三尺,横五尺,藏椟中,弦七十二,以全银或炼铁为之弦,各有柱,端通于外,鼓其端而自应。

此琴大受中国人喜爱,在京城民间大为流行。《帝京景物略》列举西洋奇器,有天琴,谓"铁丝弦,随所按音调如谱",亦必与利氏进上者为同一类之琴。赵翼《檐曝杂记》记载北京天主堂观星台与西洋乐器,曰:

> 有楼为作乐之所,虬髯者坐而鼓琴,则笙、箫、磬、笛、钟、鼓、铙、镯之声,无一不备。其法设木架于楼架之上,悬铅管数十,下垂不及楼板寸许。楼板两层,板有缝,与各管孔相对。一人在东南隅,鼓鞴以作气,气在夹板中,尽趋于铅管下之缝,由缝直达予管,管各有一铜丝,系于琴弦。虬髯者拨弦,则各丝自抽顿其管中之关捩而发响矣。[①]

清初至康雍乾时期,大量西方传教士延续明中后期传入的趋势,不断进入中国,朝见皇帝。传教士及西方使团成员带来了很多西方乐器,为中国人所未见者。康熙二十五年(1686),荷兰使团进京,使团中两名西洋音乐家为康熙帝演奏了小提琴和竖琴。[②] 康熙三十八年,康熙帝南巡至镇江时有传教士在船上"演奏西乐",回京后宫中的演奏则更多地出现了西

---

① 赵翼:《檐曝杂记》卷二《西洋千里镜及乐器》,清嘉庆湛贻堂刻本。
② 方豪:《中西交通史》下册,第889页。

洋乐器，有笛、风琴、低音号、提琴、巴松等。①康熙四十六年（1707）波希米教士石可圣来到北京，因擅长音乐极受宫中人员敬重。又有同国人严嘉禄，又善于制造器物。康熙帝即命演奏若干曲。时宫中已有西洋乐器多种，嘉禄一一试奏，并善修理钟表及管琴，大受宫人欢迎。

乾隆时，宫中西洋乐队配置的乐器已经达到一定规模，有大拉琴1把、中拉琴2把、小提琴1把、西洋箫8件、象牙笛4件、琵琶7件、斑竹板1件、笙1件、铁丝琴1件。②乾隆时有意大利耶稣会士曾在宫中演出滑稽歌剧，颇为乾隆帝欣赏，特命组织乐队，专演此剧，并"特建一院，形似舞台，绘剧中各情状，俾同时可以耳聆目赏"。③

西洋乐器最初在宫廷演奏并得到认可，逐渐传入民间，最重要的渠道即通过教堂传播。明末传教士罗明坚在广州时，即有"声调悠扬的新乐器"。利玛窦在北京建的小教堂中有大键琴一架。后在利玛窦的安葬仪式上，还"奏起了风琴和其他乐器"，崇祯时，北京宣武门天主堂有"天琴"，并称是"铁丝弦，随所按，音调如谱"，④崇祯四年在福建卢司铎的教堂里有"西琴"一张。清初，传教士汤若望重建宣武门教堂，后称南堂，内有"铁琴"一张。

（二）绘画艺术

元明清时期京津冀地区美术创作非常流行，包括士大夫的文人画、民间的画工画以及宫廷绘画都有大量作品问世。其中北京的宫廷绘画、寺院壁画等因吸收了西方的绘画技术，达到了中西合璧的效果。"明清时期是中国和欧洲文化艺术体系在中国传播的滥觞时期。这意味着一种深远的重要变化的开始。"⑤

1. 宫廷西洋画

西方传教士的到来不仅带来了天文、数学、医学等西方先进的科学知识，还传播了西方绘画理论。从元代开始，尤其是明清之际至清前期，宫

---

① 《康熙与罗马使节关系文书》第6件《德理格马国贤上教化王书》，故宫博物院影印。
② 杨乃济：《乾隆宫廷西洋乐队》，《紫禁城》1984年第4期。
③ 汤开建：《明清之际西洋音乐在中国内地传播考略》，《故宫博物院刊》2003年第2期。
④ P. Octave Ferreux C. M.：《遣使会在华传教史》第5章《遣使会十初至中国》，吴宗文译，台北华明书局1977年版。
⑤ 王镛：《中外美术交流史》，湖南教育出版社1998年版，第168页。

廷绘画中的西洋画成为重要的一部分。传统帝王画像一般为全身像,而蒙元御容中出现头像或胸像,其原因绝非偶然,很可能是受到了欧洲圣像和肖像画的影响而产生的。① 鲁布鲁乞在《东游记》中记载,在当时的和林城就有很大的基督教堂,里面有一尊圣母玛利亚的雕像。② 另外,从《元代画塑记》中所记绘制御容所用的材料来看,不再局限于中原传统绘画材料,而是大量使用"西番绿、西番粉、回回胭脂"等。

西方绘画艺术真正传入中国是在明末,利玛窦等传教士率先将近代西洋绘画带到中国。利玛窦出生地意大利流行古典艺术,包括壁画创作等,这些艺术的熏陶以及绘画知识为他日后在中国介绍西洋绘画打下了基础。他在献给神宗的礼物中就有"天主图像一幅,天主母图像二幅",这两幅画可以说是最早传入中国的宗教题材的油画了。顾起元在谈到利玛窦的圣母画像时说:"所画天主,乃一小儿,一妇人抱之,曰'天母'。画以铜板为帧,而涂五彩于上,其貌如生,身与臂手俨然隐起帧上,脸之凹凸处,正视与生人不殊。人问画何以致此?答曰'中国画但画阳不画阴,故看之人画躯正平,无凹凸相。吾国画兼阴与阳写之,故面有高下,而手臂皆轮圆耳。'"③

可见西洋绘画与中国传统绘画有明显的不同,通过透视学等原理,讲求逼真,当时还有很多通晓西方绘画理论的传教士:"懂得一定的绘画理论,如透视学、光影与色彩原理,并能作出一些解释。耶稣会士中除利玛窦之外,还有艾儒略、汤若望、南怀仁、利类思、白乃心等人。"④ 这种不同于中国画的新体画以西方绘画的写实性来弥补中国画写形的不足。

清代出现了更加专业的西洋画画师来到中国,供职于北京。如意大利人马国贤于1711年1月以画家的身份进入宫廷,在清廷服务了十三年,于雍正初年归国。他把西方的铜版画传入中国,同时培养了中国第一批铜版画人才,并且促进了中国油画的发展。1711年马国贤刚进入宫廷任职,就受命与康熙皇帝一同前往热河,完成刻制铜版画《避暑山庄三十六景图》的工作。他制造出了硝酸和墨汁等刻制铜版画的原材料,并制造出

---

① 牛继飞:《元代宫廷绘画及审美取向探微》,《美术》2009年第4期。
② 李福顺:《中国美术史》下卷,辽宁美术出版社2000年版,第360页。
③ 顾起元:《客座赘语》卷6《利玛窦》,中华书局1987年版,第194页。
④ 莫小也:《17~18世纪传教士与西画东渐》,中国美术学院出版社2002年版,第39页。

了印刷机。马国贤回忆道："陛下看了我的雕刻印版作品，尽管它们都十分灰淡，可他却是充满善意地谅解了。他甚至宣布说它们都非常好。他总是要求我继续做，从来没有发现我制造出来的错误。"①这套铜版画以西方绘画风格为主，借鉴了欧洲绘画技巧的透视、明暗、构图手法等，同时又融入了东方绘画的某些特征。"这幅作品还被带回到欧洲，使欧洲人第一次直观地欣赏到古老的中国在园林设计方面独特的魅力，这使得中国传统的山水园林设计理念得以影响欧洲，推动了欧洲特别是英国园林设计的变化，同时掀起了一股中国园林热。"②马国贤的《避暑山庄三十六景图》对于中西艺术的交流产生了积极的影响。

另一位传教士画家郎世宁于康熙五十四年（1715）一月二十二日来到宫廷担任宫廷画师一职，到乾隆三十一年（1766）六月十日在北京病逝。郎世宁早在欧洲已具备较高的绘画水平，来到中国之后创作了《康熙朝服像图轴》《乾隆皇帝朝服像》《孝贤皇后朝服像》以及《慧贤皇贵妃朝服像》等。郎世宁早期作品以西洋技法作为构图基础，如《康熙朝服像图轴》色彩鲜明，笔触细腻，面部五官呈现出立体感。后来趋向中西合璧的方式，创立新体画。如郎世宁花鸟画代表作《嵩献英芝图》是这种风格的典型作品，以"松""鹰"，谐音"颂""雍"，以庆贺雍正皇帝的生日。"屹立在山石之上的雄鹰寓意着雍正皇帝君临天下的气魄，而松柏和灵芝则象征着长寿，由此可见，郎世宁在创作这幅画时结合了中国传统文化的典型的事物，使之符合中国人的审美需求和美好寄托。"③同时，《嵩献英芝图》又在描绘白鹰时运用了光线和阴影来展现白鹰身体明暗的变化，突出了立体感。

郎世宁的《万国来朝图》（图4-4）是展现乾隆时期外交关系的重要图像资料。整幅画用全景式构图描绘了乾隆年间各国使臣前来觐见乾隆皇帝的场面，"作者运用了'焦点透视'的技法将'金水桥'至'保和殿'这段距离内的空间展现得十分有纵深感，使得画面的视野非常开阔"。④

---

① ［意］马国贤著：《清廷十三年——马国贤在华回忆录》李天纲译，上海古籍出版社2013年版，第63页。
② 何骥晨：《18世纪来华耶稣会士与中西艺术交流——以宫廷绘画为中心》，海南师范大学硕士学位论文，2018年。
③ 同上。
④ 同上。

图 4-4　郎世宁:《万国来朝图》
（故宫博物院藏）

此画不仅在绘画史上显示了中西文化的交流，画面内容也记录了清代前期外国朝贡的宏大场景。"乾隆年间数百人形成的朝觐队伍从左右两方走向这里，各国、各族的队伍前边都有一人举旗，左边旗上以国名为多，如'朝鲜国'、'缅甸国'、'大西洋'、'荷兰国'、'法兰西'等，右边旗则以民族称呼为多……他们穿着不同，肤色不同，脸部刻画精细，有明显的肖像特征。行进队伍中不时夹入进呈的各地物产。"[1]

《万树园赐宴图》是另一幅纪实性质的画作，此画以承德避暑山庄的万树园为背景，展现了乾隆皇帝于乾隆十九年（1754）接见归顺清朝的蒙古族杜尔伯特部首领的场景。反映了厄鲁特蒙古其中一部杜尔伯特部协助清朝平息准噶尔部叛乱的历史事件。画面上人物众多，乾隆帝端坐在由十六个内官抬着的肩舆上，在王公贵族和文武大臣的簇拥下缓缓进入宴会场地。蒙古首领等被接见的人都跪在地上迎候，另外两旁分别是乐队和喇嘛。整幅图就像一张生动的照片，所有的人物、场景、地形、山水都被完整地还原在画面中。这幅画是郎世宁与中国画家合作完成的，采用了"中西合璧"的画法，"采取了焦点透视与散点透视结合的方法。因其融入了西方画法，绘画严谨精确，对当时的场景可以做到相对真实、客观的再现，每个细节都做到了生动逼真，人物形象造型准确"。[2] 此画当中山峰树木青绿点缀、人物色彩华贵形成了一种既不同于以往的宫廷绘画，又不同于当时文人绘画和民间绘画的新体绘画风格（图 4-5）。

---

[1]　赵岩：《明清西洋风绘画研究（1579—1840）》，东南大学博士学位论文，2006 年。
[2]　何骥晨：《18 世纪来华耶稣会士与中西艺术交流——以宫廷绘画为中心》，海南师范大学硕士学位论文，2018 年。

图4-5 《万树园赐宴图》

新体绘画的出现一定程度上是为了适应乾隆皇帝的审美取向,他在给《题李公麟画三马苏轼赞真迹卷》题词时曾这样写道:"癸未岁爱乌罕贡四骏,命郎世宁为之图,形极相似,但世宁擅长西洋画法,与李伯时笔意不类,且其中有马而无人,因更金廷标用公麟五马图法,用郎之奇肖李之韵,为四骏写生。"[①] 从这里可以看出,乾隆皇帝深知西洋画的长处在于对具体实物的细致刻画,神韵不足则是其短处。故而郎世宁开创了独特的中西合璧的新体绘画风格,创造出了一大批以历史纪实为题材的"宫廷合笔画"。

王致诚是继郎世宁之后另一位在乾隆年间来华的法国籍传教士画家,在中国度过了三十年。乾隆十九年(1754),王致诚在热河盛典中共绘制了四幅著名的画作,分别是《册封三策凌盛典图》《杜尔伯特部归附首领肖像画》《乾隆御容肖像画》及《乾隆射箭油画吊屏》。这些画作都融合了中西方不同的表现手法,突破了中国传统的写真手法,"即用淡墨勾勒人物面部,以粉彩涂染的单线平涂法",[②] 将西洋画的写实技法运用于中国的工笔人物画中,使五官呈现出较强的立体感,人物的肖像被刻画得十分逼真。

从上述画家的代表作可见,清代宫廷画主要包括纪实画、山水画、风

[①] 《乾隆御制鉴赏名画题诗录》五集,卷62,转引自何骥晨《18世纪来华耶稣会士与中西艺术交流——以宫廷绘画为中心》,海南师范大学硕士学位论文,2018年,第31页。

[②] 何骥晨:《18世纪来华耶稣会士与中西艺术交流——以宫廷绘画为中心》,海南师范大学硕士学位论文,2018年。

俗画等，其中纪实类作品数量多，题材、场面表现宏大，并且水平较高。如纪实类的人物画在清代宫廷画中占据重要地位。"人物肖像画自魏晋唐高速发展，自宋元以后逐渐没落，清朝时期西洋风绘画尤其以写实的画风改变了这一颓势……纪实类题材的人物、肖像画得到了空前的繁荣发展，自顺治皇帝始至末代宣统皇帝止，几乎都有朝服像存世。宫廷内人物画家和人物画作品之多，是以前所没有的，这里主要包括宫廷帝王后妃肖像、读书像和行乐图等。从现存的肖像类题材创作中，我们可以明显看出多是以西方绘画方式和材料来绘制的。"[①]

西洋画的写实技法还被大量运用到历史题材的纪实画中，来描绘历史事件中的某一场景，包括作战、巡检、祭祀、外交等，起到了记录史实、宣扬教化等作用，为后人留下了可贵的图像资料，具有一定的历史研究价值。如康熙时期的《康熙南巡图》，雍正时期的《祭先农坛图》，乾隆时期《乾隆南巡图》《万树园赐宴图》等。乾隆时期，描写战争场面的绘画作品尤为繁多，如《平定准噶尔回部得胜图》《平定回疆得胜图》《平定仲苗得胜图》《平定苗疆得胜图》《平定廓尔喀得胜图》《平定安南得胜图》《平定台湾得胜图》《平定两金川得胜图》等反映战争题材的铜版画大量问世。其中《平定准噶尔回部得胜图》甚至不远万里被送到法国刻印，最后被作为奖赏赠送给大臣。[②]

乾隆三十年（1765）五月二十六日，御令："平定准葛尔部、回部等处得胜图 16 幅，着郎世宁等绘画底稿发往西洋，拣选能艺，依稿刻做极细铜版。"[③]乾隆皇帝命令赴法国刻印的这套版画中，亦采用了中西合璧的绘画元素，如《格登鄂拉斫营》中："远处的山脉随着画面推进慢慢与画面整个融为一体的中国绘画风格体现，画面下部分内容很强的透视效果，人物和马匹刻画有很强的立体效果，以双方骑兵冲杀的写实为主近景，叛军正面部队已经在败退，细节中描绘有少数抵抗的叛军中已有人中箭落马，栩栩如生，远处还有清兵在山谷中追击叛军。整个画面显的紧张，刺激，犹如身临其境一般。"[④]（图 4-6）可见，中西合璧的新体画总体特征

[①] 刘虎：《康雍乾三朝宫廷绘画研究》，天津大学博士学位论文，2011 年。

[②] 关于西洋画中的纪实画参考刘虎《康雍乾三朝宫廷绘画研究》。

[③] 鞠德源等：《清宫廷画家郎世宁年谱：兼在华耶稣会士史事稽年》，《故宫博物院院刊》1988 年第 2 期。

[④] 刘虎：《康雍乾三朝宫廷绘画研究》，天津大学博士学位论文，2011 年。

图4-6 《格登鄂拉斫营》

为画面的背景通常用中国画中比较擅长的山水画绘画风格来描绘山脉、树木层林,画面的中心内容如人物等则运用西方透视法等塑造出立体效果,使整个画面既有远景与近景的层次感,又有意境与写实相结合的不同视觉感受。

西方传教士画家在中国培养了大量西洋画画家,如清初画师焦秉贞擅长中西合璧的画法,"曾在宫中向传教士画家南怀仁学习西洋透视法,还临摹过西洋人波佐的《建筑透视图》"[1]。胡敬称:"秉贞,工人物、山水、楼观,参用海西法。伏读圣祖御临董其昌《池上篇》识云:'康熙己巳春,偶临董其昌《池上篇》,命钦天监五官焦秉贞取其诗中画意。古人尝赞画者曰落笔成蝇,曰寸人豆马,曰画家四圣,曰虎头三绝,往往不已。焦秉贞素按七政之躔度,五形之远近,所以危峰叠嶂中,分咫尺之万里,岂止于手握双笔,故书而记之。'"[2]

在民间,传教士们更是不遗余力地通过各种途径向广大民众和社会各个阶层传播西洋画,并由教会兴办学校、画坊和工厂,培养西画人才,以扩大西画在中国民间各个阶层的影响。明清传教士来华大都是先从海上到澳门落脚,然后从澳门到广州,再由广州进入中国内地;之后,又多前往南京、苏州、扬州一带活动;最后将目标锁定在帝国的中心——北京,形成以南方沿海口岸、江南地区和北京为中心的三个活动区域。在北京宫廷

---

[1] [英]M.苏立文著:《东西方美术的交流》,陈瑞林译,江苏美术出版社1998年版,第56—57页。

[2] (清)胡敬:《国朝院画录》(卷上)。

中西洋风绘画的命运直接受到了皇帝趣味的左右；为皇家服务，迎合皇家风尚，也成为西洋风绘画形成和存在的依托。

2. 瓷器绘画

京津冀地区的绘画艺术除了表现在画纸、铜板、玻璃上之外，还有大量的瓷器画像存在。河北省有着悠久的陶瓷历史文化，形成了以邢窑、定窑、磁州窑、井陉窑四大历史名窑为主的陶瓷文化。其中磁州窑在宋代达到鼎盛，元明清时期继续延续。窑址在今河北邯郸磁县、彭城一带。《磁州志》记载，"彭城滏源里居民善陶缸之属，舟车络绎，售于他郡"。民间有"南有景德，北有彭城"之说。创造性地将中国绘画的技法，以图案的构成形式，巧妙而生动地绘制在瓷器上，形成了具有水墨画风的白地黑绘装饰艺术，开启了中国瓷器彩绘装饰的先河，为宋以后景德镇青花及彩绘瓷器的大发展奠定了基础。

彩绘的图案随着在中西瓷器贸易的加强，逐渐引进了西洋元素，如西洋人物、花卉、建筑及徽章等种类丰富的西洋图像，正体现了瓷器作为中西艺术和文化交流的重要媒介的作用。"此时西洋艺术东来，除仿古外，并模仿西洋瓷之绘画，如圣母像，碧眼卷发之人物等，此系以前所未有者。"[1] 民间瓷器的西洋画像主要集中在青花瓷上，许之衡在《饮流斋说瓷》讲道："乾隆大兴锦地花，参人泰西界画法……故一望其画，已知为某朝某代之器也。"[2] 可见，西洋画法在乾隆年间瓷器画上的影响非常普遍，甚至成为了一种时代风格，以至使人一望便知道是"某朝某代"的作品了。

宫廷中则以珐琅彩瓷为主。乾隆时期北京制作珐琅彩瓷的地点有设在清宫养心殿的造办处珐琅作，还有设在圆明园的珐琅作。珐琅彩瓷除了采取珐琅彩工艺技法以外，从外观上来看，与清代宫廷绘画并无本质区别。珐琅彩瓷西洋人物画的瓷质胎体和东西合璧的画风也确实具有令西方人惊讶之处。

乾隆珐琅彩瓷西洋人物画与其他珐琅彩瓷人物画最大的区别即在于创造性地采用了金发碧眼的欧洲人物形象作为创作题材。其中最多的是与基督教密切相关的圣母子图，以圣母和圣子为表现题材（如图4-7）。除此

---

[1] 赵汝珍编著：《古玩指南——陶瓷》，沈阳万卷出版公司2008年版，第22页。
[2] 转引自赵岩《明清民间绘画所受西洋绘画之影响》，《内蒙古师范大学学报》2004年第6期。

以外为西方世俗人物题材，包括肖像人物、风景人物、历史人物等。①

我们看到的这件珐琅彩瓷圣母子图中，圣母子虽然形似西方人，但在神韵上却完全没有充分展示圣母的端庄与高贵，而是具有显著的世俗化特征，更多传达的是一种母爱精神，并且还具有浓郁的中国民族特有的吉祥文化色彩，如背景中描绘有带有长寿含义的灵芝，上部还绘有一幅中国山水画。②

3. 西洋壁画

西洋壁画在北京教堂以及宫廷中曾经大量存在。1605年，利玛窦在宣武门建起北京城内第一座教堂，被称为南堂。教堂内有倪雅谷所作壁画像雕刻一样富有立体感。1650年，汤若望重建南堂，堂内有君士坦丁大帝凯旋图与君士坦丁大帝负十字架得胜图，两壁画出自郎世宁之手。1693年，法国耶稣会士在中南海西岸蚕坛建起教堂，是为北堂，出生于意大利的画家盖拉尔蒂尼为这座教堂绘制了天顶画。

图 4-7　清乾隆珐琅彩瓷圣母子图葫芦瓶

桐城人姚元之（1773—1852）在乾隆末年看到南堂上郎世宁的线法画后，在《竹叶亭杂记》卷三中详记其所观场景，他说：

> 都中天主堂有四：一曰西堂，久毁于火；其在蚕池口者，曰北堂；在东堂子胡同，曰东堂；在宣武区内东城根者，曰南堂。南堂内有郎士宁线法画二张，张于厅事东西壁，高大一如其壁。立西壁下，闭一目以觇东壁，则曲房洞敞，珠帘尽卷；南窗半启，日光在地；牙签玉轴，森然满架；有多宝阁焉，古玩纷陈，陆离高下；北偏设高几，几上有瓶，插孔雀羽于中，灿然羽扇；日光所及，扇影、瓶影、几影，不爽毫发；壁上所张字幅篆联，一一陈列；穿房而东，有大院落；北首长廊连属，列柱如排，石砌一律光润；又东则隐然有屋焉，屏门犹未启也；低首视曲房外，二犬方戏于地矣。……线法古无之，

---

① 张俊臣：《乾隆帝西画观影响下的珐琅彩瓷西洋人物画艺术特色》，《中国陶瓷》2017年第11期。
② 同上

而其精乃如此，惜古人未见也，特记之。①

有一位来华的朝鲜使者朴趾源所作《热河日记》卷五中记载了他在北京观看壁画的感受："吾目将视之，而有赫赫如电，先夺吾目者，吾恶其将洞吾之胸臆也。吾耳将听之，而有俯仰转眄，先属吾耳者，吾惭其将贯吾之隐蔽也。吾口将言之，则彼亦将渊默而雷声。"②

宫廷中如倦勤斋，位于故宫乾隆花园北端，室内有小戏台，北墙和天顶则画有竹子藤架。紫藤花叶纷披，和北墙画的窗外庭院景色一起，与戏台浑然相融，给人一种强烈的错觉空间之感，而这一切都是透视法的功效。③

倦勤斋壁画，聂崇正先生作过深入研究。此处特别需要重述的是它的材底，"它不是画在墙上，像西方的湿壁画或干壁画，而是画在绢上"。④这大概是唐代就已成熟的做法，张彦远有时称为绢画，现不妨称为绢壁画，即先施绘于绢而后裱贴于墙面的壁画。

二　元明清时期京津冀地区节日中的宗教信仰民俗

节日以及节气日是人们生产和生活中不可或缺的重要组成部分，不论是帝王将相还是平民百姓都会参与到节日的风俗活动中来。明清时期记载节日活动的书籍有很多，以北京为例，如明代刘侗、于奕正合著的《帝京景物略》，清代潘荣陛的《帝京岁时纪胜》，清代富察敦崇撰写的《燕京岁时记》等。其他如北京地方志《顺天府志》等也有记载。其中《帝京景物略》中对于北京岁时民俗的记载，主要集中于《灯市》和《春场》两篇。《春场》中，作者详细介绍了立春、元旦、上元节、二月二、清明节、立夏日、女儿节、六月六、三伏日、七月七、七月十五、立秋日、八月十五、九月九、寒衣节、冬至日、腊八节、除夕的节俗活动。《灯市》中对上元节进行了集中介绍，简述前代上元节的节俗，详细介绍了明代上元节的情况，自官员至平民的活动，生动形象地描写了灯市繁华热闹的景象。

---

① 姚元之：《竹叶亭杂记》卷3，清光绪十九年姚虞卿刻本。
② 转引自王晶《清代北京的西洋壁画》，《新美术》2007年第5期。
③ 同上。
④ 同上。

在这些节日活动中除了体现传统文化外，有些还包含着一些宗教因素，受到了外来文化的影响。如正月十五的元宵放灯吸收了佛教燃灯表佛俗，其他还有佛诞节、盂兰盆节、腊八节等都是佛教习俗流传的结果。元明清时期，北京作为都城吸引了各方民族、地域的人们前来朝贡、经商等，同时带来了本民族的节俗。除了以上已经形成的佛教性节俗外，还有一些新的形态，如金元在北京形成的燕九节，至明清一直是北京人正月的重要节日。正月"打鬼"是藏传佛教在清代北京形成的新节俗。

（一）佛诞节

佛诞节又称作"浴佛节"，农历四月初八日佛祖释迦牟尼降生，故称为佛诞日，是佛教最大的节日。"传说释迦牟尼降生之时，有九条龙口吐香水为他浴身，所以在这一天，佛教寺院每年在佛诞日都要举行浴佛法会"[1]，故又将这一天叫作"浴佛节"。仪式是将佛像置于香汤盆中，由住持上堂祝香、说法，并率众信徒为佛像沐浴。浴佛节自六朝开始就有，明清时期跟前代相比，增添了更多世俗的内容。明代北京"朝中以四月初八为佛节，赐百官吃不落荚"[2]。不落荚是用苇叶包裹糯米而成，味道类似于粽子。此外，百姓这天吃"结缘豆"，所吃结缘豆是在寺庙有人舍的豆，结缘豆是一种结缘的方式。这些结缘豆有些是念佛者平时积攒起来的，因平时念一声佛，就拈一颗豆，称为"拈豆念佛"。接受"结缘豆"的人家也要按照拈豆念佛的做法，念一声佛，数一颗豆，或者将豆煮熟，念佛吃豆。"其人亦一念佛，啖一豆也。"也有佛诞日在街上施茶，并送盐水煮豆给路人吃的做法，这叫"普结良缘"。《帝京景物略》就记载了这一节俗，并解释了结缘在当时很多人看来关乎来世人际关系，故人们极为重视，"凡妇不见答于夫姑婉若者，婢妾摈于主及姥者，则自咎曰：身前世不舍豆儿，不结得人缘也"[3]。清代"浴佛会"，京城人大多到悯忠寺游玩，施斋饭，听讲经，或者到高梁桥、弘仁桥等地的娘娘庙祭祀碧霞元君，四月初一日至十五日"男女奔趋，香会络绎"[4]。除此之外，有的还在

---

[1] 徐威：《从北京传统节日和庙会看佛教对民俗文化的影响》，《北京联合大学学报》（人文社会科学版）2005 年第 1 期。

[2] 陆容：《菽园杂记》卷 5，中华书局 1985 年标点本，第 56 页。

[3] 刘侗、于奕正：《帝京景物略》，北京古籍出版社 1980 年标点本，第 68 页。

[4] 潘荣陛：《帝京岁时纪胜》，北京古籍出版社 1981 年标点本，第 19 页。

这一天祈雨祈年，消除疾病等活动，"由浴佛仪式到民众借佛力驱灾，体现了中国民众对佛教信仰的实用性态度，这也正是民众将宗教时间观纳入中国传统时间观范畴，将佛教浴佛仪式纳入中国节庆体系的根本原因"。①

（二）盂兰盆节（中元节）

对佛教而言，农历七月十五这一天有多种含义，一是僧侣的自恣日、佛的欢喜日。"每年夏天，僧侣们经过三个月的苦修，在农历七月十五这一天结束，叫做'结夏'，他们云集在一起，相互检查三个月中是否戒律精严"②，故曰"自恣"，佛为此感到欢喜。另外，这一天还是佛教的盂兰盆节，这一天寺庙里举行盛大的盂兰盆会活动，盂兰盆是梵文的音译，意思是"救倒悬"。《佛说盂兰盆经》记载佛祖为佛弟子目连传授《盂兰盆经》，要他在七月十五集百味饮食于盂兰盆中，供养十方自恣僧侣。

在中国最初举行盂兰盆会的是梁武帝，至明清时期，盂兰盆会的活动更加丰富起来。在乡村，明代北京西郊主要是祭麻谷，"乡民以十五日取蜀黍苗、麻苗、粟苗，连根带土，缚竖门之左右，别束三丛，立之门外，供以面果，呼为祭麻谷"。③在城市中，主要是放河灯与做盂兰盆会。明代北京"十五日，诸寺建盂兰盆会，夜于水次放灯，曰'放河灯'"。至清代庵观寺院，设盂兰会，看演经文，燃放河灯、焚烧法船。紫禁城中"每岁中元建盂兰道场，自十三至十五放河灯，使小太监持荷叶，燃烛其中，罗列两岸，以数千计，又用琉璃作荷花灯数千盏，随波上下。中流荡龙舟，奏梵乐，作禅诵，自瀛台过金鳌玉桥，绕万岁山至五龙亭而回"。④随着佛教在北京民间的广泛传播，佛教的盂兰盆节与农历七月十五祭祀祖先的中元节不谋而合，节俗活动也融合在一起，丰富多样。

（三）佛成道节（腊八节）

腊八节在农历十二月初八，佛教中，释迦牟尼苦修时得到一名牧女供养的乳糜得以恢复体力，而后在菩提树下开悟成道，故这个日子便成为佛

---

① 钟敬文主编：《中国民俗史》（明清卷），第305页。
② 徐威：《从北京传统节日和庙会看佛教对民俗文化的影响》，《北京联合大学学报》（人文社会科学版）2005年第1期。
③ 沈榜：《宛署杂记》第17卷，北京古籍出版社1982年标点本，第192页。
④ 常人春：《老北京风情记趣》，北京出版社1993年版，第87页。

成道节。寺院在这天举行诵经活动,并取香谷和各种果实熬粥供佛,在我国又叫"腊八粥"。

腊八粥在宋代已经出现,元代佛家煮红糟粥,供佛饭僧;官民做朱砂粥享用。明清时期腊八粥更为流行,《酌中志》记载"初八日吃腊八粥",在腊八前的数日,将红枣锤破泡汤,到腊八早上,加上粳米、白果、核桃仁、栗子、菱米煮粥。民间虽然没有宫中讲究,但同样"杂五谷米并诸果,煮为粥,相馈遗"。①

清代北京腊月初八宫廷与民间都有煮粥习俗,光绪《顺天府志》记载了皇宫腊八粥的制作需有大臣监督:"腊八粥,按一名八宝粥,雍和宫熬粥,定制派大臣监视,盖供上用焉。"②从腊月初一便开始准备材料:"腊月初一开始领料,初二到初五陆续由皇宫运到雍和宫。初六日过秤分料,每锅粥要用各种米、豆等共十二石,大枣等干果各百余斤,初七日上午淘米,泡干果,下午点火熬粥。"③清人富察敦崇撰写的《燕京岁时记》中记载了北京民间熬制腊八粥的材料以及过程:"腊八粥者,用黄米、白米、江米、小米、菱角米、栗子、红豇豆、去皮枣泥等,合水煮熟。外用染红桃仁、杏仁、瓜子、花生、榛穰、松子,及白糖、红塘、琐琐葡萄,以作点染。切不可用莲子、扁豆、薏米、桂圆,用则伤味。每至腊七日,则剥果涤器,终夜经营,至天明时则粥熟矣。除祀先供佛外,分馈亲友,不得过午。"④

清早食用腊八粥是明清时的节俗,河北固安人腊八粥必定在五更前食用,俗传吃粥早,来年五谷的收成也会早。民国时期,当地民谣说:"谁家烟囱先冒烟,谁家高粱先红尖。"腊八粥作为节令食品,首先是供佛与祭祀祖先,然后祀门口窗户、井灶、园林,最后举家吃粥,并在亲邻间相互馈送。"在河北遵化人们用腊八粥涂果树,说这样果树就会多结果;有的还和妇女开玩笑,在妇人背上涂抹腊八粥,'以祝生子'。"⑤

---

① 刘若愚:《酌中志》卷20,北京古籍出版社1994年标点本,第183页。
② 光绪《顺天府志》卷50,清光绪十二年刻十五年重印本。
③ 胡玉远:《京都胜迹》,北京燕山出版社1996年标点本,第348页。
④ 富察敦崇:《燕京岁时记》,北京出版社1981年标点本,第92页。
⑤ 钟敬文主编:《中国民俗史》,第339页。

（四）庙会

元明清时期，正月新年里以及其他节日里有许多庙会，庙会是岁时节日的补充形式。明代香会很多，元旦日到东岳庙烧香。清代北京地区，以宗教活动为主的庙会主要有大钟寺、雍和宫和黄寺庙会等。大钟寺庙会，每年农历初一至十五开庙，大钟寺有一口大钟是永乐皇帝朱棣令人铸造的，距今已有560多年的历史。"它造型古朴精美、雄浑凝重，反映出我国15世纪初高超的冶炼水平和铸造工艺，是举世罕见的艺术珍品。它通体内外铸有汉文和梵文经咒一百多种。"[①] 大钟寺庙会期间，不少商贩设摊售货，各种曲艺杂耍、民间花会也聚集在庙内外，游人香客摩肩接踵，人声鼎沸，场面十分热闹。

有些庙会商贸活动维持时间较长，形成了定期的市集，称"庙市"，其开庙日期每月较为固定，如白塔寺庙会每月逢五、六的日子开市，包括初五、初六、十五、十六、二十五、二十六，其他如护国寺庙会七、八开市，隆福寺庙会九、十开市。据《日下旧闻考》记载，隆福寺货物最齐全，"本朝雍正元年，每月九、十有庙市，百货骈阗，为诸市之冠"。护国寺庙会日用物品、书画古董、风味小吃、杂耍曲艺之类应有尽有，其中以玉器最为著名。扇子铺也是庙市上的一大行业，既有平民百姓爱用的廉价蒲扇，又有精致的折扇、羽毛扇和团扇等，折扇的扇面多为画师作画，书法家题诗；有些扇子上还镶嵌珠玉宝石，往往一把扇子就是一件珍贵的工艺品。[②]

有的庙会除了商业贸易活动以及民间曲艺表演外，还有宗教性表演内容，如喇嘛庙的"跳布扎"（俗称"打鬼"），意为"驱魔除祟"，是藏传佛教特有的宗教舞蹈。清代《燕京岁时记》记载："每至打鬼，各喇嘛僧等扮演诸天神将以驱逐邪魔，都人观者甚众，有万家空巷之风。打鬼日期，黄寺在（正月）十五日，黑寺在二十二日，雍和宫在三十日。"可见，具有异域风采的"打鬼"活动吸引了不少游客前来欣赏。藏传佛教除了带来"打鬼"习俗外，还有燃灯活动。据《金鳌退食笔记》记载，"每岁十月二十五日，自山下燃灯至塔顶，灯光罗列，恍如星光。诸喇嘛执经

[①] 徐威：《从北京传统节日和庙会看佛教对民俗文化的影响》，《北京联合大学学报》（人文社会科学版）2005年第1期。按，本节有关北京佛教节日的资料参考了该论文，特致射。

[②] 同上。

梵呗，吹大法螺，余者左持有柄圆鼓，右执弯槌，齐击之。缓急疏密，各有节奏，更余方休，以祈福也"。[①] 十月二十五日是藏传佛教的传统节日"燃灯节"，纪念格鲁派创始人宗喀巴大师成道圆寂，这一天喇嘛集体诵经，僧俗教民或在寺中，或在自家的佛龛前点燃酥油灯。此外，游乐旅行也是庙会的活动之一，尤其是春天通常在一些风景优美的寺庙中举办踏青型的庙会，比如位于郊区的卧佛寺、潭柘寺、碧云寺、戒台寺等。

除了宗教节日以及各寺举行的庙会外，中国传统节日中也引进了一些外来习俗，如从正月初一到初三，男男女女在这几天要到白塔寺绕塔，求好运。据《帝京景物略》载："岁元旦，士女绕塔，履屣相蹑，至灯市盛乃歇。"[②] "塔的四周多刻满经文，绕塔而行，每绕一周，就等于念经文一遍。因佛教的习俗以右为尊，因此绕塔皆从右向左转。绕转塔寺是自我身、语、意净化的过程，并显示了对三宝的感恩、敬仰之情。"[③] 又如元宵节明代京城灯会有十天，正月初八至十八，在东华门外，形成灯市，卖灯的商贩，买灯、观灯的游客络绎不绝，热闹非凡。妇女身着白绫衫，结伴夜游，名为"走桥"，也称"走百病"。人们到各城门偷摸门钉，以祈子嗣，名为"摸门钉儿"。

总之，元明清时期京津冀地区的民俗生活除了继承传统的生活习俗外，如饮食、起居等，人们还利用中外交往、各民族交往的契机，吸收了新的元素，拓展了民俗生活的空间，尤其是音乐、绘画等方面借助西方外来技术有了新的突破。我们从民俗生活的这些细微变化可以感受到元明清京津冀社会发展的新特点，显示了西方传教士对该地区生活与文化的影响，以及明清对外交往政策对宫廷以及大众艺术文化存在深层次影响。

第三节　清末民初中西文化交流视域下的京津冀民俗文化

古云："事异则事变，事变则时移，时移则俗易。"[④] 入近代以来，中

---

① 潘荣陛：《帝京岁时记胜》，北京古籍出版社1981年版，第35页。
② 刘侗、于奕正：《帝京景物略》，北京古籍出版社1980年标点本，第182页。
③ 才让：《藏传佛教民俗与信仰》，民族出版社1999年版，第67页。
④ （汉）刘向：《说苑》卷十七《杂言》，刻本，清重印。

国遇"数千年来未有之变局",不仅大量的西方人与物涌入中国更多的中国人从"天朝上国"走向四方"蛮夷之地",中西方思想文化的交流与碰撞也空前高涨。在日益被卷进人类历史的全球化潮流的过程中,中国的传统民俗也逐渐发生了深刻的变化。自鸦片战争后至新中国成立前,京津冀地区人们从价值观念变迁到日常的衣食住行的改变、社会生活内容的变化等,无不充分反映出中西方文化融会的广度和深度:国人的精神信仰渐为一些西方的价值观念所浸染,衣食住行融入更多的西方元素,其社会生活中也被融进了越来越多的西方生活方式。同时,中国传统文化也为一些西方人所重视,走出国门,在海外产生影响。

清末民初京津冀地区的民俗变迁主要源于两次外在作用力的推动和一次内在作用的结果。一是鸦片战争,尤其是1860年天津的开埠通商和设立租界后,一些"洋玩意儿"随之涌入京津冀地区。二是1901年《辛丑条约》签订后,北京、天津的大门更加"开放",外来文化的大量涌入和过去几十年的浸染,使得京津冀地区的民俗在更广范围、更大深度地发生变化。而民国初年一些法律法规的颁行,如《服制》将西式服装定为礼服,则进一步巩固了这些中外文化交流的成果。在推动变迁的群体上,与前期相比,此时的中外文化交流除官方的交流和商人的沟通外,更多的是在传教士、留学生、买办和华侨等的传递中实现,而且开始有普通民众加入其中。在路径上,除北京继续因其为政治、经济、文化中心,而继续吸引更多的交流外,随着天津的开埠和崛起,京津冀地区的对外交流有了更多的碰撞空间和机会,甚至形成了近代以天津为中心的文化交流区,从而进一步推动了京津冀地区民俗在物质、精神信仰和社会等层面的变迁。

一 清末民初中外文化交流下的京津冀物质民俗

清末民初京津冀地区的物质民俗发生改变,主要是随着"洋人"直接或间接生产、销售物品的"入侵"被动产生的。所说的间接生产、销售指的是洋务运动尤其是《马关条约》签订后,除外资输入外,有越来越多的民族企业开始用"洋机器"进行生产,他们的产品也因此被冠上"洋"或者"西"字,如"洋布""洋车""洋灯""洋楼"和"西服""西餐""西点"等。相对于之前的"土布"等传统物品来说,这些"洋玩意儿"有的是在质量上确有过人之处，有的是使人感觉"新鲜"。在种种因素的促使下，自鸦片战争后，这些与"洋人"有直接或间接关系的物品，在悄然改变着京津冀地区民众的物质生活，如吃西餐、穿西服、住洋楼、骑洋车乃至开汽车，成为人们的生活时尚。电灯、电话、钟表等洋货逐步普及，成为人们习以为常的必需品。在他们的衣、食、住、行中，开始越来越多、越来越广地融入了大量的西方元素。

（一）衣饰出现西化

衣饰最基本的作用是蔽身体、防寒暑，及美化自身、吸引异性。除此之外，在传统中国，它还有一项重要的政治文化功能，就是"分尊卑、别上下"。因此，衣饰的选择，除受穿戴者经济水平的基本影响外，也是文化的一种最好阐释方式。

清前期，京津冀一带男子的便服一般有袍子、小袄、褂、衫、裤、束带、袜、鞋、帽等，长袍、马褂往往被作为礼服。所戴为小帽、风帽、皮帽，尤以小帽，俗称的"西瓜皮帽"最为流行。满族女子主要是较为宽大的旗袍，有时再加一件较长的背心；汉族女子是上身着袄、衫，下身以束裙、裤为主。所穿的鞋子，无论男女，都是手纳鞋，区别也只是鞋面布料和绣花与否。在饰品方面，一般男子也就是腰上的饰物、荷包，女子除简单发饰、手帕等之外，一般无"金珠罗绮"。

入近代以来，京津冀地区民众的服饰开始发生变化，除了原有的服饰继续穿着外，出现了西式礼服，并开始在一般男子中流行；西式皮鞋也开始受到青年人的青睐，一般以牛皮或羊皮由西法制成，呈黑色或黄色，四季均可穿着；帽子也出现了一些新的产品，以往的十八盘草帽，仅限于农民戴用，其余均戴洋式小草帽，皮帽由卷檐式改为土耳其式，无檐。

在"西服东渐"的影响下，不仅是男子，北京、天津城区的一些时尚女子也开始赶时髦，如随着洋布的流行，街上开始流行以西洋印花布为料的"洋印裙"。同治、光绪年间兴起穿上袄下裤，着裙者渐趋减少。鸦片战争后，女子衣饰与首饰也发生了一些变化。如，镶绦本是女子服饰中加在衣服边防止磨损的花边，早期仅有二、三镶绦，咸同年间"京师女子衣服之绦条，道数甚多，号曰十八镶"，而镶衣的原料几乎都是舶来品。同时，蕾丝式样也开始引入，如有的被称为"金白鬼子栏杆"，人们形容当时的女装是"鬼子栏杆遍体沿"。① 在饰品上，不仅流行金银饰品，且有以眼镜、金钱表、文明棍为饰者。有妇女"以小表佩于衣衽间以为饰者，或金或银，而皆小如制钱，故呼曰金钱表"。眼镜虽传入中国较早，但初多因矫正视力之需，而"光绪中叶以后，妇女之好修饰者，亦戴之以为美观"，时有"双镜金丝半面妆"的说法。②

至19世纪末，"西服东渐"的现象已在京津冀地区的民众生活中明显表现出来。光绪年间，京城出现了专门剪裁西式服装的"洋裁缝"。而且，随着此时的社会动荡，西方各种社会理论和文化思潮蜂拥而至，并在服饰上以新的方式体现出来，进一步推动着民俗的变化。

如，女子解放运动的兴起使得女扮男装成为一种时尚。一些新知识分子把变革女子服饰同妇女解放联系起来，在其解读中，传统的女子服饰即是妇女处于奴隶地位的标志、束缚妇女的一大绳索。如秋瑾当时就常穿着一身蓝色男西服，横戴着黑色鸭舌帽，手里攥着一根细手杖；在不着西装时则长袍马褂，梳着男式大辫，足蹬皮鞋，完全一副男子打扮。因为在她看来，那种"足儿缠得小小的，头儿梳得光光的；花儿、朵儿、扎的、镶的、戴着；绸儿、缎儿、滚的、盘的，穿着；粉儿白白、脂儿红红的搽抹着"③的生活是一种寄生生活、一种被奴役的生活；女子若要解放，就必须改变这种服饰。因此，她不仅在《敬告姐妹们》中发出这样的呼声，且身体力行，通过着男装，使自己从外观到心灵都趋向男子。1903年秋瑾旅居北京时，登门拜访了日本女教育家下田歌子的弟妻繁子。繁子曾这样描述当时秋瑾的着装打扮："修长的身材有点向前弯，头上是浓厚的密发。穿着西式男装，横戴着的黑色鸭舌帽掩盖了半个耳朵。蓝色的中世纪西装，背心显得很不合体。因为西装袖子太长，纤细的手只露出一点在袖口外。手中带着一根细手杖。从又肥又大的西服裤下面，可以瞧见茶色的靴子。胸部的领带松松地往下垂"，俨然一"男装的美人"④（图4-8）。周亚卫在《光复会见闻杂忆》中也提到了1907年秋瑾的男子装束："当时身穿一件玄青色湖给长袍（和男人一样的长袍），头梳辫子，加上玄青辫

---

① 徐珂编：《清稗类钞》卷91，中华书局1984年版，第91页。
② 同上书，第124页。
③ 秋瑾：《秋瑾集》，上海古籍出版社1960年版，第14页。
④ ［日］小野和子：《中国女性史——从太平天国到现在》，高大伦编译，三秦出版社2010年版，第63页。

穗，放脚，穿黑缎靴。那年她三十二岁。光复会的年轻会员们都称呼她为'秋先生'。"此外，闻名一时的肃亲王善耆的大格格保书舫也"常越闺范"，女扮男装，出现在各种公共场合。一些青楼女子为标新立异，有的也"喜作男儿装束"。甚至普通百姓也将女扮男装视为一种时髦，"光宣之间，……竞效男装"，"有翻穿干尖皮袍者"，还有戴猎帽、身着西式男大衣者，以至"徒步而行，杂稠人中，几不辨其为女矣"。[①]

图 4-8　秋瑾男装照与着男式西装的秋瑾

上述着男装女子的出发点虽不尽相同，但其装扮成为影响民俗变迁的一大因素。清末民初，西方服饰因子越来越多地走进了中国女子的生活，而西装美观适体、便于动作的特点也渐为国人所接受。相对而言，男式西服做为文明装流行的较早、较快。此时妇女中流行的西式服装主要是男式西装、男式大衣和礼帽，西式女装尚未被人接受。女性中流行更广的是西式皮鞋、西式花边、西式钮扣和东洋发式等。"庚子以后，风气弥开，男女皆尚高领窄袖，……凡西洋服饰若花边细纽绒毛衣之属皆为常御之品，而往时之阑干挽袖均捐废矣。"[②]

但任何民俗的存在和变化都是在一定时间内完成的。清末民初衣饰流行的趋势和时尚只是说明，随着中外文化的交流，西方的服饰文化开始被中国人所认同，旧的观念逐渐发生变化。如天津就有不少人"衣巾无不做

[①] 孙燕京：《服饰史话》，社会科学文献出版社 2000 年版，第 78 页。
[②] 曾宝荪、曾纪芬：《曾宝荪回忆录·附录》，《崇德老人自订年谱》，岳麓书社 1986 年版，第 57 页。

兜",平时"以装置零物"。实际上,当时大多数妇女还是习惯于传统的衣衫,而不习惯于西式服装。《京华百二竹枝词》就有载曰:"近今新式衣服,窄几缠身,长能履足,袖仅容臂,偶然一蹲,动至绽裂,或谓是慕西服而为此者",[1]讥讽渐兴的西服之象。

1911年武昌起义的枪声不仅结束了清王朝的统治,也使绵延了数千年的君主专制制度土崩瓦解。辛亥革命对西方理论的宣传与推行进一步深化了中西文化交流的成果,并在衣饰变革等方面表现出来。如民国元年七月,临时参议院公布了男女礼服制式,要求男式大礼服均用西装,常礼服或西装或中式长袍马褂,对女士礼服也作出了明确规定。礼服制式规定公布后,虽亦有持异议者,最终服饰条例没有也不可能全部照章执行,但有一点是事实:在礼仪场合,男子普遍或西装或长袍马褂,女士有的承袭前清的大襟衣裤,有的效仿西式服装。正如有学者所指称的:这是"一个新旧交替时期,旧的东西死而不僵,新生的方兴未艾"。[2]

值得注意的是,辛亥革命后,不仅满族人的社会地位急剧下降,原为其女子民族服饰的旗袍此时也打破了等级的限制,在汉族女子中广为流行。而且,此时的旗袍还被融进了西方理论中男女平等思想——仿男装中的马褂而改良。自汉代后,汉族女子服饰逐渐只穿"上衣下裳",俗称"两截衣",穿袍服几乎成为男性的专利。因此,穿"两截衣"此时也被看成了封建礼教对女性压迫的象征,而改为上下一体的袍衣。这时,经改良后的旗袍已远非之前满族女子的"旗人"之袍了。张爱玲就曾在她的《更衣记》里写道:"五族共和之后,全国妇女突然一致采用旗袍,倒不是为了效忠于清朝提倡复辟运动,而是因为女子蓄意要模仿男子。她们初受西方文化的熏陶,醉心于男女平权之说,可是四周的情形与理想相差太远了,羞愤之下,她们排斥女性化的一切,恨不得将女人的根性斩尽杀绝。因此初兴的旗袍是严冷方正的,具有清教徒的风格。"[3]王宇清先生也感叹说:"旗袍,这后来流行大半个世纪的女装,却原来竟是新潮女子们争女权争平等的副产品呢。"[4]

---

[1] 李家瑞编:《北平风俗类征》(影印本),上海文艺出版社1985年版,第243页。
[2] 吕美颐:《中国近代女子服饰的变迁》,《史学月刊》1994年第6期。
[3] 张爱玲:《更衣记·流言》,中国文联出版社1993年版,第65页。
[4] 王宇清:《旗袍里的思想史》,中国青年出版社2003年版,第3页。

女性解放到了20世纪20年代中期得到蓬勃发展。随着女权运动的发展，女子服男式长袍的现象在各地越来越普遍（图4-9）。北京的报纸曾载文："如今的女子剪发了，足也放了，连衣服也多穿长袍了。我们乍一见时，辨不出他是男是女，将来的男女装束必不免有同化之一日。"①

图4-9 民初服男式长袍的女性（图片来自百度百科）

（二）饮食与日用品

从现有资料上看，清末民初京津冀地区的饮食民俗受西方影响的最大表现，是西餐的流行。

中国是世界上饮食文化最发达的国家，至清代已逐渐形成了川、粤、鲁等菜系以及其他各地方风味的菜肴及小吃。但随着西方文化的进一步渗入，19世纪中叶以后西式饮食开始在一些沿海通商城市流行。到八九十年代，天津、北京的西餐馆也相继开设，名声越来越大。

具体来说，西式餐饮在北京出现并逐渐流行开来是在庚子国难之后，其中，既有《辛丑条约》将北京东交民巷划定为使馆区、有更多外籍人士入京之因，也有随后的"新政"使越来越多的中国人开始接受"洋玩意儿"。对此，也有时人讽刺说"文化未进步，而奢侈则日起有功"，"向日请客，大都同丰堂、会贤堂，皆中式菜馆，今则必六国饭店、德昌饭店、长安饭店，皆西式大餐矣"。②当然，在清末民初能够出入六国饭店等食用

---

① 北方的马二：《男女装束势将同化》，（北京）《晨报》1925年4月14日。
② 胡朴安：《中华全国风俗志》下篇卷一，上海书店1986年版，第2页。

这些"西式大餐"的一般是中上层官商界人士。天津《大公报》即有"满清贵族群学时髦,相率奔走于六国饭店"①之语。

对于设有西餐的一些餐馆,为吸引更多顾客,此时也开始在报纸上刊登广告,配上"环境幽雅、侍候周到、各种西餐大菜"和"零点小吃可口、方便"等语。而"去吃西餐",日渐成为人们追求时髦、标榜时髦的一种方式。为风气所染,民国以后,西式饮食在中国渐次占有更广泛的市场,西化的范围也从吃西餐到对更多西式生活方式的追求。

西式卷烟在清末民初对京津冀地区的民众就有较大影响。

据清末寓居天津的张焘回忆:②广东因通商最早,"得洋气在先",很多做法是"效泰西所为";其"尝以纸卷烟叶,衔于口吸食之。又如衣襟下每作布兜,装置零物,取其便也"。后来,吸西式卷烟,和因携带卷烟之需而在衣襟上设置布兜的做法也传到了天津。而卷烟初到津门,最早接受卷烟的是受雇于洋人的马夫等人群。

> 近则津人习染,衣襟无不作兜,凡成衣店估衣铺所制新衣,亦莫不然。更有洋人之侍童马夫辈,率多短衫窄裤,头戴小草帽,口衔烟卷,时辰表练,特挂胸前,顾影自怜,唯恐不肖。

实际上,不唯北京、天津城区,就连河北新河一般的小县城纸烟之畅销也是如此。据方志载,此处男子多吸烟,清末时"旱烟(吸烟叶)甚盛",水烟、烟土"多富室好之";但入民国后"近则下至贩夫走卒亦皆吸食纸烟矣"。③甚至,因受纸烟的冲击,中国古老的旱烟、水烟几近被淘汰。

"洋酒"虽不及"洋烟"普及,但也有一定市场,啤酒、咖啡、汽水逐步流行。如北京"咖啡店所售之物,则有咖啡、红茶、牛乳、各种荷兰水、冰激凌及外国糕饼等物、亦可大餐"。④在直隶玉田,普通民众日常所

---

① (天津)《大公报》1903年8月10日。
② 张焘:《津门杂记》,清光绪十年刻本。
③ 丁世良、赵放主编:《中国地方志民俗资料汇编》(华北卷),北京图书馆出版社1989年版,第504页。
④ 《新北京指南》第2编,撷华书局1914年版。转引自张静如、刘志强《北洋军阀统治时期中国社会之变迁》,中国人民大学出版社1992年版,第428页。

第四章　京津冀区域民俗文化的沿袭与发展　351

需洋货"不可胜数","饮食日用曰洋货者,殆不啻十之五矣"。[①]

(三)民居与公共建筑

1759年,中国土地上第一次建立起成规模的西方风格建筑——圆明园西洋楼,这是将中国传统建筑装饰元素与西方建筑相结合的首次尝试。但这种源自皇家的中西混杂建筑装饰手法,当时对京津地区建筑的装饰手法影响不大。直至鸦片战争后,随着更多外国人的涌入,京津地区的近代建筑融入了更多的西式风格。

只不过相对衣食而言,无论是房屋建筑,还是室内家具、装修等的用度,一般消费较大、使用周期较长,故而其西化的过渡期相对较长,受西方文化影响的程度在清末民初时期表现较轻。在京津冀地区,表现较为明显的是既是新增对外开放的商埠又有着九国租界的天津(图4-10—图4-12)。

图4-10　清末天津租界(图片来自网络)

图4-11　现展览于天津博物馆的杨柳青年画"法国租界图"

图4-12　1905年天津法租界的洋房和车夫

---

① 姚贤镐编:《中国近代对外贸易史资料(1840—1895)》,中华书局1962年版,第1106页。

首先，天津出现了前所未有的公园。公园，过去对中国人来说只属于私人园林的去处。京津冀地区曾有很多私家花园，大到圆明园、颐和园，小到王府官宅、富贵人家的后花园，如天津的李善人花园、曹家花园。但这些地方当时都是纯粹的私人园林，不允许外人进入，就算是荒废了，也留个看园子的人，人们是不能随随便便进去逛的。晚清以降，大批的外国人涌进天津，从在这里建租界开始，逐渐改变了老城厢里中国人的生活方式，使之慢慢沾上西化的味道。早期英租界，特别是墙外推广界（今五大道），整体按照英国城市学家、风景规划与设计师埃比尼泽·霍华德的"花园城市"理论进行规划建造，远离城市中心，拥有街心公园和林荫道，以及最先进的排水、排污系统，城市建设理念已经达到世界最高水平。因为规划合理，推广界成为华北最适宜居住的住宅区。继英租界之后，法、德、意、日、俄5国也在各自租界内建起了街心公园。据不完全统计，截至清亡，外国人在天津一共建了10个公园——久不利公园、皇后花园、义路金花园、维多利亚花园、意大利花园、海大道花园、俄国花园、大和公园、法国花园、德国公园。最初，这些公园虽主要是洋人为改善自己的生活环境而建，但这些公园自出现后，就对天津及其附近的建筑风格、民众的生活方式逐渐产生了深远的影响（图4-13）。

图4-13　1909年的天津英租界维多利亚公园

其次，近代以来天津出现了具有西方因素的新住宅建筑类型——里弄住宅。这种住宅是由房产商购地进行资金投入，大批量建造的低层联排式住宅，建成后再分户出售或出租。按照分户单元的特征，里弄式住宅可分为两种类型：旧式里弄住宅与新式里弄住宅。其中，旧式里弄住宅是在中

第四章 京津冀区域民俗文化的沿袭与发展

国传统住宅形式的基础上因受西方联排式住宅的影响而产生的一种中国本土化的联排式住宅，分户单元沿用传统住宅建筑的设计手法，平面严谨、对称，房间无明确分工，所有房间依靠内院及内天井采光通风，总体布局为建筑包围院落，这点依然保留着传统住宅内向封闭的特征。新式里弄住宅是从西方直接引进的近代联排式住宅，分户单元采用近代住宅设计方法，平面布置灵活，功能分区明确，充分利用外墙面开设门窗以达到良好的采光通风条件，有院落且绿化包围建筑，具有近代住宅外向开放的特征。旧式里弄住宅出现较早，存在时间也较短，主要是集中于20世纪初年。新式里弄住宅形式大约出现在20世纪20年代初。

图4-14 天津戈登堂又称天津英租界工部局大楼。始建于1890年，是19世纪天津体量最大的一座建筑物

至于在天津的宗教建筑、银行、洋行及租界管理性机构建筑等更是使得近代天津具有了更多的西方味道。而且，这些西式建筑逐渐对周围的建筑风格带来了影响，以至20世纪初的天津，"阛阓多仿西式"，小洋楼已渐渐取代北方的四合院成为当地居室建筑的新潮流。

相对而言，晚清时期，北京的西式建筑虽不像上海和其他通商口岸般发生了明显变化，但其封建都城的格局还是在鸦片战争后逐渐被打破，融入了西方的建筑文化特色。

清末的北京地区主要是兴起了大批的仿效"西洋楼式"建筑，不中不西，非土非洋，是近代早期东西方建筑文化交流融合的产物。1860年圆明园被八国联军焚毁后，慈禧改建颐和园清晏舫舱楼，沿用西洋楼式中西混杂建筑装饰手法。随后上行下效，这一建筑式样传入民间，逐渐有商铺、民宅等仿照这一风格加以

图4-15 天津怡和洋行

应用。到 19 世纪末，西风东渐，这种"西洋楼式"建筑在北京更是盛行一时。从皇家宫苑、政府机关到商户铺面、普通民宅等，这种风格都有所体现。

需要指出的是，由于当时的中国工匠基本没有受过正规的西方建筑学教育，只是根据以往见过的西洋式建筑，结合自己的经验与理解，简单地加以模仿发挥来建造此类建筑，因此这种所谓的"西洋楼式"建筑，只不过是基于我国传统的构造技术，在局部运用西方建筑手法（如拱券、柱式、装饰纹样等）建成的一种形似而质异的奇特作品，如颐和园清晏舫、万牲园畅观楼（图 4-16）、六国饭店、中南海海晏堂、清陆军部衙署等（图 4-17、图 4-18）。它们的共同特点是建于 19 世纪末 20

图 4-16　万牲园畅观楼旁景

图 4-17　1906 年的清陆军部衙署

图 4-18　1912 年的清陆军部衙署，鲜明的西洋古典建筑风格使其在同类建筑中独树一帜

世纪初，外形仿欧式风格，但其建筑材料、施工水平与中国传统建筑相比没有根本变化，仍以中国传统木结构承重为主，坡面屋顶，建筑装修方面总体采用了西洋风格，但局部纹饰又掺入中式元素。还有一些坊间的"西洋楼式"建筑类型，则如宅院西洋门、商铺门脸房等，大多是采用西洋拱券、柱式，面阔一至三间，在门楣处常置横匾题额，以挑檐承托三角山花，高大其体量，美观其装潢，给人赏心悦目之感。在细部上，这些建筑多用中西合璧图案纹样，或加高大罩棚、铁艺栏杆，或做线脚、堆塑、西洋徽志等，形式自由，变化多样，没有固定的程式，多是我国工匠自出机杼之作。这类建筑形式，在清末民初颇为流行于前门外大栅栏（图4-19）、王府井商业区。

图4-19 北京大栅栏

20世纪初年，因清末"新政"等，北京出现了一些主要是由外国建筑师创作的西方古代建筑式样，有学者称其为"洋风式建筑"。这些建筑以20世纪初帝国主义列强在东交民巷地区大规模兴建使馆建筑群为肇始，后渐影响至清政府的国家机构、高门府邸，甚至商铺作坊、平民小户均以此类风格为尚。如东交民巷的使馆及其附近的兵营、练兵场、海关、教堂、邮局、银行、医院、公司、会所等大都是这样的西洋建筑。还有"新政"中兴起的资政院、大理院、军谘府、外务部迎宾馆，以及新式学校包括京师大学堂及其分科大学、京师女子师范学堂、顺天中学堂、陆军贵胄学堂、清华学堂等，工商业、交通建筑包括大清银行、北京饭

图4-20 幸存至今的北京"劝业场"三个字和欧式壁柱

店、京奉铁路正阳门东车站、京汉铁路长辛店机车厂、京师自来水公司、华商电灯公司、丹凤火柴公司、溥利呢革公司等。

民国初年，这种建筑风格得以继续。如1913年在宣武门西的象房旧址侧添建了众议院、总统休息室，作为国会议场，新添的两栋建筑体现了德国文艺复兴风格。同时，大陆银行、盐业银行、北大红楼、财政部印刷局等体现出浓厚的西洋古典风格；北京饭店中楼、潞河中学原教学楼、京华印书有一定的折中主义风格；劝业场则体现了巴洛克风格（图4-20），北京水准原点、保商银行体现了文艺复兴风格。一时间，北京的各类"洋风式"建筑可谓异彩纷呈，各具特色。在西方建筑文化大规模进入中国的过程中，传统封建都城的格局在一点点地发生变化。

此外，清末北京，在一些达官贵人中，出现了竞相攀比布置西式家居的现象。如那彦图府邸便以进口沙发、钢琴和西式家具布置了一间相当洋派的会客厅。[①]

总之，如果说最初西方文化传入京津冀地区是以西方殖民者将其建筑体系的强行植入的形式，撕裂了京津旧有的城市面貌的话，最早的一些西式建筑也多是以其固有装饰风格为主。但随着时间推进，京津地区近代西式建筑中逐渐融入许多中国传统建筑装饰元素。同时，在传统建筑中亦局部出现西方建筑装饰元素。而后，中西文化逐渐融合、杂糅生成兼具中西建筑装饰特征的新建筑风格。

（四）出行方式

在所有的物质民俗中，因西方势力的冲击对京津冀地区产生最为积极影响的应该是应用于行的交通工具了。人力车、自行车、汽车、火车从出现到广泛使用，使得缓慢前行的中国由此加速前进。

鸦片战争前，人们出行除了步行外，主要靠独轮小车、畜力车或轿子。其中，轿子或畜力牵拉的轿车一般是社会中上层的交通工具。官员出行多按品级享用轿子，轿子的等级以规格、颜色和轿夫的多少来划分。官员乘轿走在街上，前有鸣锣开道，师爷、衙役前呼后拥，行人要避让。富人或士绅出行除了乘轿，还乘坐马拉的"轿车"，这种轿车虽然没有等级划分，但是从车厢的装饰豪华程度也可以看出乘坐者的社会地位。这些车、轿与其说是交通工具，倒不如说是他们权力和身份的象征。对天津人

[①] 中国人民政治协商会议全国委员会文史资料研究委员会编：《晚清宫廷生活见闻》，文史资料出版社1982年版，第320—324页。

来说，比较熟悉的还是街面上比较流行的"脚驴"：赶驴者牵一头有简陋鞍辔的毛驴在道边揽客，有人骑乘便可出发，花费很少，大多数百姓可以负担。但相对后来进入中国的西式马车、人力车、自行车、汽车、火车，这些传统的交通工具在速度或舒适性上，显然都是无法比拟的。

人力车在19世纪80年代出现于天津，当时大多是由日本进口，所以最初被称"东洋车"，20世纪初普遍使用橡胶轮胎后天津人又称之为"胶皮车"。世居天津的储仁逊在其《闻见录》中记有"夕有拉东洋车待人雇，或拉人位，或拉货物，为脚行之类，在街市停放。此车系东洋日本所造，只坐一人，二轮极轻捷，轴以钢条为之，轴上有铁弓，为之有坎坷处，人坐无颠险之患，喜走硬道恶软道。中外国之官，每月收捐钱500文给执照。东洋车自此始有，为拉车起名者曰东洋狗"。[1]文中不仅详细介绍了人力车的构造，言语间也可见天津人对这种外来交通工具的态度。1895年，天津全城的人力车总数已经有四五千辆。而在此时，人力车在他处还较少见。1895年2月4日《直报》曾有载曰："近来大兵过境，各兵勇睹此异制（指人力车），他省所无，因亦高兴雇坐。"

此时，盛行于天津上流社会的交通方式还有乘西洋式马车。据调查，当时地位较高的官僚或追求时髦的富商家中大都拥有一二辆西洋马车；驾车的马匹也不用中国马，而是从天津的外国驻军那里购买的高大的西洋马，甚至花巨资从国外进口。与此同时，轿子的使用却逐渐减少，人们甚至把轿子看成女人的专用品了。[2]庚子前后的北京、天津城区，外来人力车和西式马车逐渐取代原有的独轮小车和牛马车，成为主要交通工具。1903年9月，天津《大公报》称"人力车勃兴，无业者俱购一二辆出赁"，盈街塞路，大有垄断交通之势。[3]

学界虽就自行车是否源自外国有不同说法[4]，但《中国旧海关史料（1859—1948》所载1911年的海关数据中可以毫无疑问地告诉我们：当时，自行车作为"交通工具"从英、德、日等国进口到天津等地。在清末一些人的笔记、日记及此后的一些方志史料中，我们也开始陆续见到一些

---

[1] 储仁逊：《闻见录》第1册，稿本。
[2] ［日］中国驻屯军司令部：《二十世纪初的天津概况》（原名《天津志》），侯振彤译，天津地方志编修委员会总编辑室编，1986年版，第21页。
[3] （天津）《大公报》1903年9月4日。
[4] 徐涛：《自行车与近代中国》，华中师范大学博士学位论文，2012年，第23—51页。

关于"洋车"的记载。只不过,因受价格、地方路况等因素的影响,自行车较集中地出现在天津九国租界一带,最初骑自行车的多是外国传教士,能拥有这一交通工具的不是"洋人"就是王公贵族、官宦名绅、富商大贾等。现展览于天津博物馆、创作于清光绪年间的杨柳青年画"新刻天津紫竹林跑自行洋车"(图4-21),可以让我们略以窥视19世纪末、20世纪初出现在天津街市的"西洋景"。对于一般百姓而言,可以说一直到民国初年自行车也还是一种新奇的东西,是只有富家子弟才能用来显示时髦的交通工具。在京津冀地区,直至20世纪二三十年代,自行车才普见于民间。自行车作为常用交通工具,是发生在民国后期的事情。对此,曾有学者称:

> 自行车到我国来的时候,年代已不可考,但总在海外通商以后,……因为国人习性和习俗,不役人的就役于人,很少肯使用自己的力气,为自己服役,所以只有坐车和抬轿拉车,除了使用自己天然的两腿走路以外,自己坐车自己使力会被人笑话的,因之自行车虽传到了我国多年,还是未被扩大的利用。①

图 4-21 现展览于天津博物馆的清光绪杨柳青年画"新刻天津紫竹林跑自行洋车"

需要指出的是,清末民初的京津冀地区在享受新式交通工具带来的便利同时,因其对中国传统交通工具带来的冲击,也遇到了一些社会冲突。在街面上,就时常发生人力车夫和赶驴的脚夫在路上争抢揽客,车与驴争相奔跑、与行人发生冲撞等事件。"马夫仆役率多愚贱无知识之人,以为坐马车者非显宦即富商,遂至凭权借势,往往于肩摩毂击多人聚集之区,扬鞭疾驰,甚至不分

---

① 怀朗:《闲话自行车》,《万象》1942年第2期。

道路左右任意挽越，以至撞倒行人碰翻洋车，伤人之事层见叠出。"①

1886年，法国一家铁路公司在华代理洋行为了向清政府推荐引进该公司的产品，在英租界海大道（今大沽路）以西到海光寺，铺设了二三英里的窄轨铁路。蒸汽机车牵引数节车厢在轨道上往来行驶，"开车载客，俾众游玩"：每乘坐一个来回，上等座票价3角，最下等5分，并有一车专载女客。当时的中文报纸称之为"地可味而铁路"，类似于今天的轻轨。当时有开明之士感叹道："津郡驾车皆任以骡驴而行，路之艰涩，每逢阴雨泥泞，进尺退咫。何不循途改辙，其劳奚逸啻仙凡之别。"②李鸿章曾率众官员前往视察乘坐，这种前所未见、轰轰作响的机械牵引交通车吸引了不少市民，"往看者踵接肩摩，熙来攘往，直有万人空巷之慨"。但其中，围观看热闹者多，乘坐者很少。"每见妇孺拥塞道旁，或奔走追呼，或咨嗟艳羡。"因此，近代交通工具第一次在天津百姓面前的展示活动最终不了了之。

1901年11月16日，一名日本商人在老城区开通了一条公共车路线，并得到了都统衙门的免税许可，成为天津首次正式营运的、有固定路线的公共车。③但其只运行了5个多月。随后，由比利时财团投资的"天津电车电灯公司"得到了电车和供电的垄断经营权。公司的中文名称最初叫"天津电灯车路公司"，后改为"天津电车电灯公司"，1902年在香港注册，由世昌洋行负责代理经营。④1906年2月16日，中国第一路有轨电车围绕4条马路开始运行。根据《大公报》的报道，这天的通车典礼非常热闹，"搭客甚多，道旁观者如堵"。到1918年，又有5条电车路线先后通车。

二 清末民初京津冀地区精神生活中的民俗文化

清末民初，在中外文化交流的影响下，京津冀地区的精神民俗也发生了深刻变化。

---

① 天津市档案馆等编：《天津商会档案汇编（1903—1911）》（下），天津人民出版社1988年版，第2283—2284页。
② 《时报》1886年12月1日。
③ 《八国联军占领实录——天津临时政府会议纪要》（下），倪瑞英、赵克立、赵继善翻译，天津社会科学院出版社2004年版，第486页。
④ 《八国联军占领实录——天津临时政府会议纪要》（上），倪瑞英、赵克立、赵继善翻译，天津社会科学院出版社2004年版，第8、315页。

鸦片战争前,京津冀地区的民众基本生活于"天朝上国"的精神状态中。一些西式服饰、饮食、日用品甚至精神生活方式等虽已有进入中国,但包括京津冀地区在内的绝大多数中国人认为四方皆"蛮夷",对天朝之外的人、事等一切都十分不屑。嘉庆年间竹枝词中虽有"纱袍颜色米汤娇,裌面洋毡胜紫貂"①之语,但在民情朴厚,且经济条件有限的京津冀地区,大多数民众"均甚俭啬"②,其在吃喝拉撒之外的精神生活既不富裕也不丰富。对一般民众而言,平日除偶有赶集、逛庙会之举外,其精神生活的主要内容就是闲暇时间去戏园子"听听戏"、到街上看看杂耍。逢年过节,京津冀地区有办花会、灯会等活动,游园、"看会"等就成为大多数民众的庆祝方式。在宗教信仰上,主要有佛教、道教,和集中出现于一些村镇、街道中的基督教和伊斯兰教。一般来说,聚居的基督教徒和伊斯兰教徒在其宗教性的节日中,各行其宗教礼俗,更多的民众是对其所听、所闻"各路神灵"都心存敬畏,平日家中供奉、岁时节日里祭拜的许是道家,许是佛家,甚或道、佛并敬。在京津冀的很多城镇和农村地区,有一档或多档由管子、笙、云锣等乐器伴奏的民间音乐会社,这些"音乐会"的演奏曲目大同小异。若溯其源,有的是道教音乐,有的属佛家音乐等,但在普通民众看来,都是在一些特殊时节、场合增加气氛的,因而他们也得以一年之中少有的音乐层面的精神享受。

鸦片战争后,不仅西方国家的利炮打开了我们的国门,与其相关的各种事务也开始在国人的头脑中占据一定地位,对西方事务的态度也开始发生改变:从原来的不屑,逐渐转变为崇洋。"洋货作为西方文明的一种物质载体,在进入天朝的时候,就把西方生活习俗不声不响地载到了东方,使中国人的面貌和中国的固有文化都发生了变化。"③

清末民初的京津冀地区,不仅拥有北京这一政治文化中心,天津也成为推动当时中外文化交流的重要窗口。1860年,《北京条约》增开天津为商埠;同年底,清政府答应了英国公使卜鲁斯在天津设立租界的要求。随后,法、美、德、日等8个国家相继在天津获得了贸易和行政特权,并陆续设立各自的租界。九国租界占地两万多亩,相当于当时城区的8倍,

---

① 得硕亭:《草珠一串·时尚》,路工编选:《清代北京竹枝词》,北京古籍出版社1982年版。
② 胡朴安著:《中华全国风俗志》下编,岳麓书社2013年版,第365页。
③ 严昌洪:《西俗东渐记——中国近代社会风俗的演变》,湖南出版社1991年版,第42页。

清末民初的天津成为中国北方开放的前沿、最大的金融商贸中心和近代中国"洋务"运动的基地。西方资本主义在这里倾销工业产品和资本输出的同时，西方近代文明也随之源源不断地移入。北京作为政治文化中心的辐射，天津商埠涌入的"洋务"，及其租界内教堂、洋行、商家的现代城市管理与其西方生活方式等，使京津冀地区的精神信仰民俗在清末民初时期开始发生深刻改变。

（一）崇洋风气的兴盛

鸦片战争之后，面对"蛮夷"的坚船利炮，我们不仅逐渐把称呼由"蛮夷"改为了"洋人"，对与其相关的事务、态度也开始发生改变。清末民初，京津冀地区崇洋风气日益明显。

道光年间，享用洋货首先在上层社会渐成风尚，社会中开始出现崇洋的倾向，"大江南北，莫不以洋为尚"。后来，在百姓的日常用语里，带"洋"字的表述也越来越多，诸如"洋布""洋火""洋铁壶""洋烟卷儿""洋取灯儿"等。甚至"凡物之极贵重，皆谓之洋"，如"重楼曰洋楼、彩轿曰洋轿、衣有洋绉、帽有洋筒、挂灯曰洋灯、火锅名为洋锅，细而至于酱油之佳者亦名洋酱油，颜料之鲜明者亦呼洋红洋绿"。[①]《时报》报道称，市场上则出现了"商人以售外货为荣，买客以购外货为乐"，"见为外货则趋之若鹜，见为土货则弃之若遗"的怪象。[②]而这些现象的出现，扣除外国商品倾销的因素，崇洋心态无疑起了推波助澜的作用。

相对而言，当时西方先进的生产技术及其由大机器生产的商品，一般成本低、售价便宜，如民国《文安县志》中有"织工为吾文旧业，令交冬季各村时闻机声。然棉由累次加工至成布颇费时间，特以日用必需不惮繁琐。自欧西通商以来，其所输入之布，价廉物美，士民多购用之"。[③]光绪《遵化通志》也有描述"洋线盛行以来，价廉售易"，"近年洋布价廉于线，洋线价廉于棉"。[④]而且，当时西方主要由大机器生产，其商品在质量上较中国传统手工制品更有保障及其他优点。如传统的手工棉织品、丝

[①] 陈作霖：《炳烛里谈》，转引自陈登原《中国文化史》下册，商务印书馆2014年版，第300页。
[②] 《时报》1905年4月9日。
[③] 民国《文安县志》卷十二《实业》。
[④] 光绪《遵化通志》卷十五《舆地·风俗》；《物产·棉属》。

织品重于保暖、宽松，大多不能用于制作强调平整、挺括的西服的原料；而西方的新式机织品，如呢绒、毛呢、丝绸、洋布等除了能做西服外，基本上具备了中国传统衣料的优点，而且价格适中。民国《香河县志》中就有称，衣服"向用土布家机，惟求坚实耐久，不尚美观，寻常农家大率类此"，但"自洋布输入，物美而价廉，争相购用。家机土布，遂不可见。发来布业甚盛，亦系用洋线织成。麻料充斥，色泽鲜明，贫富各户，多喜用之"。① 所以人们在对西服感兴趣的同时，对近代机器工艺生产的衣料亦越发偏爱。洋货用多了，民间百姓自然而然形成机器胜过手工、洋货胜于土货的心理，于是从认知洋货，到认知外国，进而产生学西方思想，最后形成一种社会风尚，这是晚清思想变化和民间崇洋风气共同构筑的一种社会心理，也是中国从封闭转向开放的一种必然。而且，崇洋风气造就了趋新心理定式，进而为晚清社会的思想变动、价值观念的变动奠定了必要的社会心理基础。②

此外，因"洋货"的最初消费人群主要是一些高官富贵或有留学经历、与洋人多有往来的买办等，故清末民初的崇洋又多被人们等同为"新派"之举。天津《大公报》有称："革命巨子，多由海外归来，草冠革履，呢服羽衣，已成惯常；喜用外货，亦不足异。"后来，改良与革命风潮先后盛行，一些不是维新派也非革命的人士，"其少有优裕者亦必备洋服数套，以示维新"。③

从时间上看，洋务运动前和洋务运动早期，在京津冀地区着西装、吃西餐、用"洋货"的人不多，主要是留学生、买办，还有和洋人打交道的一些人，绝大部分中国人是看客，且对和西方有关的一切仍怀有一定的排斥心理，把洋货视为"奇技淫巧"，他们不仅自己不吃、不喝、不用"洋人的那些玩意儿"，还很不屑别人那么做。至19世纪80年代中期，日常生活中的一些常用"洋"物品已为广大城乡群众喜爱和购买，并将使用洋货视为时尚，甚至形成了风气。如有文献称在邻近天津的玉田，人们日常所需洋货"至不可胜数"，甚至说"饮食日用曰洋货者，殆不啻十之五

---

① 丁世良、赵放主编：《中国地方志民俗资料汇编》（华北卷），北京图书馆出版社1989年版，第286页。
② 孙燕京：《略论晚清北京社会风尚的变化及其特点》，《北京社会科学》2003年第4期。
③ （天津）《大公报》1912年6月1日。

矣"。① 这种说法虽然可能略有夸张，但日用洋货在民间盛行之风由此可见一斑。19 世纪末 20 世纪初，崇洋之风在京津冀地区盛行。庚子前后，京城"外贸风行，土布渐归淘汰，布商之兼营洋布者十有八九"。②《顺义县志》也有记载称"自庚子变法，效仿外洋，服布多用洋货或爱国布"。③实际上，此时不仅服装质地洋化，而且服装的裁剪款式也趋洋趋新。光绪年间，京城就出现了专门剪裁西式服装的"洋裁缝"。对此，《大公报》曾指摘称："近年北京人于西学西艺虽不知讲求，而染洋习者正复不少。"④到民国初年，崇洋之举在民间更为普及。如新河县"农民衣服多以洋布为之，以呢类为衣者亦日多"。对此，有学者认为，这充分反映了近代以来燕赵民众对西方物质文明的向往和追求，也反映了人们消费观念的改变，他们已不再满足于现有的生活水平，而是在不断追求更高标准的享受和审美情趣。⑤

从地域上看，这些变化多是从北京、天津等大中城市的城区开始，而后渐至乡间。如据《晋县志料》载，当地"至于洋布与一切丝织品，惟大商富绅间用之，其用西式毛织品者，更寥若晨星。但近年城市绅商，衣饰酷爱时髦，驯至乡曲小康之家，亦多竞相仿效，往往年甫弱冠，辄翩翩然夏葛冬裘焉。亦风俗渐奢之一征也"。⑥这里所说的洋布，有的是直接为"洋人"所生产，有的是由河北高阳等地的"洋机器"生产的。《高邑县志》就记有："洋布则为高阳所出与舶来品两种。每岁用土布约在十万匹左右，高阳布万余匹，舶来洋布千余匹。中上社会间有服丝、麻、毛织者，而为数有限，岁用不过数百匹（丝织品一百余匹、麻织品二百余匹、毛织品三十余匹）。丝、麻多为国货，毛织品则来自外洋。"⑦

而且，崇洋之风与地区经济发展与近代交通发展等状况密切相关。如据民国《徐水县志》记载，该处"俗尚简朴，普通民众多衣土布"，但自有铁路过境，"近数十年来，洋布亦颇畅行"。同时，在不通铁路的满城县

---

① 姚贤镐：《中国近代贸易史资料》，中华书局 1962 年版，第 1106 页。
② 吴廷燮：《北京史志稿·民政志》，北京燕山出版社 1991 年版。
③ 民国《顺义县志》卷 16《杂事》，1933 年铅印本。
④ （天津）《大公报》1903 年月 10 日。
⑤ 杨学新：《略论清末民初燕赵服饰变化的特点》，《中国文物报》2009 年 2 月 25 日第 007 版。
⑥ 民国《晋县志料》上册《风土志》，1935 年石印本。
⑦ 丁世良、赵放主编：《中国地方志民俗资料汇编》（华北卷），北京图书馆出版社 1989 年版，第 104 页。

"民众衣服向用土布,家机棉线,洋布价昂,购者甚少"。①

而且,相对而言,西方物品在清末民初进入中国,尤其是京津冀地区的数量较之后还是少的。这一点可在从道光年间《都门杂咏》到宣统时《京华百二竹枝词》收录的上千首竹枝词中略窥一斑。道光时期竹枝词中有一首谈到大栅栏的"自鸣钟",说到玻璃、眼镜各一首,还有一首提及不"耐穿"的洋布,其余所述风尚器用还是旧式的。大体可以说,庚子以前的竹枝词,新风新物比较少见。而宣统以后的《京华百二竹枝词》《京华慷慨竹枝词》所辑则满目皆新,记录了从器物到机构、制度再到新学的种种变化,以至辑录者感慨道:"大清宣统建元年,事事维新列眼前。""世事幻其如梦,弹指即非……风移人往,奚沧桑……。"北京的种种变化,给民众带来强烈思想震荡,以至生出"年来旧学等灰尘"的慨叹。②

(二)娱乐方式的丰富

近代以来,随着西方文化的涌入,京津冀地区民众的娱乐方式也日渐丰富。如20世纪初年,北京出现了照相馆、西餐馆、公园、电影、时装新戏、体育运动会、马戏表演等新的餐饮娱乐方式,甚至还有了整容等新行业,引得"贵胄名族联翩而至"。③鸦片战争前,天津人平时的娱乐活动,就是上戏园子听戏、上茶楼听书听相声、上南市三不管看什样杂耍、上澡堂子泡澡、下饭庄吃饭。每逢立春、清明,偶有一些文人墨客行"踏青"之雅事,逛逛八里台、海光寺、西沽、柳林等荒野之地;而普通老百姓基本整日为生活奔波,根本顾不上这些。自被增开为商埠并设立租界后,天津也因"华洋错处",在中外文化互相交流冲击下的民众找到了与以往不同的消遣方式。

1. 观赛马

清末外国的赛马赌彩传入后,在天津紫竹林梁家园外,"环村有围墙,名曰墙子,其外即系西人跑马场"。这里"一片郊原,辽阔无际",

---

① 丁世良、赵放主编:《中国地方志民俗资料汇编》(华北卷),北京图书馆出版社1989年版,第339、358页。
② 路工编选《清代北京竹枝词》,北京古籍出版社1982年版,第123、124、138页。
③ 汪康年:《汪穰卿笔记》卷2,上海书店1997年版。

每有赛马事,就会吸引许多当地人前往观看,不仅"倾城士女,联袂而往观",甚至出现了"万人空巷"的盛况。张焘在他的《津门杂记》(图4-22)下卷"赛跑马"条中详细记载了这一民俗:

> 每年春秋佳日,寓津西人必循常例各赛跑马一次,每次三日,午起酉止。或三四骑,或六七骑,并辔齐驱,风驰电掣。中立标准,以马至先后分胜负。第三日,增以跳栏跳沟等技。捷足先登者,得彩甚巨。西人咸拍掌落帽,欢呼相贺。是日也,人声哗然,蹄声隆然,各国之旗飘飘然,各种之乐呜呜然。跑马棚边,不啻如火如荼矣!

所以,每当有赛马事时,"倾城士女,联袂而往观者,或驾香车、或乘宝马、或暖轿停留、或小车独驾,衣香鬓影,尽态极妍。白裙青衫,左顾右盼,听奏从军之乐,畅观出猎之图,较之钱塘看潮,万人空巷,殆有过之而无不及焉"。

甚至,逢有赛事之日,"各洋行皆杜门谢客,海关亦封关,停止办公事"。以致当时就有人赋诗称"草色平铺赛马场,骅骝开道竞赛飞扬。西人角逐成年例,如堵来观举国狂"。①

2. 看电影

清末民初,随着西方休闲娱乐方式的输入和新的公民意识的逐渐觉

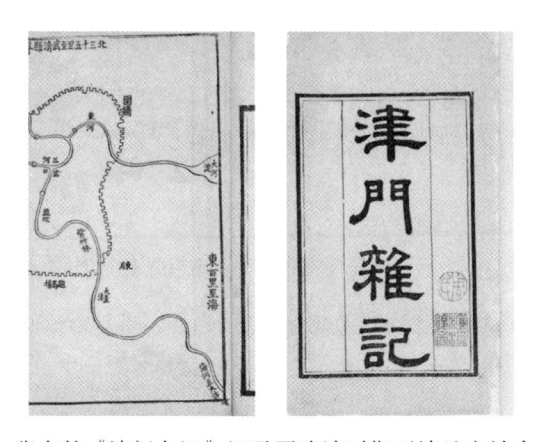

图4-22 张焘的《津门杂记》记录了晚清时期天津地方社会生活变迁

---

① 张焘:《津门杂记》下卷,清光绪十年(1884)刻本。

醒，城市公共空间发生了很大的改变，新兴的西式娱乐设施不断涌现，旧有的公共活动领域得到改造和扩大，这种公共空间的变化，催生了市民生活娱乐方式的多元化。此后，西式的娱乐空间如电影院、游艺场、杂耍场进入中国，逐渐向都市居民灌输着新的生活方式。

清末民初，看电影这一娱乐方式主要出现于北京、天津这些大城市。一方面，因为京津作为北方重要的城市，具有它们自身的文化特性，在接触到欧风美雨后社会开化较快。另一方面，这些城市的公共空间较大，报刊等媒体发达，为西方文化在近代城市的宣传提供了更多的平台和可能。

19世纪末电影传入中国时不叫电影，而称"电光影戏"或"西洋影戏"。20世纪初年，天津《大公报》的广告中率先使用了"电影"一词。

根据杨桦、任自斌撰写的《老北京的电影业》的说法，北京最早放映的电影是在1896年。该年秋，"在北京文明茶园放映了西洋影戏"[①]。但此种说法缺乏详明的史料记载。另一种说法目前更为学界认同：1902年，北京的商业街道还没有安装电灯，一个外国人带着影片、放映机、发光器，租借了前门外打磨厂的福寿堂进行电影放映；1903年，中国商人林祝三从欧美游历归国后，携带了放映机和一些活动短片，在前门外打磨厂借天乐茶园放映电影，这被认为是中国人第一次在北京放映从外国输入的电影。[②] 因为林是商人，其电影的放映应该是以获取利润为目的，而电影刚传入中国时还不被熟知，加之放映的资金、人员的成本并不大，所以当时的票价不贵，而且为了尽可能地引发观众的好奇心，扩大知名度和消费人群，电影放映地点一般在比较有名的茶楼或戏园，而前门外打磨厂一带是京城游艺休闲的好去处。

但电影最初在北京放映时，并不受欢迎，甚至是被排斥的。据《电影周刊》载，1902年北京福寿堂第一次放映的有《黑人吃西瓜》《美人首旋转和微笑或者花衣作蝴蝶舞》《脚踏赛跑车》《马由墙壁直上房顶》等短片，当时门口有印度人站立伸着大手索票，令人生厌，开演时光线要映对

---

① 侯希三：《北京早期电影业和一个电影放映世家》，《纵横》1997年第7期。
② 阮久盼：《京津地区的早期电影传播、产业及生态研究（1896—1931）》，中国艺术研究院电影学专业硕士学位论文，2014年，第5页。

很久，费很长时间后影片仍然模糊不清，以致眼睛酸痛。[1]可能由于演映影片的情节比较乏味或者是观客对眼盲之谈的疑惑或恐惧，不久，福寿堂就停止放映电影。同留声机或八音盒这种神奇的发明被认为是西方人用婴孩的脑髓或者眼泡制作而成一样，西方侵略者的残暴形象似乎让舶来品也蒙上了一层恐怖的阴影。[2]

1904年，在慈禧太后七十大寿时，英国驻京公使曾进献一架放映机和数套影片，在宫内做祝寿助兴放映。但在影片放映中途发生起火爆炸事故，慈禧太后认为这是不祥之兆，下令禁止在宫中放映电影。但此后，放映电影的活动在民间却逐渐兴盛起来，茶楼、戏园中放电影的越来越多。第二年，北京丰泰照相馆创办人任庆泰还拍摄了中国人自己的第一部影片——由谭鑫培主演的《定军山》片段（图4-23）。这一年6月16日，天津《大公报》刊登了一则英商快利洋行的广告《活动电影戏出售》，首次使用了"电影"这个名词。广告称："兹由外洋运到新式电影机器一副，并影片六十余套，其景致异常可观，兼有游戏影片甚多，见者莫不捧腹。"天津《大公报》是北方地区最重要的报纸之一，由于它的影响，"电影"一词逐渐在京、津地区乃至全国流行开来，越来越多的旧戏院和茶园开始放映电影。但是由于戏院建筑构造的局限，戏园中林

图4-23　北京丰泰照相馆拍摄谭鑫培主演的《定军山》片段

立的大柱子或者座位的散点布局不太适宜电影的观看，专业的电影院便应运而生。1909年，北京第一个电影院开张。辛亥革命后，人们的思想得到进一步的解放。到民国初年，北京已有6个剧院放映电影，包括平安电影院、大观楼、华安电影厅，以及新世界游艺场和城南游艺园等，此外，华安戏院和吉祥戏院有时也有电影放映。

---

[1]　晓：《北京电影事业之发达》，《电影周刊》1921年第1期。
[2]　阮久盼：《京津地区的早期电影传播、产业及生态研究（1896—1931）》，中国艺术研究院电影学专业硕士学位论文，2014年，第5页。

关于天津地区最早的一次电影放映时间，目前学界有两种说法。一种认为是在1896年，源自日本岩崎挺写的《日本电影史》中的介绍，书中提到日本在1897年首次放映电影，而天津的电影放映比日本早一年，但此说没有具体的史料做进一步的证明。与之相对，另一种说法的认同度更高，即：光绪二十三年（1897），法国百代电影公司为了开拓海外市场首次在天津法租界"老天丰舞台"放映了10分钟的电影短片。当时放映电影的是天津人王子实、周子云，被称为"司机"。两人是由法国百代公司培训合格上岗，放映机器是手摇的，墙面上抹上白石灰作为银幕，电影是默片，以滑稽片、风景片为主，一部片子10分钟左右。一开始在戏院、茶园的戏曲、杂耍演出的空隙穿插此类电影短片，不单独收费。后来，喜欢看电影的观众越来越多，才开始加收电影费，但此时的片源非常紧张。

1906年12月8日，美国平安电影商人来到天津，租用法租界内的权仙茶园（今滨江道吉林路交口）放映电影，每三天更换一批新影片，每晚9点到11点放映。初始的茶园是在旧仓库基础上改建的，条件比较简陋，可以容纳二三百人，观众男女分坐。楼下有几十条长板凳，楼上是雅座，票价也是按照观影的位置、角度不同从3角到1元不等。主要是世界各地的风光片和滑稽短剧片，影片放映后，经常加演外国魔术和歌舞表演等。茶园连续放映电影一个多月后名声大噪，放映电影成了茶园的主要业务。1907年1月8日茶园更名为"权仙电戏园"（图4-24）。最初，权仙电戏园的电影放映机和影片全由法国的百代公司供给，该园最早由法商百代公司电影机械部负责人周紫云经营。后来由于生意兴隆，影院又添置了

图4-24 天津权仙电戏园和它的电影海报（图片来自网络）

放映机、小型发电机等设备。影院上映的多是国外最新潮的影片，其中有美国侦探片《红眼盗》《巴林女》、战争片《美墨大血战》、科幻片《木头人》，更有卓别林的滑稽剧和世界风景片等，总计有五六百卷。一些影片在国外上映不久，就会在权仙电戏园上演。数月后，"权仙"声名大振，享有"甲于京津"之称。市民争先恐后地购票观影，有时竟出现一周后的电影票都被订购一空的情况。为方便夜场观众观影，扩大茶园的影响，该园向法国公议局提出"增设电车站"的申请，并与当时的比利时电车公司定下两辆电车，专供送晚场观众回家。此后，周紫云又成立了权仙电影公司，专门为各大富绅公馆喜寿庆会和军营士兵娱乐活动服务。当年天津就有"看电影到平安，电影公司数权仙"的说法。"权仙电戏园"也再更名为"权仙电戏院"，天津有了专门的电影院，电影的放映场所由此逐渐趋向专业化。

1908年，权仙电戏院受灾，致使天津"半年多没有电影"。由于观众的需要，翌年影院又在原址上重建，更名为"新权仙"。1912年，因租界地皮租金太高，周紫云遂在南市东兴大街租借东兴公司地皮盖起了当年所谓华界最豪华的仿古式电影院。舞台设施与戏院相同：上下场门，戏桌、戏椅，下场门设场面席。因为当年人们习惯称租界地为"下边"，"华界"为"上边"，故而影院改名为"上权仙影院"，同时在其北侧又联建了西餐厅，名"洋饭店"。

1916年，因洋饭店不慎着火，上权仙影院也在火灾中化为灰烬。幸亏事发前影院在英商保险公司投了保，尽管费了不少周折，最后还是经法院判决，影院得到了50%的赔款。1918年，周紫云用保险赔款加上多年的积蓄，选新址荣业大街重又建起了影院，仍称上权仙影院。开业后，新影院上座率很高。电影公司承接的外出放映业务也日渐红火。

随着电影放映的不断普及，随着清政府在改革中开始重视西方的政治学说和科技文化，京津冀地区的民众对于西方单一刻板的厌恶感也因此而渐渐改善，并把电影作为一种娱乐商品进行消遣。而且，随着电影技术和艺术的不断成熟，胶片质量有了改进，故事情节开始跌宕起伏。例如妹妹吃醋打翻面缸、伯爵失去孩子后上山中寻觅等情节，电影院的观众虽然不太懂字幕上的西洋文字，但是可以通过日常经验和逻辑领会到其中的真义。早期默片的电影语言并没有产生太大的异域隔膜，图像语言比文字语言显示出更强大的沟通能力，不太受等级、性别、年龄的限制。据说，宣统初年的小醇王福晋最爱在大栅栏三庆园看电影，其他观众也趋之若鹜。

三 清末民初京津冀地区的社会民俗

清末民初，在精神信仰民俗和物质民俗变迁的推动下，婚姻、岁时、节庆等社会层面的民俗也在发生着深刻的变化。在京津冀地区，婚姻方面的变化尤其明显，表现在如追求婚配自由权、中西文明交融的婚礼形式和出现离婚现象等方面。

（一）追求婚配自由权

在传统中国，媒妁在婚姻的成立过程中，不仅起到一种中介的作用，而且是一个不可缺少的条件，所谓"男女非有行媒不相知名"[①]。而且，在中国长期的封建家长制的宗法社会里，一门婚姻的进行、一个家庭的组建，基本不以男女当事人的意愿为基础，而更多地是一种宗族延续的方式，即所谓"上以事宗庙而下以继后世也"[②]。而一门传统婚姻的成立，除首先有"门当户对"的参考，通过"媒妁之言"的牵线外，当事人在婚配对象的选择上毫无权利，全由封建家长对子女的包办代替。"门当户对"的标准与"父母之命""媒妁之言"的定则，是传统中国几千年男女婚嫁手续的固有约束。

入近代以来，京津冀地区男女婚配时的传统媒介形式发生了变化，男女当事人的婚配自主权有所增强。

清末民初，随着妇女解放运动的渐次展开，婚姻的媒介形式出现了社会化和公开化的趋向，自由恋爱代替媒妁之言成为一种时代风尚。从戊戌时期梁启超创办第一个女子不缠足会开始，"不缠足会""天足会"等团体在清末民初已出现在燕赵城镇，这类社会团体一般具有婚姻介绍所的性质。如《直隶天足会创办章程》规定：会中设主婚人数名，管理一切订婚之事，"在会的女儿未入会以前缠足的，一切订亲的事情主婚人一概不管"；"男家已经入会的，不准再和缠足的人订亲"。同时规定婚姻不准收

[①] 《礼记·曲礼》。
[②] 《礼记·昏义》。

财礼，凡压书礼物都不用，"一切嫁妆的东西愈切用愈好"。[1]娶亲可以不必择日期，要过门的时候不用执事等。

辛亥革命以后，社会风气大开，家长独断的主婚权利进一步受到冲击，京津冀地区的男女当事人对自己的婚嫁有了相对自由的权利。这些在近代地方资料中多有记载。如，磁县"近则文化开通，间有自主婚配"[2]；盐山县"民国以来，蔑古益甚，男女平权之说倡，而婚配自择"[3]；新城县婚姻"不由父母之命，男女自行择配，谓之自由结婚"[4]；固安县"时髦男女婚姻半由自主"[5]；井陉县"近今一般在外求学之青年男女，反对旧日包办婚姻制者，时有所闻"[6]。如此等等，不一而足。从男女授受不亲，父母之命，到男女自择配偶，这确是婚姻生活中主婚权利的一大进步。

1902年6月26日，天津《大公报》上还出现了一则男青年的征婚广告。这位署名"南清志士"的男青年在征婚广告中称：

> 今有南清志士某君，北来游学。此君尚未娶妇，意欲访求天下有志女子，聘定为室。其主义如下：一要天足；二要通晓中西学术门径；三聘娶仪节悉照文明通例，尽除中国旧有之陋俗。如有能合以上诸格及自愿出嫁而又完全自主权者，无论满汉新旧、贫富贵贱、长幼妍媸，均可请即邮寄亲笔复函。

这位青年的举动在当时可谓惊世骇俗，其不仅可谓开启后世报刊征婚之先河，也是清末民初京津冀地区婚介形式变化中最为独特的一种方式。在这一举动的背后，我们可以看到婚配自由思想的出现。毕竟，这种新式媒介形式的出现，既可避免旧时媒妁的左隐右瞒、居间索财等弊端，又便于男女双方互相了解、增进情感，进而增强了婚姻的开放性和自由性。

---

[1] 《直隶白话报》第4期。
[2] 丁世良、赵放主编：《中国地方志民俗资料汇编》（华北卷），北京图书馆出版社1989年版，第460页。
[3] 民国《盐山新志》，卷25《谣俗篇·风俗》。
[4] 民国《新城县志》，卷20《地俗篇·礼俗》。
[5] 丁世良、赵放：《中国地方志民俗资料汇编（华北卷）》，书目文献出版社1989年版，第293页。
[6] 民国《井陉县志料》第十编《风土》。

相对于婚配自由权的努力争取，此时京津冀地区的一些青年男女开始明确提出择偶标准，较于之前强调"门当户对"，而不首顾人品、才学等，出现了新动向。如，开始抛弃以前在择偶过程中相对淡薄品学，而把单纯追求爱情视为乱伦之道的错误想法。清末民初，在燕赵的若干青年学生中，出现了注重双方才学品德、追求情爱的择偶观及动向。如上述征婚广告中的"南清志士"要求对方"要通晓中西学术门径"；蓟县"近年男女注重求学，婚姻渐趋重知识矣"[①]。当然，此类事例为数不多，影响有限。

（二）中西文明交融的婚礼形式

入清末民初，出现在京津冀地区的一些婚姻礼仪也开始隐含了部分西方文化的价值取向。在传统中国社会里，婚俗程序遵循着自西周以降就开始实行的"六礼"，即纳采、问名、纳吉、纳征、请期、亲迎。纳采是由男方使媒人通言，表示通婚之意，如不被女家所拒，即备礼正式求婚；问名即问女方的姓名及生日，以便"卜其吉凶"；如得吉兆，男家再使媒人告知女家，并送订婚礼物，女方如"纳吉"，则婚约告成；纳征是男方向女方交纳聘礼，至此，双方不得再有反悔，所谓"纳币帛则婚礼成"；请期即男方向女方请以成婚之期；亲迎是最后的程序，即男方到女家迎娶，婚礼告成。

辛亥革命前后，京津冀大部分地区虽然仍保留着古代六礼的遗风，但为适应新时代、新思想，而大大简化了婚俗程序，婚姻中的六礼程序在不同程度地趋于简化。如将从议婚到成婚的步骤合并进行，从而渐渐缩减至三个阶段：一是开始议婚，往往由男家求亲友为媒游说女家，女方若许可，则两家互订婚约，并相易庚帖，将六礼中的纳采、问名合二为一，即订婚。二是纳聘。即由男方向女方家送数量不等的聘金，女方在接受聘礼之后，要以冠履等物回送男家。实际上，该程序是将古礼中的纳吉、纳征合二为一。最后就是成婚，也叫亲迎，就是新婿亲到女家迎娶新妇的仪式。是日，鼓乐喧天，宴请亲戚宾客，行成婚礼。当时，虽有因地区之间、贫富之间的差异，而在程序上不尽相同，但删繁就简的总趋势却是不

---

① 民国《蓟县志》卷3《风俗》。

争的事实,"三礼"或"四礼"已成为普遍现象。如静海县"古纳采、问名、纳吉、纳征、请期、亲迎六礼。现遵朱文公《家礼》议婚、纳采、纳币、亲迎四礼,以从简便"①;蔚州"婚礼今所用者,纳采、纳吉、亲迎而已"②。婚姻程序由繁趋简还表现在有些地区干脆取消了繁缛的"亲迎"礼。亲迎是婚姻程序中最为隆重,也是最为繁缛的仪式,也是古人"重婚礼"的主要体现,甚至有人认为,只有亲迎这一环,才是正式婚礼,从纳采到请期只是议婚、订婚的过渡性仪礼,并不算真正进入婚礼。由于人们总是把祝福的生活愿望与信仰的习俗心理糅合在一起,因而形成了五花八门、烦琐的亲迎礼俗。一般从亲迎的酝酿到最后完成就要经过铺房、送嫁妆、迎轿、下轿、拜天地、行合卺礼、入洞房、喝喜酒、闹洞房、回门等诸多程序,其中绝大部分是祝吉辟邪的仪式,有的则十分荒诞,充满了禁忌迷信色彩。清末民初,燕赵许多地区已废除了亲迎礼,贫困人家尤其如此,如元氏县"率不亲迎,由妇家送女至者,十居八九"③;滦县"及婚,州俗不亲迎,谓之等亲"④;宣化县"不论士庶,咸不亲迎"⑤;三河县"亲迎古礼概未之见"⑥;盐山县"乡间以亲迎繁费,率不亲迎"⑦;青县"乡曲自送女于婿家者,十居八九"⑧;阳原县"独无亲迎"⑨。在某些尚存亲迎礼的地区,删繁就简也是大势所趋。如据光绪末年编撰的《顺天府志》记载:"昔日娶亲风俗,头日迎妆,二日娶亲,三日会亲;今改为早辰迎妆、上午娶亲,下午会亲,一日办三事,故曰'小三天'。"⑩

婚礼当天的一些做法也参用中西礼仪,有别于传统婚礼。各地新式婚礼在具体程式上可能不尽相同,但大致情节都相仿,一般程序是:奏乐,司仪员、男宾、女宾、主婚人、介绍人及新郎新娘入席,证婚人宣读证

---

① 民国《静海县志》卷5《人民部·风俗志》。
② 光绪《蔚州志》卷8《封域中·风俗》。
③ 民国《元氏县志》,风土三,礼俗。
④ 民国《滦县志》卷4《礼仪民俗》。
⑤ 民国《宣化县新志》卷8,礼俗志。
⑥ 丁世良、赵放主编:《中国地方志民俗资料汇编》(华北卷),北京图书馆出版社1989年版,第280页。
⑦ 民国《盐山新志》卷25《谣俗篇·风俗》。
⑧ 民国《青县志·故实志》卷21《风俗》。
⑨ 民国《阳原县志》卷10《礼俗》。
⑩ 丁世良、赵放主编:《中国地方志民俗资料汇编》(华北卷),北京图书馆出版社1989年版,第1页。

书,各方用印,新郎新娘交换饰物,相对行鞠躬礼,谢证婚人及介绍人,行见亲族礼,行受贤礼,来宾演说,唱文明结婚歌等。20世纪初期,这种新式婚礼已出现于天津、北京等大都市。据学者行龙称,其所查见最早的新式婚礼就发生在1902年的天津。是年,翰淑琦与张淑德的婚礼,借用河东余宅举行,"参用东西各国礼仪,将中国旧有之恶俗删除大半"①。1905年7月14日北京张氏结婚之婚礼,天津《大公报》进行了报道:"凡往贺之客,不必拜跪,只当面一揖。所有无谓婚礼,一概不取。"②因与"中国旧有之恶俗"的婚礼有很大不同,这样的婚礼又被时人称为"文明婚礼"。据《南山日报》报道:1907年10月13日,天津塘沽张小田与北京慕贞女子书院的贾玉莲,在天津海大道美以美会微斯教堂,由陈牧师主持举行"文明婚礼"。报载"中西往贺者甚众。鲍太太按琴,男女学生唱诗,一时颇形热闹。礼毕,新夫妇乘双马车往北门外蓝家胡同张君本宅,并有成美学馆袁牧师夫妇及路矿等局诸友,均乘马车送新夫妇回家"。③对于观念保守、固守传统礼仪的一些中国人来说,此时新式婚礼带来的冲击,是无法接受的。据调查,1909年清廷学部某郎甚至有以"现在都下结婚渐染欧习,动借自由名目,立异矜奇,实大为风俗之害"为由,请求"速定婚嫁之礼,以挽颓风"。④这一年的《图画日报》刊印了一张《文明结婚图》(图4-25),虽上书有"上海社会之现象",但类似形式的文明婚礼也已出现于北京、天津等大城市。

辛亥革命以后,新式婚礼逐渐影响城镇及部分乡村。如宣化县"民国改建以来,有改行结婚仪式者,或备用广大礼

图4-25 见于1909年《图画日报》的《文明结婚图》

---

① 行龙:《清末民初婚姻生活中的新潮》,《近代史研究》1991年第3期。
② (天津)《大公报》1905年7月17日。
③ 陈蕴茜、叶青:《论民国城市婚姻的变迁》,《近代史研究》1998年第6期。
④ 吴敏顾:《邹平实验县户口调查报告》,中华书局1937年版,第369页。

堂，俾人共睹，以开风气；或在自己院内行礼"①；张北县"近年来，社会进步，多趋简约，旧礼已不适用，改用新礼，所谓文明结婚礼是也"②；万全县"在闭塞之区，礼虽仍旧，亦渐知改革。至城镇比较开通之地，则完全改为新礼"③。据不完全统计，有近三十部的民国年间河北省（除北京、天津之外）属地区的县志中记载了自主结婚或文明结婚。徐珂说"光宣之交，盛行文明结婚，倡于都会商埠，内地亦渐行之"④，是符合当时社会实际的。

因为新式婚礼逐渐受到欢迎，一些有识之士看准这个"文明结婚"的"商机"，在北京城开办，或将其原来的喜轿铺改为供应新式结婚用品的服务商店——北京出现了最早的婚庆公司。据《北京民俗文化史略》记载：民国4年（1915），骡马市大街开办了"喜庆婚礼用品租赁社"，专门出租文明结婚的用品。它原本是一家有着30多年历史的喜轿铺，掌柜是山东人，很精明，他将旧式的花轿、锣鼓手、执事等取消，改为备花车、司仪，同时向新郎、新娘出租结婚穿的礼服、花篮等。可以说"喜庆社"是京城第一家"婚庆公司"，与今天婚庆公司所承办的事宜很相近，只是所提供的服务项目较少，经营规模也不大。⑤但毕竟，这一新兴服务商店的出现，是以当时的市场需求——人们对新式婚礼的追捧为基础的。

从新式婚礼的特点看，破除旧婚俗中封建礼教精神，而融入近代文明气息是为要旨。所谓"民国婚礼，不由父母之命，男女自行择配，谓之自由结婚"⑥。可见，新式婚礼、文明结婚的基本精神是体现自由、自主原则，不再像往日的婚姻全凭父母之命，媒妁之言。新式婚礼中也有主婚人、介绍人等角色，但其"功能"不再是包办婚姻者，从参礼人的角色及婚礼程式上看，都明显有借鉴、参照西方国家婚礼的痕迹。与旧婚礼相比，也有删繁就简、戒糜持俭的新风。如所谓"新式婚礼，较旧式婚礼

---

① 民国《宣化县新志》卷8《礼俗志》。
② 民国《张北县志》卷5《礼俗志·婚礼》。
③ 丁世良、赵放主编：《中国地方志民俗资料汇编》（华北卷），北京图书馆出版社1989年版，第201页。
④ 徐珂：《清稗类钞》第五册，中华书局1984年版，第1987页。
⑤ 张玉民：《婚庆公司的起源》，《中国妇女报》2018年1月22日第5版。
⑥ 民国《新城县志》卷20《地俗篇·礼俗》。

简单"①,"新式婚礼较旧为简……将旧礼之过繁及无甚关系者,悉删之"②。"新礼对于陪装,以随时适用为限"③,"就在院内假作礼堂","礼毕,在饭馆设席答谢。一日即可了事,至多不过两日"④,这比旧式婚礼"贺喜有延至数十日者,送饭有延至六日或九日者","男女两家置酒款客,缠绵不绝","伤时费事"⑤文明、进步多了。婚姻礼俗中愚昧、落后、迷信的内容逐渐被淘汰,如亲迎时的号哭、拜天地鬼神、闹洞房等,新出现的文明婚礼"凡旧日习尚稍涉迷信者,均不袭用"⑥,文明婚礼虽仍保留了一定的旧婚礼的遗风(如谒见男女族人、向尊长鞠躬、新郎新娘相互行礼等),但已无愚昧、迷信的色彩。文明婚礼的证婚人宣读官定婚书、新人用印、主婚人训词、互致颂词谢词等仪式,则具有了近代婚姻的法律性和契约性。总之,文明婚礼既有传统婚礼的喜庆色彩(如奏乐、唱歌、赠花),又有近代社会的文明交际性质(如婚礼场所设在公园、会馆、礼堂等处),是对传统婚姻礼俗的重大变革,时人称之为"文明结婚",恰如其分。

当然,受地方经济发展、男女双方家长及当事人思想认识等的因素限制,清末民初西方思想对京津冀地区婚礼的影响程度、范围,是相对有限的。如《晋县志料》载,近年虽"自欧风东渐,自由结婚盛行一时,婚礼亦变更新制",但晋县"县内人民,大都守旧",⑦施行新制的仍为少数。香河县"新结婚礼,通都大邑间有行之者,乡间尚少"⑧;清苑县"近日城市间有行新式婚礼者,然亦趋时好异者为之,不过百分之一二耳"⑨。相对而言,新式婚姻及其礼俗主要在天津、北京等大都市及部分城镇得到了实行,广大农村实行者较少。张北县虽已有文明结婚的"新礼",但也是"城市内结婚多仿行之,乡间仍不多靓也"⑩;在满城县,亦是"新

---

① 民国《天津志略》,第十一章,礼俗。
②《实用北京指南》,商务印书馆1920年版。
③ 民国《成安县志》卷10《礼俗》。
④ 民国《张北县志》卷5《礼俗志·婚礼》。
⑤ 民国《成安县志》卷10《礼俗》。
⑥ 民国《怀安县志》卷2《风俗》。
⑦ 民国《晋县志料》上册《风土志》,1935年石印本。
⑧ 民国《香河县志》卷5《风土·礼俗》。
⑨ 民国《清苑县志》卷3《风土·婚嫁》。
⑩ 民国《张北县志》卷5《礼俗志·婚礼》。

式结婚，城市间有之，乡间尚未见也"①。显然，这同自然经济解体的速度、受西方文明影响的强弱，以及人们受教育的程度及文明程度关系甚大。另外是阶层的不平衡。对文明结婚，不同阶层反应不同。"士为四民之首"，这一阶层是社会变革中最积极最活跃的因素，也是社会其他阶层行为方式的榜样。清末民初带头传播和践行新式婚礼的主要是那些接受进步文化洗礼的新型知识分子。雄县"改革以来，日趋简易，世目为文明结婚，旅平、旅津之士女，间有行之者"②；南皮县"近年欧风东渐，游学士女间有文明结婚者，普通人家则仍沿旧礼"③。对于文明结婚，其他阶层人士"实行者尚鲜"④，尤其是农民阶层则相对迟缓，甚或处于静止状态。

而且，上述婚姻礼俗出现的诸种新动局，基本上还是停留在表层，即"文明结婚"的仪式上。一是追求西化洋化。西化洋化主要表现是改跪拜为鞠躬，去媒妁之称为介绍人，新人互换戒指饰物以及结婚证书、弹琴唱歌等。二是土洋结合，不伦不类。新郎着西装，新娘改所谓凤冠霞帔为西式婚纱礼服；穿了西装去行叩首礼的有之，穿了凤冠霞帔、袍褂礼服去鞠躬的亦有之（图4-26）。有学者认为，此时京津冀地区婚礼中

图4-26　清末民初，集中国文化与西方文化于一身的结婚照
（图片来自网络）

---

① 民国《满城县志略》卷8《风土》。
② 民国《雄县新志·故实略四·谣俗篇》。
③ 民国《南皮县志》卷3《风土志上·风俗》。
④ 民国《威县志》卷13《风土志上》。

的许多内容，如新人互相赠戒指为定婚、结婚的信物，婚礼中请证婚人、主婚人、傧相等，婚礼中奏乐、唱歌，新郎服西服、新娘着白色长裙，宣读婚书等形式上已经效仿了西方，是直接西化或"酌剂中西礼节"的结果。①

总之，清末民初燕赵婚姻生活中出现的诸种新动向是一个渐进的过程，从清朝末年的"文明结婚"到民国初年的"结婚自由"思潮，表现出燕赵婚姻礼俗演变的过渡性特征，即从表面的形式变动到深层的制度性变迁的演变轨迹。此外，其过渡性还表现在传统婚俗仍然占绝对优势，特别是在广大乡村。柏乡县"婚嫁之礼，仍由媒妁通好，行亲迎礼"②；威县"结婚全凭媒妁"③；广宗县"至于新式文明结婚，则犹未能通行也"④。就是在大都市北京，很多崇尚旧俗的家长也依旧恭请"星命家"测定男女双方的"八字"，取"龙凤帖"合婚，保持着传统的婚俗。传统势力对这股新风尚也采取抵制、讥讽的态度。如民国五年出版的《盐山新志》将晚清以来社会生活的种种变动，说成是"蔑视古礼"，将婚姻自由斥为"淫奔"，认为没有"六礼"就谈不上"文明"。值得注意的是，民国地方志中类似的材料还有很多。凡此种种，都表现出清末民初燕赵婚姻礼俗变迁的过渡性和时代局限性。

（三）离婚与再嫁

近代以来，京津冀地区男女不仅开始争取婚配过程中的自由权，离婚现象也时有出现。而且，离婚也不再单属于男子单方面的专利，妇女为争得平等幸福而主动提出离婚者日渐增多，当时的报刊常常有离婚的报道。如民初天津《大公报》就有报道："近来法庭诉讼，男女之请求离婚者，实繁有徒，此皆前此所未有，而亦社会所不乐为者也。"⑤民初一些地方志对此也多有记载，如雄县"近年以来，离婚之诉，日有所闻"⑥；昌黎"近

---

① 杨学新、刘洪升：《论清末民初燕赵婚姻礼俗的变迁》，《河北大学学报》（哲学社会科学版）2007年第2期。
② 民国《柏乡县志》卷5《风俗》。
③ 民国《威县志》卷13《风土志上》。
④ 民国《广宗县志》卷4《风俗略》。
⑤ （天津）《大公报》1913年9月15日。
⑥ 民国《雄县新志·故实略四·谣俗篇》。

来自由之说兴，结婚离婚之案，数见不鲜，婚礼视为弁髦矣"[1]；新城县"男女自由结婚之风一开，苟合苟离者，腼不为怪"[2]。虽然当时离婚还多为男子主动提出，但仍予封建的"不许夫妇离婚，却许男子娶妾"的社会习俗以有力的打击，以至一些封建卫道士惊呼："中道仳离，夫妇道苦，上下数十年之间，其相去殊不可以道里计。"[3]

另外，再嫁现象也日渐增多。明清两代政府将寡妇再嫁视为伤风败俗之事；民间社会也对此嗤之以鼻。但清末民初，女子再嫁"亦不少概见"[4]，"孀妇再醮者亦多"[5]。雄县称女子改嫁为残婚，清河称为后婚。寡妇再嫁时，武安一带盛行由原来的夫家做主，定婚后夫家给娶者一纸卖身契，娶者执以为证。而清河一带则"唯女子自主，无勉强之者"[6]。娶时"率皆以夜"，男不亲迎，女无送客，唯二三"亲友提灯往迎"。有的地方讲究改嫁不用轿，只能用车。总之，再嫁礼仪"不如初嫁时郑重"[7]。

有学者指出：如果说光宣年间的"文明结婚"是舶来品，是受西方文明影响的结果，那么民国初年的"结婚自由"的呼声则是政治变革的结果。辛亥革命推翻了君主专制政体，在中国大地上第一次建立起资产阶级民主共和国，社会风气大开，自由、平等、民主等观念深入人心。男女平权在婚姻上的表现便是婚姻自主、恋爱自由，甚至离婚、再嫁自由，这已触及封建婚姻礼制的核心，达到了制度变革的层面。因此社会制度的变革是婚姻礼俗变迁的首要因素。其次，京津冀地域经济发展为婚姻自由提供了物质保证。再次，是近代文教事业的促进。总之，旧式包办婚姻及其制度在现代工业文明的冲击下逐渐解体，这是地域文明结婚渐成风气的重要原因。[8]

相对而言，如丧葬等社会民俗在清末民初的京津冀地区变化不大，基本仍如前制。岁时、节庆等，除有如前所述的看电影、逛公园，其他娱乐

---

[1] 民国《昌黎县志》卷5《风土志》。
[2] 民国《新城县志》卷20《地俗篇·礼俗》。
[3] 民国《清河县志》卷9《风土志》。
[4] 同上书。
[5] 民国《涿县志》卷2《礼俗》。
[6] 民国《清河县志》卷9《风土志》。
[7] 丁世良、赵放主编：《中国地方志民俗资料汇编》（华北卷），北京图书馆出版社1989年版，第463页。
[8] 杨学新、刘洪升：《论清末民初燕赵婚姻礼俗的变迁》，《河北大学学报》2007年第2期。

内容也大致与之前相差不大。

总之，从随着大批洋人涌入带来的新的生活方式，到以传教士及洋务派建立的医院、新式学校，再到维新变法运动期间对一些陋俗的指摘，及清末"新政"与辛亥革命中提出的女子不再缠足、男子不再梳辫、追求男女平等、恋爱自由等，清末民初出现在京津冀民众社会生活中的一些新生事物，在中西方文化冲突、融合、交流的过程中，经历了从被人们排斥到"感觉新鲜"，再到尝试性接受的转变。

四　清末民初京津冀民俗文化开始走出国门影响世界

清末民初，京津冀地区的民俗不仅在中外文化交流日益频繁的背景下发生深刻改变，一些源于这里的民俗此时也有走出国门、对西方文化发挥作用的一面。如中国古音乐。

清末中国音乐对西方国家的影响主要借助于阿理嗣（J. A. Van Aalst，1858—？）对中国音乐的研究和传播及海关总税务司赫德对中国音乐的努力宣传。

阿理嗣，比利时人，时任中国海关邮政局司事，也是一位音乐行家。他不仅会演奏钢琴、长笛、双簧管等乐器，还曾于1875年获得比利时根特音乐院作曲及和声学的桂冠。当时的海关总税务司赫德对音乐也非常热爱，他称"阿理嗣先生是外人从事中国音乐深入研究的先驱之一"，"是一个好音乐家"。在赫德的支持帮助下，1884年阿理嗣出版了他对中国音乐的研究成果 Chinese Music（《中国音乐》），该书作为海关文牍系列的第六册书籍主要面向英国伦敦、日本横滨、中国香港等地发行和销售，旨在向国外推广。

在书中，阿理嗣对中国音乐作出了较为全面和系统的阐述和介绍。当然，作为一名外国人，也时有出现一些不可避免的对中国音乐的误解或不周全的介绍，但总体上看还是比较客观和公正的。关于中国音乐的起源时间，阿理嗣根据"伏羲造乐"提出："毫无疑问，早在遥远的古代，中国人就已认识了音乐。据说是在公元前5年由伏羲皇帝创造的。"[①] 在"乐器记述"部分，介绍了中国的古琴谱，并按"八音"分类法介绍了四十多种

---

① 译自 Chinese Music，1884年，第4页。据书格 https：//www.shuge.org/ebook/chinese-music/。

中国乐器，其中包括古琴的介绍及其图形。此英文本出版于1884年，书中还附有乐手演奏京胡等乐器的画像。此书对于19世纪末和20世纪初的西方读者来说，是有关中国音乐最详尽甚至被一些台湾音乐学者称为"1950年以前几乎是有关中国音乐主题被引用最多的"著作。

除阿理嗣外，清末海关总税务司赫德的努力则给了中国音乐西传的更多机会。英国人罗伯特·赫德是中国近代历史上广为人知的人物，但人们对他的评论多是其作为海光总税务司对当时清政府财政命脉的掌控，对其在中西方文化交流的影响近年才受到一些学者的关注。[①]

赫德1854年经香港来到中国，从1861年春开始代理中国海关总税务职务（1863年秋正式受任）到1908年离职回国，在中国待了近半个世纪。在这几十年中，赫德不仅涉及中国的政治、外交、经济等方面，同时还因为是一位近乎狂热的音乐爱好者，而在中西方音乐交流方面产生了重大影响。因为对音乐的喜爱，在工作之余他非常乐于组织、支持与音乐相关的事情。如1884年在英国举办的国际卫生博览会上，他特别派出6位"能演、能唱和能奏乐器"的中国演艺人员参会表演中国音乐。这6位艺人来自"中国八角鼓会"。"八角鼓"是当时北京城流行的曲艺形式，起源于满族人牧居时的歌曲，演奏乐器除八角鼓外，主要有琵琶、四胡、三弦、扬琴、二胡、笛子、大鼓等。其表演形式多种多样，仅乐器连弹就有"五音"（琵琶、四胡、三弦、扬琴、八角鼓或大鼓的合奏形式）、"七音"（在"五音"的基础上加上二胡、笛子的合奏形式）等不同组合。晚清末季常见的曲调有湖广调、靠山调、云苏调、倒退船、哭黄天、朝天子、四平调、金钱莲花落、叠断桥、罗江院、南城调等。根据时任清朝驻英国公使曾纪泽的日记，他从"五月十七日"至"七月初四日曾先后五次听这些乐工奏乐，说明期间中国乐工一直在博览会工作，即一直在不断地向西方人宣传和展示中国音乐。每个八角鼓班的艺人都如赫德所说的那样，堪称"能演、能唱和能奏乐器"的多面手。

从后来发现的史料可以看出，这次活动与赫德的精心策划与热情组织有密切关系。如早在1883年9月他就写信给朋友称"我希望阿理嗣会做有关音乐的演讲"。1884年1月他再次提出"我们会寄一份有关中国教育

[①] 李云：《赫德与中西音乐文化交流史实初探》，《海交史研究》2007年第1期。

的好文章或讲稿……另外还有阿理嗣的'中国音乐'。你需要宣读前者，阿理嗣可能以委员之一的名义去，并宣读后者。如果我能促成一个中国丝弦乐团更好（在餐厅里奏乐，以中国人家常的生活愉快来折磨伦敦人的耳朵）"。

这次博览会从"商议陈设中国器物"开始至"闭歇"之日，中国参加了五个多月的时间。此次国际卫生博览会在伦敦举办，在英国史上是一次重要事件，在世界史上也留下了一抹色彩。这是一次隆重的国际盛会，同时也制造出一场异彩纷呈的"音乐盛宴"。博览会期间，来自世界各国大大小小的音乐演出，遍布会场的各个角落，从音乐厅到露天舞台，各个展区都可看到不同民族的音乐展示，也堪称一次世界性的音乐"嘉年华"。因此，博览会上的音乐活动与其他的展会活动一样，都在国际上形成了一定影响，也吸引了众多音乐家的关注。显然，活化石般的中国民族民间音乐能在此次博览会上得到展示，是中国音乐西传的一次难得机会。赫德成功地抓住了这次机会，他的策划和组织颇有成效。博览会虽然结束，但中西间的音乐交流活动仍在继续，赫德的代理人金登干与中国代表曾纪泽还在继续着交流的事宜。这在曾纪泽的日记中也得到了证实：

  九月廿四日：赴养生会，与金登干商量送还书籍、更换乐器之事。
  九月廿五日：试养生会送来乐器……修整乐器。
  十月初九日：批中国乐器，译为英字。

可见，通过赫德及曾纪泽等多方面的努力，中国代表团已成功地借助博览会的天时地利，将一些中国乐器传播到西方并推介给西人。

国际卫生博览会上所展示的中国音乐的另一个主要内容是阿理嗣关于中国音乐的讲演，这也是按照赫德的安排而进行的。对于阿理嗣在博览会上的具体讲演内容现已无从考证，但可以肯定的是，他的讲演内容源自前述他的《中国音乐》一书。

总之，清末民初时期京津冀一代的民俗与他处一样开始呈现新旧杂陈、斑驳陆离的局面，在传统风尚框架内，在西方文化的传播影响之下渐次发生变化。但较之东南沿海，这里的变化又明显滞后。这既与西方生活方式在这里产生影响的时间略晚相关，也有西方商品经济、思想文化传

第四章　京津冀区域民俗文化的沿袭与发展　383

播、渗透时间略晚的原因，还有北方民风偏于保守、风气不开的因素，更与它是旧王朝的政治中心紧密相关。

北京处在清政府的直接监控之下，思想文化控制远比其他地区严重。相反，沿海通商口岸或南方地区"天高皇帝远"（当然，相当多边远省份的风气并没有因为"天高皇帝远"而发生多大的变化），清政府的政令不能得到及时下达或者贯彻，使得那些地区较之北京政治环境略为"宽松"。如，1866年，总税务司署附设邮政，北京开始有近代意义上的邮政传递业务。东洋人力车则出现于庚子之后。第一条碎石路（南御河桥路）始建于1903年，一直到清末，北京陆续修建了88条、总长75公里的道路。不过，这些道路仍以土路为主。电话通于1903年，但主要流行于宫廷及各王府，后来才有了面向社会的公用电话。至于自来水则是到1908年才出现在部分街区。1895年成立强学会时，为了让与会者长见识、开眼界，维新派准备购置图书仪器邀人参观，不料"为一世界地图……曾在京师费一二月之久，遍求而不得，后辗转托人，始从上海购来"。[1]诺大北京城居然找不到一张"世界地图"，可见此时京城在这一方面较南方城市的落后。

但是，北京风尚在西方文化影响下一旦发生变化，其速度便相当快。1905年第一个公共阅报性质的报社在京设立，它是由书局、报社发起组织带有公益性质的阅报机构。此后，很快形成创建热潮。[2]当时不少人把报纸张之于大街通衢，使"来往观看者甚夥"，以至"京师风气大开，讲报阅报各社皆以林立，每日听阅者击毂摩肩"。[3]由此，公众参与时政、了解世事有了更多的场所。

当然，也有学者认为，晚清时代的北京风尚虽渐有趋新之势，但是对其量、其质以及发展的程度不能估计过高。娱乐休闲如此，其他方面的变化也是有限度的。[4]因为，甚至到20世纪30年代初，冬天在北京"逛庙"

---

[1] 梁启超：《莅北京大学欢迎会演说辞》，张越选编《少年中国说》，高等教育出版社2010年版，第117页。
[2] 1905年4月至1907年10月，有案可稽的阅报社所约45个，遍布东城、西城、宣武等城区。如1905年4月成立的西城西斜街"西城阅报社"、1906年7月设在地安门的"勉志阅报社"、1906年10月门头村健锐营内的"同德阅报处"等。参见刘志琴主编《近代中国社会文化变迁录》第2册。
[3] （天津）《大公报》1905年4月27日、12月31日。
[4] 孙燕京：《略论晚清北京社会风尚的变化及其特点》，《北京社会科学》2003年第4期。

（赶庙会）的各色人等，还是"有穿黑布大棉袄、头戴白毡帽或头上包着羊肚子手巾的老乡；有穿毛蓝布罩衫、头戴海虎绒帽子、外罩黑洋缎大棉坎肩的老太太；身穿阴丹士林大褂内着花缎棉袍、围着大红包头围巾、脚穿黑大绒骆驼鞍棉鞋的小媳妇……各式各样的人挤来挤去，这些人大部分都是'老北京'……太'洋'派的人是比较少的"。[①]

总之，在清末民初的京津冀地区，一方面，西方文化和固有的中华传统文化发生碰撞，使一些民俗或从无到有，或从有到无，或发生变异；另一方面，在华洋杂处、中西交流之中，京津冀地区的一些传统文化也在潜移默化地对洋人产生作用，使中西文化在这里又有交融。只是，在中国已沦为半殖民地半封建社会的时代背景下，这一阶段的中外文化交流是倾斜的，相对而言，更多的还是我们向西方的学习和靠拢，所以体现出来的也主要是我们的民俗文化"被"产生的巨大变化，而我们的民俗文化对外所产生的影响比较有限。

第四节　民国时期中外文明交流视域下的京津冀民俗文化

民国时期，尤其是北伐战争后，中国进入一个颠覆传统、彻底变革的时期。就民俗文化来说，其表现既有物质层面彻底的尚新、尚西，也有精神信仰上大量西方思潮的涌入并驱赶了绝大多数中国人对传统文化的抱残守缺，还有社会层面上更多因素进一步的"现代化"。

一　倾向"西化"的物质民俗

民国年间，京津冀地区民众在衣饰、饮食喜好、居家摆设、出行工具等物质民俗方面，对西方文化元素愈加推崇，并在这些方面将中西方文化进一步融合。

（一）衣着服饰

清朝覆灭，民国建立，对京津冀家庭的衣着服饰产生了重要影响。

[①] 邓云乡：《燕京乡土记》，上海文化出版社1986年版，第303—304页。

一方面，一些不合时宜的服饰退出了历史舞台："民国光复，世界共和，宫廷内外，一切前清官爵命服及袍褂、补服、翎顶、朝珠，一概束之高阁。"①另一方面，西洋服饰大规模传入中国，在很大程度上改变了家庭服饰的结构和样式，从而形成了一种中西杂陈的局面。不同社会阶层穿着差异比较明显：上层社会的人们，新潮者穿着西装、中山装，城市工商界人士及乡村绅士仍然穿着长袍马褂，一般百姓则穿着圆领对襟的短上衣和不开缝的长裤，妇女则穿着圆领右大襟的短襦。②还有人将中西服饰一起穿在身上，显得不伦不类，十分滑稽。

民国初年各级政府曾在衣着服饰方面做出了一些除旧布新的改革，对北京家庭的衣着服饰产生了比较大的影响。如剪掉辫子后，北京人没有回归传统的"束发于顶"，而是迎合世界潮流，普及短发："年岁大的头发前半部仍剃光，后半部留至耳门；青壮年则多剃平头，后以西洋发式为时髦，许多人每逢立夏，依例剪平头，每逢立秋，依例留分头。"③男子剪辫后，戴帽习惯也有了变化，原本的瓜皮帽由于不适宜而遭到淘汰，博士帽（西式毡帽）、草帽、卫生帽及毛绳便帽等各式帽子开始流行。女子放足后，适合三寸金莲的弓鞋逐渐退出了历史舞台，而代之以布鞋、胶鞋、皮鞋，其中洋式皮鞋尤为北京女子所喜爱。民国政府还公布了官方的服装图案样式，基本上是以西式服装为主，这种选择对于北京中上层家庭在衣着服饰上的西化倾向也起到了推波助澜的作用。

经过民国初期中西杂陈、混乱不堪的状况，进入20世纪二三十年代后，北京家庭的衣着服饰已经比较稳定了："经过对中国传统服装和西式服装都进行改良和选择以后，男子的大襟长衫、对襟唐装、折腰长裤和女子的斧口衫、大襟短衫都成了常服式样；在满装的基础上加以改造后的长袍马褂和旗袍又流行起来；虽然作为外套的西服没有得到普及，但洋式衬衣、绒衣、针织衫、西裤、纱袜、胶鞋、皮鞋等却渐渐得到推广。"④在这些装束中，男子的服装以西装、中山装、长衫为主，女子服装则以旗袍为主流。中山装和旗袍都是沿用西式服装的价值观念和审美习俗，结合中国

---

① 胡朴安：《中华全国风俗志》下编，河北人民出版社1986年版，第17页。
② 秦永洲：《中国社会风俗史》，山东人民出版社2000年版，第37页。
③ 严昌洪：《西俗东渐记——中国近代社会风俗的演变》，湖南出版社1991年版，第151页。
④ 同上书，第160页。

人的穿着习惯和传统服装的特点创制而成的，在国际上亦被视为具有中国气派的民族服装，可以说是"西体中用"的成功范例。民国年间，除"洋装"完成了从外套到内衣的深度推广外，在中西方文化交流进一步加深的背景下，最具有代表性的衣饰，当属"中西合璧"的中山装，和改良后几乎风行整个民国时期甚至影响至海外的旗袍。

1919年，孙中山请上海亨利服装店将一套英国陆军制服改成便装。这套便装在保留军服某些式样的基础上，吸取了中式服装和西装的优点，显得精练、简便、大方。由于孙中山先生的提倡以及他的名望，这种便装式样很快流行，经过不断修改，发展成为中山装，并成为中国男子普遍穿用的服装。

民国建立后，女士服装也渐呈西化趋势，一改过去胸、肩、腰、臀完全呈平直状态的传统服装造型，将衣服裁制的长度减短、腰身收紧、袖口缩小，比较注意"曲线美"了。从20年代开始，中国开始流行表面上模仿传统、实质上吸收西方服装优点的女服——旗袍。民国时期的旗袍虽是在满族妇女旗袍的基础上改进而来，名称也未变，但它实质上是一种西化服装。因为它在欧美时装特点、风格的影响下，不仅在多方面延纳了西式女服的标准，在衣服长短、领的高低和有无、开叉的高低、有袖和无袖、袖的长短等各方面紧随西式时装而动，最后定下标准式样时，已经与传统旗袍没有多少共同之处了。

总之，在服饰风尚上，民国时期的京津冀地区先是完全舶来的西装、洋服，紧接着"中西合璧"的中山装、改良旗袍开始风靡，传统袄裙虽仍占主流但却再未与"时尚"二字有所关联。

此外，这一时期的另一个明显变化是女子服饰的斑斓多彩："凡是到过现代大都市的人，便可以看见各店铺的窗子里所陈列的，都是些女子的需用品，大百货商场所售卖的，大部分都是为满足女子装饰虚荣的产物。"[①] 对于当时北京女性的时髦程度，有诗为证："蓬松烫发最时兴，鞋著高跟底数层。外罩毛衣风光腿，春风一路看摩登。"[②] 北京女子所穿旗袍由清代的筒子型变为随身型，又变为流线型，突出胸部、腰部，显得婀娜多姿；衣袖由长变短，及至半袖。提倡放足后，风气大开，坤鞋店生意开

---

① 孟和：《女子的装饰》，《现代评论》1926年第95期。
② 雷梦水辑：《北京风俗杂咏续编》，北京古籍出版社1987年版，第248页。

始发达，20世纪30年代以后则逐渐与男鞋合卖，"只以鞋履论，到此男女始真平等"。①

（二）饮食喜好

民国年间，西餐和西方点心的广泛流行是京津冀地区民众在饮食喜好方面较为突出的一种表现。

西餐馆自庚子事变间出现于北京后，因人们的"崇洋"心理和"尝鲜"心理等，日益流行。民国以后，北京家庭对西餐的喜好更加明显。到1914年北京较出名的西餐馆已有4家，到1920年发展到20家②，吃西餐当时已成为一种时髦。宫廷、王府和民国社会名流的公馆，大多聘请西餐厨师，或者设有西餐厨房，不具备条件的时髦人士则到西餐馆里就餐、请客，以至北京"向日请客，大都同丰堂、会贤堂，皆中式菜馆。今则必六国饭店、德昌饭店、长安饭店，皆西式大餐矣"。③当时的西式菜肴，主要有冷菜类、汤类、热菜类、米面食品类等，如果细分，还能分出很多种。据报载，北京的"醉琼林""裕珍园""得利"等西菜馆经常是高朋满座，无论是套菜还是点菜都供不应求。很多菜馆增加服务项目，如包代、送菜上门、提前预定等。鲁迅在北京任教时，就曾到住所附近的"益昌"西菜馆包食每日的午餐。而吃西餐之风日盛，及三十年代时，甚至影响到了中菜厨师的做菜风格，开始注意兼收并蓄西菜的长处，使自己的技术精益求精，菜肴也更可口、更多样化。其中，最有代表性的应属西来顺饭庄。

西来顺饭庄的创办人褚祥是北京牛街一带的回民，出身厨师世家，从小跟父亲、哥哥替人包办宴席，粗通烹调技术。但褚祥眼光长远、不墨守成规，立志要革新、改进清真烹调技术。他不仅打破回民管理，到汉族经营的饭店学艺，更目睹中西融会的社会现实与时代潮流，又到各种西餐馆学习西餐的烹调技术。手艺学到手后，褚祥就在北京西长安街附近创办了一个新型的清真饭馆，即西来顺。

---

① 齐如山：《北京三百六十行》，辽宁教育出版社2006年版，第126页。
② 张静如、刘志强主编：《北洋军阀统治时期中国社会之变迁》（中国人民大学出版社1992年版，第287页）中说是12家。
③ 胡朴安：《中华全国风俗志》下编《京兆》，河北人民出版社1986年版，第2页。

由于西来顺兼收中外,褚祥大胆使用旧式中国饭庄拒绝使用的西红柿、土豆、生菜、洋葱、莲花白等从国外引进的蔬菜,还用上了刚引进的芦笋等西洋菜品,在调味上借用了西餐的沙拉酱、咖喱粉、起司粉、辣酱油、鲜牛奶、番茄酱、胡椒等。褚祥的创新是成功的。在西来顺的 140 多种菜肴中,有半数属于创新菜,引得各方食客都想去西来顺尝尝鲜。20 世纪三四十年代,这种追求创新、时尚被称为"摩登"。1935 年 4 月 24 日《北京时报》载:"西长安街的西来顺,在教门馆子之中比较最摩登,那位掌灶褚祥先生,往往运用思想,发明一些新式菜,介于半西半中之间,也介于荤素之间,阔人请客,朋友小吃都行得。"

在外国租界林立的天津,风气开化较早,洋人自不必说,中国人由买办、显宦带头吃起的西菜在民国以后也更加流行。西菜馆迅速增加到几十家,口味也较齐全。当然,能够吃得起西餐的一般是中等收入以上的人群,底层贫苦百姓是吃不起的。

相比较于这些西式大菜,西洋的各种副食饮料对北京家庭的影响更大,比如啤酒、汽水成为北京市民的新宠。1915 年创办的北京双和盛啤酒厂年产啤酒最高达到 10 万大箱(约 3000 吨),再算上各式各样的洋啤酒如德国的云龙啤酒、日本的太阳啤酒等,数量更多。[1]民国建立后,纸烟愈加盛行:"在此 5 年之内,添设专售纸烟之店,至少有 300 家。其代售之铺,尤不在内。纸烟销售既多,于是中国旧烟店乃大形减色,益以公卖,结果税日重,价日增,遂驱全市之人多愿舍中国之烟,而用外国之烟。"[2]当时香烟牌子繁多,价钱有高有低,为不同阶层的人所用:达官贵人、阔太太们抽"茄力克""三九牌",普通民众则抽"红锡包"(北京俗称"大粉包")、"强盗牌"等。[3]

相对于西菜而言,西式的糖烟酒传入中国的速度更快、程度更广,有的甚至逐渐取代了中国固有的东西。据文献记载,"旧时饽饽铺,京钱四吊(合南钱四百文)一口蒲包。今则稻香村、谷香村饼干,非洋三四角不能得一洋铁桶矣。昔日抽烟用木杆白铜锅,抽关东大烟叶,今则换用纸烟,且非三炮台、政府牌不御矣。昔日喝酒,公推柳泉居之黄酒,今则非

---

[1] 宋卫忠:《民俗北京》,旅游教育出版社 2005 年版,第 47 页。
[2] 胡朴安:《中华全国风俗志》下编,河北人民出版社 1986 年版,第 3 页。
[3] 邓云乡:《云乡漫录》,河北教育出版社 2004 年版,第 68 页。

三星白兰地、啤酒不用矣"。① 尤其是西式纸烟，因其简便经济而逐渐赢得广大吸烟者的青睐，甚至有盖过中国传统旱烟水烟之势。西式的糕点、如糖果、饼干、罐头、蛋糕等，到民国时期，在京津冀中小城镇、农村也开始普及，只是一般人家多不会买来自用，而因其甘香可口、整洁卫生、重量不大，又便于收藏、携带，常被用来馈赠亲友或于旅行途中食用。

啤酒。来自欧美国家的啤酒最早创自于亚洲，后来传到欧洲，清朝末年又传入我国。1915年，中国人在北京创办了自己的第一家啤酒厂——北京双合盛啤酒厂，生产特质五星啤酒。啤酒商出资请人在各大报纸、杂志上撰写介绍啤酒的文章。如天津明星啤酒公司在天津《大公报》做广告称："国货啤酒，商标马棋；中西医士，叠经化验；众口一词，卫生妙剂；功能杀菌，开胃健脾；有益身心，实非浅鲜；零售批发，一概从廉。"② 虽有促销，但由于其口味在短时间内不能使民众适应，其量不多，价格也较黄酒、白酒贵一些，故整个民国时期啤酒并未盛行。在一些乡村，人们不知其名，更不知其为何物。即使在喝啤酒的人中，也只是以之作为饮料，而非宴饮用酒。

对于西式糖果、糕点，上海冠生园食品厂在天津《大公报》连续登载广告，以"谈情之始"作为夺目大标题来宣传他们的薄荷奶糖。广告内容也很有意思，称："你要同你的意中人谈情，那么，你必须置办冠生园新出的薄荷奶糖，带在身边，预备在谈话的时候，彼此吃些，那么，你们的谈兴不但可以转浓，而且口气接触，香喷喷也格外甜蜜了。"③ 雀巢公司也为其麦精粉做广告说："此粉为唯一滋补饮料，用最优等牛奶和麦精制成，经五十年之研究始臻完善，故能强健身体且易消化也。"④

进入20世纪二三十年代，北京家庭的饮食喜好仍具有奢侈和崇洋的特点，中上层家庭是"器必洋氏，食必西餐"。1927年随着国都南迁，北京日渐凋敝，更以"九一八"后，外患日逼，人心不安，餐饮业受到影响，但西餐厅数量仍比较可观。西餐厅的规模大小不等，菜式有英美式的，也有俄式的，无论是在菜品的丰富和讲究上还是在人性化的服务方面，都给

---

① 胡朴安：《中华全国风俗志》下编，岳麓书社2013年版，第330页。
② （天津）《大公报》1928年5月10日。
③ （天津）《大公报》1929年5月9日。
④ （天津）《大公报》1929年6月15日。

时人留下了深刻印象。① 相对而言，在更多的北京家庭是享用一些西式副食和饮料，尽管其价格不菲："旧式饽饽铺，京钱四枚一口蒲包，今则稻乡村、谷乡村饼干，非洋三四角，不能得一洋铁桶矣。昔日抽烟用木杆白铜锅，抽关东大烟叶，今则换用纸烟，且非三炮台、政府牌不御矣。昔日喝酒，公推柳泉居之黄酒，今则非三星白兰地、啤酒不用矣。"② 一些西式糖果、罐头、糕点也逐步和北京老字号的点心并驾齐驱，成为老北京人日常馈赠亲友的礼物。

西方饮食的传入，使北京家庭的食物观念有了一些变化。一方面，当时的北京家庭开始关注营养的搭配和食品选择。如自从 vitamins（即维生素，时人称作"生活质"——引者注）学说传入中国，中国家庭也开始注意营养的均衡，日常食物中除了原来的蔬菜外，还要在"经济可能时"加上水果和牛羊乳，目的是使我国将来的青年"体力必较雄伟，心力必较强盛"③。一些原来生产豆制品的厂家开始出售鲜牛奶，在宣传广告中称"鲜牛奶（常用之物），按月三十瓶一元八角"④，说明鲜牛奶已逐渐成为一些家庭每日饮用的食物。另一方面，人们开始关注食品的质量问题，指出中国城市里的"市贩食物"有许多危险性："第一是商贩道德堕落的可怕，面粉里搅白土，米里掺石砂，五谷杂粮外面弄假色等等且不必管。近年来最危险的是以糖精代蔗糖。市上发甜食的如汽水、糖果、点心、杏仁茶等据闻不用糖精的竟如凤毛麟角。……在人体内绝不消化，毫无食物价值，不但如此，而且有害。"因此，他们呼吁进行"食物立法"和"卫生宣传"，并在学校中加授关于食物的科目，在关系生命的食物方面进行"根本的改革"⑤。上述观念和认识的变化，体现了北京家庭在饮食方面所受到的西方的影响。

除上述一般饮食外，民国时期京津冀地区的吸（洋）烟也有发展的趋势。

中国人原来吸的是旱烟、水烟、鸦片烟，不知纸烟是何物。英美烟公司在天津的工厂就负责在华北的纸烟销售。在他们的宣传、推销甚至是

---

① 《老北京的饭馆儿》，刘叶秋、金云臻：《回忆旧北京》，北京燕山出版社 1996 年版，第 41 页。
② 胡朴安：《中华全国风俗志》下编，河北人民出版社 1986 年版，第 3 页。
③ 薛培元：《食物选择的标准》，《现代评论》1926 年第 9 期。
④ 《晨报》1920 年 1 月 20 日。
⑤ 薛培元：《食物选择的标准》，《现代评论》1926 年第 98 期。

免费试吸后，使得一些人从初感好奇或抱着不花钱的心理而接近，到逐渐认识到纸烟的妙处，至上瘾而主动吸——英美烟公司就是这样培养起了中国人吸纸烟的习惯，在中国开辟了广大的销售市场。老舍在《四世同堂》中，把老北京的民俗民风介绍得活灵活现，尤其是对"大赤包"的生动描述，以致很多人读完后都觉得只有妓女、汉奸才吸烟。而实际上，当时普通妇女吸烟者亦不在少数。

在北京等"一些本无女子吸烟的地区，由于西洋女子的影响，一些摩登女郎也吸起纸烟来。欧美女子不仅吸烟者甚众，且无论多少皆爱涂脂抹粉，离老远就能把人'熏倒'，这一点也为一些老、中、青中国女子效仿。浓妆艳抹外带吸烟，这一做派使当时的很多男子大为酸倒"。[①]胡朴安在《中华全国风俗志》中就禁不住骂道："北京妇女有一极可憎事，即其无论老少妍媸，咸厚涂脂粉，面颊猩红，以为美观，招摇过市，自鸣得意，抑不知使人见之实可做三日呕也。尤可恨者，极幼之女童亦吸纸烟。北京人民于纸烟一项颇讲究。上海之上流社会，以三炮台为应酬品者，北京人民则视若平常。中上之家，多以金星牌等昂贵纸烟享客，毫无吝惜，其奢侈可见一斑。"[②]从中我们可以看出纸烟流行之盛，以至成了时髦之物与待客必备之品。而在民国之前，女子罕有吸烟者，人们待客时也没有敬烟这一项。这些完全可以说是"全盘西化"。

吸烟的人多了，烟店也就应运而生，而且生意红火，不仅大中城市，小县城、小镇也有烟店，出售纸烟。在北京"都中吸烟之风，自来称盛。往往十龄之童，即携管自随，时时吸食。近更普及于诸般社会矣。社会吸之者众，故商人供之者多。调查精密，虽属势所难能，然大约计之，在此五年之内，添设专售纸烟之店，至少当有三百家，其代售之铺，犹不在内。纸烟销售既多，于是中国旧烟店乃大形减色。益以公卖结果，税日重，价日增，遂驱全市之人多愿舍中国之烟，而用外国之烟。盖因其价虽微昂，而取携则颇便利也。所幸尚有南洋兄弟烟草公司一种国货与外货相竞争，稍足为吾国民解嘲耳"。[③]但天津的北洋公司还是在与英美烟草公司的竞争中挤垮，被迫宣告破产。

---

① 李少兵：《民国时期的西式风俗文化》，北京师范大学出版社1994年版，第26页。
② 胡朴安：《中华全国风俗志》下篇卷一，岳麓书社2013年版，第333页。
③ 同上书，第48、346—347页。

（三）居家摆设

清末，强劲的西方建筑文化打破了封建都城的格局，使馆区的西式楼房、基督教的教堂相继拔地而起。民国以后，西式建筑的数量和质量都有较大的增加与提高。据1933年统计，虽然四合院仍然是北京最普遍的住宅样式，但较现代化的居民楼却日渐增多，成为西式楼房中的主体部分，有7万余间、83.8万平方米，占了北京住宅总面积的6%。[1]至四十年代末，北京城区的现代化楼房已约占总建筑面积的十分之一。[2]但这些楼房一般为低层建筑，北京饭店和六国饭店为雄踞全城的高楼。

北京家庭居住方面的西化现象，除了一些人的崇洋心理外，还由于西式建筑华丽美观的外表和整洁实用的特色，如西式住宅不仅节约地皮，而且有许多门窗，采光和通风良好，"其收光、避湿种种，皆合于卫生之道"[3]。

在北京居民的西式建筑中，一部分属于新建成，一部分则是在旧有建筑的基础上加以改造，使之具有西洋风味。如当时民国外长顾维钧的住宅："三间大红门，很像王府的大门，但比较低一些，汽车可以直开进去。里面很大，有中式游廊四合院，也有西式房舍，还有假山花园。"[4]相比较于传统的四合院，大门和西式房舍等都是经过改造和后建的。北京大多数居民无力建造或租住新式住宅，但是并不妨碍采用一些新式建材或构件，或者在房屋内部采用一些新式的装修和生活用品。如：玻璃的使用取代了原来的糊窗户纸、冷布，使室内采光更充足，显得室内更亮堂，因此受到广泛欢迎。又比如，一些有条件的家庭将家中地面由过去的方砖铺地，改为水泥地，有助于防止夏天返潮。[5]新式家具大量出现，在时髦和富有的家庭中，新式沙发、桌椅、皮箱、铁床等替代了太师椅、八仙桌、樟木箱子、火炕等。据崇文门税关的统计，民国初年，来自英、美、日本的新式桌椅，在北京市场上数量较多，销路甚好。到20世纪30年代，北京制作传统的红木家具的工厂有14家，而制造西式木器的有119家，专

---

[1] 刘宁波编著：《中国民俗大系·北京民俗》，甘肃人民出版社2003年版，第26页。
[2] 北京市社会科学院编：《今日北京》（1986年），北京燕山出版社1989年版，第57页。
[3] 邓子琴：《中国风俗史》，巴蜀书社1987年版，第332页。
[4] 邓云乡：《燕京乡土记》，河北教育出版社2004年版，第432页。
[5] 宋卫忠：《民俗北京》，旅游教育出版社2005年版，第83页。

营西式钢铁床的商家就有4家。①

上述西式楼房、家具等主要出现在大、中城市，一般县、乡地区的民居变化主要表现在两点上：一是房屋样式上出现了西式楼房建筑，如威县，自民国以来，风俗一变，"各机关及教堂等建筑亦有用新式者"；二是材料上开始用砖。如民国时期的高邑县"惟以前土房为多，近则趋用砖石，为一劳永逸之法，不可谓非居住之进步"。②但西式楼房和用砖者在河北并不普遍，人们仍多居平房，材料上主要用土或土砖结合、土石结合，且存在着城乡上的差异。如晋县，"县境居民率多平房。贫家则砖基土墙，规模狭陋；富户则内为土壁，基与表皆以砖为之，较为高爽，然屋脊平顶。至于高楼瓦舍，惟衙署及庙宇为然，乡间则不多觏"。又如元氏县，"至居住一节，房屋虽亦趋繁华，然平房居多，大抵半砖半土，若楼房瓦屋，城镇外不易睹也"。另外，建造时多沿用旧法，房屋构造并没有很大的改进，存在很多不科学的地方，其中主要是对采光、通风的忽视。如磁县县民"无论贫富，率多窗小室暗，光线既不充足，空气亦罕流通，诚亦设计改造，求合卫生"；高邑县"宅第栉比，其对于采光通气则不甚注意焉"。③

（四）出行工具

入民国以来，北京新式的近现代交通工具，无论是在种类上，还是在数量上，都超过了以前，一些旧有的交通工具，如肩舆、轿车等，则逐渐退出历史舞台。就人力为动力的交通工具来说，出现了人力车、自行车和三轮车。以畜力为动力的交通工具有马车等，以机械为动力的交通工具有汽车和有轨电车等。人力车由日本传入，又称东洋车、黄包车，发展十分迅速，成为北京最常见的交通工具。人力车既小又轻，非常方便，行驶在旧北京的狭窄胡同和巷子里可以说是游刃有余。另外，从舒适程度上来看，人力车显然优于以前的骡车。因此，当西方现代交通工具开始在中国出现的时候，中国人就表明了自己的态度："但于国计民生便，善法何嫌

---

① 宋卫忠：《民俗北京》，旅游教育出版社2005年版，第84页。
② 丁世良、赵放主编：《中国地方志民俗资料汇编》（华北卷），北京图书馆出版社1989年版，第529、105页。
③ 同上。

仿外洋"①。只要经济条件许可,民国时期的北京居民还是比较容易接受新式交通工具的。

1. 人力车

清末民初,人力车由日本传入中国。北京第一个制造人力车的是懋顺车厂。②后来,随着人力车拥有量和民众需求量的增加,北京出现了租赁车行。当时,著名的租赁车行有"马六""繁华""五福堂"等。1934年,北京全市人力车约有51720辆。后来,因公共电车、汽车的发展,尤其是三轮车的广泛应用,人力车日益减少,到1948年底尚余12274辆。③

2. 自行车

民国初年,自行车对于大多数国人来说还是一种新奇的东西,其一般是富家子弟用来显示时髦的工具。随着时间的推移,自行车的数量渐增,且逐渐从富家子弟的玩物变成了平民百姓的代步工具:既有从日本、英国进口的,也有北京人自己仿制的。20世纪30年代后,由人力车改良而来的三轮车由原来的人徒步拉车改为车夫坐在车上,脚踩踏板驱车前行,不仅节省了体力,还提高了行车速度,逐渐取代了人力车的地位。在京津冀一些城市,"凡出行,近时无论士商,必脚踏自行车,故自行车之销路,有一日千里之势"。④据民国《高邑县志》载:"近来脚踏车渐多,购用者越有一千三百辆,费省行速,商民便之,然属舶来品(德国货最多,日本次之,英国又次之),漏厄日增,亦可虑也。"⑤《晋县志料》也有"近年以来,脚踏车盛行,行商及办公人员多用之,佃民用者尚鲜"⑥之语。

3. 动力车

民国时期,北京以机械为动力的交通工具有汽车、有轨电车、火车、飞机等。

1919年,北京出现了第一家长途汽车行——燕京汽车行。该车行有进口大型客车12辆,经营北京到高丽营的客运业务。后来,河北的顺义县、

---

① 路工编选:《清代北京竹枝词》,北京古籍出版社1982年版,第129页。
② 习五一:《民国时期北京社风俗的变迁》,《北京社会科学》1993年第1期。
③ 《北平市政府统计月刊》(1934年1月)。
④ 丁世良、赵放:《中国地方志民俗资料汇编》(华北卷),北京图书馆出版社1989年版,第127页。
⑤ 同上书,第105页。
⑥ 民国《晋县志料》上册《风土志》,1935年石印本。

昌黎县、霸县、高阳县、成安县、武安县等也通有长途汽车。起初，北京人称汽车为"摩托车"或"机器车"，乘坐者除了外国人和国内当权者外，也有一些买办、富商和殷实家庭，一般市民可望而不可即。这一时期火车和民航业也已经发展起来，只不过火车主要用于京外的长途运输；民航则主要用于运送邮件和报纸，乘客的数量有限，票价也非一般人所能接受。

对北京家庭影响最大的是有轨电车。在有轨电车开通以前，北京家庭以马车、汽车、洋车等为主要代步工具，但这些交通工具"不能彻底解决路远和价昂的矛盾，直到有轨电车的开设，才给市民带来了方便"①。不过，北京电车的开通经历了一个曲折的过程，直到1924年才正式通车，随后又开设了六条线路，使得城内主要大街和商业集中的区域都有了电车。电车的开通，在城市交通发展史上是非常重要的一环，"它代表着自步行城市的时代以人力和畜力为动力的交通向非畜力的、机械化的、大批量生产的、以大众为导向的城市公共交通的转变"②。有轨电车凭着价格上的优势、有规律的运行时间和线路，受到北京市民的欢迎。但同时，又因电车线路都设在主要街道上，而"北京较密集的居民区，都曲曲折折深藏在主要大街之后，出家门徒步走上三五里才能到大街乘上电车，并不稀奇"③。这就使得能提供上门服务的人力车等有了用武之地，也因此，电车的出现并没有彻底取代人力和畜力交通工具。

此外，汽车、摩托车也在许多大中城市出现，但乘者多为军界、官界、商界等人物，平民几无人过问。

铁路、公路的开通虽极大地便利了人们的出行，但近代新交通的发展只是刚刚起步，交通的改善是有限的，它还只是粗略地表现时代的特征而已。民国《晋县志料》称："近虽有长途汽车之设置，往来较为便利，然票价昂贵，乘客稀少。"④

因此，有学者建议，考察民国时期北京家庭物质生活的"西化"现

---

① 金云臻：《记北京的有轨电车》，刘叶秋、金云臻：《回忆旧北京》，北京燕山出版社1996年版，第101页。
② 史明正：《走向近代化的北京城——城市建设与社会变革》，北京大学出版社1995年版，第269页。
③ 金云臻：《记北京的有轨电车》，刘叶秋、金云臻：《回忆旧北京》，北京燕山出版社1996年版，第102页。
④ 民国《晋县志料》上册《风土志》，1935年石印本。

象时，应注意以下几点①。首先从"西化"速度来看，民国以来北京家庭物质生活的变化非常迅速，经过短短的二三十年，就已经和以前有了很大的不同。其次北京家庭物质生活的"西化"程度比较高。时人曾将北京与南京、上海、广州等城市做过一些比较，在他们看来，北京的西化程度高于南京："北京与南京是两个相反的大城，南京是旧的，北京是新的；南京是简陋的，北京是繁华的；南京是城里到处种菜的，北京是城外也是'笙歌达旦'的；在北京的太太们已经进化到知道用黛绿来染眼眶的时候，南京的太太们却尚是薄施铅华不改旧时装。"②与上海、广州相比，北京的"西化"程度又稍逊一筹，如时人就曾质疑北京将会落伍："记得有人说，北京代表过去，上海代表现在，广州代表将来。名震古今的北京，将一蹶不振，从此而已吗？"③虽然北京在"西化"程度上与上海、广州有一定差距，但在当时中国的"西化"潮流中也算是比较靠前的了。再次北京家庭物质生活的"西化"速度和程度，与外来新事物是否适应当时北京家庭的社会现实密切相关。就当时与之相关的因素来说，有两个方面值得重视，一是北京居民的文化水平和生活习惯，二是北京居民的生活水平和收入状况。北京家庭物质生活的"西化"过程，也是这些家庭接触和了解西方物质文明的过程，不同文化的碰撞，必然有一个适应和认可的过程。如在穿着方面，西装多在上层和新潮人士中流行，而在西装基础上改造而来的中山装和旗袍却得到了快速推广。又比如西餐，除了价高以外，刀叉的使用、中外食品的迥异也使北京家庭很不习惯。

北京家庭长期处于较低的生活水平，也使北京家庭的"西化"现象有的惠及全体民众，有的则仅限于上层社会和时髦人士。20世纪20年代中期，李景汉在《北京的穷相》中介绍了北京大多数家庭的生存状态："总体来说，北京大多数的家庭是住在一两间屋子里的。平均每家四五口人。平均计算每人每月的饮食费不到二元半，每年全家衣服费不到二十元，每月房费不到三元，燃料费不到一元半。衣食住外他项杂费不到总支出的百分之五。彼等都在最低健康的生活标准以下活着。"④普通居民可以乘坐价

---

① 孔祥宇：《"西化"影响下的北京家庭物质生活变迁（1912—1937）》，《社会科学辑刊》2009年第1期。
② 陈衡哲：《南京与北京》，《现代评论第一周年纪念增刊》（1925年），第60页。
③ 章涧若：《北京与上海》，《现代评论》1927年第150期。
④ 李景汉：《北京的穷相》，《现代评论第二周年纪念增刊》（1926年），第76页。

廉的人力车，在窗户上安上几块玻璃，品尝一些西式糖果和糕点，但对于西餐、洋房、汽车等，则很难企及。

二 "西化"因素加强的精神文化生活

（一）崇洋风气加剧

民国时期，不仅京津冀的城区，就连较偏远的乡村，"洋货"也更加普遍、常见。于有一定社会地位或家产的人而言，对"洋货"的追求和实际拥有量愈增。"洋布、洋伞、洋鞋、呢帽之类的洋货，在上层人物的身上以及他们的屋里，一天天增多了。"[1]正定县国民政府的官员，少数穿西服、革履、戴法国盔，多数人穿长衫、戴礼帽。[2]即便是于普通民众而言，拥有"洋货"、使用"洋货"已渐渐成为一种常态。河北省濮阳县某村"妇女们——中年以下穿新式洋袜者几占50%以上"。至20世纪30年代中期，洋布、洋袜的使用已相当普遍。从《北洋画报》中的广告来看，"洋货"基本上已经涵盖了民众日常生活所需的各种物品。[3]

二三十年代，在男子服装上，西装和中山装占据了主要地位。不仅官员、知识分子喜欢穿，其他阶层的人也喜欢穿；城市如此，偏远一些的县乡也是如此。因中山装是革命导师孙文先生改造英国式猎装所制，民国建立前后，人们就把西装、中山装与维新、革命、反满结合到了一起。"无如政界中人，互相效法，以为非此不能厕身新人物之列"[4]。在天津，起初大部分中国人还只是西服的看客，只有个别留洋回国的人穿着西装，西服和中国传统长衫马褂共存。在崇洋风气的影响下，西式服装越来越流行——物美价廉的新式衣料和时髦款式越来越成为天津民众的生活必需品。由于这一趋势日益增强，商人们更利用人们的从众心理大作广告，天津经营西式服装和进口衣料的买卖大为兴隆。甚至，报刊上的关于西式服装和衣料的广告业也水涨船高，数量大幅上涨。这一时期，天津的小白楼

---

[1] 中国人民政治协商会议全国委员会文史资料研究委员会：《辛亥革命回忆录》第二集，文史资料出版社1982年版，第366页。
[2] 陈旭霞编：《河北民俗通览》，河北大学出版社2017年版，第2页。
[3] 林小玲：《西洋化生活与近代天津社会变迁——基于〈北洋画报〉广告的研究》，暨南大学新闻传播学院硕士学位论文，2014年，第24页。
[4] （天津）《大公报》1912年6月1日。

"江厦里",居住着西服高手何庆锠等上百个"红帮裁缝",以至天津人后来将江厦里称为"裁缝里"。每到夜晚,这里家家户户都亮着灯,裁缝们用德国的手摇缝纫机和美国的脚踏缝纫机,为客户赶制西装。

这一时期,北京家庭的服装质地也日益西化:进口呢绒逐步取代了传统的毛皮衣料,机织细洋布逐渐取代粗厚结实的土布,甚至连原本中国特产的丝绸,也受到了空前的挑战。据1929年崇文门税关统计,进口丝绸仅10项就价值247.4万元,而国货丝绸仅24.8万元——国货丝绸的销量只有进口丝绸的10%左右。[1]

民国年间,新潮的服装不仅流行于北京、天津等大城市,许多中小城镇也受到影响。在怀安县,"男有洋装革履,女多剪发旗袍,萍水相逢,俨若津海人焉"[2];也有的女子"且有衣旗袍而乳臀毕现,风飘裙而膝肉外露"[3],以展示曲线美。在磁县,人们衣着"近则夏多白色,冬多青色,又帽巾鞋袜昔均自造,近多为舶来品"[4],充分表明人们的服装从外到里都发生了深刻的变化。

而且,国人对人体美的认识也在进一步加深。如在服装设计中,逐渐接受西方文化中的"曲线美",改变了胸、肩、腰、臀完全平直状态的传统服装造型,将衣服裁制的更加适合人的体型。从20世纪20年代开始,社会流行起一种既适合我国妇女穿着,又吸收西方服装优点的服式——旗袍。刚开始普及时,与清末体宽、腰平、直袖、加镶滚的旗女之袍没有多大差别,后来在收紧腰身、衣之长短、领子的高低、袖子的宽窄短长及开叉的高低上,多次变化。到30年代,受西方"人体曲线美"美学的影响,旗袍由肥变瘦,照体型裁剪,袖子有长袖和短袖之分。其中,长袖及手腕,短袖在肘以上至腋下。这一"改良"旗袍极为盛行,并完全脱离原来的形式,演变成独具风格的女子服装样式,能更好地展示女性优美体态和优雅气质,并成为交际场合和外交活动时的礼服,甚至远传海外为他国女子效仿。而且,披风、大衣、马甲、围巾、手套等也因与变化了的服装相配套,而流行开来。

---

[1] 宋卫忠:《民俗北京》,旅游教育出版社2005年版,第59页。
[2] 民国《怀安县志》卷二《风俗》。
[3] 民国《怀安县志》卷二《妇女生活》。
[4] 民国《磁县县志》,第七章,风俗。

（二）民众娱乐方式更加丰富

民国年间，不仅之前的电影在民众中的影响力进一步加深，还增加了如舞厅、运动会等新型健身、娱乐方式。

1. "拉洋片"与看电影

"拉洋片"又称西洋镜，即将照片或自制的图片放置于特制的木箱内，艺人一边拉动长片，一边敲着锣鼓演说伴唱，让观众通过凸透镜观看。这种简易影片在二三十年代的京城十分流行。后来，随着电影业的兴起，拉洋片逐渐衰落，成为历史陈迹。

由于天津为港口城市，"海外影片，可以直接到达此间，国内影片也因为天津影院林立，而愿品题于此"[①]，故而民国时期天津的电影院非常发达。在 20 世纪 20 年代中期，天津已是电影院林立，成为华北地区最重要的电影中心[②]。其中建筑堂皇而布置合宜的有蚨碟、光明、平安等电影院，此外还有、新欣、天宫、皇宫、新明、中央、皇后电影院等。票价因影片之优劣和放映时间不同而略有差异，一般在三至五角之间。1927 年，天津的电影院已经形成了特定的风格和模式，"天升、平安、皇宫是专演外国影片的，新新、新人是演中国影片比演外国影片来得多，光明社、安乐宫是中国影片和外国影片参杂着演的；上平安、上权仙是专演普通的中外影片的，价钱也最便宜"[③]。但在二十年代，电影这种西化的娱乐方式并未成为普通市民的主流消遣方式。当时，天津的影院在设备、装潢上也模仿西方影院，力求"高人一等"。如"天宫电影院"的广告所称，"内部装潢，参合欧西古代及北平故宫之式，极尽福丽堂皇之能事……电灯装设，颜色支配，座位排列，均经详细审定"。[④] 随着影院的不断增多，美国影片源源不断输入天津，这里成了华北主要的影片放映区域：美国各影片公司的影片在上海放映后，就直接运到天津放映。到了三十年代初，电影这种源于西方的娱乐方式成了天津市民社会生活的重要内容。[⑤]

---

① 宋蕴璞辑：《天津志略》，天津协成印刷局，1931 年铅印本，第 352 页。
② 林凯欣：《卞白眉在京津地区的生活与思想面貌（1914—1929）》，常建华主编：《中国社会历史评论》（第 13 卷），天津古籍出版社 2012 年版，第 151 页。
③ 心冷：《天津电影业之调查》，（天津）《大公报》1926 年 9 月 7 日。
④ 《天宫电影院广告》，《北洋画报》1928 年 12 月 4 日。
⑤ 周俊旗：《民国天津社会生活史》，天津社会科学院出版社 2002 年版，第 216 页。

因此，看电影也成为风靡一时的娱乐活动。天津的银行家卞白眉在他的日记中就提到，他当时在天津的休闲嗜好有打网球、台球、看电影及下棋等，其中最热衷的就是看电影。卞白眉平均一周看一两次电影，有时多达三次；最常光顾的影院为平安电影院、天津电影院和光明戏院，20 世纪 20 年代后期则转到皇宫和天升两戏院。仅是 1920 年，卞氏观看电影就多达 40 次。其题材相当广泛，中西都有，观剧型态主要是以休闲为主，同时亦藉此了解世界时事与文化潮流[1]。卞白眉亦喜爱观赏其他的西方文化节目，包括上述的影院所举办之音乐演奏会及西洋话剧。

而且，民国时期随着电影的发展，许多国外的优秀悲、喜剧影片被引进中国。《赖婚》和《二孤女》都是美国影星李丽吉舒的成名作，由于放映以后收到良好反响，奎德社将这两部电影改编为时装新戏——《赖婚》和《不良的婚姻》（即《二孤女》）。两部电影的效果虽均已有目共睹，"而在中国旧戏里，演唱起来，这倒是第一次"。不过这"第一次"也得到了观众的肯定和认可，"这出戏（《赖婚》），要演的像电影里李丽吉舒那样沉痛，本是很难的事，而张蕴馨对于含仇郁怒各种的情绪，都还能演出来"[2]。

2. 跳舞交际

跳舞开始传入天津之时，未有专门的场所，一些西餐馆为满足需求而设立了跳舞厅。天津开埠后，西方人士不断增多，他们时常开办舞会，并邀请中方官绅出席，西洋舞蹈因而渐渐在天津上层社会和商界中流行起来。于此同时，一些外国舞蹈团来津演出和欧美电影中的某些舞蹈情节也加快了西洋舞蹈的传播。

舞厅作为在近代中国出现的又一新型休闲空间，它的出现又进一步影响到跳舞风气。左玉河在研究 1927 年的天津禁舞风波时提到，1927 年上海第一家营业性舞厅开业，继上海之后，跳舞的风潮也在天津及北京蔓延开来。当时由于舞客渐多，舞厅有利可图，甚至出现了许多大饭店纷纷开设舞厅以招揽生意的现象。如天津的福禄林、国民等饭店。当时的《大公报》就记载："近年中国跳舞之术流行，从前以上海为盛，尔来天津、北京时髦女子都趋之若鹜"，"跳舞一事，在天津已经是很盛行，一般沽

---

[1] 林凯欣：《卞白眉在京津地区的生活与思想面貌（1914—1929）》，常建华主编：《中国社会历史评论》（第 13 卷），天津古籍出版社 2012 年版，第 151 页。

[2] 《奎德社之"赖婚"》，（天津）《大公报》1930 年 4 月 15 日。

洋气的饭店,因为想求事业的发达,经济上的胜利,不得不以极精美的跳舞场,去迎合一般自以为新青年人们的心里,所以这些爱出风头的男女们……去学习跳舞"①。而且,随着跳舞风潮的兴起,跳交际舞、剪头发、穿皮鞋、着洋装成为当时都市时髦的生活娱乐方式。

20世纪20年代,天津出现了兴办舞厅的热潮。福禄林因最早在《北洋画报》上刊登跳舞广告,而在天津市民眼中成为"到福禄林及吉士林跳舞"就是时尚。

3. 逛公园

公园的出现进一步标志着城市娱乐范围的扩大。辛亥革命后,在北京,几个皇家园林转换成公园。如1914年,紫禁城左侧的社稷坛改为中央公园开放。园内古树参天,祭坛依旧,但增加了展览橱窗、饭馆、茶馆、体育馆及花圃等。②闲暇时间或节日里,民众有了更多的去处。其中,中山公园成为最重要的公共活动场所和休闲去处;翻新后的天坛成为重要的旅游景点;北海于1922年变成公园,成为夏季市民乘凉划船的胜地。天安门亦被改造成公共广场,为市民的集会提供了绝佳的场所。在天津地区,除已有的一些租界公园外,北宁公园于1931年建成,此地适合春季踏青、冬季滑冰,受到津市市民的青睐。

上述提到的天津地方人士卞白眉每逢假日就会安排家庭活动,有时与儿女到法国公园和中央公园等处散步,有时则带同母亲及妻儿往天津著名的西式食肆品尝糕点,又或者是带家人至照相馆拍照、游览博物馆等。此外,基于工作的关系,卞白眉常会与同事或合作伙伴到交际社吃饭,又会到租界的俱乐部打球和玩纸牌等。当时该类型的西式消遣活动在天津盛极一时。大型的饭店多附设有台球房和地球房,属于上流社会消遣的文化潮流③。

4. 戏院与游乐场

现代休闲娱乐空间的迅速扩张并没有完全取代传统的休闲方式。传

---

① 左玉河:《跳舞与礼教:1927年天津禁舞风波评析》,李长莉、左玉河编:《近代中国的城市与乡村》,社会科学文献出版社2006年版,第223页。
② 程为坤:《户外寻乐:20世纪初年北京的休闲、社会空间及妇女监控》,姜进、李德英主编:《近代中国城市与大众文化》,新星出版社2008年版,第183页。
③ 林凯欣:《卞白眉在京津地区的生活与思想面貌(1914—1929)》,常建华主编:《中国社会历史评论》(第13卷),天津古籍出版社2012年版,第151页。

统的娱乐空间仍然存在。就戏曲而言，由于它的娱乐性、观赏性以及教化性，仍然是受民众欢迎的主要娱乐方式。比如天津《大公报》1928年3月2日的广告中，除了皇宫电影院所放映的影片《瀚海桃园》、春和大戏院日夜上映的《月老离婚》、新新电影院上映的《鸳鸯劫》、天升电影院的《爱之花》、明星上演的《孤儿救祖记》外，戏曲的广告版面与其大小基本相同。其中包括明星戏院程艳秋、侯喜瑞等演出的《武家坡》《虹霓关》《法门寺》等，以及春和大戏夜场尚小云演出《雷峰塔》、小翠花唱《贵妃醉酒》、王又宸演《打棍出箱》的广告[1]。

戏曲曲艺等传统的娱乐项目除了在戏院等处演出外，此时还融入了游艺场这种融合多种娱乐方式的新型公共空间。继上海的大世界及新世界游乐场之后，北京也建立多处这类新式的游艺场，尤其以新世界和城南游艺园最为吸引游客。新世界游乐场系1916年建成，除了设立有哈哈镜、建有电梯等稀罕物外，其游艺内容丰富，包括：拉力测量器，体重秤，拳击测力等项目；二楼、三楼有大鼓书等地方曲艺；五楼是售货场、小饭馆等。城南游艺园于1918年建成开业，这里的电影、地方戏、餐馆等设施与新世界类似，只是其经营手段更加吸引人。

天津的游艺场虽然很早就有，但当时只是盛夏时节才会开放，后来，逐步改良为设立在商场的顶楼，如中原公司妙舞台及屋顶游乐场开放后，营业极佳。较为正规和著名的游艺场有法租界的春和，日租界的中原屋顶、天外天、劝业场、天祥屋顶、天祥市场、张园以及陶园。游艺场的开放时间是每日下午八时起至次日晨二时，内容有大鼓、京戏、电影、戏法、苏滩等，最多五角钱可以买到通票[2]。

5. 现代体育与运动会

近代天津人民接触西方体育之前，中国传统的体育项目如武术、棋类项目、踢毽、赛龙舟、抖空竹、舞龙、舞狮、扭秧歌、拔河、打秋千等，一直作为人们的娱乐方式而存在，锻炼目的次之。在长期的封建社会制度和特殊的地理环境下产生和发展起来的中国古代传统体育，作为一种特殊的社会文化形态，像其他中国古代文化一样，深受儒家"礼教"思想的影响。正如有的学者认为"在体育的形态上主要提倡个人的修身养性，注重

---

[1] （天津）《大公报》，1928年3月2日。
[2] 宋蕴璞辑：《天津志略》，天津协成印刷局，1931年铅印本，第353页。

人的内在伦理道德修养，致使中国传统体育缺乏竞争性而忽略人体的外在美"。①这就导致了"传统的古代体育大都从精神修养着手，以追求内外动态平衡为健康目的，其运动主张是内外俱连练、神形兼顾、动静结合、刚柔相济等平衡统一的原则"。②随着中国封建社会走向尾声以及中国传统体育文化的日趋衰落，在西学东渐的影响下，天津人的体育观念也逐渐改变。建立在资本主义先进的科学文化基础之上的西方近代体育，逐渐取代了中国传统体育在人们心目中的地位，特别是体育运动会的兴起和发展，推动了体育在天津的普及，广大民众通过运动会认识和了解了西方近代体育运动项目更具科学性和合理性。无论是运动竞赛的组织方面，还是具体项目的运动规则和程序，均是如此。从运动会中更能反映出，西方近代体育项目与传统体育相比具有较强的竞技性、趣味性和娱乐性，所以易于被广大民众接受和从事。

西方近代体育项目引入津门，促进了天津近代运动会的兴起，运动会兴起和发展之后又反过来促进了天津近代体育的发展普及，使人们的体育观念日益增强。③其中，特别是学校体育发展最著。时人对天津世纪年代学校体育有这样的评价："全市各校体育，自民四勃兴后，渐次发达，先由田径赛作起，各校人才济济，成绩甚佳，曾一度握华北之牛耳。总之，足球兴起，各校均有组织，如南开等队，当时称霸津沽将素负盛名之西人队，打得望风而逃，轰轰烈烈闹了一阵。再后篮球突盛，成绩特别进步，菲特蜚声全国，而且威震远东。最近全市各学校之篮球已十分普遍，无论大中小学校，均有篮球队之组织，互相比赛磋磨，足球及排球之热度亦高，各校现正设法提倡。"④可见天津学校体育渐有普及的趋向，学生积极地投入到体育运动中来。此时，社会上体育也获得一定程度的发展，民众积极参与体育活动，体育观念增强。据《益世报》载："社会体育，在前二年简直无人过问，现在渐有人感觉体育于人生之重大关系，急起直追，惊醒一般市民，所以近年来，社会上亦有人练习体育，最近练习者益多，

---

① 葛辉、欧舟:《中国传统体育文化之历史变迁及其特质解读》,《株洲工学院学报》2006年第4期。
② 蒋世玉、史燕:《我国体育文化变迁的历史特征及社会价值》,《淮北煤师院学报》(社会科学版) 1997年第2期。
③ 常永志:《20世纪早期天津的体育运动会》,天津师范大学硕士学位论文, 2009年, 第37页。
④ 郭凤岐、陆行素:《〈益世报〉天津资料点校汇编》二, 天津社会科学出版社1999年版, 第1156页。

行政工商等界,均先后提倡,如市教育局、省教育厅、电报局及商品检验局等机关,相继成立篮球队,从事练习,即其一例。"①

除上述各种娱乐休闲方式外,民国时期的京津冀地区还存有其他形式的娱乐休闲方式。如隐居天津各租界里的清室贵族遗老、军阀、官僚,乃至各地有钱人,是最具影响力的社会阶层,但又是所谓"赋闲者",他们有高档次的消闲和消费需求。由是,租界里的外国侨民纷纷从事或引进其母国的各种娱乐项目,如马戏、魔术演出,开设球房和舞场,球房中有台球、地球、小高尔夫等。舞场规模较大的有法租界国民饭店的"安琪儿舞场"、日租界中原公司屋顶的"巴黎舞场"等,内有舞女伴舞,有中国舞女和白俄舞女。英租界的赛马会、意租界的回力球场也均风靡一时。② 租界不断涌现出的新的娱乐方式,以及"寓公"们的生活方式和价值观都体现和带动了近代天津商业化城市的特征。这些外国的各种娱乐方式,再加上国内涌进天津的娱乐事业和活动,相互辉映,杂然并陈,使得天津的娱乐社会日趋兴旺。这些租界的侨民、与天津的遗老遗少们共同推动了娱乐活动的发展。

总之,各式休闲活动的改变反映了民国时期京津地区居民,尤其是中上阶层市民的生活模式,普遍受到西方文化的影响。从西方引入的新事物成为人们所追求的生活时尚,久而久之,就逐渐在社会中形成一股新的文化趋势。

三 民国时期京津冀地区的社会民俗

民国时期,随着物质、精神层面的变化,京津冀地区的婚姻、审美、葬礼等社会民俗,也发生了较为深刻的变化。

(一)婚姻

1. 婚姻礼俗

清末,西方先进思潮不断涌入,国内维新变革大潮兴起,传统的封建家族习俗已开始动摇。辛亥革命后,帝制崩溃,父系家长制的根基愈加动

---

① 郭凤岐、陆行素:《〈益世报〉天津资料点校汇编》二,天津社会科学院出版社1999年版,第1156页。

② 周俊旗:《民国天津社会生活史》,天津社会科学院出版社2004年版,第223—264页。

摇;个性自由、男女平等的思潮向传统封建婚姻习俗发动了勇敢的挑战。民国初年,北京地区就已出现新式婚礼。尽管遭到守旧人士的严厉责难,但毕竟"大江东流去",到三十年代以后,新式婚礼在京城广泛流行,成为时尚。

北京新式婚礼俗称"文明结婚"。结婚男、女双方不去命馆合婚,而是自具结婚证书。迎娶时,由西乐队前导,用马车或汽车接新娘。新娘穿白色礼服长裙、披白纱、戴花冠。新郎穿黑色燕尾大礼服。典礼仪式简易:证婚人宣布结婚者姓名后,新人相对三鞠躬、交换饰物,然后证婚人致训词、颁发证书。最后,新婚夫妇向各方来客鞠躬致谢,即礼成、合影留念。典礼后,通常不备酒席,有举办象征性茶话会或酒会。这种新式婚礼,不仅改变繁文缛节,且从乐队、礼服,到典仪、酒会,均具有相当浓厚的西化色彩。河北宣化县"民国改建以来,有改行结婚仪式者,或备用广大礼堂,俾人共睹,以开风气;或在自己院内行礼"。①

继文明结婚之后,北京出现的另一种形式的新式婚礼。1937年6月2日,北平市第一届集体婚礼在中南海怀仁堂举行,主办单位是北平市社会局。该局为倡导"改进习俗,提倡节约,尊重婚礼"的新风尚,专门设立了市集团婚礼事务委员会。它确定:每三个月举办一次集团婚礼;凡市民自愿申请,仅缴纳礼费十六元即可参加;届时,由市长或社会局长予以证婚;其典礼仪式参照民间正在兴起的文明结婚程序;只是新郎礼服必须穿中式常礼服,即长袍马褂;新娘礼服则采用白色西式长裙。由此可见,主办者力图倡导中西合璧的新风尚。②

民国初年,随着文明婚礼在各大城市的流行,专为民间举行文明婚礼提供服务的新婚用品商店应运而生,如北京就有一个名叫"紫房子"的新婚用品服务社。之前的清代,京城虽已有专门为结婚的人服务的行业——喜轿铺,但其经营内容也是传统的,主要是为结婚的人提供花轿,并附带轿夫、锣鼓手、执事等。当时京城结婚的人还普遍采取传统的礼仪,于迎娶新娘时,照例用花轿、旗锣伞扇、金灯执事、八面大鼓等。据《当代北

---

① 民国《宣化县新志》(1922年),引自丁世良等《中国地方志民俗资料汇编》(华北卷),第134页。

② 常人春:《老北京的风俗》,北京燕山出版社1996年版,第214—216页。

京婚恋史话》记载："当时的喜轿行业很兴旺，四九城都有喜轿铺，京城约有120余家。"

民国后，随着新式婚礼逐渐受到社会各界的欢迎，有识之士看准"文明结婚"的"商机"，在京城开办了供应新式结婚用品的服务商店。据《北京民俗文化史略》记载：1915年骡马市大街开办了"喜庆婚礼用品租赁社"，专门出租文明结婚的用品。它原本是一家有着30多年历史的喜轿铺，掌柜是山东人，很精明，他将旧式的花轿、锣鼓手、执事等取消，改为备花车、司仪，同时向新郎、新娘出租结婚穿的礼服、花篮等。可以说"喜庆社"是京城第一家"婚庆公司"，与今天婚庆公司所承办内容很相近，只是所提供的服务项目较少，经营规模也不大。1934年九月，江苏无锡人郁炽昌在宣武门内绒线胡同开办了"紫房子新婚用品服务社"，为"文明结婚"的年轻人提供"一条龙"服务。它专门出租"文明结婚"礼堂上用的各种陈设，新郎、新娘穿的西式礼服，新娘用的头纱、珠冠、头花、手花、花篮等，且代雇花车、乐队、司仪，甚至连结婚典礼的仪式单都给印好了。1937年，北平市社会局积极提倡"改进习俗，提倡节约"的"文明结婚仪式"，受到许多年轻人的响应，由此促进了"紫房子"的业务蒸蒸日上，并使原店址已不敷应用，1938年迁到六部口旁边，三间紫色的大门脸儿较前更为壮观。此后，京城出现了多家为婚庆提供服务的企业，如东城的"福双新婚用品服务社"、西城的"金丽新婚服务公司"、南城的"美馨新婚服务所""喜临门婚庆服务公司"等，但其门店规模和服务业务与"紫房子"相比，均较为逊色。为了争到客源，各婚庆服务社利用一切机会广泛宣传"文明结婚"的体面、省钱、省事等种种优点，同时扩大服务范围。一些婚庆服务社的老板还广为结交社会各界名流，争取他们的光顾与支持，以扩大影响。到20世纪40年代末，京城有婚庆公司近十家。

与此同时，旧式婚礼依然保持着强大的惯力，在民间流行。

2. 婚姻观念

民国时期，婚姻开始跨越门第限制，男女平等意识逐渐强化，包办婚姻的色彩逐渐淡化。同时受西方文化、观念的影响，男女自由恋爱、结婚和文明结婚、集团婚礼等新式婚俗相继出现并逐渐流行，对旧式婚俗造成越来越大的冲击。这种变革在城市逐步占据了主导地位，广大乡村没有受到太多的影响。①

婚姻自主。"五四"以后，社会上有关婚姻家庭的习俗中出现了打破"父母之命、媒妁之言"的包办婚姻旧习，实行婚姻自主的现象。如河北盐山县"民国以来，蔑古益甚，男女平权之说倡，而婚配自择，不耻淫奔"。②同时，原来妇女"从一而终"的观念逐步淡化，离婚现象时有发生。如在雄县，"结合既易，离异随之。近年以来，离婚之诉，日有所闻"。③

择偶观念。1928年，一位28岁的北京青年男子在接受关于婚姻问题的社会调查时表达了自己择偶时的一些原则：④

（1）还没订婚，不管谁介绍都行，但必须经过我同意。

（2）我心目中已有了一位最爱慕的女子、我二人的才貌性情很合适，但她家官瘾太重，而我极端反对政治生活；她家富，我家平常，因此我俩虽然常在一起谈话，但我一直未表达我的爱意。最主要的，是我不能肯定她是否爱我。如果她对我感情很重，我便去设法运动她的家长。

（3）我的家庭对我的婚事不加干涉。

（4）我如果能同我最爱慕的意中人结婚，我自然应该听她的命令，另组小家庭也可，与父母同居也可。如果不能与心爱的人结婚而娶了别的女人，那么婚后妻子住娘家，我住我家。

（5）结婚后我对于妻子不加拘束。她仍可在社会上服务，仍可交结男女朋友，种种行动可以与没有结婚前一样。

由此，部分可见京津冀一带婚姻西俗化的程度：恋爱自主、夫妻平等、离婚自由等现代观念已开始在一些人心中生根发芽。

（二）葬礼

民国年间北京流行的旧式葬礼，也印有时代的痕迹。比如，小殓用

---

① 左玉河：《婚丧嫁娶》，中国文史出版社2005年版，第28—29页。
② 民国《盐山新志》（1916年），引自丁世良等《中国地方志民俗资料汇编》（华北卷），北京图书馆出版社1989年版，第381页。
③ 民国《雄县新志》（1929年），引自丁世良等《中国地方志民俗资料汇编》（华北卷），第334页。
④ （天津）《大公报》1928年5月。

的衾物,清王朝统治时,必须经皇帝允许方可盖"陀罗经被";而民国时期,人人平等,死者均可披"陀罗经被"。再如,"接三"典礼时,不少丧家专请西式乐队。演奏员戴缨帽,佩肩章,礼服华丽,俨如总统,乐器应有尽有,俱臻上乘,颇受欢迎。① 在旧式葬礼流行京城时,也出现新式公祭——追悼会。前来祭奠的宾客,佩戴白花,行鞠躬礼。主要仪式为奏哀乐、读祭文、送花圈、致挽联。这种新式丧葬仅流行于少数阶层。②

（三）社会舆论与审美

民国时期,一些报纸的发行对社会舆论的形成、变化等产生了重要影响。其对西方风俗的推介、改变中国之旧风俗方面,也起到了一定的作用。如《北洋画报》之于天津。

《北洋画报》创刊于1926年7月7日,在天津等地有着较广泛阅读人群,当时在中国传媒界被称为"北方巨擘"。该刊由冯武越、谭北林所创办,冯为当时中国银行总裁冯耿光之子,曾留学法国,能文、能书、能画,担任过张学良的法文秘书。报纸宗旨为"传播时事、提倡艺术、灌输知识";其内容包括时事、社会活动、人物、戏剧、电影、风景名胜及书画等,以照片为主,兼有文字,副刊专载长篇小说、笔记、名画、漫画等。同时,在《北洋画报》中,一些租界商家的广告占据着主体地位,各种"洋货"琳琅满目,令人目不暇接。百货公司、照相馆、银行、无线电公司、眼镜公司、汽车公司和烟草公司的广告,构建了近代天津民众所向往的西方生活方式,加速了西风东渐的影响。以至有学者称,翻阅每一期《北洋画报》的广告,都能感受到服装的"西风来袭"。③ 如,其中有广告称：海京呢绒具有"摩登化经济化之西装衣料",并且,其"质料比舶来品经穿,价目比舶来品便宜";力古洋行的印度绸缎庄出售"花样新奇、颜色鲜美"的"欧美德法各国运到大宗花素丝绒",衣服款式有"中西大衣、斗篷"④；中原公司既有"能驾乎舶来品之上者此革履也"的皮鞋,也

---

① 王隐菊、田光远、金应元：《旧都三百六十行》,北京旅游出版社1986年版,第27页。
② 习五一：《民国时期北京社会风俗的变迁》,《北京社会科学》1993年第1期。
③ 林小玲：《西洋化生活与近代天津社会变迁——基于〈北洋画报〉广告的研究》,暨南大学新闻传播学院硕士学位论文,2014年,第17页。
④ 《力古洋行印度绸缎庄》,《北洋画报》1928年10月4日。

有"式样时髦"的呢帽。①从这些广告中，大众不难拼凑出当时流行服饰的一个印象：天津的男士和女士服装都渐呈西化趋势。第 226 期敦庆隆关于毛麻织品的广告，虽然其广告的商品不是西服，但从其配图我们可以感受到图中那位妙龄女子的服饰——从帽子、围巾到上装、裙子到高跟鞋，她衣着的每一个细节都表现出浓浓的"西味"（图 4-27）。

图 4-27 《北洋画报》中的广告

有学者注意到，《北洋画报》的广告中经常出现这样的信息：顾林祺太太美容室的顾林祺是"巴黎海兰露边天大学毕业"；维多利亚药房旧主人波夫人"毕业于美国加州美容学院"，其能"用手术一起老皮，消磁各种斑点，用电气漂白皮肤"等；爱丽莎比司阿尔顿药房内"设有美容室"，其技师毕业于"旧金山万国美容学院"，其"能用最新的方法，使人皮肤润泽，皱纹消灭……手术精良，毫无痛苦"；天津医室的黄子濂医生是"美国大学毕业牙医博士"；步峰医院的李步峰是"德国医学博士"；启亚医院的周颂声医生是"德国柏林日本帝大医学博士"，冯启亚医生是德国医学博士。这些医药广告，不管是皮肤性病科，抑或是产妇科、儿科，都不约而同地强调了医生的西方留学背景。广告中所提到的多所外国学校，我们暂时无法辨其真伪，而不管广告中所提供的信息是否正确，我们从这些信息中可以看出——从表层上看，这些广告揭示的是广告商，以及大众对这些"留学生"的尊重和崇拜。而西方教育一向被视为

---

① 《中原公司新到大批呢帽》，《北洋画报》1930 年 4 月 10 日。

西方文明的表征，将宣传留学背景的医生这一现象与当时天津的历史环境联系起来，与其说这是对留学生的尊重和崇拜，不如说是对西方文化的肯定和憧憬。在第712到721期的《北洋画报》上刊登的名为"介绍良医"的广告，介绍中医郭眉臣。广告称其"多年活人无算，其对于四时流行瘟疫及小儿痧疹……尤有必效之方"。但"此类的中医广告在《北洋画报》中甚是少见。与其他许多西医广告相比，它们在广告版面上反倒显得另类"。①

在社会舆论空前繁盛的作用下，民众的审美等也逐渐发生变化。如传统中国的九月赏菊，清末时还"以矮秧大花多叶"为尚。民国以后，时尚变迁，"花以繁多"为盛，并不断引进海外新品种杂交，追求新奇之美。②

四 民国时期京津冀民俗对世界的进一步影响

民国时期，京津冀民俗对世界的进一步影响主要是通过武术、京剧和中式家具等来实现的。

（一）武术的国际传播

在古代中国，汉代和明代频繁的中外文化交流使两朝的武术国际传播较为活跃。但此时的中国武术的国际传播属自然传播的范畴，主要是通过人口的自然迁移和军事武艺来完成，且多是个体传播。

清末至新中国成立，中国武术国际传播活动开始发生变化：由个体传播走向组织传播的形式，或举行表演，或创建海外分会，即走向了主动性推广的道路。同时，这一时期的国内、国际政治、经济形势使得武术精神的弘扬尤为重要；作为官方组织的中央国术馆的活动和作为民间组织的精武体育会的活动，在众多的武术传播活动中贡献最大，国内国际的人口迁移也对武术传播起到了重要作用。

在这一时期，中国传统武术也迎来与从西方传来的体育逐渐融合的机遇。"与古代武术相比，进入世纪的武术开始接受欧风美雨的近代体育文

---

① 林小玲：《西洋化生活与近代天津社会变迁——基于〈北洋画报〉广告的研究》，暨南大学新闻传播学院硕士学位论文，2014年，第19页。

② 张江裁：《北平岁时志》卷9《九月》。

化洗礼，从而踏上了一条向近代转型的历史跑道。"[1]中国武术的国际传播也转向新的历史时期，在这一时期出现了以提倡发扬武术为目的的专门研究和传播中国武术的组织——中央国术馆和精武体育会。此后，中国武术的国际传播摆脱了无意识向国外传播的历史，步入了主动向国际推广的历史轨道。

20世纪初及至20世纪二三十年代，一代宗师孙福有先生及其创建的"中华国术大马戏团"、孙风山的"北京班"、马戏大师王汝利、杂技明星史德俊、"东方卓别林"赵凤岐、"卸索大王"王玉林、"四大金刚"的张献林父子、号称"大天一"的魔术大师穆文庆等吴桥杂技艺人，携其才艺走出国门，去俄国、赴欧美、下南洋，达到的国家有五十多个。在这一过程中，他们把中国武术的威名推向世界，中国武术就此更加威震五洲、享誉海外。

（二）戏剧对西方文化的影响

明清之际，由于朝廷长期的禁海、闭关等政策，极大地限制了中国商业向海外的进发，同时也遏制了中国戏曲向海外的流传。20世纪以前中国戏曲的对外交流主要局限于部分文本的流传，中国戏曲对西方戏剧文化产生真正意义上的影响，发生于20世纪30年代，即梅兰芳历时半年的京剧赴美演出（图4-28）。有学者称，梅兰芳此次美国之行，"是一次历史性的、颇具震撼力的中西戏剧文化的交流和碰撞"。从此，西方人对以中国京剧为代表的古老民族戏剧刮目相看并且充满敬慕之情。

此外，民国时期河北梆子女伶上演时装新戏。为使时装戏的题材有所扩大，除了把国内的社会新闻编演成新戏，还把国外的著名小说改编成剧本，搬上河北梆子舞台，如《茶花女》《复活》等戏；还有些新戏反映近代的科学技术，如《电术奇谭》等。[2]这些活动不仅在当时博得民众的欢迎，也通过这一特殊的方式将中西方文化融合为一体。

---

[1] 周伟良主编：《中华民族传统体育概论高级教程》，高等教育出版社2003年版，第67页。
[2] 董虹：《城市、戏曲与性别：近代京津地区女伶群体研究（1900—1937）》，南开大学历史学院博士学位论文，2012年，第63页。

图 4-28　梅兰芳当年赴美演出报道

（三）中式家具声扬海外

民国年间，中式家具在海外的影响主要有赖于外籍人士对它的介绍与推崇。

20世纪三四十年代，旅居北京的德国人艾克（Gustav Ecke）、美国人凯茨（George N. Kates）、杜拉蒙德兄弟（Drummond）从直接和中国人打交道，到深入中国人的生活，再到关注、收藏中国硬木家具，并撰写关于中国家具的著作（艾克1944在北京出版了《中国花梨家具图考》，凯茨1948年在美国出版了《中国民用家具》），一步一步地将中式家具推向世界。尤其需要指出的是，他们的视域范围不是宫廷和上层社会推崇的清式紫檀、酸枝木家具，而是有点儿民间的风格。他们选择的这些风格简练的中国古典家具，后来被称为"明式家具"。

20世纪四十年代，由于时局的关系，他们虽相继离开了北京离开了中国，去了美国，但他们把这些来自中国民间的家具从北京带到了海外。到美国后，凯茨于1946年、1949年在纽约布鲁克林博物馆先后举办了两次中国家具展览，其中一部分藏品还被美国的博物馆收藏。[①]1946年，杜拉蒙德兄弟在巴尔的摩艺术博物馆举办了"17、18世纪中国家具展"。1952年，艾克在夏威夷也办了一次中国家具艺术展，使得中国的传统家具声扬海外。

---

① 柯惕思：《西方人眼中的中国传统家具》，《家具》2011年第6期。

（四）其他"中国风"的魅力

除上述种种，民国年间还有其他形式的一些"中国因素"通过京津冀地区，对西方文化的发展发挥着一定影响。如，电影。

电影虽然是舶来品，但在发展的过程中也逐渐成为沟通中西方文化的桥梁。一方面，西方文化在京津地区的电影放映中被潜移默化地灌输给中国的观众；另一方面，中国的文化也通过电影和电影院影响着西方。1928年，年大圭在就在《外国戏院之中国化》[①]一文中指出了这一问题。他在文中写道：

> 我们每每骂有的本国人是洋化，但是外国人也有中国化的，像打麻雀，女子之好穿中国衣服等等便是，不但如是，近来连戏院也要中国化了。像美国菲列得菲亚洲，翰林大道，六十九号街，近来新建了一所戏院叫林德伯。其中的建筑和布置都是取中国式。像屋顶的四周镶上了龙凤蝴蝶，音乐台和太平门都装上了灯笼和塔。

这一点，无论是在当时的年大圭看来，还是今天回顾历史的我们而言，都无疑是一件令人欣喜的事情。甚至，华人女明星通过打麻雀牌在好莱坞赢得了良好的人际关系。据说"黄阿媚乃好莱玛唯一之麻雀选手，其他男女明星多非其敌，无怪乎黄常约会女友同作助战也"。[②]

此外，中国服装的东方元素也因为电影被西方观众认知，龙凤蝴蝶和灯笼、塔等也成为外国影院装饰的中国情结。

[①] 大圭：《外国戏院之中国化》，《天津华北画报》1928年第31期。
[②] 《天津华北画报》1928年第33期。

第五章　京津冀区域非物质文化遗产的发展演变

序　言

　　非物质文化遗产是指"各族人民世代相传并视为其文化遗产组成部分的各种传统文化表现形式，以及与传统文化表现形式相关的实物和场所"[①]，具有重要的文化、艺术和审美价值。它是一种特殊的文化遗产，不仅是人类共同的文化瑰宝，而且打着深深的民族烙印，体现着特定民族的独特价值观、审美观和思维方式。它所蕴含的民族性格、民族心理和民族感情等因素，对增强民族凝聚力及对民族文化的自豪感发挥着重要作用。也正因如此，人们往往对非物质文化遗产产生一种误解，即认为非物质文化遗产就是纯民族文化的代表，是一种绝对土生土长的民族智慧的结晶，忽视了非物质文化遗产的活态性、发展性以及文化发展中的融合性。

　　活态性是非物质文化遗产区别于物质文化遗产的最大特征。非物质文化遗产具有鲜活的生命力，它不是历史遗留下来的僵化的"文化化石"，而是在孕育文化的"社会环境"和"自然环境"相互作用中产生，并在社会环境的变化中不断创新，代代相承。这种创新与发展直接关乎其传承主体的安身立命，因为从某种意义上说这些技艺就是社会下层的匠人、艺人们谋生的饭碗、糊口的本钱。而这也就决定了——不仅它的创生与特定的文化环境休戚相关，它的创新与演进也必然要紧跟社会发展和文化生境的变化，应时而变。更何况开放包容一直是中华文化的最大特点。它一直以

[①] 《中华人民共和国非物质文化遗产法》（中华人民共和国主席令第四十二号），中华人民共和国中央人民政府网站，http://www.gov.cn/flfg/2011-02/25/content_1857449.htm。

海纳百川的胸怀，以兼融并蓄的态度，吸纳融会着各种外来文化中的优秀元素，在中外文化的碰撞中，不断地调试并丰富扩展着自身文化传统的内容。其中，就包括凝结着中华民族智慧的非物质文化，它在这一过程中，亦不断调试、不断革新并不断发展。这一点，从京津冀区域内的一些非物质文化遗产项目中便可见一斑。

京津冀地区作为元明清以来的京畿重地，社会经济相对发达，中外交流比较频繁，这种得天独厚的区位优势不仅使得这一区域的非物质文化遗产种类繁多、影响广泛，而且呈现出鲜明的文化交融的特点。限于篇幅，不能一一详论，故仅就蔚县剪纸：融会中西的美丽之花、景泰蓝：中西合璧的传统工艺、北京同仁堂的医药文化：走向世界的传统中医药、中西文化交流视域下的冀中笙管乐：基于继承和创新的考察、京剧：外国人眼中的"北京歌剧"、李派太极拳：中西碰撞之际诞生的武学宗派、中西结合之路上不断演进的吴桥杂技等几个重点项目，以知微见著的理路，揭示传统美术类、传统手工技艺类、传统医药类、传统音乐类、传统戏剧类、传统武术类和传统杂技类等代表性非文化遗产种类在这一特定区域活态流变的文化特点。

第一节 蔚县剪纸：融会中西的美丽之花

剪纸是中国最古老的民间艺术之一，最早可追溯到公元6世纪，其历史悠久、风格独特，深受人们的喜爱。民间剪纸作为一种镂空装饰艺术，在年节、祭祀等传统民俗活动中占有重要地位。可以说，剪纸具有深厚的民族文化底蕴和传统色彩。但任何一种艺术的产生、发展都是多种文化因素相互作用的结果，绝不是从单一的文化环境中产生的。蔚县剪纸就是其中的一个典型。蔚县剪纸，作为中国唯一的点彩剪纸，以刻刀而非剪刀为主要工具，在民间剪纸艺术领域独领风骚，受到人们越来越多的关注。而这样一种独特的艺术形式是如何产生的，其发展过程中受到了哪些文化因素的影响，在当今"一带一路"的倡议下，又该如何展示它的独特魅力，这些问题也逐渐上升到学术研究层面，期待着学界和业界的梳理与探研。

一 蔚县剪纸的历史起源和发展历程

蔚县，地处河北省西北部，隶属张家口市，战国时为赵国代郡，北周时期设立"蔚州",后历代沿用,民国时期改州立县至今。蔚县位于太行山、燕山、恒山三山交会之处,地理位置特殊,自古便是兵家必争之地,其境内的飞狐峪(图5-1)一直是沟通中原与西北及蒙古草原的重要通道。明朝以后,战事平息,商贸兴盛,蔚县作为内地通往塞外的重要交通枢纽,经济得到了很大发展。蔚县往北约150公里处为大境门(图5-2),在清代被称为"路陆商埠"。据史料记载,大境门内外不仅有国内大小商家店铺1500多家,而且吸引了美、英、日、德、俄等40余家洋行,年贸易额可达一亿五千万两白银,相当于六十多亿元人民币,[①]贸易空前繁荣。内地的丝绸、茶叶和瓷器途经蔚县、大境门传到蒙古、俄罗斯甚至欧洲,来自欧洲和蒙古的牲畜、皮毛等商品则经由大境门、蔚县传到内地。繁荣的经济贸易为精神文化的发展提供了滋养的土壤,蔚县剪纸就是在这样的环境中产生发展的。

图5-1 飞狐峪著名景点"一炷香"　　　　图5-2 大境门

蔚县剪纸距今已有数百年的历史,关于蔚县剪纸究竟何时产生,有多种说法,但因年代久远无从考证。不过可以确定的是,蔚县剪纸是在"天皮亮"、刺绣花样、年画的多重影响下产生的。"天皮亮"是蔚县人的独创,即在云母薄片上用毛笔绘制图案,然后粘贴在窗户上的一种装饰品,俗称"草窗花"(图5-3)。云母片有很好的通透性,装饰在窗户上既不影响采光又可为室内增添光彩,由此可见蔚县人的巧思。到了明朝中期,随着贸易的兴起,中原的刺绣工艺传到了蔚县,随之出现了众多的专业刺绣

[①] 周总印:《百年前的张家口——张家口近代史上最辉煌的时刻》,《档案天地》2017年第3期。

艺人。蔚县刺绣讲究"三分剪裁，七分绣"①，即先用剪刀和刻刀制作出白纸花样，然后刺绣者依照花样绣制。随着蔚县刺绣产业的发展，刺绣花样也越来越复杂精细，为以后剪纸工艺的形成奠定了基础。到了清朝时期，贸易商又将河北武强的木版年画带到了蔚县，武强年画与"天皮亮"和刺绣花样不同，有着鲜亮

图5-3 天皮亮窗花《二进宫》

的色彩，因此受到蔚县人的喜爱。蔚县彩色剪纸就是借鉴了武强年画的色彩工艺，并在此基础上不断革新创造，形成了中国唯一的"点彩剪纸"。

二 蔚县剪纸的独特风格及成因

民间剪纸在中国有广泛的群众基础，山西剪纸、陇东剪纸、南京剪纸、佛山剪纸都声名在外。虽然如此，蔚县剪纸仍然凭其独特的魅力在剪纸艺术领域占有重要地位。蔚县剪纸的独特性主要体现在三方面：刀工、色彩和题材。

（一）蔚县剪纸是用镞刀刻出来的

说起剪纸，人们第一印象往往认为是用剪刀剪出来的。但蔚县剪纸不同，它是用镞刀刻出来的。北宋时期，城乡手工业获得了极大发展，出现了专业剪纸艺人，南宋都城临安市场上已有"剪镞花样"行业。②这里的"镞花样"即是剪纸艺人用自制的刻刀镞刻剪纸。蔚县剪纸用的刻刀是由两块竹板夹住钢丝片，用线绳捆起来，再进行锉、磨、淬火、蘸钢等步骤，跟做箭镞的步骤类似，因此蔚县剪纸中的刻刀就叫作"镞刀"，蔚县的剪纸艺人也俗称为"镞窗花的"和"镞花样的"。蔚县剪纸工具如图5-4至图5-6所示。

---

① 周清溪：《蔚县早期剪纸——略谈蔚县"花样"》，见《蔚县文史资料选辑》（第3辑），蔚县政协委员会1989年内部出版，第37页。

② 薄松年：《剪纸收藏记趣》，《收藏家》1994年第12期。

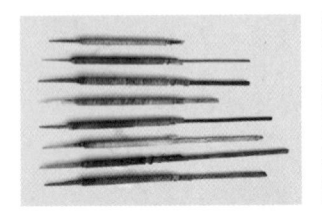

图 5-4　蔚县剪纸用的镞刀　　　图 5-5　蜡板　　　图 5-6　磨石

中国以剪纸闻名的地域很多，如山西剪纸、豫西剪纸等，但为什么蔚县人制作剪纸是用镞刀而不是剪刀呢？这其实是与蔚县繁荣的商业贸易有关。早在刺绣工艺传入蔚县时，在市场的推动下，人们对刺绣花样的要求越来越复杂精细。后来推广到剪纸上，也希望达到同样的精细程度，而这种要求仅仅使用剪刀显然是无法达到的。蔚县刀工艺人有一项绝活儿，就是在宣纸上刻出又细、又密、又匀的胡须，也叫"拉胡子"（图5-7、图5-8），其精细度绝非使用剪刀可以完成的。因此，蔚县花样艺人选用镞刀刻制，这样刻出来的线条就会更为精美细致。此外，蔚县剪纸不是单张制作，而是将数十张宣纸装订在一起，这样每刻完一组就可以有数十张的成品，可以满足批量生产的需求。蔚县剪纸的市场需求量大，每逢喜庆佳节，家家户户都要贴窗花，还有各种红白喜事、祭祀活动也都有剪纸的身影。再者，蔚县作为商贸重镇，其剪纸作品也随商队销往中原、内蒙古和西北。蔚县剪纸独特的镞刻工艺使得剪纸可以批量制作、满足供应，这是勤劳智慧、好学善商的蔚县人的创举。

图 5-7　剪纸脸谱——窦尔敦　　　图 5-8　剪纸脸谱——牛皋

（二）蔚县剪纸是中国唯一的点彩剪纸

蔚县剪纸最初也是单色剪纸，黑、白两色多用于丧葬祭祀等活动，红色剪纸则用于婚礼、庆典和节日装饰上。不过，蔚县剪纸出现最多的地方当属每家每户的窗户上，这也是为什么蔚县剪纸还有另一个名称——"蔚县窗花"的原因。蔚县的窗户非常有特色，首先窗口开的很大，可以满足采光的需要；其次，蔚县因地势较高，位置偏北，冬季格外寒冷漫长，所以窗户还必须注重御寒的功能。当地人就用一种韧性极好的白麻纸裱糊在窗户上，既挡风又透光，但是这样做也有一个缺点，那就是看起来过于朴素单调。于是，人们就将红色的剪纸贴在窗户上，为室内增光添彩。

在蔚县剪纸还是单色的时候，河北武强年画已经行销全国。蔚县作为沟通南北的贸易重镇，自然也是武强年画行销的必经之地。此外，还有来自天津的杨柳青年画，同样构图饱满，色彩鲜活明亮，得到了蔚县人的喜爱，人们纷纷采购并将其装饰在窗户上。在外来年画的冲击下，蔚县剪纸艺人开始尝试点染剪纸。蔚县传统剪纸用的染料俗称"品色"，是一种化工原料，1865年由德国传入，所以原来叫"洋红""洋绿"。品色有五大原色，包括品红、品绿、嫩黄、粉、青莲（紫）。利用这五大原色，可以调配出各种颜色。蔚县剪纸点染还有一个特点就是需用酒精（旧时用白酒）调制，加了酒精后的染料渗透力强且色泽更为鲜艳，视觉冲击力更大，艺术特色也更为鲜明。

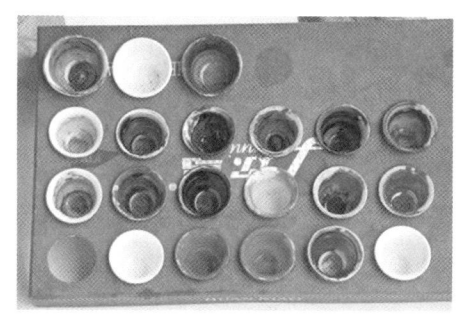

图 5-9　蔚县剪纸染色的调色盘　　　图 5-10　蔚县剪纸用毛笔上色

（三）蔚县剪纸题材广泛、包罗中西

蔚县剪纸的创作题材非常广泛，包括动物、植物、戏曲人物、成语故事、书画作品等。传统的蔚县剪纸最具特色的莫过于戏曲人物和戏曲脸谱，这源于蔚县人对戏曲的热爱，所谓"八百村堡八百戏楼"，蔚县城内的确是"村村有戏楼，四季有演出"。除戏曲外，传统的剪纸题材还有牡丹、荷花、石榴、葡萄等花卉植物，代表人们对和平富贵、家庭和睦、多子多福的美好期望；龙凤、鸳鸯、梅花鹿等动物（图5-11、图5-12），代表人们对幸福婚姻、远大仕途的憧憬。在早期蔚县剪纸的创作中，动植物和戏曲是主要题材。近代以来，在西方文化的传播和影响下，蔚县剪纸的创作题材进一步扩展，呈现出更包容、更多元的特点。

图5-11　蔚县剪纸——富贵鸳鸯　　图5-12　蔚县剪纸——鹤鹿同春

书画作品是蔚县剪纸的题材之一，例如《清明上河图》（图5-13）《虢国夫人游春图》等名画。西方绘画艺术传入中国后，蔚县剪纸艺人便开始尝试用剪纸的话语体现西方艺术，例如《蒙娜丽莎》《向日葵》等油画。西方神话和童话故事也成为蔚县剪纸创作的题材，爱神丘比特、白雪公主等人物都出现在蔚县剪纸作品中。蔚县剪纸艺人还将宗教文化元素融入剪纸创作中，如佛教菩萨、圣诞老人、麋鹿等（图5-14）。除了文化艺术，西方崇尚自然科学的观念也对蔚县剪纸创作产生了一定影响，最具代表性的变化是蔚县剪纸中出现了一些珍稀动植物，如朱鹮、白鳍豚（图5-15）、扬子鳄、银杏树等，这在传统的蔚县剪纸中是绝对没有的，说明剪纸开始有保

护自然、尊重科学的理念蕴含其中。

图 5-13　蔚县剪纸——《清明上河图》

图 5-14　蔚县剪纸万圣节　　　　图 5-15　蔚县剪纸白鳍豚

西方文化对蔚县剪纸的发展有着不可忽视的作用：中西方贸易的繁荣促进了古蔚州的经济发展，由此激励了蔚县剪纸艺人革新刀工工艺以满足更大的市场需求；来源于德国的化工染料为蔚县点彩剪纸的发展提供了物质条件；西方文化的传播和影响则为蔚县剪纸的创作提供了更广泛的题材。可以说，蔚县剪纸是一门融会中西的民间艺术，它既有浓厚的中国传统文化色彩，也有西方外来文化的烙印，而这也正是蔚县剪纸独特的魅力所在。

三　蔚县剪纸在中外交往中发挥的作用

正如前文提到的，蔚县剪纸带有浓厚的中国传统色彩，体现着中华儿女对美好生活最朴实本真的期盼和向往。但同时，蔚县剪纸又绝不是一门闭门造车、墨守成规的民间艺术，在其发展、演变和创新过程中一直受到外来文化元素的影响，并以包容的姿态，借鉴、吸收其文化精华。正是在中外文化的共同滋养下，蔚县剪纸才逐渐成长为一朵融会中西的"美丽之花"，并在中外交往中发挥了巨大的作用。

（一）"外交使者"展现中国形象

"有图必有意，有意必吉祥"，这是蔚县剪纸的一个典型特征。很多蔚县剪纸作品中都有"苹果""鱼""荷花"等元素，"苹果"代表平安富贵，"鱼"代表年年有余，"荷花"则代表和睦、和谐、和平。这些美好吉祥的寓意寄托着人们对美好生活的向往和追求，也蕴含着中国人勤劳善良的精神内涵，是中国优秀传统文化的代表。此外，蔚县剪纸的刻制工艺和色彩点染的风格也使得它在众多民间工艺品中独树一帜，因此蔚县剪纸早在 1998 年就被外交部确定为馈赠礼品。2008 年，奥运会吉祥物福娃剪纸成为北京奥运会特许产品（图 5-16）；2009 年，美国总统和国防部长肖像剪纸作品被作为国礼赠送给奥巴马和盖茨；2010 年，蔚县剪纸《福寿图》被赠予日本前首相鸠山由纪夫；2015 年，蔚县剪纸作为中国剪纸艺术的代表参加中马文化交流活动，见证了申办冬奥成功的历史时刻。事实上，蔚县剪纸作为独具中国特色的工艺品早已成为独特的"外交使者"，在中外交往中扮演了重要角色，展现了和平友好的中国形象。

图 5-16　蔚县剪纸——奥运颂

（二）特色文化产品助力对外贸易

随着国内外经济形势的变化，文化贸易在对外经济贸易中的地位越来越重要。根据联合国商品贸易数据库（UN Comtrade Datebase）统计，中国对"一带一路"沿线国家的文化产品出口额已经由50.11亿美元（2011年）上升到67.66亿美元（2015年），增长迅速。但是，中国文化产品的出口结构并不合理，主要集中在附加值较低的文化制造业领域，文化影响与竞争力较低。① 中国与"一带一路"沿线各国的文化产品贸易绝不能仅仅依靠中国的人力成本优势，而需要更多地依托文化产业内在的创新力和文化产品的竞争力，在这方面，蔚县剪纸作为中国有代表性的手工艺品，在对外文化贸易方面已经取得了一定成绩。据统计，2010年蔚县年产剪纸500多万套，产品远销美国、加拿大、日本、新加坡等100多个国家和地区，实现营业收入2.71亿元，产值占到全县GDP的4%。② 随着国家对文化产业支持力度的逐年增加，特色文化产品的国内外市场还将继续扩展，蔚县剪纸还将进一步发挥其市场潜力，助力中国对外贸易的发展。

四 "一带一路"新形势下蔚县剪纸服务当代的有效途径

从2013年习近平主席首次提出共建"丝绸之路经济带"和"21世纪海上丝绸之路"的倡议，到2015年中国发改委、商务部和外交部联合发布《推动共建丝绸之路经济带和21世纪海上丝绸之路的远景与行动》，中国的"一带一路"倡议进入了全面推进阶段。而建设"一带一路"不仅是要增强与沿线各国的经贸联系，谋求更大的经济利益，更要加强文化交流与合作，增强相互信任，实现"民心相通"。在这一大背景下，蔚县剪纸要想更好地服务当代，以下两个方面尤其需要着力。

（一）创新优化文化产品，加强中外经贸联系

首先，最根本的就是推动剪纸作品内容和形式的创新。文化产品最吸引人的地方在于它的与众不同，同时这种与众不同又必须触发文化共鸣，否则便只是被当作外来者，不能被人所接受。蔚县剪纸作为一门具有悠久历史的民间艺术，必然会带有很深的中国传统文化印记。这与"一带一路"沿线各国存在很大的文化差异。因此，我们需要在保持传统优秀文化基因的基础上，进一步推动剪纸作品内容和形式的创新，不断发掘文化差

---

① 方英、马芮：《中国与"一带一路"沿线国家文化贸易潜力及影响因素：基于随机前沿引力模型的实证研究》，《世界经济研究》2018年第1期。

② 张文：《蔚县剪纸全面走向市场》，《中国文化报》2003年12月3日。

异背后人类的共同文化诉求，并将之付诸作品的创新设计中。蔚县剪纸既是商品，又是艺术品。不同国家的人民对艺术品的审美或许有所不同，但对美的追求一定是相通的。所以只有设计出能引起文化共鸣的剪纸作品，才能进一步扩大剪纸文化产品的海外市场。同时，这对于国内市场的丰富也会大有益处。

其次，整顿剪纸市场，严守质量底线，绝不以次充好，也绝不以机器冒充手工。手工艺品可贵的地方在于每一件作品都有细微的不同，这种不同暗含着手艺人在不同时间、空间的不同心境，所以，手工艺品的美不是冰冷的机器可以替代的。然而，在现今的剪纸市场中，以机器冒充手工的现象普遍存在。能够"走出去"的文化产品代表整个行业的形象，如果被以次充好的剪纸破坏了整个剪纸产业的形象和信誉，其后果是极其恶劣的。因此，必须整顿剪纸市场，严守质量底线。

再次，培育优秀的文化企业，打造文化传承品牌。上文提到，中国出口的文化产品大都是附加值较低的文化制造产品。也就是说，我们只是赚取了一点加工费用，却失去了核心的设计费用，这与出口玩具没有什么不同。要想提高文化产品的竞争力，我们就必须改变这种现状。蔚县剪纸是具有明显的原创性和设计性的工艺品，因此，绝不能像贩卖普通玩具一样贩卖艺术。蔚县剪纸来源于民间，在中国有很多个体的剪纸艺人在从事这个行业。但是，要想展现蔚县剪纸内在的艺术价值，并以货币的形式呈现出来，就需要专业的团队来操作。因此，我们急需培育出一批优秀的文化企业，以更专业的团队、更专业的营销方法，包装本民族的特色工艺品，使之展现更大的商业价值和艺术价值。另外，我们还需加强品牌意识，打造文化传承品牌，赋予剪纸产业长远的可持续的发展力。

（二）开展更广泛的文化交流，促进政治和文化互信

习近平同志在2014年"加强互联互通伙伴关系"东道主伙伴对话会上指出："我们要建设的互联互通，应该是基础设施、制度规章、人员交流三位一体，应该是政策沟通、设施联通、贸易畅通、资金融通、民心相通五大领域齐头并进。"[1] 而要实现"民心相通"，就必须在中外交往中寻

---

[1] 万欣荣：《从被动输入到文化自信——中外文化交流的历程及其启示》，《毛泽东邓小平理论研究》2016年第11期。

找共同的文化诉求，增强沿线各国对"一带一路"建设的理解和心理认同。在此过程中，文化产品必将发挥重要作用。

首先，政府要采取多种方式举办高水平的文化交流活动，积极宣传推广蔚县剪纸。在此过程中，不仅要把蔚县剪纸作为一项民间艺术，还要把蔚县剪纸作为中国的传统民俗来宣传推广。每个国家施行的政策法律各有不同，但都与当地的民俗习惯和社会条件息息相关。只有对中国的民俗有更深入的了解，才会对中国的政策更加理解和信任。高水平的文化交流活动需要政府、剪纸艺人和文化企业的共同参与，单个的剪纸艺人和文化企业力量有限，因此政府要加大扶持力度，以国家名义吸引优秀剪纸艺人和剪纸文化企业共同参与到中国与"一带一路"沿线各国的文化交往活动中。

其次，除了国家级的文化交流合作，作为一项具有广泛群众基础的民间艺术，我们还可以深入到社区、学校中，与"一带一路"沿线国家的人们进行最直观的教育体验活动。蔚县剪纸中蕴含着中国传统文化的精神，承载着中华儿女对真善美的执着追求。在交流体验活动中，我们不仅要展示蔚县剪纸独特的工艺和风格，更为重要的是要将其内在的精神和品格呈现出来。中国与"一带一路"沿线国家的社会条件有差异，但人们对美的追求是相同的，对美好生活的期盼是共有的。只有将这种共同的文化诉求融入文化产品中，才能加深各国之间的文化认同，从而促进政治互信和文化互信。

第二节　景泰蓝：中西合璧的传统工艺

景泰蓝，即"铜胎掐丝珐琅"，是一种在金属表面装饰玻光釉料的珐琅器工艺品。此称谓最早见于清宫造办处档案。清朝雍正六年（1728）《各作成做活计清档》记载："五月初五日，圆明园来贴内称，本月四日，怡亲王郎中海望呈进活计内，奉旨：……今首珐琅海棠式盆再小，孔雀翎不好，另做。其仿景泰蓝珐琅瓶花纹亦不好。钦此。"[1]此记载中，即将仿景泰时期蓝色珐琅制品的掐丝珐琅称作"景泰蓝珐琅"。

---

[1]《各作成做活计清档》，香港中文大学、第一历史档案馆编：《清宫内务府造办处档案总汇》，人民出版社2005年版，第74—75页。

对于景泰蓝的起源，中外学者多数主张其是受元代从阿拉伯地区传入我国的"大食窑"的影响产生的。而其发展成熟则是中西方文化互相作用、融合的结果，在中国历代工匠的不断努力下，景泰蓝历经长达六七百年的生产和创造，不断吸收中西方文化中的精髓，最终形成了自己独特的风格，并因其精湛的艺术水平和独特的民族风格而驰名中外。历史上，景泰蓝以自身独特的经济、文化价值为国家做出过突出贡献。当今"一带一路"的时代背景下，景泰蓝作为一种高文化附加值的特殊商品同样在国家外贸、文化展示输出、国家形象提升等方面有着不可忽视的积极作用。

一 景泰蓝的起源

（一）景泰蓝的源头——大食窑

"大食窑"一词最早出自明洪武二十一年（1388）曹昭所撰《格古要论》，原文为："以铜作身，用药烧成五色花者与拂郎嵌相似。尝见香炉、花瓶、盒儿、盏子之类，但可妇人闺阁中用，非士夫文房清玩也，又谓之鬼国窑。"[①]后王佐增补如下："今云南人在京多作酒盏，俗呼曰鬼国嵌。内府作者，细润可爱。"[②]这段记载详细交代了"大食窑"的品种类型、工艺特点、使用对象以及别名等。但并未说明"大食窑"就是景泰蓝。为了说明"大食窑"与景泰蓝的关系，杨伯达先生以景泰蓝现存最早的实物对照有关"大食窑"的记载，从身、药、烧、色、花、嵌六个方面进行了比较：

> 身，"大食窑"是以铜作身，而景泰蓝的器胎绝大多数也是铜胎，两者相符；药，指烧造琉璃所用的原材料，玻璃釉与琉璃的基本成分都是氧化硅，只是由于使用比例不同，及烧制时设备、温度与加工方法不同，才会产生不同的用途和名称的玻璃态物质，因此用

[①] 曹昭撰：《格古要论》，文渊阁影印本《四库全书》（第871册），上海古籍出版社2016年版，第108页。

[②] 曹昭撰、王佐增：《新增格古要论》，文渊阁影印本《续修四库全书》（第1185册），上海古籍出版社2016年版，第239页。

"药"也就是景泰蓝"点蓝"的工艺过程,"大食窑"与景泰蓝也是一致的;烧,《格古要论》指明"大食窑"是用药烧成的,而景泰蓝也有"烧蓝"的过程,这是"大食窑"与景泰蓝相符的第三点;色,以故宫博物院所藏宣德款景泰蓝盏托的色彩来看,除了浅蓝的地色而外,也不过褚红、鲜黄、深绿、普蓝、羊脂白等五色,也可看作是符合"大食窑"的记载,这是两者相符的第四点;花,"大食窑"的花即花纹图案之义,狭义地说仅指花卉图案,而宣德款景泰蓝的纹样也多用花卉,少用龙纹和仿青铜器纹饰,这是两者相符的第五点;嵌,"大食窑"又名"鬼国窑",在《格古要论》中记载得十分清楚,其制造过程与景泰蓝工艺相同,无须使用嵌的技术,但在嵌的效果上却是类似的。[1]

可见,"大食窑"与景泰蓝在身、药、烧、色、花、嵌六方面都是工艺相似、工序相符。其工艺的渊源关系非常明显。只是景泰蓝属于掐丝珐琅,而曹昭并未在《格古要论》中明确指出"大食窑"是掐丝珐琅,也找不到任何间接的线索,因此不能仅据六点相似便在两者之间画一等号,还需要就景泰蓝的重要工艺过程——"掐丝"作进一步确认。对此,清人程哲所著《窑器说》中对于大食窑"大食国器……起线"[2]的记载是十分重要的参考,只可惜其仍未详细说明此"线"是如何"起"法。

掐丝珐琅的起源地在波斯,萨珊王朝后期的一件掐丝珐琅杯被公认为是世上现存最古老的掐丝珐琅器。7世纪中叶,萨珊王朝被阿拉伯人消灭,之后沦为阿拨斯王朝的一个行省,此番际遇也使得萨珊王朝的掐丝珐琅工艺必然会被阿拉伯人所承继与发展。而阿拨斯王朝即东大食帝国,其统治了伊拉克、波斯、叙利亚等地长达5个世纪,直至1258年被蒙古旭烈兀部消灭。同时史实说明:在东大食帝国的势力范围内有美索不达米亚东北地区和波斯地区两个掐丝珐琅生产区域,在尚未有确切证据能证明东大食帝国盛产契胎珐琅的情况下,基本可以断定"大食窑"就是掐丝珐琅。而《格古要论》中同时提到的"拂郎嵌",应是来自欧洲的契胎珐琅。

行书至此,可以确定景泰蓝与"大食窑"均为掐丝珐琅工艺,两者

---

[1] 杨伯达:《论景泰蓝的起源——兼考"大食窑"与"佛郎嵌"》,《文物》1981年第1期。

[2] (清)程哲:《窑器说》,《美术丛书》,初集第三辑,神州国光社1947年版,第174页。

在身、药、烧、色、花、嵌等多方面相似，工序也相符。而我国宋以前掐丝珐琅的历史情况，不论从实物角度还是从文献角度看，现都还无法弄清楚，那就只能按照曹昭的说法，承认景泰蓝的起源乃是接受了"大食窑"的影响。

（二）大食窑的传入历程与景泰蓝的诞生发展

"大食窑"掐丝珐琅的传入可分为两个阶段。第一阶段是东西方器物贸易往来，即由阿拉伯地区制作的掐丝珐琅器，经由丝绸之路等路径随着一般番货传入我国。但此阶段仅能够将掐丝珐琅工艺介绍至国人面前，尚不足以使中国产生景泰蓝技艺。第二阶段则是开始于蒙古人征战欧亚大陆、建立大元帝国，由于人口、民族迁徙与经济、文化艺术的频繁交流，掐丝珐琅工艺随着西方艺人传入我国，催生出景泰蓝技艺。之后，明朝郑和七下西洋以及朝贡贸易频繁开展，促进了景泰蓝技艺的发展、成熟。

13世纪，铁木真统一蒙古各部称汗后，灭南宋统一中国，并曾侵入欧洲东部和西南亚洲的若干国家、小亚细亚的部分地区、里海西南迄地中海东部沿岸以及大食与阿拉伯半岛等广大地区。征战期间，为制造兵器及补充兵源，经常就地"取"工匠随军或"取"工匠分于各营，大批工匠沦为"军匠"，随军转战。1219年，成吉思汗率军攻打大食国。每次攻陷城池大屠杀时只有工匠因身怀技艺而得以免杀，并被分遣于诸队。"惟匠得免"的政策被载入《元典章》内，《元史·列传》中此种事例多见。大批被俘工匠输往后方，变为"工奴"，专为蒙古贵族生产日常生活用品和奢侈品。阿拉伯地区的掐丝珐琅工艺就在这时传入我国，在国内撒下了"大食窑"的种子。

同样，郑和下西洋也是中西文化的一次盛大交会，伊斯兰文化要素东传的例子亦不胜枚举。整个15、16世纪人类都处于地理大探索之中，欧洲积极探索通往东方的商道，中国招徕朝贡以取得海外的朝贡贸易，欧亚大陆的社会文化交流、经济贸易往来盛况空前。《明史》卷326《外国七》中记载："古里，西洋大国。西滨大海，南距柯枝国，北距狼奴儿国，东七百里距坎巴国。自柯枝舟行三日可至，自锡兰山十日可至，诸番要会也。永乐元年命中官尹庆奉诏抚谕其国，赍以彩币。其酋沙米的喜遣使从庆入朝，贡方物。三年达南京，封为国王，赐印诰及文绮诸物，遂比年入贡。郑和亦数使其国。……所贡物有宝石、珊瑚珠、琉璃瓶、琉璃枕、宝铁刀、拂郎双刃刀……"① 永乐元年为公元 1408 年，"拂郎"今译为"珐琅"。古里国西滨大海，其地约在今印度的西南部，孟买以南。郑和七下西洋，多次经过此地。因此，铜胎大食瓷的工匠追逐郑和前来的一定不少，并有许多珐琅材料以贡品的名义朝贡于明朝政府。所以说，明朝频繁的海外朝贡贸易与外来文化的相互交流极有可能促进景泰蓝技艺的发展与成熟。

图 5-17　（明）掐丝珐琅缠枝莲象耳炉

可见，"大食窑"的名称始见于元代，并沿用于明代。中国的珐琅器制作工匠先是在大食工匠的帮助下熟悉并掌握了这项工艺技术，后又逐步摒弃了"大食窑"器具中原有的阿拉伯文化特征与文化符号，并将中国的传统文化色彩融入掐丝珐琅的制作过程之中，最终形成了以中华民族传统艺术表现形式为主的艺术特征。到明代，"大食窑"已经没有了元初时浓厚的阿拉伯伊斯兰风韵，而是完全中国化了，人们看到的已经是具有纯粹中国气派和中国风格的"景泰蓝"。

二　中西方文化交融下景泰蓝技艺的发展成熟

纵观宣德至清末 470 余年中遗存的景泰蓝作品，可以看出各个时期的釉料、图案、技法多具有明显的中西方文化相融、碰撞后留下的时代特征。

（一）"青出于蓝胜于蓝"的珐琅釉彩

元末明初的釉料有一种晶莹闪烁犹如水晶般的透明感，其中，绛黄、

---

① （清）永瑢、张廷玉等撰：《明史》卷 326《外国七·古里》，中华书局 2015 年版，第 8439—8441 页。

草绿和葡萄紫等色釉尤为明显。①这种特殊釉料特征,在可以断代的明清珐琅制品中均不具备。可以想见:阿拉伯地区的珐琅工匠不仅带来了烧造掐丝珐琅的技术,也带来了所必需的重要釉料。故而开始烧造出来的珐琅制品,就已达到很高的工艺水平,并未看出创始阶段某些不成熟的痕迹,只因这批工艺品是在阿拉伯工匠的指导下用进口的珐琅釉料烧造的。但受工艺水平所限,此时的掐丝珐琅砂眼较多,颜色也比较单一。

明代初期景泰蓝制作工艺精良,彩料纯厚,釉色光亮,仰赖其有大量的进口珐琅釉料,珐琅颜色丰富,而且混和色种类多,有黄、蓝、红、绿、白、宝蓝、天蓝、鸡血红、紫红、葡萄紫、翠蓝等,釉色变化多而艳丽。明代文献中即有古里国(今印度西南部地区)朝贡拂郎、珊瑚珠、宝石等记载。但也由于景泰蓝的珐琅釉料都是从西方国家进口而来,价格昂贵,明代中后期国力下降后,景泰蓝的烧制开始衰落,偶有烧制者也存在质量不高、技术不精、装饰不美等问题。

时至清代,康熙朝珐琅作有法国珐琅艺人,制作珐琅的材料则由法国商人、传教士带到中国,并以进口料烧制名贵的景泰蓝。雍正六年(1728),清宫造办处除仿制西洋珐琅彩9种料外,自行调配彩料9种,使珐琅彩色料的品种更为丰富、多样,仅绿彩就达7种。②乾隆朝釉彩有造办处自炼的,也有广州洋彩和北京洋彩。

总体来说,清代珐琅釉料主要经由珐琅处自炼和景德镇供应,并少量由广州进口。相关档案中有明确记载的引进釉料数和自炼釉料数共24种,其数目远远胜过明代。但清代釉色不如明代,其原因可能为明代珐琅釉配方失传或原料发生变化。③当时从几方面采取办法弥补这一缺点:其一,乾隆喜欢西洋珐琅器的"宝光"和"水头",经常向粤海关要来西洋釉料,供珐琅处烧造所用,这类作品今天仍可见到;其二,在引进珐琅釉彩的启发下,造办处烧成不少新釉色,最值得提出的是用王水溶解金子配成的粉红色釉料,可说是一种创造;其三,在釉料制作工艺方面,由于粉碎技术的提高,得以将釉料研磨得更细,从而大大减少了成品的砂眼。釉料中部分还加入金粉、银粉,使釉色显得璀璨夺目。

---

① 李久芳:《中国金属胎起线珐琅及其起源》,《故宫博物院院刊》1994年第4期。
② 王升虎:《珐琅彩艺术的源与流》,《景德镇陶瓷》2000年第10卷第4期。
③ 杨伯达:《景泰蓝》,《文物》1981年第1期。

（二）囊括中西内容的装饰图案

元明之际，掐丝珐琅上普遍流行装饰有缠枝莲纹图样，其枝叶肥厚，卷展流畅，往往还衬托着小花苞。这种风格在同时期流行的"纳失失"锦上同样醒目，类似波斯艺术特点。

明代景泰蓝图案设计不断翻新，借鉴了锦、玉器、瓷器、漆器等多种工艺手法，突出了勾边填色的图案程式。这一时期的图案，多有葡萄、西番莲、蕉叶、云纹、菊花、云鹤、火焰、狮子滚绣球、二龙戏珠等。此外，还有更为繁复的山水、花鸟、楼阁、人物的彩绘画面。同时，也兼有欧式大卷叶类西洋图案。

清代的康乾盛世也是景泰蓝的繁荣时期。掐丝珐琅制作在康熙朝的基础上获得特殊发展，除仿古、仿景泰、仿欧式的作品外，还烧制了大量有该时期特色的精美品种。其装饰纹样采用传统的螭龙、兽面、吉祥纹饰、莲塘、山水、及莲瓣、菊瓣和各种仿欧花纹、西洋式花朵，题材包含婴戏、西洋幼妇、十八罗汉、蝙蝠、八宝、《圣经》人物等。而且乾隆还常将古代大家书画真迹与掐丝珐琅纹饰相融运用，以追求两种艺术的完美结合。

图 5-18 （清）景泰蓝象耳大瓶

清末民初，具有鲜明民族风格的景泰蓝制品备受西方的青睐，往往作为重要商品出口外销。为适应出口的需要，其图案装饰多以花鸟鱼虫为主，注重晕色效果，有浓重的西方色彩。

（三）中西相融中发展的景泰蓝技法

明代初年的珐琅工艺主要是仿造西方珐琅技术。由于中国铸铜技术较为发达，铜器工艺制作技术较为成熟，为铜胎珐琅器制作提供了良好的物质基础。到永乐时期便较多地制作"珐琅嵌"，宣德时期重视铜器工艺品的制作及铸冶优质铜，使铜胎掐丝珐琅艺术得以继续发展，并达到艺术顶峰。景泰时期，景泰帝专攻发蓝，创烧景泰蓝，这一技术延续到清乾隆时期。

清代雍正朝珐琅艺术熔诗、书、画、印于一炉；乾隆朝则在掐丝技术上更为娴熟，粗细均匀而流畅，同时结合錾胎和画珐琅之制作技巧于一体，使掐丝珐琅工艺的发展臻于极境。以乾隆铜胎掐丝珐琅云龙纹天球瓶为例：该瓶广腹，长颈，卧足，通体以白釉为地，掐丝起线，用浅蓝釉晕染出滚动着的云纹，红色巨龙张开阔口，舞动双爪，尾巴上卷，盘旋于滚滚的青云之中，追戏一颗闪烁火焰的宝珠，气势雄伟，给人以强烈的涌动感。乾隆朝还尝试用掐丝珐琅工艺仿制瓷器，这是一种新的表现形式。这一时期，在打磨上也创造了简单的脚踏磨活机，打磨出来的产品更加光润，给人精美细腻之感。

当代景泰蓝与玉雕、牙雕、花丝镶嵌等多种工艺跨界融合，充分利用科技手段，将传统的景泰蓝工艺与艺术设计和相关工艺、材料创新相结合，创新出了"珐琅铂晶"等，并做到"无丝不崩蓝"技术。景泰蓝烧焊燃料，也已由原来的煤炭改进为天然气，烧制过程中温度更易控制，得出的成品釉面光滑，颜色均匀，几乎看不到砂眼。当代景泰蓝在艺术境界上实现了突破，成功攻克了几百年来景泰蓝无法"留白"的技术难题，赋予了景泰蓝更多的意趣。北京市珐琅厂钟连盛匠人所创的景泰蓝《荷梦》（图5-19），将中国水墨画技法与景泰蓝工艺完美结合，即使进行大面积无掐丝留白烧制，成品上也不会出现裂缝，可谓是填补了景泰蓝制作史上的空白，并进一步提高了景泰蓝的艺术价值。

图 5-19　钟连盛作品《荷梦》

三 景泰蓝在中外交流中的特殊作用

（一）对外经贸助力作用

1904年，北京"老天利"生产的"宝鼎炉"在美国芝加哥世界博览会上获得一等奖，从此名声大噪，英、法、德、美等国商人在北平及各沿海大城市专门收购景泰蓝。此时景泰蓝制品在中国出口项目清单中所占的比重最重，地位也最重要。在此情形下，晚清政府便下令设立工艺局，以负责景泰蓝及珐琅作坊的建立、产品生产以及销售。除官营作坊之外，民间的景泰蓝商号也纷纷开设，特别是志远堂、静远堂、老天利等商号远近闻名且工艺精湛，而且销量极大。[①]

1912年至1929年，景泰蓝国外市场的扩展更为迅速，原先英、法、德、美等国商人在北平从事景泰蓝的收购工作也更加繁忙。在北平王府井大街上，甚至还出现了专门帮助外国商人收购景泰蓝的中国公司。例如著名的仁立公司就是为外商代收景泰蓝的机构。根据当时《中国进出口贸易统计月报》的记载，1926年景泰蓝出口总额为银10.6万海关两，1927年出口总额为银14.8万海关两，1928年和1929年分别为银16.3万海关两和22.3万海关两。由此可见，这一时期的景泰蓝出口量逐年递增，景泰蓝国内外市场日益兴旺，在对外经济中占比重极大。有史料记载，1924年"老天利"商号一年的交易额就高达20多万元，连汉口、上海等地都有它的办事处。[②]

抗日战争时期，景泰蓝生产濒临绝境。抗日战争胜利后，景泰蓝工艺获得了新生。英美国家来中国的商人增多，他们对于景泰蓝的热情也比较高。但是，此时的景泰蓝市场仅限于少数几个有美军驻扎的地方，例如北平、天津、上海、青岛等。1947年和1948年，中国出口景泰蓝均超过了30万美元。但至1948年年底，随着国内战争白热化，社会动荡，景泰蓝生产也深受影响。

新中国成立初期，因为社会主义建设初期阶段急需大量的外汇，从50年代到80年代末，景泰蓝生产主要是为了出口换汇，支援国家建设。改

[①] 张莉、郑君玲：《清末民国景泰蓝工艺的兴盛与衰落》，《兰台世界》2013年第13期。

[②] 同上。

革开放初期,由于出口需求的扩张,北京、河北大厂等地景泰蓝行业的生产规模庞大,具有代表性的国营大厂,无论是厂房设备还是职工人数,都达到了历史之最,为国家建设作出了巨大贡献。

(二)文化展示作用

景泰蓝古朴优雅、华贵自然,具有十分突出的高文化附加值、民族个性和丰厚的文化内涵,是当之无愧的国宝。这也使其成为国家重要的文化展示桥梁,在国家外交中大放异彩。

2013年6月,韩国总统访华期间,由中国"景泰蓝技艺"代表性传承人张同禄设计、河北大厂京锐釉料有限公司出品的景泰蓝作品《喜凤瓶》被作为国礼赠送(图5-20)。

2014年,北京APEC会议期间,景泰蓝《四海升平》被赠送给参加此次会议的各国领导人。在2015年纪念抗战胜利暨世界反法西斯战争胜利70周年之际,景泰蓝《和平欢歌》(图5-21)被赠送给了所有来华参与此次盛会的各国元首。

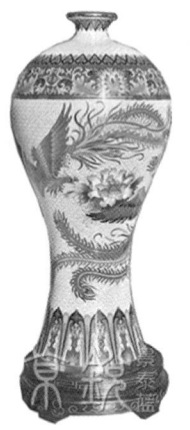

图5-20 国礼景泰蓝《喜凤瓶》　　图5-21 国礼景泰蓝《和平欢歌》

2016年12月10日,景泰蓝《缠枝莲纹鼎式炉》以国礼的身份被赠送给了非盟主席(图5-22)。

同年,景泰蓝《雀之翎》《出戟花卉纹花觚》分别被作为国礼赠送给塞拉利昂总统及驻华大使,景泰蓝《缠枝莲纹直颈瓶》被作为国礼赠送给刚果(布)驻华(布)尼埃尔·奥瓦萨;景泰蓝《友谊之船》赠送给印度总统普拉纳布·慕克吉。

2017年,"一带一路"国际合作高峰论坛举办期间,国礼景泰蓝《共襄盛世》以传统器型宝月瓶为蓝本设计,瓶身装饰盛唐敦煌纹饰、缠枝牡丹纹、水纹、回纹等,寓意吉祥美好、合作长久;在其背面则錾刻了花卉和天坛,寓意各国友人齐聚北京,共襄盛世之心愿。此外,国礼景泰蓝《四海同心》(图 5-23)瓶以皇家气息浓厚的黄色作为主色调,瓶腹四面开光,多元融入了传统丝绸之路和"一带一路"元素,表达了中国愿景与沿线国家共同努力,再现古代丝绸之路的辉煌,共同见证"一带一路"伟大倡议的全面落实。

图 5-22 国礼景泰蓝《缠枝莲纹鼎式炉》

图 5-23 国礼景泰蓝《四海同心》

正如习近平总书记所说,这门技艺是舶来品,是从欧洲到中东沿丝绸之路传入中国的,但中国却是目前世界上制作景泰蓝最好的国家。可以说,景泰蓝作为国礼,见证了中国无数的重大外交时刻,它既是中华民族之国粹,又是体现"一带一路"中外文化交流融合的典范。

四 "一带一路"时代背景下景泰蓝文化服务当代的有效途径

习近平总书记提出"一带一路"倡议,并首次提出与沿线国家和地区加强政策沟通、道路联通、经贸畅通、资金融通、民心相通,全面加强务实合作。要实现这一目标,迎接机遇与挑战,就必须文化先行。在中外交通中,以文化吸引力、文化共性力、文化凝聚力增强沿线各国与地区对

"一带一路"倡议的理解与认同。在此过程中，要诸措并举，让像景泰蓝这样具有高文化附加值的文化产品发挥更重要的作用。

（一）重视人才培养，拓宽传承空间

首先，最根本的是要加强对技艺传承的保护，拓宽传承空间。目前，我国景泰蓝保护与传承所面临的根本问题是传承人数量少，且年老年人占绝大多数。保护好他们并培养专业基础扎实与手艺高超的传承人，是保护好景泰蓝技艺的关键，也是制作优秀景泰蓝文化产品的根本。所以，一方面可以把传承项目的成效与奖励挂钩，激发传承人的创作激情与活力，为传承人同时提供优惠条件和政策，提高他们的社会地位和荣誉感。另一方面，要注重后续力量的培养，可建立大师工作室，以名师带高徒的方式，将工作室打造成培养、吸引人才的平台。

现今景泰蓝生产企业面临的一大困境乃是有技术、无设计。景泰蓝生产厂家手握娴熟的生产工艺，却缺乏景泰蓝图案、瓶样等的设计人才，知识产权与技艺分离。景泰蓝的生产绵延几百年，工匠手里掌握着很多传统图案，但却没有能力不断创新，以适应人们审美观念的变化和时代的发展。

目前许多让世人瞩目的新作品，往往是出自相关的工美设计，景泰蓝厂家只负责按样制作。如此一来，该款产品虽在此制作完成，但其知识产权却并不属于该生产厂家。要解决这一难题，只能在传授景泰蓝新人技艺的同时，注重加强对他们的艺术修养与设计理念、方法等的培养，以得到真正懂技艺、会制作又能设计的全能型传承人才。如此，方能为下一步打造景泰蓝文化品牌铺平道路。

（二）优化文化产品，争取跨界融合

面对个性化、多元化的市场需求，要追求产品创新，努力实现跨界融合，开发更多应用领域。具体说来，应从适应市场需求出发，通过跨界融合，利用科技手段，将传统的景泰蓝工艺与工艺创新、新型材料相结合。除其传统的摆件用途外，还要努力追求与生活实用相结合，以个性化定制的方式进行市场化运作，承接世界各国室内外建筑、城市景观工程等环境艺术装饰订单，既赋予景泰蓝新的生命力，也在更广阔的空间范围让世界人民看到景泰蓝艺术的魅力。北京 APEC 会议主会场集贤厅景泰蓝装饰

工程便是极为成功的范例。集贤厅面积1200平方米，其核心设计理念是在风格上追求"融通今古，博雅东西"，构造技术上追求"有源头，有创新"，装饰图案选取了北京常见的花果植物，利用钢架结构与景泰蓝的跨界融合既实现了美观，又保证了稳固。集贤厅景泰蓝装饰的顺利完工，表明景泰蓝工艺完全能够实现跨界融合，开发更丰富的应用领域。

（三）构建景泰蓝产业集群，培育优秀文化企业

景泰蓝制作大多以家庭式的生产作坊为主，在行业的长期发展过程中，这一生产模式注定是要被淘汰的。只有将该行业的生产进行有效规划与集群管理，才能从中探索出一条集生产、销售为一体的现代化企业体系模式，成功达到"生产—展览—销售"的一体化建设。同时，景泰蓝作为我国重要文化输出产品，其内在蕴含的中华文化思想、民族艺术价值、核心设计理念，在取得"一带一路"沿线国家和地区文化认同的同时也要努力实现其商业价值。这绝非零散家庭式作坊所能达到的效果，它需要专业人员和专业团队，需要组建具有核心文化理念的企业，以企业文化、民族文化包装，以专业的营销手法宣传，打造我国的景泰蓝企业品牌。以品牌促认同，以认同促经济，再以经济反哺品牌建设，这才是今后景泰蓝产业持续发展的正确方向。

（四）加大宣传力度，扩展文化交流

首先，政府应发挥主导作用，加强政企合作，与企业相辅相成，采取多种形式举办高水平的文化交流活动，搭建景泰蓝对外交流平台，提升宣传力度，积极展示、弘扬景泰蓝艺术。高水平景泰蓝文化交流活动的成功举办，需要政府、企业、景泰蓝手工艺人做到三位一体、通力协作。这就要求政府在政策、经济等方面要大力扶持，以吸引更多优秀的景泰蓝手工艺人与景泰蓝企业参与其中。

其次，政府、企业还要重视对景泰蓝博物馆、景泰蓝传承保护基地的建设，力争与旅游业相结合，将其作为景泰蓝展示的重要场地。中国与"一带一路"沿线国家与地区的历史文化背景、社会经济发展情况都有所差异，但人民大众对真善美、对和平美好生活的向往是共通的。景泰蓝艺术蕴含着中华儿女对和平美好的向往，因此，在中外游客近距离直观欣

赏、体验制作过程的活动中,不仅可以展示景泰蓝精湛的技艺,还可以呈现其内在的文化内涵与精神品质,从而加深各国之间的文化认同。这样,才能最终实现以文化价值为经济价值开路,以文化产品谋求文化共鸣。

景泰蓝是中国在世界享有盛誉的传统工艺品,它在"身""药""烧""色""花""嵌"六个方面与元朝时期传入我国的、属于掐丝珐琅的"大食窑"基本相符。可以肯定,景泰蓝是接受了"大食窑"的影响,并在我国传统民族艺术的基础上快速成长起来的。它的发展成熟过程中既运用了青铜与瓷器工艺,同时又大量融入了传统绘画和雕刻技艺,堪称中国传统工艺的集大成者。

当今,这一中华民族文化的珍贵血脉,又成为"一带一路"建设的重要见证者,集国礼、非物质文化遗产、商品三种重要功能于一身。今后,也必将在国家外贸经济、文化展示输出、国家形象提升等方面发挥更大的积极作用。

第三节 北京同仁堂的医药文化:走向世界的传统中医药

传统中医药是中华民族的文化瑰宝,是中华民族特有的宝贵资源。"中医药学凝聚着深邃的哲学智慧和中华民族几千年的健康养生理念及实践经验,是中国古代科学的瑰宝,也是打开中华文明宝库的钥匙。"[1]让祖国的传统中医药走向世界,不仅是传播中华优秀传统文化的需要,也是造福世界人民健康的需要。

北京同仁堂是中医药行业的"中华老字号",历经350年的风风雨雨依然充满勃勃生机,在国内国际上取得了令人瞩目的成就。目前同仁堂已在境外25个国家和地区设立了36家子公司和115家包括零售终端、中医诊所和养生中心在内的网点,分布东南亚、北美、大洋洲和欧洲等地。据不完全统计,在境外累计诊疗的患者超过3000万人次。[2]追溯北京同仁堂发展的历史轨迹,研究北京同仁堂的医药文化,可以为中国整个中医药产

---

[1] 吴镇聪:《"一带一路"建设视域下中医药文化对外传播研究》,《福建农林大学学报》(哲学社会科学版)2016年第4期。

[2] 伊祁:《北京同仁堂:老字号的海外之路》,《中国报道》2014年第12期。

第五章　京津冀区域非物质文化遗产的发展演变　439

业的发展提供很多成功经验,也对进一步推动中医药文化在国外的传播与交流具有重要的意义。

图 5-24

图 5-25　北京同仁堂商标　　　图 5-26　同仁堂工业园鸟瞰

一　北京同仁堂的悠久历史

(一)创立之初,千古承诺

北京同仁堂创立于清康熙八年(1669)。创始人乐显扬(1630—1688),号尊育,祖籍浙江宁波府慈溪县(今江北区慈城镇)。乐显扬为乐家第四代传人,其曾祖父乐良才于明末清初之际举家迁至北京。乐良才是一位走街串巷行医卖药为生的铃医,来京后仍操此业。乐显扬早期也是铃医,清初在太医院出任管理文书的吏目,收集了大量宫廷秘方、古方、民间验方及祖传秘方。1669年,乐显扬在北京西打磨厂创办同仁堂药室。堂名"同仁"由乐显扬亲自拟定,并解说命名缘由:"'同仁'二字可以命堂名,吾喜其公而雅,需志之。"[1]

---

[1]　乐民成:《国药世家三百年》,中国中医药出版社2012年版,第48页。

图 5-27　同仁堂创始人乐显扬　　图 5-28　同仁堂老照片

乐显扬去世后，其子乐凤鸣恪守父训，接续祖业，于康熙四十年（1702）在北京前门外大栅栏路南开设同仁堂药铺，并提出"遵肘后，辨地产，炮制虽繁必不敢省人工品味虽贵必不敢减物力"①的信条，为同仁堂制药建立起严格的选方、用药、配比及工艺规范。经过几十年的苦心经营，同仁堂在社会上树立起了良好信誉。

图 5-29　现在的同仁堂大栅栏药店

（二）御药标准，供奉支持

1723 年，清雍正帝钦定同仁堂来供奉御药房的制药原料及各类药品，包括药材、饮片等。此后同仁堂一直承办官药，延续到清朝皇室被推翻为

---

①　陈宗凤：《中国五大老字号中成药企业历史及其特色比较》，《云南中医中药杂志》2014 年第 9 期。

止，历经8代皇帝，长达188年。在供奉御药的近二百年间，同仁堂兢兢业业、小心翼翼，严格遵照皇家的药材标准挑选药材，恪守宫廷秘方及制药方法代制丸散膏丹。经过历代人的口传心授、约定俗成，同仁堂形成了一套固定的制度。同时，在潜移默化中，同仁堂把皇家用药标准、制药方法与同仁堂选购药材的标准、制药方法完全融合在一起，使其药品质量达到了清宫医药的标准。

此外，由于同仁堂供奉御药都是预领药款，相当于清廷一直为同仁堂提供无息贷款，这大大增加了同仁堂的资金周转能力。可以说，供奉御药的"独特身份"不仅提升了同仁堂的社会声望，也增加了同仁堂的经济实力，使得同仁堂在此期间获得了快速发展，成为中医中药行业的龙头。

（三）广开店铺，扩大影响

清朝末年，乐家繁衍为乐孟繁、乐仲繁、乐叔繁、乐季繁四大支，同仁堂由这四大支家族共同管理。后经四支家族代表共同商议，允许各支用"乐家老铺"招牌在外开办店铺，但不能用"同仁堂"店名。民国时期，乐家各支相继在外开办店铺。据统计："乐孟繁支开设了南京同仁堂一个，宏济堂三个，乐仁堂五个，宏仁堂四个；乐仲繁支开设了颐龄堂一个，永仁堂三个，怀仁堂一个，沛仁堂一个；乐叔繁支开设了济仁堂两个，乐舜记一个，宏德堂一个；乐季繁支开设了达仁堂十个，树仁堂一个。"[①] 这三十四家"乐家老铺"分布于长春、天津、西安、上海、长沙、福州、香港等地，进一步扩大了北京同仁堂的影响。

（四）国难当头，濒临破产

抗日战争爆发后，北平市面萧条，同仁堂的营业也日渐低落。1937年日军攻陷北平后，同仁堂更是举步维艰。再加上国民政府相继在全国范围发行"法币""金圆券"，使得国内产生恶性通货膨胀，货币急剧贬值，给同仁堂造成了沉重的打击。至解放前夕，同仁堂设备陈旧，铺务管理陷入困境，已到了濒临破产的地步。

然而，即便是在如此艰难的时期，同仁堂依然尽己所能，开发新药，

---

① 《中华老字号——同仁堂》，《时代经贸》2015年第10期。

造福百姓。1939年夏天，同仁堂组织几位老药工查阅典籍，多次实验，终于成功研制出"六神丹"。"六神丹"清热解毒、消肿止痛，对咽喉病有特殊疗效，其功能远远超过了当时畅销的日本药"仁丹"，成为当时轰动北平的名药。

（五）公私合营，重获新生

新中国成立初期，百废待兴，同仁堂也亟须尽快恢复正常营业。此时的同仁堂经理为乐氏第十三代传人乐松生。1954年，在乐松生的带领下，同仁堂向国家递交了公私合营申请，率先实现了公私合营。国家的支持和保护让同仁堂重获新生，进入了新的发展阶段。

图 5-30　乐氏第十三代传人乐松生

图 5-31　工商界代表乐松生向毛主席献报喜信

1953年，同仁堂与北京大学合作探索中药西制的方法，成功研制出银翘解毒片、黄连上清片、女金片，后又制出舒肝片、藿香正气片等。1957年，同仁堂中药提炼厂正式成立，开创了中药西制的先河。

（六）锐意改革，海外传播

1979年，同仁堂厂、店牌号得以恢复。借着改革开放新政策的东风，同仁堂锐意改革，实现了新的飞跃。1992年，中国北京同仁堂集团公司组建成立，实行现代化企业制度管理。1997年，又成立了北京同仁堂股份有限公司。同年7月，同仁堂股票在上海证券交易所上市。与此同时，同仁堂开始寻求海外发展，相继成立了北京同仁堂科技发展股份有限公司和同仁堂和记（香港）药业发展有限公司，借道香港，进军国际市场。发展至今日，同仁堂已经成为"涵盖现代制药业、零售商业和医疗服务三大板块的健康产业集团，拥有药品、保健食品等六大类产品2600余种，36个生产基地，105条现代化生产线，一个国家工程中心和博士后科研工作站。集团系统共有零售终端2121家（其中，海外140家）；医疗服务终端（含中医医院、诊所）488家（其中，海外80家）"[①]。

图 5-32 北京同仁堂中医医院

二 不变的同仁堂精神

（一）同修仁德，济世养生

"同修仁德，济世养生"是同仁堂企业文化的核心，也是同仁堂精神的核心所在。可以说，同仁堂在创立之初便有着天下为公、济世养生的宽广胸怀和崇高信仰。

"仁"是儒家文化的核心概念，意为仁者爱人、同情友爱，孔子把"仁"作为最高的道德境界。历代同仁堂人始终践行以"仁"为本的价值观，做仁药，施仁术，无论是皇亲国戚还是平民百姓，无论是家财万贯还是一贫如洗，都一视同仁，尽力相助。早在清代，同仁堂每到冬天便在磁器口、珠市口、打磨厂等地设粥棚，施舍棉衣；对没钱装殓的人施舍义棺；对参加考试的学生赠送平安药；自筹资金创办消防水会；又办义学等。为了方便民众，同仁堂始终保留代客煎药、代客寄药、坐堂问诊、免

[①]《走进同仁堂》，北京同仁堂官网，https：//www.tongrentang.com。

费咨询等传统，处处体现了同仁堂的"仁德"精神。

同仁堂的"济世养生"并不局限于中国，而是放眼全世界。特别是改革开放以来，同仁堂在国外也获得了快速发展。在海外传播的过程中，同仁堂不仅把质量上乘的中药、医术高明的中医送到国外，为更多人带去健康，也把传承几千年的优秀中医文化传播到全世界，改善更多人的生命质量。同仁堂拥有服务于世界人民的医者之心，这种精神将支持同仁堂在未来有更远大的发展。

图5-33　同仁堂企业文化　　　图5-34　同仁堂古训

（二）诚信为市，质量至上

乐家第五代传人乐凤鸣在其编纂的《乐氏世代祖传丸散膏丹下料配方簿》一书中首次提出"遵肘后，辨地产，炮制虽繁必不敢省人工，品味虽贵必不敢减物力"[1]的古训。所谓"肘后"，是指药学方书《肘后备急方》，"遵肘后"即强调制药必遵循正统规范（今称《药典》）；"辨地产"是强调严格选择原料药材产地，适时获取优质药材，"取其地，采其时"，保证原料药材的品质。只有这样才能做出质量上乘、真正有效的中药。"修合无人见，存心有天知"也是历代同仁堂人恪守的信条。"修合"是一个有关中药采制过程的术语。修，指对未加工药材的炮制；合，指对药材的取舍、搭配、组合。这句话的意思是在炮制药材和配制药品的过程中，

---

[1] 陈宗凤：《中国五大老字号中成药企业历史及其特色比较》，《云南中医中药杂志》2014年第9期。

旁人是无法见到的，药材是否保质、斤两是否足秤、配制是否符合规矩虽然只有自己知道，但这一切上天都自有公论。

同仁堂历经风雨350年依然傲立世间，不是因为它曾经"供奉御药"的特殊身份，也不是因为新中国成立后政府的保护与支持，而是因为它始终坚守原则，遵守古训，以诚信为本，坚持质量至上，做真正有效、造福百姓的中药，为自己赢得了百姓的信任。

三　北京同仁堂的海外发展之路

图5-35　迈向海外的同仁堂

（一）中药生产、研发、营销的国际化

1992年，随着改革开放进入新的阶段，中国北京同仁堂集团公司组建成立，开始寻求海外更广阔的发展。为了更顺利地融入国际市场，同仁堂对其药品生产过程、药品成分及剂型、药品包装三方面做出了调试和革新。

首先，早在1992年同仁堂公司所属企业的八条主要生产线就已经通过了澳大利亚GMP认证，确保产品质量安全符合国际标准。截至目前，"同仁堂全部生产线都已经通过国家GMP认证，10条生产线通过澳大利亚TGA认证，为药品质量的稳定性、安全性和有效性提供了保障"[1]。其次，为了使药品成分符合当地用药标准，同仁堂对多种药品进行了二次研发。例如新加坡禁止在药品中添加黄连和黄柏，同仁堂便多次实验，研制出专门针对新加坡市场的大活络丹，实现了新加坡市场的顺利拓展。另外，为了迎合海外消费者的用药习惯，同仁堂将传统中药大药丸制成浓缩丸、软

---

[1] 张恒军：《同仁堂：讲述中华文化走出去的中国故事》，《商业文化》2017年第21期。

胶囊、冲剂、片剂等多种剂型，使药品更加便于服用。再次，同仁堂对出口海外的药品包装也进行了改进，使之更符合当地特色和国际潮流。

（二）中医咨询、诊疗、服务的国际化

同仁堂在海外的快速发展不仅是因为它拥有疗效显著的中成药，也因为它可以提供独具特色的医疗服务。中医坐堂问诊是同仁堂门店的传统，这一传统不仅可以使病人得到有效诊断，对药店的营收也十分有利。因此，在开办海外门店的过程中依然保留了这一传统。事实证明，这种"名店＋名药＋名医"三位一体的经营模式对同仁堂品牌的传播具有良好的促进作用。

为扫除跨文化交际障碍，给海外人民带去更专业的医疗服务，同仁堂积极培养海外本土化人才，并在2014年成立了"海外医师进修工作室"，进一步提升了同仁堂中医的临床研究与应用能力。除此之外，同仁堂还提供中医按摩、推拿等服务，定期举办义诊等活动。这一系列举措都拉近了同仁堂与海外人民的距离，提高了他们对中医中药的认同度，从而促进了同仁堂在海外的进一步发展。

（三）中医药文化交流、传播的国际化

产品与服务固然是同仁堂走向世界的两大法宝，但其中蕴含的延续千年的中医药文化才是同仁堂的灵魂。由于中西方哲学基础和思维方式的不同，产生了中医和西医两种截然不同的医疗体系和医学文化。中医的哲学基础是整体观和辩证法，讲究对人体进行整体调节从而获得身体的健康和平衡；西医的哲学基础是机械论，讲究对身体的局部进行精确的判断从而达到治疗的目的。中医与西医如此不同，要想让代表中国传统医药的同仁堂被更多人接受，就必须在文化层面进行更广泛、更深入的交流与传播，促进海外对中医药文化的了解与认同。

同仁堂在传播中医药文化方面做了很多尝试，也取得了一定的成果。同仁堂以门店为基础，举办形式多样的文化交流活动，如向民众教授太极拳、八段锦，品味中国茶道，学习中国养生文化；开办同仁堂中医博物馆；与孔子学院合作，派专家教授中医课程、举办健康讲座；利用海外媒体进行宣传，"如在澳洲《新快报》上连载小说《大清药王》，在澳

洲华人卫视、韩国 SKYLIFE 电视台播出电视连续剧《大清药王》、《大宅门》等"[①]。同仁堂注重中医药文化的交流与传播，有效提高了同仁堂品牌的国际知名度和认可度，进而塑造了其以中医中药为核心的全球健康产业品牌。

图 5-36　电视连续剧《大清药王》　　图 5-37　电视连续剧《大宅门》

四　走向世界的传统中医药

北京同仁堂在海外的迅速发展在一定程度上反映了西方国家对传统中医药已经有了一定的认识，但传统中医药要真正走向世界仍旧困难重重。目前，传统中医药在海外注册依然面临法律障碍，很多国家甚至明文规定禁止中医师执业。国外人民对中医药文化依然了解不够，接受度较低。这些问题都极大地阻碍了传统中医药在海外的传播和应用。因此，我们要积极采取措施，加强中医药文化交流与合作，为传统中医药走向世界创造更好的条件。

（一）抓住"一带一路"倡议合作的契机

自 2013 年 9 月习近平主席提出"一带一路"倡议，距今已有 5 年多的时间。在此期间，中国与多个国家和国际组织签署了共建"一带一路"

[①] 郝鑫岐：《从同仁堂的海外发展探寻中国文化对外传播之路》，《新闻世界》2012 年第 5 期。

合作协议及多、双边合作文件,"目前已有9个'一带一路'沿线国家建立中医中心,并建有7所中医孔子学院"①。2019年4月,第二届"一带一路"国际合作高峰论坛在北京成功举行,"各方达成了283项务实成果,包括签署政府间合作协议,开展务实项目合作,发起成立专业领域多边对话合作平台,发布共建'一带一路'进展报告、高峰论坛咨询委员会政策建议报告等"②。"一带一路"倡议的实施为中医药产业的海外发展和中医药文化的海外传播提供了很多便利条件。除此之外,"一带一路"沿线国家覆盖全球超过64%的人口,其中多为医疗卫生事业发展相对滞后的发展中国家。并且受古代丝绸之路的影响,很多国家有使用传统中医药的历史,对传统中医药的接受度和认可度较高。因此我们必须抓住"一带一路"倡议合作的契机,进一步推动传统中医药在"一带一路"沿线国家的传播和应用,并以此为基础,为传统中医药走向全世界做出贡献。

目前,中医药事业在"一带一路"沿线国家发展不平衡。泰国、澳大利亚、肯尼亚等国已经对中医药进行立法管理并允许中医师执业,荷兰、以色列、埃及等国只允许中医针灸师执业,菲律宾、西班牙等国则依然禁止中医师行医。③只有当地政府对中医药进行立法规范管理并且承认中医师的合法地位,中医药在当地的发展才有可能。因此,我们要借助"一带一路"的合作契机,与沿线国家政府深入沟通,推动中医药立法管理和中医师制度化进程,扫清中医药海外注册的法律障碍,为中医药的进一步发展和传播奠定良好的法律基础。此外,还要深入开展中医医疗及科研合作,建立海外中医机构,派遣中医专家,让海外民众更好地了解中医药,提高他们对中医药的认知度和接受度。

(二)深化中医药文化交流与传播

中医药文化是我国优秀传统文化的重要组成部分,传统中医药走向世界必须坚持文化先行。同仁堂的成功经验告诉我们,只有把中医药产业发

---

① 段资睿:《中医药产业国际化发展路径研究——基于"一带一路"战略的视角》,《国际经济合作》2017年第4期。
② 《习近平在第二届"一带一路"国际合作高峰论坛记者会上的讲话》,《中国报业》2019年第9期。
③ 潘沙沙、张思容、王露、王李安安、彭立生:《21世纪海上丝绸之路沿线国家中医执业法规研究》,《中国卫生事业管理》2016年第8期。

展与中医药文化相结合，才能使海外民众更好地认可和接受传统中医药。近年来"自然疗法"在国外日渐兴起，被越多越多的人所认可。"自然疗法"强调以人体健康为核心，主张采用自然界的种种资源，增强机体的自愈能力，从而获得机体健康。这种理念与中医的传统理念基本相似。传统中医药文化中蕴含着天人合一的道家思想与阴阳五行理论，以及整体观和辩证观，处处体现着中华民族特有的哲学思想和思维方式。但正因为这种独特性及其与西医的差异性，海外民众很难一下子接受。因此，加强中医药文化传播和交流就显得十分迫切和必要。

深化中医药文化交流与传播需要社会各界的共同努力。首先，要与当地政府医疗部门合作开展中医药文化交流活动。通过政府部门合作推广，可以增加中医药文化的可信度和可接受度，达到事半功倍的效果。其次，要重视民间中医药团体的作用，如世界中医药学会联合会、世界针灸学会联合会等机构，积极促进中医药文化的民间交流。再次，要大力开展中医药国际学校教育，依托孔子学院、中医学院等机构，与境外高校合作办学，培养中医传播的海外人才。除此之外，中医药企业也要充分认识到文化传播的重要性，在开展中医药贸易的同时，注重对中医药文化的宣传和推广。

传统中医药的宝贵价值正被越来越多的国家和地区所认可。2019年5月25日，第72届世界卫生大会审议通过了《国际疾病分类第十一次修订本（ICD-11）》，"首次将起源于中国且当前在中国、日本、韩国等国家普遍使用的传统医学纳入其中"[1]，这一举措必将为传统中医药在全世界范围内的传播和应用扫清诸多障碍。相信今后通过多方努力，能够出现更多像北京同仁堂这样优秀的中医药企业，让更多人体验到中医药的神奇疗效，造福世界人民健康，实现全球文化共享。

第四节 中西文化交流视域下的冀中笙管乐：
基于继承和创新的考察

在广袤的冀中平原，很多乡村里活跃着这样一类笙管乐社，当地俗

---

[1] 刘曲：《传统医学病证纳入〈国际疾病分类〉》，《人民日报》2019年5月28日。

称"音乐会"。它是北方鼓吹乐的一种，却又区别于其他鼓吹乐，体现得典雅、古朴而庄重。它活跃于民间，却演奏着非常"不民间"的乐曲。它服务于乡间里野的礼俗仪式，却演奏着寺庙雅音，吹奏着宫廷雅乐。作为传统音乐的"活化石"，作为非物质文化遗产中的一朵奇葩，它的音乐特色、乐社性质、传承与发展受到了越来越多的关注，相关的整体研究和个案研究不断问世。但综观现有学术成果，对其在中西文化交流视域下的考量尚属空白，故本文拟在中西文化交流的视野下，从音乐史的角度深入探讨其对中国音乐传统的固守和对外来音乐元素的吸纳，探讨其在新的文化时代的生态变迁和自我调适，以就教于方家。

一 对于音乐传统的传承与固守

活跃于冀中一带的"音乐会"有其特定的乐器编制，包括"文场"的笙、管、笛、锣，"武场"的鼓、板、铙、钹。其演奏形式主要是"坐乐"和"行乐"。其曲目保存了古老的唐宋大曲以及明清南北曲的曲牌音调和乐曲形式，并沿用古老的工尺谱的形式代代传承。其律、调、谱、器的各层面都能追溯到"九孔管、十七苗笙和七调"这种唐宋以来古老的音乐传统。这引起了学者们的极大兴趣，何以历经千年的沧桑变幻，在乡野中还能传承这样的"华夏正音"？如果我们从音乐史的角度追本溯源，就不难发现，这既与我国传统音乐的传承系统密切相关，也与"音乐会"成员自身的执着坚守密不可分。

（一）客观上传承系统对传统音乐的固守

1. 乐籍制度下乐籍人员对音乐传统的承载

"安上治民莫善于礼，移风易俗莫善于乐"，乐在敦风化俗、维护社会稳定中发挥着重要作用。国家的祭祀、典礼、朝会、出征乃至仪仗、卤簿无不动乐，因礼仪而动乐，充分发挥了乐的政治功能，这也是乐在礼仪之邦最主要的社会功能。而自南北朝以下，这种音乐功能主要是由专属的乐籍人群来完成的。

南北朝时期，首先从北魏开始施行了乐籍制度，即将刑事犯罪人员的眷属、获罪官员及其妻女以及战争中的俘虏另立户籍，令其从事与"乐"相关的职业。这些人属于贱民，但世代相承，专业性很强。它们在宫廷、地方官府、寺庙和军旅中执事应差，辅助特定的礼仪需要，其奏乐具有广泛的一致性。乐籍制度到唐代得到进一步规范，乐籍人员定期或不定期到京师轮值轮训逐渐制度化，这又进一步保证了国家各级各地用乐的一致性和连续性。宋代乐籍人员的人身控制比较宽松，轮值轮训也较为灵活，既有地方到京师的轮训，也有由京师派乐官到各地所设教乐所的指导，这使得地方也能比较方便地学到京师和宫廷的仪式乐曲。元明时期，加强了对乐籍中人的管控，突出彰显其"罪民"的身份，使得乐人更加没有自由，对朝廷规定的礼仪用乐的传承也更加小心、谨慎。直至清代雍正时期解除了乐籍，这一延续千年的乐籍群体才不再是"贱民"。乐籍制度取消之后，虽然宫廷至地方上的仪式用乐一度仍主要是由这些乐人们来承担，但获得自由身份而同时又失去朝廷稳定供养的乐籍人员最终还是要自谋生路。在这种背景下，被奉为"华夏正音"的古老音乐文化传统便随着这一群体的流动逐步来到民间，由原先服务官方，转向服务庶民。

如果说是明清时期的里社制度保证了礼仪活动在乡村的普及和一致，那么乐籍制度则直接保证了与这些礼仪相辅相成的音乐传统的连续统一。正如项阳先生所说："正是全国自上而下或称自下而上的乐籍制度以及各地官府中礼俗仪式用乐在规定性下的一致，导致了中国传统音乐文化的主导脉络通过这个制度在全国范围内的规范性和一致性。"[①]上千年的制度传承，固化了乐曲和演奏方式，也固化了乐籍人群的价值判断。在他们的心目中，高贵典雅的庙堂之音容不得私自改动，这使得他们的乐曲虽传播于民间甚至乡野，却扎根于宫廷。河北地处京畿，为宫廷和京城各机构服务的乐籍人员多散落于此。在其影响和传承下，冀中平原诸多的"音乐会"明显具有了宫廷雅乐和官仪音乐的特征。

2. 寺庙道观对传统音乐的固化

寺庙道观是冀中笙管乐的另一重要来源。根据冀中各地"音乐会"自身历史的追溯和学界20世纪50年代以来的大量研究，这些"音乐会"中有相当一部分可以追溯到当地的寺庙道观。如：霸州市高桥村的"音乐会"师承于"大王庙"的"广大"和尚；廊坊市安次区南汉村的"音乐会"师承于北京"广济寺"受戒的高隆喜；安新县大马庄"音乐会"师承

[①] 项阳：《功能性·制度·礼俗·两条脉——对于中国音乐文化史的认知》，《中国音乐》2007年第2期。

"兴福寺"的和尚"入难";涞水县的"音乐会"据传说有的学于北京西域寺,有的学于本县林清寺;等等。甚至有些"音乐会"一度就是隶属于庙观的会社,如廊坊市固安县屈家营村音乐会、霸州市胜芳镇观音堂音乐会,廊坊市广阳区南汉村音乐会、安次区南响口梵呗音乐会等。

图 5-38　廊坊市屈家营村音乐会

图 5-39　廊坊市广阳区南汉村音乐会

图 5-40　霸州市王圈村音乐会

图 5-41　霸州市信安镇张庄村音乐会

寺院道观中为什么会有世俗的传统音乐?它是如何传承的?寺观中人又是如何将这种古老的音乐传统传播并积淀于民间的呢?

按照佛教戒律,本不许僧尼动乐,"寺庙中僧尼所能演唱的'音乐'是梵呗偈赞,除此之外的世俗音乐不允许僧尼参与,甚至也不能到场观听,如犯者,均属'恶业',是为'不净'"[1]。但同时寺庙中又允许音声供养,鼓励将世俗中最美的乐曲乃至歌舞奉献给佛祖。《妙法莲华经玄赞》中讲的五颂供养即包括音乐供养和歌呗供养。南北朝时期,音声供养主要依托于佛图户(依附于寺院生存的俗人罪民群体)和显贵们所敬献的专业音声人(乐籍人群)来完成。但历经"三武一宗"灭佛的沉重打击,为了

---

[1] 项阳:《"释俗交响"之初阶——中国早期佛教音乐浅识》,《文艺研究》2003 年第 5 期。

生存，佛教在中土不得不做出适应性的变通。体现在音声供养上，就是没有了佛图户和专属音声人，寺院中一些较低级的僧侣开始参与奏乐，并将音声供养与音声法事进行了有机结合，以吸引更多的信众。至明永乐二年（1404），明成祖钦颁《诸佛世尊如来菩萨尊者名称歌曲》和《御制大明玄教乐章》，将包括宫廷用乐在内的四百多首盛行于南北的乐曲颁赐给寺庙和道观，从国家制度层面明确了僧尼动乐的合法化，肯定了世俗音声在寺庙礼佛和法事中的地位与作用。可以说，"永乐赐乐"这一重大事件，极大刺激了寺庙音乐的发展。道教作为本土宗教，在国家重大的礼乐活动中，本来就承担着一部分很重要的工作，所以他们在面向社会所做的法事中，利用音乐增强仪式感并吸引信众，更是毫无违和感。出于"寺庙、道观放焰口、做法事、斋醮科仪等具有特殊祭祀意义的功能性的需要，音乐在这些仪式中成为有规定性的不可或缺的有机组成部分，而这些仪式的广泛实用性，使得寺庙成为保存中国音乐文化传统的一种近乎封闭式的场所。正是这种将中国音乐文化披上宗教外衣的做法，使得进入寺庙的中国音乐文化传统得以近乎'冷冻式'的保存"[1]。

可惜这种保存并不持久，20世纪初，在新文化运动的影响下，大量拆毁道观庙宇，并将其中的一部分直接改造为新式学校的校舍。这使得很多寺观被毁，其僧尼道士被迫还俗或流落民间，这种情况在京畿地区尤为严重。"寺院的宫墙，曾是一道遮风避雨的屏障，庇护了那些在改朝换代的战乱中无依无靠的乐工艺僧，让传统的香火一脉赓续。20世纪以来，随着这有形庙墙的拆除，那道维系传统音乐的无形屏障，也悄然消失了。"[2] 许多僧道被迫流落乡间，为了生活，一些掌握乐事和法事技艺的僧道便以传授乡民技艺换取生活所需，传承于寺庙的音乐艺术便这样普及到了乡村。

曾传承于寺观僧道的这些音乐，其实用功能在于音声供养与法事需要，但归结起来都是敬神的乐曲，在人们的观念中要庄重严肃，虔诚以待，绝不能随意变更。因此，尽管后来衍播到乡间，这种虔诚的固化的观念还是代代相承下来。

---

[1] 项阳：《中国音乐民间传承变与不变的思考》，《中国音乐学》2003年第4期。
[2] 张振涛：《民间鼓吹乐社与寺院艺僧制度》，《音乐艺术》2006年第2期。

（二）主观上"音乐会"成员对音乐传统的坚守

如果说冀中的这些"音乐会"传承和保存了中国古老的音乐文化传统，在客观上是归功于乐籍制度下乐籍人员对音乐传统的承载，以及寺庙道观对传统音乐的固化，那么主观上就应该归功于"音乐会"成员对音乐传统的执着坚守。在他们的观念中，"音乐"一词并非现在通用的、一般意义上的名词，它是特指"京畿区域、越出宫禁、一度保持在寺庙、因而保持着古老文化特征的音乐"，是"特指用于传统礼俗仪式中、具有神圣品格、非商业性的正统音乐"。① 所以，以唢呐为主奏的吹打班演奏的乐曲不能叫"音乐"。"民间乐师在音乐会里演奏的是'音乐'，当同一人参加吹打班活动时，他演奏的便不再是'音乐'。"② 真正的"音乐会"在性质上应该是"善会"，只为民间礼俗仪式而奏，是义务的，甚至是神圣的，不以盈利为目的。

不管是传承自曾服务于宫廷和官府的乐人，还是承传自曾居寺庙道观的僧道；不管是出于对礼仪的恪守，还是出于对神灵的虔诚，"音乐会"众都将这种"音乐"演奏看得庄严而神圣。照他们的看法，"祖先传下来的宝贝，我们只有欣赏把玩并刻意保护，无论是乐器、乐曲、演唱方式等等，都要与祖宗传承的一致，不能有丝毫走样，这才是传统，否则就是对祖宗的不敬"③。每一个"音乐会"当地村民都珍之重之，并引为本村的骄傲。村民能被挑选入会学习和演出，也都感到分外自豪。但是，近代以来，这古老的"音乐"却经历了多次危机，倘若不是几代乐手和村民的舍命相救，连乐谱和乐器也无法保全。其中的波折，从冀中笙管乐的代表——固安县屈家营村"音乐会"的经历便可见一斑。

1937 年日寇入侵河北，听说有一个远近闻名的"屈家营"音乐会，便开始垂涎。但日寇几次到屈家营强索乐谱和乐器，都未能如愿。乐手们"先挖了坑，把一个大缸埋进去；缸里放了那些乐器，盖了石板。后又盖了房，房里安了一盘磨，用牲口拉。谁都以为那些乐器没了，没想到是藏

---

① 张振涛：《京畿"音乐会"的乐社性质与组织结构》，《黄钟》2002 年第 1 期。
② 同上。
③ 项阳：《中国音乐民间传承变与不变的思考》，《中国音乐学》2003 年第 4 期。

第五章 京津冀区域非物质文化遗产的发展演变 455

了起来"①。"尽管许多人被抓走,压杠子,灌辣椒水,但没人把乐谱的事情暴露。"②"文革"期间,要求破"四旧",音乐会被当作封建糟粕封杀,乐手们又一次舍命收藏,才使得这些祖传的乐器和乐谱躲过了这场文化的浩劫。

"文革"后,老村长林中树为"音乐会"能重新演出奔走了20年,先后8次进京,找专家鉴定"音乐会"到底是不是封建糟粕,还可不可以演出。"不为别的,就想着咱老祖宗的东西不能丢,屈家营的人也不能当败家子。"朴实的话里充满了对传承优秀传统文化的自信。

图 5-42　廊坊市固安县屈家营村音乐会　　图 5-43　屈家营村音乐会的林中树老人

屈家营村"音乐会"的例子并非个案。冀中地区这些"音乐会"今天能够重新参与民间的礼仪活动,无不是经历了战火的摧残和运动的打击。侵略者的觊觎,无知者的破坏,都没有从根本上动摇会员的信念。正是这种坚守,保证了文化的传承生生不息。

二　对外来音乐元素的吸收与融合

中华文化是开放包容的,中国的传统音乐文化亦是如此。冀中笙管乐作为古乐的孑遗,借助民间的礼仪活动,保存了唐宋以来古老的音乐文化传统。但如果细加追索,就不难发现,这种古老的音乐传统并非完全意义上的"华夏正音"。这种古老的鼓吹乐文化,最早从军旅中走来,后走进庙堂,步入宫廷,进入寺院,又下到民间,其间并非一成不变。它一直在吸纳一些新的文化元素充实自身,其中甚至包括外来的音乐文化。而这些

---

① 王敏:《寻访500年前的中国古乐》,《人民日报》(海外版)2007年3月20日第8版。
② 同上。

新的文化元素在经过一段时期的磨合之后，融入中国传统的音乐文化体系之中，便又为传统的传承增加了新的内容。这一点，从冀中笙管乐的乐器和乐律乐调以及乐曲上便可见一斑。

（一）对外来乐器的采用

冀中笙管乐的主奏乐器是管子，它是"音乐会"的灵魂，但是它"作为中国传统音乐文化中的一种乐器，并非在中国土生土长，而是从古代丝绸之路传入中国的"[①]。管子原名筚篥，又作悲篥、觱篥。

据学者考证，它应该是源于西域的龟兹乃至更远的波斯的一种双簧乐器。[②]这种双簧乐器在公元前4000年前产生于两河流域的美索不达米亚平原。而在公元4世纪前后开凿的新疆拜城克孜尔石窟的壁画中有很多筚篥的图像，这说明最迟在南北朝时期，筚篥就已传到我国新疆的龟兹。

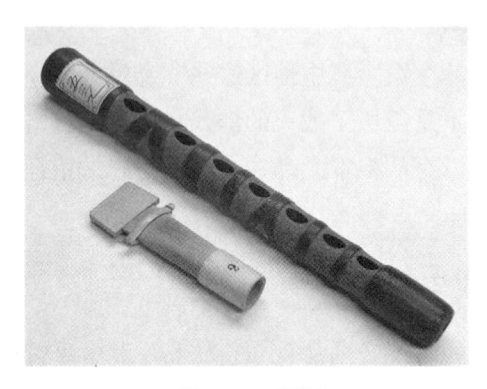

图 5-44　筚篥　　　　　图 5-45　吹筚篥的化生乐伎——
　　　　　　　　　　　　　　　敦煌莫高窟第 285 窟（西魏）

---

① 万明：《丝绸之路的文化传承：筚篥在中国——明代以来霸州胜芳镇渊源考》，《河北学刊》2018 年第 1 期。

② 参见周菁葆、梁秋丽《丝绸之路上的筚篥乐器（一）》，《乐器》2015 年第 11 期。此后两位学者又在《乐器》上陆续发表了六篇相同主题的系列文章，通过翔实的史料勾勒出了筚篥在丝绸之路上的传播历程。

第五章 京津冀区域非物质文化遗产的发展演变

《隋书·音乐志》载："吕光灭龟兹，因得其声"[1]，是指公元382年，前秦派吕光征西域，公元384年吕光攻占龟兹，并将一支龟兹乐队带回凉州。自此，作为龟兹乐主要乐器的筚篥逐渐传入内地。到隋代大业年间，"炀帝乃定清乐、西凉、龟兹、天竺、康国、疏勒、安国、高丽、礼毕，以为九部"[2]。这九部夷乐被唐朝全部继承，并在此基础上发展为十部乐。十部乐中汲取了大量域外音乐元素，其中也包括筚篥的采用。唐代诗人李欣在其长诗《听安万善吹觱篥歌》的开头便说"南山截竹为觱篥，此乐本自龟兹出"，说明唐人很明确这一乐器是从龟兹传到中原的。

图 5-46　五代王建墓浮雕吹筚篥乐伎
（成都永陵博物馆藏）

宋代，筚篥成为乐队的头管，成为众器之首，在中土音乐中的地位又攀上了一个新的高峰。宋人陈旸在其《乐书》中曾感叹："筚篥，一名悲篥，一名笳管，羌胡龟兹之乐也。……后世乐家者流以其族宫转器以应律管，因谱其音为众器之首。至今鼓吹教坊用之以为头管，是进夷狄之音加之中国雅乐之上，不几于以夷乱华乎？降之雅乐之下，作之国门之外可也。圣朝元会、乘舆、行幸并进之以冠雅乐，非先王下管之制也。"[3]可见，陈旸对于在圣朝元会、乘舆、行幸的仪仗中采用筚篥作为头管领奏大为不满，但这种批评与不满却从侧面为我们展现了筚篥在乐队中地位的显著提升。

从"筚篥"到"头管"的变化说明这种域外乐器已然融入了中原乐系的主流，并在融合中显现出相当的稳定性和成长性。学者万明对此进行专题研究时，对这种文化间的碰撞与融合也不禁感叹：筚篥见证了丝绸之路文化的发展传承进程，而管子则体现了中外文明的交融。[4]

---

[1]（唐）魏徵等：《隋书》，中华书局1973年版，第38页。
[2] 同上书，第376—377页。
[3]（宋）陈旸：《乐书》卷130《乐图论·胡部》，文渊阁四库全书本。
[4] 万明：《丝绸之路的文化传承：筚篥在中国——明代以来霸州胜芳镇音乐会渊源考》，《河北学刊》2018年第1期。

宋代以后，筚篥多以"头管"和"管子"称之，相沿日久，以至于人们都忘了它本来的称谓，忘记了它传入和接受的历程。它已然融入古老的中国音乐文化之中，并代代传承。时至今日，冀中地区活跃的笙管乐"音乐会"中，它与笙合奏，又演绎着一种新的文化交融。"一半源自本土，一半引自外域。'笙'

图 5-47 智化寺演奏筚篥主奏的笙管乐

字代表中原，'管'字代表外域；笙管并置，代表中外结合；笙管并列，代表儒释圆融。外来管子领奏，中国笙竽定律，既不乱华，也不排外。外来管子，本土笙笛，水乳相融，相互唱和，成为外来品种与本土品种的联体。"①

（二）对外来乐律乐调和乐曲的吸纳

冀中笙管乐吹奏的是古老的南北曲，保留了雅正的宫廷之音、肃穆的寺观之乐，固守着延续了千百年的传统。所以在很多人的观念中，这些"活化石"保存的就是中国最正宗、最古老的本土音乐。但是，如果我们认真地追本溯源，就会发现，他们所传承的乐律乐调和乐曲，并不是从先秦一脉相承的雅乐，而是从南北朝到隋唐不断杂糅胡汉而最终形成的一种新的音乐规制和音乐传统。

魏晋南北朝时期，虽然政治上分崩离析，动荡不安，但民族交融与文化交流却空前发展。随着西北少数民族入主黄河流域，胡乐也涌入中原。北魏的宫廷音乐《西凉乐》成为这一时期胡汉音乐融合的代表。《隋书·乐志》云："《西凉乐》者，起苻氏之末，吕光、沮渠蒙逊等据有凉州，变龟兹声为之，号为《秦汉伎》。魏太祖既平河西得之，谓之《西凉乐》。至魏、周之际，遂谓之《国伎》。"②

隋代，在胡汉音乐杂糅的基础上，乐府进行了乐调的改进与乐部的

---

① 张振涛：《大北方笙管乐文化圈》，《音乐研究》2012 年第 5 期。
② （唐）魏徵等：《隋书》，中华书局 1973 年版，第 378 页。

整理。在开皇乐议中,郑译在龟兹音乐家苏祗婆"七调五旦"乐律的基础上形成了二十八调乐律体系,对后世影响深远。学者孔德就此指出:"龟兹乐律,一履华土。夺十二律之席,变雅乐之声。……此后,嫌八十四调繁复,其中二十八调尤为盛行。再减为宋教坊之十八调,化为北曲之十二宫调,南曲之十二宫调。寻源溯流,当推龟兹为鼻祖矣。"① 在乐部的整理上,在隋文帝开皇初年始置七部乐:"一曰《国伎》,二曰《清商伎》,三曰《高丽伎》,四曰《天竺伎》,五曰《安国伎》,六曰《龟兹伎》,七曰《文康伎》。又杂用跛勒、扶南、康国、百济、突厥、新罗、倭国等伎。"② 隋炀帝在七部伎的基础上又增《康国》《疏勒》为九部伎,而《康国》《疏勒》也是西北少数民族的音乐。

唐贞观年间,又增加西域乐舞《高昌乐》。至此,在十部伎中,胡乐已占到七部。后来宫廷音乐改以坐部伎和立部伎进行分类,坐部伎有六部:《宴乐》《长寿乐》《天授乐》《乌歌万岁乐》《龙池乐》《小破阵乐》。《旧唐书·音乐志》载:"自《长寿乐》以下皆用龟兹乐。"③ 立部伎有八部:《安乐》《太平乐》《破阵乐》《庆善乐》《大定乐》《上元乐》《圣寿乐》《光圣乐》,"自《破阵乐》以下,皆擂大鼓,杂以龟兹之乐,声振百里"④。

唐天宝十三载(754),太乐署对供奉的乐曲名称进行了大规模的改动,将胡曲名改为汉名。如著名的《苏摩遮》改为《感皇恩》,《因度玉》改为《归圣曲》,《婆罗门》改为《霓裳羽衣》,等等。据任半塘先生统计这样的改名至少有六十曲。"《教坊记》记唐代曲名堪称完备,总共不过记载了325首曲名,而仅在天宝末年改名的'胡乐'就占了近三分之一,外来音乐在唐朝音乐中的重要地位于此可见。"⑤ 于是,到玄宗时期,代表盛唐音乐文化的营造最终宣告完成。"虽然盛唐音乐依然吸收了少数民族和外民族的音乐成分,但这个时期,外来音乐几经改造,已是汉族化的音

---

① 孔德:《外族音乐流传中国史·绪论》,商务印书馆1934年版。
② (唐)魏徵等:《隋书》,中华书局1973年版,第376页。
③ (后晋)刘昫:《旧唐书》,中华书局1975年版,第1062页。
④ 同上书,第1060页。
⑤ 王鲲:《"胡乐"的涌入与隋唐音乐的发展》,《江西教育学院学报》(社会科学版)2007年第5期。

乐，足以代表盛唐文化的新型音乐。"①而这一新的音乐形态的形成过程，也就是我国音乐传统从雅乐、胡乐、俗乐三足鼎立向雅乐、俗乐两分的推移过程。换言之，也就是胡乐的俗乐化过程和汉化过程。

　　胡乐的融入，为中原的音乐文化注入了新的活力。而中原的主流音乐文化则以其不问华夷的胸襟、兼容并蓄的态度，丰富了自身文化的内涵，并赢得了各民族、各国家的一致认同。这种海纳百川的精神为我们当今音乐的发展树立了良好的榜样，也为我们今天继承传统和创新发展提供了启发和借鉴。

三　对新时期文化生态变迁的反应与自我调适

　　文化的发展本就是一个继承与创新交替演进的过程，也正是因为在冲突与融合中不断有新的形式、新的内容充实进来，才使我们的文化传统得以不断丰富。冀中笙管乐的各支"音乐会"在传承与发展中也面临着继承与创新的问题，但不同地方的"音乐会"基于不同的传统和不同的价值取向选择了不同的发展路径。

　　一类选择了因时而变，在基本传承传统的基础上有选择地添加一些新的时代内容。这一类可以胜芳镇南音乐会为代表。其保留了大量中国传统的音乐元素，采用工尺谱记谱，保留了很多古老的音乐曲牌，而且完整地传承了"转七调"这一古老音乐律制的演奏技艺，这在近百档冀中笙管乐会社中是绝无仅有的。但同时它又不守旧，敢于随着时代而不断创新。例如新中国成立后，会众便将《歌唱祖国》《东方红》《义勇军进行曲》等曲谱也进行了传统的工尺谱化，并且把这些极富时代特色的乐曲带到了庙会中，与古老的传统音乐一起演奏，为广大群众所喜闻乐见。

图 5-48　霸州市胜芳镇南音乐会

---

①　周延良：《隋唐"燕乐"与南北朝少数民族音乐关系考》，《中央民族大学学报》1995年第4期。

音乐从产生的那一天起，便具备"敬神"与"娱人"两种功能。敬神之乐要求肃穆、庄严，要表达出足够的虔诚，而娱人之乐更多的是要关注听众的感受，要贴近听众的喜好。"音乐会"所奏曲目本来是仪式之乐和敬神之乐，但当它出于各种原因"流落"民间时，就不得不适应民众对音乐文化的审美需求。于是，实际上还有一些"音乐会"在事人、娱人的路上比"南音乐会"走得更远，不仅在传统曲目的演奏中有"加花""挂穗"等较之传统额外添加的技巧性演奏和即兴发挥，而且在会社性质上也逐渐脱离服务于礼俗仪式的"善会"传统，改为有偿演出，收取报酬。这种发展状况就使"音乐会"在本质上偏离了为乡里崇儒化俗、尊祖敬宗、禳灾祈福而义务服务的初衷。完全为生计而奏乐，虽然改善了会众的经济状况，但在发展趋势上却背离传统越来越远，在民众的心目中他们的乐社性质也就不再是有着神圣光环的"音乐善会"，已经自降身份到了普通吹打班的水平。

与之相反，另一类"音乐会"就选择了严格地固守传统曲目和传统风格，尽量原汁原味地保存祖先传下来的音乐文化传统。这一类以固安县屈家营音乐会最为典型。他们乐依古调，曲按宫商，从整体的音乐形态到具体的每个音符，都虔诚对待，不做随意改动。这种坚守，使他们承受了更大的生存压力，但却为我们研究中国传统礼乐文化提供了不可多得的活的珍贵样本，使我们能得以进一步认识中国传统音乐文化的特征。这种坚守曾经在变革的大潮中显得不合时宜，拘泥保守，但是在今天，当我们在全球化的视域下、在中外文化交流碰撞的视域下对这种做法重新审视的时候，这种对传统文化的坚守便具有了新的时代内涵。

当下，经济全球化对各民族各地域的文化都产生了巨大冲击，这使人们强烈地意识到尊重文化的多样性的重要，毕竟，全世界不能只有一种文化、一张面孔。而民族文化的保护与传承就是文化多样性存在的根本。民族文化的养成与其民族的经济基础、社会结构、风格范式等诸多方面息息相关，它"是一个民族得以衍生与传演的生命基因，是一个民族立于世界文化之林的重要价值展现"[①]。要想在不断深入的全球化浪潮中彰显自身的民族特色，首先就要护好自己的根，尽可能多地保存传统文化的优秀样

[①] 雷晴岚：《全球化进程与民族文化多样性》，《广东省社会主义学院学报》2010年第3期。

本。从这个意义上讲，这种固执的坚守便又具有了保护民族文化的意义。正是由于这个原因，北京智化寺决定将屈家营音乐会这种很好地保留了古老的京音乐传统的音乐会社请到北京，并在智化寺长期演出，以提供稳定的经济来源的形式，对这种文化的坚守进行弘扬和呵护。

需要指出的是，是固守传统还是在继承中创新，并不完全取决于会众的主观决断，它是当地的经济基础、民俗氛围、民众需要等多方面因素综合作用的结果，是区域文化的一种自然演变。但其面对文化生态变迁的两种不同调试，还是能在文化的碰撞与融合、传承与创新中给我们一些启示和借鉴。作为融会了中西音乐文化的"活化石"，它经历了怎样吸收、融合的过程，又将以怎样的调试面对新的文化冲击，值得我们认真反思和密切关注。

综上，在中西文化交流的视域下，重新审视冀中笙管乐的前世今生，不仅可以加深对其音乐传统的理解，而且可以纠正对其音乐传统的错误认知，从而深刻体认文化的交流、碰撞与融合在我国音乐传统不断丰富的过程中所发挥的作用。同时也提示我们，文化的发展需要海纳百川才能有容乃大，文化的存续则需要不失根本，特色鲜明，否则就会丧失自己，湮没在外来文化的大潮中。而如何把握好两者之间的张力，我们还需要认真对待，在文化全球化的冲击下，谨慎前行。

第五节 京剧：外国人眼中的"北京歌剧"

京剧是在徽调、汉调、秦腔、昆曲、京腔等剧种的基础上，相互融合、相互吸收而最终形成的一个新剧种。它比较完整、鲜明地继承了中国戏曲的艺术特色，以完全不同于西方现实主义的戏剧理念和独特的写意性戏剧特征卓然傲立于世界戏剧的百花园中，被西方人誉为"北京歌剧"。纵观其形成、发展的整个历程，都印证了文化间彼此交流、相互借鉴的重要。其间，既包括了本土文化的凝聚和沉淀，也包含了中西文化的鼓荡与交融。

一 因交会融合而诞生的国粹

清代，北京的城市经济相对繁荣，文化生活也颇为活跃，这为戏曲的蓬勃发展提供了适宜的气候和土壤。自顺治帝之后，各朝皇帝都喜爱看戏，其中尤以乾隆皇帝为甚。古语说，"上有所好，下必甚焉"，帝王嗜剧，王公大臣们自然会纷纷效法，民间也往往会极力跟风。所以，至乾隆中叶，除了当时已经活跃于京城的昆曲和京腔之外，原先活跃于山、陕地区的秦腔，活跃于安徽地区的徽调，活跃于湖北地区的楚调也渐次汇集北京。一时间，北京的剧坛可谓是百花争艳，而京剧这朵艺苑奇葩也开始萌芽并形成于这百花丛中。

（一）徽班进京与博采众家

在京剧的形成过程中，一个标志性的事件就是1790年的徽班进京。1790年，活跃于江南的安徽戏班三庆班，应召进京参加朝廷大典，为乾隆帝祝寿。其演出在京城受到了热烈欢迎，于是以高朗亭为主的三庆班在进宫祝寿演出后并未南返，而是留在了北京谋求发展。之后，"四喜""春台""和春"三大徽班也在京城活跃起来。这四大徽班在北京的众多剧种中，逐渐取得了主导地位。

徽班所演唱的徽调曲调优美，由于其发源地安庆属于水陆交通的枢纽，使得它吸收了我国各地戏曲声腔曲调的特长。实际上，早在徽班进京之前，其所演唱的声腔、剧目就已经比原来的徽调丰富得多，"除吹腔、拨子、二簧、昆曲外，如柳枝腔、罗罗腔等一些流布范围较小的戏曲声腔，均兼而用之"[1]。进京后，面对北京诸腔杂陈、各领风骚的局面，徽班更是广泛吸收、博采众长。他们在大力借鉴秦腔的同时，也大量吸收了京腔曲牌，"像《拿高登》一剧中之〔清江引〕,《淮安府》戏中所用之〔斗鹌鹑〕、〔菩萨蛮〕，它如普遍使用之〔急三枪〕、〔风入松〕、〔石榴花〕、〔点绛唇〕、〔斗鹌鹑〕、〔粉蝶儿〕、〔画眉序〕等，原均为京腔曲牌"[2]。尤其在念唱之中，徽班还大量吸收了北京语音，取代原先的安徽土音，这使它越发受北京民众的欢迎。

除了声腔曲调，徽班能在北京立足并蓬勃发展的另一个重要原因就是——把其他剧种的很多表演专长及其优秀剧目也进行了成功移植。这使得徽班的表演技艺迅速提高，剧目也极大丰富，有文戏，也有武戏，有唱

---

[1] 北京市艺术研究所、上海艺术研究所编著：《中国京剧史》，中国戏剧出版社2005年版，第46页。
[2] 同上书，第53页。

功戏、做工戏，也有靠把戏、短打戏等等，多达千余种。

（二）汉调进京与徽汉合流

徽班进京为京剧的形成奠定了基础。而促使京剧最终形成的另一个重要进程就是汉调进京与徽汉合流。

汉调是流行于湖北汉水一代的一个地方剧种。它是在湖北清戏的基础上，吸收了安徽的二黄腔和山、陕的秦腔发展而来的。其声腔以西皮、二黄为主，而且已经采用胡琴伴奏。皮黄合奏是中国戏曲声腔发展中的一个飞跃，因为它代表着中国南北两大声腔的交流与融合。也正因如此，它也受到了大江南北广大人民的普遍喜爱。

关于汉调进京的时间素有争议，汉调的前身是楚调，楚调的著名艺人米应先在乾隆末期便已进京。而当汉调发展为"楚调新声"，并由其著名艺人王洪贵、李六等人率班进京时已是道光年间。徽调与汉调的艺人在进京之前便有过良好合作，所以面对徽班在北京已经打开局面并蓬勃发展的现实，汉调艺人进京后并未单独挑班演唱，而是投身于徽班之中，搭班表演，这使得徽班出现了许多新变化。

首先，汉调皮黄的进京及其知名艺人的搭班，使得徽班的演出阵容更加强大，其声腔曲调也更为丰富。徽汉二调虽都是皮、黄兼唱，但声腔上各具特色。而且汉调皮黄当时在曲调、声腔及演唱技巧上都达到了较高的艺术水准。它的融入，使徽调皮黄一时都稍显逊色。二者同台演出，相互借鉴，彼此融合，为后来京剧皮、黄的形成奠定了坚实的基础。

其次，由于演员搭班演出，汉调的很多优秀剧目和表演技巧也被带进了徽班。如汉调艺人米应先的一系列关羽戏、余三胜的《碰碑》《当锏卖马》《定军山》等一系列老生戏，都是原先徽班所不擅演的。这些著名艺人的加盟，不仅使徽班的演出剧目极大丰富，而且改变了原先北京剧坛以旦行为主的演出模式，逐渐改以生行为主。

徽班本来就吸收了北京舞台上其他一些戏曲的特长，"无论是演出剧目、声腔曲调、表演动作、音乐伴奏、服装化妆等各方面，凡是有条件吸收的，总是尽量吸收"[①]。汉调入京后，徽、汉艺人同台演出、同班搭戏，

---

① 苏移：《京剧简史》（连载），《戏曲艺术》1980年第4期。

互相学习、彼此借鉴,在北京舞台上又进一步形成了徽汉合流的局面。徽调和汉调根据北京观众的喜爱和需要不断调整,不断完善,从量变到质变,最终形成了一个北京字音与湖广字音完美结合的新剧种——京剧。

相较于同时期的其他剧种,这种基于交流融会而产生的新剧种,"表现力较强,舞台艺术较精致、华美,唱、念、做、打、舞较全面,演唱技艺的难度也较大。它既继承了古典戏曲的优秀传统,又吸收了地方戏曲通俗明快的优长"①。而回顾京剧的形成历程,不难发现,"京剧是在徽班内部逐渐孕育、演化而形成的,是徽调、汉调、昆曲、梆子互相交流、结合、融化,从而产生的新剧种。这个过程,若从徽班进京的1790年算起,大约经历了五十年光景"②。

二 西风东渐下的不断调适与发展

京剧在逐步形成的过程中,吸收融会了徽调、汉调、秦腔、昆曲、京腔等剧种的表演精华。而在西风东渐之下,它对西方的舞台建筑、戏剧理念和舞台表现手法等也进行了研究、借鉴和大胆吸纳。

(一)演出场所的改进

京剧传统的演出场所主要是城市戏园、会馆戏台和王公贵族府邸的戏台。戏台多呈四方形,前方两根柱子支撑顶棚。这样的舞台比较狭小,而且前方的柱子会挡住观众的视线,影响视觉体验。后来随着西方建筑文化的传入,西式的舞台建筑式样开始受到人们的青睐。上海首先建设了新型剧场。海上漱石生的《上海戏园变迁志》细致描摹了这一时期传统戏园的改建状况:"各戏园自改建舞台后,非仅房屋坚固,空气充足,观剧者于卫生上合宜,且救火会取缔售座綦严,不准随意添加椅凳,以防仓促间座客不能出入,尤为戒备周至。戏台前半作半月式,并无台柱,以免障碍视线,建筑殊为合度。楼上下之观剧座,地势作扁圆形,且座位愈后愈高,尽改从前旧式戏园,稍后者不能遥视之患,更臻规划尽善。至正厅不设小方桌,尽排客椅,楼上不设包厢,层叠皆为剧座,座位乃增出无数,

---

① 北京市艺术研究所、上海艺术研究所编:《中国京剧史》(上卷·上),中国戏剧出版社2005年版,第12页。

② 同上书,第76页。

故向时一戏园仅能容数百千人者,今则竟可容二三千人,可谓深得改良效果。……他如会客室、账房间等,无不位置井然,与昔之回旋无地者大异,是均舞台制优于戏园制之卓著者。"①

西式舞台的观感体验让人耳目一新。据说杨小楼到上海演出后,回到北京便会同巨绅着手筹建北京的第一舞台。第一舞台 1914 年于前门外西珠市口落成,仿照上海"新舞台"式样,舞台呈椭圆形,设有灯光照明和软片布景,观众席可容纳 3000 多人。其后,北京的开明戏院和新明戏院也仿照西洋舞台样式先后落成。

新式剧场与中式戏园子不仅建筑风格不同,管理模式也不相同。为维护良好的演出秩序和观剧效果,剧场对观剧者也进行了一定的约束,如"演戏时不得吸烟食物,必俟休息时入一别室,始可为也"②,这与之前戏园子的喧闹形成了鲜明对照。

图 5-49　老式戏园子　　　　图 5-50　西式新剧场

(二)创作群体的变化

在京剧历史发展中,"票友"的出现、文人的参与及其与艺人的密切合作,都有力地推动了京剧的创作。

票友,属于京剧业余爱好者。他们参加演出是兴趣使然,这也使他们往往愿意投入很大的精力去揣摩和完善剧目的艺术表现。徐珂在《清稗类钞》中评价当时的票友:"其戏剧之知识,恒突过于伶工,即其技艺,亦

---

① 海上漱石生:《上海戏园变迁志》,《戏剧月刊》1928 年第 1 卷第 1 期。
② 徐珂:《清稗类钞》戏剧类《上海有外国戏园》,中华书局 1986 年版。

在寻常伶工之上。"①较之艺人，他们有较高的文化水平和鉴赏能力，在剧本结构、人物刻画、戏词打磨、唱腔设计等方面多有独到的见解，所以不少票友后来下海，从业余转为专业后，便成为著名艺人。更多的票友是选择保持自己业余的身份，但他们也投入了大量的精力乃至财力，通过与职业艺人共同的切磋、琢磨，对京剧的日臻完善做出了突出贡献。

文人参加京剧创作的，最初多是出于个人爱好的票友。但在新文化运动兴起后，许多知识分子中的有志之士也开始投入到戏剧的改良和剧本的撰写中。他们认识到，在当下中国，广大民众识字者不多，故很多民众不能通过文字接受教诲。要想改革恶俗、开启民智，甚至反抗专制、宣传民主，就需要借助戏剧这一百姓喜闻乐见的信息接收途径。像京师大学堂的齐如山、北京报界的贾润田、中华戏曲音乐院南京分院的金仲荪等，都在京剧创作上做出了巨大贡献。他们将西方的戏剧作品和戏剧理论介绍到中国，也将西方的现实主义思潮渗透到京剧，不仅创作了在剧情、节奏上与以往有明显变化的一些新编历史剧，而且还尝试创作了中国的"社会问题剧"。一时间，时装戏大量涌现。

图 5-51　梅兰芳与齐如山

（三）时装戏的涌现

在西方文化的影响下，19 世纪末 20 世纪初，伴随着中国民族资产阶级民主革命思潮的兴起，文化艺术界也掀起了改良运动。慕优生在《海上梨园杂志序》中指出："十数年来，中国举凡一事，莫不舍旧而谋新，于是戏剧亦有改良之名。"在京剧改良运动中，一些比较激进的人士指出，旧戏"只知己之富贵功名，至于国家之治乱，有用之科学，皆勿知之"，进而提出"要除富贵功名之俗套"的主张。②一时间，代表新思想的时装京戏大量涌现，如：表现要求富国强兵、抵御外辱的《新茶花》，反映

---

① 徐珂：《清稗类钞》戏剧类《票友》，中华书局 1986 年版。
② 三爱：《论戏曲》，《新小说》1905 年第 2 卷第 2 期。

要求推翻满清统治的《玫瑰花》，反映帝国主义侵略行径的《波兰亡国惨案》，反映革命志士不畏牺牲的《秋瑾》《宋教仁》，反映官场黑暗的《宦海潮》等。这些时装戏的问世，极大丰富了京剧剧目，直接带动了京剧从内容到形式的变化。而且，受这种京剧改良运动的影响，就是一些传统剧目中也开始穿插一些插科打诨、讽喻影射、针砭时弊的道白，以此来抒发情怀、激励民心、救国图存。

（四）表演方式的革新

在西方话剧、歌剧演出形式的影响下，京剧的表演也悄然发生着变化。传统京剧采用的是虚拟及程式化的表演方式，以虚托实，诱发观众的联想和推理，其道具、布景都不求真实直观，完全是依靠演员高超的表演，依靠生活情境化的动作，将观众带入特定的历史情境和生活情境之中，最终完成审美体验。而改良的京剧则不仅采用西法，利用光学、电学来改进演出条件，而且在舞台布景上也开始追求逼真效应，以便让观众有身临其境的视觉体验。与之相应，表演上也开始追求真实感，尤其是时装戏，要求不拘于传统的表演模式，要贴近生活，真实自然，有时甚至可以不避俚俗，运用方言。这种戏剧审美观念的变化，虽然更多地是体现于时装戏中，但对传统剧目也同样产生了强烈的冲击和挑战。如《清稗类钞》载："曩时天津有班曰太庆恒，最以砌末著称。如《金山寺》中之水法，以泰西机力转动之水晶管，置玻璃巨篋中，设于法海座下，湍流奔驶，环往不休，水族鳞鳞，此出彼入，颇极一时之盛。"①

图 5-52 《金山寺》剧照

从观众对这种改变的接受程度可见，人们的思想已经发生变化，即便是在传统剧目中也并不排斥新奇的视觉体验。

---

① 徐珂：《清稗类钞》戏剧类《切末》，中华书局1986年版。

（五）传播方式的革新

面对西方科技所带来的新的传播方式，京剧也勇于尝试、勇于革新。

1895年，电影在法国卢米埃尔兄弟的努力下诞生。很快，这一新生事物便传到中国。至1905年，已经有近十年观影经验的国人再也按捺不住尝试这种新式文化传播的冲动，也想把心目中最值得推广也最可能推广的内容制成电影。于是，中国第一部电影——京剧《定军山》在北京诞生。

图5-53 谭鑫培主演的《定军山》电影

国外的电影起步于纪实短片，而中国的电影却是起步于京剧。这是电影在发展中选择了京剧，也是京剧在传播中借助了电影。因为京剧在当时国人的文化生活中占有重要地位，是举国若狂的头号娱乐项目，所以这部由谭鑫培主演的《定军山》一经问世，就产生了极大反响。此后京剧电影的拍摄一发而不可收，又陆续拍摄了《长坂坡》《青石山》等多部京剧短片。单是梅兰芳就先后与国内、日本、美国和苏联电影公司合作，拍摄了《天女散花》《上元夫人》《西施》《霸王别姬》《黛玉葬花》《虹霓关》等剧目。

图5-54 梅兰芳的《霸王别姬》　　图5-55 梅兰芳的《黛玉葬花》

此时期被搬上银幕的还有周信芳的《赵五娘》《琵琶记》，程继仙的《临江会》，余叔岩的《战太平》，王凤卿的《鱼藏剑》，李万春的《林冲夜奔》，谭富英的《四郎探母》，等等。

有学者总结道："在京剧发展的鼎盛时期，对尚是时髦事物的电影来说，京剧名副其实地成了中国早期电影发展的基石，是中国电影的摇篮。并且在中国电影发展的每一个历史时期，京剧始终陪伴其左右，它不仅推动了电影的民族化发展，同时，借助电影这种全新的技术手段和表现方式促进了自身的发展和传播。"①

图5-56 周信芳的《赵五娘》

在积极借助电影媒介的同时，京剧对另一种新的传播方式——灌唱片也进行了积极介入。唱片公司与当红艺人合作，将很多经典唱段灌成唱片。据《大戏考全集》统计，从清末唱片录制技术传入中国到1936年，已有1500余个京剧经典唱段（包括不同演员演唱的同一唱段）录制了唱片。而据翁思再的《梅兰芳的老唱片和现代意识》统计，仅就梅兰芳而言，他在1949年之前就灌制了176张唱片。唱片的大量发行，打破了戏园子的局限，使美妙的戏曲音乐走进了千家万户，大大提高了京剧的影响力，也为人们了解和欣赏京剧艺术提供了极大方便。

图5-57 马连良、王玉蓉的《武家坡》

图5-58 谭小培、王芸芳、金少山的《二进宫》

---

① 杨秀玲：《电影对京剧的传播与影响》，见傅谨主编《梅兰芳与京剧的传播》（《第五届京剧学国际学术研讨会论文集（下）》，文化艺术出版社2015年版，第767页。

三 走向国际所引发的惊艳与反思

京剧不仅以开放包容的态度广泛吸收外来的文化和科技元素，同时还自信、勇敢地走出国门，面向世界，积极参与中外文化交流。

（一）初识的惊艳

向海外传播京剧艺术的先驱首推梅兰芳。1919年，梅兰芳在各国争相邀请下，选择首先赴日演出。此次赴日，梅兰芳在东京帝国剧场共演出12场，又在大阪中之岛中央公会堂演出两场，在神户聚乐馆演出两场。其票价高达10日元，但各场门票仍销售一空。当时北京的报纸报道说："彼都士女空巷征看，名公巨卿多有投稿相赠之雅。"日本戏剧家青木正儿、汉学家贮野直喜、内藤虎次郎等人纷纷撰文介绍中国古典戏曲和梅兰芳的表演艺术。人们称赞他"嗓音玲珑透彻"[1]，"他舞天女之舞时的步子、腰身、手势都很纤柔细腻，蹁跹地走路的场面很自然，人们看到这个地方只觉得天女走在云端，不禁感叹梅氏的技艺真是天斧神工"[2]。

1924年，梅兰芳再次东渡日本，在日本各地共演出21场。玖琉盘盛

图5-59　梅兰芳访日时与日本歌舞伎表演艺术家在一起　图5-60　梅兰芳先生再次访日演出，受到日本艺术界热烈的欢迎。

---

[1] ［日］丰冈圭资：《看中国戏剧》，载《品梅记》。转引自吉田登志子《梅兰芳1919、1924年来日公演的报告》，《戏曲艺术》1984年第1—4期。

[2] ［日］洪羊盦：《梅剧一见记》，载《品梅记》。转引自吉田登志子《梅兰芳1919、1924年来日公演的报告》，《戏曲艺术》1984年第1—4期。

赞他演的杨贵妃："虽然很艳丽，但并不妖媚，其醉态的确可爱，却丝毫不含邪念。演这种花旦戏居然如此高雅，这是梅氏的特点之一。"①

访日演出的巨大成功，增强了梅兰芳要使中国的国粹跻身世界戏剧之林的信心。1930 年，他率团访美；1935 年和 1952 年又两次访苏。他精湛的艺术表演获得了国外观众热烈的欢迎。他的美国之行，共演出了 72 天，先后访问了华盛顿、纽约、芝加哥、旧金山、洛杉矶、圣地亚哥、西雅图和檀香山等重要城市，每场演出后至少要反复谢幕 15 次，观众反应热烈，久久不愿散去。一时间，美国的各大报纸乃至街谈巷议，话题都离不开梅兰芳。

1935 年的苏联之行，苏方不仅派专轮"北方号"到上海专程迎接，还在莫斯科专门成立了一个由苏联戏剧学家、剧作家、电影导演等组成的接待委员会，可谓规格空前。整个演出期间，每场演毕，他都要谢幕多次。当时苏联的很多党政领导人和著名作家、演员曾到场观剧，很多观众堵在剧场门口，只为一睹梅兰芳的庐山真颜。

图 5-61　梅兰芳访美演出时与卓别林等人在好莱坞合影

图 5-62　梅兰芳访苏时合照。前排左二为爱森斯坦

梅兰芳出国演出的成功在中国京剧界也引起巨大反响。20 年代中期，绿牡丹（黄玉麟）、十三旦和小杨月楼也先后应邀赴日演出，他们高超的表演艺术也受到了日本各阶层观众的欢迎。这促使程砚秋也产生了了解西方戏剧、进而沟通中西文化的想法。1932 年，程砚秋踏上了赴欧洲的列车，历时一年零两个月，到法国、英国、德国、意大利、比利时和瑞士进

---

① ［日］玖琉盘：《宝冢的梅兰芳》，《大阪朝日新闻》1924 年 11 月 10 日。

行了文化考察和深度的艺术交流。他通过各种途径向西方介绍中国的文化艺术。其精湛的艺术造诣、学习和借鉴西方艺术理论的广阔胸怀都得到了国际文艺界的高度赞扬。

这一切都表明京剧作为代表中国戏曲的剧种之一，其艺术影响力正一步步超越国界，为世界人民所喜爱、所欣赏。

图 5-63 程砚秋赴欧考察照片

（二）理性的反思

京剧的到来，不仅引发了西方世界的惊艳，而且引起了许多国外戏剧家的研究兴趣。他们因此反思中西戏剧文化的差异。

中国戏曲不仅与古希腊戏剧、印度梵剧并列为世界古老的文化，而且在现代世界剧坛上，也被公认为是具有独特民族风格、举世无双的一种戏剧表演艺术体系。中国的戏剧表现手法与西方截然不同，西方是重写实，中国是重写意，而这种写意体现在京剧中就是一种不受舞台限制的高超的虚拟手法。"扬鞭则为骑，累桌则为山。出宅入户，但举足作逾限之势；开门掩扉，但凭手为挽环之状。纱帽裹门旗，则为人头。饰以伪须，则为马首。委衣于地，是为尸身。俯首翻入，是为坠井。乃至数丈之地，

图 5-64 京剧策马扬鞭

图 5-65 京剧两军作战

举足则为宅内外,绕行一周,即是若干里。"① 在空间感上,军士六七人就是雄兵百万,绕台走一圈便是千里行军。在时间感上,寸柱香就是千秋万代,几句话便带过数年光阴。这种虚拟化的表演方式,与追求真实感的西方戏剧迥然不同,好比中国画的"布白",就是要有意留给观众无限遐想的空间。而这种遐想的空间,也给西方世界带来了全新的视觉和心灵体验。

神田喜一郎在《品梅记》中说:"我这回看了梅兰芳的演出,作为象征主义的艺术,没有想到其卓越令我惊讶。"② 他说中国剧跟日本戏剧不一样,不用幕,而且完全不用布景,也不用各种各样的道具,只用简朴的桌椅,"这是支那剧非常发展的地方"。"如果有人对此感到不足,那就是说他到底没有欣赏艺术的资格。……使用布景和道具绝对不是戏剧的进步,却意味着看戏的观众脑子迟钝。"③

虚拟性、写意性的中国戏剧特征令西方的艺术家耳目一新,在大为赞赏的同时,这些戏剧家们也在反思西方戏剧一味追求真实的那种刻板和僵硬。布鲁克斯·阿特金逊在《纽约世界报》撰文赞美梅兰芳的京剧表演艺术:"梅先生的京剧跟我们所熟悉的戏剧几乎毫无相似之处;这种艺术具有它独特的风格和规范,犹如青山一般古老……却像中国的骨瓷瓶和挂毯一样优美。你甚至会痛苦地想到:我们自己的戏剧形式尽管非常鲜明,却显得僵硬刻板,在想象力方面从来不曾像京剧那样驰骋自如。"④

1935年4月,梅兰芳访苏演出结束之后,约请苏联专家召开了一次关于京剧艺术的国际文艺座谈会。聂米洛维奇—丹钦科在会议的开场白中高度评价了梅兰芳的京剧表演:"对我们来说,最珍贵的是看到了中国舞台艺术最鲜明、最理想的体现,这是中国文化贡献给全人类文化最精美、最完善的东西。中国艺术以一种完美的、在精确性和鲜明性方面无与伦比的形式体现了自己的民族艺术。我们戏剧的代表自然会从中得到很多有价

---

① 徐珂:《清稗类钞》戏剧类《切末》,中华书局1986年版。
② [日]神田鬯盦(神田喜一郎):《看梅兰芳》,《品梅记》。转引自吉田登志子《梅兰芳1919、1924年来日公演的报告》,《戏曲艺术》1984年第1—4期。
③ 同上。
④ 转引自北京市艺术研究所、上海艺术研究所《中国京剧史》(中卷·上),中国戏剧出版社2005年版,第786页。

值的东西。"[①]著名戏剧理论家斯坦尼斯拉夫斯基也盛赞京剧是"伟大的艺术，第一流的戏剧"[②]。

德国著名剧作家布莱希特观摩了京剧演出之后深受震动，专门撰写了一篇《论中国戏曲与间离效果》的文章，盛赞梅兰芳和我国的京剧艺术。他指出，他自己多年来所朦胧追求而尚未达到的，在梅兰芳却已经发展到了极高的艺术水平。

出于对京剧的表演艺术的折服，美国剧作家桑顿·怀尔德后来创作《小城风光》时便借鉴了京剧艺术的表现手法——台上不设布景，戏剧动作全凭演员的虚拟手势来表达。京剧对西方戏剧的影响于此也可见一斑。

通过可贵的文化交流和艺术切磋，人们对中西方不同的文化展示方式有了更深刻的认识。也正如梅兰芳先生所感慨的："中西的戏剧是不相同，但是表演却可互相了解，艺术之可贵即在于此。"[③]

四 面向未来的传承与创新

京剧作为中国的国粹，作为文艺百花园中傲视群芳的一朵奇葩，自其酝酿并形成一个独立的剧种，便融会了徽调、汉调（楚调）、昆曲、秦腔、京腔等多种戏剧精华，面对西学东渐的文化潮流，它更是兼收博采，勇于创新。但是，随着时代的飞速发展，随着高科技时代的到来，人们的生活节奏日益加快，休闲娱乐的时光则相对减少，有限的一点生活余暇也被各种文化快餐所包围，已经很少有人有闲暇到剧场花两个小时去欣赏一出一唱三叹、节奏平缓的戏曲，尤其是青少年。那种万人空巷的戏剧狂热，已经随着时代的流逝一去不返。整个传统戏剧已经走过了自身的黄金时代，在各种现代化娱乐方式的挤压下，其生存空间急剧萎缩，京剧亦不能幸免。面对这种新的时代形势，其传承与发展也是举步维艰。

为应对这种时代危机，戏剧届和理论界一度掀起推陈出新的热潮，对传统戏剧（包括京剧）进行大刀阔斧的改革。编剧、布景、道具、配乐、

---

① ［瑞典］拉尔斯·克莱堡整理，梅绍武译：《斯坦尼斯拉夫斯基、梅那荷德、爱森斯坦、戈登·克雷、布莱希特等艺术大师论京剧和梅兰芳表演艺术——在1935年莫斯科举行的一次讨论会上的发言》，《中华戏曲》1988年秋季号。

② 同上。

③ 戈公振：《从东北到庶联》，生活书店1935年版，第207页。

唱腔等等，都极力在变中求存，迎合新时代扑面而来的西方文化思潮。但是，由于一味地力投其所好背后缺乏冷静的思考，在很多具体问题上，强行嫁接中西两种不同的戏剧理念，让人感觉颇为生硬，并没有收到预期的效果。尤其令人忧心的是，在这种改革的热潮中，"传统"一度成为"守旧"的代名词。在人们的观念中，要想融入现代社会，即便不能完全抛弃传统，也要对传统进行革命性的改造。而相比于这种创新的冲动，全面、完整、准确地继承传统已经显得微不足道。

可以说，这种选择性的抛弃比时代的冲击来得更为致命，因为它直指事物的存在价值。于是，跟着别人跑，丢了自己的宝，我们一度在这个错误的方向上渐行渐远，直到在文化全球化的浪潮中近乎迷失自己，找不到应有的文化自信，人们才痛定思痛：到底什么是我们中华民族文化的基石，什么才能让我们保持本民族的文化特色，不畏外来文化的冲击和消融，屹立不倒？至此，中国传统文化的宝贵价值及其在当今社会的巨大作用才真正的被人们深刻地认识到。

"一个民族要强盛，既要有向前发展的眼光，又要有对历史文化的回顾和审阅的思考，国家现代化的发展不能以牺牲优秀传统文化为代价。"[①]京剧是我国乃至东方戏剧文化的代表剧种，它沉淀和凝聚了传统戏剧的精华。当前，我们所面临的文化危机本质上是源自传统的断裂，所以当务之急就是要接续传统，吸收前人的文化精华。于是，我们也开始设立了非物质文化遗产保护项目，京剧作为艺术的瑰宝也名列其中。每年国家还在逐步加大投入，斥巨资扶助京剧的创作、演出及传承。相比而言，在传统戏剧中，京剧较之其他剧种得到了更多的呵护，目前已经不再属于濒危的剧种。而且随着中国对外文化交流的日渐频繁，京剧也正越来越多地发挥文化使者的作用。那种一唱三叹，那种优雅从容，展示了我们中华民族博大精深的文化，也展示了我们礼仪之邦的大度从容，为世界人民了解中国提供了一个赏心悦目的文化途径。

当然，接续传统并不意味着故步自封，京剧要发展，就必须要不断地吸纳新的文化元素，探索并完善自身的戏剧表演系统。只是在这一过程中需要注意：兼容并蓄必须要有一个前提和宗旨，那就是确保传统戏剧精

---

① 张祖群：《从京剧申报"非遗"角度解析其文化传承》，《武汉科技大学学报》（社会科学版）2013年第2期。

华的传承。一味地套用西方的戏剧理论、追随西方的价值取向，只会迷失自己，这并不是一种真正的成长。只有认识到我们自身文化的真正价值所在，并努力弘扬，才能彰显民族个性，才能真正地具有文化前景。

在这方面，我们的老一辈艺术家早已进行过成功的尝试，在20世纪30年代，程砚秋便在努力将访欧所学融会到自己的艺术实践中。例如："在他的名作《锁麟囊》里，便可听到对美国电影《璇宫艳史》插曲旋律的糅合运用。该剧后场，薛湘灵母女相会时的一个〔哭头〕，是来自《璇宫艳史》中女歌星独唱歌曲的变化翻新。在《英台抗婚》的曲谱创作里，运用了西洋作曲法；而电影《荒山泪》的拍摄，在借鉴西方电影、音乐技巧，用以突破京剧传统唱词格式、丰富程派唱腔、唱法等方面，就更见突出，更加运用自如了。"① 程砚秋还曾语重心长地指出："我感到把欧洲唱法运用到中国来，是可以的。只要把它的优点用进来，和我们的融合在一起，让观众感到很新鲜，但又感觉不到是哪来的，这就很好。不过，切不可生硬地成套搬进来，而丢弃了我们传统的一套宝贝。"②

图5-66　程砚秋在《锁麟囊》中饰薛湘灵

这是前辈艺术家的谆谆教诲——要勇于吸收外来的优秀文化，同时更要珍惜我们自身优秀的民族文化传统。

第六节　李派太极拳：中西碰撞之际诞生的武学宗派

太极拳是中华民族的文化瑰宝。作为中国极具代表性的传统武术，太极拳以道家太极、阴阳辩证理念为核心思想，讲究内外兼修、刚柔并济，

---

①　转引自北京市艺术研究研、上海艺术研究所编《中国京剧史》（中卷·上），中国戏剧出版社2005年版，第802页。

②　程砚秋：《谈戏曲演唱》，《戏剧报》1957年第6期。

拳理拳法中有着丰富的文化内涵。太极拳还结合了中医经络学、古代导引术和吐纳术的精华，长期习练太极拳可以达到强身健体、怡情养性的目的。中国的太极拳流派众多，各派之间相互借鉴和学习，各有其章法和特点，呈现出鲜活的生命力。李派太极拳，是近代著名武术家李瑞东在中西文化碰撞之际集多门派的武术精华创编而成，主要流传于北京、天津、河北等地的传统拳术。2014年，李派太极拳被正式纳入《国家级非物质文化遗产代表性项目名录》。经过几代人的用心传承，李派太极拳已经发展到全国乃至美国、欧洲等地，社会影响力越来越大。在中国"一带一路"战略稳步推进的背景下，李派太极拳面临着新的机遇和挑战，也将发挥新的时代价值。

一　李派太极拳概述

（一）李派太极拳的创立

李派太极拳的创始人是李瑞东先生。李瑞东，名树勋，字文侯，别号烟霞逸士，因其鼻尖有陷沟，故世人又称"鼻子李"。他出生于咸丰元年（1851），卒于1917年，世居河北武清县（今属天津）城内东后街。先生极富天资，喜文乐武，一生精力皆系武术事业，历任端王府武术教师、清宫廷武术总教练、全军武术总教长兼北京高等学校武术总教习等职。青年时期，他与大刀王五义结金兰，并得其所传山东教门弹腿。后与太极拳宗师杨露禅大弟子王兰亭结为师兄弟，习得杨氏太极真功。之后

图5-67　李派太极拳创始人——李瑞东

又分别向岳青山（岳飞后裔）学习岳家心意六合拳，向八卦掌创始人董海川（一说尹福）学习八卦掌技艺，向嵩山少林寺慧海法师学习嵩山少林寺内廊秘法拳。最后拜在甘淡然门下，得武当金蟾派太极功真谛。在这六大名师的点拨和教授下，李瑞东勤学苦练，逐渐成长为一代武术大师。

1894年，慈禧六十寿辰，李瑞东由其徒弟载漪举荐进宫献艺，在各路高官和国外使节面前展示太极拳法及轻功绝技，慈禧太后心感国有能人，

特赐"神鹰"称号,加封四品带刀侍卫。1900 年,八国联军入侵北京,李瑞东在城中掩护同胞避难,击杀洋兵数十人。[①]"庚子事变"后,李瑞东回到武清家中潜心武学,创编拳法,终将各家真传熔于一炉,并提炼精纯,衍化而生新,独具匠心地再创了太极新体系,将技击与养生、理论与技术进行了武与术的诠释,填补了理法相依、修炼相融的功法新内容,李派太极拳由此而生,武林时称"武当丹道太极神功",又称"武清派太极拳",今称"李派太极拳"。

李派太极拳的创立时期正值中西文化剧烈碰撞之际,西方文化给中国带来了巨大冲击。作为中华传统武术的李派太极拳,自创立之日起便承担起传扬国术的重任。1910 年,李瑞东在天津创办"武德会",以"凝聚民心,以武强国"为宗旨,希望更多国人习练太极拳,达到以武强身、振奋精神、团结民心、共御外侮的目的。1912 年,在同盟会成员叶云表和马凤图的建议下,他又联合形意门李存义、八卦门张兆东等武林人士,共同筹建了"中华武士会",吸纳社会英才,广设传习所,"期我国民自兹以往,变文弱之风而成坚强之习,以负我民国前途之重任"[②]。这一武学宗旨,激励了无数热血男儿,人们敬爱的周恩来总理青年时期就曾经是中华武士会南开中学分会的成员。

图 5-68　周恩来(前左一坐者)在中华武士会南开中学分会

[①] 王辉:《烟霞居士李瑞东对太极的传承与发扬》,《兰台世界》2013 年第 27 期。
[②] 张俊英:《辛亥革命与天津中山路》,《天津河北文史》2011 年第 28 期。

（二）李派太极拳的道脉传承和代表人物

李派太极拳自创立至今已传承到第八代，弟子众多，国内及海外分布极广。传承代表人有李季英、陈继先、张万生、张绍堂、贾仕文、邢启林等。

李派拳法第二代传人李季英（1884—1962），李瑞东之子。自幼随父兄专修太极拳功，修炼恒苦，可谓得真传、成真功、备真能，大有先严遗风。先生念力极强，轻功绝佳。贺龙元帅曾亲访先生，闻其理、察其功后感叹："见所未见，闻所未闻，太极之太，神乎其神！"此外，李季英先生还精通医术，救扶颇广。

李派拳法第二代传人陈继先（1882—1962），名荫培，字继先。他自幼随师父专修少林寺务真派内廊秘法拳、心意十二形拳，参悟勤修，自奋苦练，实得真传。先生学艺持之以恒，在南开中学读书时仍苦修不辍，文武兼强，成为天盘拳首传人。他不仅慧心识才，而且对于有志于武学的后辈倾囊相授，方将这一瑰宝传承至今。

李派太极拳第三代传人张万生（1929—1990），河北省廊坊市人。他少年即习二郎拳、母子张丘拳，后拜陈继先习练李派少林拳、心意拳，之后又在李季英教导下专攻李派太极拳。李瑞东先生曾将李派功法一分三传，而张万生又以聚三为一，成为李派拳法的一位集大成者。

李派太极拳第四代传人张绍堂（1951—），张万生之子。他7岁开始习拳练功，在父亲的言传身教下，张绍堂以弘扬传统武术为终身志向，克服诸多困难，学得李派的全部功法（动功拳法和静修功法及器械套路）。张绍堂先生坚持悟练结合，写出了上百篇的心得和论文，部分论文在《武当》《武魂》等武术杂志上发表。他还与其弟子杜子宇共同编撰了全部李派功法系列丛书（共7册），现已全部出版。其功法影像资料和教学片在大陆众多城市、地区和宝岛台湾及海外广泛传播。张绍堂先生参加过多次国际、国家、省市级的武术比赛与观摩赛，得到了中国武术协会和传统武术界的广泛赞誉。现为北京体育大学"国际武术研习班"《中国传统太极拳》课程特聘教授，为中华武术走向国际并造福世界人民不断探索。

图 5-69　李派拳法第四代传人张绍堂 　　图 5-70　张绍堂演示李派太极拳

（三）李派太极拳的发展现状

自 2014 年 11 月李派太极拳被国务院批准为国家级非物质文化遗产以来，李派传人深感国家对这一国粹的认可与鼓励，将此项文化遗产公布于众，并广传于中国各省区市（北京、天津、上海、重庆、河北、湖北、湖南、江西、江苏、广西、广东、安徽、山西、山东、云南、新疆、内蒙古、黑龙江、吉林、辽宁、香港、台湾），在全国有 160 多个培训场地。同时，李派太极拳也走出国门，与 18 个国家（法国、德国、卢森堡、意大利、加拿大、英国、美国、比利时、俄罗斯、乌克兰等）建立了文化交流及传播国粹的固定培训场所，展现了中国悠久的历史文化，让国外更好地了解了中国。

图 5-71　李派拳法俄罗斯籍弟子演练太极拳 　　图 5-72　李派拳法第五代传人徐万桩带领弟子练习内廊秘法拳

此外，李派太极拳还广泛参与国际国内各项赛事和武术交流活动，包括北京第八届中华武术大讲堂、武当山国际武术交流大会、香港第五届国际武术大会、台湾第一届和第三届中华传统文化节暨国际武术交流大会等，都取得了优异的成绩，获得奖杯 120 余座、奖牌 2000 余枚，奖状及证书若干。李派拳法的武术培训基地也被各个会议和地方誉为"武术培训的摇篮"。

图 5-73 李派拳法所获部分奖项

二 李派太极拳的内容体系和文化内涵

（一）李派太极拳的内容体系

李派太极拳由动静两盘组成，构成性命双修、阴阳合一的太极体。李派太极拳按照天、地、人"三才"定位，形成天盘拳（七星如意拳）、地盘拳（八法奇门拳）、人盘拳（五行捶）三大主拳，内含"三才归一"之义。天盘拳是沿习天皇伏羲，以八卦错综运变之意而生成；地盘拳是顺应地皇神农，以五行生克之法而成就；人盘拳是源于人皇轩辕，以人天合一之道理推衍而成。以上三盘拳分别是天呈四象、地化四方、人应四季。人合天地，三才归一。此外，为便于男女老幼不同人群的选择，李派太极拳又以"老三推""四门炮""八大架""八小架""十三丹""十三刚架"等拳相辅之，与三大主拳一起统称为动盘。与动盘对应的还有静盘，包括立式、坐式和卧式。如此行、立、坐、卧全应四象，动静两盘合而为一，构成李派太极拳的整体。

图 5-74　李派太极拳起式　　图 5-75　李派太极拳　　图 5-76　李派太极剑法

（二）李派太极拳的文化内涵

1. 道法太极，贯通哲理

传统文化是中华武术的生命之源和根本能量所在。李派太极拳之所以延传至今与它有着极其丰富的文化内涵息息相关。"太极"是一个庞大的文化体系，它博大精深的文化给李派太极拳注入了很深的文化元素，丰富了李派太极拳的内涵。

太极拳合道法。李派太极拳，脉承武当山，尊祖张三丰，按脉系谱录代代正传，文武兼修。李派太极告诫后人："通道法，法向皆通；顺自然，自然皆顺；辟奇径，必惊天地。"天人合一是李派太极的拳功宗旨，人天相应是李派太极拳的心法源头。

图 5-77　太极图

太极拳合理法。李派太极拳从始至终以哲理贯通承学，在历史的长河中，经长久研磨、省和，才使这一国粹益之后人。它以刚柔、阴阳、内外、虚实、曲伸、进退、快慢、动静、呼吸、开合、收放等辩证之理法充实修为、补虚壮实，成就了很多仁人志士。

太极拳是太极文化与武术有机结合而最终形成的一种意练与形练、化拿与技击、养生与修身相融合的。它的产生是中华武术经历一定阶段后衍化的科学运动形态，是中国传统武术的真谛。太极拳的一切理论与技术中都保持着技击的本色和中国拳术的技击精髓，而悟练结合，使技击技术和技击方法有了更厚重的内涵，也把中华武术推进到了更高的层面。

2. 文武兼修，动静皆练

无文不成武，无理不成法。太极拳是武从文生而文武一道，法由理出而拳功相融，故说"文以载道，武以衍道"。李派太极拳讲究文武兼修，习文练武谓之人生大道。习文指的是：明道理，懂是非；强自己，不树敌；有思想，蕴韬略；示公心，衍道脉。以上文之四部，分别是入室初修、强身强心、厚重强大、公心传承。练武指的是：壮身体，活身形；势顺力，懂技巧；静观动，射魂魄；势手法，灵疾猛。以上武之四部，分别是壮身练形、势顺巧随、静生妙法、法活手快。文与武是共生互补的阴阳关系，文修是理论为阴，武备是法象为阳。理论是动源，由文而生；法象是动能，由武而致。文以静化为功，武以动备为能。一文一武即是一阴一阳，如日月行空缺一不可。李派太极拳包含着文化指导行为的思维形式，用意理展示了太极拳论的妙义，故习武者必文武兼修方为正道。

内涵只是事物传世之源，注重修为才是长久承传之路。李派太极拳动术、静术兼修，"静定观其妙，行动似风雷"的术练之法展示了太极拳的自然妙法。李派太极的动盘表现为技击之法，静盘则是养生之术。一静一动即是一内一外，以内统外，以外壮内，本末相依，生化无穷。动盘的一切通达运化，是强化生命体适应自然的能力，是生命体活力的直接能源。静盘是对动盘运化的粗放和不足之处的补充、继续和深化，是对生命能量的进一步精炼，以实现能量由有限到无限的质变飞跃。李派太极拳自上祖时就是地地道道的传统中医，祖师自编创李派太极之始，就已将调息养气之法融进三盘拳内。养生和技击一本一末，对立统一，相辅相成。李派太极执着传统，动静皆练，循理炼法，依法解理，由浅而深，故能取太极之精髓，探人天之奥妙。

3. 阴阳调合，性命双修

张绍堂先生在讲太极拳的养生与技击时论到："人之五脏，上接天之五星主玄气，下接地之五行主化气，运于一体，调节精、神、魂、魄、意的和谐，积聚真气，生发本性。人之肺、肝、肾、心、脾（金、木、水、火、土）五气的调和，阴阳相乘，水火相济，性命和合，此乃长生之道也。"《黄帝内经·素问·生气通天论》云："阴平阳秘，精神乃治。"而如何才能达到这一目的呢？命属阴，性属阳，五脏属阴，六腑属阳。要让无形的能量（真气）与有形的躯体相吻合，做到你中有我、我中有你，即气在我中，我在气中，相依不舍，此即性命相合。阴不离阳，阳不离阴，阴阳调和、水火相济，为益寿之源，长生之本。人的身体要水火相济，五脏中心属火属阳，肾属水属阴。心藏阳中阴，肾藏阴中阳，心肾相交即本身阴阳相合，水火相济、抽坎填离。然而，要真正做到性命相合，水火相济，也非易事，必须得师真传。用念诀的能量来打开关窍，才能达到阴阳相合，要虔心念力，凝聚一丹。真气周身转，胎息返先天，才能见真宝。李派功法将太阴、太阳、天罡、地灵、人元之气熔为一炉，性命双修。以天罡、地灵、人元之生发能量来调节阴阳的相合，生发慧心，达到本性圆明之境。

三 "一带一路"新形势下李派太极拳的时代价值

2013年9月，习近平主席在哈萨克斯坦首次提出共建"丝绸之路经济带"，同年10月又在印度尼西亚首次提出共同打造"21世纪海上丝绸之路"，得到了国际社会的高度关注。"一带一路"倡议要求高举和平发展、合作共赢的旗帜，秉持亲诚惠容的外交理念，以政策沟通、设施联通、贸易畅通、资金融通、民心相通为主要内容，与沿线各国共同打造政治互信、经济融合、文化包容的利益共同体、责任共同体和命运共同体，造福沿线国家人民，促进人类文明进步事业。[①]事实上，"一带一路"建设实施5年多来，已经取得了丰硕成果。目前，中国已与100多个国家和国际组织签署了共建"一带一路"合作文件，与沿线国家合作建设了80多个境外经贸合作区，多条国际大通道也在加快建设中。在这样的国际国内新形势下，李派太极作为一种有效的健身手段，作为中华文化的优秀代表，也必将发挥其新的时代价值。

（一）健身养生，造福世界人民

现代医学已经证明，太极拳对人的身心发展大有益处。首先，作为一种健身手段，长期习练太极拳可以达到强身健体、增强体质的目的。太极拳注重刚柔并济、灵活变通，拳法多样、由浅入深，因此它适合的受众非常广泛。从青少年到中老年，在专业人士的指导下都可以习练。特别是随

---

① 余靖梓、武冬、韩卓君、侯照新:《"一带一路"背景下太极拳对外传播现状研究》,《武术研究》2018年第7期。

着老龄化社会的到来，老年人健康问题已经成为世界性的问题。正确习练太极拳可以增强老年人体质，从而减轻社会负担，实现社会资源更优化的配置。

其次，作为一种医疗手段，太极拳具有有效的治疗和康复作用。研究表明，太极拳在原发性高血压、心血管疾病、糖尿病、肿瘤等疾病的治疗和康复过程中能够发挥良好作用，[①]越来越多的医学工作者建议在临床中应用太极拳功法进行干预，并且取得了一定的疗效。不仅如此，太极拳还可以改善人的心理健康。[②]太极拳习练过程讲究内外兼修，注重形、神、意、气的统一，可以引导学习者关注自己的内心世界，因此长期习练可以舒缓心理、修身养性，改善失眠、焦虑等问题。

太极拳的健身养生价值及医疗康复作用已经被越来越多的人所认可。李派太极作为中国太极拳的重要流派之一，也正在积极承担责任，努力使其传播到更多的国家和地区，让更多的人习练和获益，造福世界人民。

（二）以武衍道，传播中华优秀文化

"一带一路"倡议的提出和实施不仅给中国经济对外发展提供了极有利的条件，也给中国文化走向世界创造了一次难得的机遇。然而，"一带一路"沿线国家和地区众多，民族宗教各异，历史文化不尽相同，文化差异突出，因此需要进一步深化中外文化交流，促进相互理解，才能实现民心相通，从而实现政治、经济、外交等全方位的深度合作。践行"一带一路"倡议，必须坚持文化先行。李派太极拳作为中华文化的优秀代表，要积极承担起传播中华文化的责任。

李派太极拳认为，传统的太极文化是以自然为道体，以太极为道用，以阴阳为本原，以四象为本能，而宇宙万物皆是由阴阳转化而生，是以虚实、刚柔、快慢、屈伸、开合、进退、顾盼等等形成了互乘互化的关系。李派太极拳正是遵循这个道理衍生而成的，其拳法的一招一式无不体现这一道理。所谓以武衍道，是指在习练武术的过程中不断体悟拳法中的哲理

---

① 姜娟、刘志华、孙爱平、张坤、黄垚：《太极拳助力健康中国建设的科学支撑与路径研究》，《沈阳体育学院学报》2018 年第 4 期。

② 张志雷、朱东：《近 15 年太极拳健康促进的研究热点——基于 PubMed 数据库分析》，《中国康复理论与实践》2018 年第 1 期。

和太极文化的内涵，坚持悟练结合、循理炼法、依法解理，从而不断升华对太极功法及中华文化的理解。也正因如此，相比其他文化形式，李派太极在国际文化传播的过程中有自己的独特优势。不同国家和地区的人在习练太极拳的实践中会不断增加对太极文化和中华文化的理解，这比单一地讲述更深入人心。而只有不断提高国外对中华文化的接受度和认可度，才有可能消除跨文化交流障碍，真正实现文化互通和文化共享。

（三）和谐包容，塑造良好国家形象

自新中国成立至今，西方国家对中国国家形象的认知是在不断变化的。既有"红色中国""独裁专制""中国威胁"的否定和歪曲，也有"和平崛起的大国""和谐中国""负责任的大国"的肯定和赞美。其间的误解固然有政体不同、经济发展不平衡等方面的原因，也有中西方文化差异的因素。而且，后者还是造成中国国家形象认知困境的重要原因。在"一带一路"建设发展的新形势下，想要消除跨文化交流障碍，使国际社会对中国的国家形象有正确的认知，就必须要借助文化的力量，而李派太极拳就是一个极好的载体。

李派太极拳的拳功宗旨是天人合一，强调阴阳平衡、内外兼修，最终达到人与自我的和谐、人与社会的和谐、人与自然的和谐。这一理念与"和谐中国""和平发展"的国家形象是完全契合的。可以说，李派太极拳的国际传播是塑造国家形象、促进"民心相通"的极好方式，是通过"一带一路"讲好中国故事的重要窗口。

李派太极拳创立于中西文化大碰撞的历史时期，自诞生之日起便承担起弘扬国术的重任。作为太极拳的重要流派之一，李派太极拳有自己独特的拳法体系和文化内涵。在一百多年的发展历程中，李派太极拳不断吸引着国内外更多人去学习和传承，弟子广布海内外。如今，习近平主席提出造福全人类的"一带一路"倡议，展现出中国的极高境界和宽广胸怀，也为李派太极拳的国际传播提供了十分有利的契机。因此，我们必须抓住历史机遇，通过政府、高校、媒体以及李派太极门内多方努力，共同促进李派太极拳在国内国际的进一步传播，充分发挥李派太极拳新的时代价值，造福世界人民，促进全人类文明进步事业。

第七节　中西结合之路上不断演进的吴桥杂技

我国杂技艺术早在公元前8世纪就有了萌芽。周朝，称之为"蚩尤戏"，后来形成竞技角力的游戏，初步具有了杂技的雏形。秦时称"角抵戏"，汉时又称"百戏"。具体到吴桥杂技，同样有着悠久的历史，它凝聚着杂技艺人的智慧，也饱含着他们创业的艰辛。吴桥杂技同其他表演艺术一样，来源于人民群众的劳动生活，根植于广大人民群众之中。经历代的传承与发展，形成了形式丰富、艺术精湛、群体庞大、生命力极强和风格独特的中国民间艺术。据《吴桥县志》载：明时"元宵掌灯三日，放烟火、演杂技、仕女喧闹、官不禁夜"[1]。明末阁老范景文在其《游南园记》中，详细记述了当时在祭风台观看马戏的盛况："至则数健儿在焉，见所乘马，翘腾不胜，气作命取，驰骤道上。于时，人马相得，据鞍生风，蹄躈电飞，着眼俱失急于雾中，细辨之，见马上起舞，或翻或卧，或折或踞，或坐或骑，或抱或脱，或跃而立，或顿而侧，时手撒辔，时脚蹑靴，时身离蹬，以为势拖将坠矣，而盘旋益熟，观者无不咋舌，而神色自若矣。"[2]

一　吴桥杂技的起源传承与艺术特点

（一）吴桥"杂技之乡"的起源与千年传承

吴桥县，位于古冀州南部，古黄河的下游，今河北省东南部冀鲁交接处。横宽22公里，纵距34公里，总面积582.9平方公里。其西南临钩盘河，西有南运河，东临四女寺减河（今漳卫新河）。每遇秋涝，就泛滥成灾，生灵涂炭，一片荒凉。加之战乱频仍、封建官僚地主残酷的剥削和压榨，这里的人民过着"隔邻含泣卖妻儿"的悲惨生活。他们借取无门，走投无路，大批人被迫背井离乡以表演杂耍为生，打个跟头、耍耍大刀、变个魔术、玩玩哈巴狗和猴子之类，沿街卖艺，借以糊口。吴桥作为杂技之

---

[1] （清）倪昌燮等修，施崇礼等纂：《吴桥县志》卷一《舆地志·风俗》，（台湾）成文出版社1969年版，第181页。

[2] （清）范景文：《吴桥县志》卷十二《艺文录下·游南园记》，（台湾）成文出版社1969年版，第1218页。

乡的招牌渐渐被树立起来，传承千年。

1958年，在吴桥县东宋门公社小马厂村出土的南北朝时期的古墓壁画上，详细描绘了蝎子爬、倒立、肚顶、马术等杂技场景。①

除此之外，在吴桥众多杂技节目中，还有许多都有悠久的历史。《仙人摘豆》节目，自唐、宋时期就有了；《吞剑》起源于汉代《走索》也是汉代时就存在的节目，直到近代从国外归来的吴桥艺人陈兰英父女改造的《弹簧钢丝》出现，节目才发生了较大的变化。

图5-78　吴桥县东宋门乡小马厂村出土的南北朝时期的古墓壁画

图5-79　杂技《吞剑》　　　　图5-80　杂技《走索》

如果说数千年的传承和积累使吴桥杂技有了长足的发展，那么在清朝末年和民国时期，中外杂技艺术的竞争和广泛交流，则使吴桥杂技有了质的飞越。据不完全统计，这段时期吴桥杂技艺人在50多个国家巡演，有千余人参与。吴桥艺人不保守，在演出活动中学习了大量外国杂技艺术的表现形式及艺术技巧，引进了多项西方杂技节目，增强了吴桥杂技

---

① 张徽贞：《吴桥杂技》，泰山出版社2012年版，第7页。

的内容。同时，在杂技演出的过程中，还借鉴了西方的审美理念和科技设施，在服装、道具、灯光、音乐伴奏等方面也不断改进。这使吴桥杂技艺术极富有融合力和艺术生命力，成为具有地方文化个性魅力的东方文化艺术。

1949年新中国成立后，古老的杂技艺术得到了新生和发展。杂技艺人们有了自己的组织——吴桥县群艺联合会。有的杂技艺人还当上了人民代表，有的加入了共产党。随着组织的调整，杂技艺术已发展为完整的、综合性的舞台艺术，从而使杂技艺术趋向内容和形式的完美统一。

从20世纪80年代中后期开始，吴桥县委、县政府着力促进杂技事业的传承与发展，建立了杂技艺术学校，创办了"中国吴桥国际杂技艺术节"，投巨资兴建的吴桥杂技大世界，被国家旅游局定为国家"AAAA"级旅游景区。到2006年，吴桥杂技已形成以杂技旅游、杂技教育、杂技演出、杂技博物、杂技旅游制品为主架构的发展格局，杂技艺术也被中华人民共和国国务院定为国家级非物质文化遗产保护项目。经过千年的历史沉淀，经过无数代吴桥人的艰辛付出，吴桥被称为中国的"杂技之乡"，享誉海内外。

（二）吴桥杂技的艺术特点

1. 源自生活、根植民间

吴桥杂技与劳动人民的生活有着密切的联系，是劳动人民在生活、生产斗争中创造出来的，有着浓厚的乡土色彩。直至现在，杂技艺人传袭下来的许多道具都是源自生活、生产的日用品，如桌椅板凳、坛碗碟瓮、绳杆梯杠、车耙犁叉等，具有独特的民族风格和浓厚的乡土色彩，因而也更赢得了观众的共鸣，这也是吴桥杂技艺术生命力强盛的重要因素。同时，吴桥杂技根植于民间，具有民众广泛参与的特性。在吴桥的广大乡村，随时可见举小孩子、耍草帽、顶草筐、顶推车、耍弄劳动工具等有趣场面。茶余饭后，人们的业余生活是练练杂技，不论田间地头还是宅旁庭院，处处可见演练杂技的场景。

图5-81　杂技《顶坛子》

图5-82　杂技《顶碗》

2. 凸显技巧，惊险奇美

杂技是以技巧为核心，以表演为手段，来表现险、难、奇、美的艺术。吴桥地属沧州，沧州是全国著名的武术之乡。吴桥杂技演员们将一些杂技节目与武术、体育、体操的技巧表演相结合，充分发挥了人体各部位的潜能，使整体节目呈现出或健美、或勇武、或柔韧、或惊险的美感，从而大大提高了杂技艺术的表演水平，满足了广大群众的审美要求。如《空中飞人》《蹦床飞人》等高空节目，容易给观众惊险、恐惧的感觉；杂技与武术相结合的代表节目《举刀拉弓》、吴桥传统的体育性节目《耍皮条》，都借鉴了武术、体育的技巧，杂技演员轻重并举，将柔软的肢体与坚硬的器械、超人的力量与轻巧的技艺相结合，使节目呈现出粗犷的力量与技巧之美。

图5-83　杂技《空中飞人》

3. 走出国门，中西结合

鸦片战争以后，中国的大门被打开，战乱不息，民不聊生，杂技艺人们纷纷走出家门乃至国门卖艺求生。他们或单身，或子侄门徒，或亲朋好友搭帮，带着简单的道具远走天涯。有的横穿西伯利亚沿途卖艺，抵达欧美诸国，如孙风山的"北京班"。更多的吴桥艺人是由南路经香港下南洋，赴欧洲，如孙福有、郑贵田及号称"四大金刚"的张献树父子等，都是其中典型的代表。

在众多的吴桥杂技艺人流散海外的同时，欧美、日本的杂技、魔术也不断传入中国。他们有先进的照明设备、大棚装置、新奇的服装配饰，使中国的观众耳目一新，这些都客观上刺激了中国杂技的发展。一些较富裕的杂技艺人开始组建杂技团和杂技班，吴桥杂技得到了迅速的发展。频繁的实践和广泛的交流，使吴桥杂技的艺术水平有了明显的提高，节目更加丰富多彩，高空节目如《十字飞人》，驯兽节目如《驯狮》《驯熊》《驯虎》等先后出现。

图5-84　范洪训驯演的《双狮彩球》　　　　图5-85　杂技《驯狮》

二　吴桥杂技的中西结合之路

吴桥杂技自古流传下来的节目中本就有西方元素的存在，如《狮子舞》是吴桥杂技中传承久远的经典代表节目，但中国本没有狮子，乃是西方元素的引进。清末民初，吴桥杂技随着艺人走向世界，接触西方杂技艺术，中西结合之势骤然增强，许多西方元素都被引进和移植进来，带动了传统杂技的进一步创新。

（一）节目内容的引进与创新

1. 杂技类

吴桥杂技类节目分为八大部分：耍弄表演类、形体表演类、平衡技巧类、高空表演类、仿声技巧类、滑稽表演类、乔装动物类、气功表演类。[1]几乎每一部分都受到西方杂技节目的影响,包含着引进与创新的元素。

《跳板》是形体表演类引进节目的代表,该节目吸取了朝鲜《大跳板》和国内体操中的前空翻、后空翻直体落板等,充分利用道具的弹力和高超的弹跳技巧,表演者上下翻飞,令观众惊心动魄。

《空中飞人》是高空表演类引进节目的代表,最早由孙福有从俄国引进,并首先上演。后来,吴桥县杂技团恢复大盖棚后,在演出中对道具进行革新,改手摇飞人起动为电动,增加了旋转速度,离心力加大。艺人表演时,飞翔姿势更加壮观。

"卓别林滑稽专场"是滑稽表演类引进节目的代表,由吴桥籍演员赵凤岐首创。他借鉴了卓别林的表演技艺和西方音乐舞蹈的精华,名震海内外,被誉为"东方的卓别林"。

图 5-86 赵凤岐滑稽节目《东方卓别林》剧照

2. 驯兽类

驯兽名师小郑海亭在 26 岁时拜在俄罗斯驯熊大师特洛费姆·依萨因科夫门下学习驯兽。在 8 年的勤学苦练后他终于全面掌握了驯兽的要领和秘诀,并于 1955 年创作演出驯熊节目大获成功。他训练的熊骑自行车与众不同,两只熊可以各自倒骑车穿插逆行而互不相撞。

吴志国的"河北驯化杂技艺术团"(原吴桥烽火杂技团)创作的《老虎拉车》《英雄骑虎》《老虎驯马》《人狮搏斗》《猩猩骑车》《猴子点灯》《狮虎滑稽》等节目,也是广泛吸收了国内外驯兽表演技巧,形成了驯兽表演的惊、险特色。

3. 魔术类

吴桥杂技的魔术表演在原来的《古彩戏法》《民间戏法》的基础上增加了大型魔术如《大变活人》等现代魔术节目,令人耳目一新。

---

[1] 吴桥县地方志编纂委员会:《吴桥县志》,中共党史出版社 2012 年版,第 664 页。

（二）节目演出的创新发展

1. 演出形式从流动的露天演出到固定的剧场

撂明地、磨杆阶段："撂明地"（在城镇街头或在集市庙会摆摊表演）、"磨杆"（在农村街头巷尾打场子表演）均属露天性常规型的杂技演出形式，也是吴桥杂技演出中最为常见的。农闲季节，艺人结伙搭帮或在城镇、庙会、集市演出，即"撂明地"；在乡下村头、巷尾摆场演出，即"磨杆"。"撂明地"演出形式历史悠久，但此种形式的演出者大都居无定所，收入极不稳定。艺人在"撂明地"艰难时便改为"磨杆"。"磨杆"的艺人一般收入微薄，但可少受地痞流氓的欺辱。在旧社会，吴桥艺人"磨杆"演出者相当多。

图 5-87 中华国术大马戏团国外演出时的大棚外景（此为当时中国第一个大盖棚）

圈棚、大盖棚阶段："圈棚"演出仍属于露天演出形式，但与"撂明地""磨杆"相比，演出形式已显示出其雅致、规范和方便观演的特点。吴桥杂技使用圈棚，据考证至今已有 500 年的历史。"大盖棚"：近似蒙古包，是杂技表演的一种演出场所，也是吴桥杂技艺人的创造发明。棚内能进行大型和高、中、低空杂技、马戏、驯兽表演，可以集演出、观赏、练功、生活于一体。早在 20 世纪 20 年代末期，著名杂技表演艺术家孙福有就曾建有千余平方米的盖棚，棚内还设有包厢和 3 个等级的坐席，这也是中国第一个大盖棚。

剧场阶段："北京班"等吴桥杂技团体在德国、英国、法国、美国、罗马尼亚、瑞士等数十个国家的剧场演出；在国内，上海"楼外楼""新世界""大世界"等游乐场所的出现，开创了城市娱乐场所的先例，在这些场所中均有吴桥杂技团体或艺人演出，最有名的是潘德林的"潘家班"。剧场演出，使艺人的生活可以相对稳定。特别是由于剧场条件、设备等因素，使单一的杂技艺术形式，向着综合的舞台艺术发展，对杂技艺术的综合创新产生了极大的推动。

2. 演出范围从国内至世界各地

吴桥杂技艺人为谋生，从其诞生之时就注定要走南闯北。至清末民初，随着国门打开，吴桥杂技活动范围更加广泛，从皇家宫廷到穷乡僻壤，从中国到世界各地，都有着吴桥杂技艺人的身影。他们将中国优秀的传统杂技节目带到了世界各国，同时也学习国外的先进技艺，对世界杂技的交流和发展作出了不可磨灭的贡献。在闯荡谋生中，涌现出了许多蜚声国际的杂技团体和杂技世家。如活跃在欧美的"北京班"，曾在欧洲一流的大戏院演出，足迹遍及德国、法国、匈牙利、捷克斯洛伐克、巴拿马、智利、美国、瑞士、巴西等20多个国家，被西方誉为"中国皇家杂技班"；出生于吴桥王库吏村的王汝利是俄罗斯家喻户晓的马戏大师，获得过苏维埃劳动勋章和列宁奖章，他的名字被载入俄罗斯马戏的光辉史册；一代杂技明星史德俊精通俄、法、英、德、匈、罗六国语言，他以精湛的演技，赢得了观众的青睐，被当时世界性的艺人组织"万国生意会"吸收为会员；田仕合表演的倒立，难度高、技艺精湛，远近闻名，尤在日本影响较大，曾在日本献艺28年，并将"砸楼子""鸭子拽"两个节目传给日本人。[①]

新中国成立后，县杂技团及民间杂技团体先后多次到美国、英国、朝鲜、法国、德国等数十个国家和地区进行商业性或访问性演出，场场爆满。在非洲演出时，部分国家首脑亲临现场，时常拍手叫好，赞美声不断，同时也得到了观众的高度评价。通过演出，使吴桥杂技的知名度得到进一步提高，也增进了与各国杂技艺术工作者的交流，为繁荣杂技艺术作出了积极贡献。

---

① 边发吉：《吴桥杂技老照片》，花山文艺出版社1999年版，第1页。

3. 演出服饰的演变

服饰是杂技体现艺术风格的重要因素之一。不同时期的杂技服饰，折射出不同时期的杂技艺术水平和时代特色。据对1958年东宋门公社小马厂出土古墓中杂技壁画的考证，当时艺人的服装，均为特制，既短又小，又十分合身可体。服装的领口袖头、衣边等位置，往往有比较复杂的图案装饰，对表现人物特点、个性情感、时代精神与民族风格等方面都起着相应的作用。著名杂技艺人孙凤山的"北京班"，在西欧各国、美洲大陆演出时，在服装上体现中华民族的风格方面令人耳目一新。同时，在很多杂技团体中也已出现借鉴体操运动员服装的女士露肩杂技服饰。

图 5-88　1920年北京班在法国演出结束时穿第二套服饰的照片

图 5-89　中华国术大马戏团"四姐妹"杂技服合影

20世纪80年代中后期开始，为提高演艺效果，全面展示吴桥杂技的地方特色，服装从款式、质地、色彩等方面渐有改善。进入20世纪90年代后，杂技服饰的设计改进步伐加快，用服装彰显节目个性日渐显现。

图 5-90　杂技小丑

《滑稽》服饰，即"丑角"服饰的设计，敢于打破常规，采用怪诞、变形、夸张的手法进行设计，以收到诙谐、幽默的艺术效果。《鸭子拉车》节目，巧妙地设计了巨型人和矮车手，高低相握手的动作表演，因此设计巨人脚踩高跷、头戴滑稽帽，上身着对襟衣服，下身穿超长大肥裤，在舞台上形成了鲜明对比。

除杂技演出人员外，现在吴桥县杂技演出中报幕主持人的服装一般采用男为蓝、黑西服套装，系领带，脚蹬皮鞋及女士高绕发髻着罗纱裙套装；检场服和助演服的设计，一般采用色彩淡雅平和的色调和高敞领、布盘扣套装，白力士鞋，强化色调上的互补、互衬，体现了地方特色和时代气息，增强了演出效果。

4. 演出道具的革新

吴桥杂技来源于生活，其道具也多来自于生活，具有明显的地方特色。随着社会经济的发展和西方科技的传入，吴桥杂技在坚持运用传统道具的同时，对杂技演出中的部分道具不断进行大胆地创新，其中最具代表性的有几下几种。

耍弄表演类节目道具创新：表演者在原本利用日常生产生活中的环、圈、碟、刀、草帽等道具外，增加了西方传来的篮球、足球、啤酒瓶等道具。

图5-91 杂技《花式篮球》

仿声技巧类节目道具创新：20世纪90年代至21世纪，随着道具以及有关仿生设备（麦克风）的引进，吴桥县仿声技巧类节目内容从原本的仿禽鸟等动物叫声及生产、生活中的各种声音，增添了对汽车、火车、飞机、大炮、部队操练以及中西合璧乐器演奏等的仿声，创作出了一批反映时代生活特色的口技"故事剧"，如《乡村之晨》《战士操练》《乐器演奏》《义工修车》等，表演更贴近生活，声音更生动逼真，观众如身临其境。

高空表演类节目道具创新：早期《空中飞人》节目道具，其飞箭为钢管焊接，配有手摇机，材质粗糙笨重，影响高空技巧动作的发挥。吴桥杂技团副团长裴华兰及该节目主要演员李金亭率先对道具进行改造创新。将铁制飞箭材质改为铝合金，将手摇机改为电动自控机，大大提高了演出水平。同时，将空降兵专用的保险绳运用到高空类节目中，保险性能和艺术表现力也大大增强。

随着科学技术的进步，新材质、新工艺、新型制品被广泛应用于吴桥杂技道具中，使节目道具更轻便、坚固、耐用性能增强，演出技艺也得到了充分发挥。

5. 演出配乐的发展

吴桥杂技音乐，随着杂技艺术的发展历程，经历了由原始到现代，由简单到复杂，由低级到高级的发展过程。早期的吴桥杂技没有音乐，小锣小鼓就是杂技演出的主要乐器。演出开始，经常就是用锣鼓打一通"急急风"，用以招徕观众和活跃场子的气氛。

随着吴桥杂技艺人走出国门，接触西方马戏团与国外观众，各杂技团开始逐渐使用演出配乐。孙福有杂技班在俄国演出时，引进了铜管乐器，这是杂技演出使用铜管乐的开始。

进入20世纪50年代，吴桥杂技演出始用音乐伴奏。至60年代，乐器种类增多，有铜管乐器、民族乐器和打击乐器。铜管乐器在原来小号、拉管号、低音号的基础上，增加了圆号、单簧管、双簧管、长笛等。民族乐器一般有板胡、高胡、扬琴、木琴、笙、笛、唢呐、琵琶、三弦等。打击乐器一般有皮鼓、堂鼓、花盆鼓、大苏锣、大吊锣、军鼓、大镲等。

20世纪80年代中后期至90年代中期，录音磁带伴奏是杂技音乐的主要形式，并视不同杂技节目，配以不同的音乐。"文活"多配以轻柔、婉约的音乐；"武活"多配以刚劲有力、旋律较快的音乐。在创作和改编的曲谱中，《双层秋千》《顶花缸》《单车》《秋千飞人》等节目的曲谱，发挥了杂技音乐刻画形象、烘托气氛、展现主题、连贯节目动作的作用，既配合了节目演出，也增强了杂技艺术的感染力。

20世纪90年代后期到21世纪，吴桥杂技音乐由录音磁带改为微机合成的光碟音响。部分杂技团体除配有光碟音响设备外，还先后购置了电子琴、架子鼓、电吉他、贝斯等，并配有专职演奏人员。

6. 舞台布景的出现

杂技节目早期多为"撂明地""磨杆""圈棚"内演出，无任何布景。人们的审美只集中在杂技的技巧和难度上，舞台的布置比较简陋，常常只用简单的蓝天白云布景来衬托，背景、灯光、音响、服装等与杂技的表演联系不大。但随着中外杂技交流的日渐频繁，西方的舞台布景给了吴桥传统杂技以很大的启发。20世纪90年代中期吴桥杂技的演出逐步走上舞台，舞台布景的设计也成为观众审美的迫切需求。其间，县杂技团舞美干部杨长友及有关舞台布景设计人员创作了一批舞台布景。此后，布景设计逐步发展到依据杂技节目的内容设置有色光投射、背景依照杂技节目剧情转换等综合性设计。现在的杂技舞台，不再是单调的舞台灯光，而变成了色彩纷呈、明暗交替的气氛光。演员的服装也不再是千篇一律的杂技服装，而变得款式各异，各具美感。从"意境杂技"到"杂技主题晚会"再到形式各异的"杂技剧"，在舞美、灯光、道具、服装等方面，吴桥杂技一直在进行着创新与探索，使现代杂技更贴近时代。

三 吴桥杂技在中外交流中发挥的作用

（一）充当了文化外交的使者

杂技具有无语言障碍、大众化等特点。纵观历史，从汉代丝绸之路开始，中国杂技就走在了东西方艺术交流的前列。不仅是西方的杂技启发了中国传统杂技的创新，中国杂技难度高、功夫硬的艺术特色，也促使西方杂技发生了很多改变。

到19世纪末、20世纪初，中西方杂技艺人演出交流频繁，更是带动了中西方杂技艺术的进一步交融与发展。其表现不仅仅是大量西方杂技项目被引进中国吴桥，同时还有丰富多样的中国传统杂技艺术节目随着吴桥杂技团体的出国演出及中西方杂技艺人的双向流通传入西方杂技界。直至今天，俄罗斯马戏舞台上还保留着一些风格纯朴、特色鲜明的中国民间传统杂技节目。通过杂技这种的特殊艺术窗口，西方更多地了解了中国和中国文化。

新中国成立后，国家组织的杂技艺术团体历次出访，都彰显了杂技代表中国传统艺术与国际文化交流的重要作用。中国杂技团是新中国成立后最早成立的杂技团，其组建是为了新中国对外文化交流的需要，承担着对外宣传新中国人民翻身做主人的国家形象的重任。1950年8月，中央人民政府文化部从北京、上海、汉口、天津、吴桥等地调集一批优秀杂技艺人进京汇考，筹备组建艺术团参加苏联十月革命33周年的庆祝活动。1950年10月，受国家派遣，中国杂技团出访苏联、波兰等国，大获成功。昔日的杂技艺人成为文化外交的使者，为杂技艺术家代表国家执行外交使命开了历史的先河。

改革开放后，1986年至2001年，吴桥县的杂技交流多通过传统的出国演出形式进行。2002年始，省、市、县以杂技为媒，组织友好访问团、经贸访问团等出国交流，增进相互间的友谊和了解。而不断发展壮大的"中国吴桥国际杂技艺术节"成为世界著名的重要的杂技赛场，显示了吴桥杂技艺术与国际接轨的紧密度。

图5-92　吴桥国际杂技艺术节开幕式

（二）拓展了国际艺术市场

由于中国表演艺术缺少国际品牌，占领国际市场还非常艰难，但杂技艺术却利用肢体语言这一天然优势，以其新颖独特、雅俗共赏的艺术魅力，在竞争激烈的国际艺术市场中稳占一席之地。中国杂技，久经磨砺，依旧充满勃勃生机，呈现出旺盛的生命力，成为人类艺术百花园中的一朵奇葩。[1]

1987年至2017年，吴桥派出杂技团组1100多批次、32000多人次，出访60多个国家和地区，演出20多万场次，吴桥杂技之花香飘世界。中国吴桥国际杂技艺术节也吸引着越来越多的国外顶级节目来吴桥演出。30多年来，共有50多个国家的600多个节目参加了杂技节，万余位艺术家至吴桥乃至河北省进行交流和商演近5万场次。目前，杂技产业已形成集教育、演出、培训、道具生产、旅游以及中外文化交流为一体的杂技产业链，成为河北省文化产业乃至我国对"一带一路"沿线国家文化产品出口的重要组成部分。

四　"一带一路"新形势下吴桥杂技服务当代的有效途径

在中国对外文化交流中，杂技无疑最具交流优势。中国杂技水平之高，举世闻名，几乎杂技领域内的世界最高奖项，我们都已揽入怀中。从"国字号"到地方、民间的各类杂技团，都"一技在手，闯遍天下"。然而，在国外主流演出场所中，却难觅中国杂技的身影，反倒被一些国外演出商当成"原料"利用，这是产业链中较低价值的部分，使我国杂技团体无法真正获得经济利益。中国杂技家协会主席边发吉认为，这在于品牌意识缺乏，我们有中国杂技这个品牌，然而在名团、名剧、名人方面，现在很匮乏。[2] 因此，在"一带一路"新形势下，吴桥杂技服务当代需做好以下两个方面的工作。

---

[1] 陈新敏：《与时俱进是杂技艺术发展的灵魂》，《艺海》2007年第3期。
[2] 何卉：《浅谈中国杂技表演的独创性与艺术性》，《杂技与魔术》2017年第4期。

（一）打造吴桥杂技文化品牌

1. 坚持吴桥杂技的中国文化生命

吴桥杂技之所以能走向世界，是因为吴桥杂技有自己的中国文化传统特色。吴桥杂技的中国文化、中国特色，在杂技表演的外在表现可以体现为节目服装民族化、背景音乐古典化、故事内容中国化。但"技"是杂技的本体，"艺"是杂技神韵的创作理念，而文化精神才是吴桥杂技的生命。

2. 努力探索新的杂技表演形式

在大时代的变化下，以往传统的杂技表演已经不能满足大众的审美需求。中国杂技与国外杂技的差距不在技巧，主要是演员的表演、节目的包装与观众的交流互动。我们的演员在舞台上比较缺乏发自内心的表演，尤其在和国外演员同台表演时，我们的表演显得机械、生硬，单一的技巧展现使得杂技演员在舞台上"缺少灵魂"。因此，现如今吴桥杂技院团也在不断地创新、学习与进步，在保留中国元素的基础上，配合舞美布景、服装、音乐等呈现出更丰富的视觉效果。在高难度的动作表演基础上，开始注重表现人物的情感，设定特有的情节事件，强调节目的观赏性，让观众欣赏到不仅惊险刺激而且美轮美奂的综合艺术表演。[①]

3. 注重培养杂技艺术人才

当前吴桥杂技人才极度缺乏，主要体现为好的杂技苗子少、杂技创意编导少。吴桥地区应成立专门办公室专门负责从吴桥和附近地区选拔具有较高杂技潜质的好苗子，给予补贴；充分整合吴桥现有的杂技团体、杂技学校和杂技专业村的教育资源，培养有较高杂技造诣的人才。

同时，注重吴桥杂技学员的文化教育，提高艺术修养。杂技是以动作技巧造型为主的综合性表演艺术，动作是传媒的手段，技巧是直接表达内容的艺术特征。杂技演员培养过程中往往偏重在体能、技巧等专业方面的训练和培养，而忽视了基础文化课业的教育，导致其在文化软实力上严重匮乏。一部作品，若演员理解出现偏差或不到位，就无法演绎出作品所蕴含的内容，观众也就无法体味到作品的真正价值。一名优秀的杂技演员，应当有能力参与到作品的创作中去。在培养方面还应对杂技演员作出可持

---

① 何卉：《浅谈中国杂技表演的独创性与艺术性》，《杂技与魔术》2017年第4期。

续性发展的前瞻性规划，延长杂技演员的艺术生命。此外，吴桥杂技业界还应着力培养杂技领域的多方面人才，如导演、编导、编剧、舞美、灯光、舞台服装设计、道具设计、经纪人等专业人才。

（二）吴桥杂技的产业链建设

1. 重视经纪公司在吴桥杂技国内外发展中的重要作用

一方面，吴桥地区今后要与国内外知名杂技经纪公司和经纪人加强长期合作，或通过各种可能的方式引进熟悉国内外杂技市场运作的经纪人，以确保吴桥杂技演出市场的稳定；另一方面，要在吴桥杂技团体和相关行业中物色合适人员，通过国外培训、政府奖励，使其尽快成熟，有可能的话组建自己的吴桥杂技经纪公司。

2. 尽快培育本土市场

要整合自身杂技现有资源，提升创意、营销、管理等弱项方面的功力，以迎接国内外市场不同的挑战。尽可能地在国内建立起杂技行业的基本市场格局以及各杂技团体之间的协同关系，把在国际获奖的节目真正地变成既有市场价值又有文化含量的文化商品。

3. 搭"旅游台"，唱"杂技戏"

吴桥杂技旅游发展迅速，每年直接总会收入约2亿元，间接带动的杂技文化产业综合效益约8亿元，然而杂技旅游收入绝大部分来源于门票，其旅游产业潜力尚未完全挖掘。吴桥应充分利用旅游所搭建的产业平台，通过喜闻乐见的方式向国内外游客展示吴桥杂技独特而深厚的艺术魅力，提升品牌价值和影响力。今后吴桥杂技旅游相关企事业单位应根据游客的需求，结合杂技文化优势，开发更多元化的旅游项目，尤其是互动性、体验性较强的杂技文化项目。同时，要大力改善交通条件，将吴桥附近的可供旅游的景点串联起来，扩大影响范围。完善农村旅游配套服务设施，开发吴桥农村的杂技景点。要大力整合旅游和杂技资源，增加吴桥特色杂技旅游项目，如杂技音乐剧、杂技夜间游行、杂耍庙会等。通过促进和加快杂技旅游业的发展，拉动吴桥杂技整个产业链条和相关行业，最终构建吴桥杂技大产业发展格局。[①]

---

① 邢惠斌、王玉成：《文化旅游业品牌价值链整合与延伸研究——以河北吴桥杂技为例》，《2012中国旅游科学年会论文集》，2012年，第271页。

4. 推进杂技衍生品开发

吴桥杂技在后续产品开发方面潜在利润空间巨大。根据吴桥杂技的社会影响力和产业化发展基础，现阶段其可开发的杂技衍生品主要有杂技道具、杂技游戏、杂技文具、杂技拓展培训、杂技卡通、杂技体育、杂技出版、杂技休闲、杂技影视、杂技衣食住行类等多种类型。吴桥应成立主要负责杂技衍生品开发的主管机构，统一品牌、统一价格、统一管理，明确规章制度，设立举报电话，避免恶性竞争，对损害吴桥杂技形象的经营者要加大处罚力度甚至取缔。同时为广大杂技衍生品开发、生产、经营者营造良好的经营环境，在贷款、销售、国际合作、商标注册、产品开发、员工社会保障等方面提供便利。[①]

[①] 邢惠斌、王玉成：《文化旅游业品牌价值链整合与延伸研究——以河北吴桥杂技为例》，《2012中国旅游科学年会论文集》，2012年，第270—271页。

结　语

两千多年前，一条被后人称为"丝绸之路"的商道从东方中国发端，向西、向南、向北纵横绵延万里，一直延伸到欧洲腹地和非洲红海，开启了东西方文明交融、碰撞、互荣共生的崭新篇章。从此丝绸之路上驼铃声声、舟楫相望，各国打破樊篱，互通有无，友好交往，书写了人类历史的辉煌。可以说，两千多年来的丝绸之路是亚洲文明乃至世界文明交流互鉴的伟大实践。而当习近平主席创造性地提出"一带一路"倡议时，"和平合作、开放包容、互学互鉴、互利共赢"的丝路文化精神就成为文明与进步的代名词。"一带一路"倡议涵盖旅游、投资、人文交流、交通、基础设施及金融、科技、教育等众多领域，它虽然发端于中国，却已经是全世界人民共同的财富和未来的希望。

"京津冀一体化"是国务院在2014年政府工作报告中提出的方案，实现京津冀协同发展是一项重大国家战略。目标是要发挥北京的辐射带动作用，打造以首都为核心的世界级城市群，全方位对接支持雄安新区规划建设，建立便捷高效的交通联系，促进区域整体发展水平提升。加大区域环境治理力度，加强产业协作和转移，构建区域协同创新共同体。"京津冀一体化"坚持优势互补、互利共赢、利国利民，是大势所趋，扎实推进便可以走出一条科学持续的协同发展新道路。

本书结合国家"一带一路"和"京津冀一体化"两大发展战略，对内探寻京津冀区域的历史文化渊薮，对外探讨京津冀地区古往今来的中外文化交流。研究的目的和写作宗旨就是力图说明，加强区域合作，实现京津冀一体化不仅有现实的社会基础，更有悠久的历史文化渊源。由于特殊的地理位置与环境，使京津冀地区成为陆上、草原、海上丝绸之路的交会点，拥有得天独厚的腹地基础和通往世界的便利海上交通。且燕赵大地历史悠久，文化底蕴深厚，宗教信仰多元，与周边地区和国家科技交流广泛深入，民俗风情浓厚古朴，非物质文化遗产特色鲜明。只要我们发挥三地各自的优势，取长补短，相互成就，必将取得"一加一大于二"的成效，成为中国北方经济规模最大、最具活力的区域。全书围绕这个主题而展开。

地理环境是人类活动的舞台，它之所以影响人类生活在于它左右着人们的生产生活方式，并以此形成思想意识与文化认同。华北平原最大的优势是地缘区位高度独立。西立千里太行，东临万里海疆，北部燕山环绕，南有黄河相望。险要的地理位置使京津冀地区成为北接塞外，南连中原的中枢要地。春秋战国时期，燕、赵文化相较关中地区的发展略逊一筹，两汉时期则大有改观，以冀州为中心直到江南地区在隋唐以降兴起以前，都是河洛之屏蔽，天下之粮仓，素有"沃野千里，民人殷胜，兵优粮足"之誉。魏晋时期，京津冀地区在交通建设上最大的成就是内河交通的发展，这有赖于曹操北征乌桓，开通了一条由邗沟、汴渠、白沟、平虏渠、泉州渠连接起来的南北贯通的运河系统。形成了以邺城为中心的发达的水运网络，使其很快取代邯郸而成华北第一重镇。前倚大河，背靠高山，进可攻，退可守，造就了邺城在近四百年乱世之中独一无二的特殊地位。

唐、宋时期政治中心东移，经济中心南向；元、明、清时代，北京成为统一王朝的都城，以之为核心的交通网络形成。元代大运河的疏通，使漕粮北运成为维系帝都行政机构运转的根本；明代在元朝的基础上构建了更加完善的以京师为核心的交通网络，并为清代承袭，大运河仍是水运的重要通道。元明清大一统，为对外交往奠定了基础。明清时期尤其是地理大发现之后，中国被纳入世界经济体系之中，与欧洲之间的经济文化交流呈现出新的特点。

茶道商贸，主要指从明朝后期开始，内地商人在蒙俄地区进行的以茶叶为主要商品的贸易。张家口南通中原，北接蒙古大草原，处于农耕文明与游牧文明的交汇处，优越的交通和战略地位使张家口成为万里茶道的重要节点，尤其体现为张库大道的兴盛。整个19世纪，张库大道几乎就是"茶叶之道"。茶叶贸易的发展还催生了近代金融业的兴起，张家口遂成为中国金融业的发源地之一。民国以后，在张家口建立的外国洋行也逐渐增多，经贸上的往来，带动了民族之间和地域之间的文化交流，宗教、文化的发展别具特色。

古老天成的海河,孕育了天津城市的生命。元明以来大运河北端之东移,使兼有河海交通便利的天津地位顿时凸显出来,明代天津卫的设立最具历史影响。河海运输将大量的漕粮汇聚储存在天津,加之盐业的兴起,漕运、盐业带来了天津的商业繁荣,使其地位不断上升。尽管它是以军事防卫性质兴起的城市,但其经济功能却得到大大拓展,由于天津政治、经济地位的重要,在开埠前即已得到西方列强的关注。第二次鸦片战争后,天津被开放为通商口岸。在西方列强的影响下,天津逐渐发展为北方最大的工商业城市。

科学技术乃第一生产力是被人们逐渐认识到的,科学技术也是人类文化的重要组成部分。在中外交流史上,中国通过丝绸之路向世界贡献了以四大发明为代表的重要科技成果,也从域外汲取了众多的精神食粮。京津冀区域对外的科学技术交流分为几个重要阶段:秦汉至两宋时期与朝鲜、日本和中亚等地区在农业、科技以及天文、历法方面的交流;元朝开始,北京作为政治中心的地位确立,京津冀区域与西方科技交流逐渐增多,阿拉伯数学、医学传入,中国科学与技术对周边地区的辐射增强;明清时期,北京政治中心地位凸显,京津冀区域与西方科技交流大规模开展。尤其在启蒙运动时期,中西科技文化交流空前活跃,某种程度上加速了中国科技的发展;近代鸦片战争以后,清政府大办洋务,本着求强、求富原则,学习西方科学与技术,引进先进设备,为中国近代科技人才的培养与制度建设打下了基础。

宗教是一种信仰体系,更是一种文化形态。在斯宾格勒和汤因比眼中它们就是文明的代名词,宗教构成文明的核心。中华文明先后容纳了外部传入的宗教并吸收了其中的宗教文化元素,以佛教、伊斯兰教、基督教为代表的世界三大宗教沿着不同的海陆途径传入中国,进入京津冀地区后均出现了不同程度的"中国化"现象。尤其佛教全面融入中国文化,影响了国人的思想体系、价值观念、人生态度、生活方式等方方面面,并被彻底中国化。伊斯兰教、基督教也是如此,这些外来的宗教元素已被吸纳、融入中国文化之中,对民众生活和地方社会发展产生了独特的影响,成为中国文化的重要组成部分。

民俗,作为一种伴随人类生活产生的文化现象,发生在世界每个民族身上，有相当久远的历史。民俗体现为人们生产生活娱乐的具体形式，不同地域有不同的风俗，它有一定的延续性和继承性，同时又相互影响；民俗反映出普通民众的群体生活状态，与地方文化息息相关，所谓"百里不同风，千里不同俗"；民俗既有稳定性，又有变异性，它会随着时代的变迁，随着人们交往方式的扩大而相互影响，进而发生某些不同形式的变化。京津冀地区历史上是草原文明、农业文明、海洋文明的交汇之地，因特殊的地理位置，其民俗既受外来文化的冲击，同时也影响着外面的世界。本书将民俗分三类进行论述，即物质民俗、精神民俗和社会民俗。时间上也分为三个阶段：远古、先秦至汉唐，为文化接触阶段，不同经济生活方式之间的相互接触与影响；元代至清前期，为民俗文化广泛交流阶段，从器物到文化、从物质到精神，中外彼此相互渗透，相互影响；从近代鸦片战争至现代社会，为民俗文化融会阶段，近代西方崛起推动了全球化的浪潮，从百姓日常的衣食住行到社会价值观念都发生了很大的改变，充分体现出这一阶段文化融会的广度和深度。

文化呈现出政治、经济、生产生活方式、价值认同等诸多形态，人们习惯于将其分为物质文化形态和精神文化形态。同时，人们物质生活的流动性和意识活动的不间断性，决定了文化的动态性特征，使文化处于不断发展和变化之中。这其中既包括物质文化遗产也包括非物质文化遗产，非物质文化遗产与物质文化遗产一起共同承载着人类社会的文明。非物质文化遗产的最大特点是不脱离民族特殊的生产生活方式，是民族个性、民族审美习惯的"活"的显现。它依托于人本身而存在，是"活"的文化及其传统中最脆弱的部分，因此对于非物质文化遗产的传承来说，人就显得尤为重要。京津冀地区作为元明清以来的京畿重地，社会经济发达，中外交流频繁，加之得天独厚的区位优势使得这一区域的非物质文化遗产种类繁多、影响广泛，并呈现出鲜明的文化交融的特点。本书仅就蔚县剪纸、景泰蓝、北京同仁堂、冀中笙管乐、京剧、李派太极拳法、吴桥杂技等几个重点项目，以见微知著的方式，揭示传统美术类、传统手工技艺类、传统医药类、传统音乐类、传统戏剧类、传统武术类和传统杂技类等具有代表性的非遗种类在这一特定区域活态流变的文化特点，以借此增强政府与民众保护传承非物质文化遗产的自觉性和主动性。

如上所述，本书的研究范围涉及京津冀三地，时间跨度从远古到近现代，内容涉及水陆交通、科技交流、宗教传播、民俗演变、非遗传承等诸多方面，材料众多，信息广泛。写作过程中也遇到了很多的问题，但最终我们这个团队还是克服了种种困难，将研究成果呈现给读者。也希望通过此书抛砖引玉，激发学者们对京津冀区域文化研究的热情，以实际行动推动京津冀一体化的全面开展。

参考文献

一　古籍、方志类

（西汉）司马迁：《史记》，中华书局1963年版。

（东汉）班固：《汉书》，中华书局1964年版。

（西晋）陈寿：《三国志》，中华书局1959年版。

（东晋）陆翙：《邺中记》，清武英殿聚珍版丛书本。

（南朝宋）范晔：《后汉书》，中华书局1965年版。

（南朝梁）僧慧皎：《高僧传》，《续修四库全书》，上海古籍出版社2002年影印本，子部，第1281册。

（唐）李百药：《北齐书》，中华书局1972年版。

（唐）李肇：《唐国史补》，《文渊阁四库全书》，上海古籍出版社1987年影印本，子部，第852册。

（唐）马缟：《中华古今注》，宋百川学海本。

（唐）魏徵等：《隋书》，中华书局1982年版。

（后晋）刘昫等：《旧唐书》，中华书局1975年版。

（后梁）沈约：《宋书》，中华书局1974年版。

（北宋）陈旸：《乐图论·胡部》，《乐书》卷一三〇，《文渊阁四库全书》，上海古籍出版社1987年影印本，经部，第1500册。

（北宋）李昉等：《太平御览》，四部丛刊三编景宋本。

（北宋）沈括：《梦溪笔谈》，中华书局2009年版。

（北宋）释道原：《景德传灯录》，《续修四库全书》，上海古籍出版社2002年影印本，子部，第1282册。

（北宋）欧阳修：《新唐书》，中华书局1975年版。

（北宋）王存：《元丰九域志》，中华书局2005年版。

（北宋）赞宁：《宋高僧传》，《文渊阁四库全书》，上海古籍出版社1987年影印本，子部，第1052册。

（南宋）孟元老：《东京梦华录》，中华书局1982年版。

（南宋）普济：《五灯会元》，《文渊阁四库全书》，上海古籍出版社1987年影印本，子部，第1053册。

（元）脱脱等：《金史》，中华书局1975年版。

（元）脱脱等：《宋史》，中华书局1977年版。

（明）曹昭撰：《格古要论》，《文渊阁四库全书》，上海古籍出版社1987年影印本，子部，第871册。

（明）曹昭撰：《新增格古要论》，《续修四库全书》，上海古籍出版社2002年影印本，子部，第1185册。

（明）宋濂：《元史》，中华书局1976年版。

（明）沈德符：《万历野获编》，中华书局1959年版。

（明）王圻：《续文献通考》，现代出版社1986年版。

（明）危素：《元海运志》，中华书局1985年版。

（明）徐光启：《徐光启集》，上海古籍出版社1984年版。

（明）叶盛：《叶文庄公奏疏》，《四库全书存目丛书》，齐鲁书社1997年影印本，史部，第58册。

（明）张瀚：《松窗梦语》，中华书局1985年版。

（清）傅维麟：《明书》，江苏广陵古籍刻印社1988年版。

（清）顾祖禹：《读史方舆纪要》，商务印书馆1937年版。

（清）贺长龄：《皇朝经世文编》，（台湾）文海出版社1966年版。

（清）李梅宾、吴廷华、汪沆：（乾隆）《天津府志》，国家图书馆藏清乾隆四年刻本。

（清）莽鹄立监修：《新修长芦盐法志》，（台湾）学生书局1966年版。

（清）沈家本、荣铨等：（光绪）《重修天津府志》，《续修四库全书》本，上海古籍出版社2002年版。

（清）释印光：《清凉山志》，民国二十二年排印本。

（清）王先谦：《东华续录》，文澜书局1898年版。

（清）薛柱斗：《新校天津卫志》，（台湾）成文出版社1968年版。

（清）杨米人等：《清代北京竹枝词》，路工编选，北京古籍出版社1982年版。

（清）张焘：《津门杂记》，天津古籍出版社1986年版。

（清）张廷玉等：《明史》，中华书局1974年版。

（民国）白凤文等：《静海县志·丑集·土地部》，（台湾）成文出版社1968年版。

（民国）黄容惠：民国《南宫县志》卷二《疆域》，民国25年刊本。

（民国）黄希文：民国《磁县县志》，民国30年铅印本。

（民国）金良骥：民国《清苑县志》，民国23年铅印本。

（民国）叶恒嵩：嘉靖《南宫县志》，民国22年影印本。

佚名等：《大元仓库记 大元海运记》，（台湾）广文书局1972年版。

［日］圆仁：《入唐求法巡礼行记》，广西师范大学出版社2007年版。

二 著作

《中国音乐文物大系》（河北卷），大象出版社2008年版。

白寿彝：《中国交通史》，团结出版社2011年版。

白寿彝：《中国伊斯兰史存稿》，宁夏人民出版社1982年版。

北京市艺术研究所、上海艺术研究所：《中国京剧史》，中国戏剧出版社2005年版。

北京市社会科学研究所：《北京古今十讲》，北京日报出版社1985年版。

北京图书馆金石组编：《北京图书馆藏历代石刻拓本汇编》，中州古籍出版社1989年版。

曾磊等编：《飞軨广路：中国古代交通史论集》，中国社会科学出版社2015年版。

常人春：《老北京的风俗》，北京燕山出版社1996年版。

陈旭霞编：《河北民俗通览》，河北大学出版社2017年版。

陈玉龙：《汉文化论纲》，北京大学出版社2002年版。

程哲：《窑器说》，《美术丛书》（初集第三辑），神州国光社1947年版。

丁世良、赵放主编：《中国地方志民俗资料汇编》（华北卷），北京图书馆出版社1989年版。

杜石然等：《中国科学技术史稿》，科学出版社1982年版。

范景文：《游南园记》，《吴桥县志》卷十二《艺文录下》，（台湾）成文出版社有限公司1969年版。

张徽贞：《吴桥杂技》，泰山出版社2012年版。

方豪：《中西交通史》，上海人民出版社2015年版。

冯承钧：《中国南洋交通史》，商务印书馆2011年版。

高鸿宾点校辑纂：《清实录·察哈尔卷》，天津古籍出版社2017年版。

耿昇、何高济译：《柏朗嘉宾蒙古行纪·布鲁克东行纪》，中华书局1985年版。

河北省地方志编纂委员会编：《河北省志·宗教志》，中国书籍出版社1995年版。

胡朴安：《中华全国风俗志》，岳麓书社2013年版。

胡世庆、张品兴：《中国文化史》，中国广播电视出版社1991年版。

黄兴涛：《重塑中华：近代中国"中华民族"观念研究》，北京师范大学出版社2017年版。

贾红星：《河北科学技术史》，人民出版社2013年版。

江文汉：《中国古代基督教及开封犹太人》，知识出版社1982年版。

来新夏、郭凤岐主编：《天津通志》（旧志点校卷），南开大学出版社1999年版。

来新夏：《天津近代史》，南开大学出版社1987年版。

赖德烈：《中国基督教传教史》，麦克米伦出版社1929年版。

乐民成：《国药世家三百年》，中国中医药出版社2012年版。

黎虎：《汉唐饮食文化史》，北京师范大学出版社1997年版。

李家瑞编：《北平风俗类征（影印本）》，上海文艺出版社1985年版。

李少兵：《民国时期的西式风俗文化》，北京师范大学出版社1994年版。

李亚宁：《明清之际的科学文化与社会》，四川大学出版社1992年版。

刘振瑛主编：《品评张库大道》，国家行政学院出版社2012年版。

马苏第著，耿昇译：《黄金草原》，青海人民出版社1998年版。

马祥学、吴丕清：《河北回族家谱选编》，河北人民出版社2006年版。

米振波：《清代中俄恰克图边境贸易》，南开大学出版社2003年版。

倪昌燮等修，施崇礼等纂：《吴桥县志》卷一《舆地志·风俗》，（台湾）成文出版社1969年版。

聂宝璋编：《中国近代航运史资料 第一辑》（上），上海人民出版社1983年版。

潘洪萱：《十大名桥》，上海古籍出版社1991年版。

齐思和等编：《鸦片战争》，神州国光社1954年版。

齐思和等整理：《筹办夷务始末》，中华书局1964年版。

钱宝琮：《中国数学史》，科学出版社1964年版。

秦大树、谷艳雪：《越窑的外销及相关问题》，《2007年中国越窑高峰论坛论文集》，文物出版社2008年版。

任继愈主编，王美秀、乐峰等著：《基督教史》，江苏人民出版社2006年版。

沈从文：《中国古代服饰研究》，上海出版社2002年版。

沈福伟：《中西文化交流史》，上海人民出版社2006年版。

史念海：《中国的运河》，陕西人民出版社1988年版。

宋卫忠：《民俗北京》，旅游教育出版社2005年版。

苏鲁格：《蒙古族宗教史》，辽宁民族出版社2006年版。

孙燕京：《服饰史话》，社会科学文献出版社2000年版。

天津社会科学院历史所、天津市档案馆编：《津海关年报档案汇编》（1865-1888年），天津市档案馆1993年版。

天津师范学院地理系编：《天津农业地理》，天津科学技术出版社1981年版。

天津市地方志编修委员会办公室等编著：《天津区县旧志点校 宝坻县志·宁河县志》，天津社会科学院出版社2008年版。

天津市气候服务中心编著：《天津城市气候》，气象出版社1999年版。

万新平、濮文起编：《天津史话》，上海人民出版社1986年版。

王建平：《近代上海伊斯兰文化存照》，上海古籍出版社2008年版。

王镛：《中外美术交流史》，湖南教育出版社1998年版。

王禹浪：《东北古代民族筑城研究》，中国社会科学出版社2017年版。

王治心：《中国基督教史纲》，基督教文艺出版社1959年版。

蔚县政协委员会：《蔚县文史资料选辑》（第3辑），蔚县政协委员会1989年内部印刷。

吴丕清：《河北伊斯兰教史》，宗教文化出版社2016年版。

向南：《辽代石刻文编》，河北教育出版社1995年版。

徐兢：《宣和奉使高丽图经》，陈尚胜：《五千年中外文化交流史》（第一卷），世界知识出版社2002年版。

徐珂：《清稗类钞》卷九一，中华书局1984年版。

严昌洪：《西俗东渐记——中国近代社会风俗的演变》，湖南出版社1991年版。

宴可佳：《中国天主教简史》，宗教文化出版社2001年版。

杨伯橡主编：《渤海、东北回民支队回忆录》，宁夏人民出版社1992年版。

杨正泰：《明代驿站考》，上海古籍出版社2006年版。

姚贤镐编：《中国近代对外贸易史资料》第一册，中华书局1962年版。

余定邦：《近代中国与东南亚关系史》，中山大学出版社1999年版。

余振贵、雷晓静主编《中国回族金石录》，宁夏人民出版社2001年版。

张登桂等：《大南实录正编》，日本东京庆应义塾大学语学研究所，1963-1968年版。

张星烺编注：《中国交通史料汇编》，华文出版社2018年版。

张志军：《河北佛教史》，宗教文化出版社2016年版。

郑文光、席泽宗：《中国历史上的宇宙理论》，人民出版社1975年版。

中国第一历史档案馆等编：《清宫内务府造办处档案总汇》，人民出版社2005年版。

中国史学会主编：《洋务运动》，上海人民出版社1961年版。

钟敬文主编：《中国民俗史》，人民出版社2008年版。

周俊旗：《民国天津社会生活史》，天津社会科学院出版社2004年版。

周秋光编：《熊希龄集》，湖南出版社1996年版。

左玉河：《婚丧嫁娶》，中国文史出版社2005年版。

［俄］阿·科尔萨克：《俄中商贸关系史述》，米镇波译，社会科学文献出版社2010年版。

［法］戈岱司编：《希腊拉丁作家远东古文献辑录》，中华书局1987年版。

[韩]李宽淑：《中国基督教史略》，社会科学文献出版社1998年版。

[英]格林堡：《鸦片战争前中英通商史》，商务印书馆1961年版。

[英]苏立文著，陈瑞林译：《东西方美术的交流》，江苏美术出版社1998年版。

三 期刊论文

薄松年：《剪纸收藏记趣》，《收藏家》1994年第12期。

陈蕴茜、叶青：《论民国城市婚姻的变迁》，《近代史研究》1998年第6期。

陈宗凤：《中国五大老字号中成药企业历史及其特色比较》，《云南中医中药杂志》2014年第9期。

方英、马芮：《中国与"一带一路"沿线国家文化贸易潜力及影响因素：基于随机前沿引力模型的实证研究》，《世界经济研究》2018年第1期。

海上漱石生：《上海戏园变迁志》，《戏剧月刊》1928年第1卷第1期。

行龙：《清末民初婚姻生活中的新潮》，《近代史研究》1991年第3期。

何清谷：《胡服骑射初探》，《史学月刊》1982年第4期。

河北省文物管理委员会：《河北石家庄市市庄村战国遗址的发掘》，《考古学报》1957年第1期。

侯希三：《北京早期电影业和一个电影放映世家》，《纵横》1997年第7期。

孔祥宇：《"西化"影响下的北京家庭物质生活变迁（1912—1937）》，《社会科学辑刊》2009年第1期。

李久芳：《中国金属胎起线珐琅及其起源》，《故宫博物院院刊》1994年第4期。

李云：《赫德与中西音乐文化交流史实初探》，《海交史研究》2007年第1期。

吕美颐：《中国近代女子服饰的变迁》，《史学月刊》1994年第6期。

三爱：《论戏曲》，《新小说》1905年第2卷第2期。

苏移：《京剧简史》（连载），《戏曲艺术》1980年第4期。

孙燕京：《略论晚清北京社会风尚的变化及其特点》，《北京社会科学》2003 年第 4 期。

万明：《丝绸之路的文化传承：筚篥在中国——明代以来霸州胜芳镇音乐会渊源考》，《河北学刊》2018 年第 1 期。

万欣荣：《从被动输入到文化自信——中外文化交流的历程及其启示》，《毛泽东邓小平理论研究》2016 年第 11 期。

王敏：《寻访 500 年前的中国古乐》，《人民日报》（海外版）2007 年 3 月 20 日第 8 版。

吴镇聪：《"一带一路"建设视域下中医药文化对外传播研究》，《福建农林大学学报》（哲学社会科学版）2016 年第 4 期。

习五一：《民国时期北京社风俗的变迁》，《北京社会科学》1993 年第 1 期。

项阳：《"释俗交响"之初阶——中国早期佛教音乐浅识》，《文艺研究》2003 年第 5 期。

项阳：《功能性·制度·礼俗·两条脉——对于中国音乐文化史的认知》，《中国音乐》2007 年第 2 期。

项阳：《中国音乐民间传承变与不变的思考》，《中国音乐学》2003 年第 4 期。

杨伯达：《论景泰蓝的起源——兼考"大食窑"与"佛郎嵌"》，《文物》1981 年第 1 期。

杨学新、刘洪升：《论清末民初燕赵婚姻礼俗的变迁》，《河北大学学报》2007 年第 2 期。

伊祁：《北京同仁堂：老字号的海外之路》，《中国报道》2014 年第 12 期。

张恒军：《同仁堂：讲述中华文化走出去的中国故事》，《商业文化》2017 年第 21 期。

张晓虹：《丝绸之路与唐代流行文化及其空间格局》，《西安音乐学院学报》2017 年第 3 期。

张振涛：《京畿"音乐会"的乐社性质与组织结构》，《黄钟》2002 年第 1 期。

张振涛：《民间鼓吹乐社与寺院艺僧制度》，《音乐艺术》2006 年第 2 期。

周总印：《百年前的张家口——张家口近代史上最辉煌的时刻》，《档案天地》2017 年第 3 期。

四　学位论文

冬雪：《有关北京法海寺明代壁画及其艺术特色的研究》，东北师范大学硕士学位论文，2011 年。

何骥晨：《18 世纪来华耶稣会士与中西艺术交流——以宫廷绘画为中心》，海南师范大学硕士学位论文，2018 年。

何艳杰：《中山国社会生活礼俗研究》，郑州大学博士学位论文，2003 年。

黄甜：《金代饮食生活研究》，西北大学博士学位论文，2016 年。

姜枫：《河北清代音乐史考略》，河北大学硕士学位论文，2009 年。

金相超：《魏晋南北朝饮食文化研究》，华中师范大学博士（学位）论文，2018 年。

林小玲：《西洋化生活与近代天津社会变迁——基于〈北洋画报〉广告的研究》，暨南大学新闻传播学院硕士学位论文，2014 年。

刘鹤：《磁县北朝墓群壁画和陶俑服饰研究》，河北大学硕士学位论文，2017 年。

阮久盼：《京津地区的早期电影传播、产业及生态研究（1896—1931）》，中国艺术研究院硕士学位论文，2014 年。

吴倩：《清代河北音乐的初步研究》，福建师范大学硕士学位论文，2003 年。

后　　记

本书是河北省教育厅人文社会科学研究重大攻关课题，"'一带一路'视野下京津冀区域文化史研究"（项目编号：ZD201723）的结项研究成果。本课题是在"京津冀一体化"和"一带一路"大的背景下提出来的，尤其是京津冀间地缘相接、人缘相亲，地域一体、文化一脉，历史渊源深厚，完全能够相互融通、协同发展。

课题结合国家"京津冀一体化"和"一带一路"两大发展战略，探讨历史上京津冀地区的中外文化交流情况，立足河北，辐射京津。深入研究本区域在国家"一带一路"战略中的地位和作用，具有重要的学术价值与现实意义。

本书在内容上属于综合性研究，涉及多个学科领域。在研究方法上，我们以马克思主义历史唯物史观作指导，深入搜集、挖掘、整理原始档案、碑铭等文献资料，系统梳理各历史时期京津冀区域文化的发展特征和地域特色，论证在"一带一路"视野下京津冀地区的战略地位与作用。在研究手段上，我们采用跨学科研究方式，综合运用文献学、考古学、社会学、人类学、宗教学等多学科理论和方法，对各种历史文献、考古发掘、民间口述、碑刻等资料进行深入挖掘，抽调专门力量进行社会调查、田野考察，实地收集一手资料，以当事人的视角和立场，观察当时事、感受当时事、评价当时事，最大限度地凸显区域文化的历史主体性。此外，运用个案研究法，通过对"一带一路"重要节点，如天津、北京、张家口等在不同历史时期的重点关注，进行实证研究。

作为河北省教育厅人文社会科学研究重大攻关项目，我们投入了极大的精力，给予了足够的重视。人员上集中了相关学科专业的优秀学者、包括非遗传承人自身也参与其中，是团队分工合作的结晶。大家为此付出了辛勤的劳动，特在此向参研的各位学者、专家们道一声辛苦，感谢大家的无私付出和对京津冀文化传承的极大热情！

课题参研人员分工情况大致如下。

首席专家：王越旺教授，负责全面的协调、管理工作，主持课题立项申请书填写及研究方案的策划；承担课题写作提纲的制定和审核整理；各次研讨会议的召集与工作任务分配；协调各子课题负责人掌控研究进度，做好财务支出；执笔撰写全书的绪论、结语、后记部分。

第一章负责人：陈新海教授，主持子课题京津冀区域文化的时空演变即水陆交通的研究。制定章、节内容方案，指定研究人员与任务分配，承担课题研究中相关调研事项。执笔写作绪言和本章第一、二节内容；第三节执笔人：李现云副研究员；第四节执笔人：张磊博士。

第二章负责人：朱安文博士、副教授，负责子课题京津冀区域科学技术发展与对外交流研究。撰写设计方案、分配研究任务，承担本章研究中的协调管理工作。执笔写作本章第二节内容；第一节执笔人：时亮博士；第三节执笔人：张利锁博士。

第三章负责人：李建武博士、副教授，负责子课题京津冀区域宗教文化研究。撰写研究方案、分派研究人员的工作任务，承担课题研究中调研计划的制订与实施。执笔写作本章第一节内容；第二节执笔人：冯峰博士；第三节执笔人：陆晗博士。

第四章负责人：吕书额博士，负责子课题京津冀区域民俗文化的沿袭与发展研究。设计研究方案、分派研究任务，承担课题研究中调研工作的协调与组织，相关调研报告的撰写。执笔写作本章第三、四节内容；第一、二节执笔人：程彩萍博士。

第五章负责人：金久红教授，负责子课题京津冀区域民俗文化的沿袭与发展研究。撰写方案设计、指定研究人员、分配研究任务，承担课题研究中调研、采访工作的组织安排，撰写相关调研报告。执笔写作本章第四、五节内容；第一、三、六节执笔人：刘颖、高阳、高佃亮、徐万桩等非遗传承人；第二、七节执笔人：王雅洁老师。

同时，在这里还要特别感谢学校三位特聘教授、历史学领域的专家南炳文先生、乔治忠先生和万明先生。他们分别是国内明史界、中国史学史和中外关系史领域的大家，为学校发展、青年教师成长和学科团队的培育做出了重大贡献。他们同样指导并参与了本课题的开题论证和每次的研究讨论，提出了许多有指导性和建设性的意见，甚至是指点迷津。万明先生拨冗为本书作序。同时，还要感谢中国社会科学出版社的宋燕鹏编审，人文旅行家刘勇先生，他们均对本书的写作出版提出过积极的建议，功不可没，在此谨表深深的谢忱！

  由于本课题研究涉及京津冀三地，时间跨度从远古到近现代，资料非常庞杂零散，且内容涉及交通、科技、宗教、民俗、非遗等诸多学科领域，有众多学者共同参与，尤以青年学者居多。难免由于学识、视野之故存在不足与疏漏，敬请方家批评指正，以利于我们更快更好地提高！

王越旺

2019年9月于廊坊